최신 개정 증보판 [제4판]

현대 북한 이해

김 기 호 지음

탑 북 스

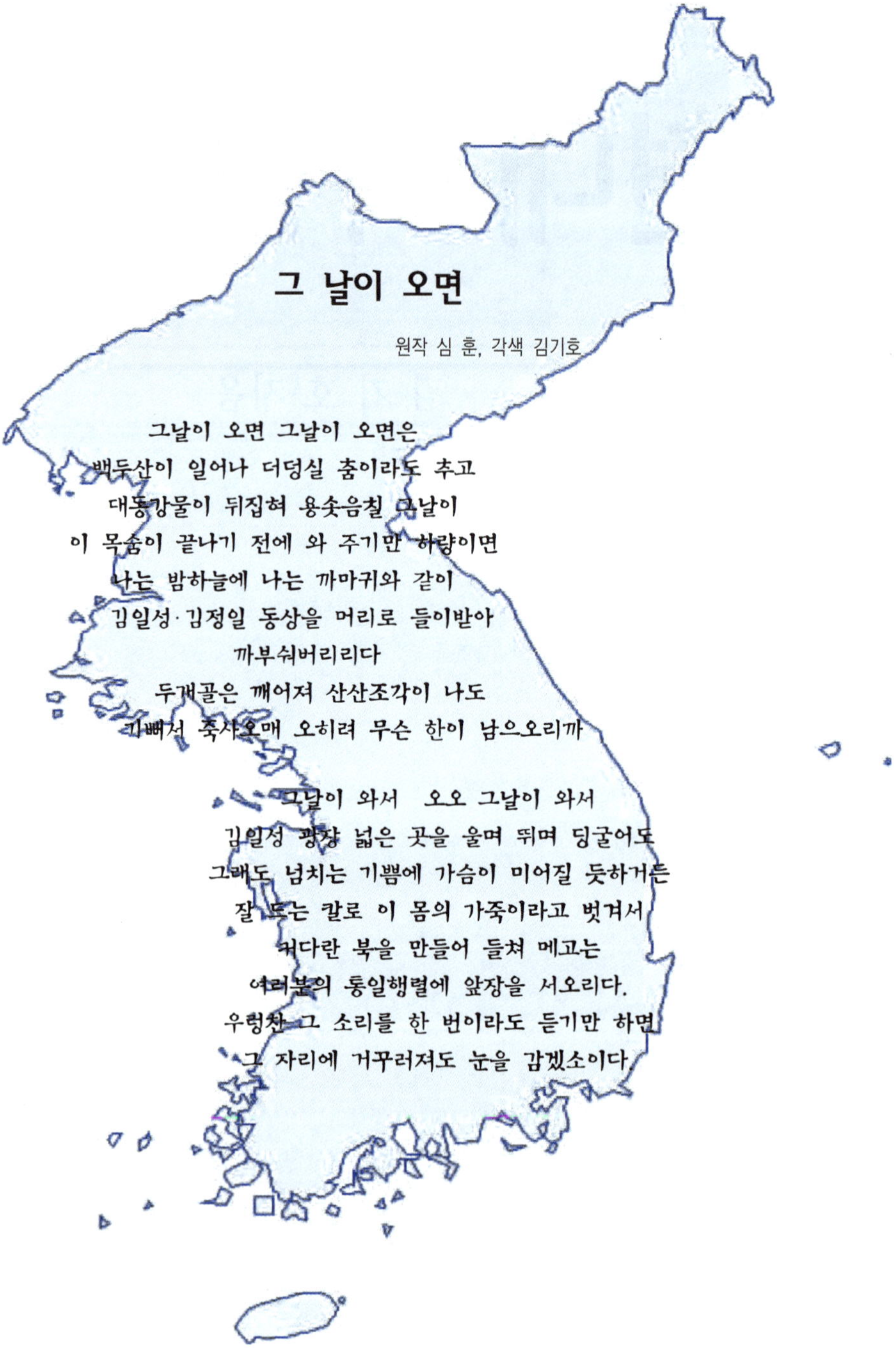

그 날이 오면

원작 심 훈, 각색 김기호

그날이 오면 그날이 오면은
백두산이 일어나 더덩실 춤이라도 추고
대동강물이 뒤집혀 용솟음칠 그날이
이 목숨이 끝나기 전에 와 주기만 하량이면
나는 밤하늘에 나는 까마귀와 같이
김일성·김정일 동상을 머리로 들이받아
까부숴버리리다
두개골은 깨어져 산산조각이 나도
기뻐서 죽사오매 오히려 무슨 한이 남으오리까

그날이 와서 오오 그날이 와서
김일성 광장 넓은 곳을 울며 뛰며 딩굴어도
그래도 넘치는 기쁨에 가슴이 미어질 듯하거든
잘 드는 칼로 이 몸의 가죽이라고 벗겨서
커다란 북을 만들어 들쳐 메고는
여러분의 통일행렬에 앞장을 서오리다.
우렁찬 그 소리를 한 번이라도 듣기만 하면
그 자리에 거꾸러져도 눈을 감겠소이다.

제4판 개정판[최신판]을 내면서

『현대 북한 이해』 최신개정판[제3판](2019. 7. 30.)을 출간한 후 약 1년 6개월이 지났다. 그 사이 북한에서는 많은 변화가 있었다. 미북 비핵화 협상은 교착상태에 빠졌고 남북관계도 남한의 애절한 구애를 북한이 철저히 무시하고 있다. 대북제재가 3년 이상 지속되면서 북한의 경제는 밑바닥을 치고 있다. 설상가상으로 2020년 초부터 몰아닥친 코로나로 인해 보건체제가 극도로 열악한 북한은 국경을 폐쇄했다. 그 결과 음성적으로 진행되던 밀무역마저도 막혀 북한의 경제는 더욱 곤두박질 쳤다. 거기에 홍수피해까지 덮쳤다. 그럼에도 김정은은 2021년 1월, 제8차 당대회를 열어 김일성-김정일에 이어 노동당 총비서에 등극하여 10년간의 과도기를 끝내고 본격적인 김정은 시대를 열었다.

따라서 제4판은 본격적인 김정은 시대의 현대북한을 더욱 잘 이해 하도록 전반적으로 손을 보면서 다음과 같이 최신화하여 개정 보완하였다.

제4장 정치분야는 제8차당대회 결과를 반영하여 대폭 개정했다. 제5장 경제분야는 3년이상 지속된 대북제재와 코로나의 여파로 더욱 침체되어 가고 있는 경제현황을 최신화 했다. 제6장 군사분야는 지난 3년간 더욱 고도화된 북한의 핵무력과 신형 전략무기 4종세트 등의 무기체계 변화사항을 반영했다. 특히 제8장 사회분야는 북한주민의 일상생활을 항으로 추가했고 특히 인류보편적인 가치인 북한주민의 인권사항을 중시 하여 한 개의 절로 추가했다.

코로나로 특히 출판경기가 어려움에도 제4판을 기꺼이 출판해준 오랜 지기(知己)인 탑북스 김광식 사장과 편집과 교정을 해준 조윤주님께 감사드린다. 아무쪼록 이 책을 통하여 많은 독자 제현들이 현대북한을 정확하게 이해하고 인식하여 나라도 지키고 통일의 그날도 가까워지게 했으면 한다.

2021년 1월 31일
남북이 하나되는 '둘하나연구소' 에서
저자 지식무사(Knowledge Warrior) 김 기 호 씀

제3판 개정판을 내면서

2018년 봄 한반도에는 기적같은 일이 일어났다. 남북정상이 판문점에서 악수하고 얼싸 안았다. 판문점 도보다리에서는 남북정상이 마치 연인처럼 다정하게 대화했다. 금방이라도 남북 간에는 70년 적대관계를 청산하고 평화가 도래하는 줄 알았다.

그러나 다년간 북한을 연구한 필자는 '거짓된 평화(Fake Peace)'라고 말했다. 더 위험할 수도 있으니 끝까지 지켜보면서 대비해야 한다고 역설했다. 그러면서 "**우리 사회가 북한을 몰라도 너무 모른다**"는 것을 절실히 느꼈다.

이복 형 김정남과 고모부 장성택도 잔인하게 죽이던 자가 하루아침에 웃고 나오니 많은 국민들이 그에게 빠져들었다. 그리고 전쟁을 두려워하고 평화를 갈구하는 희망적 사고(Wishful Thinking)가 지배하다보니 애써 북한의 본성을 외면하는 것 같았다.

2018년 4월 판문점 선언 이후 1년이 지났다. 2019년 6월 남・북・미 정상이 판문점 공동경비구역(JSA)에서 극적으로 만났다. 그러나 바라던 완전한 평화는 도래하지 않았다. 지금은 불안한 평화와 긴장과 남남갈등만 증폭되고 있다. 더구나 실질적인 북한의 비핵화는 진행되지 않고 있다. 오히려 북한의 핵무기는 더욱 고도화되고 있다.

우리는 공산주의자들인 북한의 지도자와 엘리트들에 대해서 너무 무지하다. 자유월남과 공산 월맹과의 파리평화협정은 결과적으로 월남을 멸망시켰다. 히틀러와 챔벌린의 뮌헨협정도 결과는 히틀러의 침략으로 돌아왔다. 결국 평화와 자유는 '지킬 수 있는 자만의 것'임을 역사는 증명하고 있다.

따라서 필자는 이 책을 통하여 독자 제현들이 적과 동포가 함께 있는 북한에 대해서 정확하게 이해하길 바라는 마음이 간절하다. 이 책의 제2판은 2018년 1월 현황까지 반영했다. 제3판은 지난 1년 여간 변화된 내용을 2019년 6월을 기준으로 업데이트하였다. 이 책이 현대 북한에 대한 주요 분야를 진단하고 전망하며 통일분야까지 망라하다 보니 이 책의 수요가 증가하고 있다. 그래서 개정판 제3판을 출간하게 되었다.

어려운 출판 경기에도 제3판을 출판해 준 지기 탑북스 김광식 사장과 편집과 교정을 해준 편집주간 이신정님께 감사드린다. 북한에 대해 무지함에도 불구하고 대학에서 점차 북한에 대한 수업시간이 줄어들고 있어 안타깝다. 아무쪼록 이 책을 통하여 현대 북한에 대해 정확하게 이해하여 안보도 지키고 통일까지 내다볼 수 있으면 하는 바램이다.

2019년 6월 25일(6.25 69주년에)

서울 강서구 마곡동 궁산 밑 숙소 서재에서
저자 지식무사(Knowledge Warrior) 김 기 호 씀

제2판 최신증보판을 내면서

현대의 북한을 정확하게 이해해야 한다는 오로지 사명감에 겁 없이 『현대 북한 이해』를 2016년 7월 1일부로 출간했다. 그러나 2학기 교재로 쓰여 질 수 있도록 출간을 재촉하다 보니 2016년 5월의 7차 당대회 결과는 반영하였으나 6월 29일의 13-4차 최고인민회의 결과를 미처 반영하지 못했다. 부랴부랴 국방위원회가 국무위원회로 변경된 내용을 정오표로 끼워 넣었다.

그럼에도 불구하고 뜻을 같이하는 선후배 동료 교수들의 성원으로 많은 대학에서 교재로 채택되어 제2판을 발간하게 되었다. 특히 이번 제2판은 김정은의 북한이 6차 핵실험을 강행하는 등 전 분야에 걸쳐서 '속도전'을 전개하고 있어 변화된 부분이 많아서 최신증보판으로 펴내게 되었다.

대학교재 성격의 학술서적을 출간한다는 것이 어려운 공급 구조를 볼 때 대단한 용기와 모험이 필요한 것이기에 제2판을 내게 되어 기쁘기도 하지만 책임감 또한 크다. 더욱이 방송 등을 통하여 북한전문가로 알려지게 되니 중압감이 크다.

물론 『현대 북한 이해』 초판은 필자의 박사학위 논문을 기초로 저술한 『북한 체제 진단』(국방대학교, 2010)을 골간으로 대학과 대학원에서 수년간 수업을 하면서 보완하여 발간한 것이었다. 그럼에도 불구하고 많은 부문에서 대폭 개정 보완할 필요성을 느꼈다. 하여 더운 여름방학과 추운 겨울방학 동안 개정 증보판을 작성하게 되었다. 책의 커다란 목차와 구성은 초판을 따랐으나 세부목차와 통계자료 등 다음과 같이 대폭적인 보완을 하였다.

첫째, 정치, 경제, 외교, 군사, 사회, 교육, 문화 등 전 분야에 걸쳐서 김정은 시대의 변화하는 부문을 최신화 하였다. 자료의 공신력을 높이기 위하여 정부기관의 통계를 이용하여 대부분 2016년 기준과 일부 2015년 기준 통계를 활용하였다. 특히 통일교육원이 발간한 『2017~2014 북한이해』와 『2017~2014 통일문제 이해』와 통일부의 북한정보 포털 등을 이용하여 주요 내용, 경제 현황, 지표 등을 대폭 최신화 하였다.

둘째, 특히 정치와 경제, 외교, 군사, 사회 분야는 변경된 부분이 많아서 주요내용을 다 망라하고 각종 현황을 최신화 하였다. 예를 들면, 경제현황은 2016~2015년 기준, 사회현황 그중에서도 북한이탈주민의 입국 현황은 2017년 9월 기준, 군사 현황은 2016~2017년 말을 기준으로 최대한 최신화하였다. 그러다보니 많은 내용이 추가되어 책의 분량이 초판보다 대폭 증가되었다.

개정 증보판을 출간하다보니 초판에서의 미숙함과 부족함이 저자에게도 많이 보였다. 그럼에도 대학 강단에 있는 많은 선후배 동료들이 졸저를 교재로 채택해주고 격려를 해주는 덕분에 무더위와 싸워 이길 수 있었다. 북한에 대한 편향된 이해와 무지가 국가안보를 위협하고 대북정책을 그르치며 통일을 멀게만 하고 있다. 이런 문제 인식과 사명감이 이 책을 저술하게 된 동기이다.

심지어 판문점 공동경비구역(JSA)에서 자유를 향해 필사의 탈출을 한 북한 귀순병사의 건강 및 위생상태가 북한의 생활수준 등 실상을 적나라하게 입증하고 있음에도 이를 애써 외면하는 세력이 많다.

마지막 교정을 마치고 뒷동산에 올라 북녘하늘을 바라보았다. 민둥산과 야지인 황해남도 관산반도 일대와 한강 하구가 보였다. 하루빨리 자유로와 1번 국도를 통해 평양까지 아니 압록강까지 달리고 싶다.

제2판 최신증보판을 독촉하면서 출판경기가 어려움에도 기꺼이 출판해준 오랜 지기 탑북스의 김광식 사장과 세밀하게 교정해 준 이신정 님께 감사드린다. 좁은 서재에서 선풍기 하나로 버티고 있는 필자에게 과일 등으로 체력을 유지시킨 아내에게 감사드리며, 유난히 할아버지를 자랑스럽게 생각하는 6살 외손자 선호에게도 대견함과 고마움을 표하고 싶다. 특히 초판 저서 전체를 정독하고 정성스럽게 세밀한 정오표를 작성해 준 이준안 KBS 뉴스 해설국장께 진심어린 감사를 드린다.

2018년 1월 초순

서울 강서구 마곡동 궁산 밑 숙소 서재에서

저자 지식무사 **김 기 호** 씀

책머리에

남북이 분단된 지 70년이 지났다. 다시 말해서 북한 김가 수령독재체제가 존속되어 온지도 70년이 넘어갔다는 뜻이다. 인생에서도 70년의 수명이 드믈어서 고래희[古來稀=고희(古稀)]라고 하듯 지구상 모든 독재국가도 70여년의 수명을 전후로 사라졌다. 그러나 북한만은 **수수께끼**처럼 유일하게도 3대세습 독재체제를 유지하면서 70년 넘게 버티어 내고 있다.

"도대체 북한은 어떠한 독재체제이기에 유일하게 3대를 세습하면서 70년 넘게 존속되고 있는가?", "도대체 이 **수수께끼**같은 북한체제는 앞으로 변화할 것인가?" 또한 "통일문제와 비전은 무엇인가?" 이것이 이 책의 핵심 주제이다.

지구상 모든 사회주의 체제국가는 붕괴되었거나 체제변동을 겪었다. 그러나 유독 북한 사회주의 김가왕조만이 유지되는 **수수께끼**와 같은 이유는 무엇인가? 많은 북한 연구자와 소위 전문가들이 북한독재체제가 그리 오래가지 못할 것이라고 오래 전부터 수차례 전망하였다. 더욱이 2011년 말에 김정일의 급사로 나이가 어리고 경험이 없어 권력기반이 미약한 김정은이 집권하면서 공포정치로 권력을 장악하자 북한 붕괴론은 또 다시 고개를 들었다. 그러나 이를 비웃기나 하듯 김정은 체제는 집권 5년차인 2016년 5월에 제7차 당대회와 6월에 13-4 최고인민회의를 개최하여 본격적인 김정은 시대를 열어가고 있다.

따라서 본 저서는 현대 북한을 올바르게 이해하기 위해서 역사, 정치, 경제, 군사, 외교, 사회, 문화의 주요분야를 진단하고 북한의 변화를 추동 및 억제하는 이론과 요인을 분석하였다. 그리고 시대적 과제인 남북통일정책을 비교하여 설명하였다.

필자가 살고 있는 행주산성 부근의 뒷동산에 오르면 바로 북한이 눈앞에 보인다. 그러나 막상 우리는 북한에 대해 아는 것이 별로 없다. 차로 한 시간도 못되어 다다를 수 있는 거리에 살고 있지만 맘대로 볼 수도 없고 갈 수도 없기에 의문만 커져갈 뿐 속 시원한 해답은 찾을 수 없다. 그래서 북한 문제만 나오면 골치 아프고 답답해서 애써 외면하게 된다. 그렇지만 외면할 수도 없다. 외면하려고 해도 미사일과 포를 쏘아대고 핵실험을 하면서 우리를 겁박한다. 더욱이 북한이탈주민들을 통해 듣는 북한주민의 삶은 인간 이하의 삶이다.

북한은 정말 아주 사악하고(Bad) 미친 존재(Mad)인 동시에 가슴 아린(Sad) 존재인가 보다. 북한은 정치·군사적으로 대결상태에 있는 경계의 대상이다. 그러하기에 북한군은 한국군의 적이다. 그러나 김가 세습왕조 독재정권의 압제를 받고 있는 북한 주민들은 남이 아닌 우리 민족의 일부이고 우리 동포이다. 북한은 적이기도 하면서 동포가 혼재되어 있는 이중적 존재이다. 마치 샴쌍둥이와 같이 한 몸(민족, 영토, 동포 등)인데 두 얼굴(정신, 사상, 영혼 등)을 하고 있어서 다루기가 너무 곤란하다.

그 결과 북한 정권에 대한 인식이 대결상태에 있는 적에 비중을 많이 두는지 아니면 동반자로 껴안고 가야 할 대상이라는 점에 비중을 많이 두는지에 대북정책이 변천을 겪으면서 혼란을 겪고 있다.

따라서 이러한 혼란을 극복하고 올바른 대북한 정책과 통일정책을 펼쳐나가기 위해서는 북한에 대한 올바른 이해와 인식이 선행되어야 한다. 북한 정권은 어떤 성격이며, 이들의 목표는 무엇인지 분명하게 인식하고 대비하여야 국가 안보를 유지할 수 있다. 또 한편으로는 북한 주민들이 어떤 환경하에서 어떻게 살고 있는지 올바르게 그 실상을 이해하여야 한다.

그러나 불행하게도 북한 연구는 자료가 제한되고 연구방법이 척박한 연유로 인해 편향된 시각이 많은 것이 사실이다. 북한 연구의 출발이 일부 진보적 외국 학자들을 추종하는 진보학자들에 의해 많이 이뤄지다 보니 많은 북한 전문가들이 좌측으로 경도되는 현상을 보이고도 있다. 북한을 좌우 균형된 시각에서 이해하여야 하지만 균형을 뛰어 넘어서 적과 동포를 식별해서 정확하게 꿰뚫어볼 수 있어야 한다는 것이 필자의 생각이다.

위와 같은 인식을 바탕으로 이 책은 다음과 같이 구성하였다. 제1부는 총론으로 북한 이해 및 연구동향과 북한체제의 형성과 김일성 - 김정일 - 김정은에 대해 기술하였다. 제2부는 북한 체제의 주요 분야별로 이념, 정치권력, 경제, 군사, 사회 및 통제, 교육 및 문화 등을 설명하고 진단하였다. 제3부는 북한 체제의 변화 진단과 남북한의 통일정책을 비교 분석하였다. 총 3개부 12개장의 편성은 대학교 1개학기 수업을 고려하였다.

책을 낸다는 것은 두렵고 부담되는 일이다. 그러나 오랜 지기(知己)인 탑북스 김광식 사장의 독려와 편집주간 이신정 님의 정성스런 편집과 교정이 있었기에 가능했다.

또한 국방대학교, 경기대 정치전문대학원, 홍익대에서 저자가 이 저서로 직접 수업을 하면서 검증과정을 거쳤다. 무엇보다도 대학 강의와 방송활동을 빈번히 하면서『현대 북한 이해』책을 꼭 집필해야 한다는 천명(天命)과도 같은 사명감에서 일을 저지르게 되었다. "남한사회는 북한을 몰라도 너무 모른다."는 북한이탈주민의 한결같은 말처럼 우리는 북한에 대한 이해가 너무 부족하다.

다행이 하나님께서 부족한 필자에게 지혜를 주셨고 사랑하는 아내의 기도가 힘이 되었다.

아무쪼록 이 책이 북한체제를 보다 더 근접하게 이해하고 분석하고 진단하게 하며 아울러 대북정책 및 통일정책 수립에 기여하기를 소망한다. 대학 교재수준으로 구성하였지만 이 책을 통하여 일반 독자 제현들도 북한을 정확하게 꿰뚫어보며, '**북한 수수께끼**'를 풀 수 있으리라 확신한다.

독자 제현들의 질책과 올바른 북한이해를 통한 위대한 통일 대한민국을 기원하면서……

2016년 6월 30일

저자 지식무사 **김 기호** 씀

차 례

제5장 북한의 경제

제6장 북한의 군사

제3부 북한 체제의 종합진단과 통일

제10장 북한 체제의 종합진단

제11장 통일문제 이해

제12장 통일 미래 비전과 통일 준비

제 1 부

북한 연구 동향과 '김가왕조'의 형성

제1부 북한 연구 동향과 '김가왕조'의 형성

북한은 적과 동포가 혼재되어 있는 이중적 존재이다. 이와 같은 '북한의 이중성'으로 인하여 각기 정향에 따라 편향된 북한이해의 시각을 지니고 있다. 이는 북한의 실체적 진실에 대해서 명확하게 알지 못할 뿐더러 북한을 정확하게 진단하지 못하는 데서 기인한다.

북한은 정상적인 국가가 아니라 '김일성 - 김정일 - 김정은'으로 이어진 세습 '김가왕조' 체제이다. 이것이 본 저서의 총론적 성격을 지니고 있는 제1부의 핵심이다.

따라서 제1부는 "북한을 어떻게 볼 것인가?" 하는 '북한이해의 관점 및 연구동향'과 '김가왕조의 형성'에 대해 기술했다.

제1장에서는 북한 이해의 시각과 연구동향을 살펴본다. 북한체제에 대한 연구시각과 북한체제의 성격 규명을 둘러싼 '보편성'과 '특수성'을 분석한다.

제2장에서는 김일성을 빼놓고서는 북한의 역사를 설명하기 곤란하기에 김가왕조의 시조인 김일성을 중심으로 북한체제의 형성에 대해서 살펴본다. 또한 세습 군주인 김정일과 김정은에 관해서도 알아본다. 특히 '김가왕조'의 형성과 유지를 위해서 역사까지 조작하고 과대 포장하는 북한의 습성을 파헤쳐 본다.

제 1 장

북한 이해와 연구 동향

도대체 북한은 우리에게 무엇인가? 어떤 성격의 존재이기에 무엇이 우리를 힘들게 하고, 또 다른 무엇이 우리의 가슴을 아리게 하는가?

북한은 정치・군사적으로 대결상태에 있는 경계의 대상이다. 그러하기에 북한군은 한국군의 주적(主敵)이다. 그러나 김가 세습왕조 독재정권의 압제를 받고 있는 북한주민들은 남이 아닌 우리 민족의 일부이고 우리 동포이다. 북한은 적(敵)이기도 하면서 동포가 혼재되어 있는 '**이중적 존재**'이다. 북한은 우리와 대결상태에 있는 경계의 대상임과 동시에 민족공동체 건설을 위해 협력해 나가야 할 상대이기도 하다.[1]

이른바 '**동반자여야 할 적**'이다.[2] 마치 샴쌍둥이와 같이 한 몸(민족, 영토 등)인데 두 얼굴(마음, 정신, 영혼 등)을 하고 있어서 다루기가 너무 곤란하다. 그 결과 북한에 대한 인식이 대결상태에 있는 적에 비중을 많이 두는지 아니면 동반자로 껴안고 가야 할 대상이라는 점에 비중을 많이 두는지에 따라서 대북 정책의 차이가 발생하게 된다.

이렇듯 북한에는 우리에게 총부리를 겨누는 세력도 있고 그들의 압제에 굶주리며 시달리는 동포도 섞여있다. 우리는 이러한 현상을 '북한의 이중성'이라고 칭한다. 북한의 이중적 특성이 북한연구와 대북정책을 어렵게 하고 있는데다가 연구자 및 집단의 성향이 가중되어 북한을 이해하다보니 사회갈등만 증폭되고 있는 현실이다.

따라서 북한을 올바르게 이해하고 진단하기 위한 첫 단계로 제1장에서 북한이해와 연구동향을 비교적 상세히 기술한다. 제1절에서는 북한이해의 연구의 시각들을 소개한다. 제2절에서는 북한연구동향으로서 여러 가지 접근방법과 북한체제의 성격을 둘러싼 보편성과 특수성 논쟁을 소개한다.

---

1) 통일부 통일교육원, 『2019 북한이해』(서울: 통일부 통일교육원, 2018.12), p. 8. 북한과 우리는 아직도 대결상태를 청산하지 못한 채 정전상태에 있으며, 실제로 북한은 천안함 폭침과 연평도 포격 도발처럼 우리의 안보를 심각하게 위협하고 있다. 다른 한편, 북한은 우리와 함께 미래의 한민족공동체를 실현해 나가는 과정에서 우리가 숙명적으로 끌어안아야 할 존재이기도 하다.

2) 이상우, 『북한정치: 신정체제의 진화와 작동원리』(서울: 나남, 2008), p. 12.

제1절 북한 이해와 연구의 시각

1. 샴쌍둥이 같은 이중적(二重的) 존재

"북한을 어떻게 볼 것인가?" 하는 북한 연구와 이해의 관점은 북한 체제의 성격과 특성부터 명확하게 이해하는 데서 출발하여야 할 것이다.

▲ 악마와 노예가 함께 붙어있는 샴쌍둥이

먼저 북한은 마치 한 몸에 두 영혼(One Body, Two Souls)이 있는 '샴쌍둥이' 같은 두 얼굴을 하고 있어서 이해하기가 어렵다. 북한의 한 얼굴은 우리에게 주적으로서 경계의 대상이자 방어해야 할 대상이다. 그러나 또 다른 한 얼굴은 우리의 동포로서 도와주고 협력해야 할 대상이다. 전자가 김정은을 비롯한 북한의 통치집단이라면 후자는 그들에게 압제당하고 있는 불쌍한 북한주민을 의미한다.

이처럼 북한이 **두 얼굴을 가진 이중적 존재**라는 특성을 명확하게 이해하는 것이 북한이해와 접근의 가장 중요한 준거가 된다.

북한의 이러한 이중적 특성을 명확하게 이해하지 못한 상태에서 각자의 이념 정향에 따라 북한을 대하려고 하면 대북정책에 혼선만 생기고 남남갈등만 조장하게 된다. 북한을 주적과 대결의 상대로만 볼 경우 동포인 불쌍한 북한주민을 보지 못하게 되며, 반대로 북한을 불상한 동포로만 볼 경우 우리를 공격하려는 '사악하고 미친(Bad and Mad)' 무리들을 볼 수 없게 된다.[3)]

따라서 북한의 두 얼굴인 존재의 이중성을 항상 인식하여 적과 동포를 구분한다

3) Hazel Smith, "Bad, mad, sad or rational actor?: Why the 'securitization' paradigm makes for poor policy analysis of north Korea," *International Affairs*, Vol. 76, No. 1, 2000, pp. 111-132.

면 대북 및 통일정책에서 혼선을 최소화할 수 있을 것이다. 지난 시기 우리는 두 얼굴을 구분하지 못하고 불쌍한 북한 동포에 집착하여 쌀을 비롯하여 '무조건 퍼주기식'의 대북정책을 전개한 적이 있었다. 그러나 실제로 쌀을 비롯한 대북지원은 불쌍한 동포들에게 수혜가 돌아가지 않고 결과적으로 김가왕조 독재정권의 핵과 미사일 개발에 이용만 당했을 가능성이 높다.[4] 그러므로 북한의 이중성을 정확하게 파악하지 않은 채 접근하면 결과적으로 북한의 독재정권을 도와주는 꼴이 되고 오히려 불쌍한 동포들을 더욱 불쌍하게 만들게 된다는 사실에 유념하여야 한다.

이러한 북한의 특성과 현실 속에서 우리에게 요구되는 것은 건전한 안보관을 바탕으로 통일조국의 먼 미래를 내다보는 지혜와 노력이다. 장차 한국 주도의 통일을 지향해 나가는 과정에서 북한은 대한민국의 갈라진 반쪽으로서 장차 민족공동체 건설과 통일을 위하여 하나가 되어야 할 존재이기 때문이다. 북한이 이중적 존재라는 특성은 우리가 안보를 수호하는 동시에 통일을 지향하는 과정에서도 기준이 되어야 할 것이다.

이를 위해서는 통일의 상대방인 북한을 제대로 명확하게 이해할 필요가 있다. 왜냐하면 국민의 북한 이해와 인식이 정부의 대북정책에 커다란 영향을 미치기 때문이다. 또한 북한의 이중적 특성에는 겉과 속이 다른 두 얼굴을 항상 갖고 있다는 점이 추가된다. 따라서 그들의 분장한 얼굴이 아닌 민낯(진면목)을 꿰뚫어 볼 수 있는 혜안이 필요하다.

2. 북한 이해와 연구의 시각

북한 연구에 대하여 우리사회는 구성원들의 이념과 세대와 집단에 따라 서로 다르게 인식하는 시각(perspective)을 갖고 있다. 이는 남북한의 정치 및 군사상황을 둘러싸고 있는 고도의 이데올로기(ideology)적 양극성과 북한의 이중성 등으로 인한 인지적 왜곡(perceptional distortion) 때문에 북한 연구에 가치중립적 접근법

4) 한국의 역대 정부의 대북정책의 혼선과 진보와 보수 좌우의 남남갈등은 북한의 이중성을 이해하지 못한 연유가 크며 적과 동포에서 어느 한쪽에 과도한 비중을 두었기 때문이다. 지난 시기 편향된 대북지원이 북한의 핵개발 자금에 이용되고 천안함 폭침, 연평도 포격 도발 등 우리에게 총알로 되돌아 왔던 교훈을 상기할 필요가 있다.

(approach)을 적용하기는 어려웠기 때문이다.[5] 또한 1980년대 이전 한국의 북한 연구는 북한과 대치하고 있는 상황에서 정부의 대북정보 필요성을 충족시키기 위한 정책지향적 분석이나 대국민 홍보를 위한 북한 생활자들의 체험적 서술이 주류를 이룬 때문이기도 하다.[6]

그러나 문제는 다르게 인식하는 차원을 넘어 어느 한편에 지나치게 경도된 편향성을 띠고 있는 데 있다.[7] 특히 역사학계와 영화, 문화 및 특정 종교 등의 분야에서의 대북 편향성은 친북(親北) 내지 종북(從北) 현상을 띠면서 심각한 문제로 대두되고 있다.

따라서 우리가 편향, 편견, 감정과 개인 및 정파의 이해관계에서 벗어나 북한을 올바르고 명확하게 이해하기 위해서는 다음과 같은 점을 항상 유념하여야 한다.

첫째, 북한의 이중성을 인식하면서 균형된 시각에 바탕을 두고 명확하게 북한의 실체적 진실을 바라보아야 한다. 즉, 북한은 한편으로는 같은 '민족(民族)'이요, 다른 한편으로는 무력으로 대치하고 있는 '적(敵)'이라는 이중적 실체이기에 어느 한편에 편향되지 않는 균형적 인식을 가져야 한다. 좌・우, 진보・보수라는 2분법적 사고와 기준으로 북한을 바라보면 어느 한쪽에 지나치게 치우친 편향성을 가질 수밖에 없다.

그러나 균형된 시각을 견지한다고 해서 적과 동포를 항시 중립적 관점에서 바라보라는 의미는 아니다. 기본적으로 균형된 시각을 유지하되 적과 동포의 두 얼굴을 명확하게 구별하여 바라볼 수 있어야 한다는 의미가 강하다. 균형된 시각이란 북한을 볼 때, 적의 모습만 바라봄으로 동포를 보지 못하거나, 반대로 동포만 바라보다가 적의 모습을 보지 못하지 말고 둘 다 보아야 한다는 의미이다.

둘째, 북한 당국의 '겉과 속'이 다른 '또 다른 이중성'을 올바르게 바라볼 수 있어야 한다. 역사적으로 볼 때 공산주의자들이 늘 그래왔듯이 북한 공산정권도 겉과 속이 다른 두 얼굴을 가지고 있다. 즉 북한은 겉과 속이 다르기 때문에 겉으로 내세우는 것과 숨겨진 속을 깊게 들여다 볼 수 있어야 한다. 우리가 접근할 수 있는 북

---

5) Samuel S. Kim, "Research on Korean Communism: Promise versus Reformance," *World Politics*, Vol. XXXII, No.2, Jan. 1980, p. 283.

6) 이종석, 『새로 쓴 현대북한의 이해』(서울: 역사비평사, 2005), p. 90.

7) 더 큰 문제는 사회 구성원들에게 올바른 방향을 제시해야 할 소위 북한 학자 및 전문가의 일부는 북한에 대한 편향된 연구정향과 태도를 갖고 있다.

한의 TV방송(조선중앙방송)이나 신문(노동신문) 등 언론매체는 북한 체제의 선전도구 성격이 강하기 때문에 이를 통한 북한의 실상파악에는 한계가 있다.[8] 따라서 북한이 표방하는 겉모습에 말려들게 되면 항시 북한을 오판하게 된다. 북한은 항상 겉으로는 평화협상을 제의하면서도 속으로는 전쟁 및 도발 준비를 해왔기 때문이다.

우리는 광복 및 분단 이전부터 지금까지 북한 공산주의자들과 김가정권의 겉모습에 수없이 현혹되어 북한의 실체적 진실을 명확하게 바라보지 못했기 때문에 북한의 숨겨진 비수에 자주 찔리고 있다. 북한의 6・25전쟁 도발과 제1, 2차 연평해전(1999, 2002), 대청해전(2009), 천안함 폭침(2010), 연평도 포격도발(2010) 등이 대표적인 사례이다. 또한 우리는 2018년 4월 남북정상의 판문점 선언과 6월 미북정상의 싱가포르 선언으로 한반도에는 북핵문제가 해결되고 평화가 도래하는 줄 알았다. 그러나 2019년 2월 하노이 미・북정상회담에서 핵협상은 결렬되었고, 북한이 새로운 노선을 천명하면서 핵협상은 교착상태에 빠졌다.[9] 특히 우리사회에는 북한의 대남적화 전략은 간과한 채, 북한의 핵・미사일 개발이 미국 때문이며, 또는 미국과의 협상용이라든가 심지어 통일되면 우리 것이 된다는 망상에 사로잡혀있는 자들도 많다. 북한 공산독재정권의 행태는 항시 비수를 숨긴 채 불쌍한 동포의 얼굴을 가장하기 때문에 명확하게 그 실체적 진실을 꿰뚫어 보는 것이 중요하다.

셋째, 북한은 초기에는 사회주의 체제로 출발했으나 다른 사회주의 국가에서는 찾아보기 힘든 '유일독재체제(唯一獨裁體制)'로서 3대에 걸쳐 권력이 세습된 왕조체제이기에 '보편성'과 '특수성'의 관점에서 북한을 볼 수 있어야 한다. 북한이 표방하는 '우리식 사회주의 체제'는 보편적으로는 기존의 사회주의 체제와 유사한 면이 있으면서도 북한에서만 볼 수 있는 이른바 '북한적 현상'이라는 특수성이 많다. 북한체제가 지닌 이러한 특성을 올바르게 이해하고 꿰뚫어 보지 못한다면 북한사회의 본질과 북한당국의 의도를 정확하게 파악하기 어렵다. 따라서 북한체제에 대한 외형적 이해를 넘어서 북한사회의 실체적 진실을 명확하게 바라보고 그 본질을 구조적이고 체계적으로 이해할 수 있어야 한다.

---

8) 통일부 통일교육원, 『2016북한 이해』(서울: 통일교육원, 2016), pp. 14-15. 북한 독재정권은 칼과 붓으로 유지되기에 붓만 바라보다 보면 북한의 홍보전략에 이용당하게 되고 종국에 가서는 칼에 찔리게 된다. 김기호, "김정은의 '칼과 붓'의 노래", 『조선Pub)』(2013.12.17.)

9) 『한국일보』(2020.9.14.), "하노이 북미정상회담 결렬은 핵시설 5곳 폐쇄 합의 불발 때문?"; 북한이 핵시설 5곳 중 영변 1곳만 노출시키고 나머지는 은폐시켰기 때문이다.

넷째, 북한에 대한 올바른 이해와 분석을 위해서는 김정은의 공포정치, 식량난, 경제난, 탈북자 증가 등 현재 나타난 현상에 머물지 말고 이러한 현상들을 초래한 북한체제의 근본 요인 등이 무엇인지를 꿰뚫어 볼 수 있어야 한다. 아울러 이러한 현상을 분석할 때에는 자유민주주의와 시장경제, 자유와 인권, 복지 등 인류 보편적 가치 기준과 궁극적으로 통일한국을 바라보면서 판단하고 접근하는 태도가 필요하다.

북한을 이해하는 관점과 시각은 '적과 동포의 이중성', '겉과 속의 두 얼굴', '보편성과 특수성' 등에 착안해서 그 감춰진 의도를 파헤치고 진실을 밝혀야 한다. 최근 『재미동포 아줌마, 북한에 가다』의 저자는 북한의 '이중성'과 '두 얼굴' 중에서 북한이 보여주고 싶은 그들의 겉모습만 보았음에도 적지 않은 세력들이 이에 동조하고 있다. 그 결과 북한 김가 독재정권의 홍보대사로 이용당하고 있음을 깨닫지 못하고 있는 대표적 사례이다. 또한 김정은을 노동당위원장으로 추대한 2016년 제7차 당대회에서 북한은 외신기자 100여명을 초청했지만 정작 당대회 취재는 통제하고 보여주고 싶은 곳만 보여주었다.

북한 독재정권을 바라볼 때는 이들의 시커먼 속마음까지 꿰뚫어 볼 수 있어야 한다. 북한 정권이 겉으로 보여 주는 얼굴만 보고 북한을 이해한다면 결국에는 북한의 선전도구로 이용당하는 우(愚)를 범하기 때문이다. 또한 북한이 상투적으로 들고 나오는 '우리민족끼리'에도 함정이 있음을 꿰뚫어 볼 수 있어야 한다. 우리가 말하는 '같은 민족'이란 약 반만년 역사 속에 핏줄을 이어온 한민족(韓民族)이라는 의미이다. 그러나 북한이 내세우는 '우리민족끼리'란 한민족이 아니라 '김일성 민족'을 의미하는 것으로 변질되었다.[10)]

---

10) 김기호, "'우리민족끼리'의 함정" 『조선일보』(2013.3.2.) 참조.

따라서 이러한 혼란을 극복하고 올바른 국민적 공감대의 바탕 위에서 대북 및 통일정책을 펼쳐나가기 위해서는 북한에 대한 올바른 이해와 인식이 선행되어야 한다. 북한의 정권과 체제는 어떤 성격이며, 이들의 목적 및 목표와 전략은 무엇인지 분명하게 인식하고 대비하여야 국가안보를 튼튼히 유지할 수 있다. 더 나아가 북한 주민들이 어떤 환경하에서 어떻게 억압을 받으면서 살고 있는지 올바르게 그 실상을 이해하여야 장차 올바른 통일을 준비할 수 있다.

---

chosun.com 1등 인터넷뉴스 조선닷컴 - 오피니언

[출처] 본 기사는 조선닷컴에서 작성된 기사입니다. **조선일보**(2013년 3월 2일자)

[기고] '우리민족끼리'의 함정

김기호 경기대 정치전문대학원 교수

http://news.chosun.com/site/data/html_dir/2013/03/01/2013030101230.html

북한이 핵실험뿐만 아니라 인터넷 심리전에도 열을 올리고 있다. 북한은 지난달 19일 대남 심리전 웹사이트인 '우리 민족끼리' 유튜브에 3차 핵실험의 강행 이유가 미국의 적대행위 때문이라는 영상물을 올렸다. '우리 민족끼리'는 기사 및 논평, 동영상 게시는 물론 유튜브 · 트위터 계정을 보유하고 인터넷TV도 운영하고 있다. 북한은 '우리 민족끼리' 사이트 외에도 조선중앙통신과 노동신문에 홈페이지를 만들고 트위터와 유튜브를 개설했으며 지난달 1일 대표적 대남방송인 평양방송에 인터넷 사이트 '민족 대단결'을 또 개설하였다.

북한은 이렇게 '민족'이라는 용어를 사용하는 웹사이트를 잇달아 개설하여 대남 인터넷 심리전을 강화하고 있다. 이미 트위터 'uriminzok'은 수만명이 팔로잉하고 있고, 일부 우리 정치인도 리트윗하고 있다. 문제는 많은 사람들이 북한이 사용하는 '민족'이라는 용어의 함정을 모른다는 점이다.

북한이 내세우는 '민족'은 더 이상 '한민족(韓民族)'이라는 의미가 아니다. 북한은 2009~ 2012년 헌법과 당규약을 개정 · 수정하여 '한민족'을 '김일성 민족'으로 둔갑시켰고, 북한을 '김일성 조선'이라고 명기했다. 작년 4월 15일 김일성 탄생 100주년 연설에서 김정은은 "김일성 민족의 백년사는…"이라고 언급했다. 북한이 자랑하는 10만 명을 강제 동원하는 아리랑 공연의 마지막 장(章)도 '김일성 민족'으로 돼 있다.

북한은 김정일이 최고사령관으로 임명되어 군권(軍權)을 장악한 1991년 말부터 한민족을 김일성 민족으로 변질시키기 시작했다. 1994년 12월 단군제(祭)를 개최하면서 '김일성 민족'을 언급한 데 이어, 1995년 1월 평양방송은 "오늘 우리

민족은 수령(首領)을 시조로 하는 김일성 민족이고, 현대 우리나라는 수령이 세운 김일성 조선"이라고 주장했으며, 노동신문과 조선중앙방송도 '김일성 민족'을 외쳤다. 1990년대 말 구소련과 사회주의권이 붕괴하고 핵과 미사일 개발로 인해 국제사회로부터 지원이 단절되자 북한은 '우리 민족'이라는 구호를 들고 대남 선전 공세를 강화했다.

그 결과 북한은 2000년과 2007년 남북정상회담의 산물인 6·15, 10·4 남북공동선언에 "우리 민족끼리 통일한다"는 문장을 넣고 이를 재확인하는 성과를 얻었다. 그러나 6·15 공동선언의 "우리 민족끼리 통일한다"는 문장은 정확히 해석하면 "김일성 민족끼리 통일한다"는 뜻이다. 북한이 사용하는 '우리 민족끼리'라는 용어는 '김일성 민족주의자와 그에 동조하는 사람들끼리'라고 해석해야 정확하다.

북한은 '적(敵)'과 '동포'가 혼재하는 이중적인 존재이다. 독재자 김정은 일당과 이들에게 압제당하는 동포들이 하나로 붙어있는 샴쌍둥이다. 우리가 도와주고 보호해야 할 민족은 김일성 민족이 아니라 강제로 김일성 민족이라고 오도(誤導)되고 있는 북한 동포들이다. 적과 아군을 잘 구분해야 한다.

김일성 민족 세력이 노리는 것은 분명하다. 첫째는 한국인의 민족 정서를 자극해 대북 지원을 많이 얻어내려는 것이고, 둘째는 배타적 민족주의 감정을 부추겨 미국과 한국 보수세력에 반대하는 통일전선을 구축하려는 것이다. 북한 김정은 정권이 파놓은 '우리 민족끼리'의 함정에서 우리가 시급히 벗어나야 할 이유이다.

제2절 북한 연구 동향

사회과학 연구와 마찬가지로 북한연구도 학문적으로 접근하기 위해서 북한에서 일어나는 현상에 대해 잘 설명(explanation)하고 예측(prediction)하며 처방(prescription)할 수 있어야 한다. 북한연구가 학문적 기틀을 다지기 위해서도 현상(사실) - 이론 - 역사적 사례가 유기적으로 종합되어 연구되는 것이 바람직하다. 특히 북한은 자료(data)의 접근이 대단히 곤란하며 사실(fact)의 판단이 어렵기 때문에 다양한 방법론을 개발하는 것이 필수적이다. 비밀주의와 정보를 차단하고 조작하는 북한의 습성이 북한연구를 가로막는 가장 큰 장애물이지만 북한현상의 일반화를 위해서 북한연구에 적용 가능한 이론, 모델, 패러다임 등을 준용하는 것이 중요하다.

아직 북한연구의 경우 적실성 있는 이론이나 모델, 패러다임 등 연구방법론이 있다고 보기는 어렵다. 왜냐하면 남북대치 상황 하에서 북한은 학문적 연구의 대상이기에 앞서 대립과 방어 및 타도의 대상일 수밖에 없었기 때문에[11] '방법론적 예외주의' 내지는 '이론적 고립주의' 현상을 초래할 수밖에 없었다.[12]

한국에서 북한 연구방법론에 대한 논의가 시작된 것은 1970년대 중반이다.[13] 이 때의 논의는 주로 "북한을 어떻게 볼 것인가?" 하는 인식론적 연구시각의 정립 문제, 자료의 종류와 수집 및 분석 방법의 문제, 그리고 적절한 이론 틀(모형) 또는 접근방법의 적용과 개발문제 등이 주류를 이루어 왔다. 1980년대 후반이 되면서 실증적인 북한연구의 성과를 바탕으로 한 연구시각과 자료 및 이론 틀에 대한 논의가 본격화되었다.[14] 특히 "북한을 어떻게 보아야 하는가?" 하는 연구시각을 두고 인식방법과 북한체제의 성격과 관련하여 '특수성'과 '보편성'에 관한 논쟁이 전개되었다.[15]

1. 북한 연구 접근방법

북한을 연구하는 접근방법은 크게 인식의 관점과 이론의 구성이라는 두 가지 측면에서 논의할 수 있다. 먼저 인식의 관점은 연구자가 대상을 바라보는 시각으로서 대체로 외재적 접근법(external approach)과 내재적 접근법(internal approach)의 두 가지로 대별되어 왔다.[16]

---

11) 반공을 국시로 하던 그 때는 "북한은 무찌르자 공산당, 때려잡자 김일성" 구호가 보여주듯이 북한은 학문적 연구의 대상이기보다는 타도의 대상이었다.

12) 북한 연구동향에 관한 글은 주로 최완규, "북한연구방법론 논쟁에 대한 성찰적 접근: 연구시각・체제성격의 특수성과 보편성," 『북한연구방법론』(서울: 한울 아카데미, 2008), 9-45를 참고하였음. 그러나 불행하게도 북한연구는 자료가 제한되고 연구방법이 척박한 연유로 인해 편향된 시각이 많은 것이 사실이다. 또한 남북이 이데올로기와 무력 대치 상태가 지속되고 있기 때문에 오랫동안 한국의 북한연구는 순수 학문적인 차원에서 이뤄질 수 없었다. 한반도만 분단 이후 현재까지 냉전의 고도(孤島)로 남아 있기 때문에 북한연구는 주로 정치적, 이념적 이해관계와 정책적 수요차원에서 다뤄져 왔었다.

13) 그 때는 그저 서구 비교공산주의 연구 성과를 수입하여 소개하는 정도였지만 북한연구를 방법론 차원에서 다룬다는 것 자체가 새로운 시도였다. 최완규(2008), 위의 글, 9-45.

14) 이에 대한 자세한 논의는 최완규, 『북한은 어디로: 전환기 북한적 현상의 재인식』(경남대학교 출판부, 1996), pp. 19-70.

15) 최완규, 위의 책, pp. 11-12.

16) 송두율은 "내재적이란 뜻은 우리의 인식이 '경험'에 의거하고 있다"는 점을 강조한다. 따라

1) 외재적 접근방법

북한 연구의 시각에 대한 외재적 접근법이란 북한이라는 대상을 객관적, 외부적인 시각에서 분석하는 인식의 방법론을 말한다. 이 방법은 자유민주주의 시각에서 북한체제의 전반적 현상을 분석하려 한다. 북한사회를 설명하거나 비판할 때 우리는 의식적이든 무의식적이든 과거 반세기 동안 내면화된 자유민주주의 및 자본주의와 개인주의적인 논리를 준거의 틀로 설정하고 이 기준과 시각에 의해서 예단하거나 평가해 온 것이 사실이다.

2) 내재적 접근방법

북한 연구의 접근방법(시각)에 대한 학계 차원의 본격적인 논쟁은 송두율, 강정구, 이종석 등과 같은 진보성향의 학자들로부터 촉발되었다. 이들은 지나친 반공 및 반북의식과 자유민주주의의 잣대로만 북한을 바라보려는 연구경향 때문에 북한연구가 왜곡되어 왔다고 비판하고 있다. 이들은 북한을 바로 알기 위해서는 우선 북한사회를 그들이 설정한 이념과 논리에 따라 분석하고 평가하는 **'내재적(內在的) 접근(시각)'**이 필요하다고 강조하고 있다.[17] 이들은 북한의 특수한 현실을 고려하면서 북한사회의 각종 현상을 이해하려면 북한체제가 설정해놓은 이념과 논리를 기준으로 각종 사회현상을 분석해야 한다고 보는 시각을 지니고 있다.[18]

이 중에서 이종석은 송두율, 강정구 등의 내재적 접근과는 차이가 있다고 하면서 본인의 접근방법을 **'내재적 비판적 접근방법'**이라고 주장하였다. 이종석은 내재적 비판적 접근방법이란 "연구대상이 되는 사회나 집단의 내재적 작동논리(이념)를 이해하고 그것의 현실정합성과 이론·실천적 특질과 한계를 규명해내려는 접근 관점"이라고 내재적 접근과 차별화하려고 하였다.[19]

김진만은 외재적 접근법과 내재적 접근법이 각각 북한이해와 연구의 방법론으로서 기여한바 크지만 두 가지 시각(관점) 모두 한계를 지니고 있다고 다음과 같이 비

서 안에서 본다는 internal의 의미가 아니라 경험을 강조한 immanent 라고 주장한다.

17) 최완규, 앞의 글, pp. 14-19.

18) 김진만, 『북한학』(서울, 양서각, 2013), p. 13.

19) 이종석, 앞의 책, pp. 24-25.

판하였다. 외재적 접근법은 북한의 실상을 파헤치는 관점으로 기여해 왔지만 한편으로는 오랜 기간 단절에서 오는 차이나 북한체제의 특수성에 대한 이해나 반영에는 일정한 한계를 지닐 수밖에 없다. 내재적 접근법은 의도적이든 아니든 북한정권의 자기합리화나 체제 선전을 지나치게 부각시키는 오류를 범해왔다는 비판을 피하기 어렵다.[20)]

강정인은 내재적 접근론자들은 사회주의 이념과 목표에 따라 북한사회의 긍정적 측면을 부각시키는 데 고심한 나머지, 이를 과장하거나 북한체제를 무비판적으로 옹호하는 논리를 전개하기도 한다고 비판하였다. 특히 내재적 접근론자들은 북한체제의 부정적 측면을 정면으로 비판하지 않고 침묵하거나 가볍게 지나치거나 혹은 그것을 필연적인 역사적 산물로 해석하는 경향이 있는데 이것은 이들의 정치적, 이데올로기적 편향성과 일정한 상관관계를 가지고 있는 것으로 보인다고 하였다.

3) 비교분석, 구조적 분석, 구조-행위자 분석

비교분석은 북한을 다른 사회주의 국가들과 체계적으로 비교하여 분석 및 설명하려는 접근방법이다.[21)] '예외'는 '정상'과 비교할 때 선명하게 밝혀지듯이 비교(사)적 맥락에서 북한이 어떤 보편성과 특수성을 가지고 있는지 밝히는 것이다. 비교분석이 중요한 것은 북한체제의 특수성을 규명하는 것도 보편적 현상에 대한 광범한 관찰 및 같은 유(類) 또는 종(種)과의 비교를 통할 때 더욱 선명해지기 때문이다. 비교형태로는 분석대상에 따라 '비교사회주의', '비교공산주의', '남북한 비교' 등이 있으며, 시간을 기준으로 볼 때, 과거와 현재의 역사 공간을 오가며 비교할 수 있는 역사적 비교와 특정시대를 횡적으로 끊어 비교하는 통시(通時, 혹은 共時)적 비교방법이 있을 수 있다.[22)]

어떠한 사회 현상이든 그것은 특정 시점에서 행위주체와 환경과의 상호작용에 의해 발생한다고 볼 수 있다. 구조적 분석이란 바로 이 상호작용의 관점에서 연구를 진행하는 것이다. 아무리 북한이 김일성-김정일-김정은 유일지배체제라고 하나 70년간 지속되어 오는 동안 여러 가지 구조에 영향 및 제한을 받게 마련이다. 즉 행

20) 김진만, 앞의 책, p. 13.

21) 구갑우, "북한연구와 비교사회주의 방법론," 『북한연구방법론』(서울: 한울, 2008), p. 290.

22) 이종석, 앞의 책, pp. 28-29.

위주체(수령, 당, 군) - 사회(국가) - 남북 및 대외관계(세계)로 이어지는 일련의 구조적 맥락에서 연구대상을 분석하는 것을 일컫는다. 이 분석은 내부적으로는 정치, 군사, 경제, 사회, 문화, 외교 등의 구조가 어떻게 기능하고 상호작용하는가?에 관심을 기울인다. 예를 들면 국내 제 세력의 관계와 당과 국가, 당과 사회, 국가와 사회와의 관계 등에 관심을 가지는 한편 북한이라는 주체에 영향을 미치거나 상호작용하는 환경적 변수들과 내부적 변수들을 인과적 및 유기적으로 연결시켜 분석하려 한다.

구조적 분석 중 역사적으로 형성된 구조와 그 구조 속에 있으면서 다른 한편 그 구조의 일부를 이루는 행위주체 간의 상호작용에 주목하는 접근방법을 특별히 구조 - 행위자 분석이라고 할 수 있다. 즉 북한이라는 행위자를 둘러싼 외부환경 그리고 외부환경과 행위자와의 상호작용의 결과가 행위자에게 미치는 영향을 살펴보는 것이다. 탈냉전과 세계화와 지식정보화 시대가 가속화됨에 따라 국내문제가 세계문제화되고 세계문제가 국내문제화되는 최근의 추세로 인하여, 북한 연구에서 구조 - 행위자 분석의 유용성은 더욱 커지고 있다. 예컨대 탈냉전 이후 핵과 미사일 개발 등 북한을 둘러싸고 발생해온 다양한 '북한 문제'의 국제적 쟁점들을 이해하는데 이 분석이 매우 유용하다.[23]

비교 분석은 보편성에 비추어 북한의 특수성을 보다 더 명료하게 밝힐 수 있으며, 구조적 분석과 구조 - 행위자 분석은 북한을 연구함에 있어서 수령 권력에 집착하는 것을 방지하여 북한을 그저 '특수한 것'으로 고립화시키고 다른 국제적 행위자(global actors)들로부터 지나치게 차별화시키는[24] '북한 중심적 틀(Korea-centric Framework)'을 극복하는 중요한 대안이 될 것이다.[25]

4) 역사적 분석(역사 구조적 접근)

이론으로 설명할 수 없는 분야는 주로 역사적 사례분석을 통하여 주요 변인 등을 도출할 수 있다. 1990년 전후로 발생한 구소련을 비롯한 중동구권 사회주의 국가들의 붕괴사례와 2010년 초의 재스민 혁명 사례 등은 비록 북한과 차이점이 많다 할지

23) 이종석, 앞의 책, p. 29.
24) 이종석, 위의 책, pp. 28-29.
25) Samuel S. Kim, "Research on Korean Communism: Promise verse Perfomance," *World Politics,* (Jan., 1980), pp. 281-310.

라도 북한체제를 전망하는데 시사하는 바가 크다. 특히 불가측적인 북한의 행태를 접근함에 있어서 역사적 사례를 분석하는 일은 매우 유용하고 효과적인 방법이다. 예를 들면 1차 북핵위기로 인하여 4자회담 등 북핵 협상 및 제재와 북핵 개발과정의 사례는 2차 핵위기에도 6자회담 등 1차 북핵위기시와 거의 유사한 패턴으로 반복되었다. 특히 북한의 행동은 김일성 - 김정일 - 김정은으로 세습된 계승정치로 인하여 역사적 사례가 중요한 준거기준이 될 수 있다. 역사적 사례를 이론 및 모델과 적절히 상호보완하고 구조적 분석 등의 접근방법을 보완할 때 보다 더 근접하여 북한을 연구할 수 있을 것이다. 하나의 관성적 현상이나 인과적 법칙과도 같은 현상이 발생하여 시계열적(時系列的) 역사 공간 속에서 그 공간 혹은 그 안의 특정한 집단의 행위나 변화를 추적하는 역사구조적 접근도 더욱 유용할 것이다.[26] 예컨대 동서진영간의 대결이 붕괴되고 냉전에서 탈냉전으로 진행되는 세계사적 흐름과 그것이 초래한 북한 생존환경의 변화과정을 추적하는 것이 역사구조적 접근의 좋은 보기가 될 것이다.

5) 안보 패러다임과 민족 패러다임

우리사회 내에서 북한을 보는 시각의 균열현상은 비단 반공을 국시로 여기던 시기뿐만 아니라 지금도 여전하다. 이는 북한의 '이중성'과 연구자들의 이념 정향 차이가 북한연구에 대한 시각의 양극화 현상을 심화시키고 있기 때문이다. 이런 관점에서 북한 연구시각의 양극화 현상을 해소하기란 매우 어려울 수밖에 없으며, 또한 이러한 시각 논쟁은 일정부분 이념논쟁 내지 진보와 보수 등 정치노선의 성격을 띠고 있어서 북한 연구와 대북정책 방향에 갈등을 야기하고 있다.

북한이 현실적으로 무력으로 70년간 대치해 오고 있으면서 6 · 25전쟁을 비롯하여 수많은 도발을 해왔기 때문에 우리 국민들의 의식 속에서 북한은 항상 갈등과 대립을 일으키는 존재요, 불신과 타도의 대상이 될 수밖에 없다. 따라서 북한 연구에 있어서 국가안보차원의 시각이 북한 현상을 일방적으로 규정하려는 경향이 많았다.

이러한 현상을 스미스(Hazel Smith)는 안보쟁점화 패러다임(securitization paradigm)으로 설명하면서 바로 이 패러다임이 북한의 정책분석을 제대로 수행하지 못하게

---

26) 이종석, 앞의 책, p. 29.

한다고 지적한다.[27] 스미스가 개념화한 안보쟁점화 패러다임으로 보면 북한은 너무나 비합리적이며 불가지하다는 점에서 **'미친(mad) 행위자'** 이며, 규범적으로 수용할 수 없는 정책적 동기와 추진동력이 국가와 국가지도부의 특성에서 연유하는 것이기 때문에 **'나쁜(bad) 행위자'** 로 간주된다.[28] 이른바 '나쁜 행위자 명제(the bad thesis)'는 북한을 여타 문명세계와는 다른 목표를 추구하며 근본적으로 범세계적 공동체의 경계 밖에 있는 불량국가로 악의에 찬 호전적인 국가라고 가정한다. 또한 이 명제는 북한을 지구상에서 가장 잘 무장된 병영국가로 통일을 위해서는 남한과의 전쟁도 일으킬 의도와 능력이 있는 존재로 규정한다.[29]

'미친 행위자 명제(the mad thesis)'는 북한을 비합리적이며, 알기 어렵고 예측 불가능한 위험한 존재로 간주하면서 그 원인을 지도부의 나쁜 의도 탓으로 돌린다. 북한 정치는 종종 국제적 규범을 설명할 수 있는 수준에서 행해지지 않는 경향과 합리적 수준에서 최적의 선택을 명백하게 거부하는 비합리적인 행위 때문에 '미친(mad)' 짓으로 간주된다. 따라서 이 명제는 북한의 정책행위는 합리적인 수준에서는 예측이 불가능하다고 단정한다.[30] 그래서 북한(당국자)은 나쁜(bad) 행위자와 미친(mad) 행위자의 두 축을 기본으로 하여 바라보아야 한다.

그러나 또 한편으로 스미스는 안보패러다임의 대안으로 민족패러다임을 제시하면서 북한(주민)을 '애처로운 행위자(sad actor)'이며 [나름대로 그들(당국) 입장에서 볼 때] '합리적인 행위자(rational actor)'로 볼 것을 제안하고 있다.[31] 그는 국제인권조사기구의 결과를 보면서 "북한(주민)은 참으로 애처로운 사회이다."라고 한다. 식량부족으로 어린이들이 죽어가고 주민들이 영양실조에 시달리는 현상을 보면서 북한은 외부로부터의 도움이 절실하다고 호소한다. 민족 패러다임으로 북한과 교류협력을

---

27) Hazel Smith, *op. cit.*, pp. 111-132.

28) *Ibid.*, p. 115.

29) 북한은 6・25전쟁 도발을 비롯하여 최근에는 천안함 폭침, 연평도 포격 도발, 디도스 공격 등 약 3천건의 크고 작은 도발의 '나쁜(bad) 짓'을 상습적으로 해오고 있다.

30) 북한은 김정은 집권 초인 2012년 2월 29일 미국과 핵실험과 미사일 발사를 무기 개발을 중지하는 대가로 24만 톤의 영유아용 곡물을 지원받기로 합의한 '2・29합의'를 4월 13일 장거리 미사일을 발사하여 일방적으로 파기하는 '미친(mad) 짓'을 하였다.

31) 북한(당국)이 기본적으로 나쁘고 미친 짓과 속이는 짓을 일삼는 속성을 가지고 있기에 북한(당국)을 합리적인 행위자로 바라보기는 어려울 것이다. 여기서 합리적 행위자란 그들의 행태가 결국은 체제생존과 김가왕조 정권을 존속시키기 위한 것으로 귀결되기 때문에 그들의 입장에서 합리적으로(?) 바라보고 대비할 수 있어야 한다는 의미가 강하다.

활성화하고 지원해줄 것을 강조한다.

북한을 '안보패러다임(안보 우선주의)' 아니면 '민족 안보패러다임(민족 우선주의)'의 시각으로 바라보라고 강조하는 것은 북한이라는 연구대상 자체가 '이중적'이라는 점을 간과하는 데서 비롯된다. 북한의 이중성으로 인하여 북한 연구에 대하여 단일한 시각을 정립하는 것은 매우 어려운 일이다. 특히 편향된 시각이나 특정 패러다임에 경도되어 북한에서 일어나고 있는 '현상'을 어느 한 편에 치우쳐 해석하는 우를 범해서는 안 될 것이다.[32)]

2. 보편성과 특수성 논쟁

북한 연구에 있어서 '보편성'과 '특수성' 문제는 주로 북한 체제의 성격을 규명하는 논쟁으로 나타났다. 보편성이란 북한도 본질적으로 사회주의 국가이기 때문에 기존의 사회주의 체제가 갖고 있던 보편성을 지니고 있다는 데서 출발하자는 담론이다. 특수성이란 북한은 다른 사회주의 국가에서는 볼 수 없는 북한에서만 볼 수 있는 이른바 '북한적 현상'이라고 할 수 있는 특수한 현상이 많다는 것이다. 당과 국가 위에 수령이라는 유일절대권력체계와 종교 교리와 흡사한 주체사상(지금은 김일성·김정일주의), 그리고 왕조시대에 존재했던 권력세습 현상 등이다. 많은 북한연구자들이 북한적 특수성을 강조하면서 북한체제의 성격을 다음과 같이 다양하게 개념화하였다.

1) 국가체제의 특수성

(1) 조합주의적 사회주의 체제 모델

브루스 커밍스(Bruce Cumings)는 사회주의의 일반적 전례와 비교해보면 북한은 독특한 사회주의를 개척해 왔다고 하면서 북한의 특수성으로서 북한 국가체제의 조합주의적 특성을 제시했다. 커밍스는 북한의 국가체제는 김일성과 김정일 개인의

---

32) 북한(당국)이 bad 하고, mad 하기 때문에 "미친개에는 몽둥이가 약이다."라는 강경일변도로만 북한을 바라보는 것도 지양하여야 할 것이다. bad 하고 mad 하지만 그런 속성을 미리 알고 대하여야 한다. 때론 sad 하게 보이기도 하면서 나름대로 그들의 체제를 유지하는 측면에서는 rational 한 면이 있음을 유념해야 한다.

권력을 정점으로 하고 그들의 가족과 조선노동당, 빨치산파, 관료, 지식인, 전문인, 사무원, 프롤레타리아트, 농민이 하향식으로 위계질서를 형성하고 있는 유교적 조합주의 성격이 강한 사회구성체를 형성하고 있다고 주장했다.[33)]

(2) 유격대(정규군)국가 체제 모델

와다 하루키(和田春樹; Wada Haruki)는 북한은 김일성을 최고 사령관으로 하고 북한 인민 전체가 유격대 전사(戰士)되는 **'유격대국가'**와 같은 체제로 다른 사회주의 국가에서는 찾아보기 어려운 특수성이라고 지적한다.[34)] 그는 유격대국가의 핵심을 공산당, 국가, 사회단체가 일체화된 구조를 이루고 있으며 이 구조가 정치와 경제를 일원적으로 관리하는 체제라고 말한다. 와다는 김일성 사망으로 김정일이 집권하면서 북한이 1998년 개정헌법에서의 국가주석직 폐지와 국방위원회를 강화한 것을 주된 근거로 삼아 북한이 **'정규군국가'**로 변모되었다고 주장한다.[35)]

(3) 수령제 모델

북한 체제를 당 - 국가체제와 수령제의 결합 형태로 규정한 연구가 일본의 스즈키

---

33) Bruce Cumings, "북한의 조합주의", 『한국 현대사 연구 I』, 김동춘 엮음, 서울: 이성과 현실, 1988, 최완규, 앞의 글. pp. 27-28 재인용. 이 입장은 지배의 억압적 측면을 강조하는 전체주의 모델과 달리 체제와 지도자에 대한 인민의 자발적 지지에 관심을 갖는다. 그러나 사실 인민의 자발적 지지는 과거 유교의 영향이 매우 크다. 북한은 조선의 유교사상을 그대로 이어받은 상태에서 사회주의체제를 건설함으로써 매우 독특한 사회주의를 개척했다. 커밍스는 북한의 유교적 조합주의적 특성을 설명하면서, 지도자(정통성과 이데올로기의 카리스마적 원천으로 작동, 아버지와 같은 존재, 북한 가족의 우두머리, 정체의 머리와 마음), 당(정체의 핵심부, 통치자와 피치자를 연결시키는 혈맥, 어머니 당), 사상(민족과 지도자의 상징인 주체사상), 가족(사회의 핵심 단위), 혁명(지도자의 전기), 안내자(지도자의 후손, 미래를 상징, 가족 세습원칙의 확립), 집단(당과 가족을 매개하는 사회조직), 세계(태양, 즉 지도자를 중심으로 하는 국가 중심주의에 의해 구조화)가 상호 연결된 유기체가 북한 체제의 특성이라고 강조한다. 이 모든 것은 지도자를 중심으로 하는 여러 개의 동심원 구조를 유지하고 있고, 체제와 지도자에 대한 자발적 지지를 이끌어낸다고 주장하고 있다. 그러나 부르스 커밍스의 오도된 견해는 결과적으로 북한체제를 홍보하는데 이용당하고 있다. 왜냐하면 지도자에 대한 자발적 지지가 아니라 강요된 지지이기 때문이다. 그럼에도 부르스 커밍스의 연구는 북한 연구가들에게 많은 영향을 주면서 좌편향성을 증대시키고 있다.

34) 와다 하루끼, 『북조선: 유격대국가에서 정규군국가로』, 서동만 · 남기정 2002, 최완규, 위의 글, 재인용, p. 28. 그러나 와다의 유격대국가는 유격대 출신 김일성 1파의 권력독점 심화와 유격대식 '작풍'에 따른 규정일 뿐이라는 견해도 있다.

35) 서대숙도 김정일 시대에 이르러 북한은 군대가 곧 인민이며 국가이며 당이 되기 때문에, 최고사령관이 김정일 북한의 모든 것이 되는 '정규군국가'가 되었다고 주장한다. 서대숙, 『현대 북한의 지도자: 김일성과 김정일』(서울: 을유문화사. 2000), p. 223.

마사유키(Suzuki Masayuki)가 주장하는 수령체제이다.[36] 그는 수령체제를 "소련형의 당·국가 시스템 위에 수령을 올려놓은 체제" 혹은 "수령의 영도를 대를 이어 계속적으로 실현하는 것을 목적으로 하는 체제" 등으로 규정하였다. 수령제의 핵심은 수령의 유일적 영도, 즉 수령의 영도 아래 "한 사람같이 움직이는" 정연한 조직체계와 규율을 제도와 사상으로 보장하는 체제에서 찾을 수 있다고 강조한다. 여기서 수령은 "프롤레타리아 독재체제의 최고 뇌수이고 심장이며, 당, 계급, 대중을 하나로 결속시키는 유일한 중심"을 의미한다.

(4) 유일체제 모델

이종석은 스즈키의 수령제 모델이 북한체제 작동의 제도적 메카니즘이나 사회문화적 조건 등을 규명하는 데에는 부족한 점이 있다고 지적하면서,[37] 북한체제의 성격 규정을 단적으로 '유일체제'로 표현한다. 유일체제는 절재권력자인 수령을 중심으로 전체사회가 일원적으로 편재(偏在)되어 있는 체제로서 북한사회의 특징을 가장 분명하게 보여주고 있는 '북한적 현상'이라고 할 수 있다고 주장한다.[38] 왜냐하면 유일체제는 권력이 1인 집중이 어느 체제보다도 강도 높게 나타나고 있기 때문이다. 수령이 당·정·군의 모든 방면에서 유일 절대권력을 구사하고 있고 동원화되고 군사화된 사회체계와 유일사상체계 그리고 문화적으로 개인숭배 현상을 동반하는 체제를 의미한다.

(5) 극장국가체제

극장국가란 개념은 상징 인류학자인 클리포드 기어츠(Clifford Geertz)가 제시한 개념으로, 북한은 주로 물리적 강제력에 의해 유지되는 것만이 아니라 상징과 의례를 통해 정통성과 권위를 재생산하면서 일상적인 '동의'와 '동원'을 이끌어내는 '극장국가'의 상징권력에 의해 움직이고 있다는 입장이다. 최고 지도자는 제작자이자 주연 배우, 당과 군의 간부들은 연출, 선전선동분야의 다양한 예술전문가 집단은 극작가, 안무가, 조연출, 무대감독, 조연 그리고 군인과 학생을 포함한 모든 인민은

---

36) 스즈키 마사유키, 『김정일과 수령제 사회주의』, 유영구 역(중앙일보사, 1994), 최완규, 앞의 글, p. 28. 재인용.

37) 최완규, 앞의 글, pp. 28-29. 각 주 41) 참조.

38) 이종석, 앞의 책, pp. 210-212.

엑스트라, 무대 보조원, 관객이 된다.[39)]

(6) 신정체제

북한의 특수성을 가장 극적으로 강조한 성격 규정이 바로 신정체제일 것이다. 신정(神政)체제(theocracy)란 한마디로 신(神)이 다스리는 체제로서 수령의 신성(神性)에서 지배의 정당성을 찾는 체제를 말한다. 즉 김일성 수령은 신(神)과 같은 존재이며 그 후계자인 김정일-김정은도 신의 대리인으로 존재한다. 이른바 사이비 '수령종교'에서 신의 교리에 해당하는 것이 김일성의 주체사상(현 김정은 시대에는 김일성・김정일주의), 혁명사상이다. 오류가 전혀 없는 '수령신'은 인민에게 가장 중요한 '사회정치적 생명'을 부여하고 사회주의 대가정 유기체의 뇌수로서 인민을 지도한다. 그래서 인민은 광신도가 되고 당은 수령신을 위한 사제직을 수행한다. 수령신은 영원히 북한 주민과 함께 하며 그의 경전인 주체사상과 이념은 결코 어떠한 체제나 이단적 요소도 여기에 관여할 수 없는 종교로서 확고함을 지닌다. 북한주민들은 김일성 수령신과 함께 할 때 사회정치적 생명을 얻어 영생을 할 수 있는 신도이다. 인간의 육체적 생명은 죽음으로서 끝이 나지만 김일성 수령신과 함께 하면 사회정치적 생명을 얻게 되고 그와 함께 영생을 하는 것이다. 이런 특성으로 볼 때 북한은 사회주의국가도 아니고 전체주의국가도 아니고 오직 신정체제의 특성만을 갖는 국가로 나타난다.[40)]

---

39) 정병호, "극장국가 북한의 상징과 의례," 『통일문제연구』, 통권 제54호(서울: 통일연구원, 2010), p. 8.; 온 국민들이 3년 동안 김일성의 장례식에 참여하였고 수십 수백만 명이 동원되고 막대한 재원이 소요되는 아리랑축전이나 대규모 퍼레이드와 각종 기념식을 매년 되풀이하고 있다. 모든 사회 구성원들은 다양한 답사 행군과 참배행사, 생애과정마다 상징적으로 구조화되어 있는 통과의례, 매일 일상적으로 반복하는 상징의례를 수행하고 있는데, 이는 정치적 목적을 위한 수단이나 도구의 수준을 넘어, 바로 국가자체의 존재이유가 된다. 즉 북한에서 통치한다는 것은 연기한다는 것과 똑같다. 이 모든 것들이 극장국가의 특징들이다.

40) 이상우는 북한 전체주의 체제의 신정적(神政的) 특성에 착안하여 통치의 권위를 제도, 조직이나 직위, 인민의 지지 등과 연계시키지 않고 자연인의 초인간적 위대성, 즉 신성(神性)에서 도출하게 되면 그 정치체제는 '신정체제(神政體制)'로 된다고 주장한다. 이상우, 『북한정치: 신정체제의 진화와 작동원리』(서울: 나남, 2008), pp. 89-93. 참조; 북한체제의 특수성은 유영식, "북한체제의 성격: 수령제를 중심으로," 『교회와 신앙』, [기획논단] 한반도 통일과 북한선교의 진로 ③, (2014.09.04.)를 참조하였음.; http://www.amennews.com/news/articleView.html?idxno=13308

2) 국가체제의 보편성

북한 국가성격의 사회주의적 보편성을 강조하는 학자들은 북한체제의 특수성은 인정하면서도 그 특수성의 이면에 있는 범사회주의적 현상, 특히 스탈린식 사회주의 국가 또는 전체주의적 성격을 중시한다.

정성장은 북한체제가 기본적으로 스탈린 체제를 이상적인 모델로 삼아 수립되었기 때문에 양자간에는 유사한 점이 많다고 주장한다.[41]

조한범은 북한연구는 북한이 사회주의 체제라는 것을 인정하는 것에서부터 시작되어야 한다고 강조한다.[42] 그는 북한이 북한적 특수성에도 불구하고 사적소유 철폐와 계획경제, 당・국가의 유일지배체제를 근간으로 하는 사회주의 체제의 기본적인 특성을 공유하고 있기 때문이라고 주장하면서 북한연구를 비교 사회주의적으로 보는 관점을 중시한다. 그에 의하면 이른바 '북한적 현상'은 사회주의 건설이라는 프로젝트가 북한이라는 저발전 사회의 내외 여건에 적응하는 과정에서 탄생한 것이다. 즉 우리가 북한적 현상이라고 받아들이는 특성의 기저에는 사회주의 체제라는 일반적 특성인 보편성이 존재하는 것이다.

북한 국가체제의 성격을 규정함에 있어서 전체주의 모델이 가장 유용하다고 주장하는 맥코맥(G. McCormack)[43] 등 보편성을 주장하는 학자들의 담론은 다음과 같다. 북한체제나 국가 성격을 논할 때 우리는 일단 북한이 사회주의 국가라는 사실을 논의의 출발점으로 삼아야 한다. 즉 북한은 일차적으로 (스탈린식) 사회주의 체제에 기초하고 있다. 그리고 스탈린체제는 전체주의 독재체제의 특성을 가지고 있다.

프리드리히(Carl J. Friedrich)와 브레진스키(Zbigniew K. Brezezinski)는 전체주의 전제정치체제의 공통된 특성을 다음과 같이 여섯 가지로 압축하여 제시하였다.[44]

① 인간생활의 모든 국면을 규제하는 공식 이데올로기의 존재

② 1인 지배의 유일 대중정당에 의한 통치

---

41) 정성장, "북한체제와 스탈린체제의 비교," 오일환 외 편, 『현대북한체제론』(서울: 을유문화사, 2000), pp. 83-142.

42) 조한범, "북한 사회주의 체제의 성격연구," 『통일정책연구』 제11권 2호,(2002), pp. 121-122.

43) Gavan McCormack, "Kim Country: Hard Times in North Korea," *New Left Review*, No. 198. (1993), p. 46. 최완규, 앞의 글, pp. 29-31. 재인용.

44) Carl Friedrich & Zbigniew Brzezinski, *Totalitarian Dictatorship & Autocracy*, 2nd ed.(New York: Praeger, 1956), pp. 15-27; 이상우, 앞의 책, pp. 89-92.에서 재인용.

③ 당과 비밀경찰에 의한 테러 체제
④ 대중매체의 독점
⑤ 무장력의 독점
⑥ 전체 경제의 중앙통제

또한 기든스(A. Giddens)는 전체주의 지배의 특징으로서 감시 활동의 중시(국민에 관한 정보 수집, 서류 작성), 도덕적 전체주의(정치공동체로서 운명을 공유한다는 역사의식), 테러(경찰력의 극대화), 지도자에 대한 개인숭배를 제시하면서 그 중에서도 개인 지도자를 전체주의의 핵심으로 파악하고 있다. 북한에서 개인 지도자는 다양한 국가기구의 권력을 한 손에 장악하고 있다. 권력 장악은 부분적으로 테러에 의해 실현되며 반대 세력을 철저하게 숙청함으로써 가능했다. 북한은 이러한 개인 지도자의 권력 장악을 위해 철저한 감시와 테러 외에도 국가의식을 통한 대중동원이라는 요소가 혼합되어 있어 전형적인 전체주의 체제이다.

3) 보편성과 특수성 논쟁에 대하여

북한 국가체제의 성격을 파악함에 있어서 '보편성'과 '특수성'이 다 의미가 크다고 본다. 사실 북한이 기본적으로 전체주의 체제이며, 구 사회주의 체제 국가들의 특성을 지닌 보편성을 기저에 깔고 출발한 것은 맞다. 그러나 사회주의 체제 국가들이 보편적으로 '당·국가체제(party·state system)'라면 북한은 '당·국가' 위에 '수령'이라는 절대 왕조의 강력한 군주와 같고 더 나아가 사이비 신과 같은 존재에 의해 다스려지는 지구상 유례를 찾을 수 없는 특수성이 존재한다.

역사상 정치지도자(왕권; 王權)가 종교지도자(신권; 神權)를 겸했을 때 가장 강력한 유일절대권력을 보유했다. 북한은 김일성이 수령으로 등극한 후 김정일도 수령의 위치에 올려놓고 죽었으나 살아있는 신(사이비 신)으로 기능하고 있다. 지금은 김정은이 수령의 대리인으로서(사실상 수령) 마치 종교적 교리와 같은 '김일성·김정일주의'를 통치이데올로기로 삼고 있다.

또한 왕조시대처럼 수령의 지위도 세습하면서 '주체'라는 연호도 사용하고 있다. 종교와 정치가 분리되는 것이 원칙이나 북한은 수령이 왕권과 신권을 동시에 보유하고 있으며, 권력의 근원인 군권(국무위원장·최고사령관)까지 보유하고 있다.

북한체제를 정밀하게 해부해보면 북한체제의 성격은 대외적으로 내세우는 이름만 '우리식 사회주의 체제'이지 실제로는 절대세습왕조국가이며, 군사 및 병영국가 체제이다. 그저 백성은 감독 지시에 의해 연기하는 꼭두각시인 극장국가체제이다. 주민은 사이비 수령신을 강압에 의해 믿는 신도와도 같다. 그래서 북한은 수령신이 다스리는 신정체제의 성격을 강하게 지니고 있다고 보는 것이 더욱 타당하다.

따라서 비교사회주의의 방법으로 북한을 연구하되 북한체제가 기존 사회주의 체제가 지녔던 보편성을 훨씬 뛰어 넘어서 감추어 놓은 특수성을 명확하게 볼 수 있어야 할 것이다.

ChosunMedia 조선pub [45] 시리즈 | 김기호 교수의 안보, 군사, 북한 칼럼

"뿌리 깊은 좌편향 역사 인식, 바로 잡아야"

글 | 김기호(경기대 교수/예비역 육군 대령)/ 2015.02.19.

KBS가 2015년 2월 7일 방영한 다큐멘터리 '광복 70주년 특집 - 뿌리 깊은 미래' 1편이 대한민국 역사를 편향된 시각에서 보고 있다. 광복과 6·25전쟁이 배경인 이 특집 방송은 남한사회와 미군의 부정적 측면을 강조한 반면 북한 공산집단의 불법 기습남침과 만행은 애써서 누락했다. 이 다큐는 북이 저지른 전쟁과 양민학살 등 온갖 만행은 배제한 대신 9·28 서울 수복 후 남측의 부역 혐의자들의 처벌 등을 부각시켰다.

지난 달 부산시교육청은 청소년 역사책인 '10대와 통하는 한국전쟁 이야기(방통대 이임하 교수 저)'를 '이달의 책'으로 선정, 보급했다가 최근 취소하였다. 이 책은 전체적으로 6·25전쟁 때 북한군의 행동은 미화했고 미국과 이승만 정부가 민간인 피해를 유발했다는 관점 등 곳곳에 좌편향 역사인식을 담고 있다.

또한 최근 문화체육관광부는 '종북 콘서트' 논란을 빚고 있는 재미동포 신은미의 책 '재미동포 아줌마, 북한에 가다'를 '우수문학도서'에 선정했다가 문제가 되자 제외하기도 했다.

이처럼 지금 우리사회에는 좌편향 역사인식이 문학계, 문화계(영화), 학계, 교육계, 종교계 등에 뿌리 깊게 침투되어 있다. 이들 좌편향 역사 인식자들은 대중이 쉽게 접하고 무의식중에 좌파메시지에 동조하게 만드는 좋은 수단인 영화와 문학작품을 중심으로 국민의식의 좌경화를 추진하고 있는 양상이다. 반미 및 정부의 무능을 부각시킨 '괴물', 북한군을 동지로 묘사한 '공동경비구역(JSA)', 국가권력의 몰인정성을 비판한 '효자동 이발사', 북한군의 훈훈함을 국군과 미군의

잔인함과 대비시킨 '웰컴투 동막골', '태극기 휘날리며' 등이 대표적인 좌편향 영화이다.

영화를 비롯한 문화계와 문학계의 좌편향 양상은 가히 '문화권력'이라고 할 정도로 진보를 가장한 좌파가 장악하고 있다. "일반 국민은 보수와 진보가 50 대 50이지만 문화 쪽은 진보가 거의 98%까지 장악하고 있다."는 작가 이문열 씨의 말('미래한국'과 인터뷰)에서 진보를 좌파로 보면 된다. 이들이 문화계에서 무소불위의 권력을 행사하기에 우파 보수정권하에서도 좌편향 도서가 우수도서로 선정되고 좌편향 영화가 흥행에 성공하고 있는 것이다.

좌편향 역사인식의 확산은 문화계 뿐만 아니다. 역사학계에는 소위 진보사학자라는 이름으로 부루스 커밍스(Bruce Cumings) 등의 영향을 받은 좌편향 역사학자들이 영향력을 행사하고 있어서 현대사를 바르게 집필하지 못하고 있다. 교육계에는 전교조가 청소년들에게 좌편향된 교육을 하고 있다. 종교계에는 종교 지도자급 인사들이 반정부활동을 선동하면서 좌편향 사회운동을 주도하고 있다.

이처럼 우리사회에 독버섯처럼 뿌리 깊게 확산된 좌편향 역사인식은 이제 바로잡지 않으면 국가안보를 위협할 수준에 와 있다. 결국 이러한 현상은 북한이 추구하는 대남적화혁명 전략에 동조하는 기능으로 작용할 것이다. 북한을 편향된 시각에서 경도되어 보지 말고 균형된 시각으로 바라보아야 하며 가장 바람직한 것은 균형을 뛰어넘어 명확하게 꿰뚫어보아 그들의 속내와 의도를 알아채고 대비하는 것이다.

45) http://pub.chosun.com/client/news/viw.asp?cate=C06&mcate=M1023&nNewsNumb=20150216674&nidx=16675(검색일: 2015.07.17)

〈브루스 커밍스 미 시카고대 석좌교수는 미국의 저명한 한국역사학자로 정평이 나있으나 실상은 위험한 좌편향적 사고를 갖고 있는 것으로 보임〉

▲ 좌편향 역사인식과 문화 확산 양상

토론 주제

1. 샴쌍둥이의 특성과 북한의 이중적인 특성을 대비하여 설명해보자.
2. 대한민국의 주적(主敵)은 누구인가? 북한의 이중성과 관련하여 명확하게 논의해보자.
3. 북한의 이중성과 관련하여 대한민국 헌법은 어떻게 규정하고 있는가?
4. 북한을 이해하는 관점에 있어서 좌우에 치우친 편향된 시각에 대해 예를 들어 설명하고 평가해보자.
5. 북한체제의 성격에 관하여 올바른 시각은 무엇인가?
6. 북한체제의 성격을 보편성과 특수성 어느 관점에서 접근해야 하는가?

더 읽으면 좋은 글

1. 경남대학교 북한대학원 엮음, 『북한연구방법론』, 파주: 한울아카데미, 2008.
2. 최완규, "북한연구방법론 논쟁에 대한 성찰적 접근", 북한대학원 엮음, 『북한연구방법론』, 한울아카데미, 2008.
3. 박형중, 『북한의 개혁 · 개방과 체제변화』, 서울: 해남, 2004, pp. 1~59. (북한정치연구에서 특수성론)
4. 이상우, 『북한정치: 신정체제의 진화와 작동원리』, 나남, 2008.
5. 이종석, 『새로 쓴 현대북한의 이해』, 역사비평사, 2005.
6. 통일부 통일교육원, 『2020~2014 북한 이해』, 2020-2014.

제2장

북한 '김가왕조'의 형성과 유지

북한체제의 형성에 관해 김일성을 빼고 설명하기는 곤란하다. 왜냐하면 북한은 북한을 김일성 조선이라고 칭하고 있으며, 한민족도 김일성 민족이요, 조선노동당도 김일성 당이며 조선인민군도 김일성 군대라고 칭하고 있기 때문이다. 최근에는 조선노동당을 김정일 당, 김정은 당이라고 칭하고 있다.

따라서 제2장에서는 북한을 김일성이 창업한 김가왕조이기 때문에[1] 김일성을 중심으로 한 북한체제의 형성과정을 살펴본다. 특히 북한에서 주장하는 북한체제의 형성에서 김일성의 역할 등 인정해야 할 역사적 사실과 과장되고 포장한 역사까지 객관적으로 파헤쳐 볼 것이다. 또한 김가왕조를 김정일과 김정은이 세습받아 어떻게 유지하고 있는지를 살펴본다.

1) 이 책에서는 북한을 '김씨왕조'라고 칭하지 않고 낮춰서 '김가왕조'라고 칭한다.

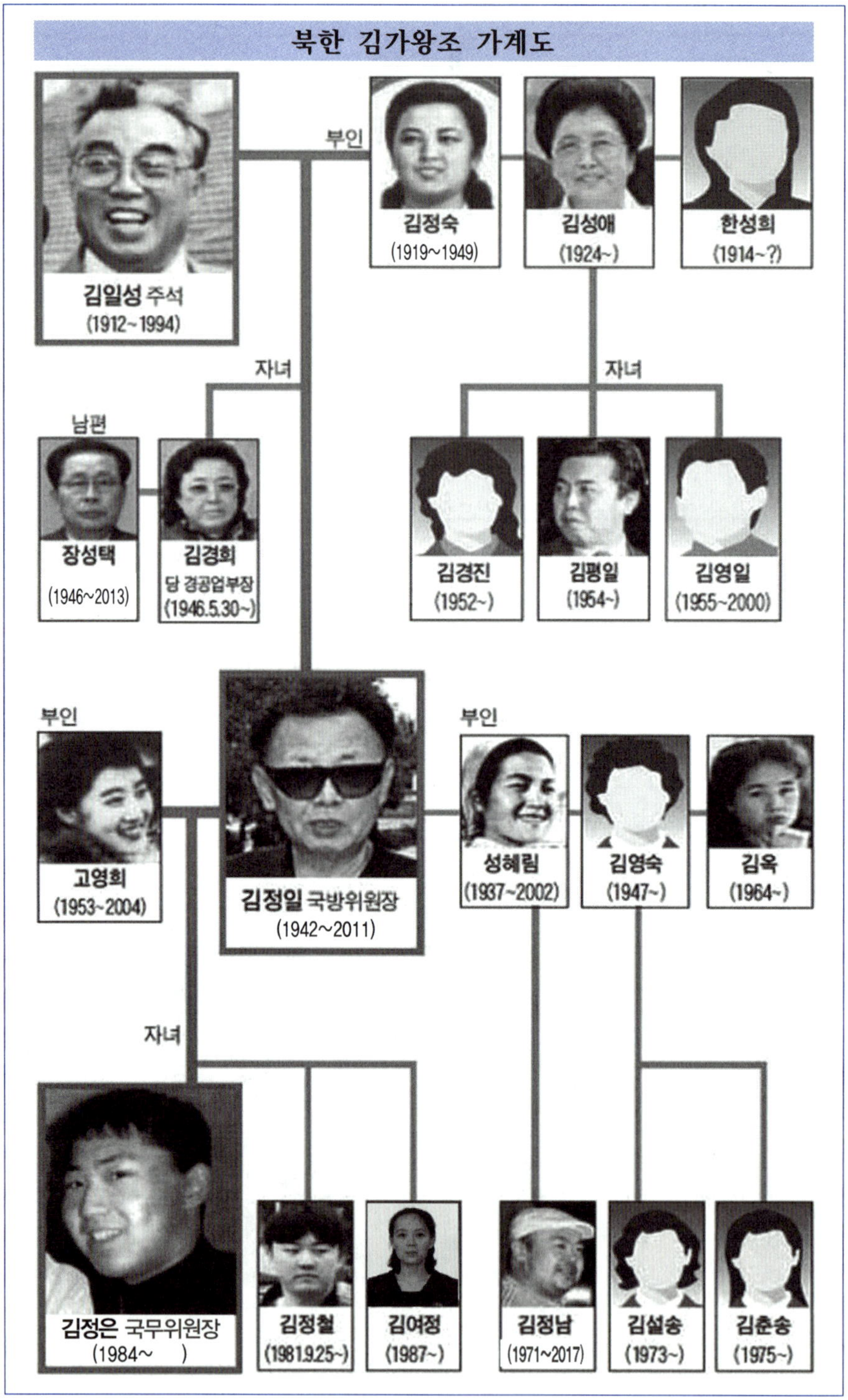
북한 김가왕조 가계도
김일성 주석
(1912~1994)
부인
김정숙
(1919~1949)
김성애
(1924~)
한성희
(1914~?)
자녀
남편
장성택
(1946~2013)
김경희
당 경공업부장
(1946.5.30~)
자녀
김경진
(1952~)
김평일
(1954~)
김영일
(1955~2000)
부인
고영희
(1953~2004)
김정일 국방위원장
(1942~2011)
부인
성혜림
(1937~2002)
김영숙
(1947~)
김옥
(1964~)
자녀
김정은 국무위원장
(1984~)
김정철
(1981.9.25~)
김여정
(1987~)
김정남
(1971~2017)
김설송
(1973~)
김춘송
(1975~)

제1절 해방 이전의 한인(韓人) 공산주의 운동

1. 한인의 초기 공산주의 운동

일제 강점기 한인들의 반일 독립운동과 항일무장투쟁 활동은 일제의 강력한 탄압으로 인하여 국내보다도 한반도 밖인 중국과 만주 그리고 러시아 일대에서 활발하게 전개되었다. 이러한 해외 독립운동에 영향을 미친 사상이 공산주의이다. 19세기 중엽 마르크스(Karl Heinrich Marx) - 엥겔스(Friedrich Engels)에 의해 제창되었던 이른바 '과학적 사회주의'는 20세기 초 레닌(Vladmir I. Lenin)에 의해 정치체제로서 구체화되었다. 그 이후 마르크스 - 레닌주의 또는 공산주의로 지칭되면서 전 세계에 파문을 일으키게 되었는데, 해외 독립운동과 한반도도 그 영향권에 휘말려 들어갔다.[2)]

한인의 공산주의 운동은 러시아 1917년 10월(볼셰비키) 혁명 이후 시베리아에서부터 시작되었다. 한인 공산주의 운동의 최초로 주목할 만한 운동단체는 1918년 1월 23일에 김철훈을 중심으로 귀화한 이르쿠츠크(Irukutsk) 지방의 러시아 한인들이 조직한 '이르쿠츠크 공산당 한인지부'와[3)] 같은 해 6월 26일에 이동휘 중심의 귀화하지 않은 한인들이 하바로프스크(Khabarovsk)에서 조직한 '한인사회당'이었다.[4)] 당시 레닌 정부는 시베리아의 조선인 20만 명을 볼셰비키[5)] 혁명전선에 동원하기 위하

---

2) 육군사관학교(온만금 외 7), 『북한학: 정치 · 군사 · 통일의 역동성』(서울: 황금알, 2008), p. 35.

3) 10월 볼셰비키 혁명 다음 해인 1918년 1월 22일 이르쿠츠크에서 김철훈, 오하묵 등이 '볼셰비키 공산당 한인지부(韓人支部)'를 결성하였으며, 이 지부는 1919년 9월 5일 '전로한인공산당(全露韓人共産黨)'으로 개칭되었다. 이상우, 『북한정치: 신정체제의 진화와 작동원리』(서울: 나남, 2008), pp. 44-45.

4) 1918년 6월 26일 하바로프스크에서 독립운동을 하던 이동휘, 박진순 등이 '한인사회당'을 결성하였으며, 1919년 8월 30일 이동휘가 상해임시정부 국무총리로 취임함에 따라 한인사회당은 본부를 상해로 옮겼다.

5) 볼셰비키(러시아어: большеви́к, 다수파)는 블라디미르 레닌이 인솔한, 러시아 사회민주노동당의 분파이다. 1917년 10월 볼셰비키 혁명은 러시아 내전(1917~1922)으로 비화되어 1922년에 사상 최초로 최초의 공산국가인 소련이 탄생한다.

여 김철훈이 이끄는 이르크츠크 공산당 한인 지부와 이동휘가 이끄는 한인사회당에 커다란 기대를 걸었다. 그러나 김철훈 일파(귀화파)는 서부 시베리아의 한인 주민을 직접 볼세비키 전선에 동원하는 일을 우선 시 한데 반해, 이동휘 일파(비귀화파)는 극동 시베리아 한인을 규합하여 항일 투쟁을 우선시 하였다.

1919년 8월 말 이동휘가 상해 임시정부의 초대 국무총리가 되어 상해로 근거지를 옮기고, 거기서 민족계 인사를 포함하여 1921년 1월 고려공산당을 조직했는데 이것이 '상해파 고려공산당'이다. 또한 1921년 5월 김철훈 일파가 이르쿠츠크에서 종래 이르쿠츠크 한인 지부 일당과 이동휘 일파에서 이탈한 일당을 규합하여 또 하나의 고려공산당을 조직했는데 이것이 소위 '이르쿠츠크 고려공산당'이다.[6)]

레닌 정권은 두 개의 고려공산당에 대해 하나로 통합하려고 자금을 지원하였다. 이는 레닌의 동방우회 전략으로서 겉으로는 한인들의 항일독립운동을 옹호하고 선동하면서 한인들의 공산당 결성을 유인하고 실제로는 볼셰비키 혁명전선에 이용하려 하였다. 시베리아로 출병한 일본과 대항해야 하는 초기 레닌정권은 한인들의 반일감정과 항일투쟁을 이용하여 대일방어전선에 이용하였다. 즉, 단기적으로는 취약한 소비에트 러시아의 국가안전을 보장하려는 하였고 장기적으로는 민족독립투쟁을 이용하여 볼셰비키 혁명의 세계화를 획책하였다. 이로 인하여 한인 공산당과 항일독립투쟁 활동은 심한 분열양상을 보였다. 자금이 절실히 필요했던 이르쿠츠크와 상해파 두 공산당이 서로 경쟁적으로 레닌정권에 밀착하려했기 때문이다.

독립운동의 심한 분열은 극동지역에 있던 한인독립군의 주력이 '붉은군대(적군; 赤軍)'에게 대부분 사살 및 포로가 된 1921년 6월 '자유시 참변'으로 나타났다.[7)] 자유시에 집결한 사할린 의용군이 러시아 적군의 포위와 집중공격에 쓰러진 참변이었으나 이르쿠츠크 공산당과 상해 공산당간의 대립과 투쟁의 산물이기도 하였다. 그러나

---

6) 이종석, 『조선로동당 연구: 지도사상과 구조변화를 중심으로』(서울: 역사비평사, 1995), pp. 215-221.

7) 자유시 참변(自由市 慘變)은 1921년 6월 27일 러시아 스보보드니(이만, 알렉세예프스크, 자유시)에서 붉은 군대(Красная Армия)가 대한독립군단 소속 독립군들을 포위, 사살한 사건이다. 다른 말로 자유시 사변(自由市 事變), 흑하사변(黑河事變)으로도 불린다. 사건이 일어날 당시 조선의 분산된 독립군들이 모두 자유시에 집결하였기 때문에, 이 사건을 계기로 만주, 연해주 지역 조선 독립군 세력은 사실상 모두 궤멸되었다. 이 사건으로 독립군 960명이 전사하였으며, 약 1,800여 명이 실종되거나 포로가 되었다. 한국의 독립운동 역사상 최대의 비극이자 불상사라고 일컬어지고 있다. 이 사건으로 독립군의 대부분은 상하이파 공산당으로 들어갔다. 공산주의자들의 본성을 보여주는 대표적 사건이나 역사에 묻혀져 있다.

참변 배후의 더 큰 책략은 전 시베리아를 지배하려는 레닌의 야심으로서[8] 일본의 시베리아 철수 후 일본과의 야합을 통한 레닌정권의 대한인정책의 변경에 있었다.

초기 한인의 공산주의 운동은 민족주의와 항일독립운동의 일환으로 전개되었으며, 왕조시대의 신분적 제약과 일제의 탄압에 의해 억눌려있던 해외유학생의 마르크스-레닌주의에 대한 지적 호기심이 상승작용을 하였다. 여기에다가 코민테른(Comintern)[9]의 잘 계산된 전략 작용의 산물이었다.

2. 국내 공산주의 운동

코민테른은 이르쿠츠크와 상해 두 개의 '고려공산당'을 통합하려다 실패하게 되자 두개의 공산당을 해체하고 한반도 내에 코민테른의 지부인 새로운 공산당을 만들기로 하였다. 이러한 책략에 따라 1922년에 12월에 코민테른 극동총국(極東總局) 내의 '꼬르뷰로(Korburo; 고려국)'를 설치하고 한반도의 국내당 결성에 착수하였다.

이에 따라 1923년 6월 서울에 꼬르뷰로 국내부 거점을 확보한 코민테른은 국내의 각종 좌익단체들을 포섭하여 이를 기반으로 1925년 4월 17일 '조선공산당(약칭; 조공)'을 결성하였으며 다음날인 4월 18일에는 고려공산당청년회(약칭; 공청)를 결성하였다. 당시 국내에는 화요회(火曜會), 북풍회(北風會), 서울청년회, 무산자동맹 등의 주요 사상 단체가 있었다.

조선공산당은 이르쿠츠크파인 화요회가 주동이 되었기에 책임비서를 꼬로뷰로 국내부 비서이며 이르쿠츠크파인 김재봉이 맡았고, 공청의 책임비서는 이르쿠츠크파 상해 공청 비서였던 박헌영이 맡았다.

김재봉과 박헌영은 코민테른의 지원하에 조직 확대와 공청원의 모스크바 파견과 훈련을 적극 진행하던 중 1925년 11월 신의주에서 계획이 탄로 나서 전원 검거되었

8) 레닌 정권은 1922년 말, 일본이 시베리아에서 철병할 때 까지 전 시베리아를 지배하지 못하고 있었다.

9) 공산주의 인터내셔널(Communist International)의 약칭. 전세계 노동자들의 국제적 조직. 제3인터내셔널이라고도 한다. 제1차 세계대전으로 제2인터내셔널이 와해된 후, 레닌의 지도하에 1919년 모스크바에서 창립되었다. 마르크스・레닌주의에 기초하여 각국의 공산당에 그 지부를 두고 각국 혁명운동을 지도・지원했다. 43년 해산되었으며, 한국공산주의 운동도 이와 밀접한 관계를 맺으며 전개되었다.

는데, 이것이 소위 '제1차 조선공산당사건'이다. 그 후 1925년 12월 서울에서 제2차로 '고려공산당'과 '고려공청'이 결성되어 1926년 6·10 만세운동을 통해 3·1운동을 재현하려던 봉기계획이 직전에 탄로나 일망타진되었는데[10] 이것이 제2차 조선공산당 사건이다. 그 후 검거를 모면했던 상해파의 김철수와 서울파의 이정윤, 그리고 1926년 여름에 대거 귀국한 일본유학생 그룹(일월회) 등이 1926년 9월부터 당 재건을 꾀했으나 주도권 싸움 끝에 1928년 2월에 중요간부와 당원 32명이 대량 검거되어 당지도부가 붕괴되고 말았는데, 이것이 소위 '제3차 조선공산당 사건'이다.

그 후 1928년 2월 27일 일월회와 일부 서울파가 만든 마르크스-레닌주의 동맹 출신인 이른바 'ML파'가 중심이 되어 3월 중순에 차금봉을 책임비서로 하는 당지도부가 구성되어 '제4차 조선공산당'을 결성하였다. 그러나 일제의 검거작전으로 차금봉을 비롯한 170여명의 공산주의자들이 검거되면서 재건 반년 만에 다시 붕괴되었다.

이로써 국내에서 조선공산당은 4차에 걸쳐 재건되었지만 창당된지 4년만에 해체되고 해방이 되기까지 재건되지 못하였다. 일부 당원들은 지하당을 조직하여 잠복하였고 박헌영은 콤그룹(Com- Group)을 결성하여 지하운동을 하면서 신분을 감추고 광주의 벽돌공장에서 직공으로 일했다.

▲ 1946년 밀담을 나누고 있는 박헌영과 여운형.

10) 1926년 6~8월 사이에 101명의 공산주의자들이 검거되어 주력이 일망타진되었다.

해방정국: 한반도의 대혼돈과 북한의 공산화

우리 스스로의 힘이 아닌 강대국의 힘에 의한 일본 지배의 종식은 또 다른 지배의 운명을 예고하고 있었다. 스스로의 힘이 없었기에 구한말 한반도는 강대국 세력의 각축장이 되었고 결국은 일제의 강점으로 마무리 되는 듯 했다. 그러나 한반도의 해방은 연합국의 승리에 의한 것이었기에 한반도의 처리도 승전연합국의 사전 합의에 따르기로 되어 있었다. 한반도는 카이로 선언-얄타회담-포츠담회담에 의해 4개국(미국, 소련, 영국, 중국)의 신탁통치를 받다가 독립하기로 합의되었다.

1945년 8월 15일 일본의 무조건 항복으로 전쟁이 끝나자 미국은 당일 소련에게 한반도에서 일본군 무장해제를 위하여 북위 38도선을 경계로 이북에는 소련군이 이남에는 미국이 진주할 것을 제안하였고 이를 소련이 수락함으로써 한반도가 분단되는 얄궂은 운명이 결정되었다. 잠정적 분리점령이 영구분단이 되어 오늘날에 이르고 있다.

스스로의 힘이 없이 준비되지 않은 상태에서 갑자기 맞이한 해방은 강력한 지배세력의 몰락과 함께 분출한 수많은 약소정치세력의 이전투구로 대혼돈을 가져왔다. 원폭투하로 일본의 패망을 예견한 조선총독부는 여운형(呂運亨)을 불러서 여운형을 중심으로 건국준비위원회(약칭 건준)를 구성하도록 선심성 야합을 했다. 그러나 건준은 대거 입성한 친공(親共)세력의 주도로 9월 6일에 '조선인민공화국(약칭 인공)'을 선포하기에 이르렀다. 여기에다가 해방이 되자 지하에 잠적했다가 활동을 재개한 박헌영, 김재봉을 중심으로 한 '조선공산당'(약칭 조공)의 활동이 더해져 해방정국은 극심한 혼란을 겪게 되었다.

소련은 북한을 공산화하기 위해 미군보다 1개월 빠른 8월 9일에 만주침공과 함께 북한지역으로 침공해 들어갔다. 소련은 조선인의 반일감정을 잘 이용해서 일제의 잔재를 청산하면서 김일성을 앞세워 단계적으로 신속하게 북한을 공산화(소비에트화)시켰다. 전형적인 통일전선전략전술을 구사하는 한편 빠르게 전쟁준비를 진행시키면서 남한지역을 혼란시켰다.

미군이 소련군보다 1개월 후인 9월 9일에 인천에 상륙함으로 인해 남한지역을 8월 15일 해방 당일부터 힘의 진공으로 군소세력과 좌우 이념대립이 빚은 여러 가지 사회혼란을 야기 시켰다. 공산주의자들과 좌익세력들의 분출은 대구폭동사건, 제주4·3사건, 여순사건 등 대혼란을 일으켰으며 다양한 정치세력의 난립으로 해방정국은 혼돈 그 자체였다. 여기에다가 북한지역은 소군정과 김일성의 준비된 남침준비가 상대적으로 미 군정의 미숙함이 더해진 혼돈상태의 공간을 6·25전쟁의 제2전선으로 형성케 하였다.

해방정국에서 한반도는 자유민주주주의 가치를 존중하는 세력의 절대 힘의 부족과 분열 그리고 소련의 주도면밀한 책략과 이를 꿰뚫지 못한 미국의 소홀 등으로 인해 북한에 공산정권이 수립되는 것을 막지 못했다. 또한 남한에도 공산주의 세력이 확산되는 것을 제어하지 못했다. 그 결과 해방정국의 한반도는 '대혼돈' 그 자체였다.

제2절 김일성과 항일무장 투쟁[11)]

1. 김일성의 출생과 성장

1) 출생배경: 기독교와 민족주의

김일성은 1912년 4월 15일 평양 근교인 평안남도 대동군 고평면 남리에서 조금 떨어진 외가 하리의 칠골(현재의 평양시 만경대)의 농가에서 3형제의 장남으로 태어났다.[12)]

그의 집안은 지주집안의 묘지기였다고 하며,[13)] 출생시 이름은 김성주(金成柱)였다. 그의 아버지는 전주 김씨 김형직(金亨稷)으로[14)] 김일성이 태어났을 때 평양의 미션스쿨인 숭실중학 학생이었고 나중에 기독교계통인 명신학교의 교사생활을 하기도 하였다. 김일성의 외할아버지인 강돈욱은 교회 장로로서 김일성의 어머니가 되는 딸 강반석의 이름을 예수 그리스도의 12사도 중 으뜸인 '반석'이란 뜻을 가진 베드로의 이름을 따서 지어 주었다.[15)] 김일성의 어머니 강반석은 평양시 만경대구역 칠골동에 있는 칠골교회 권사였다.

---

11) 김일성의 출생과 성장 등 김일성 전기는 가장 연구성과가 돋보이는 와다 하루키 저작(이종석 옮김)을 많이 인용하였음. 와다 하루키, 이종석 옮김, 『김일성과 만주항일전쟁』(서울: 창작과 비평사, 1992), pp. 26-66과 김일성, 『세기와 더불어 1·2』(평양: 조선로동당출판사, 1992), 이종석, 위의 책, pp. 395-411 재인용.

12) 이때는 이미 대한제국이 멸망하고 2년이 넘은 해였다. 동생으로 김철주(金哲柱)와 김영주(金英柱)가 있다.

13) 김일성, 『세기와 더불어』(평양: 로동당출판사, 1992), 이종석, 위의 책, p. 397. 재인용.

14) 1894년 출생한 김형직의 먼 조상은 전라도에서 살았다. 그래서 김형직은 18세에 첫 아이 김일성을 본 것이다. 북한당국은 지난 수십년 동안 김일성의 증조부가 조선조 말기의 대원군 시절에 발생한 미국 상선 셔어먼호 사건에서 반미운동을 주도했으며, 김일성의 조부는 항일운동의 선봉이었다고 주장해 왔다. 그러나 이것은 사료에서 증명할 수 없는 근거가 없는 조작이다. 그러나 김일성의 아버지 김형직이 독립운동에 약간 참여했던 것은 대체로 인정되고 있다.

15) 김일성의 외가는 친가보다 더 독실한 기독교인들로 김일성의 외할아버지 강돈욱은 만경대 일대에서 신임을 받던 교육자이자 장로교 교회의 장로로서 열심히 성경을 가르쳤다.

▲ 평양 만경대에 있는 김일성 생가

김일성은 그의 자서전『세기와 더불어』에서 어린 시절 어머니의 손을 잡고 교회에 가던 것을 회상하기도 하였다. 이렇게 볼 때 김일성은 모태신앙을 가지고 태어났다고 볼 수 있다. 그런 김일성이 기독교를 가장 부정하는 무신론자보다 더 한 공산주의자가 되었다는 사실이 아이러니컬하다.[16)]

김일성의 어린시절 집안 정서는 어머니의 영향을 가장 많이 받은 기독교와 함께 아버지에 의한 민족주의였을 것으로 추정된다. 숭실중학을 졸업한 김형직은 1917년 서당교사로 있으면서 평양의 민족주의 지하독립운동 단체인 조국국민회 결성에 참가하였으며, 이 때문에 1918년 검거되어 투옥되기도 하였다.

아버지의 독립운동과 부모의 강한 교육의지로 인하여 김일성은 한 곳에 정착하지 못하고 만주와 평양을 오가며 어린 시절을 보냈다. 출옥한 김형직은 김일성이 7살 되던 1919년에 당시 만주(滿洲)라 부르던 중국 동북지방의 요녕성(遼寧省) 임강(臨江)으로 이주해서 한의원을 개업하였으며, 김일성은 9살 되던 1921년에 그곳 바다오거우

16) 흥미로운 사실은 김일성의 친가와 외가가 모두 독실한 기독교 신자였다는 점이다. 김일성의 출신지인 평안도는 조선 후기에 처음으로 기독교를 받아들인 곳이고, 그 지방의 기독교도들은 그 시대의 상황에 비추어 볼 때, 가장 열렬한 신도들이었고 모두 지식인에 속하는 사람들이었다. 김일성이 독실한 기독교 집안에서 태어나서 철저한 무신론자가 되었다는 점은 마치 칼 마르크스가 독실한 기독교 집안에서 태어나 무신론자가 된 것을 연상하게 한다. 그러나 김일성은 무신론자 및 공산주의자가 되었지만 도리어 김일성이 기독교 교리를 이용하여 북한체제에 적용한 것으로 볼 수 있다. 북한체제의 신정성(神政性), 즉 김일성 우상화 및 숭배, 종교교리에 버금가는 주체사상 등이 대표적인 예이다.

(八道溝) 소학교에 입학했다. 그러나 조선에서 교육받기를 원한 부모님의 뜻에 따라 1923년 평양으로 돌아와 외가에서 창덕소학교에 다녔다. 그 후 13살 되던 1925년에 다시 만주로 가서 1년간 푸쑹(撫松)소학교 생활을 마치고[17] 1926년 3월 천도교도인 민족주의자 최동오가 운영하였던 화성의숙에 입학하였다.[18] 그러나 1926년 6월 아버지 김형직이 32세의 젊은 나이로 죽게 되자 화성의숙을 그만 두었다.

● **김일성의 외조부와 부모**

▲ 외할아버지 강돈욱
(1871.2.3~1943.11.14)

▲ 어머니 강반석
(1892.4.21~1932.7.31)

▲ 아버지 김형직
(1894.7.10~1926.6.5)

2) 공산주의자가 된 김일성: 타도제국주의 동맹 결성

그러나 북한 문헌들은 김일성의 화성의숙 재학을 1926년 가을까지(10월 17일) 연장시키며 여기서 김일성이 북한이 현대사의 기원으로 삼는 '타도제국주의 동맹'을 결성했다고 주장하고 있다. 그러나 여기에 동의하는 연구자는 북한 외에는 거의 없다.

---

17) 김일성의 어머니 강반석은 남편이 죽은 후에도 고향으로 돌아가지 않고 만주 푸쑹에서 살다가 1932년 7월 40세로 생을 마친다.

18) 김형직이 민족주의자로 독립운동을 하였기에 자연스럽게 독립운동하던 최동오와 연결되어 김일성이 화성의숙에 입학하게 됐다. 또한 후에 북한으로 망명한 천도교 교령이었던 그의 아들 최덕신의 월북으로까지 이어지게 된다.

타도제국주의동맹(ㅌ.ㄷ)[19]

김일성이 1926년 10월 17일 만주 화전에서 세웠다는 최초의 혁명적 청년조직. 북한은 김일성이 1926년 6월 부친 김형직이 죽은 후 만주 화전현에 있는 「화성의숙」에 입학했으나 민족주의적 성향의 교육내용에 만족치 못하고 독학으로 마르크스-레닌주의 서적들을 읽고 사회주의 공산주의의 길로 나갈 결심을 하게 됐다면서 이에 기초하여 그해 10월 일제를 타도하고 조선에 사회주의 공산주의 사회를 세울 결의를 다진 청년들과 학생들을 망라한 '타도제국주의동맹'을 결성, 이때부터 본격적인 혁명활동을 시작했다고 주장하고 있다. 그러니까 **타도제국주의 동맹은 김일성이 공산주의운동을 시작한 최초의 조직으로서 이른바 김일성 혁명역사의 출발점인 셈이다.**

실제로 북한은 노동당규약 전문에서 "위대한 수령 김일성동지는 1926년 우리나라에서 처음으로 되는 공산주의적 혁명조직으로서 타도제국주의동맹을 결성했으며 오랜 항일혁명투쟁을 통해 당 창건을 위한 조직적 사상적 기반을 마련했으며 이에 기초하여 영광스러운 조선로동당을 건설하였다"고 명시함으로써 타도제국주의 동맹이 노동당의 시원임을 분명히 하고 있다. 타도제국주의 동맹은 결성 이듬해인 1927년 여름 '반제청년동맹'으로 개칭됐다고 북한은 주장한다.

김일성은 1927년 찌린(길림; 吉林)에 있는 중국인 학교인 위문(毓文) 중학교에 입학했다. 김일성이 중국 사람만큼 중국어를 잘한다는 중국어 실력은 이 때 상당 수준 올랐을 것으로 추측된다.[20] 바로 이 위문중학교에서 김일성은 상월(尙鉞) 등 진보적인 교사들로부터 본격적으로 공산주의 사상을 공부하게 되었다. 바로 이 과정에서 조선공산청년회라는 조직의 구성원으로 활동하였다.[21]

위문중학 시절인 1929년 가을에 김일성은 반일(反日)활동 혐의로 중국군벌당국에 체포되어 생애 처음으로 수개월동안 감옥살이를 하였다. 그리고 이 사건을 계기로 학교에서 퇴학당했다. 1930년 봄 출옥 후 길림성 소재 카륜・고유수 지방에서 급진 청년들이 다수 모여 있던 이종락이 이끄는 국민부 계통의 조선혁명군 길강 지휘부 대원으로 활동하였다. 이 때 김일성은 당시의 항일운동가들이 그러하듯 김일성(金日成)이라는 다른 이름을 가지게 되었다.

그러나 1931년 초 조선혁명군이 붕괴되자 곧 동만(東滿; 간도지방)으로 이동하여 공산청년동맹 요원으로 활동하였다. 그리고 일국일당주의의 원칙에 따라 중국공산당에 가입하였다.

---

19) 약칭으로 《ㅌ,ㄷ》라고 쓰며, 〈트드〉라고 읽는다.
20) 또한 유창한 중국어 실력과 중학교 학력이 중국군과 연합으로 항일 무장투쟁 활동을 할때 지도자로 발돋움하게 되는 힘이 되었을 것이다.
21) 이로 인해서 1929년 일제첩보자료에 첫 선을 보이게 된다. 와다 하루키, 앞의 책, 이종석, 앞의 책, pp. 398-399.에서 재인용.

2. 김일성의 항일무장투쟁

1) 조선인민혁명군 조직

김일성이 항일유격투쟁에 본격적으로 나선 시기는 1931년 9월 18일 일제가 만주사변을 일으키면서부터였다. 만주사변이 발발하자 중국공산당 중앙은 만주성위원회에 항일유격대의 창설을 지시하였고 이에 따라 만주전역에는 공산주의자들에 의해 항일유격대가 조직되기 시작했다. 당시 1국1당주의의 원칙에 의해 중국공산당에 편입되어 있던 조선인 공산주의자들도 이 항일유격대 건설 사업에 적극적으로 참여하였다.

북한의 주장에 의하면 김일성은 1930년 여름 항일무장투쟁의 준비를 위하여 공산당 청년(공청) 반제청년동맹의 핵심들로써 조선혁명군을 결성했다고 한다. 이 혁명군은 항일무장투쟁의 조직 준비를 위한 공산주의자들의 정치 및 반군사조직으로서 북한역사에 있어서 최초의 마르크스-레닌주의적 혁명무장 소조였다.[22] 북한에 의하면 이 혁명군을 골간으로 하여 김일성이 20살인 1932년 4월 25일, 길림성 안도현에서 항일유격대인 '조선인민혁명군'을 창건하였다고 주장한다. 북한은 조선인민혁명군의 편성으로 항일 무장투쟁의 범위와 규모가 급속히 확대되었으며, 그만큼 일제 침략자들에게 큰 타격을 주었다고 주장하고 있다.

북한은 더 나아가 1977년까지 북한군(조선인민군) 창군일을 1948년 2월 8일로 지켜오다가 1978년부터 갑자기 북한군(조선인민군)이 사실은 1932년 4월 25일에 김일성이 조직한 '조선인민혁명군'을 계승한 것이라고 하면서 1978년 4월 25일을 46주년 창군기념일이라고 선언했다. 북한은 북한군의 역사를 무려 16년이나 거슬러 올라갔다.[23]

그러나 이같이 북한이 주장하고 있는 조선인민혁명군의 존재는 김일성의 항일무장투쟁 활동을 과도하게 신화화하는 과정에서 사실보다 매우 과장되게 역사를 조작하여 부각되었다. 사실상 오늘날 북한이 주장하고 있는 그대로의 조선인민혁명군은 존재한 적이 없었다. 와다 하루키는 조선인민혁명군은 김일성을 민족의 지도자로

---

22) 『정치사전』(평양: 사회과학출판사, 1973), p. 1034.

23) 북한은 2018년 1월 북한군 정규군 창군일(건군절)을 1948년 2월 8일로 다시 환원했다. 『동아일보』(2018.01.24) A5면.

밀어 올리는 캠페인 과정에서 거론된 것이라고 설명한다.[24] 북한이 주장하는 조선인민혁명군은 1934년 중국공산당 동만 특위가 결성한 동북인민혁명군 제2군 독립사를 과대포장한 것이라 할 수 있다.[25] 따라서 김일성이 조선인민혁명군을 조직하였다는 것은 명백하게 역사의 조작이요, 왜곡이다.[26]

그러나 김일성이 동북인민혁명군 제2군의 주요 간부였다는 사실은 분명하게 밝혀졌다. 한 때 김일성의 항일무장투쟁 자체를 부정하면서 '가짜 김일성론'을 강력하게 주장하는 흐름이 있었으나 현재에는 이와같은 흐름은 설득력을 상실하였다.[27] 실제로 김일성은 동만 각지의 유격대가 단일편제를 갖추어 1934년 3월에 결성한 동북인민혁명군 제2군 독립사에서 1934년 가을부터 3단(團) 정치위원을 맡았다. 주로 빈농출신으로 이루어져 문맹률이 80%가 넘었던 항일유격대 속에서 중학과정을 수학한 김일성의 학력은 상대적으로 돋보였으며, 중국군과 연합작전을 펼쳐야하는 유격부대에서 유창한 중국어 실력 등 그의 능력이 더해져 22세의 젊은 나이에 단(團) 정치위원이 될 수 있었을 것이다.[28] 여러 번의 위기를 넘긴 김일성은 1936년 3월에 결성된 동북항일연군(東北抗日聯軍) 제1로군 제2군 3사 사장(師長)이 되었다. 이때 그의 나이 24세였고 김일성이 지휘한 병력은 약 600명 정도였으며 과반수가 조선인이었다.

2) 보천보 전투

김일성의 동북항일연군 3사(師)는 제6사(師)로 개편되었다.[29] 6사 사장시절 김일성은 조국광복회 국내 조직 사업를 추진하는 주체가 되면서 당시 박달, 김금철, 이

---

24) 와다 하루키, "김일성과 '만주'의 항일무장투쟁", 『사회와 사상』(1988년 11월호), p. 175에서 재인용.

25) 최완규, "조선인민군의 형성과 발전", 『북한체제의 수립과정, 1945~1948』(경남대 극동문제연구소, 1991). pp. 7-43.

26) 조선인민군의 형성과 발전에 관해서는 최완규, 위의 글 참조.

27) 김일성을 매우 비판적인 입장에서 다루고 있는 임은의 경우도 김일성이 동북혁명군의 주요 간부였음을 인정하고 있다. 임 은, 『김일성 정전(正傳)』(서울: 옥촌문화사, 1989), pp. 53-56.

28) 단(團)은 그 규모가 연대급 부대와 유사하다. 특이한 점은 현재의 북한군과 중화인민해방군처럼 당시 공산주의 항일무장투쟁 부대도 최초부터 지휘관과 정치위원을 편제하고 있었다.

29) 사(師)는 현재와 비교 시 실제 병력 규모는 600여명으로 대대(증강)이지만 당시 편제 기준시 오늘날의 사단(師團)으로 볼 수 있다.

송운 등 함남지방의 공산주의자들과 연계하게 되었는데 해방 후 이들은 김일성의 권력공고화에 적지 않은 공을 세우게 된다.

한편 김일성이 6사 사장시절인 1937년 6월 4일, 김일성의 이름을 단번에 떨치게 한 '보천보 전투'가 감행되었다. 보천보는 함경도 갑산군 보천면 보천리의 약칭으로 혜산진에서 백두산 쪽으로 24km 지점의 압록강변에 위치한 조그만 마을이다. 보천보 전투는 김일성이 약 100명의 유격대원을 거느리고 대항하는 일본군도 없는 보천면 마을로 진입하여 약 1시간 반 동안 경찰주재소에 기습사격을 가하고 면사무소, 우편소 등에 불을 지르고 친일파라는 부자집과 상점에서 식량과 현금 등을 약탈해 간 조그만 전투이다.30) 그러나 그 파장은 매우 컸다. 당시 국내 언론들은 이례적으로 조그만 사건을 대대적으로 보도하였다. 일장기 말살 사건으로 무기정간에서 풀려난 「동아일보」는 6월 5일자로 두 차례에 걸쳐 호외(號外)를 발행할 정도로 이 사건에 관심을 보였다.

● **보천보 전투와 김일성 이름을 크게 알린 동아일보 호외 보도**

東亞日報 號外
咸南普天堡를襲擊
郵便所, 面所에衝火
昨夜 二百餘名이突然來襲
普校, 消防署에도放火
咸南警察部에서出動
金一成一派 로判明

東亞日報 號外
咸南普天堡를襲擊
郵便所, 面所에衝火
昨夜 二百餘名이突然來襲
普校, 消防署에도放火
咸南警察部에서出動
金一成一派 로判明

이는 암흑기로 빠져든 식민지 조선 상황의 탈피 욕구가 반영된 것이었다. 또한 당시는 국외에서는 항일무장투쟁이 여러 곳에서 전개되었으나 비록 소규모 일지라도 국내 진입은 보천보가 처음이었다. 어쨌든 이 사건을 계기로 김일성이라는 이름이 국내 민중에까지 널리 알려지게 되었으며 이것은 해방 후 김일성의 지도자 부상에 유리한 배경으로 작용하였다.

30) 북한군 교범에는 보천보 전투가 전쟁의 신(神)이신 수령님이 싸우신 가장 완벽한 전투라고 소개하고 있다. 그래서 실제 당시에는 전투라고 칭할 정도도 아니었지만 교범에는 없었던 전투절차가 조작 추가되어 완벽한 전투로 묘사하여 모든 전투의 귀감으로 삼고 있다.

한편 김일성은 1938년 12월 편제개편으로 동북항일연군 제1로군 제2방면군 군장으로 활동하였다.[31] 그 후 만주의 유격대는 1939년 말부터 시작된 일제의 대토벌 작전으로 궤멸 직전의 상황의 놓이게 되었다. 이 때 극동지역 소련군은 동만에서의 항일유격대 활동이 일・소간의 긴장을 초래한다고 하여 그들의 소련 입경을 요구하였다. 이런 상황에서 만주의 유격대 지도자들은 소련으로의 입경을 결정하였다. 북한에서 소할바령 회의로 불리는 이 회의는 1940년 8월에 열렸으며, 회의 직후 김일성은 여전사인 1919년생 김정숙(金正淑)과 결혼하였다.[32]

3) 소련군으로의 편입과 조선공작단장

김일성 부대도 1940년 11월 국경을 넘어 블라디보스톡 근처의 보로시로프 야영(일명 남야영)으로 이동하게 된다.[33] 소련으로 도피한 후 남녀유격대원들은 치열한 유격전투의 현장에서 벗어나게 되자 곧 가정생활에 들어갔다. 김일성도 김정숙과 살림을 꾸렸으며, 1942년 2월 16일 첫 아들 김정일(金正日)을 낳았다. 김정일은 남야영이나 시내 어느 병원에서 태어났을 것이나(출생시 이름 유라) 후에 북한은 김정일의 출생지를 백두산 밀영으로 조작했다.

김정일이 태어난 지 6개월도 못되어 남북으로 나뉘어져 있던 항일유격대는 '소련 제88특별독립저격여단(제88여단)'으로 창설되면서 김일성은 비야츠코에로 이동하게 된다. 김일성은 중국인 주보중(周保中) 여단장의 신임을 받아 여단의 4개대대 중 조선인 중심으로 결성된 제1대대장을 맡게 된다. 소련군 88여단이 창설될 때 동북항일연군의 소속대원들은 모두 소련군에 편입되어 상응하는 소련군 계급과 직책을 부여받았다. 김일성은 소련 야영에서 해방 후 '만주파'의 핵심이 될 최용건, 김책, 안길, 강건을 만나게 되며, 이들은 모두 소련군 대위 계급을 받았다. 이들은 모두 중학 이상을 수학하였으며 대단한 응집력을 가진 지도집단이었다.[34]

---

31) 제2방면군 군장시절인 1940년 3월에 김일성은 마에다(前田) 토벌대를 전멸시킨 것을 비롯하여 크고 작은 전투에서 여러 차례 승리를 거두었다. 이종석, 앞의 책, p. 402.

32) 물론 이때의 결혼은 특별한 의식이 있었던 것이 아니라, 결혼을 선언하는 것으로 끝났다. 김일성, 『세기와 더불어(계승본) 8』(평양, 조선로동당출판사, 1998), pp. 169-170.

33) 만주에서 활동하던 동북항일연군(조・중연합군) 유격대는 소련으로 이동하여 하바로프스크 비야츠코에(북야영)와 브로시로프(남야영)에 야영(野營)하였다.

34) 김일성과 함께 이들은 북한건국의 5총사로 불리운다.

김일성은 1945년 8월 16일 소군정으로부터 부대해체 지시를 받을 때까지 88여단에 머물면서 소련군 장성들과 접촉할 기회를 가졌으며 특히, 김일성은 88여단을 관장하던 정찰국장 조르킨 소장의 신임을 받았다. 조르킨 소장은 당시 극동지역의 KGB 책임자로서 정치적 영향력이 컸다. 이때 해방 후 조선에서 당 건설과 해방 사업을 추진하기 위해 '조선공작단(朝鮮工作團)'이 결성되었으며 김일성이 단장으로 임명되었다. 이는 김일성, 김책, 최용건 등 60여명의 조선공작단이 북한지역으로 귀환하기 이전에 이미 조선에서의 당 건설과 해방 사업을 준비하고 있었음을 보여주는 사례이다.[35] 실제로 이들은 북한 공산당(조선노동당) 창건과 북한의 인민군 창설, 정부 수립, 6·25전쟁을 일으키는데 핵심적 인물이 된다.

김일성은 해방 직후 육로를 통해 북한에 들어가고자 했으나 한만국경선상에 있는 안동철교가 파괴되는 바람에 지연되자, 하바로프스크로 나와 1945년 9월 19일 푸가초프호를 타고 블라디보스토크와 원산항을 통해 마침내 평양에 입성하게 된다.

제3절 소련의 점령정책과 북한공산정권의 수립

1. 소련 군대의 북한 진주

1945년 7월 28일 대일전쟁 참가 문제를 논의한 포츠담회담에서 미·영·중 연합군 정상들은 한반도에서 일본군을 축출하기 위해 38도선을 경계로 소련군과 미군의 작전구역을 분담하기로 합의하였다. 이 합의에 따라 극동에서 소련은 1945년 8월 9일 전쟁을 개시하였다. 소련은 미국의 8월 6일 히로시마와 이어서 8월 9일 나가사키에 원폭이 투하되어 일본의 저항의지가 소멸되는 시기에 일본에 선전포고하면서 극동군 약 158만 명을 출동시켰다.

그러나 소련군이 북한에 들어왔을 때 북한을 어떻게 통치한다는 구체적인인 청사

35) 조선공작단은 중국공산당에 속해 있던 조선인 공산주의자들을 분리 추출하여 해방 후 당 건설과 해방 사업을 추진하기 위해 결성되었으며, 조선공작단을 결성한 조선인 항일유격대의 조국귀환계획은 원래 소련군과 함께 대일전에 참전하여 일본군을 격파하면서 개선하는 것이었다. 그러나 이러한 계획은 당시 사정상 실현되지 않았다.

진을 마련하지는 않았다. 소련 점령군사령부는 입북 당시 북한 지역에 소련에 우호적인 친소정부를 수립한다는 원칙 이외에 '북한 정권에 관한 충분한 정치적 계획이나 정밀한 시간표'를 갖고 있지 못했다.[36)]

소련은 북한에 대한 구체적 청사진 보다도 군사적 측면에서 만주의 관동군을 완전히 괴멸시키는데 제1차적 관심을 가지고 있었던 것 같다. 소련군은 일본 관동군이 한반도로 퇴각하는 경우를 우려하여 한반도와 만주를 잇는 철도와 교량과 도로 등을 차단하고 그 주변 지역들을 점령하는 군사 작전이 우선되었지, 한반도에 들어가서 한민족을 상대로 무엇을 어떻게 한다는 구체적이고 치밀한 설계도를 준비하지는 않았다. 왜냐하면 아직도 항복하지 않은 수십만의 일본 관동군은 소련군이 제1차적으로 섬멸시켜야 하는 적군이었고 이들을 신속하게 섬멸하여 항복을 접수하는 일이 긴요했기 때문이다. 이런 목적을 위해서라도 소련군의 북한 지역 진주는 서둘러야 했다.

이런 연유로 한반도에 먼저 진공해 온 쪽은 미군이 아니라 소련이었다. 한반도를 38선으로 남북을 분단하여 진주한다는 「일반명령 제1호」에 따라 소련군 극동군총사령관 바실레프스키 원수는 북한 점령의 책임을 극동군 산하 제1방면군 사령관 멜레치코프 원수에게 맡겼고, 이 명령에 따라 멜레치코프 사령관은 제1방면군 산하의 제25군 사령관 이반 치스치아코프(Ivan M. Chistiakov) 대장에게 북한 점령의 책임을 맡겼다. 치스치아코프 대장에게는 「북조선 주둔 소련점령군사령부 사령관」의 직함이 주어졌다.

총사령관 바실레프스키 원수의 지휘 아래 소련 극동군은 약 70만명의 일본 관동군을 패퇴시키기 위해 만주의 동·서·북 세 방면으로부터 포위해 들어갔다.[37)] 개전하자마자 소련은 곧 소련군의 제1차적 목표는 만주의 중심부에서 관동군을 포위,

---

36) Robert A. Scalapino (Author), Chong-Sik Lee, *Communism in Korea: The Society* (University of California Press; 1st edition(June 1973), pp. 337-338; 아마도 이점이 소련의 동유럽 점령정책과 북한 점령정책의 주요한 차이점인 것이다. 스탈린은 동유럽과 비교하여 한반도에 대해 비교적 관심이 적었던 것은 안보상의 이유 때문이었다. 스탈린은 제2차 세계대전 당시에 폴란드와 발틱 국가들에 대하여 강한 집착을 보였는데, 이들 국가들이 향후 전쟁에서 적대국에 가담한다면, 소련의 안보에 위협적 요인이 된다는 이유 때문이었다.

37) 소련의 대일전 참전 약속은 2월에 얄타회담에서 루즈벨트, 처칠, 스탈린 3거두가 비밀협정으로 서명한 것에 근거한 것이었다. 얄타에서 스탈린은 육체적으로 병든 루즈벨트를 상대로 많은 양보를 얻어내었다. 즉 "소련은 독일의 패망 180일 이내에" 일본과의 전쟁에 참전하겠으며 그 댓가로 영미 양국은 노일전쟁(Russo-Japanese War)에서 잃어버린 러시아의 재권리를 소련에 복구시킨다는 것을 약속하였다.

섬멸한다는 작전을 가지고 있었다. 관동군의 저항이 엄청나게 클 것으로 예상했으나, 제1차 전투에서 손쉽게 승리하자 자신감을 가진 소련군은 파죽지세로 만주지역을 밀어붙여 이틀 후인 8월 11일 저녁 제25군의 일부가 경흥지방에서 한중국경을 넘었으며, 8월 12일 오후에는 소련 태평양 함대 소속 해병대가 아무런 저항을 받지 않은 채 웅기항을 점령하였다. 8월 14일에는 소련의 해병대가 청진에 상륙, 약간의 격전을 치른 후 청진을 점령하였다. 소련군의 38도선 북방에서의 일본군을 축출하기 위한 대일본전쟁은 일주일도 못되어 일본군이 이렇다 할 저항도 못한 채 8월 15일 항복을 선언함으로서 종료되었다. 그리고 며칠이 못되어 소련 점령군은 38도선까지 내려와 공식적으로 38도선을 봉쇄했다.[38)]

소련은 3년에 걸쳐 군정통치를 하면서 북한을 소비에트(공산)화하였다. 북한의 공산화 과정의 총괄 지휘는 점령 초기에는 로마넨코(Andrei Romanenko) 소장이, 1946년부터는 주북한 대사로 파견된 스티코프(Terentii Shtykov)상장이 맡았으며,[39)] 실제작업은 이그나티에프(Alexandre M. Ignatiev) 대령 등 소련군 정치장교와 소련이 파견한 한국인 2세('깔로'라 호칭)들이 담당했다.

그러나 소련군 제25군이 북한에 진주하였을 초기 상황에는 일본과의 전투에만 대비한 결과, 북한 점령군 부대는 소수의 조선어(한국어) 통역을 제외하고는 한반도 문제 특히 북한에 대해 무지하였다. 왜냐하면 소련에게는 유럽이 중요하였지 한반도 문제는 주관심 무대가 아니었기 때문이다. 이들은 작전준비 과정에서 우선 군사적 행동으로 일본군을 축출하는데 급급했지 군정 등 장차 다가올 정치적 상황에 대해선 소홀하였다. 결국 북한에 진주한 소련군 제25군 지휘관들은 군사적 상황 외에는 북한에 대해 무지한채로 38도선 북한지역에서의 절대통치자로 군림하게 되었다.[40)]

---

38) 구체적으로, 남과 북을 잇는 경의선을 끊고 전화 통신도 끊었으며, 심지어 사람과 물자의 왕래도 끊었다. 이 당시에 한반도의 우리 민족은 남이건 북이건 분단을 전혀 생각하지도 않았는데, 소련 점령군은 이처럼 분단을 굳히는 조치를 취해 나간 것이다. 남한의 좌익세력들은 소련의 이런 분단 조치에 대해서도 방관, 침묵하였다.

39) 스티코프 주북한 대사는 극동군총사령부 예하 제1태평양 함대 군사위원회 위원으로 중요한 정치문제의 결정과 실행과정에서 중요한 영향력을 행사하였다.

40) 육군사관학교 지음, 『북한학』, pp. 43-44.

2. 북한지역의 공산당 파벌 상황

해방 당시 북한지역에는 공산주의 운동이 거의 존재하지 않았고, 주민 대다수는 전통적인 생활양식과 사고방식을 유지하고 있었으며, 해방의 기쁨과 함께 민족정신이 고취된 상태였다. 특히, 평양을 중심으로 한 서북지방에서는 기독교 사상이 바탕이 된 서양문화가 조기에 유입되었으며, 조만식을 중심으로 한 민족주의 세력과 종교세력이 절대 다수였으며 공산주의자들은 극소수였다.[41]

당시 강한 정치세력은 조만식을 중심으로 한 기독교 사상과 조직에 바탕을 둔 민족주의 세력이었다. 따라서 북한사회는 전통적인 면이나 사상적인 면이나 정치세력면에서 자생적으로 공산화될 토양이 아니었다. 그러나 1945년 8월 15일 일본의 항복 이후 북위 38도선 이북지역에 공산주의 체제로서의 북한이 등장하게 된 원천은 소련군의 점령 때문이었다. 당시 북한지역은 대일 승전국이며 점령군인 소련의 군정에 의해 통제되고 관리되는 상황이었다. 따라서 조만식을 중심으로 한 민족주의와 기독교 세력은 점령군 소련의 소비에트화 책략에 의해 얼마 가지 못해서 세력을 잃게 되었다.

해방 당시 북한지역의 정치 판도는 출신에 따른 국내파, 연안파, 소련파, 빨치산파의 4개 세력들이 혼재되어 있었다.

'국내파'는 대부분 1920년대 조선공산당 시절부터 국내에서 공산주의 활동을 한 사람들을 지칭한다. 이들은 분산적으로 대일투쟁을 하다가 해방을 맞이하였기 때문에 '절대 우위자'를 중심으로 조직화・세력화되지 못하고 제각기 분화되고 파벌화되었다. 대표적인 인물로 김용범(평남), 박정애(평남), 오기섭(함남) 등이 있으며, 파벌과 관계되어 있어서 훗날 김일성에 의해 '종파주의자'라고 비판받는 약점으로 작용하였다.

'연안파'는 중국의 연안지방을 중심으로 중국 공산당 아래서 항일투쟁을 전개했던 세력이다. 중국 본토에서 활동하고 있던 조선인 좌파 인사들은 1942년 7월 '화북조선독립연맹'을 결성하고 그 산하에 '조선의용군'을 두었는데 이들이 연안파의 본산이다. 연안파는 해방공간에서 투쟁경력이나 명망성 그리고 고급인적자원이 풍부한 집단이었다. 그러나 이들은 항일투쟁과정에서 조국과 연계된 적이 없다는 약

---

41) 당시 북한 주민 940만 명 중 기독교 인구는 370만 명이었는데 비해, 공산주의자들은 불과 4,530명 정도였다. 국토통일원, 『북한실태』(서울: 국토통일원 통일연구소, 1983), p. 6.

점을 안고 있었다. 대표적인 인물로 좌익 민족주의자 김두봉, 최창익, 무정, 허정숙, 박효삼 등이 있다.

'소련파'에는 소련군사령부가 북한에서의 정책추진에 활용하기 위해 1945년 가을에 북한으로 파견한 다수의 소련 국적 한인들이 속해 있었다. 소련군이 북한에 진주하게 되자 이들은 통역을 비롯하여 정치, 행정, 군사, 문화 분야 등에서 전문요원으로 활동하였다. 그러나 이들은 민족해방투쟁 경력이 없는 약점을 안고 있어서 북한 정치과정에서 주력으로 부상하기 힘든 한계를 지니고 있었다. 이들 소련계 한인들은 약 200여명이 들어왔는데, 대표적인 인물로 허가이, 방학세 등이 있다.

'빨치산'파에는 김일성을 중심으로 만주와 조·중국경지방에서 항일무장투쟁을 전개한 빨치산들이 속해 있었는데 일명 만주파 또는 갑산파라고도 불리었다. 이들 빨치산들은 가난한 빈고농(貧雇農) 출신이었기 때문에 당 활동이 가능한 정도의 경력과 지식수준을 갖춘 자가 많지는 않았다. 김일성을 위시하여 최용건, 김책, 강건, 안길 5명은 해방 직후 북한체제를 이끄는 정치·군사지도자가 되었으며, 빨치산파를 형성하면서 김일성의 지도자 부상을 도왔다. 이들 4명 중 1947년 안길은 병사했고, 6·25전쟁 초반에 강건(인민군 총참모장)과 김책(전선사령관겸 부수상)이 사망했다. 이들 이외에도 최현, 김일, 최용진, 임경석, 김광협, 이영호, 심태산, 최영석, 전창철, 박낙권, 오진우, 박성철 등이 있다. 이들은 모두 항일 빨치산들로서 김일성을 중심으로 종교수준의 강한 응집력으로 결속되어 북한을 건국하고 조선인민군을 창군하는데 주역이 되었으며 오늘날에도 이들 빨치산들의 후손들이 북한을 이끄는 파워엘리트를 형성하고 있다. 특히 김일성(제88여단 제1대대장) 휘하에 있던 대원들인 최현(후 인민무력부장), 최용진(제13사단장), 오진우(인민무력부장), 박성철(부수상), 김 일(민족보위성 부상), 류경수(근위 류경수 땅크 사단) 등은 북한 건국의 개국공신으로서 예우를 받고 있으며 그 후손들도 그에 준한 처우를 받고 있다.[42)]

1940년대 말까지 이들 4개 정파간의 갈등이 소련 군정의 조정으로 극심하게 표면화되지는 않았으나 상호 경계심을 늦추지 않았다. 국내파는 연안파와 소련파를 망명자에 불과하다고 평가절하 했으며, 빨치산파는 소련파를 사이비 조선인으로

---

42) 김일성, 김정일 시대에는 빨치산과 그 후손들이 개국공신과 같은 예우를 받았으나 김정은 집권시부터 대부분 권력의 중심부에서 물러나고 있다. 당 군사부장(2014년 3월 기준)이던 오진우의 아들 오일정 상장 등이 대표적 예이다. 그러나 2019년 6월 현재 최현의 아들 최용해(최고인민회의 상임위원회 위원장)는 권력의 핵심부에 건재하고 있다.

● **해방 직후 북한지역 공산주의/민족주의 정치세력 분파도**

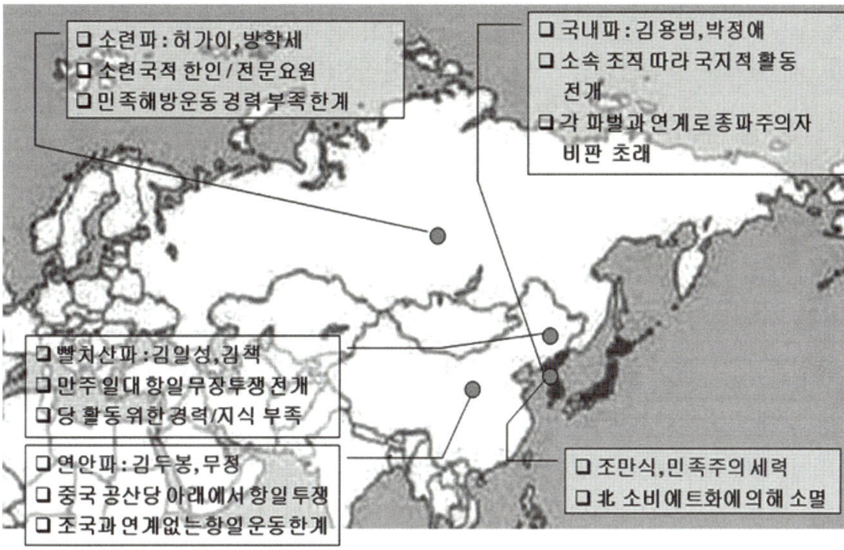

간주하여 싫어한 반면, 소련파는 빨치산파를 교육도 받지 못한 무식한 집단으로 업신여겼다.

3. 북한의 소련식 공산화(소비에트화) 과정

1945년 8월 15일 일본의 항복 이후 북위 38도선 이북지역에 공산주의 체제로서의 북한이 등장하게 된 원천은 소련군의 점령 때문이었다. 미군보다 1개월 전에 북한에 진주한 소련 군정은 김일성을 앞세워 북한의 공산화를 서둘러 추진했다.[43] 소련 점령군에 의한 공산화(소비에트화)는 다음과 같은 3단계의 일정한 수순에 의한 유형(패턴)을 보여주고 있어서 통칭 '외생적 공산주의(또는 점령 공산주의)' 체제(정권)로 분류한다. 제1단계는 '순수연립정부 수립단계'로서 공산당 이외의 다른 당도 참가하는 연립정부를 세워 모든 정치세력을 정치체제에 편입시킨다. 제1단계에서의 핵심은 소련에서 잘 훈련되고 조직화된 공산지도자와 세력에 힘을 실어 정치주도권을 장악하도록 만든다. 제2단계는 '사이비 연립정부 단계'로서 겉으로는 공산당이

43) 소련군은 1945년 8월 9일에 대일선전포고를 하고 8월 평양에 진주하였으며, 미군은 이보다 1개월 후인 9월 9일에 인천에 상륙한다.

주도하는 연립정부에 다른 당도 참여토록 하나 속으로는 이러한 당의 내부에 공산당원을 침투시켜 내부적으로 공산당에 예속된 형식적 정당으로 개편시키는 단계이다. 제3단계는 공산당 1당이 지배하는 통일전선(United Front)만을 남기는 단계이다.

북한은 이러한 공산주의 통일전선전략전술에 의해 공산화된 전형적 형태로서 소련점령군은 치밀하게 계획화된 공산화(소비에트화) 수순을 밟아 공산화를 이룬 외생적 공산주의 정권이다.[44)]

소련은 8월 6일과 9일 히로시마와 나가사키에 원폭이 투하되어 일본이 항복할 것을 예견하고 약삭빠르게 8월 9일 대일선전포고를 하였다. 이틀만인 8월 11이 저녁 경흥지방에서 한만 국경선을 넘은 소련군은 8월 14일에 청진에 상륙하였다. 그 이후 며칠 만에 이북에서의 일본군의 저항은 진압되었고, 8월 15일 일본군 사령부는 한반도 주둔 일본군의 항복을 선언하였다.

북한에 진주한 소련점령군은 제1단계로서 1945년 8월 26일 해방과 더불어 출현한 '평남 건국준비위원회'를 연립정부 형태로 개편시켰다. 즉 토착 민족주의 세력을 대표하던 조만식 선생의 '조선민주당'과 소련군을 등에 업고 북한에 들어온 김일성 등 공산세력과의 좌우 연립정권인 '평남인민정치위원회'를 조직하였다. 이 위원회 밑에 '북조선 5도 행정위원회'라는 정부 조직을 발족시켰다. 제2단계로 소련 군정은 다음 해 초(1946년 1월 5일) 조만식 선생을 감금하고 2월 5일 조선민주당을 개편하여 공산당원을 대거 입당시킨 후 김일성 빨치산파의 최용건(崔庸健)이 부수상직을 맡아 당을 장악하도록 하였다. 제3단계로 소련 군정은 모든 공산주의 정당들을 모두 김일성이 주도하는 공산당에 합당시켜 '1당 지배체제'를 구축하였다. 당시 이름뿐인 여러 정당들을 1946년 7월 22일에 결성한 '북조선 민주주의 민족통일전선'에 편입시킴으로써 3단계에 걸쳐 북한의 소련식 공산화인 소비에트화를 이룩하였다.

44) 북한은 후에 주체사상을 추진하면서 북한이 소련에 의한 외생적 공산주의 정권이 아니고 김일성에 의한 자생적 공산주의 정권이라고 북한군 창군일 조작(1948년 2월 8일을 1932년 4월 25일로 변경), 당 창건일 조작(1949년 6월 30일을 1945년 10월 10일로 변경) 등 소련 지우기를 하고 그 자리에 김일성 세우기로 역사를 조작하였다.

1) 조선로동당 창당[45)]

이때 서울에는 박헌영 중심의 '조선공산당'이 이미 조직되어 있었고, 각 도에는 조선공산당(약칭; 조공) 지부가 조직되고 있었다. 소련 군정은 처음에는 한반도 전체를 공산화할 목적으로 "서울의 조선공산당을 중앙으로 인정하고 평양에는 조선공산당 북부조선 분국을 둔다."라고 결정하였다. 이에 따라 해방과 더불어 서울에서 재건된 조선공산당은 1945년 10월 10일 평양에 '조선공산당 북조선 분국' 설치를 결의하였다.[46)] 이어서 소련 군정은 1945년 10월 13일에 '조선공산당 서북5도 책임자 및 열성자 대회'를 개최하여 38도선 이북의 조선공산당 5도 책임자를 중심으로 한 '조선공산당 북조선 분국'을 결성하기 시작하였다.

같은 해 12월 17~18일 이틀 동안 개최된 제3차 중앙확대집행위원회에서는 김일성을 책임비서로 선출하였다. 후에 북조선 분국은 1946년 7월 27일 '북조선공산당'이라는 이름으로 서울에 있던 조선공산당으로부터 분당하였고, 동년 8월 28일 조선민주당, 신민당을 흡수하여 '북조선로동당'으로 개편되었다.

---

45) 맞춤법상 북한의 '조선로동당'을 '조선노동당'으로 표기해야 하지만 인용이나 사실성을 강조할 경우 등에는 북한식 표기를 사용했다.

46) 사실상 북한의 조선로동당으로 창당이 완료된 것은 1949년 6월 30일이다. 따라서 북에서 대대적으로 기념하는 10.10 당 창건기념일은 '조선노동당창건기념일'이 아니라 '조선공산당 북조선분국'을 설치한 날로서 조선노동당의 가짜 생일이다. 1945년 8월 26일 평양에 입성한 소련극동군 제25군 사령관 치스차코프 중장은 소련군을 '해방군'으로 자처하면서 38선 이북 점령지에 소련의 위성국가 괴뢰정권수립의 전단계로서 소련공산당 지령에 철저하게 복종할 당 기구를 조직했다. 소련극동군 88여단 한인정찰대에서 소련공산당이 사육하고 훈련시킨 무장공비 위장계급 대위를 단 김성주(김일성)를 내세워 공산당창건을 서둘렀으나 이미 서울에 본부를 둔 박헌영의 조선공산당의 존재가 걸림돌이 될 수밖에 없었다.
이에 소련점령군 사령부가 1945년 10월 8일 일국일당주의 원칙을 고수하는 '조선공산당 당수' 박헌영을 평양으로 소환 "소련점령군 관할 하에 있는 이북5도 지역에 중앙조직(中央組織)결성을 주장"하는 김일성과 북조선에 당 설치문제를 밤새도록 토의케 하여 소련군의 비호와 소련공산당의 지지를 받는 김일성 주장과 박헌영의 입장을 절충, 평양에 '조선공산당북조선분국'을 설치키로 결정하였다. 이러한 이면합의에 따라 1945년 10월 10일~13일에 걸쳐 태극기와 소련국기를 단상에 걸어놓고 '조선공산당 이북5도 책임자 및 열성자 대회'를 개최 조선공산당 북조선 분국을 만들었다가 1946년 4월 확대 집행위원회에서 조선공산당 북조선 분국이라는 꼬리를 잘라 버리고 '북조선공산당'으로 개칭, 조선공산당으로부터 분리 독립하였다. 소련공산당 지령과 소련점령군 지도에 절대복종하고 충성하는 주구(走狗) 김일성은 10월 10일 열성자 대회에서 소련점령군 각본에 따라 집행위원에 선출되었다. 이어서 김일성은 11월 23일과 24일에 열린 제2차 확대집행위원회 회의에서 '4대 당면과업에 대하여'란 보고를 통해서 반제반봉건민주주의혁명과 민족통일전선으로 당 노선을 채택, 당권을 접수한 후 서울중앙조직(박헌영)과 분리 독자적으로 활동을 시작했다.

1946년 11월 서울에 있던 조선공산당도 인민당, 신민당 좌파를 흡수하여 '남조선로동당(약칭, 남로당)'으로 개편되었으며, 1949년 6월 30일 평양에서 남북로동당의 합당대회를 가지고 두 당을 합당하여 '조선로동당'을 창당하였다. 조선로동당의 초대 위원장은 김일성(金日成), 부위원장은 박헌영(朴憲永)이었다.[47]

2) 인민공화국 수립

해방 직후 평양에는 서울에서 여운형을 중심으로 조직되었던 건국준비위원회(약칭 건준)의 지부로 평남인민정치위원회가 결성되었고, 이어서 8월 26일까지 북한의 5개도에 각각 인민위원회가 결성되었다. 동년 10월 28일 이 인민위원회를 총괄하는 5도행정위원회가 조직되었다. 5도행정위는 1946년 2월8일 북한정권의 최초 형태라고 볼 수 있는 북조선 임시 위원회로 개칭되고 사실상의 정부로 기능하기 시작하였다. 위원장에는 김일성이 취임하였다.

이와는 별도로 소련 군정은 1945년 11월 19일 '북조선 5도행정국'을 설치하였다. 이 기구는 소련 군정 아래 중앙에서의 각급 인민위원회 지도를 통일시키기 위해 조직됐다. 이처럼 소련 군정은 한반도 전체를 공산화할 책략을 가지고 한반도 분할

---

47) 1945년 12월 17일 제3차 확대집행위 회의에서 김일성은 "북부조선공산당 공작의 착오와 결점에 대하여"라는 보고를 통해서 그 동안 당이 범한 착오와 결점을 신랄하게 비판하고 향후 과업을 제시하고 이에 따라서 12월 18일 '조선공산당북조선분국 책임비서'로 수직상승, 당권을 장악했다. 그 후 김일성은 세력을 확장 1946년 7월 27일에는 최용건의 민주당과 김두봉의 신민당을 병합, 8월 29일에 '북조선공산당'이라는 간판을 내리고 '북조선노동당'을 창립, 1949년 6월30일~7월 1일 박헌영의 남노당 '민주주의민족전선'과 김일성의 북노당 '인민민주주의민족통일전선'을 통합 '조국통일민주주의전선' 노선을 채택, 김일성의 '조선노동당'이 발족됐다. 이런 과정에 비춰 볼 때 소위 노동당창건일이라는 10월 10일은 소련공산당 지령에 따라 소련점령군사령부가 충실한 주구인 김일성을 내세워 국제공산주의운동 일국일당(一國一黨)원칙을 깨고 조선공산당을 두 조각낸 분당기념일이자 한반도분단 비극의 시발점인 것이다. 소련공산당 선위소식에 불과한 '조선노동당'이 창건일을 찾는다면 1949년 6월 30일이거나 조선공산당북조선분국이라는 간판을 내리고 '북조선노동당'으로 재출범한 1946년 8월 29일이어야 한다. 그럼에도 불구하고 '조선공산당북조선분국 설치일'을 당창건 기념일로 삼는다는 것은 소련의 괴뢰일 수밖에 없는 김일성이 미제고용간첩으로 몰아 죽인 박헌영에 대한 콤플렉스 때문이라고 밖에 달리 설명할 방법이 없다. 1941년생인 김정일을 1912년생 김일성과 30년 주기를 맞추기 위해 1942년으로 출생연도를 바꾸고, 1983년생(?) 김정은을 1982년생으로 나이를 올려 김정일과 40년 주기로 조작하는가 하면, 1948년 2월 8일 평양에서 태극기를 걸어 놓고 창설한 북괴군을 김일성이 1932년 4월 25일 창설했다고 16년이나 소급하는 자들이 당 창건일 조작쯤 문제도 아닐 것이다. 칼럼니스트 백승목 hugepine@hanmail.net; http://m. newskorea.info/ news/ article View.html?idxno=33834(검색일: 2016.02.06.)

점령 3개월 만에 김일성을 내세우면서 우선 북한만을 공산화하기 위한 통치조직기반을 신속히 마련하였다. 소련 군정에 의해 1947년 2월 창립된 입법기관인 '북조선인민회의'는 북조선 인민위원회 설치, 헌법 초안 작성, 조선인민군 창설 등을 포함하여 정권 수립을 위한 제반 준비 작업을 진행하였다. 오늘날 북한에서는 당시의 북조선인민위원회를 사회주의 혁명을 주도하는 최초의 프롤레타리아 독재정권 기관으로 규정하고 있다. 1947년 2월 10일 '조선임시헌법초안'이 제정, 발표되고 이듬해인 1948년 2월 8일에 북한의 정규군인 '조선인민군'이 소련군의 지원하에 김일성을 내세우면서 창설되었다. 그 해 4월 29일 북조선인민회의 특별회의에서 '조선민주주의인민공화국 헌법 초안'을 승인하였으며, 8월 25일 제1기 최고인민회의 대의원 선거에서 21명의 대의원을 선출하는 한편, '남조선인민대표자대회'에서 최고인민회의 대의원으로 360명을 선출하여 보냈다고 발표하였다. 이어서 평양에서는 9월 2일부터 10일까지 572명의 대의원이 참가한 최고인민회의 제1차 회의에서 헌법을 채택(1948.9.8.)하여 공표하고 김일성을 내각의 초대 수상으로 하는 '조선민주주의인민공화국'을 발족(1949.9.9.)시켰다.

제4절 김일성-김정일-김정은 '김가왕조' 구축

1. 김일성 1인 독재체제 구축

북한의 김일성 1인 독재체제는 해방 당시 북한을 점령했던 소련군의 비호와 김일성 자신이 전개한 치밀한 권력투쟁으로 이루어졌다. 소련 점령군은 국내에 뿌리가 없는 빨치산파의 김일성을 선택하여 북한에 친소정권을 수립했다. 광복 직후 북한의 정치지형은 국내파, 연안파, 소련파, 김일성이 중심이 된 빨치산파 등 다양한 정파들이 각축하는 구도로 형성되었다. 그러나 김일성은 소련 군정이 만들어 준 기반을 딛고 계속 정치투쟁을 벌여 반대세력을 제거함으로써 1인 독재체제를 구축하였다.

1) 6 · 25 남침과 국내파 숙청

김일성이 비록 소련 군정의 전폭적인 지지를 받고 있었으나 초기에 김일성의 빨치산파는 국내 기반이 전혀 없었다. 따라서 조선노동당과 인민공화국을 창설 및 운영하는데 있어서 조선공산당 잔존세력인 국내파가 주도권을 행사했다. 이러한 정치 상황하에서 김일성은 1950년 6월 25일 소련의 지원을 받아 '조국해방전쟁(6.25 남침전쟁)'을 도발했다. 그러나 박헌영을 주축으로 하는 남로당 세력이 봉기하여 조기에 한반도를 석권하고자 했던 남침계획은 실패로 돌아가고 전세가 역전되어 1950년 12월 한국군이 압록강과 두만강까지 진격하여 인민공화국이 소멸 위기에 이르자 그 와중에서도 권력장악에 혈안이 되어 이를 빌미로 그 책임을 박헌영 등 국내파에게 물어 이들을 숙청하였다.[48)]

2) '8월 종파사건'과 연안파 및 소련파 숙청

김일성은 1인 독재권력을 조기에 구축하고 싶었으나 김일성 자신이 소련점령군에 의해 영입된 지도자여서 소련군정의 통치를 돕는 소련파의 권력을 제어하기도 어려웠고, 조국해방전쟁(6 · 25전쟁)에서 궤멸을 막아준 중국인민의용군의 주둔상태에서 연안파를 제거하기도 어려웠다. 그런데 대내외적으로 김일성이 1인 권력을 구축할 수 있는 노선갈등과 사건이 발생했다.

대내적으로는 6 · 25전쟁 직후 북한의 권력층 내부에서는 북한의 재건을 둘러싸고 향후 북한의 국가발전전략과 관련, 정파간 갈등이 발생하였다. 김일성은 중장기 차원에서 중공업을 우선적으로 발전시켜야 한다고 주장한 반면 연안파와 소련파는 피폐해진 인민들의 생활을 향상시키기 위한 경공업과 농업을 우선 발전시켜야 한다고 하면서 대립하였다.

대외적으로는 1953년에 '스탈린'(I. Stalin)이 사망하자 치열한 권력투쟁 끝에 집권한 흐루시초프(N. Khrushcoyov)가 스탈린 격하운동을 전개하였고 그 여파로 헝가리, 폴란드에서도 개인숭배 배척운동이 일어났으며 북한에서도 연안파가 소련파와 손잡고 김일성 격하운동을 준비하고 있었다. 이들은 1956년 8월 30일 조선로동

48) 숙청된 국내파의 죄명은 '미제국주의를 위한 간첩행위'와 '공화국 정부 전복을 위한 무장폭력 음모행위'였다.

당중앙위원회에서 김일성의 개인숭배와 1인 독재행적을 비판하고 김일성을 당에서 축출하려 하였다. 그러나 이들의 음모가 알려지게 되고 김일성이 윤공흠 등 주모자를 체포하면서 불발에 그쳤다. 이 사건을 '8월 종파사건'이라고 부르며 김일성은 이 사건을 계기로 연안파와 소련파에 대한 대대적인 숙청을 가함으로써 10년간 지속되어온 파벌투쟁을 종식시키고 완전히 당권을 장악하였다.

3) 김일성 유일체제의 완성

김일성은 '8월 종파사건' 종결 이후 본격적으로 당 정풍운동을 전개하였다. 1959년 5월 30일을 기해 '당 중앙집중지도사업'을 시작하면서 '반당 반혁명분자'의 색출을 본격화하여 당내에 흩어져 있던 연안파와 심지어 빨치산파와 군내부의 고위 권력층들이 대거 숙청되었다.[49] 김일성은 이제 소련 및 중국공산당과 이어진 인맥을 완전히 제거함으로써 독자적 권력기반을 구축하게 되었으며, 이를 위하여 '주체사상'을 통치이념이자 당 지도이념으로 발전시켰다. 북한은 1980년 10월에 열린 제6차 당대회에서 당규약을 고쳐 과거의 마르크스-레닌주의를 버리고 "조선로동당은 오직 위대한 수령 김일성 동지의 주체사상, 혁명사상에 의해 지도된다."라고 규정하였다. 아울러 당 조직을 개편하면서 김정일로의 권력승계를 공식화하였다. 이로써 김일성 유일지배체제가 완성되면서 아들 김정일로의 세습후계기반까지 구축하여 북한은 수령 절대주의 체제인 김일성 왕조의 모습을 보이게 된다. 그러나 과도한 유일체제화는 북한체제의 안정성은 가져왔다고 하더라도 경직성과 폐쇄성을 초래함으로써 시대변화 및 외부환경에 대한 북한체제의 대응력을 약화시킨 주요인으로 작용하게 된다.[50]

김일성의 권력장악과 관련된 경제발전 과정은 다음과 같다. 1950년대 중・후반은 파괴된 전후경제의 복구와 더불어 사회주의 경제로의 전이를 위한 토대를 마련한 시기로 특징지을 수 있다. 6・25전쟁으로 완전히 와해된 경제 및 사회 환경을

---

49) 1958년에 김두봉, 최창익, 한 빈 등 연안파는 '반당분자'로 투옥되었고, 김창만과 오기섭도 숙청되었다(1966). 1964년에는 빨치산파로 합류된 박금철, 이효순이 숙청되었고, 1969년에는 군 내부로 번져 허봉학, 김창봉, 최광 등이 숙청되고 1970년에는 부수상 김광협도 제거되었다. 이상우, 앞의 책, pp. 54-63.

50) 통일부 통일교육원, 앞의 책(2014), pp. 30-31.

재건하고 전면 재정비해야 하는 상황은, 오히려 북한 정권의 사회주의 체제 구축작업을 진행하는데 도움을 주었다. 북한은 농업 · 상공업 · 수산업 분야를 중심으로 경제생산 활동의 협동화를 추진하면서 1950년대 말까지 생산수단을 완전히 국유화하였다. 아울러 신속한 전후 경제건설을 위해 천리마 운동(1956~), 청산리정신과 청산리방법(1960) 등의 군중동원의 정치노선을 강화하였다. 1960년대에는 중화학공업 위주의 산업기반을 강화하였으나 전체예산의 30% 이상을 국방비에 쏟아 부으면서 군비증강을 추구하였다. 경제와 국방을 병행하여 추진한다는 '경제 · 국방병진' 노선은 실제로는 과도한 국방에 쏠리게 되고 모든 사회조직들도 전시에 즉각 활용가능한 동원체계로 전환되었다. 아울러 북한사회는 김일성 유일지도체계를 구축하면서 광범한 개인숭배 운동 속으로 빠져 들어갔다. 결국 김일성의 과도한 권력장악과 유일체제 구축은 사상과 국방력 강화라는 전시체제로 이어져 북한의 국가발전을 가로막는 장애물이자 구조적 요인이 되었다.

2. 김정일의 세습과 선군체제

1) 김정일의 출생 신화와 학창시절

김정일은 김일성과 김정숙 사이에서 1942년 2월 16일 소련의 블라디보스톡 근처인 보로시로프 야영(野營)에서 태어났다. 그러나 북한 문헌들은 김정일의 출생지를 백두산의 항일유격대 밀영(密營)의 귀틀집이라고 역사를 조작하였다. 북한은 김정일 출생을 신화(神話)화하기 위하여 민족의 영산(靈山)이며 독립운동의 상징인 백두산 소백수골의 산봉우리에 '정일봉'과 그 밑에 '귀틀집'을 만들고 '구호나무'를 만들었다.[51]

51) 북한은 김일성 수령과 함께 조국을 구해낸 항일빨치산 선조들이 항일무장투쟁을 하면서 나무껍질을 벗겨 김일성, 김정숙을 칭송하고 특히 '2천만 백의민족 대통운 백두광명성 출현'이라는 김정일의 출생을 예언한 구호를 나무에 새겨 넣었다고 주장하는데 이를 '구호나무'라고 하고 우상화 교육에 사용된다. 북한의 김정일 관련 서적은 다음과 같이 김정일을 우상화 하고 있다. "백두산에 담겨져 있는 그 슬기, 그 염원을 안고 민족수난의 역사에 종지부를 찍기 위한 판가리 싸움터에서 고고성을 울리시었던 것이다." 탁진 외, 『김정일 지도자 1』(東京: 東邦社, 1984), p. 6. 이종석, 앞의 책, pp. 491-493 재인용.

▲ 김정일 출생 신화 조작의 대표적 사례인 정일봉, 귀틀집, 구호나무

북한에서 귀틀집은 김일성의 생가인 만경대와 더불어 '고향집'으로 불리며 출생 성지가 되어 성역화 되었고 순례지이면서 '혁명전통'의 교육장으로 변모되었다.

김정일은 1945년 11월 25일 함경북도 웅기항을 통해서 어머니 김정숙을 따라 소련의 비야츠코에를 떠나 북한에 들어왔다. 김정일은 48년 평양에 있는 남산인민학교 인민반에 입학했다. 김정일 전기들은 소년 김정일의 총명성을 우상화하기 위해 이 시기와 관련된 다양한 예화들은 소개하고 있다. 어린 시절 김정일에게 다가 온 가장 큰 충격은 어머니 김정숙의 사망이다. 김정숙은 김정일이 7살 때인 1949년 9월 22일 사망하였고, 김정일 남매는 항일유격대 여동료들의 보살핌 아래 성장한 것으로 알려졌다.[52]

김정일은 6・25전쟁 중엔 중국 동북지방으로 피난했으며, 피난 중인 1952년 11월 그곳으로 옮겨와 있던 '만경대혁명자유자녀학원(일명 만경대혁명학원)' 인민반 4학년에 편입하였다. 전쟁이 끝난 직후인 1953년 8월에 평양에 돌아와 평양제4인민학교 5학년에 편입하였고 졸업하면서 1954년 9월 평양제1초급중학교에 진학하였다. 북한의 문헌들은 김정일이 이 학교 2학년 때인 1956년 6월 소년단 위원장으로서 백두산 일대의 항일혁명전적지를 돌아보는 학생 답사단을 조직했는데 이것이 북한 최초의 백두산 혁명전적지 답사단이라고 선전하고 있다.[53] 김정일의 전기들은 예외

52) 김일성과 김정숙은 김정일 외에도 귀국해서 딸 김경희를 낳았고 1944년생 '슈라'라고 하는 남동생이 있었으나 수상 관저 연못에 빠져 익사한 것으로 알려져 있다.

53) 『위대한 령도자 김정일 장군 략력』(평양: 평양출판사, 1996), 이종석, 앞의 책, pp, 493-495. 재인용.

없이 김정일의 학업성적이 전과정, 전과목에서 최우등이었으며, 그가 학생들 사이에서 탁월한 지도력을 발휘하였다고 선전하고 있다. 김정일이 남산고급중학에 진학한 것이 1957년 9월이었는데도 이때도 초급중학의 전과정을 최우등으로 마치고 고급중학에 입학했다고 선전하고 있다.[54)]

김정일은 어릴 때부터 정치적 야심이 대단했던 것으로 보인다. 고 황장엽 씨의 회고에 의하면 김정일은 17세인 1959년 1월 김일성을 따라서 모스크바를 방문했는데, 매일 김일성의 부관, 의사, 간호사 등 수행원을 모아놓고 하루일과를 보고받고 여러 가지 지시를 했다고 한다. 또한 김정일은 아버지인 김일성 '모시는 일'에 대해서도 극진했다. 일례로 모스크바 여행 중 아침마다 아버지가 나갈 때 부축을 하고 신발을 신겨주었고, 47세의 젊은 아버지 김일성은 아들의 이러한 열성에 마냥 흡족해 했다는 것이다. 뿐만 아니라 김정일은 소련의 공업·농업전람관을 관람하면서 수행했던 황장엽 씨가 통역에 애를 먹을 만큼 기술적인 문제들을 질문했으며, "웬 기술에 그리 관심이 많으냐?"는 황장엽의 물음에 "아버님께서 관심을 갖고 있는 문제이기 때문입니다."라고 대답했다는 것이다. 황장엽 씨는 이러한 김정일의 모습에서 김정일이 삼촌인 김영주 대신에 권력을 승계할 것이라는 생각을 했다고 한다.[55)]

김정일은 남산고급중학교에서 민주청년동맹부위원장(위원장은 교사)을 하였고 1960년 8월에 졸업 후 9월에 김일성 종합대학 경제학부 정치경제학과에 진학하였다. 당시 권력자의 자녀들은 대부분 소련으로 유학했기에 김정일도 해외유학을 떠날 것으로 예상했으나 김정일은 주체의식을 내세우면서 김일성 종합대학에 진학하였다. 북한의 김정일 전기들은 이러한 김정일의 선택을 미화하고[56)] 대학시절 김정일은 김일성의 저작을 1년에 만 쪽씩 읽는 '만 쪽 책읽기운동'을 발기하는 등 다양한 학내 정치

---

54) 『인민의 지도자 1』(평양: 조선노동당출판사, 1982), p. 3. 러시아에 거주하고 있는 김정일의 중·고교 동기동창들은 김정일이 남다른 지도력과 추진력을 갖고 있었던 것은 사실이나 학교성적은 중간정도였다고 증언하고 있다. 이종석, 앞의 책, p. 495.

55) 황장엽, 『나는 역사의 진리를 보았다』(서울: 한울출판사, 1999), pp. 126-127. 당시 김일성의 동생 김영주는 당 중의 당이라고 하는 중앙당 조직지도부 부장으로서 막강한 권력을 지니고 있었다.

56) 『김정일 지도자 1』, p. 58. "그분께서 김일성종합대학에서 공부하시겠다고 하신 것은 위대한 주체사상과 그 구현인 당 정책이 꽃피고 있는 조국의 현실에 기초한 학문을 하시겠다는 투철한 주체의식의 발현이었다. 그분에게 있어서 참된 학문과 교과서는 다른 나라에 있는 것이 아니라 조선의 현실 속에 있었다."

활동을 선구적으로 전개했다고 밝히고 있다. 김정일은 대학생 신분인 1961년(19살) 7월에 조선노동당에 입당했으며, 1964년 봄에 김일성대학을 졸업했다.[57)]

2) 김정일 후계 구축과 권력 장악

김정일의 정치경력은 학창시절에 이어 북한판 세자답게 남달랐다. 대학 졸업한 해인 1964년부터 김정일의 본격적인 정치경력은 시작되었는데 처음부터 당의 핵심인 조선노동당중앙위원회에 배속되었다. 김정일은 처음부터 김일성의 현지지도에 동행하며 후계자 수업을 쌓았으며, 황장엽 씨를 추천하여 김일성대학 총장에 임명시킬 정도로 당내 위상도 대단했다고 한다.[58)]

신정체제의 성격이 짙은 유일체제를 구축한 김일성은 김정일로의 권력승계를 위한 후계체제 구축에 착수하였다. 이를 위해 이미 1966년 10월 제2차 당대표자회와 1970년 제5차 당대회를 통해 당 권력구조의 대폭 변화와 함께 1971년 11월 당중앙위원회 5기 3차 전원회의에서 김정일 후계문제를 검토하였다. 그러한 후계구도 속에서 1969년부터 당 중앙위원회의 핵심부서인 조직지도부와 선전선동부 업무를 맡고 있던 김정일을 1973년 9월 당중앙위원회 5기 7차 전원회의에서 '조직 및 사상담당 비서'로 선출하였다. 이로써 김정일은 공산주의 국가에서 양대 무기라 할 수 있는 **'칼(중앙당 조직지도부)과 붓(중앙당 선전선동부)'**을 장악하면서 권력구축에 본격적으로 나섰다. 이어서 이듬해인 1974년 2월 당중앙위원회 5기 8차 전원회의에서 김정일은 북한의 최고 권력기관인 당 중앙위원회 정치국 위원으로 선출되어 김일성의 유일한 후계자로 추대되었으며, 마침내 1980년 10월에 개최된 제6차 당대회에서 공식후계자로 공표되었다.[59)]

김정일은 후계자로 등극하면서 붓과 칼을 정교하게 휘둘렀다. 특히 김일성의 유일절대권력을 구축하기 위하여 주체사상에 대한 해석권을 독점하면서 '수령론' 또는

57) 김정일의 졸업 논문(1964년 3월 18일 발표)은 '도시와 농촌의 차이를 없애고 농촌을 도시 수준으로 끌어올리는 데서 군(郡)이 차지하는 역할'을 다룬 「사회주의 건설에서 군(郡)의 위치와 역할」이었다. 『근로자』, 1985년 3월호.

58) 황장엽, 앞의 책, p. 141. 김정일의 위상을 알 수 있는 예로 김정일은 1964~66년의 3년간 김일성의 현지지도를 모두 31회나 동행하였다. 『위대한 령도자 김정일 장군 략력』, p. 39.

59) 이때 김일성과 김정일 둘만 당의 핵심 권력기구인 당 중앙위 정치국, 비서국, 군사위원회에 선출되었다.

'혁명적 수령관'을 제시하면서 주체사상을 김일성의 혁명사상으로 변질시켰다.[60] 김정일은 혁명적 수령관의 연장선상에서 후계자론은 제시함으로써 후계체제의 정당성 확보까지 마련하였다. 김정일은 1982년에 이르러 주체사상의 이론적 집대성이라고 불리는 『주체사상에 대하여』를 내놓았다. 김정일은 주체사상을 아예 '김일성주의'로 정식화하고 '온 사회를 김일성주의로 일색화'하도록 당 사상사업의 총체적 임무로 제시하였다. 이를 위하여 김정일은 주체사상을 김일성주의라는 종교교리 차원으로 변질시키고 김일성 개인숭배를 위해서 역사를 조작하여 그의 가계(家系)를 전부 신화화하여 신정(神政)체제의 기틀을 마련하였다. 이로써 김정일은 통치이념이며 당 지도이념이었던 '마르크스 - 레닌주의'라는 커다란 산을 뛰어넘어 주체사상이라는 '김일성주의'로 김일성의 유일절대권력을 공고히 하는 동시에 자신으로의 후계권력도 든든히 마련하였다. 또한 당 중의 당인 당 중앙위 조직지도부를 통해 전체 당을 장악한 김정일은 1974년 4월에 소위 북한의 십계명이라고 할 수 있는 『당의 유일사상체계확립 10대 원칙』을 공포하고 온 사회의 김일성주의 일색화와 김일성에 대한 절대 숭배를 교의화 하였다. 동시에 김정일은 반대세력을 무자비하게 숙청하면서 미래의 수령으로서 기반을 구축해 나갔다.

김정일이 정치위원에 선출된 1974년부터 「로동신문」은 김정일을 '당중앙'으로 호칭하였다. 김정일은 이때 부터 경제문제에도 개입하여 속도전을 내세우며 이른바 '70일 전투 속도'를 발기하여 1975년 공화국 영웅칭호를 수여받았다.[61] 이어서 김정일은 사상, 문화, 기술의 3대혁명소조운동을 당의 장악하에 주도적으로 전개함으로서 1970년대 중반 이후 김정일은 북한사회 전반에서 지도력을 행사하게 되었다.

1980년대 김정일 후계체제를 이끌어간 당 지도부는 항일혁명 2세대와 전문적인 역량을 갖춘 실무형 지도자들이었다. 「로동신문」을 비롯한 각종 출판 보도물은 '영광스러운 당중앙'의 뛰어난 지도력을 선전하는 데 동원되었으며, 1981년부터는 '친애하는 지도자 김정일 동지'라는 호칭을 사용하였다. 1980년 6차 당대회 이후 김일성의

---

60) 김정일은 후계자로 등장한 이후 김일성 유일지배체제의 권력구조를 정당화하고 권력세습의 영속화를 위해 주체사상의 해석권을 독점하여 '수령론' 또는 '혁명적 수령론', '사회정치적 생명체론' 등을 제시하였다. 이는 김일성이 마르크스-레닌주의의 유일한 해석자이며 주체사상의 창시자라고 했던 것처럼 김정일도 주체사상의 유일한 해석자로 권력승계를 정당화하고자 하였다.

61) 『위대한 령도자 김정일 장군 략력』, p. 96.

유일사상체계확립의 10대원칙(요약)

첫째, 김일성사상으로 온 사회를 일색화하기 위해 몸 바쳐 투쟁해야 한다.
둘째, 김일성을 충심으로 높이 우러러 모셔야 한다.
셋째, 김일성의 권위를 절대화해야 한다.
넷째, 김일성사상을 신념으로 삼고 김일성 교시를 신조화해야 한다.
다섯째, 김일성 교시 집행에서 무조건성의 원칙을 철저히 지켜야 한다.
여섯째, 김일성을 유일 중심으로 전 당의 사상·의지적 통일과 단결을 강화해야 한다.
일곱째, 김일성을 따라 배워 공산주의적 풍모와 혁명적 사업방법, 인민적 사업작풍을 소유해야 한다.
여덟째, 김일성이 준 정치적 생명을 귀중히 간직하고 정치적 신임과 배려에 높은 정치적 자각과 충성으로 보답해야 한다.
아홉째, 김일성의 유일적 영도 밑에 전당, 전군, 전인민이 한결같이 움직이는 강한 조직규율을 세워야 한다.
열째, 김일성이 개척한 혁명 위업을 대를 이어 끝까지 계승 완성해야 한다.

현지지도 빈도수가 눈에 띄게 줄어드는 반면 김정일의 실무지도와 시찰이 늘어났으며, 그 성격도 '보좌'에서 독자적인 '지도'의 측면이 강해졌다.

또한 『주체혁명의 완성을 위하여』, 『친애하는 지도자 김정일 동지의 문헌집』, 『김정일 선집』 등 김정일의 저작물이 출간되어 대중학습용으로 사용되면서 김정일의 우상화도 추진되었다. 김정일은 아버지 김일성과 달리 항일무장투쟁 신화가 없었기에 신의 아들로 되기 위해서 생래적 정통성을 부각시켰다. 항일유격대 대장 김일성과 백두여장군 유격대 전사 김정숙을 부모로 둔 백두혈통이라는 '혁명적 가문'과 자신의 '비범한 천재성'을 신화화하였다.[62)]

1990년대 들어서 김정일은 국가기관의 주요 직책도 부여받기 시작했다. 김정일은 1990년 5월에 개최된 최고인민회의 제9기 1차 회의에서 확대개편된 국방위원회 제1부위원장에 선출되고, 1991년 12월 당중앙위원회 6기 19차 전원회의에서 1950년 7월 이래 김일성이 맡고 있던 '조선인민군 최고사령관'으로 추대되었다. 이는 실질 권력인 군권을 완전히 장악하였음을 의미하는 것으로 김일성의 양위에 의한 것이지만 사실상 김정일의 실질적인 권력이 김일성을 앞서고 있었다고 볼 수 있다. 이어

62) 김일성은 항일무장투쟁을 통하여 결코 단 한번도 패하지 않은 '전쟁의 신(神)'으로 격상되었다. 그래서 북한주민들은 김일성 수령신이 일제치하로부터 구원해 주었다고 믿고 있으며, 이제 그의 아들 김정일 수령신이 등장하여 나라를 지켜줄 것이라고 믿게 하는 것이다.

서 김정일은 1992년 '공화국 원수' 칭호를 받았으며, 1993년 4월 '군사주권의 최고 지도기관'으로 격상된 '국방위원회 위원장'에 취임하였다. 이로서 1994년 7월 김일성의 사망이전에 북한은 이미 김정일 권력체제를 확고하게 갖추고 있었다.

3) 김정일 시대, 선군정치체제의 특징

김일성의 사망이전에 군권과 실권을 장악하고 있던 김정일은 김일성의 사망으로 곧바로 최고 권력에 공식적으로 취임할 수 있음에도 불구하고 3년동안 유훈통치를 하였다. 그 후 김정일은 1997년 10월에 '조선노동당 총비서'에 추대되었고 1998년 9월 5일에 헌법을 개정하고 사실상 국가수반인 권한이 더욱 강화된 '국방위원회 위원장'에 취임하였다. 김일성 사후 김정일의 공식 출범까지의 기간에 북한에서는 300만 명이 굶어 죽었다는 '고난의 행군' 기간을 거쳤다. 이 당시 당 조직이 상당히 와해되었기 때문에 김정일은 군을 앞세우는 '선군(先軍)정치'를 기본노선으로 하여 '사회주의 강성대국 건설'을 목표로 설정한 선군정치체제를 마련하였다.[63)]

외형적으로 김일성 사후 17년간 북한을 통치했던 김정일 체제는 국가의 최고지도자가 김일성에서 김정일로 바뀌었을 뿐 신정성(神政性)을 띤 유일지배체제의 연속이었다.

첫째, 김정일은 군 최고사령관과 당 총비서 및 국방위원장으로서 실질권력인 당과 군을 장악하였다. 김정일은 김일성처럼 항일유격대 경험도 없어서 빨치산파와 같은 동지그룹도 없었다. 군 복무경험도 없어서 군인맥도 없었다. 그럼에도 김정일은 김일성으로부터 생전에 실질 군권인 군 최고사령관과 국방위원장을 양위 받았으며, 오진우를 비롯한 빨치산들의 지원으로 군을 확고하게 장악하였다. 김정일은 집권 당시 극도로 피폐해져 아사자가 속출했을 정도의 경제상황과 약해진 당 기구를 대신해서 군을 앞세우는 선군정치를 표방하였다.

둘째, 김정일은 김정일 시대의 실천이데올로기로서 선군사상을 주체사상과 함께 당의 지도지침으로 내세웠다. 사실 김정일은 이미 후계시절부터 주체사상을 '혁명

63) 북한은 김정일이 1960년 8월 25일 평양 근교 근위 류경수 땅크사단(조국해방전쟁시 서울 입성부대)을 현지지도한 것이 선군 영도절의 시초라고 선전하고 있다. 이때는 김정일이 대학생 신분인데 김정일 시대에 역사를 소급하여 조작하였다. 그래서 북한은 2017년 8월 25일은 선군절 57돐로 기념하였다.

적 수령관'으로 끌어올리고 '사회정치적 생명체론'이라는 새로운 논리적 틀을 만들어 강화하였다. 특히 김정일은 주체사상과 개인숭배, 절대권력체계를 결합시켜 교의화한 '유일사상체계확립 10대원칙'을 만들어 권력을 더욱 공고히 하였다. 또한 1980년대 말부터 동구권 사회주의 국가들이 몰락하고 심지어 사회주의 종주국인 소련마저 무너지자 이들과 북한을 차별화 시키는 논리로 '조선민족제일주의'라는 담화를 만들어 어려운 시기를 극복해냈다.

셋째, 김정일은 최초 많은 사람에게 파격적이고 괴팍하며 변화가 심한 성격으로 알려져서 돌발적이고 즉흥적인 정책결정자로 인식되고 있었다. 그러나 김정일의 인사스타일을 살펴보면 김정일 시기 북한 권부에서 인사이동이 정책부진에 대한 경질 외에 상당히 안정적 기조 위에서 이루어졌으며 아울러 조직관리 능력도 뛰어났다고 볼 수 있다. 북한은 소위 김정일의 정치를 '통이 큰 정치', 전체인민을 한 품에 안아주는 '광폭정치'라고 묘사하고 있다.

넷째, 김정일은 '칼' 못지않게 '붓'도 잘 사용하였다. 김정일은 문학예술을 혁명전통과 수령형상화 작업의 수단으로 활용하여 김일성과 빨치산들로부터 지지를 얻어냈다. 1970년대 북한을 휩쓸었던 혁명가극 「피바다」와 「꽃 파는 처녀」의 경우 영화 속의 주인공들처럼 살며 일하자는 기치아래 생산단위에 각각 근위대원이 조직되기고 하였다. 흔히들 김정일을 가리켜 단순환 '영화광' 정도로 말하곤 한다. 그러나 김정일은 문학예술을 적극 활용하여 자신의 후계 및 권력장악과 심지어 생산증대를 위한 경제선동에 적극 이용하였다.

다섯째, 김정일은 경제난에도 불구하고 핵무기와 미사일 개발을 강행하였다.[64] 김정일은 집권시부터 수백만명이 죽어나가는 끔찍한 일을 겪었음에도 인민의 삶보다는 김가왕조 정권과 '우리식 사회주의 체제'를 고수하기 위한 핵과 미사일 개발에 치중하였다. 그 결과 체제 및 엘리트들의 내부결속과 미제의 압살책동에 대항하여 '우리식 사회주의 체제'를 수호하는 수호신으로서 비춰지도록 하였으나 유엔과 국제사회로부터의 대북제재를 자초하였다. 결국 김정일 통치 기간 중 인민들의 삶은 더욱 피폐해지고 탈북자는 증가하였다. 김일성 사후 고개를 들던 북한붕괴론이

64) 김정일은 1998년 8월에 장거리 미사일인 대포동1호를 발사했고, 2006년 7월에 대포동 2호를 발사했으며, 2006년 10월에 1차 핵실험을 하였다. 2009년 4월에 2차 핵실험과 5월에 장거리 미사일을 발사하였다.

김정일 시대에 다시 회자되고 있는 점을 볼 때 김정일은 실패한 독재자임에 틀림없다.

그러나 김정일 사후 김정은의 북한은 2012년 개정 헌법 서문에 김정일을 다음과 같이 미화하고 있다.

> "김정일 동지께서는…선군정치로 김일성 동지의 고귀한 유산인 사회주의 전취물을 영예롭게 수호하시고 우리 조국을 불패의 정치사상강국, 핵보유국, 무적의 군사강국으로 전변시키시었으며 강성국가건설의 휘황한 대통로를 열어놓으시었다"

그러나 김정일은 예상치 못하게 2008년부터 건강이 악화되자 김정은으로의 후계체제확립을 위한 정지작업에 들어갔다. 2009년 헌법을 개정하여 국방위원장을 국가의 최고 영도자로 명시함으로써 선군정치의 법과 제도적 기반을 강화했다. 이는 김일성 체제 공고화와 김정일 후계체제 확립을 위한 1972년 사회주의 헌법 제정 당시와 상당히 유사한 모습을 하고 있음을 알 수 있다. 김정은으로의 후계체제 공식화는 44년만에 열린 2010년 9월 28일 '제3차 당대표자회'에서였다. 김정일이 1980년 6차 당대회에서 당정치국 상무위원 및 당 중앙군사위원으로 선출된 것처럼 김정은을 당중앙위원회 위원이자 신설된 당중앙군사위원회 부위원장으로 등장시킴으로써 마침내 전 세계에서 유일하게 3대세습체제를 공식화하였다. 김정일 시대에는 법과 제도보다는 주로 김정일의 교시에 의존하는 인치(人治)였다면 나이도 어리고 경험이 짧은 김정은을 위하여 당규약과 헌법을 개정하고 당 조직을 정비하는 등 법치(法治)의 기반을 마련했다고 볼 수 있다. 그리고 김정일은 자신이 '강성대국의 문을 여는 해'로 설정한 김일성 탄생 100주년(주체 100년)인 2012년을 목전에 둔 2011년 12월 17일에 급사하였다.

3. 김정은 3대세습 체제의 출범과 지속

김정은은 1984년 1월 8일 평양에서 김정일과 재일 북송교포인 무용수 출신의 고영희 사이에서 차남으로 태어났다.[65] 그러나 북한 매체들은 2017년 초에 이르러 김정은의 출생도 김정일과 같이 백두산 자락인 양강도 삼지연군이라고 조작하여 홍보하고 있다.[66] 김정은은 16세 때 스위스 베른의 공립중학교로 유학하였다고 전해진다. 김정은은 북한에서 병사 복무와 김일성 군사종합대학을 졸업했다. 김정은의 출생과 학창시절에 관해서는 베일에 쌓여있어서 정확하게 알기가 곤란하다.

김정은은 2009년 1월 후계자로 내정되고 2010년 9월 27일 대장 칭호와 함께 9월 28일 후계자로 공식적으로 등극하여 150일 전투, 100일 전투, 화폐개혁 등을 주도하였으나 실패했다. 후계자로서 능력을 인정받고 업적을 과시하려던 잇단 정책추진이 실패하자 김정은은 시선을 남으로 돌려 천안함 폭침(2010. 3.26.), 연평도 포격도발(2010.11.23.)을 주도하여 대담한 이미지를 구축하려 했다.

김정일의 급사로 인해 준비되지 않은 상태에서 졸지에 북한의 최고지도자가 된 김정은은 북한 지배엘리트들의 위기심리의 발동과 김정일의 유훈(2011. 10.8.)에 따라 신속히 권력을 장악하였다. 김정은은 김정일 장례 직후(2011.12.30.) 노동당중앙위원회 정치국 회의에서 '조선인민군 최고사령관'으로 추대되었다. '당중앙위원회・당중앙군사위원회 공동구호' 발표(2011.12.31.)를 통해서는 김정일 유훈통치, 김정은 유일영도체계가 공표되고, 연이어 군과 보위기관에서 김정은 선군영도 결사옹위 등이 강조되었다. 이어 북한은 2012년 신년공동사설에서 '김정은은 곧 김정일'이라는 유훈통치를 선언하였다. 이어서 2012년 4월 11일 제4차 당대표자회(2012.4.11.)와 4월 13일 최고인민회의 제12기 5차회의(2012.4.13.)에서 각각 당규약과 헌법을 보완하여 김정은을 '노동당 제1비서', '당중앙군사위원회 위원장'과 '국방위원회 제1위원장'으로 선임하였다. 이로써 김정은은 김정일이 20여년간에 후계권력을 구축한 것과는 대조적으로 3년 3개월만에 당・정・군의 최고직책에 신속히 취임하였다.

아울러 김정은은 후계권력의 신속한 안착과 내부결속, 미국 등 외부압력에 대한 억지력 구비 등 나름대로의 전략적 계산에 의해 2012년 4월과 12월에 걸쳐 대륙간 탄도탄급인 장거리 미사일을 발사하였고 2013년 2월 12일에는 국제사회의 거듭된

---

65) 『중앙일보』(2013.08.09), "김정은의 어머니 이름은 고영희 아닌 '고용희' 확인", 김정은의 생모이름이 고영희 또는 고용희라는 주장이 있다.

66) 북한이 국내 및 대외매체에서 김정은의 고향을 공식화하지 않다가 대외선전매체인 '우리민족끼리', 2017년 1월 18일 "백두대지가 끓는다"라는 제목의 영상물에서 김정은의 고향을 삼지연군이라고 직접 언급했다. 우리민족끼리 녹음: "위대한 장군님의 고향군인 삼지연군을 세상에 둘도 없는 사회주의 이상군, 행복의 군으로 꾸리기 위한 성스러운 오늘의 전투에서도…";『RFA 자유아시아방송』(2017.02.27.), "북, 김정은 고향 삼지연군으로 공식화".

만류를 무릅쓰고 제3차 핵실험을 실시하였다. 특히 2013년 초부터 김정은은 정전협정의 무효 선언, '1호 전투근무태세'를 발령, 개성공단 폐쇄 등 전쟁분위기와 전쟁위협을 최고조로 하면서 외부위협을 구실로 내부결속을 가져오는 극약처방식의 강경책을 구사하였다.

또한 김정은은 집권한 이후 김정일의 유훈통치를 내세우면서도 김정일이 김정은의 세습 안착을 보좌하도록 임명해놓은 고위간부들을 숙청하는 등 이른바 '공포정치'로 김정은 체제로의 공고화에 전력했다. 특히 39년 만에 '유일사상확립 10대원칙'을 개정하면서 유일영도체제 확립에 안간힘을 쓰고 있다.[67]

김정은은 집권 초기부터 김정일 영구차를 운구하던 7명의 실세부터 숙청하거나 뒷전 또는 명목상 자리만 지키게 했다.[68] 이후 김정은은 당 중앙위 정치국 회의(2012.7.15.)를 비상소집하여 김정일이 김정은 세력을 떠받치도록 세운 군총참모장 겸 당정치국 상무위원인 이영호를 전격적으로 숙청하였다. 이후 '공화국 원수'에 등극(2012.7.18.)함으로써 당권・군권・국가권력을 모두 장악하였다. 집권초기 후견인 장성택에 의존했던 김정은은 장성택 마저 처형(2013.12.12.)하였고 인민무력부장이던 현영철도 처형하였다.(2015.4.30.) 김정은은 정적(政敵)인 이복형 김정남도 대낮에 국제공항에서 화학작용제(VX)로 암살했다.(2017.12.13/말레이시아 쿠알라룸프르)

김정은은 집권 이후 노동당 및 내각의 간부 20~30%, 군 간부 40% 이상을 수시로 교체시키고 있다. 특히, 권력핵심3대부서의 군 수장(首將)인 총정치국장과 총참모부장, 국방상을 자주 교체하고 있다. 이러한 김정은 리더십의 특징을 '독단성'과 '조급성'으로 요약할 수 있으며, 공포정치로 조기에 권력을 안착시키려 하는 것으로 볼 수 있다.[69]

---

67) 북한이 개정한 '유일영도체계확립 10대원칙'은 서문 및 10조 65개 항에서 서문 및 10조 60개 항으로 축소・통합했다.

68) 이들은 모두 당・정・군의 최고실세들로 당의 최고권력기구인 중앙위 정치국 위원 및 후보위원을 겸하고 있었다. 특히 군의 3대 기관인 총정치국・총참모부・인민무력부의 수장과 국가안전보위부의 수장 역할을 한 이들이 모두 숙청되거나 권력의 뒷전으로 밀려났다.

69) 국정원 국회 정보위 보고(2015.7.14.); 또한 "김정은의 이런 특징은 개인 성향, 현실 인식능력 부족, 갑작스러운 권력 세습과 깊은 관련이 있다"는 분석을 내놨다고 한다. 국정원은 국회 정보위에서 "권력 유지의 불안감 속에서 사소한 잘못에도 간부들을 숙청하고, 극단적인 감정 표출로 예측하기 힘든 행태를 보이고 있다"면서 "대부분의 정책을 독단적으로 결정하고 성과에 집착해 만족스럽지 못할 때는 간부들에게 책임을 전가해 가혹하게 처벌하고 있다"고 보고했다.

〈표 2-1〉 달라진 북한의 '유일영도 10대 원칙'

	유일사상 10대 원칙(1974년)	유일영도 10대 원칙(2013년)	달라진 점
서문	김일성이 군(軍)을 세우고 이끌어 일당백의 무력	김일성과 김정일의 영도에 의하여 핵(核)무력을 중추로 하는 군사	'핵 무력' 명시
1조	김일성의 혁명사상으로 온 사회를 일색(一色)	온 사회를 김일성·김정일주의화	김정일주의화 추진
	프롤레타리아 독재정권과 사회주의 제도를 보위하고 … 사회주의, 공산주의 위업의 완성을 위하여 투쟁	가장 우월한 우리의 사회주의 제도를 보위하고 … 주체혁명 위업의 완성을 위한 투쟁	프롤레타리아 독재정권, 공산주의 표현 삭제
3조	김일성의 권위를 절대화	김일성과 김정일의 권위, 당(黨)의 권위를 절대화	김정일, 당(김정은 지칭) 추가
4조	봉건유교사상, 수정주의, 교조주의를 비롯한 온갖 반당적 사상조류…	부르주아 사상, 사대주의 사상 등 온갖 반당적 사상조류…	경계 대상에 부르주아 사상 추가
6조	개별적 간부들에 대해 환상을 가지거나 아부아첨하며 우상화하는 현상에 철저히 반대	개별적 간부들에 대한 환상, 아부 아첨, 우상화를 배격하며 개별적 간부의 직권에 눌려 맹종맹동하거나 비원칙적으로 행동하는 현상을 철저히 없애야	특정 간부에 대한 맹목적 추종 금지 추가
8조	김일성의 정치적 신임에 충성으로 보답하는…	당과 수령의 신임과 배려에 정치적 자각과 사업실적으로 보답하는…	간부의 책무에 사업실적 추가
10조	김일성의 혁명전통을 계승발전시켜며…	우리 당과 혁명의 명맥을 백두혈통으로 영원히 이어나가며 … 순결성을 철저히 고수하여야	백두혈통이라는 표현 추가해 세습 명문화

그러나 예상과 달리 김정은은 집권 5년차인 2016년 5월 6일에 제7차 당대회를 개최하여 자신은 '노동당위원장'에 추대되고 당 조직을 정비하고 간부직을 대폭 개편하였다. 또한 2016년 6월 29일에 최고인민회의 제13기 4차 회의를 통하여 국방위원회를 폐지하고 국무위원회를 신설하여 '국무위원회 위원장'에 추대되었다. 김정은은 집권 5년차에 당·정 위원장과 군 최고사령관직과 공화국 원수 직함으로 본격적인 김정은 시대를 시작했다. 또한 김정은은 2019년 4월 당 중앙위원회와 최고인민회의를 통하여 더욱 강화된 '혁명무력의 최고사령관'으로 격상됐다.

김정은은 2021년 1월 초순, 제8차 당대회를 개최하여 '당총비서'로 추대되었다. 집권 초 당 제1비서로 출발한 김정은은 2016년 5월 제7차 당대회에서 '당위원장'으로 추대되었으나 5년만에 김일성-김정일과 같은 '당총비서'로 환원되었다. 집권 10년차를 맞은 김정은은 당총비서로서 김일성-김정일의 반열에 오르면서 명실공히 수령으로서 본격적인 김정은 시대를 열었다.

토론 주제

1. 북한의 김일성의 항일무장 투쟁과 김정일의 출생 신화화를 중심으로 북한의 역사 조작에 대해 토론해 보자.
2. 공산주의자들의 통일전선전략전술이 북한의 공산화에 어떻게 적용되었는가? 또한 상기 책략은 오늘날에도 유효하게 시도되고 있는가?
3. 김일성의 유일독재체제는 어떻게 형성되었으며 김정일은 어떻게 권력을 승계하였는가?
4. 김일성 - 김정일 - 김정은이 신정체제에 버금가는 김가왕조 유일독재체제를 유지하기 위하여 어떻게 '칼과 붓'을 휘둘렀는가?(휘두르고 있는가?)
5. 지구상에서 유일하게 3대세습을 이룩한 김정은 체제에 대해서 평가해보자.
6. 김일성과 김정일 그리고 김정은의 리더십에 대해 논의해보자.

더 읽으면 좋은 글

1. 와다 하루키, 이종석 옮김, 『김일성과 만주항일전쟁』, 서울: 창작과 비평사, 1992.
2. 최완규, "조선인민군의 형성과 발전", 『북한체제의 수립과정 1945~1948』, 서울: 경남대 극동문제연구소, 1991.
3. 다케사다 히데시(이혁재 옮김), 『두려운 전략가 金正日』, 서울: 다락원, 2002.
4. 황장엽, 『나는 역사의 진리를 보았다』, 서울: 한울출판사, 1999.
5. 통일부 통일교육원, 『2020-2014 북한 이해』, 2020-2014.
6. 이종석, 『새로 쓴 현대 북한의 이해』, 서울: 역사비평사, 2005.
7. Robert A. Scalapino(Author), Chong-Sik Lee, *Communism in Korea: The Society* (University of California Press; 1st edition, June 1973)

제2부

북한 체제의 주요 분야 진단

제2부 북한 체제의 주요 분야 진단

북한을 정확하게 이해하고 분석하기 위해서는 북한체제를 형성하고 있는 주요분야를 해부하여 진단할 필요가 있다.

따라서 제2부는 제1부의 이해를 바탕으로 해서 북한체제의 주요분야인 이념, 정치, 경제, 군사, 외교, 사회, 교육과 문화부문의 8대 분야를 7개 장으로 구성하였다.

저술 편의상 8대 분야로 구분하였으나 각 분야는 상호 긴밀히 연계되어 있어서 종합적인 이해와 진단이 필요하다.

제2부를 통해 북한체제의 주요 분야를 깊숙이 들여다봄으로써 북한체제가 작동되는 방식과 그 특징에 대해 꿰뚫어보자. 특히 체제 · 경제 · 외교난 등에도 불구하고 북한체제가 유지되고 있는 '수수께끼' 같은 현상에 대해 이해해보자.

제3장

북한의 통치이념

1990년을 전후하여 지구상의 사회주의 체제 국가들은 북한을 제외하고 모두 붕괴했거나 체제변동을 겪었다. 20세기 말 세계는 다니엘 벨(Daniel Bell)의 예언대로 공산주의 '이데올로기의 종언(The End of Ideology)'을 가져왔다.

그러나 한반도만 유독 냉전(Cold War)의 고도(孤島)로 남아 있으면서 남북간에 첨예한 이데올로기 대립을 보이고 있다. 그로 인해서 한국사회도 좌우 갈등을 겪고 있다.

본 장에서는 북한 김가왕조 정권과 체제를 지탱해오고 있는 북한의 통치이념인 주체사상에 대해서 살펴본다. 주체사상의 원리와 변질된 김일성의 혁명사상 및 혁명적 수령관과 특히 종교교리 수준인 사회정치적 생명론에 대해 심층깊게 분석한다.

주체사상의 또 다른 이름인 김정일 시대의 '선군사상'과 현 김정은 시대의 '김일성·김정일주의'에 대해서도 살펴본다.

〈다니엘 벨과 그의 명저 이데올로기의 종언〉

제1절 북한 통치 이념의 형성과 변천

1. 이데올로기의 개념과 기능

이데올로기(ideology)란 말은 이론과 실천의 양 측면에서 중요한 의미를 갖는 사회・정치 철학의 한 형태로서 세계를 설명하고 변화시키는 것을 뒷받침하는 현상에 대한 관념체계이다. 이데올로기는 어원상 이념, 관념을 뜻하는 *idea*와 논리, 체계를 뜻하는 *logic*의 합성어이다. *idea*는 어떤 구체적인 대상・현상에 대한 인지작용의 결과 사람의 인식능력 속에서 구성되는 추상적인 관념을 의미하기도 하고 이상적(ideals)인 것 또는 완전에 가까운 바람직한 것을 의미하기도 한다. *logic*은 어떤 대상에 대한 사실에 근거한 인식으로 과학(science)을 의미하기도 하며, 부분들의 논리적 결합으로 이루어지는 합리적 체계(system)라는 의미를 가지기도 한다.

따라서 이데올로기는 관념의 형태를 취하고 있지만 행동을 수반한 행동지향적인 관념체계라는 점에서 특정 이데올로기가 특정집단에 의하여 정식화 될 경우 특정집단의 신념체계 및 행동양식으로 자리잡게 된다. 인간의 신념체계는 역사적으로 개인, 집단, 민족과 국가의 수준에서 인생관, 세계관, 종교, 규범, 사회의식 등의 형태로 삶의 양식을 지배해 왔다. 이데올로기는 또한 사회 구성원 각자에게 공동체 의식을 고양시킴으로써 어떤 집단으로 하여금 내적 통합과 집단적 자아성을 갖게 해준다.

이데올로기는 일반적으로 통합, 동원 그리고 사회질서 유지 또는 변화촉진의 기능을 가진다. 통합의 기능은 구성원들에게 신념체계나 세계관, 사회적 행동방식에서의 정당성 및 통일성을 부여하는 것으로서 그 추종자들을 효율적으로 통합시키는 사회적 기능을 갖게 된다. 동원의 기능은 어떠한 동일한 이데올로기를 신봉하는 사람들은 그 이데올로기가 지시하는 방향으로 기꺼이 따르고 움직이게 하는 것으로서 특정 이데올로기의 신봉자의 규모가 커질수록 집단동원의 성격을 띠며 집단행동으로 표현된다. 사회질서의 유지 또는 변화촉진의 기능은 이데올로기가 그때그때의 시대적・역사적 상황에 따라서 사회질서를 유지하거나 변화시키는 역할로 작용했다. 더 나아가 지나친 이데올로기는 종종 종교적 수준에서 작동돼서 30년 종교전쟁이 유발되기도 했다. 심지어 1848년 마르크스(Karl H. Marx)와 엥겔스(F. Engels)의 '공산당 선언'으로 태동된 공산주의 이데올로기는[1] 유럽과 전세계를 휩쓸면서 공산주의 열풍을 불러 일으켰다.

그 여파로 제정러시아를 붕괴시킨 소련 공산국가가 최초로 출현하면서 동유럽과 중국대륙도 공산화시켰고 한반도에도 불어와 북한을 공산화 시켰다. 이 시기 공산주의는 자유민주주의와 대립하면서 국제질서를 20세기 말까지 약 70 여 년간 냉전(cold war)체제로 몰고 갔다. 냉전시대에는 이데올로기로 인해 전쟁까지 일어났으며 6·25전쟁은 미국과 소련으로 대표되는 양대진영 이데올로기 대립의 상징이기도 하다. 이데올로기로 인해 나라들은 저마다 동맹을 맺고 조약을 체결하는 등 이데올로기는 국제관계에 지대한 영향을 미쳤다.

2. 북한 통치 이념의 형성과 변천

공산주의는 사유재산제(私有財產制) 대신에 재산의 공유(共有)를 실현시킴으로써 계급없는 평등사회를 이룩하려는 사상 및 운동을 총칭하는 말로서 '재산의 공유'를 의미하는 라틴어 Communis(공동)에서 유래되었다. 최초의 마르크스-엥겔스의 공산당 선언은 레닌(Lenin)을 거치면서 '프롤레타리아 혁명이론'인 '마르크스-레닌주의'와 '스탈린주의'가 되었다.

소련 점령군 치하에 있던 북한 정권의 초기 통치이념도 당연히 소련의 '마르크스-레닌주의'와 '스탈린주의'였다.[2] 그래서 북한의 최초 조선로동당 규약에 마르크스-

---

1) 『공산당 선언』(共產黨 宣言, 독일어: Manifest der Kommunistischen Partei, 러시아어: Манифест коммунистической партии, 영어: The Communist Manifesto, Manifesto of the Communist Party)은 공산주의 사상가인 카를 마르크스와 프리드리히 엥겔스에 의하여 집필된 공산주의자들의 최초의 강령적 문헌으로, 1848년 2월 21일 첫 출판되었다. 19세기 중엽 독자적인 정치세력으로 무대에 등장한 프롤레타리아에게 그의 역사적 사명과 해방의 앞길을 밝혀 주고 국제공산주의운동의 지도적 지침을 확립한다는 목적의식 하에 1847년 마르크스와 엥겔스에 의하여 초안이 작성되었다. 1847년 마르크스와 엥겔스가 가입한 의인동맹(義人同盟, Bund der Gerechten)은 공산당선언을 동맹의 정책문서로 채택하였다. 그 해 여름 조직은 재정비되었고 1848년 공산주의자동맹으로 다시 태어났다.

2) 북한이 숨기려 하지만 실제는 소련의 지원하에 수립되었다. 즉 소련에 의해 강제적으로 공산주의가 이식된 체제이다. 그렇기 때문에 최초에 통치이념, 정치체제, 경제체제, 군사전략도 다 소련의 영향을 받았다.

레닌주의를 "자기활동의 지도적 지침"으로 명기했다. 그러나 1950년대 중반부터 격화되는 중소이념분쟁에서 중립을 지키고 스탈린 격하운동을 차단해야 하는 북한은 "마르크스-레닌주의를 북한현실에 맞게 창조적으로 적용"하는 것으로 변경하였다. 이후 북한은 주체사상을 정립하면서 1970년 11월에 열린 제5차 당대회에서 "마르크스-레닌주의를 우리나라 현실에 창조적으로 적용한 김일성 동지의 위대한 주체사상"으로 변경하면서 주체사상을 공식 통치이념으로 선언했다(헌법 제3조). 마침내 북한은 1980년 제6차 당대회에서 마르크스-레닌주의와 주체사상을 병렬시켰던 것을 통치이념을 "조선로동당은 오직 위대한 김일성 동지의 주체사상, 혁명사상에 의해 지도된다."로 고치면서 마르크스-레닌주의는 폐기되고 주체사상만 당의 '유일적 지도

〈표 3-1〉 주체사상 체계의 형성과정

내 용	제기 시기	배 경
사상에서의 **주체**	당 선전선동원 대회 (1955.12.28.)	스탈린 격하운동 당 내 남로당파 숙청
경제에서의 **자립**	당중앙위원회 전원회의 (1956.12.11.)	대외원조 감소 당내 반김일성 움직임 고조
정치(내정)에서의 **자주**	당중앙위원회 확대 전원회의 (1957.12.5.)	공산권내 개인숭배 반대운동 당 내 연안파, 소련파 타도
국방에서의 **자위**	당 중앙위 제4기 5차 전원회의 (1962.2.10.)	종소분쟁 심화 미소공존 모색 한국의 5·16 군사정변
정치(외교)에서의 **자주**	제2차 당대표자회 (1966.10.5.)	중소분쟁의 확대 비동맹 운동의 발전
유일사상체계 확립	당 중앙위 전원회의 (4기15차;1967.5.28./ 5기 8차; 1974.2.12.)	김일성 1인 지배체제 확립 김일성 개인숭배운동 전개
온 사회 주체사상화 강화	제6차 당대회 (1980.10.10.)	부자세습체제 공고화
주체사상, 선군사상 유일지배 이념화	제3차 당대표자회 (2010.9.28.)	3대세습체제 공식화
김일성-김정일주의 유일지배 이념화	제4차 당대표자회 (2012.4.11.)	김정은 체제 공식 출범
김일성-김정일주의 당 지도사상·최고강령	제8차 당대회(2021.1.5.)	10년 과도기 종식 본격적인 김정은 시대

사상'으로 규정되었다. 이는 김정일이 김일성 유일체제와 자신의 권력승계를 가속화시키고 정당화하기 위하여 주체사상의 유일한 해석자가 되어서 '혁명론', '혁명적 수령관'을 펼치면서 본래의 주체사상을 변질시켰다.

북한정권은 1980년대 말 이후 소련 및 유럽 사회주의권 붕괴와 냉전 종식에 따른 위기상황 속에서 체제생존과 김일성 정권 존속을 위한 논리로서 주체사상을 '우리식 사회주의'라는 이름으로 재해석하였다.

김일성 사후 김정일이 집권하면서 국방위원회 중심으로 선군정치를 편 김정일 시대에 들어와서는 '주체사상에 뿌리를 둔 선군사상'이 '사회주의 강성대국 건설'을 위한 통치이념으로 제시되었으며, 이를 2009년에 개정된 헌법과 2010년에 개정된 당규약에 명시하여 공식화하였다.

김정일 사후 3대 세습 체제를 구축한 김정은은 2012년 4월 제4차 당대표자회를 통하여 "김일성 - 김정일주의를 유일한 지도사상으로 하고, 온 사회의 김일성 - 김정일주의화를 당의 최고 강령으로 한다."고 당규약을 개정하여 '김일성 - 김정일주의'를 김정은 시대의 통치이념으로 제시하였다.

주체사상의 형성과정을 살펴보면 초기에는 제국주의 사상 및 문화 침투에 대한 민족주의에 입각한 대응 성격을 강하게 표출하면서 북한 주민의 대외적 주체의식 확보에 초점을 맞추는 듯 비쳐졌다. 그러나 중소분쟁과 스탈린 격하 운동으로 인한 1인지배체제 비판을 막고 김일성 신격화와 유일지배체제 강화를 위한 논리개발과 정치이념으로 표출된 측면이 많다. 그 이후 김정일 집권기에는 선군사상을 추가하고 김정은 집권기에는 김일성-김정일주의로 명명함으로서 김가왕조를 유지하는 이데올로기로 기능하고 있다. 그 결과 북한(정권)은 김일성-김정일주의를 신봉하는 사이비 종교집단 수준으로 변모하게 되었고 그에 따라 당도 김일성 당이요, 민족도 김일성 민족이며 나라도 김일성 나라가 되고 말았다. 김정은이 집권한 2012년부터 김일성의 당, 김정일의 당이라고 김정일을 추가해오다가 2016년 제7차 당대회부터 김정은의 당을 또 추가하였다. 2021년 1월 제8차 당대회에서 당규약을 개정 "당의 영원한 지도사상, 최고강령으로 김일성-김정일주의를 혁명과 건설의 영원한 기치로 높이 들고 나간다."라고 성문화 했다.

제2절 주체사상의 내용과 변질

1. 좁은 의미의 주체사상의 원리

북한의 주체사상은 1982년에 김정일이 발표한 「주체사상에 대하여」라는 논문에서 정밀하게 체계화되었다. 김정일 시대, 북한에서 주체사상의 해석권은 오직 김정일 1명만 갖고 있었다. 왜냐하면 주체사상은 북한의 '통치 이데올로기(Ideology)'로서 '북한식 삶의 논리체계'로 작동하고 있기 때문이다. 또한 주체사상은 북한의 모든 정치를 비롯하여 주민의 삶의 방식까지도 규제하고 있어 가히 사이비 종교수준의 교리이다. 그래서 김일성 - 김정일 - 김정은은 사이비 주체종교의 교주(수령)로서 주체사상에 의해서 신격화되고 있다.

김정일은 세계의 시원(始原) 문제가 선행철학인 마르크스주의에 의해서 유물론적으로 밝혀진 주체사상이 "세계에서 사람의 지위와 역할 문제를 철학의 근본 문제로 새롭게 제기하고 세계의 주인이 누구인가 하는 문제에 해답을 주었다."고 주장한다.[3] 그는 이러한 맥락에서 "사회를 물질적 조건을 위주로 하여 볼 것이 아니라 사람을 중심으로 하여 보아야 하며 사회의 발전과정을 자연사적 과정으로 볼 것이 아니라 사회적 운동의 주체인 인민대중의 자주적이며 창조적인 활동과정으로 보아야" 한다고 주장한다.[4] 바로 이것이 주체사상의 이론적 핵심이다. 이러한 주체사상을 오늘날 북한에서 사상, 이론, 방법의 전일적 체계로 구성되어 있다고 주장하는 '김일성 동지의 혁명사상', 즉 '김일성주의'의 진수로 간주되고 있다.

김정일의 논문에 의하면 주체사상은 철학적 원리, 사회역사원리, 지도적 원리로 구성되어 있다. 이를 '좁은 의미의 주체사상'이라고 하며 각각의 원리를 요약해서 설명하면 다음과 같다.

---

3) 김정일, 「주체사상에 대하여」, 『북한자료집 김정일 저작선』(서울: 경남대 극동문제연구소, 1991), p. 114.

4) 김정일, 「사회주의 건설의 력사적 교훈과 우리당의 총로선」, 『로동신문』, 1992년 2월 4일자, 이러한 견지에서 김정일은 "공산주의 사회란 모든 사람들이 온갖 구속에서 종국적으로 벗어나 자연과 사회와 자기 자신의 완전한 주인으로 되는 사회"라고 주장한다.

1) 철학적 원리

주체사상의 철학적 원리는 "주체사상은 사람 중심의 새로운 철학사상"이라는 선언으로부터 시작한다. 철학적 원리[5]는 공산주의 이론체계의 세계관과 인식론을 그대로 수용하면서 그 이론을 전개해 나간다. '물질이 1차적이고 정신이 2차적'이라는 변증법적 유물론의 입장과 '의식은 외부 사물세계에 대한 경험적 반영에 불과'하다는 모사반영론의 내용은 주체사상 철학체계에서도 크게 다르지 않다.

이러한 기본 입장에 바탕을 둔 주체사상의 철학적 원리는 "사람이 모든 것의 주인이며 모든 것을 결정한다."는 기본 명제에서 그 논리를 시작한다. 또한 사람의 본질적 특성으로 "사람은 자주성과 창조성, 의식성을 가진 존재"라는 것이다. 자주성은 "세계와 자기운명의 주인으로서 자주적으로 살며 발전하려는 사회적 인간의 속성"이고, 창조성은 "목적의식적으로 세계를 개조하고 자기운명을 개척해 나가는 사회적 인간의 속성"이며, 의식성은 "세계와 자기 자신을 파악하고 개변하기 위한 모든 활동을 규제하는 사회적 인간의 속성"이라고 규정하고 있다.

그러나 북한은 주체사상이 '자주성, 창조성, 의식성'을 철학적 원리로 내세우지만 바로 '사회적 인간의 속성'이라는 인간의 주체성을 강조하면서 이것을 '사회정치적 생명론'의 논리의 연결고리로 이용하고 있다. 즉 사람이 모든 것의 주인인 것은 바로 사회적 속성이 있기 때문이며, 사회적 속성은 바로 수령이 부여해준 '사회정치적 생명'이 있기 때문이라는 것이다.

사회정치적 생명체론은 북한사회를 모델로 한 유기체적 체제관으로서 주체사상(좁은 의미)이 1980년대 들어와서 김정일에 의해서 혁명적 수령관 논리로 변질되면서 제기되었다. 사회정치적 생명체란 사회정치적 생명을 매개로 '어버이수령 - 어머니당 - 대중'이 '혈연적 관계'에 기초하여 혁명이 주체로서 유기적으로 통일되어 '혁명적 대가정'을 이루고 있는 사회체제를 가리킨다.

---

5) 북한의 주체사상 설명서는 주체사상의 철학적 원리가 "우리가 살고 있는 세계는 어떤 세계이며 어떻게 변화 발전하는가, 세계를 어떤 관점과 립장을 가지고 대해야 하는가 하는 문제에 대답"을 주었다고 주장하고 있다. 김창하, 『불멸의 주체사상』(평양: 사회과학출판서, 1985), p. 141.

2) 사회역사 원리

주체사상의 사회역사 원리는 "세계의 한 부분인 사회가 어떤 원인에 의하여 변화발전 하는가 역사를 진전시키고 사회를 발전시키려면 어떻게 해야 하는가" 하는 문제를 규명한 원리이다. 사회역사원리는 "인민대중은 사회역사의 주체이다."라는 명제로 나타나고 있다. 이 명제는 철학적 원리에서 규정한 세계의 주인인 사람이 사회역사 원리에 와서 사회역사 집단이 인민대중으로 구체화되었다. 이는 "인민대중이 혁명과 건설의 주인이며 자연을 개조하고 사회를 발전시키는 결정적 요인"이라고 규정하면서 인민대중을 독재통치에 이용하기 위한 논리의 제시이다.

문제는 "인민대중이 역사의 주체로서의 지위를 차지하고 역할을 다하자면 지도와 대중이 결합되어야한다"는 궤변이다. 김정일은 "인민대중은 력사(역사)의 창조자이지만 '옳은 지도'에 의하여서만 사회력사(역사)발전에서 주체로서 지위를 차지하고 역할을 다할 수 있다"고 밝혔다. 즉 인민대중이 사회역사의 주체이지만 저절로 주체로서의 지위를 차지하고 역할을 다하는 것이 아니라 수령의 옳은 지도와 결합될 때에만 가능하다는 변질이다. 이에 대해 김정일은 다음과 같이 강변하고 있다.

> "탁월한 수령을 모시고 수령의 령도(영도)를 받을 때에만 인민대중은 력사(역사)의 자주적인 주체로 될 수 있으며 자기운명을 자주적으로 창조적으로 개척해 나가는 위대한 민족으로 될 수 있습니다."

바로 이 '수령의 지도와 대중의 결합'에 대한 사회역사 원리의 규정을 통해서 '혁명적 수령관'이 주체사상과 결합할 수 있는 이론적 공간을 획득하게 되었다.

3) 지도적 원리

주체사상의 지도적 원리는 모든 정치생활 단위가 주체사상의 철학적 원리와 사회역사원리를 실제 생활에서 견지하기 위해 필요한 원리들을 구체적으로 밝힌 것이다. 겉으로는 당과 국가활동, 혁명과 건설의 모든 분야에서 자주적인 입장을 견지할 것을 천명하고 있으나 실제로는 모든 활동을 함에 있어서 신과 같아서 오류가 없는 수령의 지도를 받는 것이 지도적 원리이다. 지도적 원리는 다음의 3가지 원칙으로 구성된다.

첫 번째 명제는 '자주적인 입장을 견지'할 것을 천명하고 있다. 당과 국가활동에서 자주성을 견지하고 이를 구현해 나가야 한다는 것이다. 이 자주성을 실현하기 위해서 '사상에서의 주체', '정치에서의 자주', '경제에서의 자립', '국방에서의 자위' 원칙을 실현해야 한다고 규정하고 있다.

두 번째 명제는 '창조적 방법의 구현'이다. 이 창조적 방법을 구현하기 위해서는 '인민대중에 의거하는 방법'과 '실정에 맞게 하는 방법'이 하위원칙으로 제시되고 있다.

세 번째 명제는 혁명과 건설에서 "사상을 기본적으로 틀어쥐어야 한다."는 것이다. 즉 "혁명과 건설에서 사상적 요인에 결정적 의의를 부여하고 사상의식의 역할을 높여 모든 것을 풀어나가는 혁명의 지도적 원칙"으로 규정된다.

〈표 3-2〉 주체사상의 기본 체계

<table>
<tr><td>원리</td><td>분석
(주체)
단위</td><td colspan="9">체제</td></tr>
<tr><td rowspan="2">철학적
원리</td><td rowspan="2">인간</td><td colspan="3">세계에서 사람의
지위와 역할</td><td colspan="6">사회적 존재인 인간의 본질적 특징</td></tr>
<tr><td colspan="3">사람이 모든 것의
주인이며 모든
것을 결정한다</td><td colspan="2">자주성</td><td colspan="2">창조성</td><td colspan="2">의식성</td></tr>
<tr><td></td><td>↓</td><td colspan="3">↓</td><td colspan="2">↓</td><td colspan="2">↓</td><td colspan="2">↓</td></tr>
<tr><td>사회
역사
원리</td><td>인민
대중</td><td colspan="3">인민대중은
사회역사의
주체이다(*)</td><td colspan="2">인류역사는
인민대중의
자주성을 위한
투쟁의 역사</td><td colspan="2">사회 역사적
운동은
인민대중의
창조적 운동</td><td colspan="2">혁명투쟁에서
결정적 역할을
하는 것은
인민대중의
자주적인 사상의식</td></tr>
<tr><td></td><td>↓</td><td colspan="3"></td><td colspan="2">↓</td><td colspan="2">↓</td><td colspan="2">↓</td></tr>
<tr><td rowspan="2">지도적
원리</td><td rowspan="2">정치
생활
단위
(당, 국가
등)</td><td rowspan="2"></td><td colspan="4">자주적 입장을
견지하여야 한다.(**)</td><td colspan="2">창조적 방법을
구현하여야 한다</td><td colspan="2">사상을 기본으로
틀어쥐어야 한다</td></tr>
<tr><td>사상
에서
주체</td><td>정치
에서
자주</td><td>경제
에서
자립</td><td>국방
에서
자위</td><td>인민
대중에
의거하
는방법</td><td>실정에
맞게
하는
방법</td><td>사상
개조
선행</td><td>정치
사업
선행</td></tr>
</table>

〔보기〕 (↓)는 각 원리의 영역의 경로
(*)는 유일지도체제의 이론적 기초인 혁명적 수령관이 도출되는 지점
(**)는 주체사상의 최초의 정식화(1965년)

이 원칙은 '사상개조 선행'과 '정치사업 선행'을 하위 원칙으로 제시하고 있다. 여기서 사상개조란 사람들은 '참다운 공산주의 인간으로 개조'하는 것을 말하며 그 기본은 '당과 수령에 대한 충실성'을 핵으로 하는 주체의 혁명관을 확립하는 것으로 규정된다. 그러나 실제로는 당도 "수령의 사상과 령도를 실현하기 위한 정치적 무기"[6]이고 당의 영도는 "곧 그 당을 창건하고 이끄는 노동계급의 수령의 영도"[7]로써 규정됨으로서 사실상 지도의 본질을 수령의 지도를 의미하게 된다.

2. 혁명적 수령관과 사회정치적 생명체론

1) 혁명적 수령관과 문제점[8]

원래 공산주의자들은 신(神)을 부정하며 유물사관에 의해 물질을 중시하기에 영혼은 없고 육체만 강조되는 것이 그 본질이다. 그런데 북한은 황장엽의 주도하에 마르크스의 유물론을 뛰어넘어 물질만이 아닌 정신의 영역까지 확대된 인간이 역사의 주체라고 강조하면서 주체사상을 자체적으로 발전시켜 왔다. 그러나 황장엽이 체계화한 원래의 주체사상은 김정일에 의해서 김일성을 수령으로 호칭하면서 김일성 우상화와 함께 수령을 신(神)의 위치로 변질시킨 '혁명적 수령관'과 '사회정치적 생명론'으로 변질되었다.[9]

북한에서 모든 조직의 정점에는 최고지도자이면서 신(神)과 버금가는 지위를 의미하는 '수령'이라는 절대자가 있다. 바로 이 '수령'이 '혁명과 건설에서 차지하는 지위와 역할'에 대해서 북한이 제시하고 있는 관점이 혁명적 수령관이다. 북한의 이론가들은 이미 1970년대 초에 '수령의 지도와 대중'의 문제를 정리하였다. 당시 그들은 역사의 창조자는 인민대중이지만 지도가 없는 대중은 무의식적인 비조직 군중에 지나지 않으며 지도의 영도가 없는 혁명운동은 산만성과 자연 발생성을 면치 못

6) 박승덕, 『주체사상의 심화발전』(평양: 사회과학출판사, 1984), p. 153.

7) 『주체사상의 사회역사 원리』(평양: 사회과학출판사, 1985; 서울: 백산서당, 1989년 재발간), p. 189.

8) 혁명적 수령관에 관한 내용은 이종석, 『새로 쓴 현대북한의 이해』(서울: 역사비평사, 2005), pp. 212-216에서 대부분 발췌 인용.

9) 그 결과 설자리를 잃은 고 황장엽 선생은 한국으로 망명하게 된 것이다.

하기 때문에 노동계급과 근로대중이 혁명과 건설을 위한 투쟁에서 승리하기 위해서는 수령의 영도가 필수적이며 '수령의 현명한 영도'는 프롤레타리아 독재국가 건설을 위한 투쟁에서 '승리의 결정적 요인'이라고 주장하였다.[10)]

즉 인민대중은 역사의 주체이지만 그들 스스로 역사의 자주적인 주체로 되는 것은 아니며 "오직 노동계급의 탁월한 수령의 영도 밑에 하나로 통일 단결될 때 사회를 변혁하고 자연을 개조하는 혁명의 자주적인 주체가 된다."는 것이다.[11)]

혁명적 수령관의 핵심은 수령 - 당 - 대중이라는 프롤레타리아 독재체계 속에서 수령이 차지하는 지위와 역할을 규명하는 것이다. 이는 곧 수령과 당, 수령과 대중, 당과 대중의 관계를 설명하는 것도 포함된다. 혁명적 수령관에서 수령의 지위는 "인민대중의 최고 뇌수이며, 통일단결의 중심이며, 자주성을 위한 혁명투쟁의 최고 영도자로 규정된다."[12)] 여기서 '인민대중의 최고 뇌수'란 수령이 인간 유기체의 모든 활동을 조절 통제하는 뇌수와 같은 존재라는 데서 비유된 명제이다. 마치 생명 유기체의 여러 부분에서 일어나는 모든 생리적인 요구가 뇌수에 반영되고 뇌수는 그 요구를 실현하도록 유기체의 각 부분에 지령을 주는 것처럼 인민대중의 의사와 요구를 실현할 수 있는 방향과 방도를 제시하는 것이 수령이라는 것이다.[13)] 이런 의미에서 수령은 '인민대중의 이익의 최고 대표자, 체현자'로도 표현된다.[14)] 이와 함께 수령의 역할을 "인민대중의 자주적 요구와 이해관계를 하나로 통일시킬 수 있는 최대공약수는 인민의 이익의 최고 체현자인 수령, 대중의 최고 뇌수인 수령만이 찾아낼 수 있다."는 것이다.[15)]

혁명과 건설에서 수령이 차지하는 지위와 역할로 인해서 혁명적 수령관에서 수령은 절대적인 존재로 설정된다. 따라서 혁명적 수령관은 "수령을 절대화하고 무조건 받드는 견해와 관점, 자세와 입장"을 그 본질로 삼게 된다.[16)] 이러한 관점에서 혁명

---

10) 이상의 내용은 『프롤레타리아 독재국가 건설에 관한 위대한 수령 김일성 동지의 사상』(평양: 사회과학 출판사, 1971: 동경: 구월서방 번각 발행), p. 122.

11) 백철, "주체의 사회주의 정치제도는 수령, 당, 대중의 일심단결에 의한 공고한 정치제도," 『주체의 사회주의 정치제도』(평양: 평양출판사, 1992), p. 165.

12) 김창하, 『불멸의 주체사상』(평양: 사회과학출판사, 1985), p. 199.

13) 수령 지위에 대한 이러한 규정에서 수령 지도의 무오류성이 도출된다.

14) 김창하, 위의 책, p. 200.

15) 김정하, "주체의 사회주의 정치제도는 조선로동당의 령도 밑에 끊임없이 강화 발전하는 정치제도," 『주체의 사회주의 정치제도』, pp. 133-134.

16) 『철학사전』, p. 602.

적 수령관은 수령을 '개인'이 아닌 '제도'로서 규정한다. 그리고 수령 - 당 - 대중은 하나의 통일체로 규정한다. 이를 통해서 혁명의 주체는 수령 - 당 - 대중의 통일체라는 선언적인 명제 위에 '수령에 대한 충실성 = 당에 대한 충실성 = 인민에 대한 충실성'이라는 단순논법을 만들어 내고, 실제 정치과정에서는 수령에 대한 충실성을 일방적으로 강조할 수 있는 논리구조를 마련하고 있다. 수령에 대한 이 충실성을 북한은 "사회적 존재인 사람들이 집단과의 관계에서 지켜야 할 공산주의 도덕규범 전반에 시종일관 관통되어 있는 가장 중요한 규범이며, 모든 공산주의 도덕품성들의 요구를 가장 숭고한 높이에서 집중적으로 체현하고 표현하는 기본적인 품성"으로 보고 있다.[17)]

그러나 혁명적 수령관은 김일성 - 김정일 - 김정은으로 이어지는 유일체제를 합리화하기 위한 논리요 궤변으로서 다음과 같은 문제점이 있다.

첫째, 인민 대중을 역사발전의 주체라고 겉으로만 제시하면서 실제로는 수령의 지도를 받는 피동체로 전락시켜 버렸다. 따라서 모든 노동계급과 근로대중은 유기체의 최고 뇌수인 수령의 지도를 받을 때에만 그 존재와 지위가 인정되는 지체로 만들어 버렸다. 그 결과 수령의 지도가 없는 인민대중은 그저 아무것도 하지 못하는 우민(愚民)이 되어 버렸다.[18)]

둘째, 수령이 인민대중을 올바르게 지도하는 뇌수라면 수령은 마치 전지전능한 신과 같아야 할 것이다. 즉 수령은 일점일획의 오류도 없이(무오류성) 정확무오(正確無誤)해야 한다는 것을 전제로 하고 있다. 그러나 수령과 수령의 지도가 완벽하게 무오류적이라는 것은 현실에서 도저히 있을 수 없는 허구이다. 등소평은 "혁명의 수령에게 결함과 오류가 없을 것을 요구한다면 그것은 마르크스주의가 아니다."라고 수령의 무오류적 지도를 비판했다.[19)]

실제로 무오류성을 가진 전지전능(全知全能)한 인간은 없기에 수령이 무오류하다는 것은 수령이 인간이 아니라 신이라는 궤변에 불과하다. 그럼에도 오류투성이의

---

17) 박상혁, "수령에 대한 충실성은 집단에 대한 공산주의 도덕의 최고 표현," 『철학연구』, 1992년 제3호(평양: 평양출판사, 1992), p. 26.

18) 독재자들은 인민들을 위한다고 하면서 실제로는 인민들이 저항하지 못하도록 바보로 만들어 버린다. 오직 유일신인 하나님만이 긍정되고 나는 부정되는 마치 기독교 인간관 교리와 흡사하다.

19) 鄧小平, "思想解放, 實事求是, 團結一致向前看,"(1978.12.13.), 『鄧小平文選(1975~ 1982)』(北京: 人民出版社, 1983), p. 139.

인간을 신으로 둔갑시켜 버린다면 인민대중은 모두 아무 생각도 못하는 바보요 기계의 부속품일 수밖에 없다.

셋째, 혁명적 수령관은 수령의 유일지배를 합법화하는 과정에서 수령의 지위를 절대화함으로서 인민대중은 물론이요, 당・국가체제인 사회주의 국가체제에서 당을 사실상 형해화시키고 있다는 점에서 심각한 문제를 드러내고 있다. 당을 '혁명의 참모부'라고 하면서도 실제로는 수령의 사당(私黨)으로서 '수령의 혁명사상을 실현하는 정치적 무기'에 불과한 지위로 전락시켜 버렸다. 당의 역할을 수령의 혁명사상을 앞서서 주도해 나가는 전위대(前衛隊)요, 수령과 대중을 연결하는 인전대(引傳帶)로 전락시키고 있다.

또한 수령의 최고 지위와 뇌수의 역할로 인해 오직 '수령의 교시(언행)'가 모든 법과 규정, 제도보다 상위규범이요 제도로서 기능하도록 규정함으로써 법과 제도의 기능도 마비시키고 있다.

2) 사회정치적 생명론과 문제점

사회정치적 생명체란 정치적 생명을 매개로 어버이수령, 어머니당, 대중이 '혈연적 관계'에 기초하여 혁명의 주체로서 유기적으로 통일되어 '혁명적 대가정'을 이루고 있는 사회체제를 가리킨다. 사회정치적 생명체론은 기본적으로 생명의 2분법에서 출발한다. 이 이론에 따르면 사람들에게는 생명유기체로서 살며 활동하는 '육체적 생명'과 함께 사회적 존재로서 살며 활동하게 하는 '사회정치적 생명'이 있다. 육체적 생명은 친부모가 주지만 사회정치적 생명은 사회정치적 생명체의 최고 뇌수이며 중심인 수령이 준다고 한다.[20] 이 양자 중에서 "보다 중요한 생명은 사회정치적 생명"이다.[21] 왜냐하면 "개인의 육체적 생명은 끝나도 그가 지닌 사회정치적 생명은 사회정치적 생명체와 더불어 영생하게 된다."는 것이다.[22] 즉 "사회정치적 생명은 영생하는 사회정치적 생명체로 결속된 인민대중의 생명이며 인민대중의 자주성

20) 김정일, "주체사상 교양에서 제기되는 몇 가지 문제에 대하여," 『친애하는 지도자 김정일 동지의 문헌집』(평양: 조선로동당 출판사, 1992), p. 167.

21) 권혁, "인민대중 중심의 참다운 정치생활을 보방하는 주체의 사회주의 정치제도," 『주체의 사회주의 정치제도』(평양: 평양출판사, 1992), p. 18. 이종석, 앞의 책, pp. 216-217. 재인용.

22) 김정일, "모두 다 영웅적으로 살며 투쟁하자(1988.5.15.)," 『북한자료집 김정일 저작선』(서울: 경남대 출판부, 1991), p. 470.

을 실현하기 위한 투쟁 속에서 유지되고 빛내어지는 생명이며 조국이 인민 앞에 세운 위훈으로 하여 역사에 길이 빛나는 생명으로서 영생하는 생명"이라는 것이다.

사회정치적 생명체론에 따르면 "사회정치적 생명체에서 수령은 그 생명의 중심이다. 사회정치적 생명체는 수많은 사람들로 이루어져 있기 때문에 거기에는 사회정치적 집단의 생명활동을 통일적으로 지휘하는 중심이 있어야 한다. 개별적 사람의 생명의 중심이 뇌수인 것처럼 혁명의 주체로서의 사회정치적 집단의 생명의 중심은 집단의 최고 뇌수인 수령이다."[23)]

사회정치적 생명체론에 의하면 육체적 생명은 친부모가 주지만 정치적 생명은 수령이 준다고 한다.[24)] 즉 북한의 전 인민들은 "조선로동당 조직과 당이 영도하는 정치조직의 한 성원이 되어 조직생활에 적극적으로 참가함으로서 수령과 혈연관계를 맺을 때 정치적 생명을 받게 되고 유지 공고화된다는 뜻이다. 따라서 수령 - 당 - 대중은 사회정치적 생명체 내에서 '혈연적 관계'로 맺어지는 것으로 규정되고 인민대중에게는 '생명의 은인'인 '어버이 수령'에 대해서 효성과 충성을 다할 것이 요구된다."고 북한주민을 세뇌시키고 있다.

제3절 김정일 시대의 선군사상

북한이 1994년 김일성 사망과 1990년대 중반 이후에 300만명이나 굶어죽는 최악의 사태를 맞이하면서(북한 스스로 그 때를 '고난의 행군'이라고 명하고 있음) 주체사상의 위력이 약화되었다. 특히 김정일이 집권하면서 2000년대부터 선군정치의 기치를 내세우고 약화된 주체사상과 함께 선군사상을 강조하였다. 선군사상은 국방위주의 국가기구체계를 확립하여 군사통치를 정당화하였다. 선군정치 및 선군사상에 의해 국가를 대표하는 기구로서 '국방위원회'를 강화하여 김정일이 '국방위원장(조선민주주의 인민공화국 국방위원회 위원장)'의 직함을 대외적으로 총비서와 함께 사용하였다. 김

23) 최희열, "주체의 사회정치제도는 주체사상을 구현하여 수립된 인민대중 중심의 정치제도," 『주체의 사회주의 정치제도』(평양: 평양출판사, 1992), p. 70.

24) 김정일, "주체사상교양에서 제기되는 몇 가지 문제에 대하여," 『친애하는 지도자 김정일 동지의 문헌집』(평양: 조선로동당출판사, 1992), p. 162.

정일은 경제 위기 및 외교 고립 속에서 김가왕조를 존속시키기 위하여 주체사상과 함께 편법적으로 군사위주의 선군사상을 내세웠다.

선군사상은 급변하는 국제 환경에 대응하는 차원에서 사회주의 강성대국 건설을 위해 선군혁명 원리 구현을 강조한 김정일 시대의 통치 이념이다. 북한의 주장에 따르면 선군혁명 원리는 총대에 의해 혁명이 개척되고 전진하며 완성된다는 원리로, 이른바 '총대철학'에 기초한 혁명 원리를 의미한다. 특히 선군사상은 군사력 대결에서의 승리를 위해 '군사선행의 원칙'을 내세우고 있다. 군사선행의 원칙이란 당과 국가의 노선 및 정책을 세우고 관철해 나감에 있어서 군대와 국방공업의 강화·발전을 최우선으로 강조하는 원칙이다. 또한 선군사상은 국방 위주의 국가기구 체계를 수립함으로써 혁명적 영도 방법의 중요한 구성 요소인 영도 체계를 심화시킨 규범 원리를 구성한다. 선군사상에서는 혁명과 건설 과정에 당과 수령이 인민 대중을 조직하고 동원할 수 있는 국가기구 체계의 중추 기관으로 국방위원회를 지목하고 있다. 이로부터 국방위원회는 수령 유일의 영도 아래 나라의 전 사업을 군사선행 원칙에 입각하여 통일시켜 지도·관리하는 중추 기관으로 자리매김하게 된다. 또한 선군사상은 혁명과 건설에서의 위상, 혁명성, 조직성, 전투력 등을 고려하여 혁명군대가 혁명의 주력군이 된다는 점을 강조한다.

한편 북한은 후계 체제 구축 과정에서 2009년 헌법 개정 및 2010년 노동당 규약 개정 때 '공산주의'에 관한 언급을 삭제한 바 있다. 반면에 주체사상이 유일한 지도 사상임을 명문화하고 김정일 시대의 통치 이념으로 '선군사상'을 명문화하였다. 이러한 '공산주의' 언급의 삭제와 '주체사상 - 선군사상'의 유일지배 이념화는 결국 김일성과 그 후계자들에 의한 전제 지배(專制 支配)를 위한 이론의 정당화 작업이었다고 할 수 있다.

이런 맥락에서 북한 정권은 '온 사회의 선군사상화'(2003.12.22)를 주장한 이래 선군정치의 목적인 강성대국 건설을 위한 수령·사상·군대·제도 등 4대 제일주의를 통해 선군사상에 기초한 당·군대·인민의 일심 단결을 강조하는 동시에 4대 제일주의의 하나인 '우리사상 제일주의'를 '김정일 사상 제일주의'로 규정함으로써 내부 결속과 정체성 확립에 주력해 왔다. 또한 북한 정권 지도부의 불안한 공백을 메우기 위해 공민 의무에 기초한 애국심과 애국주의를 강조하기도 했다. 2011년 9월에는 일심 단결의 정신, 불굴의 강행군 정신, 계속혁명의 정신을 내용으로 하는

'9 · 28 당대표자회 정신'의 관철을 통해 당 영도체계 강화, 김정은 '3대 세습' 공고화 및 체제 안정화 모색에 주력하는 양상을 보였다.

이처럼 선군정치는 경제 위기 및 외교 고립 속에서 체제 안정화와 정통성 확립을 도모하기 위한 정치적 선택이었으며, 선군사상은 그러한 정치 과정을 관통하는 통치 이념이었다. 이러한 점에서 보면 세습 권력으로서 김정은 정권의 정치적 선택의 범위도 제한될 수밖에 없다.

제4절 김정은 시대의 김일성 · 김정일주의

김정일 사망으로 급속히 수립된 김정은 정권은 2012년 4월 헌법을 개정하면서 "김일성을 영원한 주석으로, 김정일을 영원한 국방위원장"으로 헌법 서문에 명문화하고, 노동당 규약을 개정하면서 '김일성 - 김정일 주의'를 당의 지도적 지침으로 내세웠다.

또한 김정은은 '김일성 - 김정일주의'를 당의 지도적 지침으로 채택한 제4차 당대표자회(2012.4.11.)에 앞서 발표한 이른바 '4 · 6 담화'에서 "김일성 - 김정일주의는 주체의 사상, 리론(이론), 방법의 전일적인 체계이며 주체시대를 대표하는 위대한 혁명사상"이라고 함으로써 '김일성 - 김정일주의'가 주체사상에 뿌리를 둔 통치이념이라는 점을 분명히 했다.

북한 노동당의 기관지인 노동신문(2014.4.24.)은 "김일성 - 김정일주의는 주체사상을 진수로 하는 혁명사상"이며, "인민대중 중심의 혁명이론과 영도방법을 포괄하고 그 사상 리론(이론)들이 하나의 전일적인 체계를 이루고 있는 혁명사상"이라고 강조하였다.

북한의 주장에 따르면 '인민대중 제일주의'를 본질로 하는 '김일성 - 김정일주의'는 인민대중의 자주성을 실현하기 위한 혁명사상으로서 사회변혁을 위한 구성 체계와 내용을 포함하는 동시에 사회변혁의 주체인 인민대중의 이익 옹호를 높이기 위한 지도 방법을 내포하고 있다고 한다.

특히 김일성 - 김정일주의는 총대를 인민 대중의 자주성을 실현하기 위한 혁명투쟁의 만능 보검으로 내세우는 선군혁명 사상을 밝혀 주고, '사회주의 강성국가 건설'

이론을 독창적으로 제시한 자주시대 지도사상이라고 주장하고 있다. 김정은 체제의 공고화 과정에서 새로운 통치 이념이 필요한 북한 정권은 노동당 규약 개정(2012.4. 제4차 당대표자회)을 통해 주체사상과 선군사상에 사상의 기반을 두고 있는 김일성주의를 내세웠다.

이는 사상·혁명 이념의 계승성을 확보하는 것이 정통성 강화를 위해 중요했기 때문이다. 문제는 어떻게 김일성-김정일주의를 구현할 것이냐에 있었다. 이와 관련해 김정은이 제시한 것이 '김정일 애국주의'였다. 김정은은 이른바 김정일 애국주의의 교과서라고 알려져 있는 당중앙위원회 담화 '김정일 애국주의를 구현하여 부강조국건설을 다그치자(2012.7.26)'에서 처음으로 김정일 애국주의를 공식화하였다.

'온 사회의 김일성-김정일주의화'를 위해 김정은이 강조한 것은 김정일의 조국관, 인민관, 후대관 등을 핵심으로 한 김정일 애국주의의 실천이었다. 이 때문에 김정은은 제4차 당대표자회에서의 당규약 개정과 함께 체제 결속 및 유일 영도 체계 확립을 위한 당 조직의 역할 강화와 관련해 2012년 10월 22일 내각전원회의 확대회의에서 김정일 애국주의의 철저한 구현을 제시하였다. 2015년 신년사에서는 김정일 애국주의를 '5대 교양'[25]의 하나로 강조하였으며, 2016년에도 김정일 애국주의를 중심으로 정치교육을 강화하고 있다.

이후 북한은 2016년 3월에는 "김정일 애국주의는 조국번영의 위력한 사상정신적 무기"(노동신문, 2016.3.10.)로 표현하였다. 그리고 2016년 5월 제7차 당대회 이후에는 김일성-김정일주의를 집중적으로 강조하면서 "온 사회의 김일성-김정일주의화는 우리 당의 최고강령"(노동신문, 2016.5.17.), 김일성-김정일주의는 "당대회의 기본정신"이며 "영원한 지도사상"(노동신문, 2016.5.13.)이라고 표현하였다. 2017년에도 김정일 애국주의를 "조국에 대한 사랑의 최고 정화"(노동신문, 2017.10.1.)로 표현하면서 김일성-김정일주의와 김정일 애국주의를 체제 구현의 이념으로 지속적으로 내세우고 있다.

김정은은 2013년 6월에 헌법이나 노동당 규약보다 상위에서 작동하는 북한의 최고 통치 규범인 '당의 유일사상체계 확립의 10대 원칙'을 39년만에 '당의 유일적 영도체계 확립의 10대 원칙'으로 개정하였다. 북한은 이를 통해 핵심 권력 엘리트들

---

25) 5대교양은 김정은 체제 들어 북한에서 강조되고 있는 김일성 가계의 위대성 고양, 김정일 애국주의 고양, 신념 고양, 반제계급 고양, 도덕 교양을 일컫는다. 『북한지식사전』, 통일교육원, 2016, p. 466.

의 파벌 형성이나 '세도' 등 권력 위협 요인을 원천부터 차단하는 동시에 김정은의 권위를 절대화하고 백두혈통의 영원한 계승을 명문화함으로써 김정은 1인 독재 체제 구축을 도모하고 있다. 이처럼 김정은은 1970년대 이래의 김정일과 같은 방식으로 북한 통치 이념의 유일한 해석권자로 자리매김하고자 하고 있다.

김정은 시대의 북한이 2016년 5월 제7차 당대회를 통하여 '김일성·김정일주의'를 내세우고는 있지만 주체사상처럼 이론적으로 체계화하지는 못한 것으로 보인다.

북한은 2021년 1월 제8차 당대회를 통하여, "김일성-김정일주의는 주체사상에 기초하여 전일적으로 체계화된 혁명과 건설의 백과전서이며 인민대중의 자주성을 실현하기 위한 실천투쟁속에서 그 진리성과 생활력이 검증된 혁명적이며 과학적인 사상"이라는 데 대하여 정식화했다.

제5절 북한의 통치이념에 대한 평가

북한의 주민들은 학습과 교화 과정을 거치면서 주체사상을 일상화하는 삶을 영위하도록 요구받고 있었다. 북한은 주체사상이야말로 혁명 사회 건설의 기초를 이루며, 주체사상의 일상화는 어떠한 난관도 극복하여 궁극적으로 '우리식 사회주의'의 승리를 가져올 토대라고 주창한 것이었다. 또한 주체사상은 "민족해방, 계급해방, 인간해방에 관한 이론과 사회개조, 자연개조, 인간개조에 관한 이론이 전면적으로 체계화되고 완성된 공산주의 혁명이론"이자 무오류의 사상으로서 현실에서의 실천성을 확보한 사상이라고 강조하고 있었다.

이론적 측면에서 볼 때 초기의 주체사상은 초기 북한정권의 이념적 강령인 마르크스-레닌주의로부터의 부분적 이탈을 의미한다. 사회 하부구조가 상부구조를 결정한다는 전통적 마르크스주의의 유물론적 시각을 수정함으로써, 주체사상은 상부구조의 주요 구성체인 인간의식이 사회변화와 역사전이의 과정에서 능동적 역할을 수행한다고 강조한다. 즉 주체사상은 경제적 생산관계가 그 안에서 활동하는 행위자들의 의식과 행동을 주도적으로 결정한다는 견해를 수정하면서, 인간의 의식적이고 주체적인 사고와 행위에 의해 경제구조와 사회와 역사가 변화한다는 논리를 제시한다.

특히 주체사상이 마르크스-레닌주의와 차별화되는 추가적 요인은 유기체론적 사회 및 국가구성을 강조하는 유기체적 전체주의와 인간의식이 사회와 역사를 주도한다는 유심론의 도입일 것이다. '사회주의 대가정론' 등으로 일컬어지는 유기체적 전체주의는 유교적 사상의 전통과 더불어 북한의 가부장적 일인 지배체제를 옹호하는 사상적 토대로서 기능을 한다.

그러나 인간의 의식적이고 주체적인 행위를 강조하는 유심론은 마르크스-레닌주의의 유물론적 한계를 극복하기 위한 것이었지만 김정일에 의해서 '수령론(혁명적 수령관)'으로 변질되면서 유심론을 '김일성 수령 신론'으로 치환시켜 버렸다. 즉 주체사상의 핵심논리인 이른바 '사회정치적 생명론'은 사이비 종교교리 수준의 논리이다. 북한의 주체사상에서는 생명을 부모로부터 받은 육체적 생명과 수령으로부터 받은 사회정치적 생명의 2분법으로 구분하고 있다. 인간에게 있어서 육체적 생명은 그저 태어난 것에 불과하고(원초적임) 육체적 생명보다 더 중요한 것은 사회정치생활을 하는데 필요한 사회정치적 생명으로서 바로 이 사회정치적 생명을 수령께서 부여하였다는 것이다. 이것이 이른바 사회정치적 생명론이며 전체주의 원리에 입각한 유기체론이다. 북한은 유기체적 우주관을 도입하여 북한주민 전체가 사회주의 대가정이며 사회정치적 생명체는 수령-당-인민대중이 하나로 통일된 생명체이며, 이 생명체는 무오류의 특성을 지닌 수령이 뇌수가 되어 결합될 때 영생하는 생명체가 된다는 것이다.

북한에서는 겉으로는 인민대중이 역사의 주인이라고 하지만 사실은 수령이 인민대중의 운명을 개척하는 데서 결정적 역할을 하는 최고영도자인 동시에 사회정치적 생명체의 뇌수(腦髓)로 규정하고 있다. '사회정치적 생명론'은 주체사상의 핵심이며, 주체사상을 사이비 종교요 교주인 김일성을 신적수준으로 변질시켜 격상시킨 이론체계이다.

북한의 논리에 따르면 당과 인민대중의 생명은 바로 사회정치적 생명체의 생명의 중심으로서의 수령이며, 당과 인민대중의 역할도 그 영도의 중심으로서의 수령에 의해서 대표된다. 따라서 당의 생명과 역할, 대중의 생명과 역할도 바로 "수령에게 집중적으로 체현되어 있다."고 한다.[26] 바로 이렇게 정치적 생명을 매개로 어버이수령-어머니당-대중이 '혈연적 관계'에 기초해서 혁명의 주체로서 유기적으로 통일되어 '혁명적 대가정'을 이루고 있는 사회체제, 이것이 바로 사회정치적 생명체라는 것이다. 그리고 당연히 이 사회정치적 생명체에서 생명의 중심은 수령으로 규정

26) 박상혁, "수령에 대한 충실성은 집단에 대한 공산주의 도덕의 최고 표현," 구현하여 수립된 인민대중 중심의 정치제도," 『철학연구』, 1992년 제3호(평양: 사회과학출판사, 1992), p. 26.

된다. 결국 북한의 주체사상을 변질시킨 사회정치적 생명론은 단순한 통치이념이 아니고 사이비 종교교리 수준임을 알게 하는 논리가 사회정치적 생명론이다.

북한의 통치사상, 즉 이데올로기(Ideology)는 과거 구소련 등 여타의 공산주의 국가의 사상인 마르크시즘(Marxism)과 완전히 다르다. 북한은 이미 김일성 시대인 1970년대에 마르크시즘을 버리고 주체사상을 북한의 통치이념으로 내세우기 시작했다. 1980년대부터는 주체사상의 주석(해석)권을 김정일이 독점하면서 주체사상은 '혁명적 수령관'과 '사회정치적 생명론'을 강력한 촉매제로 하여 김가왕조를 지탱하는 논리로 변질되었다. 수령과 인민대중의 기본관계를 규정하는 혁명적 수령관의 핵심은 마치 신과 같은 수령에 대한 절대적 충성을 핵심으로 하고 있다. 왜냐하면 수령은 사회정치적 생명을 모든 북한 주민에게 부여하신 생명의 은인이기에 충성과 효도로 보답하여야 한다는 것이다. 또한 수령은 일점일획의 오류가 없는 무오류성의 특성을 지니시고 친히 사회정치적 생명체의 뇌수가 되어 인민이 나아가야 할 방향을 제시하고 있기에 모든 기관과 인민들은 그저 수령이 제시한 노선과 정책은 물불을 가리지 않고 관철해야 된다는 점을 강조한다. 인민들이 사회생활을 해 나가는 과정에서 판단하거나 선택하여야 하는 복잡한 일들이 많은데 정확무오하신 수령께서 모든 것을 판단하시고 친히 인도하시기에 그저 인민들은 따라 가기만 하면 된다는 것이다.

1980년대 후반 주체사상의 중심적 이론으로 형성된 '사회정치적 생명체론'은 오직 최고지도자로서의 수령에 대한 혁명적 의리와 동지애만이 절대이고 무조건이라는 논리를 기본 원리로 삼고 있다. 그것은 사회정치적 생명체가 은혜, 의리, 충성의 교환 관계에 있다고 보기 때문이다. 이런 맥락에서 사회정치적 생명체론은 충효를 강조하는 유교의 도덕과 기독교의 지체논리를 주체사상의 논리와 연결함으로써 궁극적으로 수령 - 당 - 인민대중의 일심단결된 하나의 생명체라는 전체주의 논리이자 사이비 종교교리 수준으로 변질되었다. 그러다 보니 바로 이러한 혁명적 수령관에 기초해 형성된 당, 국가(북한), 사회 및 인민 전체를 포함하는 의미의 사회체제가 바로 '사회정치적 생명체'이며 영생불멸하는 수령과 함께 영생불멸한다는 것이 주체사상의 해석권을 독점하고 있는 김정일의 주해이다.

그렇기 때문에 김일성과 김정일은 죽었지만 살아있다고 믿으라고 강요하면서 수천억원을 들여가면서 그 시체를 미라로 만들어 금수산 태양궁전에 보관하고 있다. '금수산태양궁전'은 한마디로 김일성, 김정일 사이비 신을 모신 신당과 같은 것으로서 '북한식 피라미드'라고 할 수 있다. 금박장식 문에 바닥은 대리석이 깔려있고, 천장에는 유럽풍 샹들리에가 달려있다. 입구부터 시신 보존실, 김씨 일가 유품들을 다 둘러보는 데만 2시간이 걸린다. 그래서 "아, 우리의 수령님이시며 최고 존엄이신 김씨 일가는 영생불멸의 신이구나!" 하면서 북한 주민들이 세뇌당하도록 '신당(神堂)'이자 '성지(聖地)'처럼 꾸며 놓았다. 1994년에 사망한 김일성 시신의 경우 시신 보관비만 매년 200억 원이 넘게 든다고 한다. 여기에 김정일 시신 보관비에 건물 개조비까지 합하면 지금까지 무려 1,000억 원 이상을 쏟아 부었다.27) 2,400만 북한 주민들은 굶어죽는데, 초호화판 미라 궁전을 짓고, 3,000년 전 고대 이집트 파라오(Pharaoh)를 흉내내고 있는 북한 김가 일가의 모습이다.

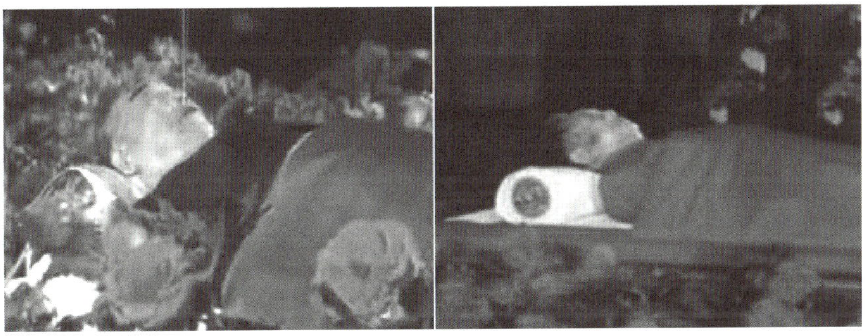

▲ 평양 금수산 태양궁전에 있는 김일성 · 김정일 미라

그러나 주체사상도 1990년대 중반 이래 지속되는 심각한 경제난 속에서 실천의 유용성이 저하되자 언급 빈도가 낮아지기에 이르렀다. 그 대신 김정일의 권력 승계 이후 '붉은기 사상', '강성대국론', '선군정치론' 등 경제 난국 대처와 체제 안정을 위한 행동 강령 성격의 구호가 점차 정치적 가치로 활용되었다.

이는 주체사상이 유일한 최고 지도 이념이라는 공식 위상과 별도로 정책 지침으로서의 실효성이 약화되고, 이에 따라 사회적 영향력도 저하되었음을 말해 준다. 더욱이 극심한 경제난이 장기화되면서 북한 주민들의 주체사상에 대한 신뢰가 흔들리

27) 『Daily NK』(2008.04.15.), "김일성 사체보존 매년 80만달러 소모"; 1995년 7월 7일 러시아의 모스크바 뉴스는 "러시아인 기술자 7인에 의하여 (김일성의)사체 보존작업이 완료됐다."며 "100만 달러가 소요되었지만 이후에도 막대한 비용이 든다."고 보도했다. 또한 1996년 7월 북한을 방문한 인도네시아 골카당 대표단은 조선노동당 간부로부터 "김일성의 사체관리를 위해 연간 80만 달러가 든다."는 설명을 듣기도 했다.

는 상황이 초래되었다. 간혹 생필품 수급 체계 아래 사실상 소외된 개인들이 나름대로의 자기 생존 방식을 추구하는 과정에서 이를 합리화하기 위한 자기 정당화 논리로 주체의 의미를 활용하는 풍조가 북한 사회에서 나타나기도 한다. 그러나 주체의 기치가 실속 없이 공허한 구호로만 지속되는 상황에서 주체사상에 대한 불신과 비판의 등장은 불가피하다.

현재 가장 크게 대두된 주체사상에 대한 비판은 북한식 사회주의 이념이 사실상 개인의 권력 독점 및 우상화를 위한 정략의 도구로 활용되어 왔다는 점에 맞춰져 있다. 북한이 직면한 정치, 경제, 군사, 외교 부문의 위기 속에서 인민 대중을 혁명의 주체로 확인시키고 이들의 사고와 행동을 독려함으로써 위기 극복을 시도하는 주체사상은 결국 일인 지배 체제를 지탱하고 강화시켜 준 이념을 기반으로 하여 작동돼 왔다고 보는 것이다. 문제는 '수령론'의 근저에서 인민 대중은 당의 관료화로 말미암아 인민의 진정한 주체성을 담아 내지 못하고, 수령의 지도에 절대 복종함으로써 정작 수령이 지도하는 정당성을 점검할 수 없는 한계가 있다는 점이다.

현재 김정은 시대의 북한은 "모든 주민들을 '김일성-김정일주의자'로 만들어야 한다."며 "세계를 움직이는 힘은 돈이나 원자탄이 아니라 위대한 사상"이라며 사상전에 올인하고 있다. 주체사상이든 김일성-김정일주의이든 간에 북한이 주장하는 것은 겉으로는 그럴듯해 보여도 깊이 분석해보면 결국 1인독재를 위한 논리로 귀결된다. 주체사상도 인민이 주인이라고 제일 먼저 내세우지만 실제로는 수령의 하수인과 노예에 불과한 신분으로 전락하고 만다.

사실상 주체사상은 통치이데올로기 차원이 아닌 사이비 종교 수준의 교리 차원이다. 김일성과 김정일은 영원히 죽지 않고 영생하는 신(神)으로 둔갑시켜 놓고 있다.[28] 그리고 김정은도 머지 않은 장래에

28) 실제로 현재 북한은 하나님 자리를 사칭하고 있는 김일성-김정일-김정은 사이비 수령신(神)

사이비 신으로 둔갑할 것이다.

북한의 통치이념인 주체사상은 김정은 시대에 들어와서 '김일성・김정일주의'로 명칭이 변경되었다. 그러나 그 본질과 내용은 주체사상의 또 다른 명칭일 뿐이다. 아마도 마르크시즘(Marxism)처럼 한 시대를 풍미하는 이데올로기 차원으로 격상시키고 싶었나보다. 그러나 기실 주체사상은 통치 이데올로기 차원을 넘어 김일성교(주체교)의 종교적 교리체계로 변질되었다. 민족도 김일성 민족이요, 당도 김일성 당이며, 군대도 김일성 군대이고 나라도 김일성 조선이라고 하는 마당에 김일성을 신(神)으로 만드는 종교적 수준의 교리가 필요했으니 이것이 곧 주체사상이요, 김일성・김정일주의인 것이다.

주체사상은 정교한 논리체계를 갖춘 일사분란한 이데올로기는 아니다. 김일성이 마르크스-렌닌주의 이념을 바탕으로 북한을 운영하는 과정에서 사후에 자신을 우상화・신격화하기 위한 논리로 만들어 낸 이념체계이다. 김정일 시대에는 주체사상에 바탕을 둔 선군사상을 추가하였고 김정은 시대에 이르러 주체사상과 선군사상을 포함해서 '김일성・김정일주의'로 명칭만 변경했을 따름이다.

이 통치하는 나라로 전락하였다.

토론 주제

1. 이데올로기의 종언 시대인 21세기에 유독 북한에서 이데올로기의 기능과 효과는?
2. 주체사상 - 선군사상 - 김일성 - 김정일주의의 차이점을 식별해보자.
3. 좁은 의미의 주체사상을 3가지 원리에 의해 평가해보고 변질된 내용을 적시하여 그 문제점과 위험성에 대해서 토론하라.
4. 혁명적 수령관과 사회정체적 생명체론의 문제점을 적시하라.
5. 교리나 이데올로기의 주석권을 독점한다는 것이 어떤 효과인가?
6. 주체사상의 효과와 한계에 대해 토론해 보자. 특히 주사파 운동권의 대표주자인 김영환이 왜 전향하였는지 조사 발표해보자.

더 읽으면 좋은 글

1. 황장엽, 『황장엽 回顧錄(회고록)』, 시대정신, 2006.
2. 김창희, “북한의 통치이념 ‘김일성 - 김정일주의’ 분석”, 『한국정치연구』 제22집 3호(2013), pp. 187-209.
3. 이상우, 『북한정치: 신정체제의 진화와 작동원리』, 나남, 2008.
4. 이종석, 『새로 쓴 현대북한의 이해』, 역사비평사, 2005.
5. 통일부 통일교육원, 『2020-2014 북한 이해』, 2020-2014.
6. 서재진, 『주체사상의 형성과 변화에 대한 새로운 분석』, 통일연구원, 2001.

제4장

북한의 정치

북한의 정치체제는 기존의 사회주의 정치체제와는 사뭇 다르다. 보편적으로 사회주의 체제는 당이 국가를 지배하는 '당 · 국가체제'이나 북한은 당과 국가와 군(軍) 위에 유일절대독재자인 '수령'이 통치하는 특수한 정치체제이다.

그래서 수령은 당(위원장) - 정(국무위원장) - 군(최고사령관)의 모든 최고 통치직위를 겸직하면서 절대왕이면서 사이비신(神)으로 조작되어 군림하고 통치한다.

그렇기 때문에 경험이 없고 나이가 어린 김정은으로의 3대세습이 이루어졌어도 외부의 전망과는 달리 김가왕조를 계속 유지하고 있다.

김가왕조 독재정권을 유지하기 위해 김정은이 미친 짓(mad)과 나쁜 짓(bad)을 제멋대로 하여도 주민이 감히 저항하지 못하는 이유는 무엇인가? 대다수 북한 전문가들이 그동안 수차례에 걸쳐 "북한 김가왕조 정권이 곧 붕괴될 것이다."라고 전망하였음에도 계속 버티고 있는 이유는 무엇인가?

본 장에서는 북한의 특수한 정치체제와 권력구조를 파헤쳐서 이 **수수께끼**를 풀고자 한다.

제1절 북한 정치체제의 특수성과 조선노동당

1. 북한 정치체제의 특수성

원래 사회주의 국가의 보편적 특성은 국가권력이 당에 집중되어 당 주도의 국가체계로 운영되기 때문에 학문적으로는 '당 · 국가체제(Party · State)'라고 하고 있다. 그리하여 유일정당인 공산당 일당 독재에 의해 중국, 베트남의 현실 공산주의 국가가 경영되고 있다. 그러나 북한의 경우에는 유일정당인 '조선로동당'에 권력이 집중된 것이 아니고 '수령'에게 정치권력이 집중되어 있다. 북한에서 수령은 단결과 영도의 중심으로서 인민대중의 운명을 개척하는 데 결정적 역할을 하는 '당의 최고영도자'인 동시에 사회정치적 생명체의 뇌수로 규정한다. 즉 북한사회에서 수령은 "북한이라는 사회주의 대가정의 사회정치적 생명체의 뇌수로서 생명 활동을 통일적으로 조직하고 지휘하는 영도의 중심"이라고 하여 사이비 신과 같은 절대적 지위를 부여하고 있다.

북한의 수령은 주체사상(=김일성 · 김정일주의)이라는 사이비 종교교리와 같은 통치 이데올로기에 의해 뒷받침되고 있어서 당 및 국가 활동과 주민의 생활양식 등 모든 분야에 절대적 영향력을 행사하고 있다. 수령이 당과 국가 위에 유일 절대권력으로 군림하는 정치체제와 권력구조는 지구상 존재하였거나 존재하고 있는 그 어느 공산주의(사회주의) 독재국가에서 찾아 볼 수 없는 북한에서만 나타나는 북한적 현상이요, 특수성이다.

2. 조선노동당의 위상 및 성격과 기능

조선노동당의 위상과 관련해 북한 헌법은 "조선민주주의인민공화국은 조선로동당의 령도 밑에 모든 활동을 진행한다."고 명시하고 있다. 헌법상 당 지위의 독점규정은 노동당이 북한권력의 산실임을 명백히 하고 있으며, 당이 여타 기관보다 우위에 있는 권력구조임을 확인시킨다. 따라서 노동당은 "근로대중의 모든 조직들 가운데서 가장 높은 형태의 혁명조직"이며, 3부 기관이나 기타 각종 조직을 영도하는 주체임을 밝히고 있다. 그래서 학자들은 당이 국가의 모든 조직보다 우위에 있는 현상으로 대표되는 공산주의 일당독재 국가들을 가리켜 당·국가체제라고 부르고 있다.

그러나 북한에서 대표적인 당인 조선노동당은 사회주의 체제에서의 공산당과 그 위상 및 성격과 기능이 사뭇 다르다.

첫째, 북한의 노동당은 모든 근로대중의 이익을 대변하는 공당(共黨)이 아니라 김가왕조 정권을 유지하는 사당(私黨)의 위상과 성격을 지니고 있다. 북한은 김정일 사후 김정은 유일영도 체제의 안착을 위해 제7차 당대회(2016. 5)에서 개정한 당규약 서문에서 노동당의 위상과 성격을 다음과 규정하고 있다. "조선로동당은 김일성-김정일주의 당이다. 위대한 김일성 동지는 조선로동당의 창건자이시고 영원한 수령이시다. 김정일 동지는 조선로동당의 상징이고 영원한 수반이시다. 경애하는 김정은 동지는 조선로동당을 위대한 김일성동지와 김정일 동지의 당으로 강화발전시키시고 주체혁명을 최후승리에로 이끄시는 조선로동당과 조선인민의 위대한 령도자이시다."라고 명기하였다. 북한은 당규약에서 노동당이 근로대중과 인민의 당이 아니라 김일성-김정일-사실상 김정은의 사당임을 스스로 밝히고 있는 것이다.[1)]

둘째, 노동당의 위상은 겉으로는 최고의 정치조직처럼 보이나 실제로는 수령의 영도를 앞장서서 수행하는 전위대 조직에 불과하다. 북한은 조선노동당이 북한의 모든 정치조직 가운데서 가장 높은 형태의 정치조직이며 정치, 군사, 경제, 문화를 비롯한 모든 분야를 통일적으로 이끌어가는 사회의 영도적 정치조직이며 혁명의 참모부라고 밝히고 있다. 김정일은 사당화한 노동당을 '사회주의 사회의 유일한 향도적 역량'이라고 규정하고 당의 지위와 역할을 다른 어떤 정치조직도 대신할 수 없다고 강조하기고 하였다.

그러나 당규약(2016년 개정) 서문은 "조선로동당은 위대한 김일성 동지와 김정일 동지를 영원히 높이 모시고 경애하는 김정은 동지를 중심으로 하여 조직사상적으로 공고하게 결합된 로동계급과 근로인민대중의 핵심부대, 전위부대이다."라고 그 위상과 성격을 밝히고 있다. 당규약에서 스스로 당의 위상과 성격을 전위대로 규정하고 있는 것이다. 이렇게 볼 때 북한에서 노동당은 겉으로는 최고의 정치조직처럼

1) 북한에서 당규약은 헌법보다 상위 규범이다.

선전하고 있으나 실제로는 수령 독재체제 틀 안에서 수령의 영도를 받아 인민 대중에게 지도역할을 수행하는 인전대요, 전위대 조직이라고 할 수 있다.

셋째, 북한에서 노동당의 기능은 겉으로는 근로대중의 이익을 대변하는 것으로 선전하고 있으나 실제로는 한반도 전체를 김일성 - 김정일주의를 신봉하는 나라로 만드는 것이다. 북한이 당규약에서 밝힌 것을 보면 금방 그들의 속내를 알 수 있다. "조선노동당의 당면목적은 공화국 북반부에서 사회주의 강성국가를 건설하며 전국적 범위에서 민족해방민주주의혁명의 과업을 수행하는데 있으며, 최종목적은 온 사회를 김일성 - 김정일주의화 하여 인민대중의 자주성을 실현하는데 있다." 또한 "조선로동당은 남조선에서 미제의 침략무력을 몰아내고 온갖 외세의 지배와 간섭을 끝장내며 일본군국주의의 재침 책동을 짓부시며 사회의 민주화와 생존의 권리를 위한 남조선 인민들의 투쟁을 적극지지 성원하며 우리민족끼리 힘을 합쳐 자주, 평화통일, 민족대단결의 원칙에서 조국을 통일하고 나라와 민족의 통일적 발전을 이룩하기 위하여 투쟁한다."고 분명하게 그들의 목적과 전략을 명기하고 있다.

북한은 2021년 1월, 노동당 규약을 개정하여, "공화국 무력을 정치사상적으로, 군사기술적으로 강화"할 것과, 조국통일을 위한 투쟁과업 부문에 "강력한 국방력으로 근원적인 군사적 위협을 제압해 조선반도의 안정과 평화적 환경을 수호"한다고 최초로 당규약 서문에 포함하여, 무력적화통일 의지를 명백히 하였다.

북한이 당의 성격을 근로 대중의 정당에서 수령 개인의 정당으로 변화시킨 것은 오늘날 집권 공산당들이 노동자계급 정당에서 대중 정당으로 빠르게 탈바꿈하는 세계 추세와 분명히 궤를 달리하는 것이다. 북한에서 당은 실제로 마르크스 - 레닌주의가 지향하는 프롤레타리아 전위대로서의 당의 역할은 유일 수령의 영도체제로 인해 실제로는 제약을 받고 있다. 특히 주체사상의 '수령론'이나 '사회정치적 생명체론'이 유기체적 사회구성의 논리를 바탕으로 어버이와 같은 수령의 지도력에 과대한 역할을 부여하기 때문이다. 그 결과 수령은 인민 대중을 의식화 · 조직화하여 하나로 통합 · 단결하는 정치력을 발휘하며, 인민 대중의 혁명투쟁을 승리로 이끌어 가는 영도의 중심에 서게 된다.

문제는 수령의 지도력이 이처럼 확대되면 당의 자율성은 그만큼 제약될 수밖에 없다는 점에 있다. 여기서 모든 노동자를 대변하는 당에 의한 다수독재의 원칙은 수령의 1인독재로 변질되기에 이른다.

이렇게 볼 때 노동당의 위상은 북한 주민들을 지도하는 상급기관임에 틀림없지만 다른 한편으로는 수령의 영도를 받아야만 하는 하급기관에 불과하다. 요컨대 노동당은 생명체의 최고지도자인 수령과 인민 대중을 연결하는 고리(인전대)로서 수령이 제시한 정책과 노선을 관철하기 위해 인민 대중을 조직・동원하고 국가제도를 통해 실천하는 역할을 주로 관장하는 전위대인 동시에 참모부인 정치 조직이라고 할 수 있다.

3. 조선노동당의 조직과 운영체계

조선노동당의 조직과 운영체계는 사회주의식 통치구조의 기본 원리인 '민주주의 중앙집권제(democratic centralism)' 원칙에 입각하여 규제되고 있다. 북한의 『조선말대사전』에 따르면 "민주주의 중앙집권제는 모든 문제해결에서 개인은 조직에 복종하고 소수는 다수에, 하부는 상부에, 모든 성원과 조직은 중앙에 복종하는 것이 중요한 요구"라고 표현되어 있다. 북한의 민주주의 중앙집권제는 지극히 위계에 따른 의사결정구조를 당 내에 확보하여 당의 일사불란한 획일성을 도모하고, 이를 통해 수령의 1인 지배를 존속시키는 제도의 틀로서 기능한다. 이처럼 노동당의 조직운영에서 상의하달의 중앙집권제 원칙을 우선하는 것은 수령의 영도를 실천하는 조직으로서의 역할에 큰 비중을 두고 있기 때문이다.

노동당의 영도역할은 당 생활지도와 당 정책지도로 구분되고, 당 생활지도는 다시 조직 생활지도와 사상 생활지도로 세분화된다. 현재 당위원장인 김정은은 당의 핵심기능인 '당 생활지도권'을 장악하여 '생활총화'와 당 세포비서의 세포조직 활동으로 간부동향을 파악・통제함으로써 수령절대독재체제 확립에 필수인 당권・군권・정권기관을 장악해 나갈 수 있다. 조선노동당은 중앙당의 당대회, 당대표자회, 당중앙위원회, 당중앙검사위원회, 당중앙군사위원회의 조직과 도(특별시・직할시)당위원회로 조직되어 있다.

1) 당대회

북한의 공식 최고의사결정기구는 '**당대회**'이다. 과거 구소련에서 최고의 사회・정치조직이던 공산당의 최고기구는 5년마다 개최되는 당대회였다. 중국 역시 최고

〈표 4-1〉 당대회 개최 현황

차수	개최일	주요의제
제1차	1945.10.10.	• 당 창건 선포* • 당 정치노선 및 조직노선 채택
제2차	1948. 3.27.	• 당중앙위원회 사업 결산 보고 · 당규약 개정 • 당 중앙지도기관 선거
제3차	1956. 4.23.	• 당중앙위 · 당중앙검사위 사업 총화('조국의 평화적 통일을 위하여' 채택) • 당규약 개정 • 당 중앙지도기관 선거
제4차	1961. 9.11.	• 당중앙위 · 당중앙검사위 사업 총화 • 인민경제발전 7개년 개획(1961~1967) • 당규약 개정 • 당 중앙지도기관 선거
제5차	1970.11. 2.	• 당중앙위 · 당중앙검사위 사업 총화 • 인민경제발전 6개년 개획(1971~1976) • 당규약 개정 • 당 중앙지도기관 선거
제6차	1980.10.10.	• 당중앙위 · 당중앙검사위 사업 총화(사회주의 건설 10대 전망 목표 제시, 고려민주연방공화국 창립 방안 제안)
제7차	2016. 5. 6.	• 당중앙위 · 당중앙검사위 사업 총화 • 김정은을 '당위원장'으로 추대 • 당규약 개정 • 당 중앙지도기관 선거
제8차	2021. 1. 5.	• 당중앙위 · 당중앙검사위 사업 총화 • 김정은을 '당총비서'로 추대** • 당규약 개정 • 당 중앙지도기관 선거

* 북한은 2015년 9월에 노동당 창건을 기념하여 발간한 『조선을 이끌어 70년』과 2016.1.23. 노동신문 등을 통해 '북조선공산당 중앙조직위원회 창립대회(조선공산당 서북5도 책임자 및 열성자 대회' 1945.10.10. ~13.)를 자신들의 제1차 당대회로 밝히고 있다.

** 북한은 2021년 1월에 제8차 당대회를 개최하여, 당규약을 개정, 김정은을 노동당 위원장에서 노동당 총비서로 환원시켜, 김정은을 김일성과 김정일과 같은 반열에 오르게 했다.

권력기관은 5년마다 열리는 전국인민대표대회(전인대)이다.

북한의 경우에도 당 운영의 법규인 노동당 규약에서는 '당대회'가 당 노선과 정책 및 전략전술에 관한 기본문제를 결정하도록 규정하고 있다.[2] 그러나 실제

2) 북한 노동당 규약에 의하면 당대회에서는 ▲ 당중앙위원회 · 중앙검사위원회 사업 총화(결산), ▲ 당의 강령과 규약의 채택, 수정 · 보충, ▲ 당의 노선과 정책 · 전략 · 전술의 기본문제 토의

로는 당중앙위원회나 당정치국이 당총비서장인 김정은의 지시를 받아 내린 결정 사항을 사후 추인하는 형식에 그친 거수기와 박수부대와 같은 기능을 수행하고 있다.

그럼에도 당대회는 원래 5년에 1회 당중앙위원회가 소집하는 것으로 되어 있었지만 지켜지지 않았다. 1946년 제1차 당대회 이후 1980년까지 총 6차례의 당대회가 소집되었으나, 이후 35년간 당대회가 개최되지 못했다.

이에 북한정권은 44년만에 개최된 제3차 당대표자회(2010.9.28.)에서 5년 주기로 되어있는 당대회 개최 규정을 삭제하는 대신 당중앙위원회가 당대회를 필요시 소집하며 소집 날짜는 여섯 달 전에 발표하도록 했다. 마침내 북한은 2016년 5월 6일~9일까지 36년만에 김정은의 공식적인 대관식을 위하여 제7차 당대회를 개최하였다. 당대회에서 북한은 당의 최고 직책으로 '조선노동당 위원장' 직제를 신설하여 그 자리에 김정은을 추대하였다. 또한 비서국 명칭을 정무국으로 변경하고 비서직제를 부위원장으로 개정하였다.

그러나 북한은 2021년 1월 5일~10일까지 제8차 당대회를 열어, 김정은을 '조선로동당 총비서'로 추대하고, 정무국과 위원장, 부위원장직을 폐지하고 비서국과 비서직제를 부활시켰다. 결국 김정은을 김일성-김정일과 같은 반열에 올리기 위한 당대회였다. 또한 북한은 8차 당대회에서 당대회 소집을 5년마다 하는 것으로 명문화했다.

2) 당대표자회

'**당대표자회**'는 당대회와 당대회 사이에 당의 노선과 정책 및 전략·전술의 중요한 문제들을 토의 결정하며, 당 중앙지도기관 구성원을 소환하고 보선하기 위해 당중앙위원회가 소집하는 회의로 규정되어 있다. 또한 당 최고지도기관 선거 및 당규약 개정 권한도 있다.

북한은 2010년 9월 28일에 개최된 제3차 당대표자회를 통해서는 당중앙군사위원회 부위원장 직제 신설 및 김정은 부위원장 임명, 김정일 당총비서 재추대, 당규약 개정, 당 중앙지도기관 선거 등이 핵심 의제로 다루어졌으며, 당대표자회 개최 결과로서 '김정은 3대 세습의 공식화'를 비롯해 당중앙위원회 위원, 정치국·비서국·당중앙

결정, ▲ 당위원장 추대, ▲ 당중앙위원회·감사위원회 선거를 한다.

군사위원회 등 당 지도체제 재편 등이 이루어졌다. 북한은 당규약 개정을 통해 당대표자회에도 당 최고 지도기관 선거 및 당규약 개정 권한을 부여했다.

당대표자회는 당대회와 유사한 권한을 보유하나 규모가 작아서 활용하기가 편리하다. 그래서 북한은 2010년대 들어 김정은 후계체제를 공식화하기 위해 제3차 당대회(2010년 9월)를 열었으며, 갑자기 집권한 김정은 권력의 조기 안착을 위한 제4차 당대회(2012년 4월)를 열었다.

〈표 4-2〉 당 대표자회 개최 현황

차수	개최일	주요의제
제1차	1958.3.3.	· 인민경제발전 1차 5개년 계획(1957~1961) · 당의 통일과 단결을 더욱 강화하는 문제 · 당 조직 문제
제2차	1966.10.5.	· 현 정세와 당의 과업(국방 · 경제 병진정책) · 사회주의 경제건설의 당면 과업(인민경제발전 7개년 계획 3년 연장) · 월남문제에 관한 당 대표자회 성명 채택 · 당 조직 문제(당중앙위원장제 폐지 및 총비서 직제로 개편, 선거)
제3차	2010.9.28.	· 김정일을 당총비서로 재추대 · 김정은을 당중앙군사위원회 부위원장에 임명 · 당규약을 개정(당 대표자회에도 당규약 개정권한을 부여) · 당 중앙지도기관, 당중앙위원회 선거
제4차	2012.4.11.	· 김일성과 김정일을 영원한 수령, 영원한 총비서로 추대 · 김일성-김정일주의를 유일지도사상으로 명문화 · 제1비서직을 신설 · 김정은을 제1비서, 정치국 위원, 정치국 상무위원회 위원, 당중앙군사위원회 위원장에 추대

3) 당중앙위원회

당중앙위원회는 당중앙지도기관 중 형식상 북한의 최고권력기구이다. 특히 제8차 당대회에서 당중앙위원회와 당중앙검사위원회로 구성되는 중앙지도기관을 당중앙위원회로 단순화했다. 당대회가 열리지 않는 기간 동안 당중앙위원회는 당 최고 지도기관의 역할을 대행하며 모든 당 사업을 주관한다. 또한 당중앙위원회 전원회의는 당대회의 권한인 당 부서신설과 당규약까지 수정할 수 있는 기능을 확대했다.

당중앙위원회는 당대회에서 선출된 위원과 후보위원으로 구성되며(약 250명 수준), 이들이 모두 참여한 중앙위원회 전원회의는 당 내외 문제들을 논의・의결한다. 특히 전원회의는 정치국과 정치국 상무위원회, 당중앙위원회 비서 및 당중앙위원회 검열위원회를 선거하며, 정무국과 중앙군사위원회를 조직하는 권한도 부여받고 있다. 그래서 북한에서 권력 핵심부에 진출하여 당 최고지도기관의 직책을 맡으려면 당중앙위원회 위원 및 후보위원이 되어야 한다.

당중앙위원회는 전원회의를 1년에 1회 이상 소집하게 되어 있다. 김정일 시대 사실상 형해화 되었던 당중앙위원회는 김정은 3대세습을 공식화 하기위해 2010년 9월에 제3차 당대표자회 및 당중앙위원회 전원회의가 개최하여 당중앙위원회의 면모를 일신했다. 당대회를 개최하지 못한 채 30년이 지나는 동안 당중앙위원회 위원은 60여 명만 남아 있었으나, 제3차 당대표자회를 통해 총 124명을 선출하여 당조직을 정비했다. 그리고 그동안 공석이었던 당중앙위원회 정치국 상무위원회와 정치국 구성원을 선거하고, 당중앙위원회 비서국과 당중앙군사위원회 등을 조직하였다.

전원회의는 1993년 제6기 제21차 회의를 마지막으로 공개적으로 열리지 않았으나 김정은이 집권하면서부터 잘 개최되고 있다. 2013년 3월 31일에는 당중앙위원회 전원회의가 개최되어 '경제 건설 및 핵무력 건설 병진노선'을 채택하였다. 제7차 당대회 기간 중인 2016년 5월 9일 당중앙위원회 제7기 제1차 전원회의 개최를 통해 정치국과 정치국 상무위원회, 당중앙위 정무국 부위원장 선거 및 정무국 조직, 당중앙군사위원회 조직 등을 시행하였다. 북한은 2017년 10월 7일 당중앙위원회 제7기 제2차 전원회의를 통해 당 권력기관의 약 1/3 규모를 교체하는 대규모 인사를 단행했다.[3] 북한은 2018년 4월(제7기 3차)과 2019년 4월(제7기 4차)과 12월(제7기 5차), 2020년 8월(제7기 6차), 2021년 1월 제8차 당대회에 이어 당중앙위원회 전원회의(제8기 1차)를 개최하여 당 권력기관의 주요 인사를 단행했다.[4] 이렇듯 김정은 집권기에는 전원회의를 정례적으로 년 1~2회 열고 있었으나 년중 몇일밖에 되지 않아 전원회의가 개최되지 않는 기간에는 그 권한이 당정치국과 당정치국 상무위원회로 위임된다.

---

3) 정성장, "북한 노동당 중앙위원회 제7기 제2차 전원회의 평가: 개최배경과 파워엘리트 변동", 『세종논평』, No. 2107-42(2017.10.10).

4) 2021년 제8차 당대회에서 250명(위원 139명, 후보위원 111명)의 당중앙위원회를 선거했다.

4) 당중앙위원회 정치국

당중앙위원회 정치국은 상무위원, 위원, 후보위원으로 구성된다.5) 당대회(당대표자회), 당중앙위원회 전원회의가 열리지 않는 기간에는 당중앙위원회 정치국과 정치국 상무위원회가 그 권한을 대신한다. 당대회가 5년만에 열리고 전원회의는 1년에 1~2회 10일 미만인 점을 감안할 때 당정치국과 정치국 상무위원회는 사실상 당내 의사결정을 담당하는 실질적인 최고 권력기구가 된다. 즉 이들 30명 내외의 정치국원들이 북한 권력의 실질적인 최고 핵심체로서 실질적인 북한의 모든 정책방향과 지도지침을 결정한다. 김정은 후계 공식화를 위한 제3차 당대표자회 개최 결정, 김정일 장례 직후 김정은을 군최고사령관으로 추대, 이영호・장성택 숙청과 같은 주요 안건들이 당정치국 회의(또는 정치국 확대회의)를 통해서 결정됐다.

▲ 6차 핵실험을 결정한 상무위원회(2017.9.3.)

당정치국 상무위원은 통상 5명 수준으로 구성되는 북한 권력 중의 최고 핵심 권력으로 이들이 참가하는 상무위원회가 중차대하며 기밀을 요하는 중요 의사결정을 한다. 특히 제8차 당대회에서 상무위원회가 정치, 경제, 군사적으로 시급한 중대문제들을 토의・결정하는 문제를 명시했다. 이들 상무위원들은 각 권력기구의 수장 및 수뇌로서, 제8차 당대회에서는 상무위원들 중에서 김정은으로부터 정치국 사회 권한을 위임 받을 수 있게 했다.6)

그러나 김정은 시대 정치국 회의 등 회의체를 정상 가동한다 하더라도 실질적인 모든 권력은 사실상 수령인 노동당 총비서에게 집중되어 있다. 노동당 총비서는 당중앙군사위원회 위원장, 국무위원회 위원장, 혁명무력의 최고사령관을 겸무하게 되어 있어서 정치군사의 모든 결정권한을 갖고 있기 때문이다.

---

5) 북한은 2021년 1월 9일 당중앙위원회 전원회의(제8기 1차)를 개최하여 30명의 정치국원을 선출했다. 상무위원 5명(김정은, 최룡해, 조용원, 리병철, 김덕훈), 위원 14명, 후보위원 11명이다.

6) 상무위원회는 당・국가 주요간부 인사권한, '당 수반의 위임에 따라' 정치국 회의를 사회할 수 있다는 별도의 조항까지 신설하고, 이를 '당 수반의 혁명영도를 원만히 보장'하기 위한 것으로 부연했다.

[그림 4-1] 노동당 기구

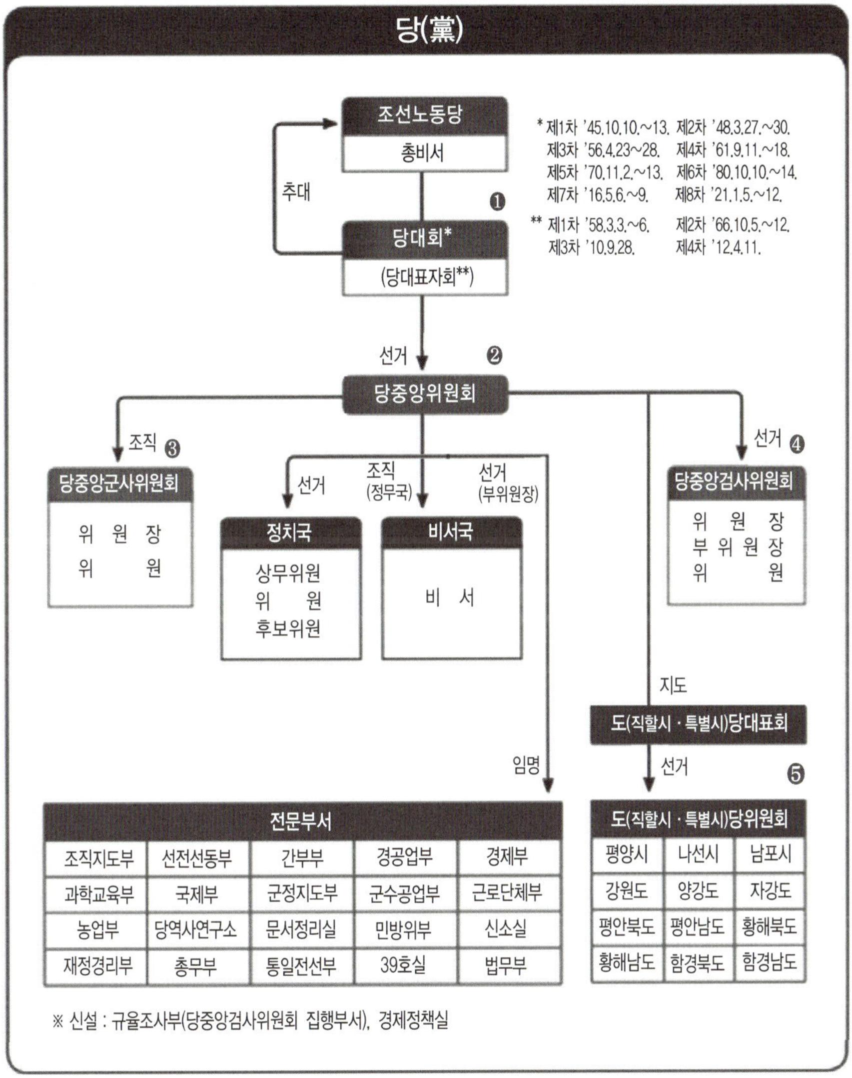

* 『북한 권력기구도』(통일부, 2018.12.)를 2021. 1월 8차 당대회 결과 반영 수정

** 2021.1월 8차 당대회 당중앙위 결과: 상무위원 5명, 정치국 위원 14명, 후보위원 11명으로 선출

5) 당중앙위원회 비서국과 전문부서

당중앙위원회 비서국은 당대회와 당대회 사이 모든 당사업을 조직지도하는 실질적인 집행기관이다. 당정치국 회의와 상무위원회가 최고 권력회의체이나 연중 상시 개최되지 않기 때문에 당 비서국과 전문부서가 당 사업을 실질적으로 집행하는 기구이다. 비서국은 10여명의 비서들과 20여개 정도의 전문부서로 구성된다.[7] 비서국의 비서들과 전문부서의 부장, 제1부부장, 부부장들은 총비서의 의도를 명찰하고 지침을 수명하여 사업방향을 설정한다. 당비서국의 사업 방향은 내각의 동일 및 관련 부서에서 사업을 실천 및 집행한다. 전문부서 중 조직지도부(칼)와 선전선동부(붓)는 가장 막강한 부서이다. 조직지도부는 중앙당과 지방당, 군, 공안기구 등 권력기관을 통제하는 칼로서 당중의 당이라는 별칭이 있다. 선전선동부는 총비서의 우상화와 총비서의 지도와 전략을 홍보하는 입과 붓의 역할을 수행한다. 조직지도부와 선전선동부는 절대권력의 2가지 필수 요소인 칼과 붓에 해당된다.[8] 김정일이 후계자가 되었을 때도 이 2개의 부서를 장악했었다. 또한 우리에게 잘 알려져 있는 통일전선부는 대남사업을 총괄한다.

6) 당중앙군사위원회

노동당에 군사위원회를 설치한 것은 1962년 12월 당중앙위원회 제4기 제5차 전원회의에서 김일성이 제시한 '4대 군사노선'을 채택하는 등 국방력 강화에 대한 결정이 이루어진 뒤였다. 당중앙위원회 산하기구였던 군사위원회는 1982년 승격되어 당중앙군사위원회로 개칭되었다. 당중앙군사위원회는 북한전역을 병영체제화하는 '4대 군사노선' 수행에 있어 핵심 역할을 담당했으며 전국적으로 도, 시, 군 단위에 각급 군사위원회를 두었다.

2010년 9월 이전까지만 해도 수복을 크게 받지 못했던 북한의 당중앙군사위원회는 사실 김정일 시대에도 군 간부에 대한 인사권과 함께 군대의 지휘 및 군사정책과 관련된 단독 지시, 명령, 결정 등을 행사해 왔다. 제3차 당대표자회에서 김정은이

---

7) 북한은 제8차 당대회 전원회의에서 7인의 비서를 선임했다. 비서국의 비서와 전문부서의 부장들은 긴밀히 협조한다. 예를 들면 8차 당대회에서 급부상한 조용원 조직비서(상무위원 겸직)는 김재룡 조직지도부장과 긴밀히 협조하면서 당 사업을 추진하다.

8) 조직지도부와 선전선동부에 이어 군정지도부가 칼을 통제하는 전문부서로 신설됐다.

당중앙군사위원회 부위원장에 임명된 후부터는 상설 최고 군사지도기관으로 격상되었다. 특히 김정은이 집권하면서 당중앙군사위원회는 안보 및 군사 문제에 관한 최고 지도기관으로서 면모를 보이기 시작했다. 2010년 당규약 개정 이후 당중앙군사위원회는 당대회와 당대회 사이의 군사분야에서의 모든 사업을 당적으로 조직 · 지도하는 권한을 부여받았다. 즉 당중앙군사위원회는 당의 군사노선과 정책을 관철하기 위한 대책을 토의 · 결정하며 혁명무력을 강화하고 군수공업을 발전시키기 위한 사업을 비롯하여 국방사업 전반을 당적으로 지도한다.

김정은 정권 하에서 당중앙군사위원회(확대회의)는 빈번하게 개최되면서 북한 정치 · 군사의 중요한 정책을 결정하고 있다.

7) 당 지방 조직

노동당의 지방 조직은 수직과 수평의 지배관계가 함께 구조화된 다층 집권체제의 형태를 취하며 전국적으로 형성되어 있다. 다시 말해 각급 당 위원회는 상하의 당 위원회에 대해 철저한 위계구조를 형성하면서 다른 한편으로 동급의 여타 기관이나 사회단체에 대해 절대적 지배력을 행사한다. 이 같은 중첩적 위계구조는 당의 조직력 강화에 효율성을 부여할 수 있는 반면에 조직의 경직성을 가져오는 약점도 동시에 지닌다. 당중앙위원회 밑에는 도, 시 및 군 당 위원회를 거쳐 초급당 위원회, 분초급당 위원회, 부문당 위원회, 그리고 당원 5~30명으로 구성된 최하 기층조직인 당세포가 존재한다. 각 단위별당 위원회는 해당 관할지역 내에서 중앙당의 축소판인 자체 조직 구조들을 운용하며 절대적 권력을 행사한다. 각 단위지역 내 권력은 해당 당 위원회의 책임비서에게 집중되는 것이 일반적이다.

4. 행정, 군, 여타 단체와의 관계

1) 당-정 관계

북한의 권력 구조는 당을 중심으로 구성되기 때문에 정부기관들은 당에 의해 결정된 정책을 입법화하고 집행하는 역할을 담당한다. 정부기관들에 대한 당의 통제는 통상 당관료가 행정관료를 통제하며, 더불어 정부기관의 각 부서에 상응하는 기구의 당내 설치를 통한 견제와 사찰로 이루어진다. 북한은 정부의 행정 영역에 대해 당의 지도를 강화하는 것이 사회주의 체제를 유지·발전시키는 토대라고 강조한다. 이를 위해 당 조직들은 해당 단위의 정책을 추진하며 추진된 정책은 당 사업과 밀접히 결부되어 있다.

2) 당-군 관계

군부와의 관계에 있어서도 당은 노동당 규약에 따라 군부를 통제하는 지위를 부여받고 있다. 2010년 9월에 개정된 당규약에서 당중앙군사위원회가 당대회와 당대회 사이의 모든 군사사업을 당 차원에서 조직 지도하고, 국방사업 전반을 지도할 수 있도록 권한을 부여했다. 군부 통제를 위해 당은 총정치국을 통하여 군대 내 각급 단위에 당 조직들을 설치하고 정치위원을 파견한다. 즉 인민군 내에는 당의 정치사업을 주도·관리하는 총정치국이 있으며 총정치국은 인민군 내의 각급 당 위원회 및 조직을 총괄한다.

이 점에서, 총정치국의 위상은 그 역할로 볼 때 총참모부와 국방성에 대한 상대적 우위를 점하고 있다.[9] 한편, 북한군에 대한 당중앙위원회의 지도와 통제는 일반적으로 당중앙위원회 전문부서들을 통해 이루어지고 있다. 예컨대, 당중앙위원회 조직지도부는 총정치국 지도과, 행정과, 간부과를 통해 북한군을 지도·통제한다. 즉 당중앙위원회 조직지도부 총정치국 지도과는 총정치국 조직부를 통해 북한군 지휘관과 정치간부들의 당 생활을 지도·통제한다. 한편, '김일성-김정일주의 청년동맹'(前 김일성 사회주의청년동맹)은 총정치국 예하로 당의 군부 통제기능을 보강한다. 그리고 군정을 담당하는 국방성과 군령을 담당하는 총참모부 관련 업무는 당중앙위원회 군정지도부에서 담당한다. 물론 이러한 당-군 관계가 김정일 체제 공식 출범 이후 변화된 양상을 보인 것은 사실이다. 1998년과 2009년의 개정 헌법에 따라 김정일이 직접 주도하는 국방위원회의 위상이 계속 강화되었고, 김정일이 선군정치를 지속적으로 표방함에 따라 군부의 영향력이 확대되는 현상이 나타났다.

김정일 시대에는 인민무력부(현 국방성)가 국방위원회(현 국무위원회)의 관할 하에

9) 그러나 2021년 1월 현재 총정치국장 권영진이 상장이나 총참모장 박정천은 인민군 원수이다. 이는 최고지도자가 어느 부서 누구에게 힘을 실어주느냐에 따라 다르다는 것은 잘 보여준다.

놓이게 되면서 군부에 대한 당의 통제력이 이전 시기에 비해 상대적으로 약화되었다. 그러나 북한군 총정치국의 조직이 총참모부와 국방성에서 중대까지 군 지휘체계의 구조와 1:1로 대응하도록[10] 전 군대에 조직되어 북한군 전체에 대한 당의 지도와 통제가 이루어지도록 되어 있다는 점에서 '당에 의한 군 통제구조'는 여전히 유지된다고 할 수 있다.

제2절 중앙 기관

오늘날 북한에서 당의 영도 아래 헌법에 명시된 정부의 행동강령을 시행하는 중앙기관으로는 '최고 정책지도기관'인 '국무위원회', 입법기구로서 최고 주권기관인 '최고인민회의', '국가 주권의 행정적 집행기관'인 '내각', 사법기관인 '중앙재판소'와 '중앙검찰소' 등이 운영되고 있다.([그림 4-2] 정권기관 참조)

1. 국무위원회

북한은 2016년 6월 29일 최고인민회의 제13기 제4차 회의를 개최, 헌법을 개정하고 일부 조직과 직제를 개편하였다. 주요 내용은 국방위원회를 폐지하고 국무위원회를 신설하고 김정은을 '조선민주주의 인민공화국 국무위원회 위원장'에 추대하였다. 김정은은 당에 이어 국가기구에서도 과도기적 권력구조를 마감하고 김정은 시대를 열어갈 '김정은식의 권력구조'를 완성했다.

국무위원회 이전에 당 기구가 아닌 국가기구로서 최고 권력중앙기관은 '국방위원회'였다. 1992년의 개정 헌법에 의해 중앙인민위원회의 부문별 위원회에서 독립하여 확대 개편된 국방위원회는 1998년 헌법 개정에서 '국가주권의 최고군사지도기관이며 전반적 국방관리기관'으로, 그리고 2009년 헌법 개정에 이르러 '국가주권의 최고국방지도기관'으로 격상되었다. 김정은이 집권하면서 2012년 4월에 북한의 국방위원회는 김정일을 영원한 국방위원장으로 추대하였으며, '국방위원회 제1위원장'

10) 규모가 1:1이라는 것이 아니고 군단~중대에 이르는 전 제대에 배치되어 있다는 의미이다.

[그림 4-2] 정권기관

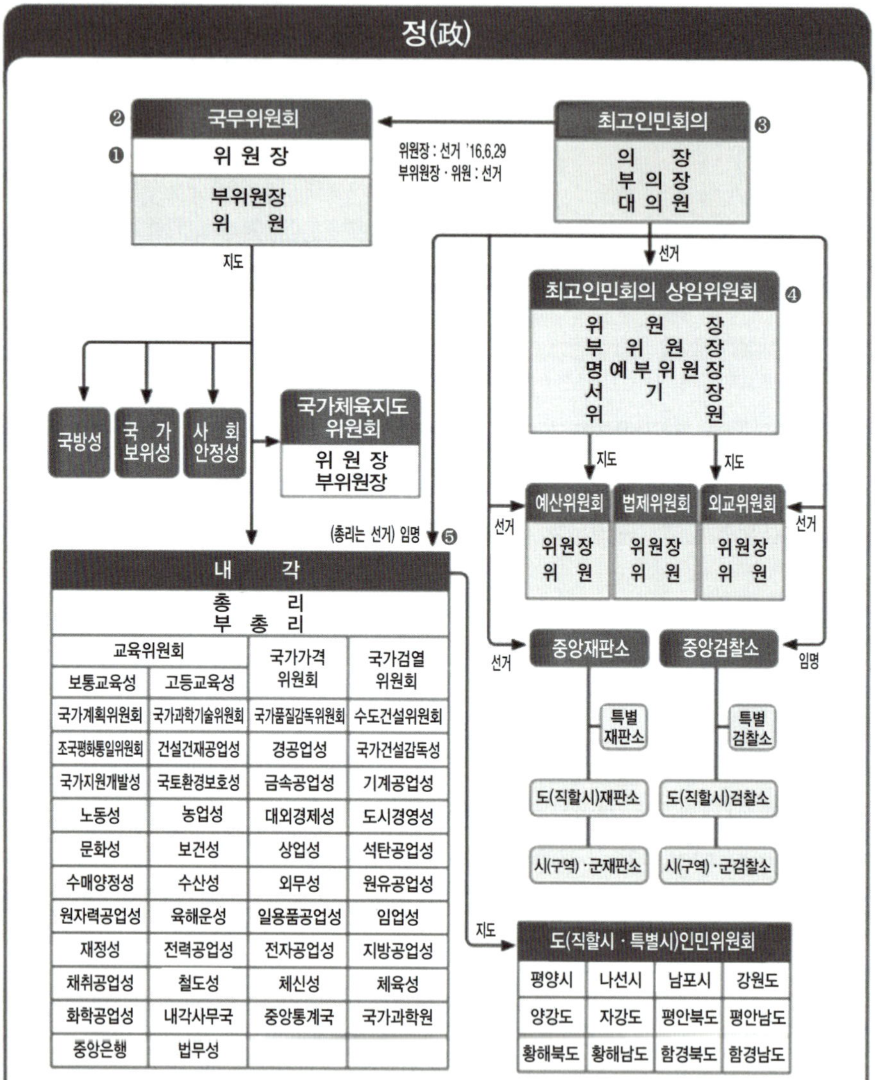

① 국무위원장 : 국가전반사업지도, 국가의 주요간부 임명, 조약비준 · 폐기, 비상 · 전시 · 동원령 선포, 전시에 국가방위위원회 조직지도
② 국무위원회 : 국방건설사업을 비롯한 국가의 중요정책 토의 결정
③ 최고인민회의 : 헌법 및 각종 법률을 제정 · 수정 · 보충, 국가의 대내외 정책의 기본원칙 수립
④ 최고인민회의 상임위원회 : 부문별 법안을 수정 · 보충, 각 기관들의 법 준수 여부에 대해 감독 (최고인민회의가 휴회중일때는 상임위가 내각을 조직하거나 임명)
⑤ 내각 : 국가정책 시행, 예산편성 등 全행정 업무 수행

*『북한 권력기구도』, 통일부, 2018.12.와 2021.1월 제8차 당대회와 최고인민회의 결과 반영

직제 규정을 신설해 국방위원장의 권한을 승계하도록 하였다. 그러다가 김정은 집권 5년차인 2016년 5월에 7차 당대회에서 당규약을 개정, 김정은을 '노동당위원장'에 추대하고, 2016년 6월에 헌법을 개정, 김정은을 '국무위원회 위원장'에 추대하여 본격적인 김정은 시대의 권력구조를 완성하였다.

국무위원회는 국가주권의 최고 정책적 지도기관으로서 구성원의 면면을 볼 때, 기존의 국방건설(핵)과 공안에다가 대내 체제안정을 위한 선전선동과 외교, 대남(통일)분야가 강화되었다.[11] 국무위원회는 ▲ 국방건설사업을 비롯한 국가의 중요정책을 토의 결정, ▲ 국무위원장 명령, 국무위원회 정령・결정, 지시집행 정형을 감독하고 대책을 세우며, ▲ 국무위원장 명령, 국무위원회 결정, 지시에 어긋나는 국가기관의 결정, 지시를 폐지하는 등의 임무와 권한을 가지고 있다.

국무위원회 위원장은 북한의 최고영도자로서 대외적으로도 국가를 대표하며, 국가의 전반적 무력의 '최고사령관'이 되어 국가의 일체무력을 지휘・통솔한다. 이는 조선인민군 128만명과 예비군 770만명을 최고사령관 명령으로 다스리는 무소불위의 권력이다. 국무위원장은 국가의 최고 영도자로서 ▲ 국가의 전반사업을 지도하며, ▲ 국무위원회 사업을 직접 지도, ▲ 국가의 중요 간부를 임명 또는 해임, ▲ 다른 나라와 맺은 중요 조약을 비준 또는 폐기, ▲ 특사권을 행사, ▲ 나라의 비상사태, 전시상태, 동원령을 선포하며, ▲ 전시에 국가방위원원회를 조직지도한다. 또한 기존 최고인민회의 상임위원회 소관이였던 ▲ 최고인민회의 법령 및 국무위원회 중요 정령・결정 공포권과 ▲ 외교대표 임명권・소환권을 부여하였다. 결국 형식상 대외적으로 국가의 수반이 최고인민회의 상임위원장이였던 권한을 국무위원장에게 이관시켜 정상국가화 조치를 하였다.[12]

---

11) 북한은 2019년 4월 12일 최고인민회의(제14기 1차회의)를 개최, 김정은을 국무위원장에 재추대하면서 국무위원장이 국가를 대표한다고 하였다. 최룡해(최고인민회의 상임위원장 겸임)를 제1부위원장(신설)에, 박봉주(당부위원장)를 부위원장으로 선임했다. 김재룡(총리), 이만건, 이수용, 김영철, 태종수, 이용호, 최선희가 위원으로 선임됐다. 김수길(군총정치국장), 노광철(인민무력상), 정경택(국가보위상), 최부일(인민보안상)도 포함됐다.

12) 북한은 2019년 8월 29일 최고인민회의(제14기 2차회의)를 개최(김정은 불참), 헌법을 일부 개정하여 국무위원장의 법적 지위를 강화하였다. 즉 "국무위원장은 전체 조선인민의 총의에 따라 최고인민회의에서 선거하며, 최고인민회의 대의원으로는 선거하지 않는다."는 조문을 신설하여 기존 대의원직에서 분리하였다. 2021년 1월 17일 제8차 당대회에 연이어 제14기 제4차 최고인민회의가 열려 국무위원회 위원과 내각 주요인사들이 대거 교체되었으나 자세하게 밝혀지지 않고 있다. 국무위원회에서 박봉주, 최부일의 퇴장과 조용원, 리병철, 김덕훈과 권영진(총정치국장), 김정관(국방상), 리영길(사회안전상), 정경택(국가보위상) 등이 선임됐을 것으

2. 최고인민회의

공식적으로 최고인민회의는 입법권을 행사하는 최고 주권기관이다. 즉, 최고인민회의는 우리의 국회에 해당한다. 그러나 권한은 이에 훨씬 못 미쳐 노동당이 결정한 것을 추인하는 역할만을 하고 있다. 평양 만수대의사당에서 대의원들이 일제히 대의원증을 들어 보이는 모습에서 100% 찬성투표 구조를 확인할 수 있다. 최고인민회의의 대의원 임기는 5년이다. 정기회의는 1년에 1~2차례 최고인민회의 상임위원회가 소집하여 개최된다. 임시회의는 최고인민회의 상임위원회가 필요하다고 인정할 때 또는 대의원 전원의 3분의 1 이상의 요청이 있을 때 소집한다. 또한 최고인민회의는 대의원 전원의 3분의 2 이상이 참석하여야 성립된다.

최고인민회의의 권한을 살펴보면, 헌법과 법령을 제정 또는 수정·보충하며 대내외 정책의 기본원칙을 세우고 국무위원회 위원장과 위원, 최고인민회의 상임 위원장과 위원, 내각 총리, 중앙재판소장 등을 선거하고 소환한다.[13] 또한, 내각 총리의 제의에 의한 내각 성원 임명 및 중앙검찰소 소장 임명·해임하는 기능을 갖는다. 그 밖에 국가의 인민경제발전계획 및 국가예산 심의·승인과 조약의 비준·폐기권을 가진다.

최고인민회의에서 토의되는 법령과 결정은 거수가결의 방법으로 참석 대의원 과반수의 찬성에 의해 채택된다. 헌법은 최고인민회의 대의원 3분의 2 이상의 찬성으로 개정할 수 있다. 2012년 4월 13일 최고인민회의 제12기 제5차 회의에서는 김정은을 최고 수위(국방위원회 제1위원장)로 추대하고 사회주의 헌법 개정을 통해 북한이 핵보유국임을 헌법 서문에 명시하였다. 또한 김일성을 '영원한 주석'으로, 김정일을 '영원한 국방위원장'으로 명문화하였을 뿐만 아니라 국가기구 부문에서 국방위원장의 권한을 그대로 승계토록 한 국방위원회 제1위원장 직제 규정을 신설하였다.

2013년에는 당중앙위원회 전원회의(3.31.) 결정사항의 이행을 위한 후속조치 차원에서 헌법 개정, 법령 신설, 인사 개편 등 총 8개 의안을 토의·결정한 최고인민회의 제12기 제7차 회의(2013.4.1.)를 개최하였다. 이 회의에서는 핵보유국 지위 공고화 법령 채택, '우주개발법' 제정 및 국가 우주개발국 신설, 박봉주 내각 총리 재기용을

로 보인다.

13) 최고인민회의에서 국무위원장은 추대방식으로 선거하되 소환권은 삭제 가능성이 높다(제14기 2차회의).

통해 '경제건설 및 핵무력건설 병진노선'의 이행력을 제고시켰다. '금수산태양궁전법'도 이 회의에서 채택되었다.

제13기 최고인민회의 제1차 회의(2014.4.9.)에서 김정은이 국방위원회 제1위원장에 재추대되었다. 이 회의에서는 김정은의 국방위원회 제1위원장 재추대 이외에 최고인민회의와 내각 구성에서 큰 변화를 주지 않았다는 점에서 권력 구조 안정화에 역점을 둔 것으로 보인다. 최고인민회의 제13기는 687명의 대의원으로 구성되었는데 약 55%인 376명을 새로운 인물로 교체하였다.

2016년 6월 29일 최고인민회의 제13기 제4차회의에서는 사회주의 헌법 개정, 김정은 최고수위 추대 등의 의제를 통해 국방위원회를 국무위원회로 확대·개편하고, 김정은을 국무위원장으로 추대하였다. 또한 조국평화통일위원회를 국가기구로 설치하고, 최고재판소·검찰소를 중앙재판소·검찰소로 개칭하는 등 조직을 정비하였다. 2017년 4월 11일 최고인민회의 제13기 제5차 전원회의가 개최되어 경제·예산, 교육, 조직·인사 등 주요 국정현안을 다루었다. 북한은 김정은 체제하에서 최고인민회의를 정례화 하고 있다. 2019년에는 4월 12일(제14기 1차회의), 8월 29일(제14기 2차회의), 2020년에는 4월 12일(제14기 3차회의), 2021년에는 1월 17일(제14기 4차회의)에 최고인민회의를 개최하였다.

그러나 최고인민회의가 개최되지 않는 기간에는 최고인민회의 상임위원회가 실질적인 권한을 행사한다. 최고인민회의 상임위원회는 위원장, 부위원장, 서기장, 위원들로 구성되어 있다. 주요 임무와 권한으로는 최고인민회의 휴회 중 최고인민회의소집, 법안 수정 및 보충안 심의 채택, 헌법과 현행 부문법·규정의 해석, 내각의 성·위원회의 설치·폐지 그리고 외국과 체결한 조약의 비준·폐기, 다른 나라 국회·국제의회기구들과의 사업 등을 수행한다. 북한은 상임위원회가 가진 헌법 해석 권한에 의해 1998년 9월 국방위원장(현 국무위원장)을 국가 최고의 직책으로 격상시켰다. 북한은 2019년 4월 제14기 제1차 최고인민회의에서 국무위원장이 국가를 대표한다고 하였다. 북한은 특히 2019년 8월 제14기 제2차 최고인민회의에서 국무위원장에게 최고인민회의 상임위원장이 보유했던 형식적인 국가대표권을 이관했다. 이로써 북한은 명실공히 국무위원장의 대내외적 법적권한을 강화했다.

3. 내각

내각은 최고주권의 행정적 집행기관이며 전반적 국가관리기관으로서 총리, 부총리, 위원장, 상(相 ; 장관)과 그 밖의 필요한 성원들로 구성되며 이들의 임기는 5년이다. 내각은 2016년 기준 7위원회, 31성, 2국, 1원, 1은행 등 총 42개 부서로 구성되어 있으며 최고인민회의에 책임을 진다.[14] 내각은 1972년 '사회주의 헌법' 개정과 함께 '정무원'으로 변경되었으나, 1998년 헌법 개정 시 '내각'으로 부활되었다. 이때 내각은 폐지된 국가주석과 중앙인민위원회의 일부 임무와 권한 이양에 따라 정무원의 '행정적 집행기관' 기능에 '전반적 국가관리기관'으로서의 권한을 추가하게 된다.

내각은 국방 분야를 제외한 대부분의 행정 및 경제 관련 사업을 관할한다. 내각 총리는 최고인민회의에서 선출되어 내각 사업을 조직・지도하며 정부를 대표한다. 내각에 소속된 각 위원회・성은 부문별 집행기관이자 관리기관으로 해당 부문의 사업을 관장한다.

4. 사법기관

1) 검찰기관

북한은 헌법에 검찰기관의 구성, 임무 및 내부관계 등에 관한 자세한 규정을 두고 있다. 북한 헌법이 검찰에 관하여 이와 같이 명문화된 규정을 두는 것은 사회주의 국가에서 검찰기관이 갖는 특수한 기능 때문이다. 북한의 검찰은 사회주의적 준법성 확립을 위한 사법감시와 더불어 체제수호를 담당하는 통치기구의 중요한 축이라고 할 수 있다. 군 검찰소 및 특별검찰소를 두고 있다. 중앙검찰소는 검찰사업을 통일적으로 지도하며, 하급 검찰소가 상급 검찰소에 절대 복종하는 '검찰동일체적(檢察同一體的) 체제'를 강조하고 있다. 검찰동일체적 체제는 사회주의 준법성을 보장하려는 검찰업무 수행의 일체성과 신속성을 보장하는 한편, 당의 사법정책과 법령

14) 북한은 2021년 1월 17일, 최고인민회의(제14기 4차회의)를 개최, 내각 조직을 개편하고 대폭적인 인사를 단행했으나 정확하게 밝혀지지 않고 있다.

해석의 통일성을 확립하고 당 지도체제를 강화하는 데 활용된다. 중앙검찰소장의 임명과 해임은 최고인민회의가 담당하고, 각급 검찰소 검사의 임명과 해임은 중앙검찰소가 담당한다. 중앙검찰소는 최고인민회의에 책임을 진다.

2) 재판기관

북한의 재판기관은 노동당의 사법정책을 집행하는 역할을 담당하며, 전적으로 당에 예속되어 있어서 자율적이며 중립적인 사법적 판단을 기대하기는 어렵다. 북한 재판기관의 구성은 검찰기관과 동일하게 중앙재판소를 정점으로 그 밑에 도(직할시) 재판소와 지방인민재판소를 두며, 이외에 특별재판소를 설치하고 있다. 재판은 판사 1명, 인민참심원 2명으로 구성된 재판소가 하는데 특별한 경우는 판사 3명으로 구성할 수 있다. 중앙재판소는 최고인민회의에서 선출된 소장과 최고인민회의 상임위원회에서 선출된 판사와 인민참심원으로 구성되며, 북한의 최고재판기관으로서 하부기관의 재판사업을 감독하고 사법행정사업을 지도·감독한다. 확정된 판결·판정에 대한 비상상소사건의 심리와 도재판소, 군사재판소 및 철도재판소의 상소·항의사건의 심리를 수행한다. 중앙재판소는 최고인민회의에 책임을 진다.

제3절 김정은 유일지배 구조 다지기

북한의 권력구조는 외형상 우리나라의 국회에 해당하는 최고인민회의와 행정부인 내각과 사법부인 중앙검찰소, 중앙재판소로 구분되어 3권분립의 모습을 갖추고 있지만 실제로는 김정은 '유일절대지배구조'로 되어 있다. 공산당의 권력은 모택동의 말처럼 총구로부터 나오기에, 김정은은 사실상 '수령'으로서 '노동당총비서와 당 중앙군사위원회 위원장' 및 '국무위원회 위원장'과 '혁명무력 최고사령관'으로서 사회주의 국가권력의 양대 축인 당과 군을 장악하고 있다. 그래서 김정은은 북한 종교집단의 사이비 신(神)으로서, 조선로동당의 '총비서', 전시 및 준전시 체제와 계엄체제와 유사한 국무위원회의 '위원장', 모든 '혁명무력의 최고사령관'이라는 당-정-군의 최고 통치직책으로서 지구상에서 가장 강력한 권력을 소유하면서 북한을 폭치하고 있다. 그러하기에 김정은은 어느 누구에게도 권력이 집중되지 못하도록 자신이 직접 주요 권력의 보직을 겸직하고 있으며, 소수 측근 인원만 일부 겸직을 허용하고 있다. 김정은은 40년간 김가왕조에 충성하여 왔던 고모부 장성택마저도 피의 숙청을 하였으며, 2015년 4월에는 인민무력부장 현영철 등 수많은 권력엘리트들을 숙청하는 공포통치를 통하여 김정은의 유일영도체계 확립을 더욱 강화하고 있다.

김정은의 직책과 칭호를 살펴보면, ① 사실상 수령 ② 조선로동당총비서 ③ 국무위원회 위원장 ④ 혁명무력의 최고사령관 ⑤ 당중앙위원회 정치국 상무위원 ⑥ 당중앙군사위원회 위원장 ⑦ 공화국 원수의 직책을 겸직하고 있다. 그러나 지휘 폭이 과다하고 모든 권력이 김정은 1인에게 집중되어 있어서 일사불란(一絲不亂)한 장점은 있지만 국가를 통치함에 있어서는 비효율적이며 무리한 구조이다.

북한 김정은 중심의 지배연합은 김정은을 정점으로 가신그룹, 군부실력자, 당 관료, 내각 관료 등으로 구성되었다. 철저히 이념과 이익의 공유를 매개로 '공동운명체'처럼 뭉쳐진 이들은 철통처럼 견고한 모양을 이루고 있다. 그것은 역사상 등장하였던 그 어떤 권력구조, 즉 이집트의 파라오체제, 아랍의 술탄체제, 로마·중국·조선의 왕조체제, 일본의 천황체제, 러시아의 짜르체제 보다도 강력한 것이다. 그 이유는 북한 정치체제는 김일성-김정일을 교주로 하고 있으며, 김정은이 형식상 대리인으로 있는 신정(神政)체제요, 이미 입퇴가 불가능한 사이비 종교 체제를 이루고 있기 때문이다.

김정은은 김정일의 선군정치를 이어 받아서 '김일성-김정일 조선'으로 북한을 호칭하면서 이를 김정은의 권력공고화에 이용하고 있다. 김정은은 주요 군사조직을 분리시켜 직할 통치하는 방식으로 군을 장악한 채 군을 앞세워 자신의 권력을 공고화하는데 이용하고 있다. 군의 사명이 국가보위보다는 수령 결사옹위에 있음이 이를 입증하고 있다. 김정은 체제는 당규약을 수시로 개정하여 "김일성-김정일 주의를 유일지도사상으로 하고 온 사회의 김일성-김정일주의화를 당의 최고 강령"으로 하고, 조직문제와 관련 직제는 물론 헌법을 개정하고 수시로 권력자들을 교체함으로서 권력을 장악하고 있다. 김정은은 당정치국 회의, 당중앙위원회 전원회의, 최고인민회의를 정례화하여 당과 내각의 조직 및 인사를 개편하면서 권격을 강화해 오고 있다.

김정은은 3대세습의 정통성 확보를 위해 김일성을 닮은 모습과 김정일을 강조하는 모습을 보이고 있다. 특히 최고영도자로서의 이미지와 카리스마 구축을 위해 김일성의 젊은 시절을 떠올리도록 김일성과 유사한 모습의 김정은을 만들고 있다. 특히 2021년 1월 제8차 당대회에서 총비서에 등극함으로서 김일성-김정일의 반열에 올라 지난 10년 간의 과도기를 끝내고 본격적인 김정은 시대를 열었다.

당초 많은 북한 전문가들의 전망과는 달리 김정은 정권은 외형상 비교적 안정되게 집권 10년차를 가고 있다. 김정은은 2013년 6월 북한의 최고 통치규범인 '당의 유일사상체계 확립의 10대 원칙'을 39년 만에 '당의 유일적 영도체계 확립의 10대 원칙'으로 개정하였다. 또한 개정된 10대 원칙을 적용하여 핵심 권력 엘리트들의 파벌 형성이나 '세도' 등 권력위협 요인을 원천 차단하는 '공포정치'를 펼침으로서 김정은의 권위를 절대화하고 백두혈통의 계승을 명문화 하는 등 김정은 1인 독재체제 구축을 도모하고 있다. 또한 간부들에게 '경애하는 김정은 동지의 명언 1' 제목의 명언집을 만들어 강제로 학습시키면서 유일독재체제를 강화하고 있다.

한편 2020년부터 2021년 초까지 김정은은 때론 눈물도 흘리는 모습도 보이는 등 연출을 하면서 '인민대중 제일주의 정치'를 사회주의 기본 정치 방식으로 정식화 했다고 선언했다.

제8차 당대회를 통해서 2021년 1월 31일 현재 김정은은 건강상의 문제가 아니면 안정된 권력을 더욱 강화하면서 김일성-김정일에 의해 법적·실질적으로 유일지배구조를 공고히 다지고 있다.

국방일보 시론(詩論), 「김정은의 '적자생존'」 (2016.2.4)

(김기호 경기대 교수)

"닭알(달걀)에도 사상을 재우면(주입하면) 바위를 깰 수 있다." 북한 노동신문이 지난주에 '명언(名言) 중의 명언'이라고 치켜세우면서 소개한 김정은의 말이다. 지금 북한 주민들은 모두가 '김정은의 명언'을 암송하고 있다. 특히 간부들은 '김정은의 명언'이 수록된 명언집을 성경책처럼 항시 휴대하면서 외우고 있다.

북한은 김정은을 우상화·신격화할 목적으로 지난해 이 명언집을 출간했다. 책자에는 북한의 엘리트들이 따라야 할 행동지침이 수록돼 있으며, 김정은의 생각과 통치 스타일을 엿볼 수 있는 내용도 있다.

32세의 난폭한 독재자 김정은은 지난 4년간 100여 명의 핵심간부를 처형 또는 숙청했다. 회의석상에서 건성으로 손뼉을 치거나 졸기만 해도 처형당하기 일쑤다. 그래서 북한 간부들은 김정은의 서슬 퍼런 '공포정치' 아래서 '적자생존(適者生存)' 하려고 김정은의 명언을 암송하고 있다. 김정은의 명언집에 수록된 말만 명언이 아니다. 김정은의 지시사항 등 모든 말이 곧 명언이다. 김정은을 수행하는 모든 간부는 숨죽이고 김정은의 말을 받아 적는다. 그러다 보니 "적는 자만이 살아남는다."는 평양판 '적자생존'이라는 자조적인 단어가 생겨났다. 김정은의 컨디션에 따라 목숨이 왔다 갔다 하는 북한 간부들에게 김정은의 '말씀은 곧 생명'인 것이다.

김일성과 김정일에게도 구호성 명언이 있었다. 김일성 통치 시기에는 경제건설과 관련한 내용이 주를 이뤘다. '천 삽 뜨고 허리 한 번 펴기 운동'이나 '새벽별 보기 운동'이 대표적이다. 김정일 통치 시기에는 고난의 행군 기간 아사자가 속출하자 '가는 길 험난해도 웃으며 가자'라는 부드러운 명언도 등장했다. 그러나 김정은 명언집에는 직설적이며 살벌한 단어와 강력한 문장이 많다. 카리스마와 리더십이 부족한 김정은이 인위적으로 강력한 군주 및 사이비 교주가 되려는 몸부림으로 보인다.

북한과 같은 수령 유일 지배체제의 특이한 통치체제에서 독재자의 말은 명언이며 통치철학이다. 이를 위해 노동당에 전담 부서를 두고 명언을 창작하며 수시로 명언 공모전이 열린다. 노동당의 선전선동부와 총정치국의 선전국에서 온갖 구호와 김정은의 명언을 창작해 낸다.

그러나 핵심간부들의 행동이 진심에서 우러나오는 것인지, 살아남기 위한 것인지는 알 수 없다. 아마도 겁에 질려서 받아 적는 체하는 것일 가능성이 크다. 티머 쿠란(Timur Kuran)은 이런 현상을 '선호위장(Preference Falsification) 이론'으로 설명했다. '적자생존'하려고 속으로는 진심이 있으나 겉으로는 거짓을 말할 수밖에 없다는 것이다.(『Private Truths, Public Lies』)

녹색 표지의 김정은 명언집을 보니 카다피의 그린북(Green Book)이 생각난다. 자신의 통치철학을 담아 42년간 철권독재를 했지만, 결국 성난 시민들에게 짓밟히고 말았다. 머지않아 김정은의 '명언(名言)'이 '망언(妄言)'이 돼 '적자생존'이 '엎자 생존'으로 바뀔 날이 올 것이다.

토론 주제

1. 북한 정치체제의 성격과 특성에 대해 토론하자. 특히 보편성과 특수성의 관점에서 접근해보자. 당·국가체제인가? 수령유일지배체제인가?
2. 북한 정치체제에서 권력구조를 중심으로 당과 군과의 관계와 당과 정과의 관계를 분석해보라.
3. 북한 조선노동당의 위상과 역할을 살펴보고 그 성격을 규명해 보라.
4. 조선노동당의 조직과 운영체계를 살펴보자.
5. 북한의 유일 절대 독재자인 김정은의 직책과 호칭(칭호)을 모두 열거하면서 김정은의 유일지배구조를 따져보자.

더 읽으면 좋은 글

1. 김인태, "북한노동당 제8차대회 권력변화와 합의", 『이슈브리프』, 통권 239호, 국가안보전략연구원, 2021.1.21.
2. 국가안보전략연구원, "북한최고인민회의 14기 2차회의 특징분석", 『국가안보전략연구원 보도자료』, 2019.8.30.
3. 홍민, "북한 당정치국회의 및 제14기 제3차 최고인민회의분석", 『Online Series』, Co 20-06, 통일연구원, 2020.4.14.
4. 박영자, "조선노동당 제7차 대회 분석(2) : 지도체계 및 엘리트", 『Online Series』, Co 16-13, 통일연구원, 2016.5.13.
5. 김갑식, "조선노동당 제7차 대회 분석(1): 총평, 『Online Series』, Co 16-12, 통일연구원, 2016.5.11.
6. 조영서, "김정은 체제의 특성과 변화 전망," 『수은 북한 경제』, 2013년 봄호, pp. 1-26.
7. 이상우, 『북한정치: 신정체제의 진화와 작동원리』, 나남, 2008.
8. 이종석, 『새로 쓴 현대북한의 이해』, 역사비평사, 2005.
9. 통일부 통일교육원, 『2020-2014 북한 이해』, 2020-2014.

제5장

북한의 경제

북한의 경제는 생산수단을 공유(공산; 共産)해서 다 같이 공평하게 잘 산다는 공산주의 사상이 무색해질 정도로 구조적으로 침제되어 있다.

북한의 경제는 장기간에 결쳐서 사회주의 경제체제 위에 김가왕조를 유지하기 위해서 수령경제를 우선시함으로 인해 인민경제는 이미 파탄지경에 이르고 있기 때문이다. 그 결과 대다수의 인민들은 굶주리고 있으나 독재자와 극소수의 지배연합 엘리트들은 풍족하게 살고 있다. 수령 독재자가 국가의 자원을 독점하고 인민들의 땀과 재산을 약탈하는 도둑정치를 하는 약탈국가이기 때문이다.

또한 특이한 것은 북한이 국가의 자원과 해외원조, 무역 등의 수입으로 지대(地帶; rent)를 창출하는 지대추구국가로서 국가경제는 어려워도 수령경제의 작동으로 체제가 유지되고 있는 점이다.

지구상에 존재했던 모든 공산주의 및 독재주의 정권과 국가들은 대부분 경제난에 의한 혁명 발생 등으로 인해 붕괴가 되었거나 체제변동을 겪었다. 그러나 북한은 심각한 경제난에도 불구하고 그럭저럭 체제를 유지하고 있다.

본 장에서는 경제가 파탄났는데도 무너지지 않으면서 오히려 핵과 미사일을 개발하는 '북한경제의 **수수께끼**'에 대해서 정치경제학적 접근으로 살펴본다. 핵미사일 도발로 인한 국제사회의 대북 경제제재로 인해 가중되는 경제난과 경제체제의 구조적 모순에도 불구하고 유독 북한만이 사회주의 경제체제를 유지시키면서 붕괴되지 않는 수수께끼 같은 이유는 무엇이지 본장에서 **도둑정치(kleptocracy) 모형**과 **지대추구이론(rent seeking theory)**을 통해 살펴보기로 한다.

제1절 북한의 경제체제의 구조와 특징

1. 북한 경제체제의 특징: 수령경제

1) 공산(사회)주의 경제의 허(虛)와 실(實)

공산(사회)주의 경제체제는 국민의 개인재산을 인정하지 않고 생산수단을 국가와 사회가 공유하는 제도이다. 공산주의(Communism)의 창시자 칼 마르크스(Karl Marx)는 신약성서 사도행전에 나타난 초대교회 성도들의 공동체 생활모습에서 아이디어를 얻었다. 처음에 마르크스는 "믿는 사람이 다 함께 있어 모든 물건을 서로 통용하고(in common) 또 재산과 소유를 팔아 각 사람의 필요를 따라 나눠주며……(행 2:44-45)" 하는 성경말씀에서 이상적인 사회를 꿈꾸었다. 마르크스의 눈에 비친 당시 사회 문제와 모순은 생산수단을 독점한 소수의 유산계급(have class)이 생산수단이 없는 다수의 무산계급(have-not class)의 노동력을 착취하는데서 비롯된 것이었다. 그래서 마르크스는 생산수단을 소수가 독점하고 있는 자본주의 경제체제는 반드시 붕괴할 것이라고 '자본주의 붕괴론'을 역설했다. 그렇기 때문에 무산계급이 유산계급을 타도하여 생산수단을 공유하는 공산주의(共産主義)만이 대안이라고 공산주의의 기치를 높이 들었다(1848년, 공산당 선언).

이러한 마르크스의 이데올로기(ideology)에 함몰된 자들이 1917년 혁명으로 제정러시아를 붕괴시키고 출현한 최초의 공산주의 국가가 바로 소련이다. 그러나 지금 지구상에서 구소련을 비롯한 동구권의 모든 공산주의(=사회주의) 국가들은 80년도 못된 1990년 초까지 모두 붕괴되었다. 현존하는 사회주의 국가인 중국, 베트남, 쿠바는 정치체제는 사회주의를 유지하고 있으나 경제체제는 개혁개방에 의한 자본주의 체제로 전환하였기 때문에 생존하고 있다.

그러나 안타깝게도 북한만은 종교적 수준의 수령독재 정치체제에다가 공산주의 경제체제를 그대로 유지하면서 '우리식 사회주의'라고 궤변을 늘어놓고 있다. 북한의 경제제도는 기본적으로 국민의 사유재산이 인정되지 않는 국가주도의 중앙집권적 계획경제를 바탕으로 하는 사회주의 경제체제이다. 열심히 일해도 내 것이 되지 않기 때문에 생산성은 낙후되었고 인민경제는 파탄지경에 이르렀다. 약 2,500만명 북한 인구 중에서 10%인 250만명 정도만 배를 제대로 채우고 나머지는 굶주림에 허덕이고 있는 것이 오늘날 북한경제의 현실이다.

마르크스는 그가 꿈꾸는 공산주의가 초대교회 성도들의 공동체 생활이 바람 같고 불같은 성령충만의 은사가 있었을 때에만 실현될 수 있었다는 진리를 간과하고 있다. "능력에 따라 일하고 필요에 따라 분배 받는다"는 그의 대표적인 구호는 얼핏 들으면 그럴싸해도 사람마다 능력과 필요가 차이나고 다르기 때문에 어불성설에 지나지 않는다.

2) 북한 경제체제의 특징

북한의 경제체제는 기본적으로 사회주의 소유제도에 토대를 둔 계획경제체제이다. 사회주의적 소유제도란 "생산수단과 생산물이 전사회적 또는 집단적으로 소유되는 제도"를 의미한다. 북한은 사회주의 헌법에서 생산수단은 국가와 사회협동단체가 소유(제20조)하며, 이는 생산수단의 사회적 소유가 국가소유(제21조)와 사회협동단체 소유(제22조)로 구분되는 것을 의미한다고 명시하고 있다.

국가소유는 전체 인민의 소유로서 나라의 모든 자연자원, 철도・항공・운수・체신・중요 공장・기업소・항만・은행 등에 대한 소유뿐만 아니라 대상에는 제한이 없다고 규정하고 있다. 사회협동단체 소유는 해당 단체에 소속되어 있는 근로자들의 집단적 소유 형태로서, 토지・농기계・배・중소 공장・기업소 같은 것이 대상이라고 규정하고 있다. 북한에서 협동적 소유는 협동농장이 전형을 이룬다. 북한은 사회주의 소유제도가 국가소유, 즉 전인민적 소유제 위주여야 한다고 강조하고 있다. 협동적 소유는 "소상품 생산을 기초로 하는 사적 소유로부터 전인민적 소유로 발전하는 과정에서 나타나는 불완전한 소유 형태이므로 점차 전인민적 소유로 전환시켜 나간다."고 헌법(제23조)에 규정하고 있다.

따라서 북한의 사회주의 소유제도는, 협동적 소유 비중이 20%~40%이었던 구동유럽 사회주의 국가들과 비교해 볼 때, 협동적 소유 형태의 비중이 아주 낮고 전 인민적 소유 위주로 구성되어 온 특징을 나타내고 있다고 할 수 있다. 게다가 북한의 협동적 소유 형태는 철저하게 중앙집중적인 계획적 관리 하에 놓여 있기 때문에 사실상 전인민적 소유 형태와 다를 바 없는 특징도 나타내고 있다.

북한의 이러한 사회주의 소유제도 하에서 사유의 범위는 근로소득과 일용 소비품에 한정되어 왔었다. 그러나 북한은 1998년 사회주의 헌법 개정 이후 계획기능마비 현상을 반영해 사회단체와 개인의 소유 범위를 부분적으로 확대해 왔다. '합법적 경리활동을 통해 얻은 수입'의 개인소유 및 상속을 인정함으로써 경제난 이후 확산되고 있는 소토지 경작물, 상설 종합시장에서 장사활동을 통해 획득한 수입, 발명과 같은 지식 재산으로 얻은 수입 등도 개인소유 대상으로 공식 확대하는 조치를 취해 왔다. 그러나 이는 상당히 제한된 범위의 확대일 뿐 북한은 최근까지 제도적으로 엄격한 국가소유제를 고수하고 있다고 해야 할 것이다.

그렇지만 이와 같은 엄격한 사회주의적 소유제도는 경제난 이후 시장경제활동을 통한 주민들의 부의 축적현상이 확대되면서 점점 이완되고 있는 현실도 주목할 필요가 있다. 주민들이 장사나 각종의 개인 경제활동을 통해 벌어들인 돈을 화폐적 자산으로 보유하고, 이를 가동 및 운영이 중단된 공장・기업소, 상업기관 등에 투자함으로써 사실상 생산수단을 개인적으로 소유하는 현상이 일부 나타나고 있다. 또한 북한이 주택과 같은 부동산의 사적 소유를 제도적으로 결코 인정하고 있지 않지만, 주민들 사이에는 '국가주택 이용 허가증'(입사증)을 뇌물을 주고 관할기관에 명의 변경하는 방식으로 주택의 사적 거래가 이루어짐으로써, 주택의 사적 소유화 현상도 부분적으로 나타나고 있다. 북한이탈주민들에 따르면, 현재 북한 주민들은 소토지, 살림집, 매대를 '3대 재산권' 대상으로 인식하고 있다고 한다.

한편, 북한의 계획경제 시스템은 경제난 도래 이후 더 이상 과거처럼 엄격한 중앙집중적 계획적 관리시스템으로 작동되고 있지 않다. 재정의 위기로 '계획의 일원화・세부화 원리'에 따른 중앙집중적 계획화 체계 자체가 불가능해지면서, 북한은 1990년대 중반 경부터 전략적으로 의의가 있고 국가적으로 해결해야 하는 중요 경제지표들(국방공업, 기간산업, 선행 경제부문들의 경제지표)만 중앙의 국가계획위원회에서 계획적으로 관리하고 있다. 그 외의 경제지표들은 해당 기관이나 공장・기업소에서 자체 계획을 세워 해결하도록 하는 변형된 계획화 체계를 운용하고 있다.

북한의 계획당국은 전략부문을 제외한 대부분의 경제단위들에 계획지표로서 '물량지표'가 아닌 '액상(금액)지표'를 부과하고 있는 실정이다. 각 경제단위들은 본래의 생산활동 목적과 상관없이 '액상지표'를 달성하기만 하면 되므로, 시장을 활용해 금액지표를 달성하는 현상이 점차 일반화되고 있다. 즉 공장·기업소들이 형식적으로는 국가계획을 수행한다는 합법적 명분을 내세워 시장을 활용한 불법적 경제활동을 행하고, 여기서 벌어들인 소득으로 국가납부금을 납부하는 현상이 확산되고 있는 것이다.

따라서 현재의 북한 사회주의 경제체제는 제도상 사회주의 소유제도와 계획경제 시스템을 유지하고 있지만 경제현실에서는 시장화 현상이 확산되어 있어, 제도와 현실 경제간에 격차가 존재하는 이중구조적 특징을 나타내고 있다고 할 수 있다.

2. 북한 경제 구조(노선)의 특징

1) 북한 경제 구조(노선)의 특징

북한은 1960년대 김일성 시대에 사회주의 공업화 과정을 본격화하면서 이른바 3대 경제건설 노선을 사회주의 경제건설의 기본 노선으로 내세웠다. 즉 '자립적 민족경제 건설 노선', '중공업 우선 발전 노선', '경제·국방 건설 병진노선' 등을 3대 경제정책의 기조로 삼고 북한 특유의 경제발전 전략을 추구했었다.

첫째, '자립적 민족경제 건설 노선'이란 북한의 주장에 따르면, "남에게 예속되지 않고 제 발로 걸어 나가는 경제, 자기 인민을 위하여 복무하며 자기 나라의 자원과 자기 인민의 힘에 의거하여 발전하는 경제건설 노선"으로서, 북한경제의 대외 경제관계를 최소화한 정책이었다.

둘째, '중공업 우선 발전 노선'은 북한의 주장에 따르면, "사회주의 공업화의 중심은 중공업의 선차적 발전에 있다. 기계제작 공업을 핵심으로 하는 강력한 중공업을 창설하여야 자립적 공업체계를 확립한다."라는 주장 하에 채택된 노선으로서 경공업보다 중공업 발전을 우선시한 정책이었다.

셋째, '경제·국방 건설 병진노선'은 경제 발전과 군사력 강화를 동시에 추구한다는 노선으로서, 북한의 산업을 군산복합형으로 조성하고 북한경제 내에 인민경제 외에 이른바 '군경제'를 독립적 경제구조로 정착시킨 정책이었다. 북한은 1990년대 이후 경제환경의 변화로 인해 이 정책기조들을 부분 수정하고 있지만, 본질적인 정책 변화를 시도하지 않고 김정은 정권 하에서도 여전히 '경제건설 및 핵무력건설 병진노선'으로 계승하고 있다고 할 수 있다.

북한의 경제노선은 김일성이 국방에서의 자위(自衛)를 제창하며, 경제발전을 지연시키더라도 군사력을 한층 강화해야 한다고 주장한 이래 군수경제에 치중하여 왔다. 북한의 김일성 시대에 결정된 '경제 · 국방 병진노선'은 김정일 시대에는 '선군경제건설노선'으로, 김정은 시대에는 '경제 · 핵건설 병진노선'으로 명칭만 변경된 채 북한의 기본 정책기조로 유지 · 강화되어 오고 있다. 북한의 경제노선에 의한 실제적인 경제구조는 다음 표와 같이 3가지 영역으로 구분할 수 있다.

〈표 5-1〉 북한의 경제노선에 의한 실제 경제 영역

영역	내 용	비 고
인민경제	기존의 계획경제를 중심으로 운영되어 온 국가의 공식경제	내각이 중심, 1990년대 이후 심각한 파행상황
수령경제	당 경제와 군 경제를 총합적으로 칭하는 경제	관료집단의 충성을 매수하기 위한 통치자금이 기본
시장경제	인민경제의 파산으로 인하여 사회가 생존차원에서 자생적으로 수립한 경제영역	1990년대 중반 이후 전국적으로 등장하여 전국적 네트워킹

인민경제는 국민경제를 말하며, 그것이 파산되었든 아니든 간에 일반국가들의 국민경제를 들여다 볼 때의 영역들을 말하는데, 북한에서는 기존의 계획경제를 중심으로 운영되어 온 국가의 공식경제라고 할 수 있다. 북한에서 이 영역을 공식적으로는 내각이 중심이 되어 이루어진다. 하지만 인민경제 영역은 사실상 1990년대 중반 이후 파산되었다고 보아도 과언이 아니다.

시장경제(장마당 경제)는 인민경제의 파산으로 인해 사회가 생존의 차원에서 아래로부터 자생적으로 형성하고 있는 영역이다. '수령'경제는 인민경제와는 독립적으로 작동하는 통치차원의 수령독재정권을 유지하기 위한 경제영역이다. 이른바 당과 군이 운영하는 경제를 총합적으로 지칭하는 경제이며, 관료집단을 매수하여 충성을 관리하기 위한 수령통치자금이 기본이 된다.

현재 북한의 경제실태는 구조적으로 인민경제는 거의 붕괴상태에 있으며, 이를 정상화시킬 능력도 부재한 실정이다. 따라서 국가 경제운영의 중심은 체제유지를 위한 통치자금을 중심으로 구조화되어 있는 이른바 '수령경제'로 구축되어 있다. 전반적으로 수십년간 지속되어 온 만성적인 경제난으로 붕괴한 인민경제를 복구할 수 없는 상황하에서 수령 독재정권 및 '우리식 사회주의체제' 유지를 위한 배타적인 목적으로 운영되는 경제영역이 수령경제이다. 이는 내각이 정상적으로 운영하는 인민경제와는 달리 당과 군이 직접적으로 관리하는 경제를 말한다.

그러다보니 인민들은 국가의 도움이 전혀 없는 상황에서 자력갱생의 생존위기에서 고난의 행군 시기부터 자생적으로 시장경제를 구축해왔다.[1] 그래서 북한경제는 이 두 가지 축인 '수령경제'와 '시장경제'가 각각 병존하고 있는 특이한 구조를 형성하고 있다.[2]

2) 수령경제와 도둑정치(kleptocracy): 약탈국가

북한의 수령경제는 체제를 유지하는 핵심기관인 당과 군에 별도의 경제조직을 구축하여 독립적인 생산활동에서부터 금융과 무역에 이르기까지 다양한 경제활동을 한다. 수령경제의 주요행위자들은 김정은 국무위원장 자신과 권력엘리트들이다. 즉, 국가 내의 자원을 핵심 권력 엘리트들이 독점적으로 축적하고 점유하여 통치자금 상납 및 자신들의 배를 채우는 구조이다. 때문에 수령경제의 자금 용도는 인민경제의 정상화가 아니라, 김정은의 권력유지를 위한 통치자금이다. 통치자금은 권력엘

1) 제한된 시장으로 엄밀히 말하면 '장마당 경제'라고 표현하는 것이 더 정확하다.

2) 한편 양문수는 북한경제를 엘리트경제(당경제), 군수경제, 내각경제, 주민경제(비공식경제)의 4개 부문으로 구분하고 있고 황의각은 농업, 광업, 국영공장으로 구성된 1차 산업부문, 국방부문, 간부경제부문의 세 가지로 구분하고 있다. 정광민은 군사경제와 당 경제를 포괄하는 '수령경제'라는 개념을 사용하고 있으며, 성채기는 북한경제를 궁정경제, 군사경제[제2경제[(군수경제) + 군경제)], 민수경제, 지하경제로 구분하고 있다. 본 논문에서는 수령경제 용어와 개념을 사용한다. 양문수, "7.1조치 5주년의 평가와 전망: 경제관리 시스템을 중심으로,"『수은북한경제』, 여름호(한국수출입은행, 2007); 북한경제포럼 편, 현대북한경제론: 이론과 실제에 관한 연구(서울: 오름, 2005); 정광민, 『북한 기근의 정치경제학: 수령경제, 자력갱생, 기근』(서울: 시대정신, 2005); 성채기, "북한의 군수경제와 인민경제 실태: 북한 군사경제의 현황과 실체," (국가안보전략연구소 주최 김정일의 선군정치와 북한경제의 전망 세미나 발표 논문, 2009.10.26). 김광진은 미헤예프(Vasiley V. Mikheev)가 처음 사용하였던 '궁정경제(royal court economy)'라는 개념을 수정, 차용하면서 이를 "국가 공식 경제부문이기는 하지만 국가계획화나 내각의 통제에서 벗어나 김정일이 중앙당 지도기구들을 통하여 직접 관장하는 경제부문"으로 정의하고 있다. 그에 의하면 궁정경제는 군수경제와 당경제를 포함하며, 국가공식경제인 인민경제와는 구분된다. Vasiley V. Mikheev, "Reforms of the North Korean Economy: Requirements, Plans and Hopes," *Korean Journal of Defense Analysis*, Vol. 5, No. 1 (1993); 김광진, "김정일의 궁정경제와 인민경제의 파괴,"『계간 시대정신』, 여름호(시대정신, 2008); 김광진, "북한 외화관리시스템의 변화와 외화의존도의 증대,"『수은북한경제』, 봄호(한국수출입은행, 2008).

리트의 충성과 지지를 유도하기 위한 선물 등의 용도로 사용되며, 권력엘리트들에게는 하부 조직관리를 위한 물질적 기반으로 사용된다.

따라서 북한의 김정은은 수령경제의 작동을 위하여 인민들의 재부를 강제로 도둑질해가는 '도둑정치(kleptocracy)'를 행하고 있다. 도둑정치는 필연적으로 권력엘리트의 부패를 수반하면서 인민들의 재부를 약탈하는 '약탈국가(predatory state)'의 행태를 보이게 된다. 북한의 수령경제는 국가자원을 집권화하여 독과점하고 인민들의 재부를 도둑질 및 약탈하여 통치자금을 축적하는 구조로서 독재자의 통치에 기여하는 기능을 수행하고 있다. 결국 북한 김정은 정권은 도둑정치를 행하는 것이며, 북한은 인민들을 수탈하는 약탈국가로 전락하고 있다.

〈표 5-2〉 수령경제의 경제조직

영 역	조 직
당경제	· 중앙당 재정경리부 · 당중앙위원회 39호실 · 중앙당 38호실 및 산하 공장, 농장·목장, 수산사업소, 무역회사, 무역은행 등
군경제	· 중앙당 군수공업부 제2경제위원회 · 인민무력성 산하 공장, 농장·목장, 수산사업소, 무역회사, 무역은행 등

3) 윈트로브의 독재 정치경제학 모델

정치권력에는 항시 돈이 따라 붙게 되어 있다. 이러한 정치권력과 경제와의 현상을 연구하는 것이 정치경제학이다. 독재자가 정권을 유지하고 지배엘리트의 충성을 강요하는 현상에 착안하여 독재의 다양한 유형과 다양한 독재정권의 경제모형을 구분하여 체제를 유지하는 현상을 규명한 논의들 중에 북한 체제에 적실성 있는 논의가 **윈트로브의 독재 정치경제학 모델**(*The Political Economy of Dictatorship*)이다. 독재자가 정권을 유지하자면 억압과 충성이라는 두 가지 수단이 필요하다. 독재자는 통치자금의 재분배를 통해 또는 공공재의 제공을 통해 엘리트의 충성을 매수한다. 한편으론 독재자에게 충성이 저조한 엘리트는 숙청을 통해서 주민들에겐 높은 억압에 의한 공포정치로 정권을 유지한다.

북한의 지배연합은 독재자 김정은이 수령경제를 가신들에게 독점적으로 배분하는 '독점 가산연합'의 형태를 띠고 있다. 북한의 지대 창출과 관리에는 김정은을 정점으로 노동당과 군부의 핵심조직이 개입되어 있으며, 이에 따라 경제 및 재정규모가 축소되어 가는 와중에 국가경제가 3개의 경제권으로 분열되는 양상을 보이고 있다.

[그림 5-1]에서 보듯 수령경제의 핵심인 '당경제'와 '군경제'는 '국가의 공식 계획경제나 내각의 통제에서 벗어나 당과 군에 의해서 직접 관리되는 경제부문'으로서, 이들 조직 산하의 무역회사들을 통해서 벌어들인 외화 수익금의 상당 부분이 공식 국가예산에 포함되지 않은 채 김정은의 '현금정치', '선물정치' 등을 포함한 통치자금의 재원이 되고, 다른 한편으로는 당과 군 조직의 사업 예산 및 권력엘리트들의 부의 근원이 되는 경제부문을 의미한다. 북한의 김정은 수령독재정권과 우리식 사회주의체제하에서의 도둑정치 모형은 계획기구가 자원의 배분보다는 소득의 재분배만을 위해 봉사하게 된다. 이러한 상황에서는 국가의 계획기능이 존재함에도 불구하고 실제로는 시장이 생산을 유도하고 자원을 분배하는 기능을 수행하며, 계획기능은 소득의 재분배 역할만을 맡게 된다. 따라서 김정은 독재자와 지배연합의 독재

[그림 5-1] 경제와 지배연합의 약탈구조

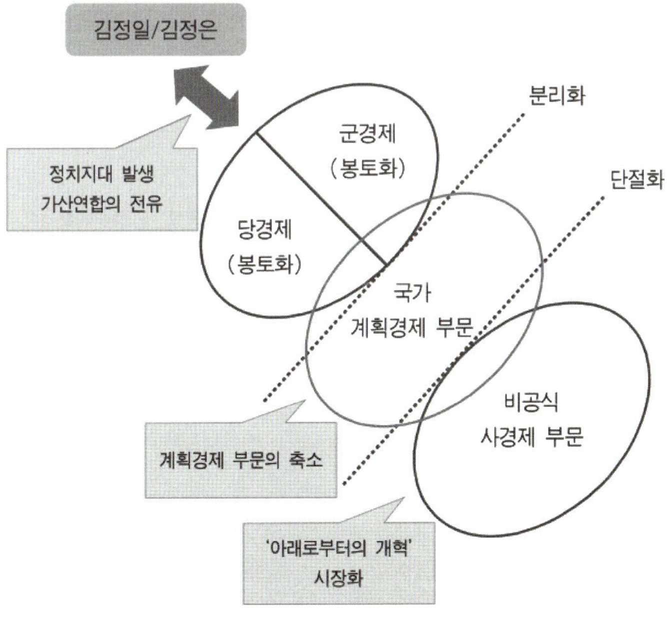

정권은 국가계획경제 부문의 독점은 물론 비공식 사경제 부문도 약탈하여 통치자금으로 활용하는 약탈구조화된 수령경제로서 작동하고 있다. 김정은 후계체제를 가속화하면서 화폐개혁을 단행한 것도 인민들의 장롱 속에 숨어있는 달러를 약탈하기 위한 수단이었다.

독재정권의 유형 중 북한 김정은 정권과 같은 폭정(tyranny)의 유형은 권력을 유지하는 데 사용하는 여러 수단 중에서 폭력이 가장 기본적이고 중요한 의미를 가지기 때문에 높은 수준의 억압만이 존재하는 체제이다. 대개의 경우 폭정은 조세수취와 징발 등 여러 조치를 통해 주민의 재부를 탈취하여 자신이 설정한 목적을 위해 사용하거나, 권력을 유지하는 데 적극적 협력이 필요한 군부, 핵심 측근 등을 매수하는 데에 사용한다.

이와 같은 폭정은 '**궁핍화 전략**'과 연계되어 있다. 폭정은 경제성장을 의도적으로 거부한다. 경제성장을 추구하자면 독재자는 경제성장에 해가 되는 과잉조세, 과잉규제, 징발 등을 자제해야 하고 경제성장이 실현되면 주민이 정권에 저항하는 데 사용할 수 있는 자원을 증가시키기 때문이다. 그렇기 때문에 주민의 궁핍화는 오히려 주민이 정권에 저항하는 데 사용할 수 있는 자원을 감소시키는 효과가 있다. 그래서 대부분의 주민은 너무 굶주려서 정권에 효과적으로 저항할 수가 없다. 학자들의 연구에 의하면 절대 빈곤상태 하에서는 오히려 폭동과 저항이 발생하지 않는다. 왜냐하면 대부분의 주민들은 그저 배 채우기에 급급하고 정권에 저항하는 것은 생각조차 할 수 없기 때문이다.

윈트로브의 독재정권하에서의 경제모형 중 특히 도둑정치 모형은 북한 김정은 정권이 극심한 경제난 속에서도 어떻게 유지될 수 있는가? 하는 수수께끼를 설명하는 데 유용하다. 도둑정치 모형에서 독재자가 경제에 관여하는 목적은 오직 하나인데 자원 재분배를 통해 자신과 충성스러운 지지자들을 적절하게 보상하기 위해서이다. 그러다 보니 겉으론 노동자·농민의 천국이라고 거짓 선전하지만 실상은 굶주림에 허기져 있고 죽어나가고 있다.[3)]

3) 2017년 11월 13일 판문점 공동경비구역(JSA)을 통해 필사의 탈출을 한 북한군은 영양실조 상태와 옥수수와 기생충 등 북한의 경제실상을 온몸으로 보여줬다.

수령경제 각 구성요소들의 경제활동

수령경제 구성요소의 양대 산맥은 당경제와 군경제이다. 당경제의 핵심은 '39호실'이며 산하 대성경제연합체 소속 대성총국(조선대성무역총회사)이 120여 개에 이르는 각종 무역상사와 해외지사를 두고 외화벌이를 하고 있다. 39호실에는 또한 1987년 대성총국에서 독립한 금강지도국(금, 은, 연, 아연), 대흥지도국(송이버섯 수출 독점), 경흥지도국(외화 상점, 식당, 선박 운영), 낙원지도국 등의 별도 무역회사와 조선대성은행이 속하고 있다. 39호실은 마약 밀매, 위조 달러, 가짜 담배, 무기 수출에도 관여하는 것으로 알려져 있으며, 재외공관의 김정일 충성금 송금 등의 외화도 관리하고 있다. 2007년 미국의 요청으로 동결된 마카오 방코델타아시아(Banco Delta Asia: BDA)의 북한 자금도 39호실에서 관리하는 김정일 통치자금으로 전해지고 있다.[4]

39호실과는 별도로 당 '38호실'은 북한 내의 일류급 호텔과 백화점, 국내외 식당들을 관할하고 있으며 산하 금융기관으로서 고려은행을 운영하고 있다. 또한 노동당 조직지도부 행정부문이 관리하는 여러 경제조직들과 당 재정경리부, 의사당 경리부 역시 당경제의 중요한 부분을 구성하고 있다. 당 조직지도부 행정부문 관할 조선민족보험총회사는 국내 직접보험의 위험을 국제 재보험사들에 분양하여 해마다 수천만 달러의 수익을 올리고 있으며, 연간 현금으로 2,000만 달러를 김정일 당시 김정일에게 혁명자금으로 상납하는 것으로 전해지고 있다.

군경제의 핵심은 군부이다. 북한 군부는 1995년 외화벌이 사업을 총괄하는 전문기구인 '44부'를 인민무력부 직속기관으로 신설하는 등 외화벌이 기구를 개편하여 30여 개에 이르는 무역회사를 산하에 거느리고 있다.[5] 각 무역회사가 벌어들인 자금은 인민무력부 산하 유일 은행인 금성은행에 입금된 후 본국으로 송금되고 있다.[6] 1997년 군단별로 조직되었던 무역회사들이 김정일의 지시로 해산되고 일부는

4) 박은재, "[10.10 특집③] 김정일 위해 달러 긁어모으는 노동당 '38·39호실'", 데일리NK, 2008년 10월 9일.

5) 이들 무역회사로는 인민무력부 총참모부 직속 매봉무역총회사(1980년 설립, 2000년 경 광명무역총회사로 개명)와 유진상사(1992년 설립), 인민무력부 후방총국 산하 용성무역회사(1992년 설립)와 남해무역회사(1991년 설립), 인민무력부 정찰국 산하 비로봉무역회사(1998년 설립)와 모란회사(1992년 설립), 인민무력부 도로국 산하 은하수무역회사(1991년 설립), 인민무력부 운수관리국 산하 만풍무역회사(1987년 설립), 적공국 산하 위성무역총회사(1992년 설립), 군수동원총국 산하 용흥무역회사(1990년 설립), 공군사령부 산하 단풍무역회사(1988년 설립) 등이 있으며 이 밖에 군단별 무역회사도 있는 것으로 전해진다.

매봉회사 산하로 통합되면서 매봉은 종합적인 무역그룹으로 거듭났으며,[7] 김정일의 '선군정치'에 힘입어 당 39호실의 대성무역과 함께 북한의 양대 기둥으로 역할하고 있다. 최근 북한 군부가 광물자원의 대 중국 수출을 담당한 국영기업을 통해 수익을 챙기는 새로운 비즈니스 모델을 추진하고 있는 것으로 알려지고 있다.[8] 군부의 경제권을 장성택, 최룡해가 주동이 되어 뺏어오려고 2012년 7월 15일 당시 당정치국 상무위원 및 정치국 위원이며 당 중앙군사위 부위원장이던 총참모장 이영호 차수를 당정치국 확대회의 결정에 따라 숙청하였다.

이에 따라 북한의 군사비는 공식적으로 발표된 군사비 이외에도, 군수경제 운영체제와 무기수출, 군부대의 외화벌이 사업 등 독자적인 군예산체계 등을 통해 조달되고 있는 것으로 알려지고 있다. 군부는 대외 무역권을 둘러싸고 노동당 산하 기관들과 경쟁관계에 있으며, 특히 중국에 대한 광물 수출을 거의 전적으로 통제하고 있는 것으로 전해지고 있다.

북한에서 이와 같은 '군경제'의 급부상은 김정일의 권위의 약화와 또한 김정은이 권위를 확보해가는 과정에서 이에 따른 선군정치의 대두에 기인하는 바가 크다는 해석도 있으나 이를 윈트로브의 도둑정치모형의 관점에서 보면 김정은 독재정권을 유지하기 위한 기제로서 작동되고 있음을 알 수 있다.

3. 북한 경제의 지대추구 실태

1) 지대와 지대추구의 개념과 지배연합과의 관계

독재자가 자기 정권과 체제를 유지하기 위하여 독재자의 입장에서 핵심 지지자를 매수하고 반대파를 억압하는 통치기구를 운영하는 데는 상당한 자금이 들어간다. 이러한 매커니즘을 다루는 연구 및 논의가 '**지대추구(rent-seeking) 이론**'으로 외부의 원조와 자원수출과 같은 외래지대가 독재정권의 유지와 실적에 미치는 영향에

---

6) 이덕형, "북한의 외화벌이 실상을 진단한다," 『오마이뉴스』, 2003년 2월 6일.

7) 한영진, "軍 외화벌이 수뇌부는 총참모부 직속 '매봉회사'", 『데일리NK』, 2007년 3월 18일.

8) Blaine Harden, "In North Korea, the Military Now Issues Economic Orders," *Washington Post*, November 3, 2009; Blaine Harden, "China Trade Helps Shield N. Korea," *Washington Post*, June 27, 2009.

대한 연구이다. 지대란 "자연의 선물로부터 벌어들인 수출 또는 획득된 소득"으로 정의되며 일반적으로 "비생산적 경제행위를 통해 재부를 획득할 수 있도록 정치적으로 만들어진 기회"이다. 지대 및 지대국가 이론은 석유수출국인 중동국가를 대상으로 하여 베블라위(Hazem Beblawi)와 루치아니(Giacomo Luciani)에 의해 본격적으로 제기되었다.[9)]

독재자가 정권을 유지하는 데 필요한 지지자에 대한 포상, 잠재적 반대자에 대한 억압비용 및 매수비용의 조달은 상당한 양의 외부원조 또는 석유와 같은 자원수출로부터의 수입이 존재하면 현저히 용이해진다. 만약 외부로부터의 원조 또는 석유나 여타 지하자원 수출 가능성이 있으면 독재자가 권력을 유지하는 것이 훨씬 용이해진다는 것이다. 이를 내부경제를 통해 동원하자면, 독재자는 내부경제 생산성을 올리기 위한 여러 조치를 취해야 하는데, 이를 위해서는 독재의 기반이 되는 여러 조치를 해체하고 반대파의 힘을 증가시킬 수 있는 조치를 취해야하기 때문에 많은 제약사항이 존재하기 때문이다.[10)] 그래서 독재자들은 정치권력을 이용하여 '경제지대' 및 '정치지대'를 독점하여 지지자들을 매수하는 통치자금으로 사용한다.

2) 경제지대와 정치지대

'경제지대'(economic rent)란 통상 땅이나 천연자원으로부터 유래되는 잉여 또는 이윤, 즉 총수입에서 모든 생산비용을 차감한 부분을 의미한다. 이러한 의미에서의 지대는 '자연의 선물'(free gift of nature)로서 지대를 파생하는 경제자산, 즉 땅이나 땅 밑에 부존하는 천연자원의 양이 고정되어 있기 때문에 공급이 극히 제한되어 있거나 고정되어 있고, 또한 재생산이 불가능하다는 특징을 가진다.[11)] 또한 천

---

9) '지대국가'의 개념은 1979년 이란혁명 이전까지의 팔레비정권하의 이란을 대상으로 개념화된 이래 주로 중동전문가들 사이에서 널리 통용되었다. 지대국가에 대한 선도적 연구로서는 Hezem **Beblawi** and Giacomo **Luciani** (eds.), ***The Rentier State: Nation, State and Integration in the Arab World*** (London: Croom Helem the Instituto Affari Internazionali, 1987), pp. 61-65.

10) 예를 들어, 재산권 보장, 계약준수, 독점의 해체와 자유경쟁의 허용, 생산성 증가와 거래비용을 줄이기 위한 정보유통의 자유보장 등을 보장해야 한다. 그런데 만약 외부로부터 상당한 원조가 들어오고 또는 석유와 같은 1차 상품 수출을 통해 외환을 벌어들일 수 있다면, 독재정권은 내부경제 생산성을 증가시키지 않고도 정권유지에 필요한 자금을 조달할 수 있는 길이 열리게 된다.

11) 이러한 점에서 지대는 공급이 고정되어 있지 않을 뿐더러 재생산이 가능한 노동이나 자본

연자원과 같이 공급이 자연적으로 고정 또는 제한되어 있지 않는 경우라 할지라도, 인위적인 방법을 통해서 특정자원의 공급을 제한시킴으로써 '인위적인 경제지대'를 창출하고 이로부터 배타적인 이득을 올릴 수 있다.[12)]

따라서 경제지대란 ① 천연자원과 같이 공급이 고정된 경제자원으로부터 파생되는 수익(순수 경제지대) 또는 ② 지대추구 행위를 통해서 임의적으로 공급을 제한시킴으로써 창출하는 초과수익분(지대추구 행위를 통한 경제지대)을 지칭한다. 후자에서 '초과 수익분'이라 함은 물론 임의적 간섭이나 규제가 없는 경쟁시장하에서 창출되는 '정상 수익'(normal profit)을 초과하는 잉여부분을 의미한다.

이와 같은 경제 및 정치지대와 지대추구 행위의 개념은 〈표 5-3〉과 같이 요약될

〈표 5-3〉 경제 및 정치지대

지대의 종류	내 용	예 시
경제지대	공급이 제한된 경제자원으로부터 초래되는 순수 경제지대	자원지대 (natural resource rent)
	경제자원에 대한 지대추구 행위를 통해서 임의적 지대 생성	독점을 통한 독점지대 (monopoly rent)
정치지대	경제자원에 대한 지대추구 행위를 통해서 생성된 수익을 정치적 목적에 전용	정치적 지배연합에 의한 지대 생성 및 배분
	정치적 자원에 대한 독점으로 지대를 생성하고 이를 정치적 목적에 전용	

출처: 박형중 외(2012), p. 90.

등과 같은 다른 생산요소로부터 파생되는 '이윤'(profits)과는 확연히 구분되는 개념이다. 지대는 또한 특정 생산요소로부터 파생하는 현재의 수익(최고 수익)과 그 생산요소를 차선의 용처에 사용하였을 때에 생성되는 수익과의 차액, 즉 '기회비용'(opportunity cost)으로 정의되기도 한다.

12) 예컨대 특정집단이 로비를 통한 국가규제나 간섭으로 특정 재화시장에서 독점적 지위를 차지할 경우, 그 집단은 이른바 '독점지대'(monopoly rent)라는 형태로 시장경쟁하에서 발생하는 수익을 훨씬 넘어서는 독점적이고 배타적인 지대를 전유하게 된다. 이 경우 특정집단에 의한 지대추구 행위는 곧 고도의 정치적 행위를 수반하며, 그로부터 파생되는 독점지대는 사회 전체적으로는 손실을 의미하게 된다. 신고전주의 정치경제학에서는 이러한 행위를 특히 전체 사회의 경제적 부에 부정적 영향을 미치는 '지대추구' 행위로 정의하고 있다. 지대추구 이론의 선구적 논의로서는 Tullock, "The Welfare Costs of Tariffs, Monopolies, and Theft," *Western Economic Journal,* Vol. 5, No. 3 (1967), pp. 224-232; Anne Krueger, "The Political Economy of the Rent-Seeking Society," *American Economic Review,* Vol. 64, No. 3 (1974), pp. 291-303; Charles K. Rowley(ed.), *The Selected Works of Gordon Tullock, Vol. 5: The Rent-Seeking Society* (Indianapolis: Liberty Fund, 2005) 참조.

수 있다. **북한의 경우와 같이 인민경제 외에 당-군 경제인 수령경제의 구조가 있는 경제체제에서는 '정치지대'가 체제변동을 막는 핵심 억압기제로 작동할 것이다.** 초과수익인 정치지대는 독재자의 통치자금과 정치적 지배연합의 수익으로 독재자에 의해서 보상되고 이들은 충성을 하는 장치로 작동하여 결과적으로 지배엘리트의 분열을 막고 체제변동을 막는 억압기제가 되는 것이다.

3) 북한에서의 경제 및 정치지대 실태 분석

(1) 대외무역 독점을 통한 경제 및 정치지대 생성

2018년도 북한의 대외 무역 총액은 28.4억 달러이며, 이중 대중국 무역은 27.2억 달러로서 전체 대외무역의 95.8%를 차지하였다.

북한 김정은 정권은 이렇게 대외무역의 수출 등에서 획득한 연간 20억 달러 이상을 독점하여 경제지대를 형성하고 있다. 북한 당국 중 북한의 대외경제 담당기구는 대체로 4개의 부류로 구분해 볼 수 있다. 내각 산하 대외경제 기구로서의 무역성 기구, 제2경제위원회 산하 대외경제 담당기구, 노동당 중앙위원회 산하 대외경제 담당기구와 그 외에 군부를 비롯한 특수 대외경제 담당기구들로 구분된다.[13] 이들 대외기관들이 수출을 관장하고 독점하면서 경제지대를 형성하고 있다. **이러한 수출로 벌어들인 외화는 독재정권의 통치자금이 되고 있다.**

한편, 2012년 전체 남북교역은 반출 9.0억 달러, 반입 10.7억 달러, 총 19.7억 달러를 기록했다. 그 중에서 개성공단을 통한 교역실적은 19.6억달러로 전체 남북교역액의 약 99.5%를 차지한다. 추세로 보자면 개성공단이 차지하는 비율은 2009년 56.0%, 2010년 75.5%, 2011년 99.1% 등 해마다 가파르게 상승했다.

즉, 5·24조치 이후의 남북교역은 거의 전부가 개성공단 실적을 반영하는 결과였다. 또한 [그림 5-2]에서 확인할 수 있듯이 비율뿐 아니라 절대적인 수치로도 개성

---

13) 내각의 대외무역조직은 1992년 '새로운 무역체계'발표 이전과 이후, 그리고 1998 년 헌법개정 이후에 각각 변동이 있었음. 1992년 이전의 무역조직은 정무원 산하에 대외경제위원회, 대외경제사업부, 무역부가 무역관련 업무를 분할하였음. 그러나 1992년 '새로운 무역체계'가 발표된 이후에는 대외경제위원회가 무역부와 대외경제사업부를 통합하여 북한의 대외무역업무를 총괄하였음. 1998년 9월 헌법개정을 통해 대외경제사업부를 폐지하고, 대외경제위원회와 무역부는 무역성을 재편되었음. 경제사업에 대한 내각의 권한강화와 맞물려 이후 무역성의 대외무역과 관련된 권한이 크게 강화되었음.

공단을 통한 교역액이 매년 증가하고 있음을 알 수 있다. 심지어 5·24조치가 내려진 이후에도 개성공단 교역은 2010년 14.4억 달러, 2011년 17.0억 달러, 2012년 19.6억 달러로 오히려 증가했다.

[그림 5-2] 연도별 남북교역 추이

(단위: 백만달러)

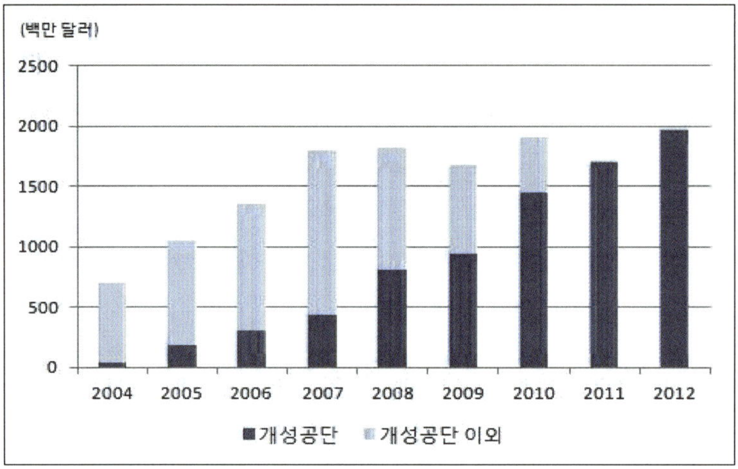

자료: 통일부, 「남북교류협력 동향」, 각호.

이를 연평균으로 계산해 보면, 2008년부터 2012년까지 개성공단 이외의 교역액이 매년 44.9%씩 감소한 반면 개성공단을 통한 교역액은 매년 37.3%씩 증가한 셈이다. 사실상 일반교역과 위탁가공교역은 거래가 중단된 채 개성공단에만 의존하는 남북교역의 불균형 구조가 심화된 것이라고 해석될 수 있다. 주요 반출품목도 개성공단의 생산에 투입되는 원재료인 섬유 및 전기·전자 제품이 전체의 69.3%를 차지했으며, 반입품목 역시 섬유 및 전기전자 제품이 전체의 74.3%를 기록했다.[14)]

그렇지만 2013년 상반기에는 개성공단이 중단되면서 이러한 패턴마저 무너졌다. 1월에서 3월까지는 개성공단 교역 최대치인 2012년 월평균(1억 6,343만 달러)을 상회하는 1억 7,873만 달러 규모의 교역이 이루어졌으나, 4월 가동 중단에 들어서면서 양측의 교역은 실종되다시피 했다. 이후의 개성공단 교역액은 4월 2,237만달러, 5월

14) 국제무역연구원, 「2012년 남북교역, 북중무역 동향 비교」, 2013.

31만 달러로 급감했다.

한국 통일부가 국회에 제출한 자료에 따르면, 개성공단 북한 근로자들의 월 평균 임금은 2013년 상반기 현재 1백28 달러였다. 2006년 평균임금 68달러와 비교하면 약 2배 가까이 늘어난 셈이다. 이처럼 인상률이 높아진 것은 최저임금이 해마다 5%씩 인상되고 북한 근로자들의 평균 근로시간이 늘어났기 때문이다.[15] 2004년부터 2013년 7월 말까지 총 2억4천5백만 달러가 임금으로 지불됐다.

이 밖에 통신비, 체류등록비, 토지임차료 등 1천8백만 달러를 합쳐 한국기업들이 북한에 지불한 금액이 2억6천 4백만 달러에 달하며, 2013년 말쯤에는 3억 달러를 넘어설 것으로 예상되고 있다. 그런데 북한 근로자의 임금은 한국 입주기업이 북한 당국에 달러로 지급하는 이 가운데 55%만 북한 근로자들에게 쿠폰이나 북한 원화로 지급되고, 나머지 45% 정도는 사회보장금과 사회문화시책금 등의 명목으로 북한 당국에 들어가고 있다.[16] 또한 2012년 1개 기업이 북한 당국에 기업소득세를 납부한 데 이어 올해 4개 기업이 뒤를 이었고 총액이 16만 2천달러에 달했다. 개성공업지구 세금 규정을 보면, 입주기업은 최초 5년 간 소득세를 면제 받고 이후 3년간 50%를 감면받은 후 입주 9년차부터 생산이윤의 14%를 세금으로 내도록 돼 있다.[17]

〈표 5-4〉에서 보듯이 남한기업에서 지불되는 개성공단의 임금의 45%가 공식적으로 노동자들에게 돌아가고 임금의 45%와 세금은 북한당국에서 경제지대를 형성하고 독재정권과 지배연합의 통치자금이 되는 정치지대를 형성하고 있다.

〈표 5-4〉 개성공단 경제 및 정치지대 (단위: 1,000 달러)

구분	총액	북한 당국	북한 주민	비중
임금 (2004~2013.7월)	245,000	110,250	134,750	당국:45% 주민:55%
입주기업 세금	162	162		
총계	245,162	110,412	134,750	
기타	탁아소 운영비: 월 9,000 유로			

자료: 필자가 표로 정리

15) 실제로, 북한 근로자들의 주당 평균 근로시간은 2006년 55시간에서 지난 해 59시간, 그리고 올해는 61시간으로 늘었다.

16) 『Voice of America: 미국의 소리』 2013.11.; 개성공단 북한 근로자 평균임금 128 달러.

17) 이 밖에 북한 영유아 6백여 명이 개성공단 탁아소를 이용하는 데, 탁아소는 북한 측 책임 아래 운영되고 경비는 한국기업이 보육아 1명당 월 15 유로를 부담하고 있다.

개성공단의 예에서 보듯이 개성공단 등의 정치지대는 김정은 독재정권의 통치자금이 되어 지배엘리트에게 분배되고 자발적 충성을 유도하게 되어 권력층의 분열을 막고 있다.[18] 따라서 북한의 지대추구 행위는 경제난, 외교적 고립 등 체제변동의 충분한 조건이 있음에도 불구하고 북한체제의 체제변동을 억제시키는 억압기제로 작동되고 있다. 개성공단은 북한의 핵·미사일 도발로 인해 2016년 2월 우리 정부가 폐쇄하고 남측 근로자를 모두 철수시켰으며, 북한도 똑같이 하였다.

(2) 석탄 등 광물자원의 수출로부터 유래하는 수익

북한은 상대적으로 풍부한 광물자원으로부터 자원지대가 생성된다. 석탄, 철광석, 마그네사이트, 연 및 아연, 석회석 등의 광물자원은 북한의 주요 수출품목을 구성하고 있다. 남북교역을 제외한 2015년도 대외무역 총액 중 광물성 생산품 수출액은 13.38억 달러로서 전체 수출의 49.62%를 차지하면서 북한 정권의 최대의 외화가득원으로 역할하고 있다.[19]

경제지대를 파악하기 위하여 지난 5년 동안 북한의 수출 증가를 견인해 온 품목 구성을 파악하였다. 전체적으로 수출상품의 구성이 변하고는 있지만, 광물성생산품과 섬유제품 그리고 비금속류가 북한 수출상품의 대부분을 차지하고 있다.

광물성생산품의 수출 증가에서는 석탄과 철광석의 수출 증가가 절대적인 비중을 차지하는 것으로 나타나고 있어, 북한당국이 외화벌이를 위해서 상대적으로 자원이

〈표 5-5〉 북한의 對 중국 주요 광물성 생산품 수출 실적

품목(HS code)	금액($천)			중량(천T)		
	2014	2015	증감률(%)	2014	2015	증감률(%)
석탄(2701)	1,135,702	1,049,785	-7.57	15,470	19,631	26.9
철광석(2601)	221,889	72,767	-67.21	2,830	1,543	-45.5
아연(2608)	6,979	20,429	192,71	19	55	191
석유가스(2711)	1,987	2,280	14.74	3	4	27.8

자료원: GTA, 지대이론과 지대추구 실태를 이해하기 위해 2014~2015 자료 이용

18) 개성공단에서 벌어들이는 돈이 북한의 핵과 미사일 개발 및 통치자금으로 전용되고 있어서 한국 정부는 2016년 2월 10일부로 개성공단 가동을 전면 중단하였다.

19) kotra(2015), 앞의 책, pp. 4-8. 2017년부터 유엔대북제재가 본격화되어 석탄 등 광물자원의 수출량은 거의 막혀 버렸다.

풍부한 석탄(HS 27)과 철광석(HS 26)의 생산 및 수출에 진력하고 있다는 사실을 알 수 있다. 이는 북한의 풍부한 광물자원이 독재정권 유지를 위한 경제지대로 작동되고 있음을 입증하고 있다.

그러나 유엔대북제재결의안 제2321호(2016.11.30.)[20]에 이어 더욱 강력한 제2371호(2017.8.5.)[21]에 의해 북한산 석탄・철・철광석과 납・남광석・해산물의 수출이 전면 금지되었다. 특히 북한 수출의 주력 품목인 석탄・철광석 산업은 치명적 타격을 입고 있다.

(3) 정상적 무역거래 외의 추가적인 정치지대

연속되는 국제사회의의 대북경제제재와 만성적인 무역적자에 시달리고 있는 북한으로서는 정상적인 무역을 통한 외화수입으로는 심각한 에너지난이나 식량난을 해결할 수 없음에도 불구하고 김가왕조 정권 유지를 위한 '통치자금'의 확보라는 측면에서 추가적인 외화수입원을 필요로 하게 된다.

〈표 5-6〉에서 보듯 북한은 일련의 합법 또는 불법적인 거래(illicit transactions)를 통해서 추가적인 외화를 획득하고 있으며, 바로 이것이 북한의 정치지대의 주공급원이 되고 있다. 이렇게 해외에서 조성된 외화수익은 제3국에서 신용장이나 송금결제 등을 통해 오스트리아 등지에 있는 금별은행 등에 입금되어 김정일 시대에는 김정일의 지시에 따라 1회 700~800만 달러 정도 인출되고 있는 것으로 알려져 있다. 김정일 당시 김정일 비자금의 정확한 규모는 알 수 없으나 대략 20~43억 달러 사이인 것으로 추정되고 있으며 현재는 김정은의 비자금으로 확보되었을 것으로 추정된다.[22]

---

20) 유엔대북제재 결의안 2321호에 따르면 2017부터 북한이 수출할 수 있는 석탄은 연간 4억 87만 달러 또는 750만톤까지 이다. 상한선으로 설정된 750만 톤은 2015년 북한의 대중국 석탄 수출규모의 '38%' 수준으로 제재가 충실히 이행된다면 북한이 석탄 수출로 벌어들이는 수입은 반토막 아래로 줄어들게 될 전망이다.

21) "유엔 대북 제재 결의 2371호 주요내용," 『경향신문』(2017.08.06.); ▲2017년 7월4일과 28일에 '북한이 발사한 ICBM급 화성-14형 발사에 대한 제재, ▲초점: 북한의 수출에 대한 제재 강화, ▲수출금지 품목: 광산물(석탄, 철광석, 철, 납, 납광석), 수산물 ▲북한 해외 노동자 신규 파견 금지(현 상태 동결), ▲북한 기업 및 개인과 신규합작사업 금지, ▲4개 은행・기업 및 개인 9명 블랙리스트에 추가, ▲6자회담 재개 및 9・19공동성명 준수 촉구

22) The DailyNK 분석팀, "김정일 비자금 얼마나 될까," 『데일리NK』, 2005년 4월 3일.

〈표 5-6〉 정상적 무역거래 이외의 북한의 정치지대

무기수출	- 1980년대 북한은 무기수출로 연간 5억 달러 수입을 벌어들인 것으로 추정되었으나, UN 제재 등 여러 국제적 요인으로 인해서 이후 감소 추세 - 2001년 미사일 판매 등으로 5억 6천만 달러 수익 (미 정보기관 통계)
마약 밀매	- 마약밀매로 연간 5억 달러의 외화를 벌어들이고 일부는 군사비로, 일부는 비자금 명목으로 예치되고 있음.[23)]
위조지폐	- 1990년 이래 5천만 달러 상당의 위폐 발견(미 정부관리) - 연간 1,500만 달러 규모의 슈퍼노트 제작, 해외에 유통시키고 있는 것으로 추정(국정원)
담배, 약품 위조	- 북한 내 10~12개 담배공장에서 연간 410억 개의 가짜 담배 생산을 하며 연간 8천만~1억 6천만 달러의 이윤 창출
조총련을 통한 외화 유입	- 1970년대 연평균 6,000만 달러, 80년대는 2억 달러 이상 추정
'충성의 외화벌이'	- 각 지방 당 기관들의 39실 산하 군중외화벌이사업소와 5호 관리부를 두고 여기에서 사금생산, 짐승 피, 송이버섯 수집, 중앙 행정기관에서는 헌납금, 김정일 생일 충성자금, 재정경리부 산하 조선우표사에서 벌어들이는 50~60만 달러, 인민무력부에서 헌납하는 금 100~200kg, 각 기관의 창립절 충성자금 등이 포함되며 이들을 합쳐 연간 7,000만 달러
남한으로부터의 유입	- 통일부 등 정부 내부 자료에 따르면 지난 10년 동안 남한이 북한에 준 현금은 총 29억 222만 달러 • 상업적 교역 18억 3,900만 달러 • 금강산, 개성관광 대가 5억 3,890만 달러 • 개성공단 임금 4,429만 달러 • 사회문화교류 지원 4억 8,003만 달러 - 지난 10년간 현금과 현물을 더한 대북지원, 경협의 총 규모는 69억 5,959만 달러[24)]

출처: 박형중 외, 『독재정권의 성격과 정치변동: 북한 관련 시사점』(서울: 통일연구원, 2011)

초과수익인 정치지대는 독재자의 통치자금과 정치적 지배연합의 수익으로 독재자에 의해서 보상되고 이들은 충성을 하는 장치로 작동하여 결과적으로 지배엘리트의 분열을 막고 체제변동을 막는 억압기제가 되는 것이다. 북한의 정치지대는 무기수출, 마약밀매, 위조지폐와 40여개국에 수출되는 6만~10여만 명 근로자의 노동력 착취 등이 해당된다. 심지어 개성공단의 임금마저도 45%를 수탈해 갔다. 전에 시행

23) Richard F. Perl, "Drug Trafficking and North Korea: Issues for US Policy," *CRS Report for Congress* (March 4, 2004).

24) 주용준 · 안용현, "지난 70년 북(北)지원돈 핵(核)무장에 이용 의혹," 『조선일보』, 2009년 7월 9일.

하다 중단됐던 금강산관광 수익료는 100%를 김정은 독재자가 강탈했다.

최근 10년째 동서해 오징어 어장은 중국 어선들에게 조업권을 팔아 중국 어선들 천여척이 저인망 어선으로 오징어를 싹쓸이 하고 있다. 이러한 북한의 지대 창출과 관리에는 김정은을 정점으로 노동당과 군부의 핵심 조직이 개입되어 있다. 이에 따라 인민경제는 파탄이 나고 인민들을 굶주리며 재정규모가 축소되어 가도 김정은 수령 독재정권을 유지시키는 수령경제는 잘 돌아가고 있는 것이다.[25] 따라서 북한의 인민경제가 파탄이 났음에도 김가왕조가 유지되는 수수께끼는 지대이론으로 설명될 수 있는 것이다.

제2절 북한 경제의 주요 부문별 현황

1. 거시적 현황

북한은 1960년대 초까지만 해도 『조선중앙년감』을 통해 비교적 체계적이며 상세한 경제통계들을 정기적으로 발표해 왔었다. 그러나 1965년 이후 이러한 체계적·주기적인 경제통계 발표를 중단하고 간헐적으로 발표하고 있어, 북한의 국민 소득 수준을 시계열적으로 파악하는 것은 쉽지 않았다. 1990년대 이후 유엔의 경제지원을 목적으로 국민소득 통계를 발표하고 있지만, 정치적 목적에 따라 자의적으로 조정된 측면이 있어 통계적 신뢰도에 의문을 갖게 하고 있다. 이에 한국은행은 1991년부터 북한의 경제력을 우리의 경제시각에서 비교·평가하고 일관된 기준 하에 북한의 경제력 수준을 파악할 목적으로, 유엔의 국민계정체계(System of National Accounts)를 적용해 북한의 국민소득 및 경제성장률, 주요 거시경제 통계들을 발표하고 있다.

이 통계들은 매년 관계기관으로부터 북한의 경제활동에 관련된 기초자료를 제공받아 간접적 방식으로 추정하고 있다. 1인당 국민총소득(GNI)와 같은 명목통계는

25) 북한 김씨정권을 40년간 떠받쳐온 고모부 장성택을 하루아침에 잔인하게 날려 보낸 것도 지대를 쥐고 있는 권력과 돈줄 때문이었다.

북한의 가격자료 입수가 곤란해 우리나라의 가격・부가가치율을 적용해 추정하고 있다. 따라서 한국은행의 거시통계는 남북한간 부가가치의 격차를 고려해 볼 때 북한의 실제 경제력 수준을 파악하는데 다소 한계를 내포하고 있다. 그럼에도 1990년대 이후 북한의 거시경제 흐름을 일관되게 이해하는 데는 상당한 도움이 된다고 할 수 있다. 한국은행이 추계한 북한의 거시경제 통계치를 통해 북한 거시경제의 현황을 살펴보면 다음과 같다.

1) 국민소득과 경제성장률

북한의 1990년대 이후 경제성장률 추이를 살펴보면 〈표 5-7〉과 같다. 이 표를 보면, 북한은 1990년 사회주의 경제권의 붕괴 이후 1990년~1998년 9년간 연평균 -3.8%의 성장률을 보임으로써, 총생산력 수준이 1980년대 말에 비해 절반 수준 이하로 하락했다. 이 당시에 다수 공장・기업소의 가동이 중단되고 일부 핵심 기간산업 및 군수공장만 겨우 가동되었던 것으로 알려져 있다. 북한 주민들이 '고난의 행군 시기'라고 부르는 이 시기에 북한의 산업은 군수산업만 제외하고 사실상 붕괴된 상황이었다. 1990년대 북한경제의 위기는 사회주의 경제권과의 대외경제 부문에서부터 시작되었다. 특히 구소련이 사회주의 우호무역에 의한 석유 등 주요 원자재 공급을 중단함으로써 본격화되었다.

〈표 5-7〉 남북한의 경제성장률 추이

구분	'02	'05	'06	'07	'08	'09	'10	'11	'12	'13	'14	'15	'16	'17	'18	'19
북한	1.2	3.8	-1.0	-1.2	3.1	-0.9	-0.5	0.8	1.3	1.1	1.0	-1.1	3.9	-3.5	-4.1	0.4
남한	7.4	3.9	5.2	5.5	2.8	0.7	6.5	3.7	2.3	2.9	3.3	2.6	2.9	3.1	2.9	2.0

자료: 한국은행, '2019년 북한 경제성장률 추정 결과', 2020.7.

주요 원자재의 수입 중단・감축은 곧 주요 산업부문 에서의 생산요소 투입량 감소로 이어지고, 이것이 전산업 부문에서 산업연관관계가 단절되는 상황으로 전개되었다. 그 결과 1990년대 북한경제는 전시상황이 아닌데도 불구하고 유례가 없는 급격한 축소재생산을 겪게 되었다. 1999년 이후 북한경제는 연속 마이너스 성장세에서 일단 벗어나고 있지만, 전반적 회복 추세는 보이지 못하고 있다.

즉 1999년~2005년 7년간 잠시 연평균 약 2.2%의 플러스 성장세를 나타냈지만, 2006~2010년간 다시 연평균 -0.1%, 2011~2015년간 연평균 0.6%의 성장률만 보이고 있을 뿐이다. 최근 김정은 정권이 시장활용 정책을 시행해 외관상 다소 활성화된 모습을 보이고 있지만 거시경제 전반은 여전히 정체 상태이다. 2019년 북한의 명목 국민총소득은 약 35.6조원(남한 화폐가치 기준)으로서 남한의 1/54의 수준이며, 1인당 국민소득은 약 143 만원(남한 화폐가치 기준)으로서 남한의 1/26의 수준에 불과하다. 1990년 남북한 격차는 명목 GNI의 경우 약 11:1, 1인당 GNI의 경우 약 5:1이었으나 2019년 명목 GNI의 남북 격차는 무려 27배 정도로 벌어졌으며 시간이 흐를수록 더욱 확대되고 있는 실정이다.[26)]

더욱이 핵개발로 인한 대북제재의 여파로 2017년부터 북한의 경제성장률은 마이너스로 돌아섰다. 2017년 북한의 실질 국내총생산(GDP)은 전년에 비해 3.5% 감소했고, 2018년에는 4.1% 감소했다. 2019년에는 더욱 감소한 것으로 추정된다. 게다가 2020년은 연초부터 코로나로 인해 국경을 폐쇄했고 수해까지 겹쳐서 경제는 최악으로 치닫고 있다.

[그림 5-3] 북한의 경제성장률 추이

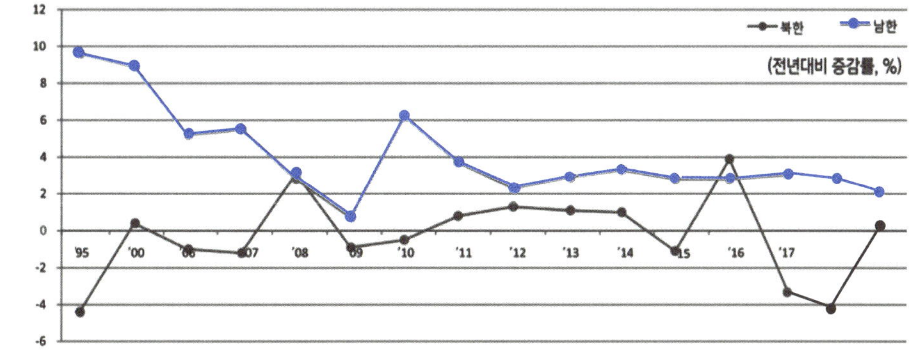

연도	1995	2000	2005	2010	2011	2012	2013	2014	2015	2016	2017	2018	2019
성장률(%)	-4.4	0.4	3.8	-0.5	0.8	1.3	1.1	1	-1.1	3.9	-3.5	-4.1	0.4

자료: 한국은행, 『북한 경제성장률 추정 결과』, 각 연도

26) 통계청, 『통계로 보는 북한 2019 북한의 주요통계지표』(2020.7.31.). 2019년 북한의 1인당 국민총소득은 약 141만원으로 2018년(143만원)보다 감소했다.

2) 산업별 성장률과 산업경제 현황

북한의 산업은 1980년대까지만 해도 설비 대체투자의 부족, 기술의 낙후 등으로 점진적으로 효율성과 생산성이 하락하는 추세에 있어도 나름 산업연관관계가 유지되는 재생산 구조를 갖추고 있었다. 그러나 1990년대 초에 원유도입량이 1980년대 말 대비 약 1/5 수준으로 급락하면서 북한 산업의 위기가 본격화되기 시작했다. 원유도입량의 감소가 전력난・원자재난 등을 야기해 중간재 생산의 공급위기를 야기하고, 이는 궁극적으로 소비재 제품의 공급축소로 연결되는 산업연관관계의 전반적 단절 현상이 초래되었던 것이다. 다음 〈표 5-8〉을 보면 1990년대 북한의 산업별 성장률이 모든 산업부문에서 극심한 마이너스 성장세를 나타냈음을 볼 수 있다. 가장 최악의 시기는 1997년도로서 광업의 성장률이 전년 대비 -15.8%, 제조업의 성장률은 -18.3%에 이를 정도였다.

〈표 5-8〉 북한의 주요 산업 성장률 추이 (단위 : %)

구분	'94	'97	'99	'00	'02	'04	'06	'07	'08	'09	'10	'11	'12	'13	'14	'15	'16	'17	'18	'19
농림어업	2.8	-2.7	9.2	-5.1	4.2	4.1	-2.6	-9.1	8.0	-1.0	-2.1	5.3	3.9	1.9	1.2	-0.8	2.5	-1.3	-1.8	2.3
광업	-5.2	-15.8	14.2	5.8	-3.8	2.5	1.9	1.5	2.4	-0.9	-0.2	0.9	0.8	2.1	1.6	-2.6	8.4	-11.0	-17.8	-8.5
제조업	-3.9	-18.3	7.9	1.4	-1.5	0.3	0.4	0.7	2.6	-3.0	-0.3	-3.0	1.6	1.1	0.8	-3.4	4.8	-6.9	-9.1	1.3
(경공업)	0.1	14.2	2.9	6.3	2.7	-0.2	-0.6	-2.2	1.3	-2.1	-1.4	-0.1	4.7	1.4	1.5	-0.8	1.1	0.1	-2.6	-1.3
(중공업)	-5.5	-20.3	10.4	-1.0	-3.9	0.6	1.0	2.2	3.2	-3.5	0.1	-4.2	0.2	1.0	0.5	-4.6	6.7	-10.4	-12.4	1.8
건설업	-26.9	-10.0	24.4	13.5	10.5	0.4	-11.5	-1.5	1.1	0.8	0.3	3.9	-1.6	-1.0	1.4	4.8	1.2	-4.4	-4.4	-2.5
서비스업	2.3	1.1	-1.7	1.1	-0.2	1.3	1.1	1.7	0.7	0.1	0.2	0.3	0.1	0.3	1.3	0.8	0.6	0.5	-0.9	2.9

* 한국은행, '북한 경제성장률 추정 결과'

이로 인해 1990년대 중・후반 당시 북한 제조업의 가동률이 평균 20% 수준으로 평가되기에 이르렀다. 이에 1998년 공식 출범한 김정일 정권은 산업연관관계를 복원하는데 역점을 둘 수밖에 없었다. 이른바 '기술개건(改建) 정책'이라는 이름하에 고난의 행군 시기를 겪으면서 심각하게 노후화된 공장・기업소의 설비들을 폐기 혹은 폐쇄하고, 그 외의 공장・기업소들은 기술개건 대상, 신설 대상 등으로 분류해 산업을 구조조정 하거나 정비해 나갔다. 그러나 기초 에너지부문 등 핵심 기간산업의 가동률이 아주 낮고 생산력 정상화가 이루어지지 않은 상황에서의 '기술개건(改建) 정책'[27]은, '4대 선행 산업부문'의 정상화라는 제한된 형태로 진행되는 수준이었다. '4대 선행 산업 부문'이란 전력, 석탄, 철도・운송, 금속・기계 산업부문을 의미한다. 김정일 정권으로서는 외자도입의 곤란과 투자자본의 절대 부족으로 인해 산업 전반의 정상화 도모 자체가 달성하기 어려운 과제였다. 게다가 김정일 정권은 선군경제정책을 경제정책의 기조로 삼음으로써 군수공업과 연관된 선행산업 부문의 정상화에만 제한적으로 역점을 두었다.

그 결과 2000년대 이후 북한의 광업・제조업 부문은 1990년대의 극심한 산업생산력 파괴 상황에서 일단 탈출하지만, 제조업・광업 가동률의 정상화는 1980 년대 후반 수준으로 복구되지 않고 있다. 〈표 5-8〉을 보면 북한 산업의 성장률은 2004년 이후 연평균 1%대와 마이너스 2%대를 3~4년 주기로 오르락내리락 하고 있다. 김정은 정권 이후 2012년~2014년간 3년 연속 연평균 1%대 플러스 성장세를 보였지만, 2015년 다시 -3.4% 성장률을 나타내고 있다. 또한 2000년대 후반 이후 건설업・서비스업 부문만 상대적으로 지속적인 활성화 양상을 보이고 있다. 이는 3대 세습정권의 단기 업적 쌓기를 위한 건설사업들(백두산영웅청년발전소, 평양시 아파트, 문수 물놀이장, 마식령 스키장 등)이 다수 추진되고, 시장화 확산으로 인해 유통부문을 중심으로 한 서비스산업 부문이 다소 활성화되고 있는 영향 때문인 것으로 보인다.

제조업・광업 부문 등 주력 산업부문의 정상화가 이루어지지 못하고 있는 것은 전력・석탄・철광석・비철금속 등 핵심 기초 원자재 생산력이 1980년대 후반 수준을 아직 복원하고 있지 못하기 때문이다. 즉 발전량의 경우 1988년 대비 2015년 현재 68%, 철광석은 47.6%, 비철금속은 16.3%, 강철은 24.2%, 시멘트는 68.2%, 비료는 66.9% 수준의 생산력만 보이고 있다.

이와 같은 애로상황이 지속되자 북한은 2000년대 후반 경 이른바 '주체공업'을 내세워, 일부 핵심 산업에서 성과를 도출하고자 하기도 했었다. 주체공업이란, 해외로부터의 원자재・설비나 기술도입 없이 국내생산 원료 및 자체 개발 기술로 철강・비료・섬유 등을 생산하는 공업을 말하는 것으로서 북한은 이를 주체철, 주체비료, 주체섬유

27) '기술개건 정책'이란 공장・기업소들을 새로운 현대적 장비와 기술로 정비하는 등 새로운 경제관리체계를 개선하기 위한 정책임; 통일부, 『WiKiDOK: 북한지식사전』

등이라고 불렀다. 그러나 김정은 정권 하 현재 '주체공업 방식' 산업복구 정책은 사실상 실패하고 있는 것으로 평가되고 있다. 2012년 공식 출범한 김정은 정권은 경제건설 및 핵무력건설 병진노선의 기조에 따라 기존 군수공업 연관 산업의 생산력 유지에 주력하면서 민심확보에 요구되는 일부 경공업 부문 정상화를 시도했다.

2013년 3월 10년만에 제7차 경공업 대회를 개최하고 일부 식료품・의류・신발 등 공장에 신규 및 대체투자를 시행하여, 경공업 분야에서 2012년~2014년 3년간 일시적으로 연평균 2.5%의 플러스 성장세의 성과를 얻을 수 있었지만(〈표 5-8〉), 그 성과가 끝내 지속되지 못하고 2015년 다시 마이너스 성장률을 보이고 있다. 선행산업부문 및 기초 공업부문의 한계가 극복되지 않는 한, 경공업 부문의 정상화 역시 쉽지 않기 때문이다. 이에 북한은 김정은 정권 초기 상대적으로 적게 언급되었던 선행 부문 및 기초 공업의 정상화를 2015년 신년사설 언급 이후 재차 강조하고 있는 상황이다.

특히 김정은이 2016년 5월에 열린 제7차 당대회 사업총화 보고에서 "경제전반을 놓고 볼 때 어떤 부문은 한심하게 뒤떨어져 있으며 경제부문들 사이 균형이 제대로 보장되지 않고, 선행 부문이 앞서 나가지 못하여 경제발전에 지장을 주고 있다."라고 인정할 정도이다. 북한은 2016년 5월에 개최한 제7차 당대회에서 「국가 경제발전 5개년 전략」(2016년~2020년)을 발표하며 기간산업 정상화, 에너지 문제 해결을 사회주의 강성국가 성취의 우선적 과제로 강조하고 있다. 그러나 이 계획은 김정은 정권의 연이은 핵실험으로 인한 대북제재의 강화, '만리마 속도' 하의 '70일 전투', '200일 전투' 등 '자강력 제일주의'[28]로 돌파하려는 북한 정책의 한계로 인해 그 성과 도출이 불투명할 것으로 전망되고 있다. 2019년에 농림 어업이 견인하여 산업이 소폭 증가했으나 핵개발로 인한 대북제재의 여파와 2020년 코로나와 수해까지 겹쳐 2018년 북한의 주요산업은 극심한 마이너스 성장률을 보이고 있다.

---

28) 김정은의 2016년 신년사설을 통해 언급한 북한의 혁명과 건설의 원칙으로 김정은은 2016년 5월 제7차 당대회에서 "자체의 힘과 기술, 자원에 의거하여 주체적 역량을 강화하고 자기의 앞길을 개척하는 혁명정신"이라고 규정하였다.

2. 에너지와 식량 부문별 현황

1) 에너지 부문

1990년대 북한 산업생산력 붕괴는 에너지 공급체계가 단기간내 급격하게 파괴된 것이 직접적인 이유라 할 수 있다. 이에 북한은 1990년대 후반 김정일 정권 출범과 더불어 산업연관관계 복구와 함께 에너지 공급체계의 정상화에도 역점을 두었지만 지금까지 그 한계점을 극복하고 있지 못하는 상황이다.

다음 [그림 5-4]를 보면, 1990년도와 비교하여 1998년도에 각기 56%, 19.9%, 74.8% 수준으로까지 하락했던, 석탄생산량・원유도입량・발전량이 2015년에는 현재 겨우 83%, 20.8%, 83.7% 수준으로 회복되고 있다. 에너지 공급 부문이 핵심 기간산업으로서 막대한 자본투입과 외자유입이 요구되지만, 북한의 악화되는 대외 경제환경과 경제난 지속이 1980년대 수준의 에너지 공급체계 복원 자체를 어렵게 하고 있다.

[그림 5-4] 북한의 에너지 공급 추이(수력발전 미포함)

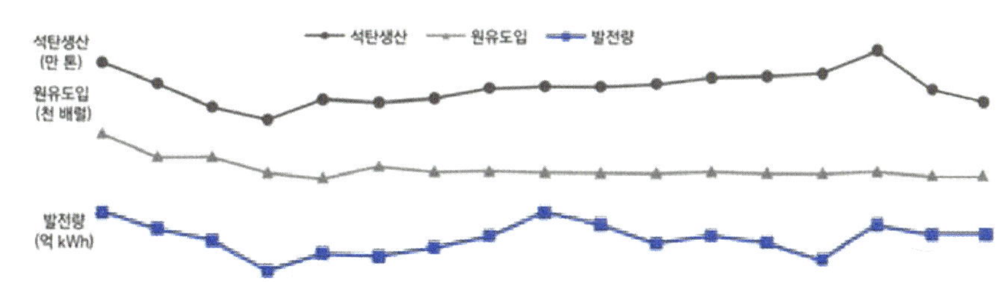

구분	1992	1994	1996	1998	2000	2002	2004	2006	2008	2010	2012	2013	2014	2015	2016	2017	2018
석탄생산	2,920	2,540	2,100	1,860	2,250	2,190	2,280	2,468	2,506	2,500	2,580	2,660	2,709	2,749	3,106	2,166	1,808
원유도입	11,142	6,670	6,861	3,694	2,851	4,376	3,900	3,841	3,878	3,870	3,834	4,237	3,885	3,851	3,901	3,850	3,850
발전량	247	231	213	170	194	190	206	225	255	237	215	221	216	190	239	235	235

* 주: 중국은 2014년까지만 대북 원유공급량을 발표. 따라서 2015년 이후 북한의 원유 도입량 통계는 기존 관행 공급량에 의거해 추산한 통계
* 자료: 통계청, 『북한의 주요통계지표』, 각 연도

북한의 에너지 경제부문 문제점을 구체적으로 살펴보면 다음과 같다.

(1) 전력 생산 부문

북한의 전력 생산 체계는 화력보다는 수력 위주이고, 화력발전은 석탄공업에 기초한 체계로서 1980년대에도 세계적 추세에서 후진적이었다. 전지구적인 급격한 기후변화로 인해 수력 위주 발전 체계는 불안정한 전력 공급을 초래하고, 석탄에 기초한 화력발전은 급격한 전력설비 노후화와 환경오염 문제를 야기한다.

이런 상황에서 북한의 발전소들은 1970년대 이후 발전소 현대화와 설비 대체투자도 사실상 거의 추진되지 못함으로써 노후화가 심화되어 갔다. 북한 화력발전소들(동평양, 평양, 북창, 청진 등)은 석탄 위주 화력발전소들로서 석탄 생산량이 감소하면 곧이어 화력발전소 가동률이 타격을 받는 구조였다. 석탄 채굴 증가로 칼로리 함량이 낮은 저칼로리 석탄 사용이 높아질 수밖에 없게 되면서, 화력발전소 가동에 착화를 위한 중유 사용도 필수였다. 따라서 북한의 전력생산 부문은 여타 산업부문에 비해 이미 1980년대부터 생산능력 대비 실제 생산량이 50% 수준 이하로 떨어졌다. 더군다나 1990년대 전반에 1980년대 말 대비 원유 도입량의 1/5 수준 추락, 석탄 생산량의 50% 이하 감소는 전력 생산부문을 곧바로 붕괴시키고 말았다.

북한은 1990년대 말 이후, 발전량이 평균 11kwh에 불과한 6,800여 개의 중소형 발전소를 건설하고, 최근에 이르기까지 약 20여 개 이상의 중・대형 수력발전소들을 건설했지만, 후진적 설비와 낙후된 기술, 일정치 않은 강우량으로 인해 실질적인 성과를 이루지 못하고 있다. 김정은 정권은 수력・화력발전소의 설비 개보수 및 터빈 교체 작업을 추진하며, 원산군민발전소, 희천발전소 3~12호, 백두산 영웅청년발전소 등 여전히 많은 수력발전소들을 건설하고 있지만, 속도전식 건설과 후진적인 기술력 등으로 인해 발전량이 설계에 못 미치고 있다. 그리고 발전소 준공 및 발전 설비 개보수 이후에도 재보수를 위해 빈번하게 가동이 중단되는 부작용도 나타나고 있어, 많은 노력동원을 통해 건설한 수력발전소들이 제 역할을 하고 있지 못하는 실정이다.

[그림 5-4]를 보면 2005년~2010년까지 약 5% 늘어났던 전력 생산량은 2011년 이후 다시 감소 추세를 나타내어 2002년 발전량 수준으로 후퇴하고 있다. 북한은 전력문제 해결을 2016년 5월 발표한 「국가 경제발전 5개년 전략」 수행의 선결조건으로 제시하고 김정은이 원자력발전소 건설도 지시하고 있지만, 전력 생산 부문의 정상화 문제는 유엔 대북제재 국면 하에서 쉽지 않을 전망이다.

이렇게 국가차원에서 전력산업 복구가 어려워지자, 최근 북한에서는 개별 가정, 소규모 서비스 기관·공장 기업소들이 중국으로부터 11W, 50W, 100W 등 소형 태양광 집열판과 축전지·변압기 등을 수입해 일상생활에 필요한 전기를 자체 생산해 사용하고 있다. 그러나 이는 생활경제 차원의 소규모 투자에 기초한 것으로서 가정용 전자기기·전구 사용, 가내수공업 활동 등에 부분 유용할 뿐, 북한 전력문제의 근본적인 해결책이 되지 못하고 있다. 북한 전력산업의 정상화는 외부로부터 대규모 자본투자가 유입되어야만 해결될 수 있다고 하겠다.

(2) 석탄 생산 부문

북한은 1990년대 이후 외화난으로 원유 도입량을 크게 증가시킬 수 없는 상황이 되자, 산업의 정상화는 곧 석탄 생산의 정상화에 달려 있다고 보고 석탄을 '공업의 식량, 인민경제의 생명선'이라고 강조해 왔다. 그런데 북한의 대규모 탄광들은 1990년대 중반경 3년 연속 수해의 영향을 받아 대부분 붕괴되어 있었다. 이에 북한은 1990년대 말경 이후 신규 탄광 개발보다는 소규모 투자가 소요되는 중소형 탄광 개발에 주력해 석탄산업 정상화를 도모해 왔지만 그 성과는 별로 크지 않았던 것으로 보인다.

대규모 홍수피해 이후 10여 년이 경과하면서 수해 탄광들이 부분 복구되고, 중국자본에 의한 설비 투자가 일부 탄광에 이루어지면서 석탄 생산량은 2000년대 중반경 이후 점진적으로 늘어났다. 북한이탈주민에 의하면, 최근 주로 폐갱된 소규모 탄광에 대한 '돈주'의 투자도 나타나 석탄 생산량이 다소 늘어나는데 기여하고 있다고 한다. 따라서 석탄이 북한 수출상품의 제1위의 품목으로서, 북한이 2015년 1,963만 톤을 중국에 수출하고 있음을 볼 때(중국 해관 통계), 전문가들은 최근 북한의 석탄생산량이 한국은행 발표 생산량인 2,749만 톤보다 다소 많을 것으로 추산하고 있다.

그러나 북한의 석탄산업 부문이 정상화되고 있는 것으로 판단하기는 어려울 것 같다. 북한은 사회주의 공업화 초기부터 자력갱생발전 노선에 따라 산업 에너지를 석탄 에너지에 의존하는 '주탄종유(主炭從油)' 정책을 취해 왔었다. 이 때문에 북한의 석탄 광산은 1980년대에 이미 심부화(深部化)현상[29]이 심각하게 진행되고 있었고, 점점 더 경제성이 떨어지는 저칼로리의 석탄도 채굴하기에 이르렀다. 석탄 채광의 효율성·수익성 제고를 위해 새로운 대규모 탄광을 발굴하거나 첨단장비들이 요구되고

---

29) 매장량 확보를 위해 비교적 채굴이 어려운 지반하부까지 파내려 가는 현상

있었다. 이런 가운데 1990년대 중반경 핵심 대규모 탄광들마저 대부분 홍수 피해를 입게 됨으로써 북한의 석탄 산업 정상화는 쉽지 않은 상황에 처하게 되었다. 2000년대 중반 이후 유입된 중국 자본의 투자는 새로운 탄광 발굴보다는, 수해 피해 이후 시간이 경과해 생산재개가 용이한 구탄갱들에 일부 설비자재를 제공하고 그 대가로 석탄을 채굴·수출하는 것으로서, 석탄산업 정상화를 도모한 투자형태는 아니었다. 게다가 북한의 석탄산업은 북한석탄수출을 전면 규제하도록 한 유엔대북제재결의안 제2371호(2017.8.5.)와 코로나 영향으로 수출이 전면 차단되어 내수용으로만 운영되고 있다.

(3) 원유 도입 부문

냉전시대에 구소련은 북한 원유 도입량의 약 80%를 사회주의 우호무역 방식, 즉 국제 시세보다 낮은 가격인 구상무역 방식으로 공급해 주었기 때문에 1980년 대 말경 북한의 원유 도입량은 약 250만 톤 수준이었다. 그러나 1990년대 이후 구소련의 체제전환으로 북한은 국제시장 가격에 의한 경화결제 방식으로 원유를 도입해야 하는데 외화 부족으로 원유 도입량이 급격히 감소할 수밖에 없었다.

1990년대 이후 북한은 최근까지 원유 도입의 대부분을 중국에 의존하고 있으며, 중국은 매년 평균 약 55만 톤 수준을 공급해 왔다.[30] 중국의 이 공급량은 1990년대 중반경 이후 거의 변함없이 유지해 왔는데, 중국은 2015년부터 대북한 원유공급량 통계를 발표하고 있지 않다. 국제사회는 평안북도에 소재한 봉화화학공장이 기존처럼 가동되고 있고, 장마당 유통 석유가격이 안정적으로 유지되고 있음을 볼 때 중국의 통계 미발표 이후에도 북한의 대중국 원유 도입량은 유지되는 것으로 추산하고 있다. 중국은 대북 원유공급을 상업적 방식, 무상원조, 밀무역 등 다양한 방식으로 공급해 주고 있다. 한편 북한은 최근 러시아로부터도 상업적·비상업적으로 중유를 공급받고 있는 것으로도 알려지고 있는데, 이것까지 감안한다면 북한의 원유 도입량은 중국이 발표해 왔던 공급량 이상의 수준일 것으로 추산되고 있다.

그러나 이런 비공식 도입량까지 총합해 북한의 원유 도입량을 감안하더라도 북한은 1980년대 수준의 원유 도입량을 회복하기 어려울 것으로 보이고 있다. 북한의

30) 2017년 9월 3일 북한의 6차 핵실험에 따라 유엔대북제재결의 제2375호(월 12일)가 채택되었다. 대북원유수출 상한선이 도입되었고 전체 유류 대북수출량이 약 30% 감축되게 되었다. 게대가 북한이 11월9일 ICBM 화성-15형을 발사하자 유엔은 대북제재결의 제2379호(12월 22일)로 채택했다. 정유제품 90%가 봉쇄되는 조치이다.

심각한 전력난, 낮은 공장 가동률, 주민들의 압도적인 비석유 에너지 사용 실태 등으로 간접 파악되기 때문이다. 북한이탈주민을 대상으로 한 에너지 경제연구원의 조사에 따르면, 북한 가정의 석유 소비는 2011년 기준 전체 수요량의 약 8.6%에 불과한 것으로 나타났다. 북한의 가정연료는 나무류, 무연탄, 갈탄, 진탄 등 가공되지 않은 석탄류가 주류를 이루고 있는 것으로 조사되었다. 더구나 2017년 9월 이후 북한의 원유·석유관련 제품 도입량은 유엔대북제재결의안 제2375호(2017.9.11.), 제2397호(2017.12.22.)와 코로나까지 겹쳐서 상당량 감소하고 있다.

2) 식량 생산 부문

북한의 식량난은 1970년대 중반에 도입된 이른바 '주체농법'이라는 북한식 농정의 실패, 사회주의 집단영농 생산 방식으로 인한 농업생산력 침체 등으로 1980년대에도 북한의 식량생산량은 평균 415만 톤 정도에 불과하여 정량배급 기준으로 이미 평균 200여 만 톤의 부족 현상을 나타냈다. 이로 인해 북한은 1987년부터 1인당 배급량을 평균 700g에서 22%를 감량한 546g만을 배급하였다. 다만 이 당시에는 소련을 비롯한 사회주의 국가들의 지원 등으로 기근 문제가 본격 제기되지 않았을 뿐이다.

1990년대 들어와 소련을 비롯한 사회주의 국가들의 지원 및 우호무역이 중단되고, 경제난으로 인한 농업 원자재 생산 급락, 연속된 자연재해 등으로 식량생산량이 400만 톤 이하로 급감하면서 심각한 기근에 직면하게 되었다. 기근이 가장 심각하게 진행된 것으로 알려진 1995년~1997년 3년간 식량생산량은 평균 354만 톤에 불과함으로써, 감량배급(1인당 546g/일) 기준으로 식량 부족량이 평균 164만 톤에 이를 정도였다.

2000년대 이후 북한은 양호한 기상 조건, 국제사회의 농업 협력, 자체의 농업기반 복구 조성 노력(자연흐름식 물길 공사, 토지정리사업) 등에 힘입어 400만 톤 이상의 생산량을 회복하고 있다. 2013년~2014년에 500만 톤을 약간 넘는 생산량을 기록하고 2015년도에 다시 480만 톤으로 약 5% 감소를 보였지만, 2013년 이후 480만 톤 이상의 곡물생산 수준을 유지하고 있다. 2016년도의 식량 부족량이 최근 몇 년 사이 가장 큰 70만 톤 수준이지만, 매년 평균 상업적 도입량 30만 톤과 주민들에 의한 소토지 경작 확대, 시장의 역할을 감안해 볼 때 1990년대의 심각한 기근 상황을 벗어나고 있는 것으로 판단되고 있다.

[그림 5-5] 식량 수급량

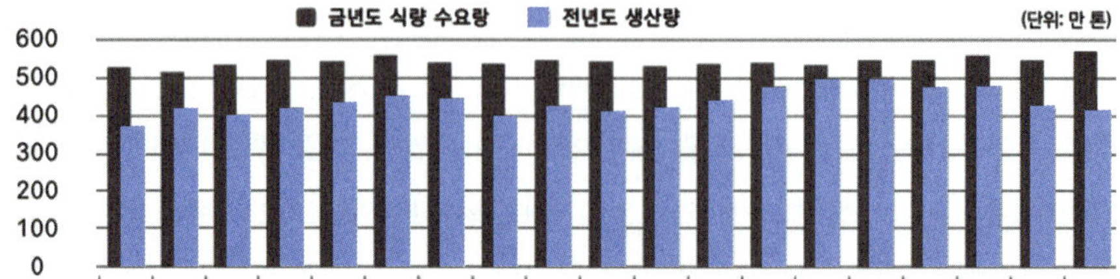

연도	'97	'00	'02	'04	'05	'06	'07	'08	'09	'10	'11	'12	'13	'14	'15	'16	'17	'18	'19
금년도 식량 수요량	530	518	536	548	545	560	543	540	548	546	534	540	543	537	549	550	561	552	575
전년도 생산량	369	422	395	425	431	454	448	401	431	411	425	466	492	503	508	480	515	472	417
금년도 부족량	161	96	141	123	114	106	95	139	117	135	109	74	51	34	41	70	46	80	136

* 주: ① 1995~2010년간 식량수요량은 농촌진흥청이 추계한 것으로, 감량배급(성인 1일 546g)기준으로 계산.

② 2011년 이후로는 WFP/FAO가 추계한 것으로, 1일 최소 칼로리 기준량(1인당 458g)기준으로 계산.

* 자료: 농촌진흥청(1995~2010, 1~12월 기준), WFP/FAO(2011~2015, 11월~10월 기준), 통계청.

최근 김정은 정권은 식량 생산 해결만을 매년 '주공전선'으로 제기했던 과거와 달리, 농업 외 수산・축산분야도 강조하며 단백질 섭취 문제에도 역점을 두고 있다. 그러나 열악한 농업 인프라, 가뭄・홍수 등 기후조건에 대한 취약성, 농업생산 투입 요소(비료・농약・종자・농자재 등)의 만성적 부족, 집단농 체제의 유지 등으로 북한의 식량생산은 단기간내 수요 대비 공급 부족 현상을 극복하기는 어려울 것으로 보이고 있다. 김정은 정권은 「국가 경제발전 5개년 전략」에서 식량문제의 완전 해결을 농업분야 목표로 설정하고 있다.

김정일 시대에 북한은 '7.1경제관리개선조치'를 시행하면서 주체농법을 부분수정하고 분조관리제를 개선하였지만 효과는 미미했다. 이에 김정은 정권은 출범과 동시에 이른바 '분조관리제 하의 포전담당책임제'[31]라는 개선조치를 시행 중으로 시행착오도 있지만 다소 긍정적으로 작용했을 것으로 추정된다.

31) 분조관리제는 협동농장의 기층조직인 분조를 단위로 하여 실시하는 농장 내부의 운영관리 형태를 말하며 포전담당제는 분조의 구성원을 기존의 7~8명보다 더 작은 인원으로 축소한 가족단위 규모(4~6명)로 운영되는 영농방식을 뜻한다.

제3절 경제체제의 분석과 진단

1. 북한 경제체제의 구조와 운영노선 분석

1) 북한의 경제체제와 운영노선의 구조적 문제

단기적으로 그리고 중장기적으로 계속하여 북한체제의 불안정성을 증가시키는 변수는 바로 경제문제이다. 북한경제의 문제는 수년 전부터 북한체제 그 자체의 변화 및 향방에 지속적인 조타수 역할을 하게 되는 일종의 강력한 '구조'로 자리잡아 왔다. 1970년대 1차 오일쇼크와 이에 연이은 북한정부의 채무불이행(moratorium) 선언 이후, 가깝게는 1993년 계획의 실패 인정 및 국민경제의 붕괴 이래로 북한의 경제난은 해결대책이 없는 상태로 현재까지 장기화되어 근본적으로 구조적인 제약을 받고 있다. 북한의 경제체제는 구조적으로 경제운영노선은 정권이 인민경제, 수령경제, 시장경제의 세 가지 북한경제의 영역과 기능은 상호관계 속에서 서로 영향을 미치고 있으며, 체제의 안정성과 불안정성을 배태하고 표출하는 역할을 수행하는 것이다.

북한의 경제구조와 운영노선의 근본적인 문제는 '경제'와 '국방'의 병진정책에 있다. 이것은 서로 상충되어 양립할 수 없는 공존 불가능한 이른바 **'이중화 전략'** **(Dualization Strategy: 혹은 '이분화 전략')**[32]이기에 구조적 제약이 되고 있다. 이중화 전략은 또한 계획경제와 시장경제의 병존이라는 구상이 존재하고 있다. 이것은 김정일 시대에 분권화, 시장화, 화폐화를 용인했던 2002년 7・1조치와 2003년 종합시장조치를 하달했으면서도, 이를 예방적으로 제어하기 위한 중앙집권적, 계획경제적 경제정책인 선군시대 경제건설 노선을 계통적으로 병존시키는 상호 구조적 제약 및 모순을 보이고 있는 경제정책이다. 김일성-김정일 시대의 '경제건설과 국방건설의 병진'이 김정은 시대에는 '경제건설과 핵무력 병진'으로 바뀌었을 뿐 두 개념이 양립과 병진은 사실상 불가능하다.

32) 박명혁, "사회주의 기본경제 법칙과 선군시대 경제건설에서 그의 구현", 『경제연구』 2003년 제3호; 리기성, "위대한 령도자 김정일 동지께서 새롭게 정립하신 선군시대 사회주의 경제건설로선", 『경제연구』 2003년 제2호.

지난 20여년 이상의 핵 및 미사일 개발과정과 수많은 실험은 북한 지도부에게 체제유지와 결속력을 가져다주었을지는 모르나 북한경제 자체에는 치명적인 문제를 노정시켜 왔다. 사실 북한주민들이 대기근으로 죽음을 견디는 과정은 아래로부터 시장을 창출하는 과정이었으며, 북한지도부에게 이것은 대립된 전망을 가진 사회가 출현하는 과정이었다. 이것은 생존의 몸부림이니만큼 뿌리도 강했기 때문에 시장에 대한 권력의 사후 용인조치는 불가피했다. 2002년 7・1조치와 2003년 종합시장조치가 등장하게 된 배경은 바로 그런 상황에서였다.

역설적이겠지만, 2002년 9월에 '선군시대 경제건설 노선'이 등장한 배경도 이 시점에서였다. 이는 사후적으로 용인할 수밖에 없었던 시장에 대해 예측 가능한 영역 속에서 통제하겠다는 의지의 표현이었다. 계획경제와 시장경제를 공존시키고, 언제든 계획경제로 복귀시키겠다는 국가의지의 표현이었다. 특히 2007년에 들어와 설령 정책중점을 인민경제와 국민경제의 발전에 두었더라도 북한은 선군정치 혹은 군수공업을 강조하는 기본노선이 바뀌지 않을 것임을 언급했다. 노동신문 2006년 11월 27일에서는 "국방공업이 주도적이며 핵심적인 자리를 차지하는 경제구조를 확립해야 자립적이고 튼튼한 경제축성을 쌓을 수 있으며", "총대가 약해 망한 나라는 많아도 기근이 들어 망한 나라는 없다"고 역설한 바가 있다. 북한은 공식적으로 현재까지 계획경제와 시장경제를 병존시키는 실험을 강행하고 있는 중이라고 한다.

여기에는 사실상 계획과 시장, 국가와 사회, 군수공업과 인민경제, 자력갱생과 개혁개방이 각각 대립하고 있는 것으로 보인다. 북한 지도부는 이를 공존과 병존이라고 하지만, 양자간의 부조응으로 인한 거대한 갈등을 낳고 있으며, 대립이 심각하게 발전하면서 체제 그 자체를 불안정성으로 몰고 가는 것으로 보인다. 2007년 말부터 2013년 11월까지 전국의 시장에 대해서 계속적으로 금기사항을 강제하면서 통제를 가하고자 하는 것도 그 좋은 예이다. 그러나 김정은 집권 후부터 장마당 시장이 더욱 확대되고 있는 추세이다. 이같은 현상은 현재 북한체제가 직면해 있는 위기이자 도전의 큰 축을 이루고 있으며 향후 안정성과 불안정성을 가늠하는 변수가 될 것이다.

2) '경제・핵무력 건설 병진노선'의 분석 및 평가

김정은 정권은 집권 2년차인 2013년 3월 31일 당중앙위원회 전원회의의 결정을 통해 '경제건설 및 핵무력건설 병진노선'을 경제정책의 기조로 채택했다. 김정은 정권은 현시대에서는 핵무력 강화가 '혁명발전의 합법칙적 요구'이므로 이를 결코 포기하지 않고 지속시켜 나갈 것이며, 경제건설도 동시에 병행할 것이라고 주장하고 있다. 김정은 정권은 김일성시대의 '경제·국방 건설 병진노선', 김정일 시대의 '선군경제건설노선'을 계승한 것임을 표방하며, 핵무력 강화가 과학기술 발전을 초래하고, 이것이 다른 경제 부문의 발전도 추동할 것이라는 논리를 내세우고 있다. 즉 핵·미사일 등 개발에 연관된 국방공업 우선 발전 논리를 강조하고 있다. 그리고 경제건설 및 핵무력건설 병진노선이 "국방비를 추가적으로 들이지 않고도 전쟁 억지력과 방위력의 효과를 결정적으로 높임으로써 경제건설과 인민생활에 보다 힘을 집중할 수 있게 되었다."라고도 주장하고 있다. 김정은 정권의 병진노선이 마치 이전 병진노선들보다 인민생활 향상에 좀 더 비중을 두는 정책인 것처럼 선전하고 있다.

김정은 정권의 '경제 - 핵 병진노선'을 자세히 살펴보면 핵보유를 정당화하려는 논리의 의도적 왜곡이라고 볼 수 있다. 과거의 '경제 - 국방 병진노선'과 크게 다를 바가 없다. 경제 - 핵 병진노선의 핵심 의도는 '핵무기는 정치적, 경제적 흥정'의 대상이 아니라 어떠한 이유로도 포기할 수 없는 '생명줄'이므로 앞으로도 '질량적으로 더욱 확대 강화'해 나갈 것이며, 군사력과 작전상 '중추적 역할'을 하도록 해 나갈 것이라는 점이다. 북한은 "새로운 병진로선은 급변하는 정세에 대한 일시적인 대응책이 아니라 항구적으로 틀어쥐고 나가야 할 전략적 로선"이라고 강조하였다. 또한 "핵무기는 결코 미국의 딸라와 바꾸려는 상품도, 정치적 흥정물이나 경제적 거래물이 아니며, 제국주의와 핵위협이 존재하는 한 절대로 포기할 수 없는 민족의 생명이며 통일조선의 국보"라고 강변하였다.

그러나 김정은 정권의 경제정책 기조인 병진노선은 북한경제의 모순을 더욱 심화시킬 수밖에 없을 것으로 전망된다. 그 이유는 첫째, 경제건설 및 핵무력건설 병진노선은 국제사회의 대북제재 강화를 유지·확대시켜 외부 자본의 유입 자체를 어렵게 하고 있기 때문이다. 북한경제는 20년 이상 지속된 경제 위기로 '빈곤의 함정'에 처해있고, 이것은 외부로부터 재원이 투입되지 않는 한 극복될 수 없는 현실이다. 김정은 정권이 병진노선을 고수하는 한 북한은 내부 자원 동원에 의한 경제 활성화 정책을 시행할 수밖에 없고, 내부 자원의 동원은 장기적으로 '자원의 유한성' 때문에 한계에 직면할 수밖에 없을 것이다. 둘째, 병진노선은 국가의 투자 재원 배분에서 민생경제 부문을 배제하여 결국 자생적 시장화 현상을 더욱 확산시키고, 북한경제의 이중구조를 더욱 확대시켜 나갈 수밖에 없을 것으로 보이기 때문이다.

실제로 핵무기는 연구개발과 전략전술적 대비 운용을 위한 지휘・통신・정보자산 그리고 인원과 시설, 각종 장비들을 필요로 하게 된다. 또한 각종 첨단기술과 부품, 소재들도 필수적이다. 이들 모두를 패키지로 구비하여야 비로소 무기로서의 효과를 발휘하게 되며, 엄청난 추가비용을 필요로 한다. 핵무기 보유국들의 사례를 보면 핵무기 자체의 개발・생산비용은 아주 적은 몫이나(미국의 경우 10%) 절반정도가 각종 투발수단의 획득비용이고 약 1/4정도가 지휘・통신・정보 등 운용자산 비용인 것을 나타나고 있다. 그간 정보기관 등에서 추정한 공개자료들을 종합해보면 북한은 지난 2013년 2월 3차 핵실험에 이르기까지 약 20년간 핵무기 개발과정에서 최대 약 70억 달러의 자원을 투입한 것으로 파악된다. 일부 대북 소식통 주장에 의하면 북한 당국이 그동안 두 차례 핵실험을 포함, 핵개발에 사용한 비용은 주민들의 8년치 배급식량을 살 수 있는 약 65억8000만 달러(약 7조 4354억 원)에 이른다고 한다.[33]

핵무기 개발 사이클상 초기보다 핵연료 추출과 실험이 본격화되는 시기에는 더 많은 비용이 소요된다는 점을 고려하면, 최근에는 연평균 약 5억 달러 전후의 비용이 투입되었을 것으로 본다. 앞으로 핵의 무기화 과정이 남아 있고 핵무기를 확대 강화하는 과정에서 중장거리 미사일 개발을 포함하여 대략 연평균 10억 달러의 추가적 비용을 들 것으로 판단한다. 북한의 군사비가 약 80억 달러대(구매력 평가 기준)임을 고려할 때 북한이 매년 10억 달러 전후의 추가적인 핵개발 비용을 투입한다면 가뜩이라도 파탄지경인 북한경제에 치명적 요소로 작용할 것이다.

그럼에도 불구하고 "추가적 국방비 투입이 필요 없다"는 선언적, 수사적 궤변으로 북한주민을 호도하고 있다. 프랑스군은 핵무기 때문에 예산 과다 투입으로 오히려 허약해졌다.[34] 프랑스는 핵폭탄・미사일・전략폭격기・첨단전투기・항공모함 등,

33) 3회 핵실험 포함 약 70억 달러의 핵개발비용 추정이 타당할 것으로 본다. 북한 핵문제에 정통한 대북 소식통은 2012년 5월 2일 "북한이 두 차례의 핵실험 비용을 포함해 지금까지 핵개발에 총 65억8,000만 달러를 지출한 것으로 집계됐다"고 밝혔다. 이 돈은 북한이 핵개발을 시작한 1965년부터 현재까지 지출한 돈을 합산한 것으로 재료 구입비와 건설비, 운영에 필요한 제반 비용을 합한 것이다. 또 핵개발에 종사하는 전문인력만 최소한 3,000명이며, 핵 관련 인력을 모두 합하면 10만 명에 이른다는 얘기도 나왔다. 이러한 상황에서 북한은 2016년 1월과 9월에 4차, 5차 핵실험을 감행하였으며, 6차 핵실험도 시기만을 저울질하고 있다.

34) 프랑스의 드골은 영광스러운 프랑스 재건을 위하여 핵무기를 개발하였다. 드골은 1차 핵무기 확보에 전체 국방비의 20%, 전체 무기조달 예산의 40%가 필요할 것이며 제2세대로 업그레이드하는 데 비용이 조금 더 들어갈 것이라는 참모의 보고를 받았다. 하지만 이는 아주 보수적

비용이 한없이 들어가는 무기체계를 운용하며 강대국의 일원으로 행세했다. 하지만 속까지 알차지는 못했다. 현실적으론 오직 미국만이 이 정도 규모의 군대를 실질적으로 유지할 수 있었다. 핵을 비롯한 엄청난 전력을 유지하려 했던 소련은 과도한 군사비 지출을 감당하지 못해 경제난을 겪다 무너졌다. 이젠 미국도 경제적 압박에 과도한 군사비를 줄일 수밖에 없는 처지다. 핵무기・영광・위대・존엄은 정말 돈이 많이 들어가는 고비용 단어라는 사실을 잘 보여주는 사례다.[35] 군대를 유지하고 목에 힘을 주려면 경제가 뒷받침돼야 한다. 돈 없이 버티는 군대는 역사에서 찾을 수 없다. 구소련도 결국 미국의 SDI전략에 말려 급격히 붕괴의 수렁으로 빠져 들었다.

결국 북한의 '경제 - 핵 병진노선'은 단기적으로는 김정은 독재자와 지배엘리트들과 일부 체제 지지세력에게는 위안감을 줄 수는 있지만 장기적으로 경제를 피폐하게 만들어 체제변동의 핵심적 요인으로 변모할 것이다. 더욱이 북한은 지속적인 핵과 미사일 시험으로 유엔 안보리의 강력한 제재로 인해 국제적 지원이 고립되어 있다. 비록 북한이 2018년부터 '경제총집중노선'을 채택했다고 하나, 결국 핵 및 신형무기 개발을 포기하지 않을 경우 북한의 '경제 - 핵 건설 병진노선'은 한계에 봉착하게 될 것이다.

2. 북한체제의 뇌관: 시장경제(장마당 경제)

북한의 계획경제 시스템은 1980년대 중・후반경부터 이미 부분적으로 계획시스템 작동에 애로가 조성되고 있었다. '계획의 일원화・세부화 원리'에 따른 중앙집중적 계획화 체계 자체가 사실상 곤란해짐으로써 점차 공급 부족 현상이 확대되고 있었다. 계획경제 시스템의 양대 축인 자재공급체계와 배급제도가 원활히 작동되지 못하고 있었다.

이에 북한 당국이 1958년 이래 허용해왔던 10일장 형태의 농민시장이 주민들 사이에 자연스럽게 매일 열리는 상설 시장화되기 시작했다. 이후 북한 당국은 상설 시

으로 계산한 숫자였다. 실제로는 기본 핵무기 확보에 전체 국방예산의 절반 이상이나 들어갔다. 폭격기 등 전체 핵전력 확보에 투입된 비용은 훨씬 더 많았다. 65~71년 중무기 획득 예산의 절반 이상을 핵무기가 잡아먹었다. 다른 분야의 군 현대화는 미뤄지거나 취소됐다.

35) 『중앙SUNDAY』, 제319호, 2013.4.21; [채인택의 미시 세계사] 고비용 단어 영광・위대・존엄

장화된 농민시장을 허용 · 통제를 반복하면서 다른 한편, 공장 · 기업소 등의 '8.3인민소비품' 생산과 부업밭을 허용해 주었다. '8.3인민소비품' 생산이란 공장 · 기업소들이 계획지표를 수행하고 남은 부산물로 주민들의 생활에 필요한 소비제품을 생산하는 것을 말한다. 부업밭은 공장 · 기업소 등의 소속 노동자들에게 부업으로 부치는 땅을 부여한 밭을 말한다. 협동농장 농민들에게는 합법적으로 약30평 정도의 텃밭 경작이 예전부터 허용되고 있었다. 이 활동들은 계획 외 경제활동, 즉 합법적인 비공식 경제활동들로서 공급 부족 현상에 직면해 외연이 확대된 것이라 할 수 있다.

그런데 1980년대 후반 이후 주로 북부 지방을 중심으로 한 식량 미공급 및 소비제품의 부족 현상이 심화되어 나가자 암시장 형태인 '야시장', '장마당', 밀수 활동이 발달됨과 동시에 농민시장이 합법적 공간의 성격을 뛰어넘어 점차 비합법적 공간으로 급속히 확대되어 나갔다. 불법거래 상품인 쌀 · 옥수수 등 식량과 공산품 등이 주요 상품으로 거래되기 시작했다. 이 현상은 1990년대 이후 북한의 계획경제 시스템 자체가 근본적으로 동요되고, 전반적 배급제 붕괴 현상이 초래되면서 급속도로 진전되어 나갔다.

북한 주민들은 처음에 배급제가 중단될 당시 생존을 위한 식량 획득 목적으로 '단순 거래자'로서 농민시장에 등장했었다. 장사 행위를 '비사회주의 행위'로 치부했던 과거 인식 때문에 주저했던 주민들은 장사 활동을 통해 생계가 유지되는 주변 사람들을 보면서 점차 신규 참여자로 진입해 들어왔고, 이런 과정에서 시장 참여자 수도 확대되어 나갔다. 주민들은 여러 차례의 교환활동을 통해 부가가치와 부의 축적을 경험하며 상업자본을 축적해 나가고, 일부는 이른바 '돈주'로도 성장해 나갔다. 장마당에는 공장 · 기업소 자산의 전용 · 약탈 · 탈취 등을 통해 유입된 재화, 텃밭 · 소토지 등에서 경작된 농축산물, 개인 자산으로 보유하고 있었던 물품, 국제사회의 지원물자, 북 · 중 간 공식 · 변경무역 및 밀수 등을 통해 대규모로 유통된 재화들이 공급되었다. 북한은 식량난과 계획시스템의 붕괴에 직면하게 되자 북 · 중 접경지대의 통상구를 개방하고, 국가 지정 무역기관 외에 정부 부처인 성(省), 기관, 군부대, 지방의 도인민위원회, 공장 · 기업소들도 대외무역 활동에 참여하는 것을 허용했었다.

그 결과 1990년대 말에 오면 북한의 시장화 현상은 전국적 규모의 유통 네트워크가 형성되는 현상으로 진전되었다. 주요 시 · 도들에 대규모 도매시장과 함께 이 시장들이 특화된 시장으로 발달되어 나갔다. 주민들의 장사 형태도 '등짐장사'로 출발해 점차 지역 간에 부족한 물자를 유통시켜 이익을 얻는 장사인 '되거리장사', 철도 · 차량을 이용한 도매 장사인 '달리기장사' 및 '차판장사' 등에서 상설시장에서 앉아서 장사하는 '매대장사'로 분화 · 발전되어 나갔다.

한편, 1990년대 말 이렇게 전국적 규모의 유통 네트워크가 구축될 정도로 북한의 시장화 현상이 확산된 이면에는, 북한의 당 · 군 등 주요 특권기관들이 시장공간에 본격 진입해 들어와 특권을 활용해 외화벌이 및 계획지표 수행 활동을 함으로써 가능했음을 인식할 필요가 있다. 북한은 1990년대 중반경 자재공급체계가 전반적으로 마비되자 각 경제단위들에 물량지표가 아닌 액상(금액)지표를 부여하고 독립채산제를 확대해 나갔다. 특히 특권기관들에는 주요 외화벌이 원천들을 장악해 무역활동을 할 수 있는 권한을 부여했다. 이에 따라 공장 · 기업소들이 본래 생산 · 경영 활동과 상관 없는 무역활동 및 상업활동 등을 통해 금액지표 납부를 수행하는 것이 가능해졌고, 특권기관들은 대규모 무역기관으로서 북한 내 유통망을 장악해 나갔다.

[그림 5-6] 북한의 대표적 종합시장

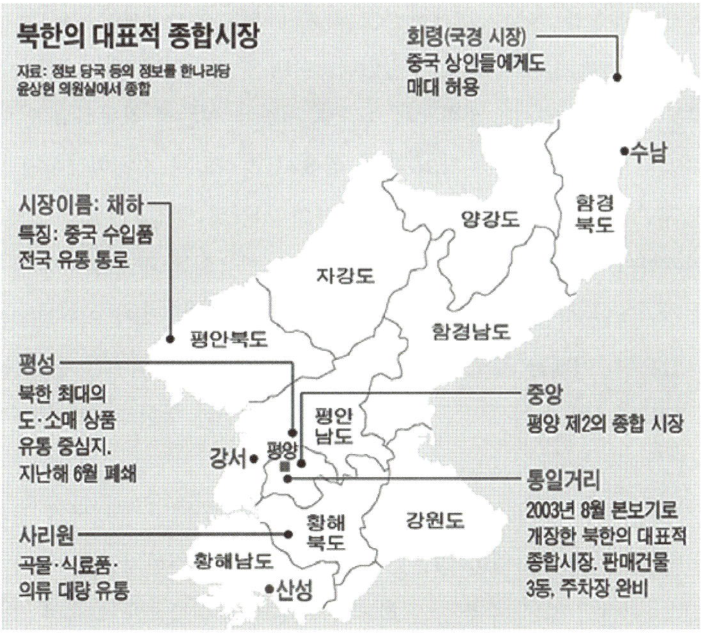

최근 북한에는 2003년 3월의 종합시장 조치 이후 전국적으로 약 300~ 350여개의 종합시장이 존재하는 것으로 보인다. 원래는 큰 도시 같은 경우는 구역마다 시장을 하나씩만 세우라고 했고, 전국적으로는 군 단위에서 1~2개씩, 시 단위에서는 3~5개를 세우라는 지시가 내려간 것으로 보인다.

북한에서 7.1조치는 한마디로 계획경제 시스템을 유지하면서 부분적으로 시장기능을 활용하려는 의도에서 추진되었지만, 북한의 시장화 현상이 경제부문별(사금융, 노동, 생산, 유통, 건설, 서비스 등)로 더욱 심화・발전되어 나가게 하고, 의도치 않게 공식경제와 비공식 경제가 상호 공생하는 시스템을 구축시켰다고 할 수 있다. 이런 현상은 북한당국으로 하여금 위기의식을 초래해, 북한은 2005년 하반기 이후 7.1조치 시행을 중단, 점진적으로 시장을 통제해 나갔다. "시장은 비사회주의의 서식장이요, 자본주의의 본거지"라고 주장하며, 2006년부터 점진적으로 시장활동을 단속・억압해 나갔다. 북한은 2009년 11월 30일 전격 화폐개혁을 시행하며 종합시장도 철폐하려 시도했었다. 화폐개혁은 신・구 화폐를 1:100 비율로 교환하는 화폐교환 조치이지만, 북한은 이 조치를 시행하면서 중앙집중적 계획경제를 강화하고 공식 허용되었던 종합시장을 축소・철폐시키려 했다.

그러나 종합시장을 축소・철폐하려는 화폐개혁은 북한경제에 심각한 부작용을 초래하고 2개월만에 실패로 끝나고 말았다. 이미 주민들의 가계경제가 시장활동을 통해 대부분 유지되고 있고, 계획경제 공간도 시장에 의존해 작동하고 있으며, 국가의 재정수입조차 많은 부분 시장의 토대 위에서 성취되는 경제현실이기 때문이다. 1980년대 후반경부터 발전되기 시작한 북한의 시장화 현상은 결국 합법적・공식경제 영역에까지 침투해 계획경제와 시장이 상호 활용하는 구조로까지 발전하였다.

북한이 적극적인 시장화 개혁을 취하지 않은 결과 경제구조가 이원화되는 모순이 심화되고 있으며, 이제는 결코 중앙집중적 계획경제체제로 회귀할 수 없는 현실이 되었기에 2012년 4월 공식 출범한 김정은 정권이 직면한 북한경제의 문제점은 다음과 같다.

첫째, 김정일 정권 말기 전주민 동원정책을 시행해 2012년 강성국가 건설을 상징하는 희천발전소 건설 등 몇몇 대규모 건설사업 들을 추진했지만, 북한의 산업생산력이 아직 1980년대 후반 수준으로 회복되지 못해 주민들에게 약속한 '먹는 문제' 해결을 달성하지 못하고 있었다.

둘째, 2000년대 이후 구조화된 시장화 현상 속에서 크게 확대된 경제의 양극화 해결과 함께 민생경제를 활성화하지 않으면 안 되는 문제를 안고 있었다. 김정일 시대의 선군경제정책과 시장의 부분 활용 → 통제 → 묵인의 반복은 민생경제를 더욱 악화시켜 3대 세습정권의 명분을 취약하게 만들고 있었다.

셋째, 경제관리 체계를 개혁하지 않으면 북한경제의 위기 상황이 더욱 확대되는 모순에 직면하고 있었다. 제도와 경제현실간의 격차 확대는 경제의 양극화와 더불어 특권 세력들의 지대소득 확대만을 초래하고 있었다. 즉, 시장 활동에서 산출되는 부가가치 및 잉여가치가 국가의 재정으로 유입되어 산업경제 정상화에 투입되는 경로가 만들어지지 못하고, 국가의 통제에서 벗어난 암시장만을 확산시켜왔을 뿐이다.

이에 김정은 정권은 2013년 3월 31일 당중앙위원회 전원회의를 통해 경제건설 및 핵무력건설 병진노선을 경제정책의 기조로 선포하면서, 이른바 '우리식 경제관리방법'을 점진적으로 실시해 오고 있다. 즉 김일성 시대 이래 북한의 핵심 경제정책 기조인 경제·군사 병진노선을 고수하면서, 북한경제 내에 구조적으로 고착되어 있는 시장화 현상 일부를 수용해 경제의 효율화와 생산성 증대를 도모하려 하고 있다.

북한은 "우리식 경제관리 방법을 확립하는 것은 경제강국 건설과 인민생활 향상을 위한 투쟁을 다그치는 관건적 고리"라고 하며, 김정은 정권 출범 이후 일부 경제단위에서 우리식 경제관리 방법을 시범 시행하며 점진적으로 확대해 왔었다.

북한은 2016년 5월 개최된 제7차 당대회의 당사업총화 보고를 계기로 우리식경제관리방법의 전면 확립을 공식화하고 있다. 우리식 경제관리 방법은 과거 7.1조치가 농업·국영기업·가격·재정·유통 등 경제 각 부문별로 종합적·체계적으로 추진되었던 것과 달리, 아직 대외적으로 그 전모가 체계화된 내용으로 공표되어 있지 않다. 노동신문이나 조선신보, 해외 언론과의 북한 경제학자 인터뷰 등을 통해 일부분 알려진 내용은 다음과 같다.

첫째, 농업분야에서 '분조관리제 하의 포전담당책임제'를 일부 지역과 협동농장에서 시행하고 있다. 포전담당책임제는 협동농장의 최종 작업조인 분조(15~20여 명, 50정보) 내에 포전을 담당하는 최종 노동단위를 3~5명으로 구성하고, 1인당 약 1정보씩 토지를 분배해 당국이 제공한 농자재 비용과 국가 몫 납부 후 초과생산물을 국가와 농민 간에 일정 비율로 현물 분배를 시행하는 것을 내용으로 하고 있다. 이 제도는 현재 일부 지역에서 지역별로 변형된 방식으로 실시되고 있는 것으로 보이는데, 실행과정에서 많은 문제점이 드러나고 있다고 한다. 즉, 군량미 수매 우선 원칙, 현실에 안 맞는 계획 수매량, 기존 협동농장 조직체계의 유지, 분배 토지등급의 차이, 분배 토지면적의 편차, 여전한 주체농정의 강조 등 문제로 인해 그 효과가 불명확한 것으로 알려지고 있다.

둘째, 공장・기업소에 '사회주의기업책임관리제'를 도입해 독립채산제 및 경영 분권화 조치를 확대하고 있다고 한다. 특히 지방공장의 경우 국가계획 외 기업소 자체 계획을 허용해 생산량, 생산물의 품질, 가격・임금 결정 등에 있어서 일부 권한을 부여하고, 초과 생산품의 시장판매를 허용하고 있다고 한다. 그러나 아직 '대안의 사업체계'라는 북한식 기업관리 체계가 유지되고 있고, 전력・자본・원부자재 부족 등으로 인해 일부 수출기업 외에는 성과를 거두기 어려운 실정이다.

'우리식 경제관리 방법'에서 시행하고 있는 경제관리개선조치 내용들은 사실상 2002년 7.1조치 및 2004년 확대 조치 방안을 대부분 재시도하는 것이라고 볼 수 있다. 7.1조치의 실험 중단과 시장의 통제와 묵인의 반복 속에 제도와 현실간의 격차가 더욱 확대된 상황을, 사후적으로 일부 수용해 추진하고 있는 것이다. 다만 기존과 다른 점이 있다면, 김정은 정권은 김정일 정권에 비해 상대적으로 유연한 시장정책을 시행하고 있는 것으로 판단되고 있다는 점이다.

전문가들은 시장활용 정책 하에서 북한의 시장화 현상이 한 단계 업그레이드 되고 있는 것으로 판단하고 있다. 그 이유는 내수시장이 확장되고, 이를 겨냥한 계획경제 부문의 '사회주의 모자를 쓴' 경제활동이 확대되는 현상을 관찰할 수 있기 때문이다. 북한 시장화 초기에 계획경제 부문의 상품・자원들이 시장에 유출됨으로써, 시장은 계획경제 부문을 잠식하는 경제공간 성격이 지대했다. 그러나 이제 시장은 계획경제 부문이 계획지표 수행에 필요한 원자재・자본 조달 및 판매시장의 역할을 함으로써, 시장은 계획경제 공간과 상호 의존관계를 맺고 있다고 할 수 있다.

그런데 북한의 시장경제가 갖는 특수성은 첫째, 생산이 없는 시장경제 구조이다. 생산이 없는 교환체계는 북한시장경제에 치명적인 결과를 유발할 뿐만 아니라 이것이 현 북한의 정치체제의 불안정을 유발하는 변수로 작용한다는 것이다. 둘째, 현실적으로 작동하는 시장경제에 대한 상부구조적인 제도가 불비하다는 점이다. 시장이 전국적으로 광역화는 되어 있으나 상부구조도 없고, 상행위와 다른 지역 시장으로의 이동도 자유롭지 않아서 공급 및 유통구조 등의 문제 역시 구조적인 제약요인으로 작동하고 있다. 셋째, 외부의 공급원(외국 상품 유입)에 매우 취약한 구조를 가지고 있다. 이것은 늘 공급부족의 상태에서 시장이 어렵게 운영되고 있음을 뜻하고 있다. 넷째, 상업자본이 주체가 되어 있어서 상업자본의 산업자본으로 전환되지 못하는 한 생산 없는 시장경제, 산업 없는 시장경제라는 구조적 제약을 받는 요인이 되고 있다.

그러나 이 시장이 북한경제의 막힌 숨통을 터주는 역할을 하고 있으며 김정은 독재자가 자금을 수탈하는 구조로 되어 있다. 북한경제의 실태를 규정하고 있는 구조를 좀 더 들여다보게 되면, 북한주민들과 사회가 자생적으로 구축해 온 시장경제에 수령경제가 일정정도 기생하는 체계로 연결되어 있음을 알 수 있다. 특히 수령경제에서 권력엘리트들이 중요한 행위자로 활동하는 경제영역이기 때문에 공식영역과 불법영역을 넘나들면서 북한 경제구조 자체를 형해화(形骸化)하고 있어서 수령경제는 북한경제와 북한체제를 궁극적으로 불안정으로 이끄는 구조적 제약요인이 되고 있다.

3. 식량과 임금 차등 분배

1) 식량 차등 분배

북한에서 전통적인 분배 시스템은 크게 보아 두 개의 축으로 이루어져 있다. 하나는 임금제도이고 또 하나는 식량배급 및 생필품 공급제이다. 이 두 가지 가운데 하나 또는 둘 다 약화, 붕괴하게 되면 전통적인 분배 시스템은 약화, 붕괴하게 된다.

북한은 기존 식량배급 시스템이 붕괴하면서 새로운 식량배급체계가 등장했다. 이는 식량배급의 우선순위 체계로서, 1순위(당간부 등), 2순위(법기관 등)에 해당하는 250만명에게는 식량이 정상배급에 가까운 지급이 이루어진다. 반면 4순위에 속하는 일반주민 600만명에게는 실제 배급이 거의 이루어지지 않는다. 새로운 식량배급체계는 종전의 식량배급체계보다 훨씬 불평등한 구조이다.

또한 공식임금체계에서 직종별 임금격차는 최대 7배였으나, 실제계층별 생활수준(비공식적 소득) 격차는 적어도 30배 이상으로 확대되었다. 2000년대 들어 직접 권력을 가지고 있는 사람이나 권력자와 밀착된 사람들이 더 잘살게 되는 것은 탈북자들이 이구동성으로 전하는 바이다.

(1) 식량 차등분배로 상대적 박탈감 심화

북한주민의 1인당 1일 식량 배급량은 〈표 5-9〉와 [그림 5-7]과 같이 나이와 신분에 따라 다르다. 문제는 소량의 식량마저도 차등화하여 분배한다는데 있다. 식량 분배에서 1순위는 당 중앙기관, 각급 당위원회 소속 구성원과 평양 중심구역 거주

〈표 5-9〉 북한의 새로운 식량배급체계(2008년 현재)

배급순위	배급대상	인원수
1	당 중앙기관, 각급 당위원회 등 핵심 권력기관, 평양 중심구역	500g/일(100만명)
2	국방성, 보안성 등 주요 권력기관	500g/일(150만명)
3	군수공장, 특급기업소 종업원 가족	250g/일(400만명)
4	일반기업소 종업원 가족	100g/일(600만명)
기타	배급대상이 아닌 농민	500g/일(800만명)

자료 : 좋은벗들 홈페이지(www.goodfriends.or.kr)

[그림 5-7] 북한의 배급 실태

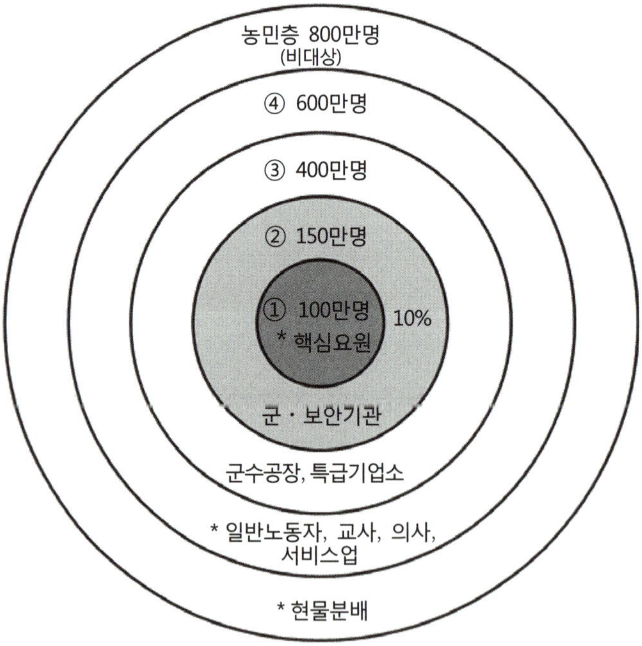

주민으로 약 100만명 정도로 추산되고 있다. 2순위는 군대를 포함한 기타 군사인원, 국방성, 사회안전성, 국가보위성, 작전부, 호위사령부 등이다. 1, 2순위에 해당하는 인구층은 250만명으로 이들은 배급 시스템에서 핵심 인구층을 형성하고, 전체인구 약 2,520만명의 약 10%에 해당된다. 이들에게는 식량이 정상배급에 가까운 배급이 이루어진다. 물론 이들에게 모두 또한 항상 배급이 정상 지급되는 것은 아니고, 당해연도의 식량사정에 의존하는 측면도 있다. 3순위는 군수공장 종사자 및 그 가족(약 250만명), 특급기업소 종사자 및 그 가족(150만명)이다. 다만 이 경우에도 기업의 가동상황 등에 따라 배급량의 차이가 발생할 수 있다. 4순위는 일반 노동자, 교사, 의사, 서비스직 종사자 600만명이다. 이 범주에 속하는 인구층은 실제배급이 거의 이루어지지 않고, 주로 시장을 통해 식량을 조달하고 있다. 한편 농민층은 현금분배와 현물분배를 받기 때문에 국가 배급대상에 속하지 않는데, 농민인구는 800만명 정도로 추산되고 있다.

그러나 이 새로운 식량배급체계는 이전의 배급체계보다 훨씬 불평등한 구조가 심화된 것이라고 한다. 결국 식량배급 시스템은 식량배급을 비교적 잘 받는 10%의 핵심계층에게는 체제보위세력이 되어 체제유지를 하겠지만 장기적으로 북한인구 약 2,500여만 중 90%에 해당되는 2,250만의 상대적 박탈감을 심화시키고 불만을 누적시켜 여건 조성 시 체제변동 요인으로 작용될 것이다.

윈트로브의 도둑정치 모형처럼 수령경제는 북한 김정은 독재정권과 지배연합인 제 핵심요원 100만 명~250만 명에게는 식량을 안정적으로 배급하는 것은 물론 국가자원을 독점하고 심지어 나머지 2,200만 명의 주민으로부터 재부(財富)를 약탈하여 지배연합을 보상하고 매수하며 유지하는 통치자금으로 사용하고 있다. 이는 단기적으로는 지배연합의 결속력을 증가시키고 있으나 상대적으로 90%에 해당하는 주민의 상대적 박탈감을 자극하고 이것은 장기적으로 분노로 축적되어 데이비스가 제시한 참을 수 없는 차이를 만들어 체제변동의 불씨로 진화할 것이다.

거어(Gurr)의 담론에 의하면 북한사회는 경제・사회적 상황에 대한 '상대적 박탈감'이 정치폭력을 유도한다는 점에 유의할 필요가 있다.[36] 거어가 정치적, 집합적 폭력의 원인으로 지적한 상대적 박탈감은 개인적 차원뿐만 아니라 집단적 차원까지 포함한다. 거어에 따르면 혁명의 경우 국가 구성원들의 기대치와 이를 실현시킬 수

---

36) Ted Robert Gurr, *Why Men Rebel* (Princetion: Princetion University press), 1970.

있는 체제의 능력간의 간극이 커질 때 발생하게 된다. 이 같은 상황에서는 정치·사회적 불안정이 증대되며 정치폭력으로 연계될 개연성이 높아진다는 것이다. 거어는 사람들이 원하거나 당연시 하는 가치 및 기회와 실제 상황간의 괴리를 심하게 느꼈을 때 분노한다는 것이다. 자신이 당연히 향유할 수 있는 가치와 기회가 실제 상황에서 얻어질 수 없을 때 사람들은 박탈감을 느끼며, 이는 혁명이나 체제변동으로 이어지는 집단적 분노와 정치폭동을 유발한다는 것이다.[37)]

(2) 식량 차등분배로 인한 취약계층의 영양부족 실태

북한의 식량부족 현상이 지속되고 누적되면서 상당수 북한주민은 만성적이 영양결핍을 겪고 있으며, 특히 취약계층인 아동과 여성의 건강 악화가 심각한 수준이다. 식량부족을 겪고 있는 주요 대상은 배급제에 의존하는 일반 노동자 가정과 여성, 아동, 노인 등 취약계층이다. 북한주민의 대부분이 곡물과 채소를 제외한 별도의 식품 섭취가 제한된 상황에서 배급감소는 주민들의 영양섭취를 더욱 제한한다. 북한의 국가 배급량 목표는 1인 1일 평균 573g으로 책정해 놓고 있으나 장기간의 식량 부족 때문에 실제 배급량은 목표량에 훨씬 못 미치고 있다. 실제로 2015년 1~6월 기간 평균 배급량은 1인당 하루 410g이었는데 7월부터 배급량이 급격하게 감소해 8~9월에는 250g 수준으로 떨어지고 있다. 그러나 10월에는 주 작목 수확기의 시작과

[그림 5-8] 북한주민의 영양공급 부족 실태

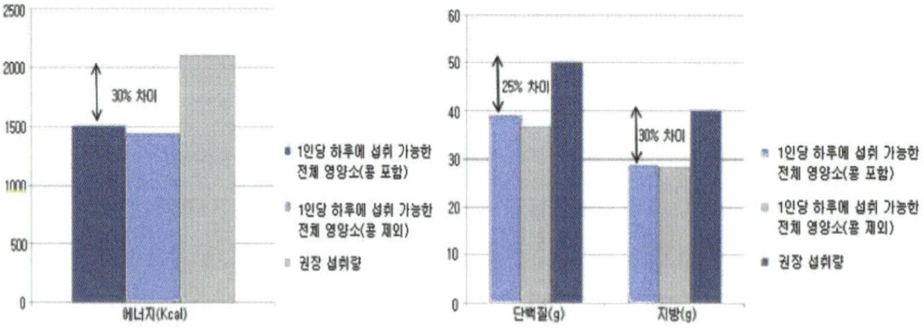

자료 : FAO/WFP(2012), p. 30.

37) 이에 대해서는 제3부 10장에서 자세히 연구.

함께 다시 380g으로 증가하는 모습을 보여주고 있다. 2016년 들어서는 평균 370g 수준을 유지하고 있는데, 이는 작년 동기에 비해 낮아진 것일 뿐 아니라, 최근 3년 평균 배급량에 비해서도 낮아진 것이다.[38)]

FAO/WFP의 조사에 따르면 1인당 하루 곡물 배급량 360g(쌀 20%, 옥수수 65%, 감자 5%, 콩 5%, 밀 5%로 구성)과 된장과 간장 배급량 15g, 30g을 기준으로 했을 때, 이러한 배급량은 권장 에너지 섭취량 2,100kcal에 비해 30% 부족한 것이다. 또한 단백질은 하루 권장 섭취량 50g보다 25% 부족하고 지방은 30% 부족하다.

한편, 〈표 5-9〉와 같이 주민들의 식량소비와 영양공급 상태는 계층별, 지역별로도 차이가 크다. 식량소비는 텃밭 소유 여부, 가정 내 임산부나 노인 존재 여부, 가족 규모에 따라 차이가 난다. FAO와 WFP는 북한의 식량실태 조사를 통해 평양시와 남포시만 북한에서 식량수급이 가장 안정적이고 영양 부족률도 낮으며, 식량부족 지역인 북동부 5개도에 거주하는 280만 명의 취약계층(아동, 임산부 및 수유여성, 노인, 장애인 및 만성질환자)에 대해서는 국제사회로부터의 지원이 필요하다고 권고하고 있다. 특히 영양부족에 따른 임산부 건강문제와 저체중 미숙아 출산문제는 심각한 수준이다.

2) 임금 및 소득수준과 생활수준의 불평등 심화

(1) 임금 및 소득과 생활수준의 불평등 심화

장기적으로 대다수 주민의 상대적 박탈감 심화, 불만 누적, 모두가 평등하게 산다는 북한사회는 구호만 무성할 뿐 실제는 임금 등 소득수준과 생활수준의 불평등이 심한 불평등 사회요 계급사회로 전락하였다. 〈표 5-10〉에서 보는 것처럼 상층 주민과 중하층 주민과의 생활수준이 한달 지출비에서 무려 30배 정도의 차이가 난다.

38) 김영훈, “2016년 상반기 북한의 농업 및 식량수급 동향,” 『북한경제리뷰』(KDI, 2016년 1월호), p. 84.

〈표 5-10〉 국경지역의 각 계층별 생활수준 비교(2006년 현재)

	한달 지출비	하루 식비	하루 식단	주택비	주 수입원	기타
상층 주민	100만원	3만원	쌀, 돼지고기, 달걀 10알, 명태 3마리, 각종 과일, 채소 등	2,700만~4,000만원	암거래, 마약 밀매매, 골동품 장사, 도매장사 등	침대 생활, 각종 전자제품 구비 가정부 고용
중층 주민	10만~15만원	3천~5천원	입쌀밥, 고기, 달걀, 채소, 술 등	150만~400만원	암거래, 도강, 장사, 중국 친척 도움 등	
하층 주민	3만~4만원	1천~1천5백원	5대 5밥, 옥수수 국소, 채소 죽	20만~150만원	채소 장사, 집수리, 허드렛일 등	밑천 없어 장사 못함
극빈층	-	-	걸식	-	구걸	

자료: 좋은 벗들, 『오늘의 북한소리』, 41호(2006.6.14).

이는 배급체제의 차이에서도 기인하지만 직종별 임금 및 소득수준에서도 기인하는바 크다(〈표 5-11〉 참조). 한편 대북 NGO인 좋은벗들에 따르면 국경지역의 각 계층별 생활수준을 보면 경제위기 이후 불평등이 확대됨을 쉽게 알 수 있다. 이전에는 직종별 임금수준에서의 임금격차는 최대 7배 였으나 〈표 5-11〉에서 볼 수 있는 계층별 소득수준 격차(즉 상층주민과 하층주민의 차이)는 6~7배 이상인 것으로 나타났다.

〈표 5-11〉 북한의 직종별 임금 및 소득 수준

(단위 : 북한 원)

	직 책	임금 또는 소득
당·정 기관 근로인텔리	당부장, 내각상	430~500
	내각부상, 도인민위원장	360~430
	도인민위 부위원장, 군인민위원장	240~290
	사무원	85~100
공장·기업소 근로인텔리	특급기업소 지배인	360~430
	1~2급 기업소 지배인, 기사장	220~290
노동자	광부, 제철·제련공	130~140
	일반기계공, 운전기사	110~115
	일반노동자	100~115
농민	협동농장농민	250~280
교육·문화 인텔리 및 서비스 사무원	대학교수	250~300
	의사(1급 의료원)	250
	일반교원	90~120
	여관, 식당, 이발소, 상점 등	70~115

자료 : 통일원(1995), p. 296을 근거로 북한이 1992년 2월 13일 중앙인민위원회 정령을 통해 발표한 전체 노동자, 기술자, 사무원들의 생활비 평균 인상을 43.4%를 적용하여 재구성. 김병로·김성철(1998), p. 46 에서 재인용.

한편 2000년대 들어 직접 권력을 가지고 있는 사람이나 권력자와 밀착된 사람들이 더 잘살게 되는 것은 탈북자들이 이구동성으로 전하는 바이다. 이는 〈표 5-12〉와 같이 탈북자를 대상으로 서울대학교 통일평화연구원(IPUS)에서 설문 조사한 보고서에서도 잘 나타나 있다.[39)]

39) 서울대학교 통일평화연구원(IPUS), 『북한주민 통일의식과 북한사회변동: 2012 북한이탈주민 조사 결과 발표』, 서울대학교 통일평화연구원(IPUS) 학술회의(2012.8.29.), pp. 1-7. 2008~2012년 탈북 주민 898명 대상 설문

〈표 5-12〉 북한에서의 직업과 생활수준 (복수 응답)

구 분	순위	직 업	응답 비율(%)
가장 잘 사는 직업	1순위	중앙당 간부 법기관 간부 외화벌이	77.1 13.6 5.1
	2순위	법기관 간부 외화벌이 지방당 간부	59.3 15.7 13.9
중간 정도 사는 직업	1순위	외화벌이 법기관 간부 지방당 간부	28.7 18.9 18.9
	2순위	시장상인(장사) 인민위원회 간부 지방당 간부	19.4 16.7 15.7
가장 못사는 직업	1순위	농장원 기업소공장 노동자 군관	51.2 32.5 5.7
	2순위	농장원 기업소공장 노동자 군관	46.9 34.5 7.1

(2) 계층 간 및 지역 간 소득 불평등 확대

인플레이션이 진행되면 현물 및 외화를 보유한 사람들과 현금을 보유한 사람들 간 실질소득 격차가 확대된다. 배급받는 특권층('배급제 계급')과 시장경제에 의존해야 하는 일반주민들('자력갱생 계급') 간 실질소득 격차가 급격히 확대되고 있다.

인플레이션이 진행되는 속에서는 현물 및 외화를 보유한 사람들과 현금을 보유한 사람들 간에 실질소득 격차가 확대된다. 북한에서 특권층은 식량 등 생필품을 배급받고, 이들의 비호를 받는 대규모 상인층(돈주 또는 도매상 등)들은 다량의 외화를 보유할 수 있다. 반면 일반 도시주민들은 임금과 소규모 상거래 소득에 의존해야 한다. 인플레이션이 심화되면서 쌀의 배급(국정)가격과 시장가격간 괴리가 커지면 실질소득의 격차가 커진다. 최근에 특권층은 여전히 쌀을 45원/kg으로 배급받지만 일반기업소 종업원 가족은 시장에서 4,500원/kg으로 구입해야 한다.

이러한 현상은 화폐개혁으로도 크게 개선되지 않았다. 왜냐하면 한 가구당 10만원(당시 쌀값 2,500원/kg) 한도 내에서 화폐를 교환해주었기 때문에 상거래를 통해 현금을 축적한 중소 규모의 상인들이 주로 큰 타격을 입었던 반면, 특권층과 대규모 상인들은 현금 이외에 현물과 외화를 보유하고 있어 큰 타격을 입지 않았다. 중간층의 몰락이란 측면에서 화폐개혁은 오히려 소득불평등 구조를 심화시킨 측면도 있다.

국가 전체의 자원배분 구조를 보아도 평양에 재정이 집중 투입된 것으로 보인다. 김정은이 집권한 2012년도부터 북한에서는 도시개발의 일환과 핵미사일 고속 추진을 위하여 평양에 과학자 거리라는 고층아파트 단지를 매년 대규모로 건설해오고 있다. 창전 거리에 이은 은하과학자 거리(2013년), 위성과학자 거리(2014년), 미래 과학자 거리(2015년), 려명 거리(2017) 등이다. 그러나 속도전으로 밀어붙인 대규모 고층 아파트 공사는 부실공사의 위험이 있으며,[40] 특히 탈북민에 의하면 전기 사정 악화로 엘리베이터 운행 중단이 잦아 초고층(70층) 아파트의 경우 고층 입주를 꺼리고 있다고 한다.[41]

그 뿐만 아니라 2012년도에는 또한 금수산태양궁전 공사를 비롯해 창전거리의 인민극장, 미니골프장, 인민야외빙상장 등 평양시내 30여 개의 서비스 및 위락 시설

▲ 북한의 미래과학자거리(조선중앙통신=연합뉴스)

40) 『VOA』(2017.04.12.), [심층취재] "평양 대규모 건설 공사, 경제 재건에 근본적 한계"; 2014년 5월 평양에서 공사 중이던 23층 아파트가 무너져 수 백 명이 사망했던 것과 비슷한 사건이 평양의 다른 구역에서 발생할 수 있다는 겁니다.

41) 탈북자의 전언에 의하면 전기가 자주 중단되면 엘리베이터 뿐만 아니라 수도 사용을 못하는데 장기간 지속될 경우 화장실 사용이 어려워 신문지에 배변 후 인분을 말아 건물 아래로 투척하는 경우가 종종 있다고 한다. 이 때 건물 밑을 지나다가 투척된 인분에 맞으면 사망하기 때문에 북한 주민들은 고층건물 주위를 다니지 않는다고 함; 『채널A』, "이제는 만나러 갑니다" 출연 탈북민 증언

이 개축・신축되어 평양과 여타 지역의 격차가 갈수록 확대되고 있다. 동시에 국경지역과 비국경지역, 도시와 농촌의 격차도 확대되고 있다.

북한에서 인플레이션으로 인해 사회주의는 퇴색하고 경제적 의미의 '계급'이 형성되고 있다. 최근 하이퍼인플레이션으로 인해 배급받는 특권층('배급제 계급')과 시장경제에 의존해야 하는 일반주민들('자력갱생 계급')간 실질소득 격차가 급격히 확대되고 있다. 이로 인해 최근 '배급제 계급'과 '자력갱생 계급'이란 신조어까지 생겼다고 한다.

북한에서 소득불평등의 문제가 부상한 것은 국가가 일반주민들의 생계를 보장해주는 전통적인 분배 시스템의 붕괴에서 비롯되었다고 할 수 있다. 이러한 분배 시스템이 붕괴되면 이제 주민들은 자신들의 생계문제를 스스로 해결해야 한다. 결국 개개인이 가지고 있는 조건에 따라 격차가 발생하게 마련이다. 게다가 개개인의 현금수입 획득을 비롯해 생계문제 해결은 '시장'과 밀접하게 연관되어 있기 때문에 시장화의 진전에 따라 불평등은 확대될 공산이 크다. 더욱이 시장화의 북한적 특성은 불평등 구조에도 북한적 특성을 부여하고 있다.

4. 북한 대외 경제의 특징 분석

1) 북한경제의 대중국 의존 현상 심화

2000년대 북한의 대외경제는 자력갱생 심화에 따른 분권화 경향, 무역확대와 지원 축소, 대중국 의존도 심화 등의 특징을 보였다. 북・중간 무역액은 2002년(0.1% 증가), 2009년(3.8% 감소) 등을 제외하고는 매년 큰 폭으로 증가했다. 북한은 중국에 편중된 무역구조를 가지고 있을 뿐만 아니라 중국에 대한 대외의존도가 갈수록 심화되고 있다. 특히 대중국 의존도 심화는 2015년 대중국 무역의존도가 91.34%(남북교역을 제외)에 달할 만큼 2000년대 북한 대외경제의 가장 큰 특징이라 할 수 있다.[42)]

타국과 비교해 보면, 1999년 이후 남북교역이 확대되면서 2000년 대 초반에는 중국, 한국, 일본의 비중이 20% 내외로 비슷해졌다. 그러나 2002년 이후 일본의 비중이 급격히 감소하고 2008년 이후 한국의 비중이 정체・감소되면서 2011년 중국의 비중이 70%로 확대되었다.

---

42) KOTRA(2015), 앞의 책, p. 12.

〈표 5-13〉 북한의 주요 무역 상대국 비중 추이 (단위 : %, 백만 달러)

	1995	2000	2005	2010	2011
중국	23.5(26.8)	20.4(24.8)	38.9(52.6)	56.9(82.9)	70.0(89.1)
한국	12.3	17.8	26	31.4	21.3
일본	25.4	19.4	4.8	0	0
기타	38.8	42.54	16.4	9	8.7
총액	2,339	2,394	4,057	6,086	8,030

2019 (단위, 천달러, %)

중국	95.4
러시아	1.5
베트남	0.9
인도	0.4
브라질	0.3
기타	1.6

자료 : ( )안은 남북교역을 제외한 비중.

북한의 주요 무역상대국은 중국 외에도 한국, 일본 등이었으나 대북제재로 중국에 편중되고 있다. 북중무역은 1999년 북한 대외무역의 25%에 불과했지만, 2015년 91.3%, 2016년 92.7%, 2017년 94.75%, 2018년 95.8%, 2019년 95.4%로 사실상 대외무역 자체가 대중국 교역으로 고착되는 구조이며, 러시아, 베트남 등과도 교역하고 있다. 이는 유엔 대북제재 강화가 북일교역・남북경협이 중단된 풍선효과, 중국 동북3성 지역경제와 북한경제 사정의 상호수요 접근, 중국의 대북전략 등 요인이 종합적으로 작용한 결과라 볼 수 있다.

〈표 5-14〉 북한 대외무역에서 북중무역의 비중 (단위: 억 달러)

연도	'99	'00	'02	'04	'06	'08	'10	'12	'14	'15	'16	'17	'18	'19
총교역규모	14.8	19.7	22.6	28.6	30.0	38.2	41.7	68.1	76.1	62.5	65.5	55.5	28.4	32.4
북중교역규모	3.7	4.8	7.3	13.7	16.7	27.8	34.6	59.3	68.6	57.1	60.5	52.6	27.2	30.9
비중(%)	25	24.4	32.3	47.9	55.7	72.8	83.0	87.0	90.1	91.3	92.4	94.75	95.8	95.4

* 대한무역투자진흥공사, 『북한의 대외무역동향』
* 2015년 북중교역액에 원유 수입 추정치 약 3억 달러를 포함.

북한은 대외경제 부문에서 대중국 일변도 교역관계 외에 중국과 투자협력, 접경지대 인프라 연결 협력, 노동력 수출, 관광협력 등 다방면의 경제관계도 맺고 있다. 특히 중국에 노동력 송출을 통해 막대한 외화도 벌어들이고 있다. 북한의 대중국 노동력 송출 규모는 최소 5~6만 명에서 최대 10만 명 정도로 평가되고 있다. 이와 같이 대외경제 부문의 압도적인 대중국 편중 현실에 직면해, 북한은 무역의 다변화・다종화를 강조하고 있다. 그러나 북한의 핵개발 고수로 인한 부정적 대외경제환경 조건, 정체된 산업경제 등 상황을 감안해 보면 당분간 성과를 낼 가능성은 적을 것으로 보인다.

이처럼 대중국 의존도가 심화된 원인을 살펴보면 다음과 같다. 우선, 경제적 요인으로, 중국의 고도 성장, 지리적 요인(거리), 북한 주요 수출품인 광물자원의 가격 상승 등을 들 수 있다. 둘째, 정치적 요인으로 북일관계 악화, 북한의 핵개발에 따른 국제사회의 대북제재 등 정치・군사적 요인에 따른 대중국 무역으로의 대체효과(또는 풍선효과)를 들 수 있다.

대중 의존도 심화의 영향을 보면 다음과 같다. 첫째, 북・중 경협은 북한체제의 유일한 생명선으로 기능하고 있다. 북한은 북・중 무역을 통해 식량, 원유, 중간재 등을 확보하고, 이를 통해 획득한 외화소득의 일부를 통치자금으로 전용함으로써 체제를 유지해 왔다. 둘째, 북・중 무역은 국내시장과 연계되면서 북한의 시장거래를 촉진하고 확대해 왔다. 한편 이러한 시장확대는 정보 유입 및 교류의 확대를 초래함으로써 주민의 인식변화에 큰 영향을 미치고 있다. 셋째, 북・중 무역 확대는 주민생활 향상에는 크게 기여하지 못하고 있다. 지난 10년간 북・중 무역이 크게 확대되었음에도 일반주민의 경제사정은 크게 개선되지 않았다. 이는 당과 군 산하의 무역기구가 무역거래를 주로 담당하면서 특권층과 무역상들에게는 그 혜택이 돌아가지만, 상대적으로 일반주민들에게는 큰 혜택이 돌아가지 않은 데 기인한다. 넷째, 북・중 무역 확대는 북한경제의 자생력 확보에는 크게 기여하지 못하고 있으며, 심지어 경제예속 가능성에 대한 우려를 낳고 있다. 지난 10년간 북한의 무역경쟁력은 매우 낮은 데다 거의 개선되지 않고 있다.

더욱이 북한은 2016년 1월의 4차 핵실험과 9월의 5차 핵실험 및 2016년 2월의 장거리 미사일 발사와 2017년으로 이어진 집중적이고도 연속적인 탄도미사일 발사로 인해 UN과 국제사회로부터 강력한 대북제재에 의한 경제적 고립이 심화되고 있어서 대중국 의존도는 더욱 커질 것이다.

2) 모기장식 대외 개방 정책과 한계

(1) 모기장식 개방과 4대 특구 개설

북한은 1990년 사회주의 경제권의 붕괴로 산업연관 관계의 단절 현상이 야기 되자 대외경제 개방을 모색하기 시작했다. 소련으로부터 우호가격으로 제공받아 왔던 원유, 코크스, 기초 원자재 등을 이제는 국제시장에서 정상 교역의 무역 관계로 조달해야만 하는 상황에 직면했기 때문이다. 그러나 개혁・개방을 체제 위협요인으로 인식하는 북한은 "문은 열되 모기장을 치고 연다."는 의미의 '모기장식개방론'을 내세우고 1991년 12월 처음으로 함경북도 최북단 항구 도시인 나진 · 선봉을 경제특구로 지정하고 외국인투자관련법 등을 제정하였다.

북한은 처음에 나진 · 선봉 경제특구를 중계무역, 수출가공, 관광 및 금융 중개 기능을 수행하는 국제 교류의 거점으로 육성한다는 계획을 세웠다. 이를 위해 1993년 1월 31일 최고인민회의 상설회의 결정으로 나선경제무역지대법이 채택되었다. 국제사회의 부족한 관심으로 소강상태에 있던 나선경제특구 개발은 2009년 12월 김정일의 나선시 현지지도와 2010년 두 차례의 중국 방문을 기점으로 다시 탄력을 받게 되었다. 이에 따라, 다소 소원했던 북 · 중 간 경제협력이 강화되기 시작하였고, 북한은 중국 자본을 유치해 나선경제특구를 대외무역 전진기지로 육성하고자 노력하였다.

북한은 2010년에 나선시를 특별시로 격상시켰으며, 2015년 11월 18일에는 북한의 대외매체인 '내나라'를 통해 총 154.8억 달러를 투자하겠다는 '나선경제특구 종합개발계획'를 발표하였다. 나진항물류산업구, 신흥경공업구 등 산업구 9곳 개발에 92.2억 달러를, 비파섬생태관광구 등 관광지 10곳에 62.6억 달러를 투자하겠다는 것이다. 나선경제특구 내 기업 수는 2014년 1월 현재 북한 기업 120여 개, 외국투자 기업 150개 등 총 270여 개에 달하며, 외국 기업의 총 투자액은 2013년 5월까지 약 4.1억 유로인 것으로 알려졌다. 외국투자 기업은 대부분 중국 기업이며, 러시아 · 미국 · 이탈리아 · 태국 등에서도 투자에 참여하였다. 대표적인 외국 기업으로는 동북아시아 전화통신회사, 나선국제유한회사 등이 있다. 북한 기업들은 공업 · 농업 · 수산업 분야들의 회사들로서, 금속가공과 식료품 · 수산물 · 피복 등을 생산하고 있다.

2000년대 들어오면서 북한은 자력으로는 1990년대 붕괴된 산업경제를 정상화시킬 수 없음을 인식하고 변방의 경제특구를 확대해 나갔다. 2002년 7.1조치를 시행하면서 「신의주특별행정기본법」, 「개성공업지구법」, 「금강산관광지구법」 등을 제정하여 나진 · 선봉 경제특구와 신의주 · 개성 · 금강산까지 더하여 4대 경제특구를 지정하였다. 신의주는 특수행정 단위로 중앙의 관할 아래에 두지만 자율적인 입법권, 사법권, 행정권을 부여하려고 했다. 정치제도 면에서는 홍콩식을, 경제특구 제도 면에서는 사회주의 계획경제 토양 위에 시장경제 제도를 도입한 중국의 선천 특구를 선별 혼합한 방식의 내용을 각각 담고 있었다. 그러나 북한이 당시 계획한 '신의주 특별행정구'는 중국의 초대 행정관으로 임명된 화교 사업가 양빈이 중국 당국에 탈세

협의로 체포되면서 무산되었다. 개성공업지구와 금강산관광지구는 남한자본이 단독 투자・개발하는 형태의 특구로 개설되었다. 그러나 남북한 합의와 달리 개성공단과 금강산관광지구는 북한의 계속된 핵실험과 도발로 인해 중단되어 있는 상태이다.

(2) 대중국 개방 확대

북한은 2010년 천안함 폭침 등 연이은 대남도발로 남북경협이 위축되자, 대중국 개방을 더욱 확대하는 조치를 취하고 외화를 확보하는 방향으로 대외경제 정책을 변화시켰다. 2011년 황금평・위화도를 새로운 경제특구로 지정하고, 이를 나선경제무역지대와 함께 중국과 공동 개발하기 시작했다. 그리고 중국의 동북 3성지역과 북한 북부 접경지역의 교량, 도로, 철도 등 교통 인프라를 확대・연결하기로 합의했다.

당시 북한이 나선, 황금평・위화도 경제특구를 중국과 공동 개발하려 했던 것은 북・중 간 정치적 요인도 있지만 경제적 수요도 작용했다. 우선 중국은 제11차 5개년 경제개발계획(2005년~2010년) 추진 이후 향후 경제 성장의 견인차로 동북 3성 지역을 주목했다. 따라서 동북 3성 지역 개발에 주변 지역인 몽골, 러시아, 북한과의 접경지역 연계발전이 절실했었다. 특히 2009년 9월 중국의 국가전략으로 확정해서 추진하고 있는 '창지투(창춘・지린・투먼) 개발개방선도구'의 추진에 북한의 나진항을 이용한 동해로의 출로 확보가 절대 요구되고 있었다. 반면 북한의 입장에서는, 2009년 2차 핵실험 이후 강화된 국제사회의 대북제재 돌파, 5.24조치로 위축된 새로운 외화벌이 원천 추구 그리고 2012년 강성국가 달성을 위한 경제건설 등으로 대중국 경제관계 확대가 필요했다.

그러나 2013년 12월 장성택 숙청과 계속되는 북한의 핵실험 및 국제사회의 대북제재 강화로 인해 양 지역 경제특구 개발은 답보 상태에 머물고 있다. 우선 황금평・위화도 경제특구의 경우 형식상 관리위원회 건물만 건축된 후 사실상 추진되지 않고 있다. 나진・선봉 특구의 경우 중국 자본 투자가 주로 식당・가라오케・물류업 등 서비스 업종 위주이고, 인프라 및 제조업 부문 투자는 적극 추진되지 않고 있다. 중국은 나진항을 이용한 자국 남방지역으로의 물류이동에 필요한 원정리－나진간 도로 확장・개선과 제2두만강대교만 건설하고 있을 뿐이다. 이는 중국자본의 대북 투자 역시 북핵 문제가 해결되지 않고, 북한이 국제사회의 대북제재를 받는 상황에서 리스크를 고려할 수밖에 없기 때문이다.

[그림 5-9] 나선 경제특구와 황금평 경제특구

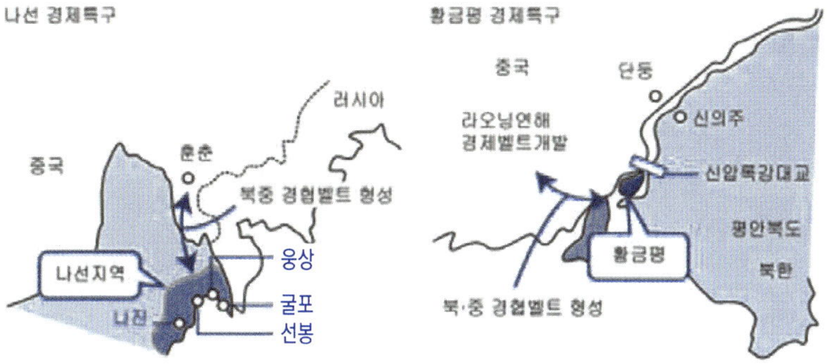

(3) 경제개발구 신설

김정은 정권 출범 이후 북한은 나선, 신의주, 황금평・위화도, 금강산, 개성공업지구 등 경제특구(개별 특별법에 의한 특수경제지대)외에 지방에도 경제개발구를 개설할 것을 의도하고 있다. 2013년 5월 29일 「경제개발구법」을 제정하고, 순차적으로 경제개발구 설치를 발표함으로써 2015년 12월 현재 경제특구 5개, 중앙급 경제개발구 4개, 지방급 경제개발구 17개 등 총 26개에 이른다. 북한이 기존에 발표한 5개의 경제특구(나선경제특구, 황금평・위화도 경제특구, 개성공업지구, 원산・금강산관광지구, 신의주 국제무역지대)를 제외하면, 김정은 정권이 새롭게 지정한 경제특구・경제개발구는 무려 21개나 된다.

김정은 정권의 경제개발구 추진은 기존 북한의 대외개방 정책보다 확대된 내용들을 보여주고 있다. 그것은 첫째, 중국식 경제특구 정책을 모방해 경제특구・개발구를 중앙급・지방급으로 이원화하고 있다는 점이다. 둘째, 기존의 종합 경제특구가 아닌 각 지방 정부들이 보유한 비교우위 요소를 기초로 특화된 경제개발구들(2015년 12월 현재 경제개발구 5개, 공업개발구 4개, 농업개발구 3개, 관광개발구・특구 4개, 수출가공구 3개, 첨단기술개발구 1개, 국제녹색시범구 1개 등)을 추진한다는 점이다. 셋째, 기존과는 달리 경제개발구 지대 밖의 북한 기업이 새로운 경제특구・경제개발구에 진출할 수 있게 하고(경제개발구법 제20조), 지대 내의 외국자본이 지대 밖의 북한 기업들과 연계될 수 있도록(경제개발구 기업창설규정 제21조) 제도화하였다는 점이다. 과거에는 나진 및 개성공단에 진출한 기업들은 지대 밖 북한의 기업들과 위탁가공 내지는 생산공정의 분업관계를 맺을 수 없었다.

[그림 5-10] 북한의 경제특구 및 경제개발구

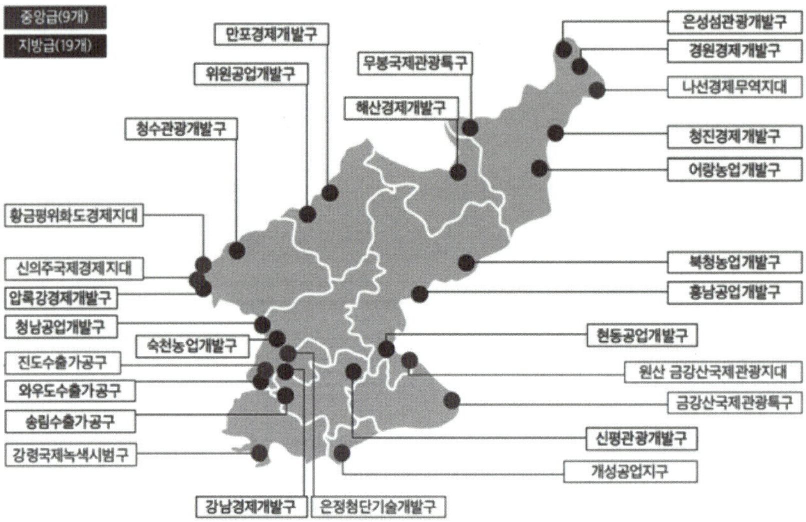

※ 북한의 경제개발구 중 원산금강산 국제관광지대와 금강산국제관광특구를 하나로 보아 27개로 보는 관점도 있다. 또한 북한 외국문출판사가 2018년 발간한 '조선민주주의인민공화국 주요경제지대들' 에 따르면 현재 북한은 총 27개 경제특구와 경제개발구를 지정한 상태로, 개성공업지구는 2018년 자료에서 포함되어 있지 않았다.

그러나 김정은 정권의 경제개발구 정책은 근본적으로 많은 어려움에 직면해 있다. 외자유치가 쉽지 않은 여러 현실 여건이 존재하고 있기 때문이다. 계속된 북핵 실험으로 인한 국제사회의 대북제재 강화, 북한의 시장개혁 지체, 개성공단의 중단 위기 사례, 전력 부족과 열악한 인프라, 낙후된 물류 체계, 시장경제 의지 및 전문가 부족, 김정은 정권의 내부 불안정 요소 등이 외자유치를 어렵게 만들고 있다.

중국이 경제특구 정책을 통해 경제성장을 이룩할 수 있었던 것은, 중국 정부가 국제질서에 적극 편입하는 대외정책을 시행하며, 최고 지도자가 개혁·개방 의지를 확고하게 밝혔기 때문이다. 또한 경제특구 지역과 국내 산업·시장의 연계를 위한 대내 시장개혁을 중단 없이 지속해 나가고, 중앙·지방 정부가 외자유치에 필수적인 법제도 및 인프라를 조성하였기 때문이다. 외자유치의 관건은 그 나라 정부에 대한 신뢰가 형성되고 인프라 등 자본 유치의 여건이 마련되는 데 있다. 따라서 북한이 대외개방과 개혁을 동시에 시행하는 종합계획을 제시하고 핵개발 포기의지를 적극 표명하지 않는 한 경제개발구 정책은 한계를 보일 수밖에 없을 것으로 보인다.

(4) 북한경제의 개혁 · 개방 전망

김정은 정권은 1990년대 이후 20년 이상 지속되고 있는 경제난과 추락한 산업 생산력을 복구해야 하는 과제를 안고 있다. 이를 해결하기 위해서는 세계 시장질서에 적극 편입하여 해외자본을 활용하는 경제개발 전략을 수립하는 것 외에 다른 방도가 없다고 할 수 있다. 또한 제도는 계획경제이지만 현실은 시장화가 확산되고 있는 경제체제의 모순을 해결하고, 시장화 확대를 통해 산출되고 있는 부가가치들을 경제 개발을 위한 투자 재원으로 활용해 나가야 한다.

그러나 현재 김정은 정권은 선대 정권의 연장선상에서, 경제건설 및 핵무력건설 병진노선 기조를 전제로 한 '우리식 경제관리 방법', 경제개발구 정책을 추진하고 있다. 핵 능력 강화와 경제개발을 동시에 모색하는 병행전략을 여전히 추구 하고 있다. 김정일 정권보다는 다소 민생경제 회복에 비중을 두는 것으로 보이지만 여전히 중국식 개혁 · 개방정책을 거부하며 북한식 변화전략을 고수하고 있다.

본격적인 경제개발 정책을 추진하지 않고, 체제 유지 분야에 재원 배분의 우선순위를 두는 경제정책을 여전히 전개하고 있다. 북한은 사회주의 국가들의 체제전환 이후 북한식 변화의 모색과 중단을 반복해 오고 있다고 할 수 있다. 시장에 대한 통제와 묵인 속에 1990년대 이후 북한 시장화 현상이 양적 · 질적으로 지속 발전되어 온 양상과 달리, 제한된 개방과 시장 기능의 부분 활용이라는 양면 정책을 시행→중단→재시도 등으로 반복해 왔다. 이로 인해 북한이 시도하는 '변화정책'들은 현실적으로 확장되고 있는 시장화 현상을 적극적으로 제도화하지 못하고, 아래로부터의 압박을 사후적으로 수용하는 소극적 조치들에 머무르고 있다. 그 결과 오늘날 북한 경제체제는 제도와 현실 간의 괴리가 크게 확장되고, 계획과 시장이 병존하는 이중구조적 경제구조로 나타나고 있다.

김정은 정권이 향후 이러한 모순을 해소할 적극적인 개혁 · 개방정책을 추진할 것으로 전망되지 않는다. 북한체제의 내재적 딜레마가 김정은 정권의 선택지에 제한을 가져올 수밖에 없기 때문이다. 북한의 경제난 극복과 경제개발을 위해 개혁 · 개방이 불가피한데, 이것은 북한체제의 내구력에 손상을 입히고 체제전환 요소를 확장시켜 나갈 가능성이 높다. 결국 김정은 정권은 향후에도 '북한식 변화 경로'를 반복할 것으로 보인다. 이에 따라 장기적으로는 북한 경제체제의 이행기적 성격도 지속시켜 나갈 것으로 판단된다.

토론 주제

1. 윈트로브의 정치경제학 모델로 북한 경제구조와 운영실태를 분석해보자.
2. 북한에서 더욱 강하게 나타나는 '수령경제'란 무엇인가? 도둑정치와 지대이론을 통해 살펴보자.
3. 북한의 경제노선인 '경제 · 핵무력 건설' 병진정책을 가능한 정책이며 그 성과는 어떠한가? 이전의 '국방 · 경제' 병진노선과의 유사점과 차이점은?
4. 지대이론의 관점에서 볼 때, 북한의 정치지대와 경제지대는 무엇인가? 지대이론으로 북한이 경제난에도 불구하고 무너지지 않는 이유에 대한 설명이 가능한가?
5. 북한주민의 영양공급 부족 실태를 사례를 중심으로 발표해보자.
6. 북한에서 장마당을 중심으로 한 시장의 실태와 영향력과 폭발력에 대해 토론하라.
7. 북한경제의 대중국 의존도의 실태를 살펴보자.

더 읽으면 좋은 글

1. 최지영, "북한 최고인민회의 제14기 제4차 회의분석: 예결산 내용을 중심으로, 『Online Series』, Co 21-04, 통일연구원, 2021.1.22.
2. 통계청, 『2020 북한의 주요통계지표』, 2020.12.28.
3. 통계청, 「통계로 보는 북한: 2019 북한의 주요통계지표」, 2019.12.13.
4. KOTRA, 『2019 북한 대외무역 동향』, 2020.7.29.
5. 통일부 통일교육원, 『2020-2014 북한 이해』, 2020-2014.
6. 박형중, "북 · 중 경제관계 증대와 북한정권의 미래: '외래지대 의존 국가(rentier state)'론적 분석", 『Online Series Co 11-19』, 통일연구원, 2011.6.
7. 이석기, "김정은시대 북한 경제개혁 연구: 우리의 경제관리방법을 중심으로", 『KDI 북한경제리뷰』, 2019.3월호.

제 6 장

북한의 군사

자유민주주의 국가에서 군은 국민의 군대로서 국가의 안보를 수호하는 최후의 보루 역할을 하며 국민의 생명과 재산을 보호하는 것을 그 사명으로 한다. 그러나 북한군은 국민의 군대가 아니라 수령의 군대로서 혁명의 수뇌부를 보호하는 것을 그 사명으로 하고 있다.

북한은 북한군의 성격과 사명만을 바꾼 것이 아니다. 북한군 창건일과 기원까지도 역사를 소급하여 조작하였다. 북한은 권력의 원천인 군으로 하여금 김가왕조를 떠받치는 버팀목이 되도록 군의 역사도 성격도 사명도 개조하였다. 그래서 조선인민군을 김일성 - 김정일 - 김정은의 김가왕조 군대로 탈바꿈 시켰다.

현 김정은 최고사령관 체제하 북한은 핵 · 미사일 개발에 속도전을 가하면서 핵전을 준비하고 있다.

본 장에서는 북한군의 성격과 기능, 조직과 제도, 주요 전력(군사력), 전쟁관과 군사전략 및 대남도발에 관해 살펴본다.

제1절 북한군의 성격과 조직 및 제도

1. 북한군의 성격과 사명

북한군(조선인민군)의 창설은 1945년 8월 직후 소련군이 38도선 이북에 진주하면서 추진되었다. 당시 북한 주둔 소련군 사령부는 김일성을 내세워 정치조직인 당을 최우선으로 결성하면서 군 창설을 서둘렀다. 그래서 북한군은 김일성을 중심으로 한 항일 빨치산 세력이 당과 군에서 주도적 역할을 하면서 당에 이어 1948년 2월 8일에 창설되었다. 이는 정부 수립(1948.9)보다 7개월 먼저 군이 창건된 것으로서 북한에서는 군이 수령과 당과 혁명통일을 위한 무장력으로 정의되고 이용되기 때문이다.

원래 북한 정규군은 북한에 진주한 소련군의 지원하에 1948년 2월 8일에 '조선인민군'이라는 명칭으로 창설되었다. 그래서 북한은 1977년까지 2월 8일을 북한군 창건일로 매년 기념행사를 치러왔었다. 그러나 김일성을 우상화하여 사이비 수령신으로 등극시키기 위한 주체사상을 내세우면서 북한은 군 창건일을 1978년부터 4월 25일로 변경하여 기념해오고 있다.[1] 김일성은 소련의 지원에 의해 북한의 당과 군과 정부가 수립되었다는 사실을 숨기고 싶었다. 왜냐하면 북한군의 창군이 외세인 소련군의 지원에 의한 것이 아니고 김일성 수령에 의해 창건되었다고 해야 김일성 군대가 되기 때문이다. 김일성은 군대를 김가왕조를 지키는 역할이 주된 사명이 되도록 주체사상에 입각해서 변질시킨 것이다. 그래서 김일성은 북한군을 김일성 수령의 군대로 만들기 위하여 역사와 사실을 조작하여 군 창건 역사도 1948년에서 1932년으로 16년을 소급하였다. 그러나 북한은 2018년 1월에 북한군 창군일을 다시 1948년 2월 8일로 환원하였다.[2]

---

1) 그러나 김정은 시대 들어와서 북한은 1948년 2월 8일을 '정규군 창설'의 날로서 2015년부터 기념하기 시작했다.

2) 김정은 시대 들어와서 북한은 1932년 4월 25일을 북한군 창군일인 건군절로 지켜오는 한편 1948년 2월 8일을 '정규군 창설'의 날로 추가해서 2015년부터 기념하기 시작했다. 그러다가 2018년 1월에 다시 북한군 창군일을 1948년 2월 8일로 환원하고 1932년 4월 25일은 원래대로 조선인민혁명군 창군의 날로 정했다.

일반적으로 모든 국가에서 군대를 보유하는 목적은 외적의 침입으로부터 국민의 생명과 재산을 지키고 국가와 민족사의 정통성을 수호하기 위함이다. 그러나 공산주의(사회주의) 체제 국가에서의 군대의 역할은 공산당 정권을 유지하는 '당의 군대'로서 사회주의 체제와 공산당을 수호하는 역할을 담당하고 있다. 이를테면 약 230만명이라는 세계최고의 병력 규모를 자랑하는 중국 군대인 '중화인민해방군'의 역할은 '중국 공산당(중공; 中共)'을 수호하는 것을 주목적으로 하고 있다.

그런데 북한군은 유사한 사회주의체제 국가 중에서도 아주 특수하다. 북한 헌법에서는 "공화국 무장력의 사명은 선군혁명로선을 관철하여 '혁명의 수뇌부'를 보위하고 근로인민의 이익을 옹호하며, 외래 침략으로부터 사회주의 제도와 혁명의 전취물, 조국의 자유와 독립, 평화를 지키는 데 있다."고 규정하고 있다.

그러나 실제 핵심사명은 '혁명의 수뇌부', 즉 김일성-김정일-김정은을 보위하는 수령의 군대로 둔갑시킨 것이다. 북한이라는 나라보다는 사이비 수령신 김정은 한 개인과 김가왕조 정권의 생존을 유지시킬 수 있는 수단이 군대뿐이라고 생각하고 각별한 관심과 특혜로 군의 지지와 절대복종을 유도하고 있다. 즉, 북한군은 중국과 같은 '당의 군대'가 아니며 김가왕조를 수호하기 위한 '수령의 군대'로서 북한 사회주의체제와 김정은을 수호하는 역할을 하고 있기 때문이다.

결국 북한에서는 정치권력체제뿐만 아니라 경제체제와 군사체제도 모두가 오직 수령(김일성=김정일=김정은) 1명을 위해 존재하는 것이다. 이는 지금까지 출현한 지구상 어떤 국가에서도 볼 수 없었던 오직 북한에서만 나타내는 '특수성'인 '북한적 현상'이다.

마땅히 군은 '국민의 군대'로서 국민의 생명과 재산을 보호하고 국가를 수호해야 함에도 불구하고, 북한에서는 군대가 오직 수령 1명의 독재를 가장 앞장서서 지키고 있다. "혁명의 수뇌부를 목숨으로 사수하자."는 구호에서 '혁명의 수뇌부'란 '수령'을 의미한다.

공산주의자 및 독재주의자들은 "권력은 총구에서 나온다."는 모택동의 말을 신봉하고 있다. 구소련을 비롯한 중국 등 공산주의 국가에서는 독재권력을 유지하기 위해 오히려 군대를 이용하여 백성을 탄압하고 수십만 백성을 죽였다. 북한에서는 김일성-김정일-김정은 권력을 안착시키기 위해 수백만명 동족의 목숨과 걸림돌이라는 미명하에 수십만 명의 생명을 파리 목숨처럼 앗아갔다.

김일성은 6·25전쟁을 일으켜 수백만 동족의 생명을 앗아간 주범인 동시에 유일 절대권력자인 사이비 수령신으로 등극하기 위해 수만의 정적을 숙청하였다. 이를 위하여 김일성은 6·25전쟁 중 지휘통일을 기한다는 명분으로 '최고사령부'를 설치하고 무소불위의 권력인 '조선인민군 최고사령관'에 취임하여 군권으로 유일절대권력을 탈취하였다.

1994년 7월 김일성의 죽음으로 인하여 김일성으로부터 왕조와 수령을 세습받은 김정일은 수백만 명이 굶어 죽은 심각한 위기상황에서도 김일성 생전에 양위받은 인민군 최고사령관과 국방위원장 직책으로 군을 앞세운 '선군(先軍)정치'를 내세우면서 새로운 수령으로 등극하였다.

2011년 12월 17일 갑작스런 김정일의 죽음으로 27살의 어린 나이에 후계준비가 불충분한 상태에서 수령직을 세습하게 된 김정은도 가장 먼저 인민군 최고사령관 직에 추대(2011.12.30)되어 군을 장악하면서 공포정치를 통해 조기에 권력을 안착시켰다. 김정은은 집권 이후 권력 핵심 엘리트들을 수시로 처형 및 교체하거나 계급을 강등시키고 있다. 경험이나 연령, 리더십 등 모든 면에서 부족한 독재자 김정은이 조기에 권력을 안착시킨 것은 군대의 총구를 장악했기 때문이다.

실제로 김정은은 당-정-군의 모든 조직에서도 군을 통제하는 최고 직책을 겸직하고 있다. 김정은은 북한군의 모든 정책노선을 결정하는 '당중앙군사위원회 위원장'과 2,500만 북한주민 중 1/3이 넘는 890만 명(현역 128만, 예비전력 762만)을 부하로 다스리는 '국무위원회 위원장'과 '혁명무력 최고사령관'직을 갖고 있다.

따라서 북한군 실질적인 성격과 사명은 대내적으로는 '당의 군대', '혁명의 군대', '수령의 군대'라는 수식어를 붙이는 김일성·김정일 군대요, 김정은 군대로서 김가 왕조와 김정은을 수호하기 위한 군대이며, 대외적으로는 '북한을 외침으로부터 보호하는 자위(自衛)' 및 '남조선 혁명과 해방'을 통한 '전 한반도의 적화통일'이라는 수령의 정치목적을 실현하기 위한 무력수단으로 이용되고 있다.

2. 병역제도와 병영생활

북한의 모든 남자는 만 14세가 되면 초모대상자(招募對象者)로 등록하고, 군 입대를 위한 두 차례의 신체검사를 받으며, 고급중학교 졸업 후 사단 또는 군단에 입대하게 된다. 신체검사 합격 기준은 신장 150cm, 체중 48kg 이상이었다. 그러다가 식량난으로 청소년들의 체격이 왜소해지자 1994년 8월부터 신장 148cm, 체중 43kg 이상으로 낮추었다. 그러나 이 기준도 입영대상자 부족으로 더욱 완화되는 것으로 알려지고 있다. 입영대상자 가운데 신체검사 불합격자, 적대계층 자녀, 성분 불량자(반동 및 월남자 가족 가운데 친가 6촌 및 외가 4촌 이내, 월북자 및 정치범 가족, 형 복무자 등) 등은 입대할 수 없다.

특수분야 종사자 및 정책 수혜자(안전원, 과학기술 산업 필수 요원, 예술교육 행정 요원, 군사학 시험 합격 대학생, 특수영재 학교 학생, 부모가 고령인 독자 등)는 정책상 이유로 입대 대상에서 제외하였다. 북한의 군 복무 연한은 1958년 내각결정 제148호에 의해 지상군은 3년 6개월, 해 · 공군은 4년으로 정하고 있었으나 실제로는 5~8년간 복무하였다. 그러나 1993년 4월부터는 김정일의 지시에 따라 만 10년을 복무해야 제대할 수 있는 '10년 복무 연한제'를 실시하였으며 현재 남자는 12년, 여성은 7년 동안 복무하는 것으로 알려지고 있다.

그 가운데서도 특수부대(경보병부대, 저격부대 등) 병력은 13년 이상의 장기 복무를 해야 하며, 주특기나 특별 지시에 따라 사실상 무기한 근무해야 하는 경우가 적지 않다. 부대에 따라 10~30% 비율을 차지하는 여군은 대개 수송 · 행정부서에 배치되거나 위생병 · 통신병 · 초병(교량, 터널) 또는 해안포 · 고사총 · 소형 고사포대에서도 근무한다. 군관이나 하전사를 불문하고 군기 사고자는 제대 후 직장 생활에서 각종 불이익을 받는다. 병영 생활에서 기본으로 지켜야 할 복무규율로 '군무생활 10대 준수사항'이 있다.

북한군 총정치국에서는 군내 통솔과 단합을 위해 각종 운동을 경쟁적으로 전개하고 있다. 예를 들면 중대급에서는 '3대혁명 붉은기중대 쟁취운동', 연대급으로는 '오중흡 제7연대 쟁취운동',[3] 사단 · 여단급으로는 '금성친위부대 쟁취운동'[4]이 있다. 판정 결과가 양호하면 입당, 견학, 포상, 휴가, 자재 공급이 우선으로 이루어진다.

---

3) '오중흡 7연대'는 1930년대 후반 일본군을 유인해 김일성 사령부를 보호하고 주력부대를 압록강 연안까지 도달하게 한 부대이다. 이를 이끈 오중흡은 수령결사옹위정신을 발휘한 대표적인 인물로 평가받고 있다.

4) 금성친위 칭호는 유일사상에 크게 기여하거나 전투력이 우수한 사 · 여단급 부대 단위에게 수여하는 북한 군대의 가장 명예로운 칭호이다. 금성친위칭호 쟁취운동은 1975년 2월 김일성이 제시한 5대 훈련방침을 관철시키기 위한 군대 내 대중운동으로 금성(金星)은 김일성을 상징한다.

군 복무 중 휴가는 규정상으로는 연 1회 정기휴가(15일)가 허용된다. 표창 수여 또는 결혼이나 부모 사망 때는 10~15일간의 특별휴가가 있으나 제대로 지켜지는 경우가 많지 않다.

실제로 부모 사망 또는 부대 내 물자 구입 목적으로 10일 정도 휴가 또는 출장이 주어질 뿐이다. 군 복무 기간에 부모가 있는 집을 다녀온 병사는 약 20%로 알려졌다. 또한 북한군 병사들은 주요 특수부대를 제외하고 평균 군 복무 기간의 3분의 1에서 2분의 1을 건설, 영농 등 비군사 노동 활동에 종사하게 된다. 한편 부대 급식을 살펴보면 주식은 보급되고 있으나 부식은 구매 또는 부대 자체로 지역의 특성을 이용하여 영농, 어로, 채취 등으로 해결하고 있다. 과거에는 1일 세끼 쌀밥에 야채, 절임 등 반찬 2~3가지가 기본이었으나 1990년대 접어들면서 사단별로 임시 보양소를 운영할 정도로 식량사정이 악화되었다. 외부 지원의 영향으로 부대의 급식 상태는 2000년 이후부터 다소 나아졌으나, 미사일 발사, 핵실험 등 군사적 도발로 인해 국제사회의 대북지원이 중단되면서 다시 악화하였다.

군인들의 영양 보충을 위해 독립 소대부터 여단 본부에 이르기까지 많은 부대가 염소와 돼지 등 가축을 직접 사육하고 콩은 모든 부대에서 경작하고 있다. 부대에서 질환이 발생한 경우 7일 이내의 치료가 필요한 환자는 연대 군의소(군의관 8~10명, 여군 간호병 10여 명), 그 이상의 기간이 소요될 때는 사단 군의소(군의관 20~25명, 여군 간호병 50여 명), 15일 이상~6개월 정도의 장기 치료나 수술환자는 종합병원 성격의 군단 야전병원(군의관 60~70명, 여군 간호병 포함 민간인 여성 간호원 130명 정도)으로 각각 후송되거나 감정제대하게 된다.

입원 환자 중 영양실조에 의한 환자가 절반 이상으로 알려졌다. 이러한 내부 상황으로 인하여 '7.1경제관리개선조치'(2002.7.1.) 이후 군대에서도 부대 운영을 위해 자체 해결해야 할 문제가 적지 않아 상당수의 부대에서 외화벌이, 영리활동, 근로동원 등 수익사업을 위한 경제활동을 묵인하고 있는 실정이다. 병사들은 부수입이 많아 경제사정이 다소 나은 국가보위성 예하 국경경비대 배치를 선호하기도 한다. 또한 생필품과 부식 보급이 열악하여 일부 군인들의 일탈행위가 나타나고 있고, 군민(軍民)관계를 해치는 사례도 발생하고 있다. 이에 대해 군 당국은 군의 민간에 대한 부담과 각종 폐해 일소를 위해 군민관계 훼손시 엄중히 처벌할 것을 강조하고 있다.

3. 계급구조와 군내 당 조직

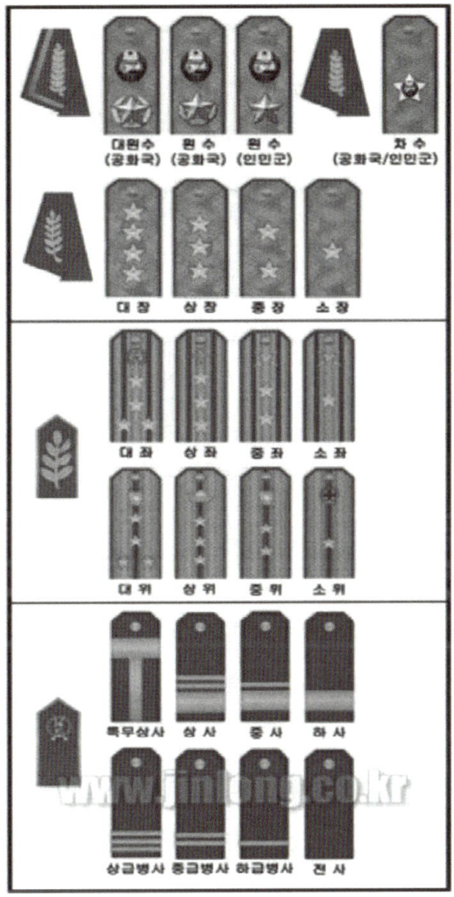

북한 인민군의 계급은 '군사칭호'로 불리며 군관(軍官) 16종, 하전사(下戰士) 8종으로 나누어져 있다.

북한은 전 세계에서 유일하게 원수급을 신설하여 공화국 대원수, 공화국 원수, 인민국 원수, 인민국 차수를 두고 있다.

군관의 경우는 ① 장성급에 대장, 상장, 중장, 소장 ② 상급군관에 대좌, 상좌, 중좌, 소좌 ③ 하급군관에 대위, 상위, 중위, 소위 등으로 구분되어 있다.

하전사의 경우는 우리의 부사관과 병사를 아우르는 '군사칭호'로서 특무상사, 상사, 중사, 하사, 상급병사, 중급병사, 초급병사, 전사로 구분하고 있다.

북한군 장성 계급 서열은 원수, 차수, 대장, 상장, 중장, 소장 순으로 6계급 구조였으나 1992년 4월 13일 김일성 80회 생일을 이틀 앞두고 김일성을 공화국 대원수로 추대하면서 7계급 구조로 되었다. 김정일도 사망(2011.12.17.) 후 2012년 2월 14일 공화국 대원수로 추대되었다. 현재 북한 김정은은 2012년 7월 17일 공화국 원수 칭호를 부여받았다.

〈표 6-1〉 북한군 양성과정

구 분	양성 과정	비 고
징집 대상	군사동원부 차출 (특수부대 우선, 해 · 공군, 지상군 보병 순)	특수부대, 특과 우선
훈련병	각 부대 신병교육대 (일반 3개월~특수부대 9개월)	
병사	전사 → 초급병사 → 중급병사 → 상급병사	
하사관	하사관학교(3개월) 하사 → 중사 → 상사 → 특무상사(사관장)	병사로 3-5년 근무 후 성분 · 자질이 우수한 자를 선발
소위	군관학교 2년(지휘자반: 최우등 시 중위 임명) 군사대학 4년(대학반: 중위)	군관학교 정치 · 군사 교육은 5:5 군사대학 정치 · 군사 교육은 3:7
중위	소위 복무 2~3년 경과 후 진급	
중대장	중위 복무 4~6년 경과 후 지휘관	
대대장	3~7년 경과 후 김일성군사종합대학(3년) 졸업	
연대장	김일성군사종합대학 전술연구반(2년) 수료	장령(성)은 명령만으로 진급

* 국방부 등 유관 기관 자료 종합

한편 북한군 내 모든 각급 부대에는 군사 계통의 참모부, 정치 계통의 정치부, 보위 계통의 보위부가 각각 존재하고 있다. 각급 단위에는 당조직이 구성되어 북한군에 대한 정치사업을 수행한다. 이는 군에 대한 당의 통제기능 행사를 의미한다. 북한군 내 중앙에는 '조선인민군 당위원회'가 있고 연대급 이상은 '당위원회', 중 · 소대 단위에 '당세포' 및 '당분조(黨分組)'가 각각 조직되어 있다. 당위원회와 별도로 군 내에 정치기관을 조직해 놓은 가운데 대대급 이상 부대에는 정치부가 있다.

이처럼 정치기관들은 각기 사단과 연대 단위에 정치위원, 대대와 중 · 소대 단위에는 정치지도원을 각각 파견하여 작전 · 훈련 등 모든 군사 업무와 군대 내 정치사업을 조정 · 감독하고 있다. 아울러 모든 명령서에 정치위원의 서명이 있어야 효력이 발생하는 부서제도(副署制度)를 실시하고 있다. 연대급 이상 부대에 있는 정치위원은 군내 정치조직과 별개로 당 정무국에서 직접 통제 · 관여하고 있다. 북한군 일반 사병들은 약 20%, 특수부대는 약 40%가 각각 당원으로 추정되고 있다.

또한, 북한군 내 부대 단위에 따라 '김일성 - 김정일주의청년동맹'이 조직되어 있다. 이는 각급 당 조직과 정치기관의 지도로 비당원을 결속시키기 위한 조직이다. 군 내 갈등을 줄이기 위해 관병일치(官兵一致), 상하일치(上下一致)를 강조하고 있다.

북한군 내 이와 같이 이중, 삼중의 감시·통제 조직을 갖추고 사상교육을 중시하는 것은 군이 전시 국가관리 체제에서 영토 및 체제 수호 임무를 넘어 최고통치자와 당의 군대로서의 임무를 동시에 수행하기 때문이다.

제2절 북한군의 지휘구조와 주요 전력(군사력)[5)]

1. 군 지휘체계 및 군사지휘기구

북한의 주요 군사지휘기구로는 당중앙군사위원회, 국무위원회, 최고사령부, 국방성, 총정치국, 총참모부 등을 들 수 있다.

김정은은 당중앙군사위원장과 국무위원장 겸 혁명무력의 최고사령관으로서 전반적 일체 무력을 지휘통솔한다. 즉, 총정치국, 총참모부, 국방성 등 군사조직을 직접 지휘·통제하고 호위사령부에도 직접 지시를 내린다. 뿐만 아니라 예비전력도 직접 지휘통솔한다.

최고사령관 예하의 총정치국은 인민군 당 위원회의 집행기관으로서 군의 당 조직과 정치사상 사업을 관장하며 군단으로부터 말단 중대까지 정치위원(정치지도원)을 배치하여 군을 감시하고 있다.

총참모부는 최고사령부를 대신하여 평시 군사작전을 지휘하는 군령권을 행사하여 육군·특수작전군·해군·항공 및 반항공군·전략군 등 5개 군종을 통합군제로 운용하고 있다.[6)] 국방성[7)]은 대외적으로 군을 대표하면서 군사외교, 군수, 재정 등 군정권을 행사한다. 보위국은 군내의 모든 군사범죄 활동에 대한 수사, 예심, 처형 등을 담당하고, 호위사령부는 반체제 쿠데타 진압, 최고 지도자 및 가족들의 신변

5) 북한군의 군사지휘기구와 주요 전력은 국방부, 『2020 국방백서』(2021.2.2)에서 발췌·인용하였다.

6) 그러나 군통수권이 최고사령관에게 있어서 총참모장의 권한은 제한된다. 더욱이 전시에는 총참모부가 확대되어 최고사령부로 강화되고 총참모부의 일부는 전선사령부를 구성할 가능성이 높다.

7) 인민무력성을 '국방성'으로 명칭 변경(2020년 10월)

보호, 숙소경계와 관리 등의 경호를 담당하는 기구이다. 당 중앙군사위원회는 조선 노동당 규약에 따라 당의 군사노선과 정책을 관철하기위한 대책을 토의·결정하며 국방사업 전반을 당적으로 지도한다. 북한의 군사지휘기구도는 [그림 6-1]과 같다.

[그림 6-1] 북한의 군사지휘기구도

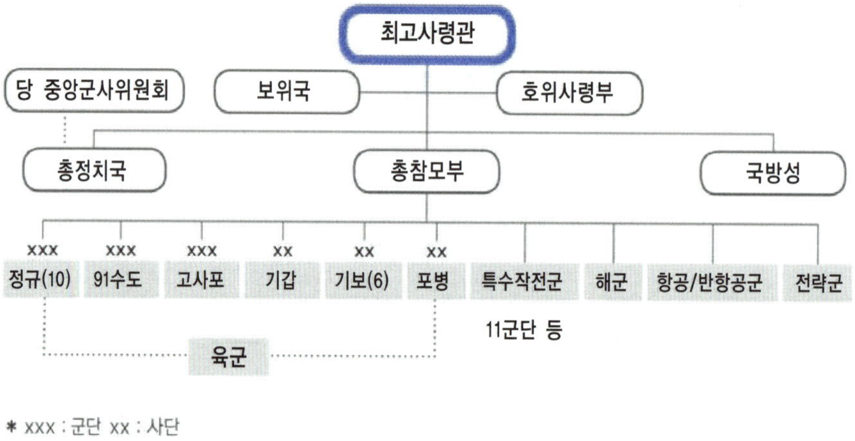

출처: 국방부, 『2020 국방백서』, p. 24.

2. 주요 상비 전력 및 장비

2020년 12월 기준 북한의 상비전력은 육군 110만여 명, 해군 6만여 명, 공군 11만여 명, 전략군 1만여 명 등 총 128만여 명으로 추정된다. 이는 한국의 총 병력 55.5만여 명의 2배가 조금 넘는 규모다(〈표 6-2〉).

〈표 6-2〉 남북 군사력 현황

(2020년 12월 기준)

구 분				한 국	북 한
병력(평시)	육 군			42만여 명	110만여 명
	해 군			(해병대 2.9만여 명 포함) 7.0만여 명	6만여 명
	공 군			6.5만여 명	11만여 명
	전략군			-	1만여 명
	계			**55.5만여 명**	**128만여 명**
주요 전력	육군	부대	군단(급)	(해병대 포함) 13	15
			사단	(해병대 포함) 37	84
			여단(독립여단)	(해병대 포함) 34	117
		장비	전 차	(해병대 포함) 2,130여 대	4,300여 대
			장갑차	(해병대 포함) 3,000여 대	2,500여 대
			야 포	(해병대 포함) 6,000여 문	8,600여 문
			다련장/방사포	270여 문	5,500여 문
			지대지유도무기	발사대 60여 기	(전략군)발사대 100여 기
	해군	수상 함정	전투함정	100여 척	430여 척
			상륙함정	10여 척	250여 척
			기뢰전함정(소해정)	10여 척	20여 척
			지원함정	20여 척	40여 척
		잠수함정		10여 척	70여 척
	공군	전투임무기		410여 대	810여 대
		감시통제기		(해군 포함) 70여 대	(정찰기) 30여 대
		공중기동기(AN-2포함)		50여 대	340여 대
		훈련기		190여 대	170여 대
	헬기(육 · 해 · 공군)			660여 대	290여 대
예비병력				310만여 명 (사관후보생, 전시근로소집, 전환/대체 복무 인원 등 포함)	762만여 명 (교도대, 노농적위군, 붉은청년근위대 등 포함)

* 남북 군사력 비교를 위해 육군 부대 · 장비 항목에 타군 부대 · 장비도 포함하여 산출
* 북한군 야포문수는 보병 연대급 화포인 76.2㎜를 제외하고 산출
* 육군 여단 비교의 경우 군단급 이상 제대에 편성된 독립여단인 포병, 공병, 항공여단 등을 포함하여 비교한 것임. 따라서 북한 2개 기계화군단 예하에 있었던 14개 여단은 해당 군단이 사단으로 변경됨에 따라 북한 육군 여단 수치에 미포함
* 북한 특수작전군 병력은 북한 육군 · 해군 · 공군 등에 포함되어 있음
* 남북 군사력 현황은 양적 비교만 제시하였음. 군사력을 실질적으로 비교하기 위해서는 양적 비교뿐만 아니라 장비성능 및 노후도, 훈련수준, 합동전력 운용개념 등을 종합적으로 고려 시 차이가 있을 수 있음

출처: 국방부, 『2020 국방백서』, p. 290.

1) 육군

육군은 총참모부 예하에 10개의 정규 전·후방군단, 91수도방어군단, 고사포군단, 1개 기갑사단, 6개 기계화보병사단[8], 1개 포병사단 등으로 편성되어 있으며, 국방성 예하에는 도로건설군단, 총정치국 예하에는 공병군단 등 전문건설부대가 편성되어 있다.

북한은 육군 전력의 약 70%를 평양~원산선 이남 지역에 배치하여 언제든지 기습공격을 감행할 태세를 갖추고 있다. 전방에 배치된 170밀리 자주포와 240밀리 방사포는 수도권 지역에 대한 기습적인 대량 집중 공격이 가능하며 2016년에 개발이 완료된 300밀리 방사포는 중부권 지역까지 공격이 가능하다. 특히, 북한은 핵협상 기간인 2018년부터 2020년에 이르러 400mm 대구경조종방사포와 600mm 초대형방사포를 집중 개발했다. 이들 사거리는 대부분 남한 전 지역에 미치며, 특히 600mm 초대형방사포는 핵탄두 탑재가 가능해서 치명적이다.[9] 서해 북방한계선 북측 해안 지역과 전선 지역에 122밀리 견인방사포 등 포병 전력을 증강하였으며 기계화부대, 함정, 항공기와 특수전 부대를 전진 배치하는 등 서해 5도 및 주변 지역과 전선 지역에 대한 도발과 공격 능력을 강화하고 있다.

기갑부대와 기계화부대는 6,900여대의 신형 전차(천마호 및 선군호) 및 다양한 대전차미사일, 기동포를 탑재한 장갑차를 개발하여 노후전력을 대체하는 등 장비 현대화를 통해 작전능력을 향상시키고 있다.

북한 육군이 보유하고 있는 주요 장비와 당 설립75주년 열병식(2020.10.10)간 식별된 주요 신형장비는 다음 그림과 같다.

전차
4,300여 대

장갑차
2,600여 대

야포
8,800여 문

방사포
5,500여 문

8) 기계화 2개 군단을 사단으로 재편성 및 명칭 변경, 기존 4개 기계화보병사단 포함 총 6개의 기계화보병사단 편성

9) 북한은 2020년 10월 10일 당창건 75주년 기념 심야 열병식에서 600mm 초대형방사포를 위력시위했다.

전차 | 대전차미사일 탑재 장갑차 | 장갑차형 기동포 | 자주포

출처: 국방부, 『2020 국방백서』, p. 25.

2) 특수작전군

북한군은 특수전 부대의 위상을 강화하기 위해 '특수작전군'[10]을 별도의 군종으로 분류하였으며, 특수전 부대는 11군단[11]과 특수 작전대대, 전방군단의 경보병사·여단 및 저격여단, 해군과 항공 및 반항공군 소속 저격여단, 전방사단의 경보병연대 등 각 군 및 제대별로 다양하게 편성되어 있고, 병력은 20만여 명에 달하는 것으로 평가된다.

특수전 부대는 전시 땅굴을 이용하거나 잠수함, 공기부양정, AN-2기, 헬기 등 다양한 침투수단으로 전·후방지역에 침투하여 주요 부대·시설 타격, 요인 암살, 후방교란 등 배합작전을 수행할 것으로 판단되며, 공중 및 해상·지상 침투훈련과 아군 전략시설 모형을 구축하여 타격훈련을 실시하고, 무장장비를 현대화하는 등 지속적으로 전력을 보강하고 있다.

북한 특수작전군 활동을 다음 그림과 같다.

특수작전군 기(旗) | 열병식 | 도서 점령훈련 | 아군 전략시설 타격훈련

출처: 국방부, 『2020 국방백서』, p. 26.

10) 11군단, 해상·공중 저격여단, 특수작전대대 등을 특수작전군으로 분류, 별도 사령부 미편성
11) 전략적 특수전부대, 일명 폭풍군단

3) 해군

북한 해군은 해군사령부 예하 동·서해 2개 함대사령부, 13개 전대, 2개의 해상저격여단으로 구성되어 있다.

해군은 전력의 약 60%를 평양~원산선 이남에 전진 배치하여 상시 기습할 수 있는 공격능력을 보유하고 있으나, 소형 고속함정 위주로 편성되어 원해 작전능력이 제한된다. 최근에는 신형 중대형 함정을 건조 및 작전배치하고 있으며, 일부 함정에 함대함미사일[12]을 장착하여 원거리 공격능력도 향상시키고 있다. 수중전력은 로미오급 잠수함과 잠수정 등 70여 척으로 구성되어 있으며, 해상교통로 교란, 기뢰 부설, 수상함 공격, 특수전부대의 침투 지원 등의 임무를 수행한다. 최근에는 잠수함발사탄도미사일(SLBM)40) 탑재가 가능한 신형 잠수함을 추가 건조하는 등 전력을 지속 증강하고 있다.

수상전력은 유도탄정, 어뢰정, 소형경비정, 화력지원정 등 대부분 소형 고속함정으로 구성되어 있으며, 지상작전과 연계하여 지상군 진출을 지원하고 연안 방어 등의 임무를 수행한다. 최근 신형 중대형 함정과 다양한 종류의 고속특수선박(VSV[13])을 배치하여 수상공격 능력을 향상시키고 있다.

수중전력은 로미오급 잠수함과 잠수정 등 70여 척을 보유하고 있으며 해상교통로 교란, 기뢰 부설, 수상함 공격, 특수전부대 침투 지원 등의 임무를 수행한다. 특히 고래급 잠수함을 건조하여 '수중발사탄도미사일(SLBM)' 시험을 지속하고 있으며, 고체연료기반의 북극성-4/5(ㅅ)형 미사일도 개발 중에 있다.[14]북한은 2~3발 SLBM을 발사할 수 있는 4,000~5,000t급 신형 잠수함을 건조 할 뿐만아니라 2021년 1월 제8차 당대회 시 전략핵추진잠수함(SSBN)의 개발을 공언한바 있다.

상륙전력은 공기부양정, 고속상륙정 등 250여 척으로 구성되어 있으며 특수전 부대를 우리 후방지역에 침투시켜 주요 군사·전략시설을 타격하고 중요 상륙해안을

---

12) 북한은 2015년 2월 6일 원산 근해에서 동 미사일 시험 발사를 공개하였으며, 사거리는 약 100km로 추정됨.

13) Very Slender Vessel(초슬림 관통형 고속 선박): 파도의 저항을 받지 않고 최대 속도(90km/h)를 내며, 해상노출 면적이 작아 레이다의 포착이 어렵다.

14) 2019년 10월에 시험 발사한 북극성-3형 SLBM은 고체연료기반으로 사거리가 2,000km에 이를 것으로 판단되며, 2020년 10월에 열병식시 선보인 북극성-4ㅅ형과 2021년 1월 열병식시 선보인 북극성 5ㅅ은 사거리가 더 연장됐을 것으로 추정된다.

확보하는 임무를 수행할 것으로 예상된다. 해안방어전력은 동 · 서해 해안을 따라 다수의 해안포와 지대함미사일을 배치하여 해상에서 접근하는 함정을 공격하고 대상륙 방어 등의 임무를 수행한다. 최근 지대함미사일[15]의 성능을 개량하고, 사거리를 연장하는 등 연안방어 능력을 향상시키고 있다.

북한 해군이 보유하고 있는 주요 함정은 다음 그림과 같다.

전투함정	지원함정	잠수함정	상륙함정	지대함미사일
430여 척	40여 척	70여 척	250여 척	

출처: 국방부, 『2020 국방백서』, p. 26.

4) 공군

북한 공군은 기존 공군사령부가 항공 및 반항공사령부 예하에 5개 비행사단, 1개 전술수송여단, 2개 공군저격여단, 방공부대 등으로 편성되어 있다.

북한 공군은 북한 전역을 4개 권역으로 나누어 전력을 배치하고 있으며 총 1,630여 대의 공군기를 보유하고 있다. 전투임무기는 810여 대 중 약 40%를 평양~원산선 이남에 전진 배치해 놓고 있으며 일부 기지를 추가로 전진 배치하여 최소의 준비로 신속하게 공격할 수 있는 태세를 갖추고 있다.

지대공 미사일(SAM)과 장거리 미사일 등 무기체계 성능 개량을 통해 항공기의 추가적 배치 조정 없이 남한의 감시 · 정찰자산과 지휘통제시설, 방공자산, 산업시설 등을 기습 공격할 수 있는 능력을 보유하고 있다. AN-2기와 헬기를 이용한 대규모 특수전 부대의 침투 능력을 갖추고 있으며, 정찰 및 공격용 무인기와 경항공기도 생산 · 배치하고 있다.

방공체계는 항공 및 반항공사령부를 중심으로 항공기, 지대공 미사일, 고사포, 레

15) 정권 설립 70주년(2018. 9. 9.) 행사시 신형 지대함미사일을 공개하였고, 당 설립 75주년 행사시에는 발사관 4개 증가(4 → 8개), 발사차량(TEL)은 신형으로 교체한 개량된 지대함미사일을 공개하였으며, 사거리는 약 200km로 추정됨.

이더 방공부대 등으로 통합 구축되어 있다. 전방지역과 동・서부 지역에는 SA-2[16]와 SA-5[17] 지대공 미사일이 배치되어 있으며 평양지역에는 SA-2와 SA-3[18] 지대공 미사일과 고사포를 집중 배치하여 다중의 대공 방어망을 형성하고 있다.

지상관제요격 기지, 조기경보 기지 등 다수의 레이더 방공부대는 북한 전역에 분산 배치되어 있어 한반도 전역을 탐지할 수 있으며 레이더 방공부대의 탐지 정확도를 높이고 작전대응시간을 단축하기 위해 자동화방공지휘통제체계를 구축하고 있다.

이 밖에 20여개의 작전 기지와 예비 기지를 운용하고 있고, 일부는 지하 활주로를 보유하고 있다. 북한 공군이 보유하고 있는 주요 항공기는 아래와 같다.

전투임무기	정찰기	공중기동기(AN-2 포함)	헬기(해군 포함)	지대공미사일
810여 대	30여 대	350여 대	290여 대	

출처: 국방부, 『2020 국방백서』, p. 27.

5) 전략군

북한은 별도의 군종사령부인 전략군 예하에 스커드, 노동, 무수단 등 13개 미사일여단을 편성하고 있는 것으로 추정된다. 전략군은 중국군의 로켓군, 러시아군의 전략미사일군과 유사한 기능을 수행할 가능성이 클 것으로 예상된다. 북한은 전략적 공격능력을 보강하기 위해 핵, 탄도미사일, 화생방무기를 지속적으로 개발하고 있다. 1980년대 영변 핵시설의 5MWe 원자로를 가동한 후 폐연료봉 재처리를 통해 핵 물질을 확보하였고, 이후 2006년 10월부터 2017년 9월까지 총 6차례의 핵실험을 감행하였다. 북한은 수차례의 폐연료봉 재처리 과정을 통해 핵무기를 만들 수 있는 플루토늄을 50여 kg 보유하고 있는 것으로 추정되며, 고농축 우라늄

16) 최대사거리 56km의 중・고고도 표적 요격용 유도탄 체계(SA-2: Surface to air-2)

17) SA-2 보완용으로 개발된 최대사거리 250km의 고고도 표적 요격용 유도탄 체계(SA-5: Surface to air-5)

18) 최대사거리 25km의 중거리, 저・중고도 표적 요격용 유도탄 체계(SA-3: Surface to air-3)

(HEU)도 상당량을 보유한 것으로 평가된다. 또한 핵무기 소형화 능력도 상당한 수준에 이른 것으로 보인다.

북한은 1970년대부터 탄도미사일 개발에 착수하여 1980년대 중반 사거리 300km의 스커드-B와 500km의 스커드-C를 배치하였으며, 1990년대 후반에는 사거리 1,300km의 노동미사일을 배치하였고, 그 후 스커드 미사일의 사거리를 연장한 스커드-ER을 배치하였다. 2007년에는 사거리 3,000km 이상의 무수단 미사일을 시험발사 없이 배치하여 한반도를 포함한 주변국에 대한 직접적인 타격능력을 보유하게 되었다.

2018년에는 미사일 시험 발사가 없었으나, 2019년 이후 작전 운용상 관리가 유리한 다종의 고체추진 단거리 탄도미사일과 신형 잠수함발사 탄도미사일(SLBM) 북극성-3형을 시험 발사하였다.

2020년 10월 당 설립 75주년 열병식에서 신형 대륙간탄도 미사일(ICBM)과 '북극성-4ㅅ'으로 표기된 신형 잠수함발사탄도미사일(SLBM)[19] 등 총 9종의 탄도미사일을 공개하였다.

신형 ICBM

신형 SLBM

출처: 국방부, 『2020 국방백서』, p. 28.

북한이 현재 개발 또는 보유 중인 탄도미사일 종류는 [그림 6-2]와 같다.

19) 북한은 2021년 1월 14일 제8차 당대회 및 김정은의 총비서 등극을 축하하는 심야열병식에서 '북극성-4ㅅ'보다 진화한 '북극성-5ㅅ'신형 SLBM을 공개했다.

[그림 6-2] 북한이 개발 또는 보유 중인 탄도미사일 종류

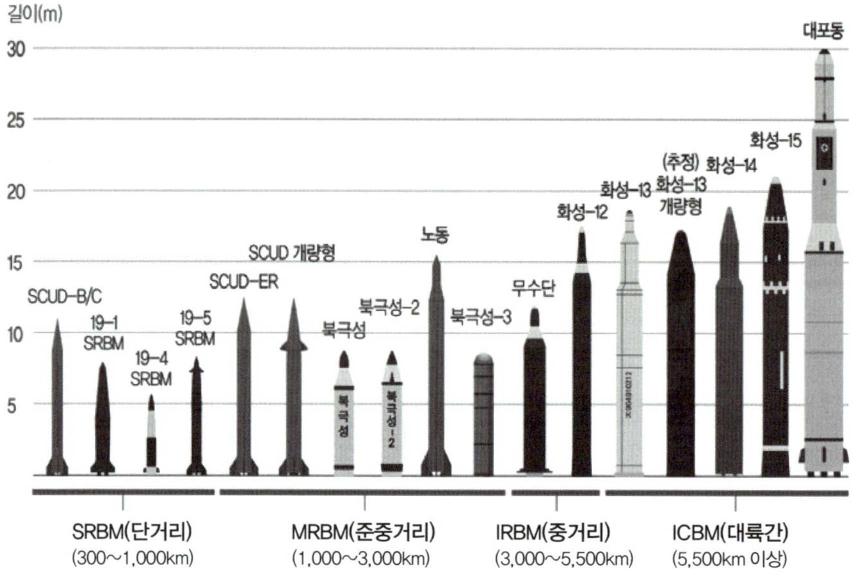

출처: 국방부, 『2020 국방백서』, p. 29.

북한은 작전배치되었거나 개발 중인 미사일에 대한 시험발사를 2012년부터 본격적으로 시작하였으며, 2017년에는 북극성-2형, 화성-12/14/15형 미사일 등을 시험발사하였다. 특히 2017년 5월과 8월, 9월에는 화성-12형을 북태평양으로 발사하였으며, 7월과 11월에는 미국 본토를 위협할 수 있는 화성-14형과 15형을 시험발사하고 핵무력 완성을 선언하였다. 그러나 탄두의 대기권 재진입기술 확보 여부를 검증할 수 있는 실거리 사격은 실시하지 않아, 이에 대한 추가적인 확인이 필요하다. 북한은 2019년에 북한판 이스칸데르 미사일과 북한판 에이태킴스 단거리 미사일을 집중 개발했으며, 국군의 무기체계로는 방어가 곤란하다. 북한이 현재 보유하고 있는 탄도미사일의 사거리는 [그림 6-3]과 같다.

[그림 6-3] 북한의 탄도미사일 사거리

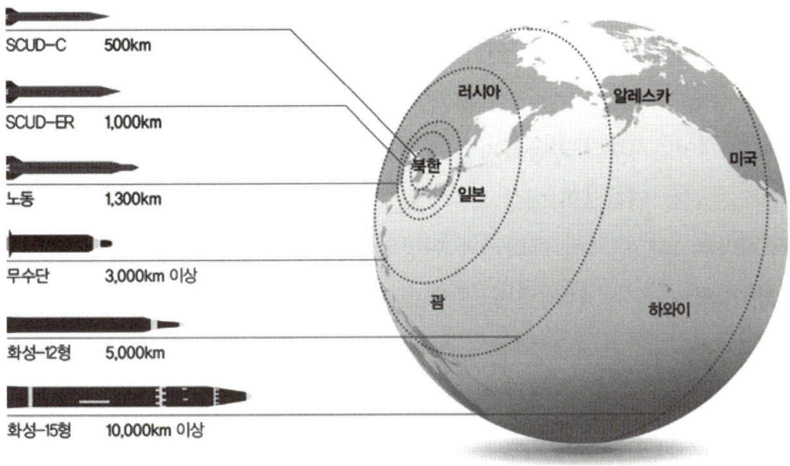

출처: 국방부, 『2020 국방백서』, p. 29.

북한은 1980년대부터 화학무기를 생산하기 시작하여 약 2,500~5,000톤의 화학무기를 저장하고 있는 것으로 추정되며 탄저균, 천연두, 페스트 등 다양한 종류의 생물 무기를 자체적으로 배양하고 생산할 수 있는 능력도 보유하고 있는 것으로 평가된다.

6) 사이버전 등

북한군은 이라크전쟁(2003년)을 계기로 사이버전 대비 해커 전문가 양성, 경보병 부대 증편, 야간 · 산악 · 시가전 훈련 등 특수전 능력을 강화하면서 전자전과 정밀 유도무기 회피 대책을 강구하기 위해 전자 · 전파 교란 기술을 향상한 것으로 알려졌다.

또한 2014년 3월과 2017년 6월에 발견된 소형무인기의 불법 침투는 물론 국제사회의 지속적인 비난에도 불구하고 GPS교란 · 정보체계 공격 등 전자전 및 사이버 위협도 지속해서 증가시키고 있다. 북한은 주요 국가기반 체계 공격 등 사이버전 수행을 통해 남한 내부의 심리적 · 물리적 혼란과 마비를 위해 군사작전 차질 유발을 목표로 6,800여 명의 사이버전 인력을 운영 · 강화하고 있으며, 이와 함께 재래식 무기의 성능도 지속해서 증대시키고 있다.

3. 예비 전력과 전쟁지속력

북한은 4대 군사노선의 하나인 '전민무장화'에 따라 14세부터 60세까지 인구의 약 30%를 동원 대상으로 하여 현재 762만여 명에 이르는 예비전력을 확보하고 있다. 이들은 개인화기부터 공용화기까지 각종 전투장비를 지급받은 상태에서 비상소집 및 병영훈련을 연간 1회 이상 각각 15~30일간 받고 있다. 북한은 1958년 중국군 철수를 계기로 1959년 1월 예비군과 민방위대 성격을 띠는 노농적위대, 1963년 노농적위대 병력 가운데 제대군인을 주축으로 한 교도대를 각각 조직하였다. 1970년 9월에는 고등중학교(現 고급중학교) 군사 조직인 붉은청년근위대를 발족시켰다.

교도대는 북한의 예비전력에서 가장 핵심으로, 만 17세 이상 50세까지 남성과 미혼 여성 지원자(17~30세)를 대상으로 행정 단위와 직장 규모에 따라 사단과 여단으로 편성되어 있다. 교도대의 경우 대학생이 훈련 과정을 이수하지 못하면 졸업을 하지 못하게 되어 있다. 2학년 중 6개월을 정규군과 동등하게 이수하면 소위 계급이 부여된다. 교도대는 개인화기 100%와 공용화기 70~80%가 지급되며 연간 500시간 고강도 훈련, 부대편성, 장비보유 등 현역 못지 않은 규모를 갖추고 있다. 이들은 전쟁 발발 즉시 동원되어 후방방위 및 예비대로 투입되며 교도대의 총 병력은 60만여 명이다.

2010년 9월 28일 당대표자회 이후 노농적위대를 노농적위군으로 개칭함으로써 현역에 따르는 역할을 맡을 것으로 보이는 바, 현재는 17세 이상 60세까지 동원 가능한 남성, 17세 이상 30세까지 여성 가운데 교도대 비편성자를 대상으로 직장 및 행정 단위별로 편성되어 있다. 민방위와 함께 직장 및 주요 시설경계, 지역 및 대공방어를 기본 임무로 한다. 개인화기는 100%, 공용화기는 일부 지급되며 훈련시간은 연간 160시간이며 총 대원은 570만여 명이다.

붉은청년근위대는 1970년 김일성의 지시로 창설된 학생군사조직으로 고급중학교 남녀 학생(14~16세)으로 조직되며 학교 단위별로 중대 또는 대대급으로 편성되어 있다. 이들은 매주 토요일 총 160시간 교내 훈련을 받고, 방학을 이용하여 7일간 붉은청년근위대 야영훈련소에 입영하여 사격훈련까지 받는다. 이들의 주요 임무는 반혁명 요소를 제거하여 북한체제를 보위하는 친위대로서 전투력 향상의 선도 역할을 한다. 유사시 군 하급 간부 전투력 보완을 위한 후비대, 결사대로서 임무를 수행한다. 개인화기는 100%, 공용화기는 일부 지급되어 있으며, 연간 450시간(과거 270시간)에 달하는 훈련을 받고 있다. 현재 약 100만여 명이며 인원과 훈련 시간이 대폭 증가하였다.

기타 준군사부대로는 호위사령부, 군수동원 지도국 등 약 32만여 명에 이르는 예비병력이 있는데, 이들은 상시로 즉각 동원할 수 있다.

〈표 6-3〉 북한 예비군 전력

구 분	규 모	비 고
교도대	60만여 명	동원예비군 성격 (남자: 17~50세, 미혼 여자 : 17~30세)
노농적위군	570만여 명	지역예비군 성격 (남자; 17~60세, 교도대 미편성 여자: 17~30세)
붉은청년근위대	100만여 명	고급중학교 군사조직(14~16세 남녀)
준군사부대	32만여 명	호위사령부, 사회안전성 등
계	762만여 명	

출처: 국방부, 「2020 국방백서」, p. 30.

북한은 전시 약 1~3개월 동안 지원이 가능한 수준의 식량, 유류, 탄약 등을 비축하고 있다. 전시에 군수공장으로 전환되도록 지정된 민수공장은 단시간 내에 전시동원체제로 전환할 수 있어 전시 군수공장은 300개 이상 가동이 가능할 것으로 예상된다. 이들 군수공장에서는 전투임무기를 제외한 대부분의 장비와 탄약을 자체 생산할 수 있는 능력을 갖추고 있는 것으로 추정된다. 그러나 국제사회의 대북제재가 장기화됨에 따라 에너지난과 원자재난이 심화되고 있어 지속적인 군수산업 육성 및 전쟁지속능력 유지에 어려움이 있을 것으로 평가된다.

제3절 북한군의 전쟁관과 군사전략[20]

1. 북한군의 전쟁관과 시기별 변화

1) 김일성의 전쟁관과 전략사상

전통적인 북한의 군사전략 형성 배경에는 김일성의 전쟁관과 전략사상이 깔려있

20) 제3절은 김기호, "김일성-김정일-김정은 최고사령관 시기 주요 전력과 군사전략의 변화 분석," 『合同軍事硏究』 제24호(대전: 합동군사대학교, 2014.12) 논문을 최신화 하였다.

다. 김일성의 전쟁관은 초기에는 마르크스-레닌주의의 전쟁관을 바탕으로 하여 스탈린의 병학사상과 모택동의 군사사상에 영향을 받았다. 후기에는 주체사상이 통치 이데올로기로 정착되면서 김일성의 전쟁관과 전략사상은 김일성의 주체사상을 바탕으로 자신의 항일 유격전 경험과 조국해방전쟁(6·25전쟁) 지도 경험에 의해 독창적으로 형성된 주체전략(主體戰略)이라고 북한은 주장하고 있다. 그러나 김일성의 주체전략이라는 전통적인 북한의 군사전략 형성 배경도 사실은 소련군 전략사상과 모택동의 인민전쟁 전략사상에서 영향을 받았다고 보는 것이 타당하다.

한마디로 김일성 주체전략이란 현대전과 혁명전의 배합으로 속도와 충격효과에 의한 종심깊은 기동을 강조하는 소련식 군사전략사상과 인민전쟁방식 및 게릴라전 방식의 유격전 형태인 모택동식 군사전략사상의 부분적 융합과 수정이라고 말할 수 있다.

[그림 6-4] 북한군의 군사전략 형성 배경

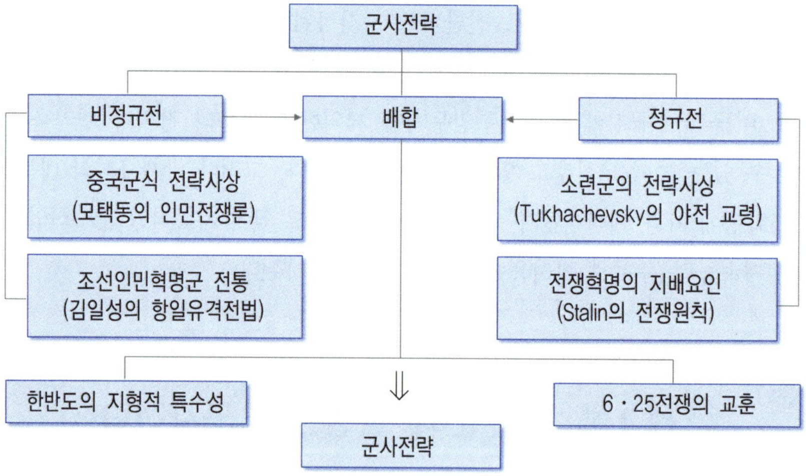

출처: 북한군교리 22 0 1, 『북한군 군사사상』(서울: 정보사령부, 2007), p. 195.

2) 김정일의 전쟁관과 북한군의 변화

전통적인 북한의 군사전략의 기조인 '속도'와 '기습'과 '배합'은 김정일 시대에도 변함없이 지속되어 오고 있는 것으로 판단된다. 그러나 그 수행방식면에서 김일성 시기와 달리 김정일 최고사령관 시기에서 많은 변화가 일어났다. 북한에서 김정일이 북한군 최고사령관에 취임한 90년대는 정치・군사・경제・외교에 있어서 대변혁의 시기였다.

구소련과 동구공산권의 붕괴로 냉전이 종식되는 등 새로운 안보 및 전략환경이 조성되었다. 1980년대 말부터 1990년대 초에 도미노처럼 일거에 동구권 공산국가와 구소련이 붕괴하였고 특히 동서독이 통일되었다. 동독에 대한 서독의 흡수통일로 북한은 남한에 의한 흡수통일을 경계하게 되었다. 북한을 지지하던 구소련 및 동구권 공산국가들의 붕괴로 북한은 정치적・경제적・외교적으로 많이 고립되게 되었다. 공산권 국가들의 붕괴는 김정일로 하여금 김가왕조의 붕괴를 막는 길은 핵무기 밖에 없다는 강한 인식하에 핵개발에 박차를 가하게 하였다.

특히 1991년 초에 수행된 현대전 방식의 항공력과 미사일의 정밀타격력이 돋보인 걸프전은 1991년 말에 북한군 최고사령관에 취임한 김정일에게 엄청난 충격을 주었다. 걸프전은 1991년 1월 17일부터 2월 28일 동안 미국을 비롯한 34개국의 다국적 연합군 68만명이 이라크 50여만명에 대한 일방적인 공격을 전개하여 완승한 전쟁으로 최신의 현대전이었다. 이라크는 50여 만의 정규군과 50여 만의 예비군을 동원하고, 기갑 및 기계화 부대가 주력인 15만명의 최정예 공화국 수비대를 바그다드 앞에 배치하였지만 다국적군의 우세한 항공력과 정밀타격력에 쉽게 괴멸되었다.

걸프전에 충격을 받은 북한은 김정일 최고사령관이 주도적으로 걸프전을 중심으로 현대전에 대한 연구를 위하여 '만(灣)전쟁연구소'를 설치하였다. 1990년대 초 김정일이 주도한 만전쟁연구소의 주요 연구 결과는 김정일 최고사령관 체제하에서 군구조 개혁차원으로 추진되었다. 1994년 김일성이 사망하고 3년 상을 치룬 후 김정일은 1998년 권능이 최고로 강화된 국방위원회 위원장에 재추대 되었다. 경제난・식량난・에너지난으로 인해 김정일 체제의 북한이 붕괴 또는 급변사태에 직면할 것이라는 담론이 무성하였음에도 오히려 북한군의 군사력은 많은 증강과 획기적인 변화가 있었다. 전차와 야포 및 잠수함과 경보병 부대의 급증과 지휘체계와 부대구조와 배치를 개편 및 변경하는 등 상당한 변화가 감지되었다.

2003년 3월 20일에 개시되어 불과 26일 만에 이라크 100만대군을 무력화시킨 이라크전은 걸프전에 이어 항공력과 미사일 그리고 전자전의 위력을 과시하였다. 특히 레이더에 잡히지 않는 스텔스기의 활약은 가공할 만한 것이었다. 김정일을 포함한 북한 수뇌부는 북한의 재래식 병력 100만 대군도 최첨단 무기체계로 무장된 미군의 항공 및 미사일 전력에 아주 쉽게 붕괴될 수 있을 것이라는 두려움에 자극 받았다.

이에 북한은 1960년대부터 착수한 핵과 미사일 개발에 총력을 기울여 2006년도와 2009년도에 걸쳐 두 차례의 핵실험과 장거리 미사일 실험을 하였다. 또한 전자전의 중요성을 인지하여 전자전, 사이버전에도 비상한 관심을 기울였다. 그러나 두려움에 차있는 북한을 고무시킨 것은 주요 전투 종료 선언 이후에 전개된 새로운 양상의 이라크전과 2001년에 시작된 아프칸 전쟁 양상이었다. 산악과 도시에서 전개되는 비정규전, 게릴라전 방식에 최첨단 현대무기로 무장된 미군을 비롯한 다국적군이 고전하는 양상은 북한에게 비정규전에 대한 대비를 가속화하게 하였다.

그 결과 김정일 시대의 북한군은 한미연합군의 압도적인 항공력에 취약한 군단 단위의 대규모 포병과 기갑 및 기계화부대를 사·여단 규모로 개편하여 전방군단에 배속 및 추진 배치하였다. 걸프전에서 맹위를 떨친 토마호크 미사일의 영향으로 북한군도 1개 포병군단을 '미사일지도국'으로 개편하여 미사일 운용을 강화하였다.

3) 김정은 시대 북한군의 주요 변화

김정일의 급사로 2011년 12월 30일 북한군 최고사령관에 추대된 김정은 체제하에서 북한군은 김정일 체제의 연속선상에 있다고 볼 수 있다. 그러나 김정은 최고사령관 체제하에서의 10년차인 북한군의 주요 전력과 지휘 및 부대구조와 배치 등 다음과 같은 특징적인 변화가 있음을 알 수 있다.

(1) 핵미사일 무기의 다종화 및 고도화

김정은 최고사령관 체제하 북한군은 주력 군종으로 전략군을 신편하고 핵무기의 정교화·고성능화와 이를 운반할 수단인 다양화된 각종 미사일 개발에 올인하면서 핵미사일을 고도화 시키고 있다.[21)]

▶▶ 핵무기 무기화: 소형화·경량화 달성

북한은 1960년대부터 소련 핵 연구소인 '두브나 핵연구소'에 핵물리학자를 파견해 연구하게 하였다. 북한의 핵 관련 전문 인력은 고급인력 200여 명을 포함하여

21) 김정은은 집권 이후 핵미사일 부대로 구성된 전략군을 신편하고 2019년 11월말까지 300km 이상의 미사일을 무려 117발을 시험 발사할 정도로 미사일에 올인하고 있다. 비핵화 협상중에도 2019년과 2020년에 걸쳐 20여발을 발사했다. 김일성 시기 15발, 김정일 시기 58발을 다 합친 것보다 2배 이상이 많다.

약 3,000명에 이르는 것으로 알려져 있다. 북한 지역에 매장된 우라늄 가채량은 약 400만 톤에 달하는 것으로 알려지고 있는 가운데 1980년대 접어들면서 핵개발에 경제력을 집중하고 있다.

북한은 이어 2016년 1월 제4차 핵실험을 통하여 수소탄이라고 주장하였고 9월의 5차 핵실험에서는 핵탄두 폭발시험을 성공적으로 진행했다고 보도했다.[22] 게다가 북한은 마침내 2017년 9월 3일 '대륙간탄도로켓(ICBM)에 장착할 수 있는 수소탄'이라고 주장하는 6차 핵실험을 강행했다.[23]

또한 2016년 3월 북한은 핵탄두 소형화와 경량화 성공을 주장하며 핵탄두 모형으로 추정되는 사진을 공개했다. 이것은 지름 60~70cm 정도로 추정되는 은색 공 모양으로서 한국 정부와 관련 전문가들은 북한이 핵탄두 소형화에 대한 기술적 진보를 어느 정도 이룬 것으로 평가했다.[24] 북한 주장대로 핵탄두를 미사일 탄두부에 탑재하려면 폭발력을 갖추면서도 500~600kg으로 소형화하는 것이 핵심이다. 북한이 보유한 탄도미사일의 탄두 중량은 스커드 770~1천kg, 노동 700kg, 무수단 650kg 등으로 북한은 모든 미사일에 핵탄두 장착이 가능하도록 소형화에 성공하였다는 것이다.

▲ 북한이 과시한 공 모양의 원자탄(2016.3월)과 장구 모양의 수소탄(2017.9.3.)

---

22) 북한은 2016년 9월 9일 "핵탄두의 위력 판정을 위한 핵폭발 시험을 단행했다"고 보도했다. 북한 핵무기연구소는 이날 성명에서 "이번 핵시험에서는 조선인민군 전략군 화성포병부대들이 장비한 전략탄도로켓들에 장착할 수 있게 표준화, 규격화된 핵탄두의 구조와 동작, 특성, 성능과 위력을 최종적으로 검토 확인했다"며 이같이 밝혔다고 조선중앙TV가 보도했다.

23) 북한이 2017년 9월 3일 핵무기연구소 성명을 통해 "대륙간탄도로켓 장착용 수소탄 시험에 완전 성공했다"고 주장했다. 이 연구소는 또 "핵무기 설계 및 제작 기술이 핵탄의 위력을 타격대상과 목적에 따라 임의로 조정할 수 있는 높은 수준에 도달하였다"며 "국가 핵무력 완성의 완결단계 목표를 달성하는 데서 매우 의의 있는 계기"라고 덧붙였다. 『한국일보』(2017.9.4.)

24) "北 핵탄두 소형화 성공", 『연합뉴스』(2017.8.9), 미국의 일간지인 워싱톤포스트(WP)는 8월 9일 국방정보국(DIA)보고서를 토대로 미 정보당국이 북한이 핵탄두 소형화에 성공했다는 결론을 지난달 내렸다고 보도했다.

북한은 2006년 10월 9일 제1차 핵실험을 실시한 후 지금까지 6차례의 핵실험을 통하여 핵무기의 개발은 물론이고, 양적인 증강과 질적인 개선에도 성공하였다고 판단된다. 2017년 9월 3일 성공한 (미니)수소폭탄의 경우 한국에서는 50~60kt의 위력으로 평가하였으나 미국에서는 120kt, 일본에서는 160kt으로 평가하였고, 200kt에 달할 것이라는 분석하는 국내 전문가도 있다.[25] 그 이전에도 북핵문제를 꾸준히 연구해오고 있는 미국의 올브라이트(David Albright)는 2016년 12월 현재 북한이 13~30개의 핵무기를 보유하고 있다고 평가한 적이 있고,[26] 스웨덴의 국제평화연구소(SIPRI)는 홈페이지에 전 세계의 핵무기 보유현황을 제시하면서 북한을 10~20개로 표시하고 있다.[27] 북한은 6차 핵실험을 통하여 핵무기를 수소탄으로까지 고도화하였기에 그 이전까지는 원자탄을 생산하였을 것이고, 2018년부터는 수소탄을 생산하리라고 판단된다.[28] 북한은 2018년에 시작된 비핵화협상 기간 중에도 계속 핵무기를 생산하여 2020년말 기준 30~60여 개의 핵무기를 보유하고 있는 것으로 보인다. 특히, 2021년 1월 제8차 당대회에서 김정은은 미국 전역을 타격할 수 있는 명중률이 높은 대륙간 탄도 미사일(ICBM), 다탄두ICBM(MIRV), 핵추진잠수함(SSBN)과 핵탄두를 탑재한 잠수함 발사 탄도미사일(SLBM) 및 전술핵무기의 신속한 개발을 공언했다.

▶▶ 다양한 미사일의 고도화 및 기습 발사 능력 보유

북한은 1970년대 후반부터 탄도미사일 개발에 착수하여 1980년대 중반에는 SCUD-B와 SCUD-C를 생산하여 작전 지역에 배치하였다. 이후 1990년대 사정거리가 1,300km인 노동미사일을 작전 배치하였으며, 2007년 사거리 3,000km 이상의 중거리 탄도미사일 무수단을 작전 배치함으로써 한반도를 넘어 일본과 괌 등도 사정범위에 포함시켰다.

---

25) 박휘락, "북핵의 군사적 활용 시 예상되는 북한의 핵전략 분석: "전략 = 목표 + 방법 + 수단"의 방정식 활용",『국방연구』제60권 4호(논산: 국방대학교 안보문제연구소, 2017.12), pp. 29-52.

26) David Albright. "North Korea's Nuclear Capabilities: A Fresh Look." Institute for Science and International Security Report (April 28, 2017), 1-3, http://isis -online.org /isis-reports /detail/north-koreas-nuclear-capabilities-a-fresh-look/10(검색일: 2017. 7. 15).

27) SIPRI Homepatge, https://www.sipri.org/ (검색일: 2017. 7. 15).

28) 정성윤, "북한의 6차 핵실험(1):평가와 정세전망,"『Online Series』Co 17-26(서울: 통일연구원, 2017.09.11.); 북한이 공개 및 비공개 핵물질 전량을 핵무기화 할시 북한은 2020년 경 최대 원자탄 88개, 미니수소탄 46개, 도합 134기의 핵무기를 생산할 수 있을 것으로 추정된다. 이렇게 되면 이스라엘, 인도, 파키스탄과 같은 실질적인 핵보유국이 될 것이며, 미국에 대한 최소 핵억제력을 보유하게 된다.

2006년 7월 5일에는 대포동 2호를 시험 발사하였고, 2009년 4월 5일에도 장거리 미사일을 재발사하였으나 실패하였다. 북한은 김정은이 집권하자마자 2012년 4월 13일 '은하 3호'를 발사했으나 다시 실패했다. 그러나 2012년 12월 12일 평북 동창리에서 '은하 3호'를 발사해 1만km로 추정되는 운반 능력을 보여 주었고, 2016년 2월 7일 '광명성 4호'를 발사해 1만2천 km로 추정되는 장거리 운반 능력을 확보했다고 주장했다.

북한의 핵실험이 위협적인 것은 북한이 미사일 개발과 관련해 대륙간 탄도미사일(ICBM) 이외에 잠수함발사 탄도미사일(SLBM)을 개발하고 있다는 점이다. 북한은 2013년 SLBM 개발 정황이 포착된 이래 2015년에 4회의 사출시험을 실시한데 이어 2016년에도 총 4차례의 사출시험 및 시험발사(3.16., 4.23., 7.9., 8.24.) 등을 지속하고 있다.

2017년 들어 북한은 놀라울 정도의 빠른 미사일 개발 속도를 보여주고 있다. 북한은 먼저 미사일 발사 전 30분 이상의 주입시간으로 미사일 발사 징후가 노출되는 액체연료 대신에 기습 공격에 유리한 고체연료를 개발했다. 게다가 이동식 발사대(TEL)를 차륜형 뿐만 아니라 궤도형도 개발하여 평지뿐만 아니라 야지이동 능력을 증가시켰다. 또한 대출력 엔진을 개발해서 사거리를 획기적으로 증가시켰다.

북한은 이 모든 것이 포함된 사거리 3,000km의 중장거리 미사일인 북극성-2형을 2017년 2월 12일에 발사하여 성공하였다고 주장하고 있다. 북한은 계속해서 5월 14일 대출력엔진을 사용한 중거리 탄도미사일(IRBM)인 화성-12형을 발사해서 미사일의 추력과 대기권 재진입 기술을 시험했다.[29] 북한은 7월 4일과 28일에 대륙간탄도탄미사일(ICBM)급인 화성-14형을 발사하였고, 11월 29일에는 사거리 13,000km로 추산되는 미국 전역 타격이 가능한 화성-15형 ICBM을 고각발사 하였다. 북한은 ICBM의 성공을 대대적으로 자축하면서 '국가 핵무력'이 완성됐다고 특별보도 하였다.[30] 게다가 김정은 체제하 북한은 겉으로는 2018년부터 비핵화 협상을 하는척 하면서 실제로는 한국 무기체계로 방어가 어려우며, 핵투발이 가능한 북한판 이스칸데르 미사일(KN-23), 북한판 에이태킴스(ATACMS)전술지대지 미사일을 개발했다.[31]

---

29) 군 당국은 통상 탄도미사일을 사거리에 따라 단거리(SRBM · 1000㎞ 이하), 준중거리(MRBM · 1000~3000㎞), 중거리(IRBM · 3000~5500㎞), 대륙간(ICBM · 5500㎞ 이상)으로 분류한다.

30) 북한의 대륙간탄도탄미사일(ICBM)은 사거리면에서 성공했으나 재진입 기술은 아직 완성 못한 것으로 평가하고 있다. 그러나 미 CIA는 3~6개월 이내에 완성할 것으로 전망하고 있다.

31) 북한이 2021년 제 8차 당대회 직후 인 1월 14일 자정 열병식에서 남한 전역을 사정권에 두는

북한은 미사일을 약 1,000여기 이상 보유하고 있다. 북한의 핵무기 소형화 성공 가능성이 높기 때문에 모든 미사일에 핵탄두 장착이 가능한 것으로 보인다. 우리에게는 우선 남한 전역을 목표로 하고 있는 스커드 핵미사일이 위협적이다. 그러나 일본 열도를 목표로 하는 노동핵미사일을 남한지역을 향해 고각사격 했을 때 우리에게 더욱 취약하다.[32] 신속히 사드(THAAD)체계를 추가 배치해야 하는 이유이다. 더욱이 북한은 2019년에 5년간에 걸쳐서 사드와 패트리어트도 막을 수 있는 신형 전술유도미사일인 북한판 아스칸데르 미사일을 개발, 실전배치한 것으로 보인다. 특히 북한은 고체연료 엔진과 차량형과 궤도형 이동식 발사대를 100~200여대 보유하고 있어서 사전에 발사 징후를 거의 노출시키지 않고 기습사격능력을 갖춘 것으로 추정된다. 북한은 2018년 핵협상이 시작되고 남북군사합의(2018년 9월)중임에도 지난 3년간 미사일을 급속도로 개발해 오고 있다. 사거리 15,000km에 이르는 세계 최대의 11축 ICBM과 다탄두(MIRV) ICBM의 개발, 북한판 에이태킴스 미사일 등 유사시 미국의 증원을 방해하고 남한지역을 조기에 초토화 시킬 수 있는 무기를 집중 개발하고 있다.

(2) 포병 능력 획기적 향상

포병애호가로 알려진 김정은 시대에는 신형 300mm 방사포의 개발을 비롯한 단거리 발사체의 개발시험과 포사격훈련이 강화되고 있다. 2014년도 들어 2월부터 9월 초까지 지속적으로 수십차례에 걸쳐 단거리 미사일과 로켓, 300mm 신형 방사포 등

'북한판 이스칸데르' 신형 전술미사일(KN-23) 개량형 등 KN-23 개량형은 전술핵탄두를 장착할 수 있는 것으로 분석된다. KN-23 개량형의 탄두 중량은 500~600kg, 직경은 92㎝ 정도인 것으로 알려졌다. 북한이 2017년 6차 핵실험 직전 등 두 차례에 걸쳐 공개한 핵탄두는 직경 60~70㎝, 무게 500kg 안팎으로 추정돼 KN-23에 전술핵탄두를 장착할 능력을 이미 확보했을 가능성이 높은 것으로 추정된다.이는 김정은이 2021년 초 제8차당대회에서 공언한 '전술핵개발' 지시를 뒷받침하는 것으로 풀이된다.

32) 원래 스커드 미사일은 남한 전지역을, 노동미사일은 일본 열도를 대상으로 공격하는 미사일이다. 그런데 북한이 핵탄두를 소형화・경량화하기 전에는 노동미사일에는 핵탄두 장착이 가능하였으나, 스커드 미사일에는 불가능해서 한국에겐 THAAD 체계가 절실하게 필요하지 않았다. 그런데 2014년 3월 26일 북한이 노동미사일을 고각(Lofted)사격 시험하는 것이 포착되어 북한이 노동핵미사일로 남한지역을 공격 할 시 대비태세를 갖추기 위해 THAAD 체계 설치가 제기되었다. 노동미사일 고각사격시 마하 7~8의 속도를 내기에 마하 4인 PAC 체계로는 막을 수 없기 때문이었다. 현재는 북한이 핵탄두 소형화에 성공하여 모든 미사일에 장착할 수 있도록 표준화, 규격화 하였다고 주장하고 있어서 THAAD 체계와 PAC 체계의 다중 방어체계가 요구된다. 특히 북한이 50km이상 상공에서 폭파하는 훈련을 하고 있어서 더욱 THAAD 체계가 필요하다. 남한 전 지역에는 THAAD 2~3개 포대가 필요하다.

총 110여발 넘게 발사했다. 2017년과 비핵화 협상기간인 2019년과 2020년에도 400mm, 500mm, 600mm 대구경 및 초대형 방사포를 집중 개발하고 있다.

김정은 시대에 들어오면서 위성위치확인 시스템을 장착하여 정확도가 증가할 뿐만 아니라 구경과 사거리가 신장되고 있다. 2013년에 개발된 사거리 170~200km의 300mm 신형방사포와 사거리 400km에 이르는 400mm, 500mm, 600mm로 보이는 대구경・초대형 방사포를 개발하고 있다. 300mm 신형 방사포는 수도권 뿐만 아니라 계룡대 지역인 대전권을 위협하며, 600mm 초대형 방사포는 전술핵을 탑재한채 남한 전력을 대부분 타격이 가능하다. 이는 방공망으로 요격이 불가능하며 심각한 위협이 된다.

(3) 사이버전 능력 확충

김정은 시기에 북한은 사이버전 능력을 지속적으로 확충시키고 있다. 북한의 사이버 공작 인원은 정예 요원만 1,500여명에 지원 요원까지 합치면 3,000명이 넘는 것으로 평가된다. 북한군 총참모부가 '지휘자동화국'을 만들어 한국군에 대한 정보 수집을 목표로 한 해킹, 역정보 및 허위정보 유포 등 사이버전을 연구하고 있으며 정찰총국도 국가공공망에 대한 사이버 공격을 연구하고 있는 것으로 분석했다.

(4) 화생무기의 실전배치 및 준비 완료

북한이 생물학 무기는 탄저균을 포함하여 1톤 규모, 화학무기는 신경가스를 포함한 5,000톤을 보유한 것으로 알려져 있다. 북한 화학무기위협의 실체는 3가지로 첫째, 각종 투발수단에 충전 및 탑재되어 전력화 배치된 화학포탄, 폭탄 및 로켓, 미사일 탄두들이다. 둘째, 화학공격작전의 지속능력을 보장하기 위하여 화학적 안정성을 가지도록 한 이원화 화학탄의 원료물질인 중간물질 또는 화학탄, 투발수단에 충전하기 이전의 완성품형태의 저장용 독성 화학물질이다. 북한이 보유하고 있는 화학무기의 양은 2,500~5,000톤으로 이 양은 북한 보유 152mm포탄으로 환산하면 화학탄(포탄, 폭탄, 미사일 등)으로 약 620,000발에서 1,250,000발정도로 추정할 수 있다. 생물학 무기의 경우 북한은 낙후된 과학 기술력으로 정교한 균의 농축 및 고형화와 안정화 기술을 보유하고 있지 못하다. 그러나 연간 4 - 5톤의 균 배양능력은 보유하고 있으므로 즉각적인 생물학 공격능력은 제한되지만 사전에 일정기간 준비시간이 보장되면 제한적인 생물학 공격능력을 가지고 있다고 평가된다.

(5) 지휘 및 부대 구조 개편

김정은 시기에 와서 북한군 군사지휘기구도는 김정일 시기와 비교시 부대구조상의 큰 변화는 없다. 그러나 '미사일지도국'이 '전략로켓트사령부'로 개편되었다가 다시 '전략군'으로 승격 개편되었다. 이는 단거리, 중거리 및 대륙간탄도탄(ICBM)급의 전략미사일 개발과 작전배치를 대비하여 전략차원으로 격상시킨 것으로 보인다. 또한 2009년에 당과 각 기관에 분할되었던 대남 및 해외 공작업무를 총괄하는 기구인 정찰총국을 신편 하였다. 이는 사이버전 등을 본격화한 것으로 풀이된다.

2. 김정은 시대, 변화된 군사전략(추정)

1) 핵 및 화생무기에 의한 대량파괴 및 조기 전쟁 종결 전략

북한이 단번에 전투력 균형을 무의미하게 만드는 전술핵무기의 작전배치를 2~3년 내 달성할 것으로 전망된다. 따라서 북한은 핵과 미사일과 화생무기를 이용하여 대량파괴에 의한 속전속결로 신속히 한반도를 석권하는 조기 전쟁 종결 전략을 추구할 것으로 판단된다. 즉, 북한은 다양한 사거리의 핵미사일에 의한 미군의 증원전력을 방해하고 미증원전력 도착 이전에 전술핵무기와 화생무기를 이용하여 한국군의 주력군과 주요 목표 등 전략적 중심을 파괴하여 전쟁을 조기에 종결하려는 전략이다. 북한은 정확도가 증가된 ICBM과 다탄두 ICBM(MIRV)과 극초음속 미사일을 개발하며 미군의 항모전단 등 전략자산의 증원을 방해할 것이다. 특히 전술핵무기와 화생무기에 의한 물리적·심리적 마비와 공포를 조장하여 조기에 전쟁의지를 말살하여 한반도 전역을 단숨에 무력화 시킬 것이다.[33]

북한은 이미 사거리 500km의 SCUD 계열, 사거리 1,300km~1,700km의 노동 계열, 사거리 3,000km 이상의 무수단 미사일을 작전배치하였다. 중장거리인 북극성 2형과 화성-12형과 ICBM급인 화성-14형, 화성-15형도 작전배치한 것으로 보인다. 또한 3천톤급 잠수함의 건조와 SLBM(북극성-3~5형)의 완성도 박차를 가하고 있다. 더욱이 2021년 1월 김정은은 4천~6천톤급 전략핵추진 잠수함(SSBN)의 건조와 핵탄두

33) 이는 화생무기와 전술핵무기 그리고 '더티밤'(dirty bomb)사용에 의한 공포조성전략에 의해 확대될 것이다.

를 장착한 잠수함 발사 탄도미사일(SLBM)과 극초음속 미사일, 전술핵무기, 군사정찰 위성, 첨단 무인기 개발까지 선언했다. 이에 따라 북한은 한반도 전역을 포함한 오키나와, 일본 본토, 괌, 하와이 등에 대한 직접적인 타격능력을 보유하게 되었으며 미국 본토 타격도 가능한 것으로 보인다.

따라서 북한의 핵과 중단거리, 중거리, 장거리 미사일의 개발은 주력인 미군 증원 전력을 방해할 목적이 자명하다. 미군 증원전력의 한국작전전구(KTO; Korea Theater Operation) 증원 및 전개는 해・공군은 신속히 이루어질 것이나 지상군의 경우 상당 기간 소요될 것으로 보인다. 북한은 핵탄두를 장착한 미사일을 사용하여 미군 증원을 최대한 방해하여 미 증원군의 한반도 작전구역 전개 이전에 전쟁목표를 달성하려 할 것이다.

2) 일거에 선제기습공격 및 속전속결에 의한 결전 전략

북한군의 부대구조와 배치의 심대한 변화는 일거에 결정적인 공격으로 결판을 내려는 이른바 '판가리 결전 전략'(판을 갈아치워 결판을 낸다는 북한 말)으로 볼 수 있다. 이는 기습(Surprise), 속도(Speed), 화력우위(Superiority), 공포(Shock), 배합(Mix)으로 특징지어 지는 '신전격전 개념'의 기습공격 전략이다.

한미연합군의 공중화력에 취약한 대규모 군단급 포병부대와 전차 및 기계화 부대를 사・여단 단위 또는 그 이하로 개편하여 속도와 생존성을 증가시켰다. 특히 제1제대에 기본역량이 대거 집중된 부대배치의 변화를 볼 때 김일성 시대의 3개 제대 편성에 의한 제파식 연속타격 개념에서 벗어나 제1제대 중심의 일거에 결정적 공격을 감행하는 전략으로 변경되었다고 추정할 수 있다. 지금 북한군의 배치는 사실상 제1제대에 모든 전투력(역량과 기재)이 집중 전진 배치되어 있다. 이전에 제2제대로 배치된 평양과 원산 일대의 2개 기계화 군단도 기존의 4개 기계화 보병사단 포함 총 6개의 기계화 보병사단으로 편성 조정했다. 이로써 한반도 산악지형과 공중전력에 취약한 기계화군단은 자취를 감춰 버렸다.[34)]

실제로 김정일은 "공격하는 데 무슨 1제대, 2제대가 필요하냐?"고 하면서 "제1제대에 기본역량을 집중하여 한판에 쓸어버리라!"고 강조했다고 한다. 김정일은 "미

---

34) 국방부, 『2020 국방백서』, (국방부, 2021.2.2.), p. 24.

제를 때려눕히고 조국을 통일하자면 어느 때든지 한 번은 놈들과 맞서 판가리(판가름)싸움을 하여야 합니다."라고 언급하였다. '판가리'는 '생사존망을 결판낸다.'는 뜻의 북한 말로, 핵전면전쟁 계획을 의미한다.

북한군은 김정일 시대부터 휴전선에서 100㎞ 이내(황해도 사리원~강원도 통천 선 이남)에 북한 병력의 70%(70만 명), 화력의 80%를 전진 배치시키고 있다([그림 6-5] 참조).

[그림 6-5] 북한군 전진배치 현황

출처: 중앙일보(2013.11.14.)

이는 과거 휴전선에서 150㎞ 이내(평양~원산 선 이남)에 병력의 70%를 배치했던 것과 비교하면 놀라울 정도로 공세적으로 바뀌었다.

즉, 과거 5~7일 작전에서 3~5일내 부산까지 점령하여 전 한반도를 석권하는 전략을 갖추고 언제든 기습 남침태세를 구축하고 있다. 또한 김정일 최고사령관 이전에는 전연(전방)군단장과 제2제대 기계화군단장간의 같은 계급으로 인해 지휘통일도 어려웠으나 과거 제2제대였던 기갑・기계화・포병군단을 사・여단 단위로 분할

하여 전연(최전방)군단장에게 복종변경(배속)시켰기에 일사불란한 지휘통제가 가능할 것으로 보인다. 즉, 과거에는 제1, 2, 3제대로 구분해서 제대별 제파식 연속 타격전략을 구사하는 전략을 채택하였으나 이를 변경하여 최전방 제1제대에 병력을 전진 배치시켜서 일거에 대규모 공격으로 결판을 내는 이른바 '판가리 결전 전략'에 의한 대규모 선제기습공격을 감행할 것으로 판단된다. 이는 미군의 증원 이전에 전쟁을 종결지으려는 의도와 크고 오랫동안 전쟁을 할 능력(전쟁지속력)이 부족한 북한의 취약점이 반영된 결과일 것이다.

그런데 변화된 북한군의 전진배치는 좁은 지역에 과도하게 밀집되어 있어서 신속하게 기동하기가 곤란하다. 그렇기 때문에 북한군이 이를 무릅쓰고 전진 배치시킨 이유는 주요 기동로나 목표지역에 전술핵무기나 화생무기를 사용하여 일거에 대규모 공격을 할 속셈으로 풀이된다. 왜냐하면 북한판 전격전 개념에 의해 제1제대 역량을 일거에 집중하여 신속히 기동하려면 남한의 주요 기동로상 좁은 전투공간의 집중 돌파가 용이하지 않을 것이다. 그래서 북한군은 주요 기동로나 목표지역에 초대형방사포와 이스칸데르 미사일 등을 이용, 전술핵무기와 화생무기를 사용할 가능성이 매우 높다. 이를 위하여 북한은 지금 전술핵무기 개발에 혈안이 되어 있다. 화생무기와 전술핵무기 및 더티밤(dirty-bomb; 조잡한 핵무기)에 의한 공격은 핵 및 화생방 방어태세가 취약한 한국과 한국군의 방어력을 무력화하기에 용이하며 동시에 남한지역에 극도의 공포심을 조장할 것이다.

3) 다양한 비대칭전략 및 배합전략

김정일의 전군 경보병화 지시 이후 북한군의 특수작전군 병력은 10만 명에서 20만 명으로 배가되었다. 그래서 사단 경보병 대대는 경보병연대로 증편되고 군단에는 경보병 사단이 신편 되었다. 북한군 군단 및 사단의 경보병부대는 한국군 사단, 군단, 군 후방지역에 침투하여 후방교란 및 주요 기동로 확보, 지휘소 타격, 화력유도 등의 활동으로 한국군의 전투력 집중을 방해할 것이다. 또한 현재 이완된 남한 사회에 탈북자 등으로 위장하여 기존의 고정간첩과 연계하고 자생적인 좌익 및 종북세력 등을 규합하여 소요, 폭동, 요인암살 등 후방교란 및 제2전선 형성을 시도할 것이다.[35)]

---

35) 고 황장엽 선생의 증언에 의하면 남한에는 간첩 5만 명 이상이 암약하고 있다고 증언하고 있

북한군 해군은 2000년대부터 잠수함과 공기부양정 등이 획기적으로 증가키켰으며, 기지도 백령도로부터 50km 떨어진 황해남도 용연(고암포) 일대로 추진시켰다.[36) 김정일은 2009년 북한군 장령(장성) 간부 강연회에서 "20세기 전쟁이 기름전쟁이고 알(탄환)전쟁이라면, 21세기 전쟁은 정보전쟁"이라고 하면서 사이버전의 중요성을 강조하였다. 따라서 북한의 군사전략은 특수전, 사이버전, 잠수함전, 비정규전, 화생방전 등으로 특징되는 다양한 비대칭 전략 및 배합전을 포함한 핵전면전쟁 전략인 판가리 결전 전략이 될 것이다.

북한은 2015년을 '통일대전(大戰) 완성의 해'로 선포했다. '대전(大戰)'은 큰 전쟁, 즉 남한을 상대로 한 '핵전면전쟁'을 의미한다.[37) 실제로 2015년 초에 북한군 동계 군사훈련은 실전을 방불할 정도로 대규모로 이뤄진 바 있다.[38) 특수부대를 남한 후방에 투입시키는 훈련에도 이례적으로 많은 인원이 참여했다.

북한은 6・25전쟁 이후 단 한 순간도 남한 적화통일의 야욕을 버린 적이 없다. 김정일은 고난의 행군으로 300만 명의 주민이 아사해도 개의치 않고 핵과 미사일 개발에 돈과 시간을 쏟아 부었다. 김정은은 말로는 인민을 위한다고 하지만 실제로는 핵무기 개발에 모든 국가자원을 집중시키면서 핵전면전쟁 전략인 '판가리' 결전 전략을 완성하여 김가왕조도 지키면서 무력적화통일 능력도 고도화 시키고 있다.[39)

으며, 이는 북한의 대남선전 사이트인 '우리민족끼리' 해킹에 의해 확인되었다.

36) 북한은 백령도로부터 50㎞ 떨어진 코앞에 약 68척이 접안 가능한 공기부양정 기지를 완공하여 35분이면 3,000명을 침투시킬 능력을 보유하였다.

37) 국방부 고위정책담당관은 2016년 10월 7일 국방위원회 국정감사에서 "북한이 2015년을 통일대전 완성의 해로 선포한 후 전면전 활동에 주력하고 있다. 핵실험, 미사일 발사 등 도발 위협이 상존함을 고려할 때 북한 도발에 대한 대비태세 유지가 긴요하다."고 말했다. 군 당국은 북한이 실전적 전술훈련과 전력 증강을 통한 전면전 준비에 주력하는 것으로 보고 있다.

38) 김정은은 2012년 8월 25일, 김정일 선군영도 52돐 기념행사에서 군과 당정 고위 간부들에게 '3년 이내에 조국통일대전을 성사시킬 것'을 교시했다. 이것이 '2015 통일대전'으로 2015년까지 적화통일을 위해 큰 전쟁을 치루겠다는 것을 뜻한다.

39) 북한이 ICBM, 다탄두 ICBM(MIRV), 전략핵잠(SSBN)을 김정은의 2018년 1월 8차 당대회 지시대로 개발한다면 미국・러시아・중국에 이은 4대 초핵강국이 된다.; 김기호, "4대 핵강국으로 가는 북한", 『경기일보』(2021.1.25).

제4절 북한군의 대남도발

1. 도발 개요

북한은 지난 반세기 동안 무려 3,120회에 이르는 대남 군사 도발을 감행하였다.[40] '대결과 협력'이라는 이중성이 공존하는 남북 관계의 특수성을 감안하더라도 이처럼 북한이 자행한 대남 군사공격과 침투·도발 행위는 남북 관계에 역기능을 초래하였다. 북한은 6·25전쟁을 일으키기 이전부터 오늘날까지 '무력적화통일노선'을 제일의 기치로 삼아 왔다. 동시에 '공산주의 화전양면 전략전술(共産主義 和戰兩面戰略戰術)'을 구사하고 있다. 겉으로 화해와 평화의 의도를 보이지만 실제로는 전쟁과 무력으로 목적을 성취해야 한다는 노선에 따라 지난 60여 년 동안 통일전선전술과 병행하여 왔다. 아울러 주목할 것은 북한이 통일 문제와 남북 관계를 대할 때도 군사력을 통한 공격과 침투 등의 도발을 일종의 수단으로 활용한다는 것이다.

실제로 북한은 상대방과 협상 테이블에 앉아서 평화로운 대화와 제도의 협상을 진행할 때 상대편이 자신들의 요구에 순응하지 않거나 협상이 의도된 방향으로 진행되지 않으면 도발, 폭력, 테러와 같은 전혀 예상치 못한 방향의 '비상식 행동'을 취함으로써 상대방의 입장 변화와 양보를 얻어 내기도 하였다. 혹은 이와 반대의 순서, 즉 이익 추구를 목적으로 대화 및 협력과 같은 '평화 제스처'와 '위장평화 공세'를 선행한 후 뒤로 핵과 미사일 개발 등과 도발 위협으로 군사력을 증강하기 위한 시간과 자금을 벌어들였다.

지난 남북 관계를 반추해 보면 북한의 화전양면전략은 한국에 행한 각종 대남 공작과 수많은 침투·도발 사례에서도 증명되고 있다. 가장 대표되는 사례는 북한의 6·25 불법 남침(1950년) 도발이다. 북한은 한국에 평화 협상을 제의하고 기갑부대와 포병, 20여 만 명의 보병을 동원하여 휴일 새벽에 기습 남침을 감행하였다. 북한이 7·4 남북공동 성명을 발표하면서도 한편으로 남침용 땅굴을 건설한 사례(1972)와 '3자회담'을 제의하고 아웅산 폭탄테러(1983년)을 감행한 전력도 모두 상기에 언급

40) 국방부, 『2020 국방백서』(서울: 국방부, 2021. 2), p. 319.

한 양면 전략에 속한다.

2000년대를 전후로 북한은 남북 경협과 대북 경제 지원이 진행되는 시점에도 잠수정 침투 사건, 핵실험(2006년, 2009년, 2013년, 2016년), 장거리 미사일 발사(1998년, 2006년, 2009년, 2012년, 2014년, 2016년) 등을 감행하였다. 한・일 월드컵이 절정인 시기에 북방한계선(NLL)을 침범하여 해상 공격을 벌인 연평해전(2002년), 쌀・시멘트 등 대북 인도주의 차원의 지원이 재개되던 중 발발한 '천안함 폭침 사건'(2010년), 남북적십자회담을 앞두고 자행한 연평도 포격 도발 사건(2010) 등도 마찬가지다.[41]

2. 주요 대남 군사 도발

6・25전쟁 휴전 이후에도 북한은 앞에서 기술한 전략을 바탕으로 하여 시기별로 전술과 방식을 달리하여 대남 군사 도발을 자행하였다. 북한은 남북 문제의 주도권 확보 및 자신들의 대내외 실리 추구와 영향력 확보를 위해 한국과 국제 사회에 대한 긴장 조성, 공격성 군사 행위, 핵실험・미사일 발사와 같은 각종 도발을 지속해 왔다. 북한은 남북 대화와 경협을 추진하면서 6・25전쟁 전후로 1,972건에 이르는 육상 및 해상에서의 침투 행위를 비롯하여 1,117건에 이르는 국지도발 등 총 3,094건의 도발을 자행해 오고 있다.[42]

마치 깡패나 강도가 칼로 협박하여 사람을 죽이거나 돈을 빼앗듯이 북한은 항상 남북문제에서 군사행동 및 도발을 하나의 수단이자 도구로 차용하고 있으며, 목표 관철을 위해 군사 도발과 협상을 양면으로 활용해 왔다. 북한은 이를 통해 국제사회의 관심 유도, 대남 압박 공세, 경제 지원 요구, 남남 갈등 유발 등 다방면에서의 반사 효과를 얻으려는 것으로 보인다. 그러나 북한은 각종 도발 행위로 국제사회의 보편적 가치와 기준에 맞지 않는 '불량・깡패국가'(Rogue State)로 인식되면서 국제사회의 지탄을 받고 있다.

---

41) 북한군의 군사 공격과 침투・도발 사례로 볼 때 이러한 행동의 근간은 먼저 북한체제의 폭력집단과 같은 성격에서 기인한다. 스스로 잘 가진 것이 군사력이라고 과신하고 있어서 늘 도발을 협박 및 자행하고 그 반대급부로 협상해서 실리를 챙곤한다.

42) 『2016 국방백서』, p. 251.

1) 육상과 공중 도발

북한의 대남 군사 공격을 시기에 따라 유형별로 분류해 보면 다음과 같다.

전후 복구 사업이 어느 정도 마무리되는 1960년대부터 북한은 '남조선 혁명론'에 근거한 대남전략을 바탕으로 수차례에 걸친 국지성 군사적 모험을 감행했다. 대표적으로 1968년 1월 21일 김신조 일당이 청와대를 습격하기도 했다.

1970년대에 들어와서 북한은 동서 긴장 완화 등 국제정세의 변화에 따라 남북 대화를 추진하면서도 '남조선 혁명투쟁'을 지속하는 양면 전략을 추구하며 도발 행동을 간간이 일으킴으로써 남북 관계 갈등을 유발하였다. 1976년 8월 18일에 발생한 판문점 도끼 만행 사건을 대표적인 사례로 들 수 있다. 그 후 북한은 1979년 10월 26일 박정희 대통령 시해 사건 이후 발생한 우리 정치 상황의 혼란을 틈타 1980년대에 들어와서도 총리회담 실무접촉 등 대화를 제기하는 한편 대남 도발을 병행하는 등 이중적 형태를 지속하였다.

북한은 이전의 게릴라 침투 방식과 달리 폭탄 테러라는 새로운 형태의 도발을 감행하였다. 1983년 10월 9일 미얀마를 친선 방문 중이던 전두환 대통령 및 수행원들이 아웅산 국립묘소를 참배할 때 이들을 암살하기 위해 폭탄을 터뜨려서 부총리와 장관 등 수행원 17명을 사망케 하고 14명을 부상시키는 테러를 자행하였다. 이어 1987년 11월 29일 북한 공작원에 의해 대한항공 858기 폭파 사건을 저질렀다. 이 사건으로 승객 및 승무원 115명 등 탑승자 전원이 사망하였다. 조사 결과 공작원 김현희와 김승일이 88 서울올림픽 개최를 방해하기 위해 KAL기를 폭파하라는 북한의 공작 명령을 받고 이 사건을 일으킨 것으로 밝혀졌다.

과거 냉전 시기에 북한이 무장공비·특수부대·게릴라 침투 공격, 판문점과 휴전선 일대의 국지성 도발, 민항기 폭파 및 납치 등 군사 행위를 지속했다면 탈냉전이 도래한 1990년대와 교류 협력이 활발해진 2000년대에는 핵실험 및 화생방 전력과 같은 '대량살상무기(WMD)'를 개발하는 한편 특수부대와 수중전 등 '비대칭 전력'을 이용한 대남 침투 도발을 계속했다.

2) 해상 도발

북한군의 대표적인 해상 침투·도발 행위는 제1차 연평해전이다. 1999년 6월 15

일에는 북한 경비정 6척이 연평도 서방 10km 지점에서 북방한계선(NLL)을 넘어 우리 측 영해를 침범해 들어와서 우리 해군의 경고를 무시하고 우리 측 함정에 선제 사격을 가함으로써 남북 함정 간 포격전이 발발하였다. 이 전투는 6·25 전쟁 이후 남북의 정규군 간에 벌어진 첫 해상 전투였다.

2002년 6월 29일에는 연평도 근해 NLL에서 제2차 연평해전이 벌어졌다. 이 전투는 1차 연평해전에서 패배한 북한이 계획적으로 우리 참수리 경비정 배후를 기습하면서 시작됐다. 이 전투에서 우리 해군 6명이 전사하고 18명이 부상하였다. 북한 해군도 30여 명의 사상자가 발생하였다.

2009년 11월 10일에는 대청도 인근 NLL 서방 2.2km 해상에서 NLL을 침범한 북한 경비정을 퇴각시키는 과정에서 '대청해전'이 발생하였다. 우리 해군은 인명피해가 없었으나 북한 해군은 경비정 1척이 손상되고 다수의 사상자가 발생한 것으로 알려졌다. 2010년 3월 26일에는 '천안함 폭침 사건'과 2010년 11월 23일 '연평도 포격 도발 사건' 같은 군·민을 가리지 않는 무차별한 대남 도발이 자행되었다.

▲ 북한 잠수함의 어뢰 공격으로 두 동강난 천안함

북한은 유엔군사령부에서 설정한 북방한계선(NLL)을 무력화하기 위해서 상대적 전력이 우세한 서해 NLL 일대에서 자주 도발을 자행해 왔다. 북한은 NLL은 미국이 일방적으로 설정한 것이기 때문에 이를 부정하는 동시에 재설정해야 한다고 주장했다. 이를 위해서 북한은 1973년에 이 지역의 침범을 시작으로 1990년대 후반과 2000년대에 들어오면서 NLL 월경 및 침투와 군사공격을 감행하고 있다.

북한에게 있어서 황해도 일대와 북한의 왼쪽 옆구리에 비수를 들이대고 있는 형국인 서해 5도와 황해도 코앞까지 근접한 NLL이 눈에 가시 같았다. 그래서 북한은 해상전력과 국력이 약했던 1970년대까지는 NLL을 받아들이다가 1990년대 후반부터 본격적으로 도발을 자행해 오고 있다. 이는 서해 NLL 일대를 분쟁수역화하여 북한이 주장하는 해상경계선대로 NLL을 남쪽으로 멀리 이동시키고 서해5도를 고립시키려는 술책이다. 정전협정에 서해 5도는 명시되어 있으나 해상경계선은 획정되지 않은 점을 이용하려는 북한의 꼼수이다.

일견 북한의 주장이 국제 해양법을 따라서 중간선을 택하였기에 일리가 있다고 동조하는 무리들이 있는 점을 북한은 노리고 있다. 그러나 6・25전쟁이 끝날 무렵 북한의 해군력은 궤멸되어 동서해는 유엔군의 관할 하에 있었다. 즉 신의주 및 두만강 앞 바다가 모두 유엔사의 통제하에 있어서 마음대로 북한 해상 지역을 드나들

[그림 6-6] 북방한계선(NLL)과 북 주장 '서해 경비계선'

장성구 기자 / 20130624
@yonhap_graphics(트위터)

수 있기 때문에 유엔군사령관이 이 선 북방으로는 항해를 제한한다는 뜻에서 정한 것이 '북방한계선'(Northern Limit Line)이라는 사실을 안다면 오히려 북한이 고마워해야 하는 선이다.

북한이 NLL을 유엔에 의해 일방으로 설정된 비법적인 것이라고 강변하는 이유는 다음과 같다. 첫째로 북한이 정전협정을 평화협정으로 대체하자는 주장을 뒷받침하려는 의도이다. 정전협정에서 서해상 경계선을 획정하지 못했으나 이 지역의 평화를 위해서 평화협정으로 대체하자는 것이다. 평화협정을 주장하는 속내는 유엔사의 해체와 주한미군의 철수라는 노림수가 있기 때문이다.[43] 둘째로 전술한 바와 같이 NLL 수역을 분쟁수역화하여 북한에 유리한 해상 경계선을 새로 설정하려는 것이다. 이렇게 되면 북한의 취약성은 해소되고 북한이 인천 앞바다까지 위협하여 수도권 공략이 쉬워지기 때문이다. 셋째로 북한이 서해 꽃게잡이 등 해산물 채취를 통한 외화 확보라는 경제적 이익을 위해 NLL 위기를 고조시키는 것이다. 넷째는 남남갈등 조장 등 북한이 정치적 부수 효과를 얻는 수단으로서의 가치다.

최근 북한이 NLL을 부정하고 있으나 지난 50여 년 동안 사실상 북한 스스로가 NLL을 인지하고 인정하는 한편 그 규범을 준수해 왔다. 1984년 북한에 수해물자를 지원할 때 접촉 지점을 NLL 상으로 하기로 합의했고, 2002년 및 2003년 나포・좌초된 북한 선박을 NLL 상에서 북한에 인계하였으며, 1992년 남북기본합의서 등에서도 NLL을 인정한 점 등이 그 증거이다.

이처럼 NLL은 당연히 남북 간의 해상경계선이며, NLL 이남 지역은 명백한 대한민국의 영해로서 북한이 NLL을 부정하고 무효를 주장하는 것은 정전협정, 국제법, 남북기본합의서에 위배되는 것이다. 정전협정 그 이후부터 현재까지 NLL은 정전협정의 안정된 관리를 위해 설정된 선으로 우리가 관할해 왔고, 해상군사분계선의 기능과 역할을 지속해 왔다. 또한 정전협정 및 남북기본합의서에도 NLL은 반드시 준수되어야 함을 명시하고 있다. 1992년에 체결된 남북기본합의서 및 불가침부속합의서로 쌍방의 관할 구역을 합의, 체결함으로써 일단락되었으나 이러한 남북 간 합의에도 불구하고 북한은 끊임없이 NLL을 침범해 오고 있는 상황이다.

북한은 지난 2010년 3월 26일 NLL 이남의 우리 해역에 잠수함을 침투시켜서 백령도 인근 해상에서 경계작전 임무를 수행하던 천안함을 어뢰로 공격하여 폭침시켰

43) 북한은 주한미군을 유엔사의 모자를 쓴 미군이라고 주장하고 있다.

다. 이때 천안함은 반쪽이 났으며, 승조원 104명 가운데 46명이 전사하였다. 북한은 이어 2010년 11월 23일 대낮에 대담하게도 연평도의 민가와 대한민국의 군사시설에 포격을 감행하였다. 북한은 NLL 남쪽에서 행해진 우리 군의 사격훈련을 빌미로 방사포 사격을 개시하였으며, 이에 우리 군의 응사로 50분간 교전이 벌어졌다. 이 전투로 해병대원이 전사하고 민간인이 포탄공격으로 희생되었다. 북한에 의한 연평도 포격 도발은 1953년 정전협정 이후 북한이 우리 영토에 처음으로 포탄 공격을 했다는 점에서, 민간인이 포격으로 희생되었다는 점에서 결코 간과할 수 없는 사안이다.

이처럼 북한이 연이어 도발하자 우리 정부는 천안함 폭침 사건 조사 결과 발표 후 '5 · 24 대북 조치'를 통해 북한이 지속하고 있는 잘못된 행동에 대해서는 분명한 제재 조치가 따른다는 것을 인식시키는 한편 사태에 대한 분명한 사고, 책임자 처벌 등 조치를 요구하였다. 정부는 또한 NLL이 남북 간 해상경계선임을 북한에 각인시키고 추가 도발에 대해서는 타격을 가할 것임을 재천명하였다.

토론 주제

1. 북한군의 전쟁관은 무엇인지 김일성과 김정일을 비교해보자.
2. 북한군의 형성과정에서 당과 군의 관계를 설명하라.
3. 북한군의 성격과 기능을 대한민국 국군의 사명과 비교하여 보라.
4. 김일성이 권력을 장악하는 과정에서의 군의 역할을 조명해보라. 이 과정에서 "모든 권력은 총구에서 나온다." 모택동의 말을 사례를 들어 설명하라.
5. 현 김정은 최고사령관 시기 북한군의 최대 위협은 무엇인가?
6. 북한 핵과 미사일의 위협 실체를 정확하게 평가해보고 우리의 자세를 생각해보자.
7. 북한의 군사전략에서 북한이 궁극적으로 기도하는 것은 무엇인가?
8. 북한은 왜 끊임없이 전쟁준비를 하고 군사도발 및 협박을 자행하는가?

더 읽으면 좋은 글

1. 김기호, "김정일 최고사령관 시기 군사전략의 변화", 『국방연구』, 제57권 제2호, 국방대학교 안보문제연구소, 2014. 6.
2. ———, "김일성 - 김정일 - 김정은 최고사령관 시기 주요 전력과 군사전략의 변화 분석," 『合同軍事硏究』, 24호, 합동군사대학교, 2014.12.
3. 국방부, 『2010 국방백서』, 서울: 국방부, 2010, pp. 256~267, ("특별부록 3: 천안함 피격사건", "특별부록 4: 연평도포격도발")
4. 국방부, 『2020-2014 국방백서』, 서울: 국방부, 2020-2014.
5. 통일부 통일교육원, 『2020-2014 북한 이해』, 2020-2014.

제 7 장

북한의 외교[1)]

냉전시기 북한의 외교활동은 한반도 공산화와 대남 우위 확보를 위해 사회주의권과 비동맹 국가들에 집중되었다. 그러나 북한의 외교관계는 1990년을 전후로 구소련을 비롯한 동구 공산권 국가들이 붕괴하면서 위축되었다. 더욱이 북한은 2012년 김정은 집권시부터 더욱 강화된 핵미사일 개발로 인해 외교적 고립이 가속화되고 있다.

북한은 '외교에서의 자주'를 부르짖고 있지만 전통적 우방인 중국 및 러시아와의 우호협력관계를 강화하고 있다. 안보 및 전략환경 변화에 따라 다소 친소관계의 차이를 보여왔지만 북한은 중국을 중심으로 하고 러시아, 쿠바, 베트남 등 국가와의 외교관계를 긴밀화하여 핵미사일 도발로 인한 국제사회의 압박과 외교적 고립을 견뎌내고 있다. 특히 혈맹이라고 하는 중국과는 정치・경제・군사 및 고위급 인사들의 교류 등으로 대체로 협력관계를 유지해 왔으나 김정은 집권 이후 핵・미사일 폭주에 따른 UN의 대북제재에 중국이 일정부분 동참하고 있어서 다소 소원해진 상태이다.

북한은 핵과 미사일 등 대량살상무기(WMD) 개발을 수단으로 하여 UN 및 국제사회, 특히 미국에 대하여 체제보장과 경제지원을 얻어내려고 대결구도를 형성하고 있다. 이는 북한이 대내적으로 김정은을 미제의 압살책동에 당당히 맞서서 조국을 수호하는 체제수호신으로 조작하기 위함이다. 또한 국제사회와 한반도의 군사적 긴장과 위협을 조장하여 대화를 구걸하고 관심을 촉구하는 행태이다.

본 장에서는 북한의 대외정책과 대외관계를 중심으로 살펴본다.

---

1) 북한의 외교 대부분의 내용은 통일교육원, 『2020~2016 북한이해』에서 많은 내용을 인용하였다.

제1절 북한의 대외정책 목표와 방향

1. 북한의 대외정책 이념과 목표

1) 기본 이념

북한은 자주·평화·친선을 대외정책의 기본 이념으로 규정하고 있다. 북한 헌법 제17조(2009)에는 "자주·평화·친선은 조선민주주의 인민공화국의 대외정책의 기본리념이며 대외활동 원칙이다. 국가는 우리나라를 우호적으로 대하는 모든 나라들과 완전한 평등과 자주성, 호상존중과 내정불간섭, 호혜의 원칙에서 국가적 또는 정치, 경제, 문화적 관계를 맺는다."라고 명기되어 있다.

이러한 내용은 북한의 노동당 규약에도 명시되어 있다. 즉, "자주성과 프롤레타리아 국제주의 원칙에 기초하여 사회주의 나라들과의 단결과 국제공산주의 운동과의 련대성을 강화하고 세계의 모든 신흥세력 나라 인민들과의 친선, 협조관계를 발전시키며 아시아·아프리카·라틴아메리카 인민들의 혁명투쟁을 지지하고 광범한 련합전선을 실현하여 미국을 우두머리로 하는 제국주의와 지배주의를 반대하며 평화와 민주주의, 민족적 독립과 사회주의 공동위업의 승리를 쟁취하기 위하여 투쟁한다."는 것이다.

북한이 주장하는 외교정책의 기본 이념이 표방하는 것에는 평등과 자주성, 상호존중과 호혜, 내정 불간섭의 원칙 아래 제국주의 국가들을 견제하고 우호 국가들과의 외교 관계를 적극 추진해 나가겠다는 의도가 담겨 있다. 더 나아가 북한 체제와 김일성-김정일-김정은 왕조정권을 인정받으면서 외교적·경제적 지원을 받으려는 속내가 더 담겨있다. 그렇기 때문에 자주 핵과 미사일 도발 및 위협으로 긴장을 조성하여 반대로 관심을 촉구하고 대화 및 협상을 구걸하여 반대급부로 보상 및 지원을 받아내는 행태를 보여 오고 있다.

2) 목표

북한은 대외정책의 기본 목표에 대하여 '반제자주력량의 단결강화와 비동맹운동의 확대 발전' 및 '사회주의 력량과 국제공산주의 운동의 단결'이라고 주장하고 있다. 1980년 10월 노동당 제6차 대회 보고에서 김일성은 당시의 국제정세를 "혁명력량과 반혁명력량 및 반제국주의 세력과 제국주의 지배세력 간의 치열한 투쟁이 전개되고 있는 것"으로 평가하고 자주성을 옹호하는 세계 인민들과의 단결, 외세의 침략과 내정간섭 반대, 자주권과 민족·계급 해방의 실현을 외교 정책의 목표로 규정하였다. 2016년 5월 노동당 제7차 대회에서는 "반제자주력량과의 연대성 강화, 다른 나라와의 선린우호관계 발전, 제국주의 침략과 전쟁책동 반대, 세계사회주의 운동 발전을 위한 투쟁"을 강조하였다.

2. 북한 대외정책의 방향

냉전 시기 북한의 외교는 한반도의 공산화와 대남 외교 우위 확보를 위한 외교 역량 강화에 주력해 왔다. 탈냉전 이후에는 체제 안정과 생존에 초점을 두고 실리 외교를 추진하는 방향으로 변화하였다. 특히 김일성 사망 이후부터는 국가생존과 체제 유지에 1차 목표를 두고 있다.

냉전 시기 북한의 대외 활동은 사회주의권, 제3세계, 개발도상국을 비롯한 비동맹 국가들에 집중되어 있었다. 사회주의 국가들과의 관계를 중시하게 된 것은 미·소를 중심으로 한 냉전 체제의 구조와 이념 갈등의 요인 때문이었으며, 비동맹 국가들과의 관계가 활발하게 된 이유는 북한이 반제국주의 이념을 내세우면서 한국과 수교 경쟁을 벌였기 때문이었다.

탈냉전 이후 북한은 소련의 해체와 유럽 사회주의권의 몰락으로 국제적 고립 상태에 직면하였다. 이와 함께 1990년대 중반 들어 극심한 경제난이 겹침으로써 '고난의 행군' 시기를 경험하게 되었다. 이후부터 북한은 체제 안정과 생존에 중점을 두고 서방 세계와의 관계 개선을 강화하는 등 외교 다변화를 추진하여 왔다. 더욱이 사회주의 국가들의 체제 전환 이후 북한은 국제적 고립에서 탈피하고 체제 안정성 확보와 경제난 극복을 위해 미국·일본과의 관계 개선, 한때 소원하게 지낸 중국 및 러시아와의 전통 우호 관계 강화를 위해 노력하고 있다.

북한은 특히 미국과의 관계 정상화를 자신들의 체제 유지를 위한 핵심 관건으로 보고 대결 상황 속에서도 관계 개선을 지속해서 추구하려는 태도를 보여 왔다. 북한은 미국과의 직접 협상으로 식량・원유와 같은 경제지원을 확보하고 체제 안전을 보장받으려 하고 있다. 반면에 남북관계와 대일 관계는 미・북 관계의 종속 변수로 보고 국제 관계 개선에 유리한 환경을 조성하려는 목적의 전술차원에서 접근하는 행태를 보여 주고 있다.

또한 북한은 유럽연합(EU) 등 서방 국가들과의 수교를 추진하여 선진 기술 도입과 경제 지원을 확보하는 한편 동남아 및 비동맹 국가들과의 자원 외교를 강화하는 등 체제 생존을 위한 실리외교 노력도 병행하고 있다.

1990년대 이후 북한은 수차례의 미사일 발사 및 핵실험으로 국제사회와의 대결 분위기를 조성한 후 이를 매개로 체제 보장과 경제 지원을 동시에 얻어 내려는 '벼랑끝전술(brinkmanship)'[2)]을 적극 구사하고 있다.

그동안 미국을 비롯한 국제사회는 북한 핵문제 해결을 위해 여러 차례 양자・다자 회담을 개최하여 노력하였으나, 그럼에도 불구하고 북한의 핵실험 등 군사적 도발로 인해 북핵 문제는 여전히 해결되지 않고 있다.

특히 2012년 김정은이 집권하면서부터 국제사회의 대북 경고와 거듭된 제재에도 불구하고 북한은 핵・미사일 고도화에 박차를 가하고 있다. 북한의 핵・미사일 도발로 인한 유엔의 대북제재결의안만 해도 제825호(1993.05.11) 부터 제2379호(2017.12.22)까지 총 12개 결의안에 이르고 있다.

북한은 전통 우방국인 중국과 러시아와의 외교관계 강화로 국제사회의 비난과 압박을 견제하고 경제원조를 비롯한 다방면적인 지원을 확보하려는 전략을 추진하고 있다. 한편 2018년부터 대북제재를 타개하기 위하여 남북정상회담과 미북핵 협상을 시작하였다. 그러나 2019년 2월 하노이 미북정상회담 결렬이후 '새로운 길'을 천명하면서 핵협상은 교착상태에 빠져있다.

---

2) 벼랑 끝 전술(brinkmanship)은 자신이 원하는 방향으로 상황을 유도하는 데 초점을 맞추고 상대에게 겁을 주거나 위기감을 조성하는 전술이다. 냉전 시기 미・소 간 대립 상황에서 외교 협상을 유리한 방향으로 이끌기 위해 양측이 사용하던 외교 전략에서 유래하였다. 최근 들어서는 북한의 핵실험, 미사일 발사 등 일련의 위협 조치와 협상 행태를 설명하는 개념으로 주로 사용되고 있다.

3. 북한의 대외정책 결정 구조

북한의 대외정책은 당 우위 국가 체제의 특성상 노동당의 지도로 결정·집행되어 왔다. 대외정책의 결정과 집행에 대한 당 차원의 지도는 당중앙위원회 정무국의 국제담당 부위원장과 정무국 산하 전문부서 중 국제부를 통해 이루어지며 최고지도자에 의해 지휘·감독된다. 대남관계는 당중앙위원회 정무국의 대남담당 부위원장과 통일전선부를 통해 이루어진다.

구체적으로는 최고지도자가 주요 노선과 정책을 결정하고 이를 실무 부서에서 집행하는 상의하달 방식이 있다. 이와 달리 당·정·군의 실무 엘리트 집단이 정책입안 이후 검토·협의를 거쳐 최종 정책집행자들, 당중앙위원회 부위원장·부장, 내각총리, 인민무력상, 외무상 등에게 보고하면 이들이 최고지도자의 비준 및 재가를 받은 후 해당 정책을 집행하는 하의상달 방식으로 이루어지기도 한다.

북한의 헌법에 명시된 대외정책 수립 기관은 최고인민회의 상임위원회이다. 1998년 헌법 개정 때 국가주석 직책이 폐지되면서 최고인민회의 상임위원장이 국가를 대표하여 다른 나라 외교 사절의 신임장과 소환장을 접수하며, 최고인민회의 상임위원회는 다른 나라와 맺은 조약을 비준·폐기하고 외교 사절의 임명·소환을 결정·발표하도록 하였다.

북한의 대외정책은 당, 국가, 민간 등의 차원으로 구분되어 추진되고 있다. 즉, 당 국제부, 외무성, 당의 외곽 단체가 담당하고 있다. 정부간 외교는 내각의 외무성이 주로 관장하고 정당간 외교는 당 국제부, 의회간 외교는 최고인민회의 상임 위원회, 민간 외교는 노동당 외곽 단체인 조선아시아태평양평화위원회 등이 각각 맡고 있다. 외무성은 외국과의 국교 수립, 협정 체결, 재외공관 운영 등 30여 개에 이르는 지역국과 기능국을 분담해 업무를 관장하면서 산하에 '군축 및 평화연구소'를 두고 있다. 민간 외교는 주로 당 외곽 단체인 조선아시아태평양평화위원회와 대외 문화연락위원회 등이 담당하며, 조선직업총동맹 등 기타 근로단체들도 관련 분야의 대외활동 업무에 참여하고 있다.

그러나 북한은 심화되는 외교적 고립난을 탈피하고 외교를 강화하기 위하여 최고인민회의 제13기 5차 회의에서(2017.04.11.) 최고인민회의에 외교위원회를 설치하였다. 2016년 6월 대남기구인 조국평화통일위원회(조평통)가 공식 국가기구가 된데 이어 2017년에 외교위원회가 부활함에 따라 북한이 대외 창구에 대해 역할 분담을 할 것으로 보인다.

북한은 대외창구 정비에 따라 대미・대중 성명 등 미국과 중국 관련해서는 최고인민회의 외교위원회를 내세우고, 대남 성명 등 남한에 관련해서는 조평통을 전면에 내세울 것으로 예상된다. 이른바 '투트랙' 시스템을 가동할 것으로 전망된다. 최고인민회의 외교위원회는 1990년대 초에 서방 등 각국의 의회를 상대로 한 외교를 강화하는 역할을 했던 것처럼 향후 서방 각국과 한국의 의회 등을 대상으로 외교를 확대하는 역할을 할 것으로 보인다.

한편 북한은 헌법 개정(2016.6.)을 통해 국무위원장은 "국가의 최고영도자로서 국가사업 전반을 지도하는 임무와 권한을 가지며, 특사 파견권을 행사하고 외국과 맺은 중요조약을 비준 또는 폐기하는 권한을 지닌다."고 명문화하였다.

제2절 북한의 대외관계

1. 미국과의 관계

북한이 대서방 접근을 시작한 것은 1970년대 이후로 리처드 닉슨 미국 대통령의 중국 방문과 미・중, 미・소 간의 화해 분위기가 형성되면서부터다. 이 시기에 북한의 대미 접근은 정전협정을 평화협정으로 대체하는 문제를 내세우면서 시작되었다.

1990년대 들어 소련 및 유럽 사회주의권 붕괴로 외교 기반이 위축되고 체제 보호막 역할을 해 온 소련과 중국마저 한국과 수교함으로써 북한은 외교 고립상황에 직면하게 되었다. 이에 따라 북한은 체제 유지를 위해 냉전 종식 이후 유일 초강대국으로 등장한 미국과의 관계 개선에 힘써 왔다.

북한이 미국과의 외교관계에서 추구하는 목표는 평화협정 체결, 체제보장, 핵 문제 해결, 인권문제를 통한 내정불간섭, 대북제재 해소 및 경제적 실익 추구이다. 평화협정 체결 문제는 초기에 남북간 의제로 시작(1962년)하여 미국과의 단독 협상의제(1974년)로 선회한 이후 현재까지 대미 관계에서 북한이 지속적으로 주장하고 있는 주요 의제이다. 북한은 또한 핵문제에서 '벼랑끝전술'을 통해 미국과의 직접 협상을 시도했다. 북한은 다양한 계기를 통해 대미관계 개선을 위한 협상의 틀을 유지했다. 1994년 북・미 간 '제네바 합의', 1996년 4자회담, 1999년 '베를린회담'(미사일문제), 2003~2007년 6자회담 등은 북・미 간 양자 또는 북・미 등 관련 당사국들이 참여한 다자회담들이었다.

2009년 오바마 행정부가 출범하자 북한은 6자회담 진전을 희망하는 등 기대감을 표명하였다. 그러나 핵무기의 완전한 제거, 핵확산 의혹 해소 등 북핵 문제의 해결 없이는 북한과의 관계 정상화가 불가능하다는 미 행정부의 입장이 천명되면서 북한의 대미 태도는 강경해지기 시작하였다. 2009년 4월 5일 장거리 미사일 발사, 2009년 5월 25일 2차 핵실험, 2009년 폐연료봉 재처리 완료 발표, 2010년 우라늄 농축시설 공개 등을 통해 북한은 미국을 압박하였다. 2012년 초 북한과 미국은 핵・미사일 개발 중단과 미국의 대북지원 재개에 합의(2.29합의)하기도 하였으나 북한의 장거리미사일발사(4.13.)로 무산된 바 있다. 유엔 안보리가 2013년 1월 22일 대북제재 결의 제2087호를 채택한 것에 반발하면서 2013년 2월 12일 3차 핵실험을 실시하였다.

이에 대해 유엔 안보리는 2013년 3월 7일 더욱 강화된 대북제재 결의 제2094호를 채택했다. 이후 북한과 미국 간에 6자회담 재개를 위한 논의가 이뤄지기도 했으나 미・북 간 입장 차를 좁히지 못하고 있는 상황이다. 또한, 2016년 북한의 4・5차 핵실험 이후 미국이 유엔 대북제재 결의 제2270・제2321호의 채택을 주도하고 독자제재를 실시함에 따라 북・미 관계는 경색된 상황이다. 북한의 인권문제는 최근 미・북 간 갈등을 더욱 고조시키는 요인으로 작용하고 있다. 2014년 11월 유엔총회 제3위원회에서 미국과 유럽연합 주도로 북한인권 결의안이 채택되고 김정은을 국제형사재판소(ICC)에 제소할 수 있는 조항이 만장일치로 통과되면서 북한의 미국에 대한 비난 수위는 더욱 높아지고 있다.

특히 2015년 3월 유엔인권이사회의 '북한인권 결의안' 채택에 대해 북한은 '미국의 대북 적대시 정책의 산물'이라고 반발하였다. 북한은 2015년 9월 개최된 제70차 유엔총회에서도 북한인권 결의안 채택 반대와 미국을 상대로 한 평화협정 체결의 필요성을 주장하였다. 국제사회의 북한인권 결의안 의결과 함께 미국은 북한에 대해 독자적인 인권 제재를 시행(2016.7.7.)하였다. 김정은을 제재 대상으로 지정한 것이 특징으로, 북한은 이에 대해 대미 관계를 '전시법에 따라 처리한다.'고 선언하는 외무성 성명(7.8.)을 발표하고 뉴욕채널을 차단(7.10.)하는 등 강경하게 대응하였다.

2017년 트럼프 대통령 취임 이후에도 북한은 더욱 고도화된 미사일 발사를 강행하고 있다. 마침내 2017년 7월 4일 미국 독립기념일과 7월 28일에 미 본토 서부지역과 중부지역에 이르는 ICBM급 화성 14형을 2차례 발사했고, 11월 29일에 화성-15형을 발사하여 강력한 미국과 UN의 강력한 제재를 자초하고 있다.[3] 특히 미국의 트럼프 행정부는 "전략적 인내는 끝났다."고 하면서 2개월간의 숙고 끝에 '최고의 압박과 개입(Maximum pressure and engagement)'을 골자로 한 새로운 대북정책을 수립했다.[4] 따라서 김정은과 트럼프로 대표되는 미북관계는 강대강 구도로 형성된 데다가 북한이 6차 핵실험마저 강행하여 미북관계는 최악의 상태로 치닫고 있다.

그러나 2018년이 되자 북한이 비핵화협상 의사를 밝혀서 한국 정부의 중재로 미북 비핵화협상이 시작됐다. 2018년 6월 역사적인 미북정상회담이 열려 원론적인 선언을 하였으나 2019년 2월 제2차 미북정상회담이 결렬되어 2019년 6월 현재 교착국면에 있다.

미국과 북한은 트럼프 대통령의 방한을 이용, 2019년 6월 30일 판문점 공동경비구역(JSA)에서 급작스런 정상회합을 갖은데 이어, 같은해 10월 스웨덴 스톡홀름에서 열린 미・북간 실무협상을 가졌으나 상호 의견차이만 확인했다.

2021년 1월 출범한 미국 바이든 행정부는 대북정책을 전면적으로 재검토하고 있다.

2. 중국과의 관계

북한 정권 수립 이후 60여 년 동안 중국과 북한 간의 관계는 때로 소원해지고 불편해지기도 하였으나 정치・경제・군사 상황으로 순치(脣齒)관계로 표현될 만큼 긴밀한 관계를 유지해 왔다. 사회주의권이 붕괴된 이후 중국은 이념을 토대로 하여 북한을 후원하는 유일한 국가이며 지구상에 남아 있는 몇 안 되는 사회주의 국가 가운데 북한이 의지할 나라는 중국밖에 없다고 할 수 있다. 그러나 북・중 관계는

---

3) 미국은 '세컨더리 보이콧'이 가능한 강력한 '대북제재법'을 발동했으며, 미국이 주도하여 유엔 대북제재 결의안 제2371호(2017.8.5)에 의거 주력 수출품인 광물수출을 봉쇄시켰고, 제2375호(2017.9.22)와 제2379(2017.12.22)에 의거 정유제품 90%를 봉쇄하도록 했다.

4) 미국은 외교, 경제, 정보, 군사(DIME; Diplomacy, Information, Military, Economy)의 모든 대북압박 옵션을 준비하고 있다. 최악의 경우 외교, 경제옵션이 소진될 시 미국은 군사적 옵션을 결행할 가능성이 높아지고 있다.

탈냉전 상황에서 이념보다 실리경제를 중시하는 중국의 정책에 따라 1990년대 들어 변화 과정을 겪게 된다. 중국이 1991년부터 북한과의 교역에서 사회주의 블록경제의 틀 안에서 유지해 온 구상무역을 포기하고 경화 결제를 요구하는 한편, 1992년 8월 한국과의 외교관계 수립은 북·중 관계를 악화시키는 요인으로 작용하였다. 따라서 북·중 관계는 그 동안 표면상 동맹관계를 유지하면서도 불편한 관계를 유지해 왔다.

북한은 1998년 9월 김정일 체제가 공식 출범하면서 중국과의 관계 정상화를 위해 많은 노력을 기울였다. 중국과는 이념적 동질성, 전통적 우호관계를 바탕으로 유대관계가 지속되고 있고, 국제적 고립과 경제난 타개를 위해 중국의 협조를 필요로 했기 때문이었다. 이에 따라 김정일은 2000년 5월 중국 방문 이후 2010년까지 6차례 방중하면서 협력관계를 모색했다. 장쩌민·후진타오 등 중국 국가 주석들도 방북(2001.9., 2005.10.)함으로써 양국간 친선우호관계는 더욱 강화되었다. 그러나 2006년 10월 북한의 1차 핵실험을 계기로 중국은 어느 때보다 북한을 강하게 비난하고 유엔 안보리의 대북제재안에 반대하지 않았다.

이러한 가운데 중국은 대화와 협상을 통한 북핵 문제 해결 원칙을 유지하고, 북한에 대한 전면적 제재는 반대한다는 입장을 천명하였다. 북한은 유엔 안보리 대북제재 국면에서 북중관계 강화를 위해 김정일이 2010년 5월부터 2011년 8월까지 네 차례나 중국을 방문하였고, 세 차례의 정상회담(2010.5, 2010.8, 2011.5)을 개최했다. 2011년 5월 김정일의 중국 방문 기간(5.20~27)에 개최된 북·중 정상회담에서 후진타오 주석은 북·중 친선관계 진전을 강조하면서 “북한의 당대표자회 정신을 높이 받든다.”고 언급함으로써 북한의 3대세습 지지를 표명하였다. 북한은 중국과의 협력으로 2012년 강성국가 건설 완성에 유리한 환경을 조성하고, 미·북 대화 및 6자회담 재개를 통해 유엔안보리 대북제재를 완화하고자 하였다.

중국은 김정일 사망 이틀 후인 2011년 12월 19일 중국과 북한이 “앞으로 당·국가·인민 간의 관계를 공고히 발전시키고, 한반도와 동북아의 평화와 안정을 위해 적극 공헌하겠다.”고 발표했다. 김정은 체제의 대중 외교는 ‘북·중 친선 우호 협력’의 명분 아래 추진되고 있다. 2012년 11월 등장한 중국의 시진핑 지도부는 북한과 ‘혈맹’보다 ‘정상국가’ 관계를 지향하면서도 자국의 경제발전과 안보를 위해 북한과의 우호적 관계 개선을 추구하고 있다.

그러나 2011년 말 김정은이 집권하면서부터 핵·미사일 개발에 속도를 내기 시작하면서부터 북한과 국제사회 특히 미국과의 갈등이 깊어갔다. 시진핑 정부의 중국은 '중국몽(夢)'인 신형대국으로 부상하기 위해 미국과의 협력이 필요하나 북한의 연속적인 도발로 인해 이를 제지해야만 하는 입장과 북한이 미국과의 마찰을 완화시킬 완충공간이라는 지・전략적(地・戰略的) 환경 사이에서 고민하는 태세를 갖고 있다. 그래서 중국은 북한의 핵실험 및 미사일 발사 등 군사적 도발에 대해서는 강경한 태도를 취하면서도 북한체제의 불안정을 초래할 가능성이 있는 국제사회의 대북제재에 대해 미온으로 대처하는 태도를 보인다. 북한은 중국과의 관계 개선을 위해 2013년 5월 김정은 특사 자격으로 최룡해 인민군 총정치국장을 중국에 파견하였다. 그러나 북・중 관계는 소강상태를 보였다가 2015년 9월 최룡해 노동당 비서의 중국 전승절 기념행사 참석과 10월 중국공산당 류윈산 상무위원의 북한 노동당 70돌 경축행사 참석을 계기로 관계 개선을 위해 노력하였다.

시진핑 지도부는 집권초기 북한의 핵실험 위협에 대해 모든 당사국에게 역내긴장을 강화시킬 수 있는 행동을 자제할 것을 촉구하였다. 그러나 북한의 거듭되는 핵실험과 미사일 발사로 인한 긴장 고조에 유엔안보리의 대북제재 결의에 신속하게 동참하면서, 동시에 독자제재를 강행하는 등 그 강도를 높이고 있다. 2016년 4월 5일 대북 수출입 금지품목 25종을 발표한데 이어 2016년 4월 28일 '제5차 아시아교류 및 신뢰구축(CICA) 외교장관 회의' 기조강연에서 대북제재를 전면적으로 실시하겠다는 의지를 밝힌 것, 2016년 6월 14일 대북 수출금지품목확대와 미국의 강력한 통상압력에 의한 광물류의 전면 수출금지 결정(2017.8.14.) 등은 핵문제와 관련한 중국의 강경한 대북입장을 보여준다.

북・중 관계는 중국의 북한함경북도 북부지역 피해와 관련 '지원물자 무상기증' 방식의 북・중 경제교류 추진에 의해 유지되고 있으나, 북한의 잇따른 도발로 근본적인 관계개선은 어려울 것으로 보인다.

북한의 당 중앙위 국제 담당 부위원장 겸 외교위원장 이수용의 방중(16.5.), 중국 외교부 부부장 류전민의 방북(16.10.) ARF시 외교장관 회담(16.7.), 북한 외무성 부상 리길성의 방중(17.3.) 중북관계 개선노력은 지속되었다. 그러나 북한의 경제・핵 건설 병진노선 고수와 잇따른 도발로 인해 근본적인 관계 개선 징후는 보이지 않고 있다.

그러나 중국은 안보리 대북제재에는 참여하면서도 실질적인 대북제재는 철저하게 하지 않는 이중적 태도를 보이고 있다.[5)]

시진핑 지도부의 중국과 김정은 정권의 북한과의 관계는 김정은 초기에 최대로 악화되고 있었다.[6] 그러나 2018년 들어 김정은 국무위원장은 전향적으로 중국과의 관계를 복원했다. 2018년에만도 세 번씩이나 중국을 방문해 시진핑 국가주석과 정상회담을 했으며, 2019년 1월에도 전격 중국을 방문했다. 2019년 6월에는 시진핑 주석이 북한을 공식방문하여 김정은과 정상회담을 하는 등 북중관계는 다시 급속하게 밀착했다. 이는 중국에게 북한은 완충공간으로서의 전략적 자산이기에 중국은 북한을 중요시 하지 않을 수 없다. 북한은 이 점을 최대한 이용하면서 중국과의 관계를 지속하고 있다.

3. 러시아와의 관계

탈냉전 시기 이전까지 북한과 러시아는 전통적 우호동맹 관계를 유지하였다. 소련은 군사·이념적 관계에 기초하여 북한 정권의 수립을 지원하였고, 북·중 관계가 긴밀해지는 것을 견제하면서 북한의 전후 복구 및 군사력 증강을 지원하였다. 탈냉전 이후에는 러시아가 한반도에서 균형 외교를 추진함으로써 북한은 새로운 북·러 관계 설정이 불가피하게 되었다. 북한은 1991년 12월 소련이 해체되고 11개 공화국으로 이뤄진 독립국가연합(CIS)이 출범하자 곧바로 모든 공화국과 수교하는 등 관계를 재정립하였다. 1996년 북·러 경제공동위원회 개최 등 경제협력 관계가 본격화되면서 북·러 간의 정치관계도 차츰 회복되었다. '조·러 우호 선린 협조 조약'에 2000년 2월 9일 정식 서명하였다.

이로써 북·러 관계는 이념에 기초한 정치·군사 동맹관계에서 벗어나 경제협력 파트너로서 새로운 관계를 맺게 되었다. '조·러 우호 선린 협조 조약' 체결에 이어 소련과 러시아의 최고지도자로서는 사상 처음으로 2000년 7월 북한을 방문한 푸틴 대통령은 북한과 협력을 강화하는 기본 틀을 마련하였다. 김정일과 푸틴은 2000년 7월 19일 평양에서 단독 및 확대 정상회담을 하고 양국 간 협조와 상호협력, 북한

5) 북한이 2016년 1월 6일 수소탄이라고 주장하면서 4차 핵실험을 강행했으나 중국은 제재에 미적대다가 2016년 2월 장거리 미사일을 북한이 발사하자 2270호에 동참했다. 그 이후 2321호, 2371호, 2375호, 2379호 채택에 동참은 했으나 뒷문을 열어놓고 있는 것으로 보인다.

6) 중국이 제19차 당대회 등을 설명하기 위해 2017.11.17~20, 시진핑 국가 주석의 특사로 쑹타오 중국 공산당 대외 연락부장을 방북시켰으나 김정은과의 면담은 거부된 것으로 알려졌다.

미사일 문제 등을 내용으로 하는 '북・러 공동선언'을 채택하였다. 김정일은 2000년 7월 푸틴 대통령의 방북에 대한 답방 형식으로 2001년 7월26일부터 8월 18일까지 러시아를 공식 방문하였다.

이를 계기로 한・소 수교 이후 소원해 있던 북・러 양국 관계를 정상화하고 러시아와 외교・경제 등 협력 체제를 구축하였다. 특히 양국 정상이 발표한 '북・러 모스크바 선언'(2001.8.4.)에는 양국 간의 협력관계 복원, 한반도 종단철도(TKR)와 시베리아 횡단철도(TSR) 연결 사업, 대미 공동보조, 한반도 정세 등에 관한 합의가 담겨 있다. 한편, 러시아는 2007년 2월 13일 북한 핵문제 해결을 위한 '9.19공동성명 이행을 위한 초기 조치' 합의와 2007년 10월 3일 '9.19공동성명을 위한 2단계 조치' 합의 과정에서 북한의 입장을 어느 정도 수용하는 태도를 보였다.

이와 같은 배경에는 러시아가 미국과 일본을 견제하기 위한 차원에서 북한을 지지하였고, 북한은 국제적 고립 탈피 및 체제유지를 위해 러시아의 지원이 필요하였기 때문이다. 2008년 나진 - 하산철도 및 나진항 재건 착공식과 2012년 북한의 대러 채무 탕감협정 체결, 2014년~2016년 북・러 경제공동위원회 개최 등 북한과 러시아의 긴밀한 친선관계는 지속하고 있다. 2013년 2월 북한의 3차 핵실험에 대한 유엔 안보리 대북제재 결의에 러시아가 동참함으로써 북・러 관계는 소원해진 듯 보였다. 그러나 북측 고위인사들이 매년 러시아를 방문하는 등 유대관계를 지속하고 있다. 2019년 4월에는 김정은이 러시아의 블라디보스토크를 방문하여 푸틴 러시아대통령과 정상회담을 했다.

러시아는 북한의 핵문제와 관련하여 유엔안보리 대북제재에 동조하면서 한편으로는 북・러간 '비법입국 및 비법체류자들의 인도와 접수에 관한 협정의정서' 조인(2016.1.), 대북 식량기증(2016.2., 2016.7.) 등을 통해 북한과의 친선관계를 유지하는 양면적 외교행태를 보이고 있다.

북·러 나진-하산 철도 개보수 완공

4. 일본과의 관계

1970년대에 들어와 동서 간 데탕트와 미・중 우호 협력관계 발전, 남북대화 추진 등을 배경으로 북한과 일본 간의 관계 개선도 다소 활발하게 추진되었으며, 북・일 수교 문제는 1990년대부터 본격 논의되기 시작하였다. 북한과 일본 간 수교회담은 1991년 1월 제1차 회담을 시작으로 2000년 11월까지 11차례 개최되었다. 북・일 관계는 고이즈미 준이치로 일본 총리가 2002년 9월 17일 북한을 방문하여 김정일과의 정상회담을 통해 주요 현안들을 포괄 해결하기로 한 '북・일 평양선언'을 발표함으로써 전기를 마련하였다. 양측은 '평양선언'에서 합의한 대로 2년 만에 제12차 수교회담을 개최(2002.10.29.~30, 쿠알라룸푸르)하였으나 일본의 핵개발 포기 요구 및 납치 문제에 대한 견해 차이 등으로 차기 회담 일정도 합의하지 못한 채 성과 없이 종료하였다.

2004년 5월 22일 김정일과 고이즈미 총리는 1년 8개월 만에 제2차 정상회담을 갖고 2002년 10월 이후 중단된 수교회담을 재개하기로 합의하였다. 그러나 이러한 정상회담의 성과에도 불구하고 북・일 관계 개선은 쉽게 진전되지 않았다. 북한에 납치되었다가 사망한 후 2004년 12월 일본으로 송환된 요코타 메구미의 유골 진위 논란이 증폭되면서 일본 국민의 대북 감정이 악화되었고, 북한은 납치 문제가 모두 해결되었다고 주장하면서 반발하였다. 이러한 상황에서 북한이 2006년 7월 5일 미사일 발사와 10월 9일 1차 핵실험을 강행하자 일본은 국제사회의 대북제재를 주도하는 한편 북・일 간 전세기 일본 착륙 금지, 북한 당국자 및 승무원 입국 금지, 모든 북한 상품 수입 금지 등 독자적으로 대북제재 조치를 발표하였다.

북한이 2009년 4월 장거리 미사일 발사와 5월 2차 핵실험을 강행하자 일본은 유엔안보리 대북제재 결의 제1874호(2009.6.12.)에 동참하면서 대북 수출 전면금지 등 독자적으로 대북제재 강화를 통한 압박전략을 구사하였다. 북한에 의해 2010년 천안함 폭침과 연평도 포격 도발로 인해 한반도에 긴장이 조성됨으로써 일본의 대북 정책 기조는 더욱 강경해졌다.

한편 아베 정부 출범 이후 북한은 일본과의 관계 개선을 위한 노력에 적극 나서고 있다. 이후 2013년 5월 납북자 문제를 논의하기 위해 이지마 내각 관방참여가 방북하고, 2014년 북・일 간 국장급회담이 수차례 개최되었다(2014.3, 2014.5, 2014.7). 특히 5월 26~28일 스웨덴에서 진행된 북・일 국장급 회담(스톡홀름 합의)에서 북한 측은

'특별조사위원회'를 설치하여 행방불명자를 포함한 납북 일본인 전면 재조사, 재북 일본인 유골 조사를 하기로 합의하였다. 일본 측은 재조사 개시 시점에 민간인 왕래 규제, 송금 · 휴대금액 제재, 인도주의 목적 아래에서의 북한 국적 선박 일본 입항 금지 등을 해제하기로 하였다. 7월 4일에는 북한이 '특별조사위원회'를 구성하고 조사를 개시하였으며, 일본도 같은 날 합의한 세 가지 대북제재 조치를 해제하기로 하였다.

그러나 2016년 초 북한의 4차 핵실험에 대응하여 일본이 조총련 간부 재입국 금지, 대북송금액 제한 등 요지의 독자제재안을 발표하자 북한은 이를 '스톡홀름 합의 파기'라고 반발하면서 '재북 일본인 재조사 중단 및 특별조사위원회 해체'를 발표하였다. 일본의 아베 정부도 납북자 문제를 대북제재의 근거로 삼고 그 문제의 조속하고 원만한 해결을 위해 북한과의 국교 정상화에 관심을 보인다. 그러나 북한의 계속되는 핵실험에 따라 국제사회의 대북제재에 동참하는 한편 독자제재를 추진하기도 하였다. 2016년 8월 북한의 미사일이 사상 처음으로 일본의 배타적 경제수역(EEZ)에 떨어진 것에 대하여 북한을 강력히 비난하였다. 특히 2017년 8월 29일 북한의 화성-12형 중장거리 탄도미사일이 일본 상공을 통과하여 북태평양 지역에 탄착하자 일본은 가장 강력히 반응하고 있다. 일본은 2017년 7월 두 차례의 화성-14형 ICBM급 발사와 2017년 11월 화성-15형 ICBM 발사시 경보발령(J-alert) 및 대피훈련을 실시하면서 실질적인 태비태세를 갖추고 있다.

일본은 북한의 연속된 핵 · 미사일 도발에 대응하여 미국과 강력한 동맹태세를 구축하면서 전쟁할 수 있는 강한 군대로서의 변신을 도모하고 있다. 한편으로 납북자 문제 해결을 위해 북한과의 접촉도 노력하고 있다.

5. 유럽연합 및 기타 국가와의 관계

1) 유럽연합(EU)과의 관계

북한은 유럽 국가들과의 교류 확대 차원에서 1999년 9월 제54차 유엔 총회를 앞두고 영국 등 대부분의 유럽연합(EU) 회원국에 사상 처음으로 외무장관 회담을 제의하는 등 유럽과의 관계 개선을 적극 추진하였다. 2000년 1월 4일 이탈리아와 대사급 외교관계를 수립해 서방 접근의 토대를 마련하고, 같은 해 9월 유럽연합 15

개국 회원국 가운데 외교관계가 없는 7개국을 대상으로 수교를 제의하였다. 유럽연합도 북한의 제의에 호응하기 시작하였다. 2000년 10월 서울에서 열린 제3차 아시아・유럽정상회의(ASEM)를 계기로 영국, 독일, 스페인 등 유럽연합 국가들이 대북수교 방침을 표명하였다.

이어 2001년 5월 2일 당시 유럽연합 의장인 스웨덴의 페르손 총리를 단장으로 하는 유럽연합 대표단이 방북하여 서방의 국가원수로는 처음으로 김정일과 회담했다. 회담에서는 2003년까지 북한의 미사일 시험발사 유예를 확인받고 북한 인권문제를 논의하는 한편 북한측 경제조사단의 유럽 파견 등에 합의하였다. 그리고 그 직후인 5월 14일 유럽연합 집행위원회는 북한과의 수교를 결정했다는 성명을 발표하기에 이르렀다. 북한은 유럽연합 개별 국가와의 관계 개선에도 힘써 이탈리아(2000.1.4), 영국(2000.12.12), 독일(2001.3.1) 등 2013년까지 프랑스 및 에스토니아를 제외한 유럽연합 26개 회원국과 외교관계를 수립하였다. 한편 유럽연합은 북한과의 정치대화로 인권문제도 주요 의제로 다루었으며, 유엔인권위원회에 2003년부터 꾸준히 '북한인권 결의안'을 제출하였다.

유엔인권위원회는 북한의 인권침해 상황을 규탄하고 인권개선 노력을 촉구하는 내용의 북한인권 결의안을 채택하였다. 2005년 이후에는 유엔 총회 차원으로 격상하여 매년 북한인권 결의안을 채택하고 있으며, 유럽연합은 총회에서도 북한인권 결의안 제출을 주도해 왔다. 2005년 11월 유럽연합이 유엔에 상정한 북한인권 결의안 채택 이후 북한과 유럽연합 간 대화는 단절되었고, 2009년 4월 북한의 장거리 미사일 발사, 5월 2차 핵실험은 양자 관계를 냉각시키는 중요한 계기로 작용했다. 이후 2011년 3월 최태복 최고인민회의 의장이 영국, 2014년 9월 북한 강석주 노동당 비서가 독일과 벨기에, 스위스, 이탈리아를 방문하고, 유럽연합 가입국 의원 및 유럽의회 대표단 등이 북한을 방문하는 등 교류는 지속되어왔다. 2015년 6월 북한・유럽연합(EU) 간 제14차 국장급 정치대화가 평양에서 개최되어 핵과 미사일, 인권문제가 논의되었으나 합의를 보지 못하였다.

이후 유럽 여러 정당 출신의 북한 방문(2016.3.), 前 리수용 외무상의 '지속개발목표달성에 관한 고위급 토론회' 참석차 유엔 방문(2016.4.), 리용호 외무상의 유엔총회 제71차 회의 참석(2016.9.) 등이 있었으나, 현재 북한의 연속적인 미사일 발사, 핵실험, 인권문제 등으로 북한과 유럽연합과의 관계는 진전이 없는 상황이다.[7)]

2) 기타 국가와의 관계

북한은 유럽연합과 함께 아시아, 아프리카, 중남미 등 기타 국가들과의 외교관계도 추진하여 왔다. 북한이 제3세계 국가들과의 외교관계를 중시하기 시작한 것은 1950년대 중반부터다. 당시 북한은 노동당 제3차 대회에서 중・소를 비롯한 사회주의 국가 중심의 외교에서 아시아, 아프리카, 중동, 남미 등의 비동맹 국가들로 외교관계를 확대할 것을 정책 목표로 내세웠다. 이후 북한은 1960년대를 거쳐 1970년대에 활발한 비동맹국 외교를 전개하였다. 1980년대 초 '자주・친선・평화'의 대외정책 기본원칙 제시를 계기로 북한은 서방 자본주의 국가들을 포함한 기타 국가들과의 외교관계를 추진하였다. 특히 1990년대 초 소련과 동유럽 사회주의 붕괴에 따른 냉전체제 해체와 세계질서가 미국 중심으로 재편되는 상황에서 체제생존이 급선무이던 북한에 비동맹국들과의 외교관계는 더욱 중요하였다.

여기에 유엔에서의 남북한 체제경쟁에서 열세를 만회하기 위해 후원 국가가 필요한 상황도 북한의 비동맹국 외교 강화의 주요변수가 되었다. 북한이 비동맹 국가와의 외교관계를 지속 추진해 온 배경에는 '반제・반미 공동전선' 형성과 북한의 통일방안 지지, 유엔에서의 비동맹 그룹 국가가 많다는 점을 활용하려는 의도가 있었다. 2000년대부터 북한은 아시아, 아프리카 비동맹국들에게 자신들의 핵 보유가 자위적 방어 수단임을 강조하면서 6자회담 결렬의 책임을 미국에 전가시키기 위한 목적으로 비동맹국들과의 외교활동을 활발하게 펼쳐 나갔다. 2006년 미사일 발사, 1차 핵실험으로 한동안 북한의 비동맹국 외교는 소강상태에 빠졌다.

그리고 2009년 북한의 장거리 미사일 발사, 2차 핵실험으로 유엔안보리 대북제재 결의안이 채택되는 등 북한의 대외관계는 어려운 상황에 직면했다. 2013년 2월 3차 핵실험 강행으로 유엔안보리가 대북제재를 탈피하기 위해 비동맹국들의 지지를 얻기 위한 북한의 움직임도 활발해졌다. 2013년 6월 김격식 총참모장이 쿠바를 방문하였으며, 박의춘 前 외무상이 제20차 아세안지역안보포럼(ARF)에 참석하여 수교국들과의 우호 관계를 강화하였다.

2013년 8월에는 김영남 최고인민회의 상임위원회 위원장이 이란 대통령 취임식에 참석하였다. 김영남 최고인민회의 상임위원회 위원장은 2014년 10월 아프리카

7) 2018년에 들어와 유럽연합은 대북독자제재안을 4차례에 걸쳐 채택하였다.

국가들을 순방한데 이어 2015년 4월 아시아·아프리카 정상회의(반둥회의 60주년)에 참석하여 연설을 하였으며, 2016년 9월에 개최된 비동맹국 회의에는 김영남 최고인민회의 상임위원장과 리수용 당 국제부장이 참여하였다. 또한 강석주 노동당 비서의 쿠바 방문(2015.6.), 쿠바 대표단의 북한 방문(2015.9., 2016.6.) 시에는 김정은 면담 등을 실시하고 친선관계를 강조하기도 하였다.

김정은 체제의 아시아, 아프리카, 중남미 등 제3세계 비동맹 국가들과의 외교는 국제사회의 고립에서 벗어나려는 북한의 체제 생존 목적이 함축되어 있어 유엔 안보리 대북제재가 강행되는 한 더욱 강화될 것으로 보인다.

최근 북한의 2016년 1월과 9월의 4차 및 5차 핵실험과 2월 장거리 미사일 발사와 2016년과 2017년의 연속된 미사일 발사로 인하여 유엔 및 미국 등으로부터의 강력한 대북 압박 및 제재가 강화되고 있어서 북한은 최대의 외교적 고립에 처해 있다.[8] 36년만에 실시된 제7차 당대회에도 외국인사는 단 1명도 없었다. 이는 북한의 외교적 고립을 단적으로 보여주는 사례이다.[9] 다음은 남북한의 수교 현황이다.

〈표 7-1〉 남북한 수교 현황 (2019년 9월 기준)

지역	수교국		동시 수교국	단독 수교국	
	한국	북한		한국	북한
아시아	37	26	26	11	0
아메리카	34	24	23	11	1(쿠바)
유럽	53	49	48	5	1(마케도니아)
중동	18	16	14	4	2(시리아, 팔레스타인)
아프리카	48	46	46	2	0
계	190	161	157	33	4

출처: 외교부.

8) 김정은 집권 후 핵미사일 발사로 인한 유엔 대북제재결의안은 다음과 같다. 제2087호(2013. 1.22), 제2094호(2013.3.7), 제2270호(2016.3.3), 제2321호(2016.11.30), 제2365호(2017. 6.2), 제2371호(2017.8.5). 제2375호(2017.9.12), 제2379(2017.12.22).

9) 미국의 강력한 북한 고립 외교정책 실시로 유럽, 아시아, 남미와 아프리카 대륙과 과거 친북 국가마저도 북한과의 외교 및 경제관계를 단절하는 등 북한의 외교·경제적 고립화는 심화되고 있다.

토론 주제

1. 북한의 대외정책의 이념과 목표와 방향을 설명하라.
2. 북한의 대외정책 결정 구조를 분석하고 우리나라와 비교하여 장 · 단점을 토론하라.
3. 북한의 대외정책 기본 노선과 전략은 무엇인가?
4. 북한과 중국과의 대외관계에서 북한이 미 · 중패권경쟁 국제질서를 이용하여 노리는 것은 무엇인가? 여러 차례 반복되는 유엔제재 결의안과 거듭되는 국제사회의 경고에도 불구하고 핵 · 미사일을 지속하는 사례를 중심으로 설명하라.
5. 미 · 북관계에서 북한이 진정으로 노리는 기도는 무엇인가? 미 · 북평화협정 체결로 미국으로부터 체제안정 보장을 받는 것이 목적인가?
6. 북한과 러시아와 일본과의 대외관계를 북한의 의도를 중심으로 논의해보자.
7. 북한의 외교정책과 대외관계에서 북한의 국가이익은 무엇인가? 이에 대한 우리의 대비는 어떻게 해야 할 것인가? 토론해보자.
8. 유엔의 대북제재 결의안 제2371호에 대해 토론하라.

더 읽으면 좋은 글

1. 통일부 통일교육원, 『2020-2016 북한 이해』, 2020-2016.
2. 북한연구학회 기획 · 우승지 편저, 『김정은 시대의 정치와 외교: 선군인가, 선경인가』, 서울: 한울아카데미, 2014.
3. 미치시타 나루시게 지음, 이원경 옮김, 『북한의 벼랑 끝 외교사: 1966~2013년』, 한울아카데미, 2014.
4. 정은숙, "유엔안보리 결의문 2371호: 이행의 과제", 『세종논편』 No. 356(성남: 세종연구소, 2017.8.11).
5. 김지영, "김정은 시대 중국 대북정책의 변화와 지속: '중국 대북포기론'의 담론과 실천", 『2015 국제정치학회 동계학술대회 패널 발표』, 국립외교원, 2015. 12. 11-12.

제8장

북한의 사회[1)]

북한의 사회는 가장 평등한 사회라고 그들이 외치는 것과는 너무 다르게 철저한 불평등의 계급사회이다. 실제로 북한의 사회체제는 획일화되고 계층화되어 있으며 다중 강압기제에 의해서 감시받고 있는 통제된 체제이다. 또한 외부의 정보유입을 차단하고 조작하는 폐쇄체제(Closed System)라는 특징이 있다. 그래서 통제되고 폐쇄되어 진실을 오도하고 조작하여 주민을 억압하여 사회체제를 유지하고 동원시킨다.

그래서 북한당국은 북한주민에게 집단주의, 평등주의, 획일주의, 수령 중심주의 가치관을 강요하고 세뇌시키고 있다. 그러나 북한주민은 실생활에서는 자신의 이해와 부합된 가치관을 지향하는 이중적 태도를 보인다. 북한주민은 하루의 생활과 생애 전 과정이 매우 획일화되어 있으며, 일생을 노동당 외곽단체에 의무 가입하여 통제된 조직생활을 해야만 한다. 더욱이 종교마저도 아편 또는 미신으로 규정하고 있기 때문에 자유로운 종교생활이 불가능할 뿐만 아니라 가장 기본적인 인권마저 유린당하고 있다.

북한은 체제 유지를 위하여 철저하게 사회를 폐쇄시키고 주민을 통제하고 있다. 자유가 강압기제에 의해 철저하게 억압되고 있는 북한의 사회에 대해서 민중봉기가 일어나지 못하는지 그 **수수께끼**를 자세히 들여다보자.

---

1) 북한의 사회 대부분의 내용은 통일부 통일교육원, 『2020~2016 북한 이해』에서 많은 내용을 인용하였음.

제1절 사회계층 구조와 조직생활

사람은 나면서부터 죽을 때 까지 사회생활을 한다. 그렇기 때문에 그 사회체제가 개방(열린)체제(open system)로서 자유로운 사회인지 아니면 폐쇄(닫힌)체제(closed system)로서 자유가 통제된 사회인지에 따라 삶의 양식이 다르다. 사회란 무엇인가? 사전적 의미로는 “일정한 경계가 설정된 영토에서 종교·가치관·규범·언어·문화 등을 상호 공유하고 특정한 제도와 조직을 형성하여 질서를 유지하고 성적 관계를 통하여 성원을 재생산하면서 존속하는 인간집단”이라고 정의되어 있다. 정의에서 보듯 사회는 대단히 복잡다양한 구성과 의미를 내포하고 있다.

공산주의자들이 주장하는 사회는 계급(class)이 없는 다같이 평등하게 사는 공동체 사회였다. 그들은 다같이 평등한 공산사회를 만들기 위해서 ‘못가진 계급(have-not class; 무산계급)’이 일어나 ‘가진 계급(have class; 유산계급)’을 없애(타도)야 한다는 것이다. 소위 프롤레타리아(proletariat; 노동자, 농민 등 못가진 계급) 혁명논리이다. 구소련이 바로 레닌이 이끄는 볼셰비키(Bolsheviki; 다수파, 과격파)가 1917년 11월 러시아혁명을 일으켜 수립한 인류 최초의 소비에트 사회주의 국가이다.

그러나 70여년 만에 구소련과 동유럽 공산주의 국가들은 사회적 모순이 쌓여서 모두 붕괴되었고 볼셰비즘은 역사의 유물이 되었다. 그러나 정작 문제와 모순은 공산주의자들은 다같이 평등한 사회를 만들자고 폭력혁명을 정당화하면서 오히려 더 심한 사회 계층구조를 만들어 더 심각한 계급사회를 만들었다는 데 있다.

사회구조란 사회 구성원 간 상호 작용 중에 드러나는 정형화된 질서를 의미한다. 일상의 상호 작용이 규칙되고 반복해서 발생할 때 그 상호 작용은 유형화되며, 이에 따라 예측 가능한 질서를 이루게 된다. 사회질서는 구성원의 가치관과 생활양식에 따라 자연스럽게 형성되기도 한다. 하지만 북한의 경우는 체제 지향에 따라 큰 영향을 받으며, 계층제도는 사회질서에 영향을 미치는 대표 제도라 할 수 있다.

사회 계층이란 물질 또는 상징성의 보상이 특정한 기준에 따라 차별되어 이루어지기 때문에 발생하는 구조화된 계층 간 불평등을 의미한다. 계층 개념으로 계급이 흔히 사용되는 용어이기는 하지만 이 정의에 대한 분명한 합의는 없다. 다만 막스 베버(Max Weber)의 계층 개념에 입각하여 경제적 차원(소득과 부 등)을 계급, 정치적 차원(영향력 등)을 권력, 사회적 차원(교육과 직업 등)을 지위로 각각 분류하는 것이 보편화되어 있다.

1. 사회계층 구조와 특징

1) 사회계층 형성과정과 계층구조

사회계층이란 한 사회의 구성원들이 갖고 있는 능력이나 지위가 구별되어 같은 구성원끼리 묶여지는 서열을 의미하는 개념이다. 즉 한 사회 안에서 구별되는 인간 집단이다. 북한은 사회주의제도를 수립하면서 노동자, 농민, 근로인텔리를 프롤레타리아 계급으로 규정하였고, 이후 유일체제 구축과정에서 출신성분과 당성에 기초하여 정치적 성격을 띠는 사회계층을 분류하였다.

〈표 8-1〉 북한주민 성분 조사 사업

구 분	시 기	내 용
중앙당 집중지도 사업	1958.12~1960.12	불순분자 색출・처단 및 신간벽지 강제 이주
주민 재등록 사업	1966.4~1967.3	100만 적대위의 사상 결속을 위한 주민 성분분류 (직계 3대 외가 6촌까지 내사)
3계층 51개 부류 구분 사업	1967.4~1970.6	주민 재등록 사업 결과를 토대로 전 주민을 핵심계층, 동요계층, 적대계층으로 구분하고 이를 다시 세분화하여 51개 부류로 구분
주민 요해 사업	1972.2~1974	남북대화 관련 주민 동태 조사・파악, 전 주민을 믿을 수 있는 자, 반신반의자, 변절자로 구분
주민증 검열 사업	1980.1~1980.12	김정일 지시로 공민증 대조해 갱신하면서 불순자 색출과 통제 기능 강화
외국귀화인, 월북자 등에 대한 요해 사업	1980.4~1980.10	월북자 등 외부에서 입북한 자들을 13계층으로 구분. 감시자료로 체계화
북송 재일교포 요해 사업	1981.1~1981.4	북송 교포 자료를 세분하여 동향 감시 자료로 체계화
주민증 갱신 사업	1983.11~1984.3	공민증 갱신 및 주민 문건 정비
주민 재등록 사업	1989.10~1990.12	주민등록부 재조사 정리. 이산가족 개인 신상카드 작성
공민등록법 채택	1977.11	출생증, 공민증, 평양시민증 발급
공민증 갱신사업	1998.2~1998.10	수첩 형태에서 양면 비닐코팅 카드형으로 교체
공민증 교체 발급	2004.4	비닐코팅식 공민증에서 수첩식 공민증으로 교체

출처: 통일연구원, 『2009 북한개요』, 2009, p. 332.

북한은 사회정책의 기본으로 집단주의와 수령제일주의를 강조한다. 집단주의는 '하나는 전체를 위하여 전체는 하나를 위하여'라는 원칙하에 개인보다 사회와 집단이 더 중요하고 우선시되어야 함을 담고 있다. 수령제일주의는 지도자 중심의 일심단결을 주요내용으로 한다. 이를 위해 '당의 유일적 영도체계 확립의 10대 원칙', '사회정치적 생명체론(수령 · 당 · 대중의 통일체인 삼위일체)', '사회주의 대가정론[부(父) - 수령, 모(母) - 당, 자녀(子女) - 대중]'에 동조할 것을 요구한다.

북한의 사회계층은 체제 유지 목적에 의해 인위적으로 규정된 정치적인 계층이다. 북한 체제에 의한 사회계층 구분은 1950년대 중반 종파숙청 사건에서 발단되었다. 종파의 여독을 뿌리 뽑고 1인 지도자 중심의 유일사상체계를 구축할 목적에서 시작된 주민등록 조사는 1970년대 초반까지 이루어졌다. 그 결과 3계층(핵심계층 · 동요계층 · 복잡계층) 51개 부류가 완성되었고 이후 '주민요해사업', '외국귀화인 및 월북자 등에 대한 요해사업'이 이루어졌다.

1990년대 중반 경제난 이후 북한의 사회계층 구조는 불법월경, 행방불명 등 각종 일탈행위를 반영하여 3계층 45개 부류(핵심계층 · 기본계층 · 복잡계층)로 재조정되었다. 북한의 핵심계층에는 항일투쟁 참가자 및 그 가족, 6.25전쟁 참가자 및 전사자 가족,

[그림 8-1] 북한의 계층구조

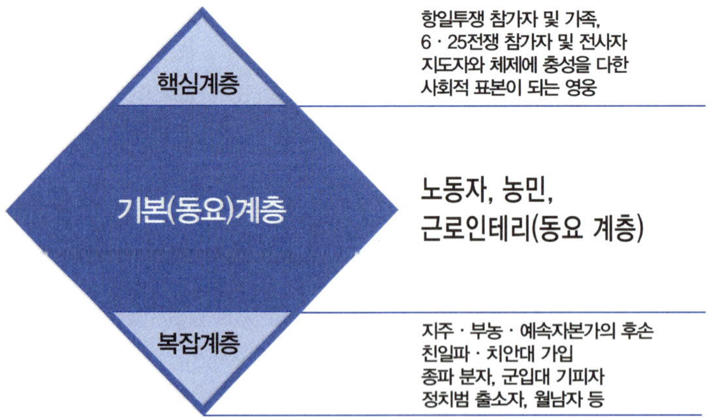

출처: 통일교육원, 『2017 북한 이해』(서울: 통일교육원, 2016.12.), p. 233.

빈농 · 고농 · 노동자 출신 및 가족, 영예군인, 접견자, 공로자, 지도자와 체제에 충성을 다한 사회적 표본이 되는 영웅 등이 해당된다. 기본계층은 노동자 · 농민 · 근로인텔리를 기본 구성원으로 하며 이 중 근로인텔리는 동요계층으로 분류하고 있다. 그 이유는 지식인들은 외부사조에 쉽게 현혹될 수 있고, 다른 체제를 선택하였을 경우 적응력이 높다는 근거에서이다. 복잡계층에는 지주 · 부농 · 예속자 본가의 후손, 친일파 · 치안대 가입자와 그 가족, 종파분자, 군입대 기피자, 정치범 출소자, 월남자 가족 등이 포함된다.

북한이 사회계층을 구분해 놓은 것은 반당 · 반혁명 색채를 가진 인물을 제거 · 격리시키고 유일독재 유지를 위한 사회통제를 강행하기 위해서이다. 북한의 사회계층 구분은 정치적 불평등 구조를 고착시켜 경제적 불평등을 양산하고 있다. 출신성분에 따라 대학진학 · 교육혜택 · 직업배치 및 승진이 결정되어 이를 통한 소득 격차의 발생, 생활수준에서의 격차가 나타나고 있다. 이러한 현실은 평등을 주장하는 북한 사회주의 성격에 위배된다.

2) 계층 이동과 계층 구조의 특징

개인이나 집단이 서로 다른 사회의 지위로 이동하는 현상을 계층 이동이라고 한다. 수직이동은 계층 지위가 상승하거나 하강하는 이동, 수평이동은 계층지위에 변화를 수반하지 않고 지역 간 또는 직업 간 이루어지는 이동을 각각 의미한다. 이 가운데 북한주민의 계층 이동은 주로 수평이동이라고 할 수 있다.

그러나 북한에서 수평이동이 이루어졌다고 하여 계층 지위가 의미 있게 변했다고 결론짓기는 힘들다. 왜냐하면 북한의 계층 이동은 성분정책에 의하여 인위로 통제되며, 거주지역과 직업은 주로 성분 정책에 의하여 배분되는 결과이기 때문이다.

2000년대 들어 사경제 활동이 증가하면서 부분적으로 계층 이동이 이루어지기도 하였다. 예를 들면 복잡 계층 주민이 '수완'을 발휘하여 부를 축적함으로써 상층 이동을 경험하는 경우다. 임대농과 고용농의 분리, 전주(錢主)의 등장도 북한에 계층 이동이 가능함을 보여 주는 사례가 된다. 이는 북한의 계층 구조를 복잡하게 하여 계층 구분에서 경제적 지위 또한 중요한 지표로 작용하게 되었다. 그럼에도 경제적 지위 변화로 계층 이동이 활발하다고 결론을 맺기도 힘든 것이 사실이다. 왜냐하면 경제적 지위의 상승은 정치 배경, 개인의 연줄, 기술수준, 물질적 신분 상승 욕구

등이 주요 요인으로 작용하여 이들 요인이 기존의 성분 정책에 따라 상당히 영향을 받아왔기 때문이다.[2)]

북한의 계층구조 특징은 다음과 같다.

첫째는 출신 성분과 '당성(黨性)'에 의해 인위적으로 구조화되었다. 보통 자본주의 사회의 계층은 소득, 직업, 교육수준 등 객관화된 요소로 측정되지만 북한의 경우 이러한 요소의 불평등은 인위에 따른 성분 정책의 결과일 뿐이다. 상위 계층일수록 고등교육과 특수교육 등 교육 기회가 많이 부여된다. 또한 상위 계층일수록 지위가 높고, 권한이 큰 직업을 배정받으며, 각종 분배에서도 특혜를 받게 된다.

둘째는 귀속지위(ascribed status)에 근거한 폐쇄 체제(closed system)이기 때문에 개인의 노력으로 사회 이동을 할 수 있는 기회가 상당히 제한되어 있다. 핵심 계층에 속하는 주민은 사상범이나 중죄를 저지르지 않는 한 핵심 지위를 유지할 뿐만 아니라 후손에게도 그 지위가 이어진다. 반면에 출신 성분이 나쁘면 개인의 능력과 관계없이 상위 계층으로의 진입이 쉽게 허용되지 않는다. 경우에 따라 기본 계층이 핵심 계층으로, 또 복잡 계층이 기본 계층으로 재분류되기도 한다. 이는 '당성'이라는 정치적 기준에 의해 결정된다.

마지막으로 북한의 계층구조는 사회주의 체제를 형성·유지·강화하고 사회 통제를 강화하기 위한 목적으로 이루어졌다. 초기의 토지개혁으로 지주 계급을 완전히 해체하고 토지를 소작농, 빈농, 고용농 등에게 무상 분배하였으나 얼마 지나지 않아 국유화(집단화)를 전면 단행하였다. 이후 의식주 관련 생활용품을 노동당 등 정권 기관의 통제 아래 분배함으로써 북한주민은 생존을 위하여 당국의 지시와 명령을 충실히 이행해야만 한다.

북한의 경직된 성분 정책은 북한사회를 지탱해 가는 가장 중요한 사회 통제 수단으로, 절대 다수의 희생을 바탕으로 하여 소수의 기득권을 보호하는 정책이다. 북한의 계층 구조가 이데올로기적 지향과 역사적 배경에 의해 인위적으로 형성·발전되어 왔다는 점을 감안할 때 계층 정책을 근본부터 수정하기는 힘들 것으로 보인다. 최근 북한을 탈출한 국군 포로는 자신들이 여전히 감시를 받고 있을 뿐만 아니라 자식에게도 그 신분이 '대물림'되고 있음을 증언하고 있다.

---

2) 최봉대, "계층구조와 주민의식," 『1990년대 이후 북한사회의 변화』, 한국방송, 2005. pp. 162-229.

결국 북한은 계급이 없는 평등한 사회가 아니라 계층과 신분이 '대물림'까지 되고 있는 계급사회로 전락해 버렸다.

2. 조직생활

북한 사회는 '하나는 전체를 위하여, 전체는 하나를 위하여'라는 집단주의 원칙에 기초하고 있으며, 북한주민의 조직 생활은 집단주의를 실천하기 위한 방안의 하나로 실시된다. 북한주민은 출생에서 사망에 이르기까지 조직 생활이 일상화되어 있다고 해도 과언이 아니다. 즉, 북한의 어린이는 출생 후 3개월 정도가 지나면 탁아소 생활을 하면서 조직 생활을 익히게 되고, 정규 교육과정에 들어가면 소년단과 김일성사회주의청년동맹 등 공식 조직에 의무로 가입해야 한다. 성인이 된 이후에도 노동당이나 직업총동맹, 농업근로자동맹 등 노동당 외곽 단체에 가입해서 활동해야 한다. 직업이 없는 전업 주부인 경우 민주여성동맹에 가입하여 활동해야 한다.

1) 소년단과 청년동맹

북한주민의 조직 생활은 사실상 출생에서부터 시작되지만 만 7세가 되는 소학교 2학년 때부터 공식 시작된다. 북한의 소학교 학생은 2학년이 되면 예외 없이 소년단에 입단하여 활동하며, 만 14세가 되면 청년동맹에 가입하여 조직 활동을 한다.

소년단에 들어가는 절차를 입단이라고 한다. 소학교 2학년이 되면 모두 소년단에 입단하게 되지만 한꺼번에 입단하는 것은 아니다. 소년단 입단식은 북한에서 최고의 명절로 내세우는 2월 16일(김정일 출생일)과 4월 15일(김일성 출생일), 소년단 창립기념일인 6월 6일 등 3회에 걸쳐 진행된다. 모든 학생이 입단할 때까지는 친구 간에도 소년단 가입자와 미가입자가 구분되는데 먼저 입단한 학생은 자랑스러워하는 반면에 입단을 하지 못한 학생은 친구를 시샘하여 심술을 부리기도 한다. 소학교 학생들은 2학년이 되면 먼저 소년단에 입단하기 위하여 노력한다. 먼저 입단하기 위해서는 공부를 잘하고 책임감이 강할 뿐만 아니라 동료들로부터 신망을 받는 것도 중요하지만 집안 성분도 좋아야 한다.

먼저 입단하는 아이들의 경우 입단식 자체도 거창하게 진행한다. 많은 사람을 모아 놓고 소년단 깃발 앞에서 선서를 하고 입단 맹세를 읽게 한 뒤 붉은 넥타이와 휘장을 달아 주는 행사를 치른다. 입단식에는 시(구역)·군의 간부들을 포함하여 항일 빨치산 운동이나 다른 일로 훈장을 받은 노인들이 참가하여 입단하는 아이에게 직접 붉은 넥타이를 매어 주면서 자부심을 심어 준다.

입단식에 참여하는 학생들은 자신이 사회 조직의 일원이라는 자부심을 갖게 되며, 앞으로는 공부만 잘할 것이 아니라 조직 생활을 충실히 하여 국가와 민족을 위해 노력해야겠다는 각오를 다지게 된다.

소년단에 입단하고 난 뒤에는 학교 소년단 위원회의 지시를 받고 실천하는 등 조직된 학교생활을 해야 한다. 각 학교에는 조직 생활을 지도하는 조직 담당위원장과 사상 담당위원장 등 학생 간부가 있다. 학교 소년단 위원회는 학급별로 특정 과업 수행을 지시하며, 학생들은 조를 짜서 이를 관철해야 한다. 토끼 기르기, 농촌일 돕기, 자갈 모으기, 고철과 폐휴지 모으기 등이 과업의 가장 대표 사례다. 또한 소년단의 날인 토요일에는 분열 행진을 하고, 학급별 생활총화에 참여해야 한다. 소년단 생활은 소학교를 졸업한 뒤 만 13세가 될 때까지 이어진다.

만 14세가 되면 김일성사회주의청년동맹(청년동맹)에 가입하게 된다. 청년동맹 가입은 소년단 입단 과정과 유사하지만 더 복잡하고 까다로운 절차를 거친다. 즉, 청년동맹에 가입할 때도 소년단 입단 때와 마찬가지로 먼저 학급의 추천을 받아 학교 단위인 초급 단체의 심의를 거치지만 시(구역)·군 청년동맹 학생부의 심의를 추가로 거쳐야 한다.

여기서 합격해야 최종으로 소년단의 표지인 붉은 넥타이를 풀고 청년동맹 가입식을 거쳐 청년동맹원증을 받을 수 있다. 맹원증을 받을 때 학생들은 이것이 자기 육신의 생명보다 더 소중하게 여겨야 할 사회정치적 생명을 나타내는 표지라는 점을 인식하도록 교육받는다. 그렇기 때문에 학생들은 맹원증을 받을 때부터 물에 젖거나 훼손되지 않도록 비닐 등으로 잘 싸서 지갑에 넣은 뒤 허리에 차고 다닌다.

소년단과 학교별 청년동맹에 소속하여 조직 생활을 하는 학생들의 경우 담임교원의 영향력도 크지만 무엇보다 시(구역)·군 청년동맹 위원회의 지시를 받아서 학생들이 어린 시절부터 노동당의 이념을 철저하게 따르면서 그 방침을 수행하도록 교육하는 지도원의 평가를 좋게 받아야 한다.

지도원은 학생들을 대상으로 하는 강연회, 학습회, 생활총화, 이야기모임, 꼬마계획 등 조직생활을 책임지고 지도하면서 아이들이 졸업할 때 평정서[3]에 최종 서명을 하고 다른 곳으로 이동할 때 필요한 각종 증명서를 발급해 주는 역할을 한다. 학생들은 지도원을 통해 노동당에 충성을 다하는 자세로 조직생활을 해야 한다는 점을 철저히 인식하게 되는 것이다.

2) 노동당, 직업총동맹, 농업근로자동맹

중학교를 졸업하고 만 18세가 되면 노동당에 가입할 수 있는 연령이 된다. 소년단과 청년동맹이 사실상 의무 가입 조직이라면 노동당은 자발 가입 조직이다. 북한의 체제상 노동당은 국가보다 상위 조직으로서 권한이 막강하기 때문에 누구나 가입하려고 하지만 소수의 선택된 주민만이 당원 자격을 얻을 수 있다.

노동당 입당은 1년 동안의 후보당원 기간을 거쳐야 한다. 후보당원이 되기 위해서는 몇 가지 절차가 필요하다. 당에 가입하려는 사람은 입당청원서와 당원 2명의 입당보증서를 당세포에 제출해야 하며, 당세포 총회에서 토의를 거쳐 자격유무를 결정하면 시·군 당 위원회에서 비준해 준다. 예외로 전쟁에서 큰 공을 세웠거나 최고지도자의 의중에 따라 화선입당(火線入黨),[4] 즉 후보당원을 거치지 않고 바로 노동당에 입당하기도 한다.

노동당원은 직장과 지역에 따라 5~30명 단위로 당 세포를 구성하고, 세포비서의

---

3) 평정서는 할아버지 때부터 출신성분과 조직생활 참여정도, 평소의 행실 등을 기록해 놓은 문건이다. 유치원 높은 반에서 작성되기 시작하며, 조직을 옮길 때 마다 따라 간다.

4) 화선입당은 사회주의 건설 현장에서 높은 평가를 받은 사람이 복잡한 절차를 거치지 않고 당에 들어가는 일종의 특권(특혜 입당)이다. 주로 전쟁이나 건설 현장 또는 국제대회에서 공헌이 큰 사람에게 특권이 주어진다.

지도 아래 당원으로서 활동한다. 당 세포는 노동당의 최말단 기층 조직으로, 당의 조직생활과 정책 수행의 최소 단위다. 한 직장에 당원이 5명도 안되면 별도의 세포를 구성하지 않고 주변의 다른 세포에 속하게 하거나 두 개 이상의 직장을 묶어 하나의 세포를 만들기도 한다.

노동당 가입자는 청년동맹에서 노동당 조직으로 옮겨가게 되며, 입당하지 못하면 30세까지 청년동맹에서 조직생활을 지속한다. 30세가 되어도 입당을 하지 못한 주민들은 각자의 직업에 따라 노동자는 직업총동맹(직총), 농민은 농업근로자동맹(농근맹)으로 각각 소속을 옮기게 된다. 직업총동맹 산하에는 세부 직업별로 직업동맹(직맹)이 구성되어 있다. 입당을 하지 못한 상태에서 혼인하여 직장에 나가지 않는 전업 주부가 되면 나이와 관계없이 민주여성동맹(여맹)으로 소속을 옮긴다.

직맹, 농근맹, 여맹의 조직생활은 당세포의 조직생활만큼 강하게 하지는 않는다. 그러나 조직생활을 하지 않아도 되는 사람은 없다. 같은 직장에 근무하는 근로자라 하더라도 자신의 소속에 따라 노동당과 청년동맹, 직맹의 구성원으로서 별도의 조직생활을 하게 된다. 농촌의 경우에는 농근맹의 맹원으로 조직생활을 해야 한다.

조직생활이란 크게 강연회, 학습회, 생활총화로 나누어진다. 강연회란 노동당의 유일사상 체계를 튼튼하게 세우고 당의 정책을 관철하기 위한 선전・선동 사업으로, 보통 수요일 저녁 '문화의 날 행사'를 할 때 실시하는 경우가 많아 '수요강연회'라는 명칭으로 불리기도 한다. 학습회는 대상별 수준에 맞추어 간부반, 당원반, 근로자반으로 나눈 뒤 다시 당원반과 근로자반은 높은 반 및 낮은 반으로 구분하여 노동당 정책, 북한 최고지도자의 '교시와 혁명노작' 등을 공부하게 된다. 학습 과정 하나를 마치면 각 학습반에서는 그 반에 소속된 사람들이 얼마나 학습했는지 알아보는 학습총화를 실시한다.

생활총화는 자신의 생활을 반성하면서 결점과 과오를 스스로 비판하고 다른 사람의 잘못을 비판한 뒤 개선할 점을 찾는 모임으로, 대체로 1주일에 한 번(주 총화) 조직별로 개최한다. 생활총화를 할 때는 '당의 유일적 영도체계 확립의 10대 원칙'을 비롯하여 김일성-김정일 부자의 '교시' 및 '말씀'을 근거로 자아비판과 상호비판을 한다.

3) 인민반의 가두 조직

북한주민은 소학교에서 소년단에 입단한 이후 사망에 이르기까지 조직 생활을 하지 않을 수가 없다. 노인이나 전업 주부 등 직장이 없는 주민은 크게 노동당, 여성동맹, 인민반 조직에 가입하여 활동한다. 인민반에서 세포를 구성하는 당원 수는 많지 않은 편이다. 직장이 없는 노인이나 전업 주부 가운데에는 당원이 많지 않기 때문이다. 물론 노동당에 가입한 사람들은 노동당에서 조직생활을 하며, 전업 주부의 경우는 여성동맹에 가입하여 활동한다. 그럼에도 인민반 생활을 등한할 수도 없다. 노인들은 인민반 내에서 노인분조를 만들어 조직생활을 하고, 대다수 '가두여성(전업 주부)'들은 여맹 활동과 별도로 인민반 활동에 참여해야 한다.

인민반은 대체로 20~40가구로 구성된다. 도시에서는 아파트 동별로 인민반을 구성하기 때문에 인민반을 구성하는 가구가 더 많아질 수도 있다. 원래 한 마을에 사는 사람이라면 누구나 인민반의 구성원이 되어야 하지만 아이들은 학교에서 조직생활을 하고 세대주인 남자들은 각각 소속된 직장에서 노동당이나 근로 단체의 구성원으로서 활동하기 때문에 인민반 활동은 주로 노인이나 전업주부인 가두여성이 수행해야 할 몫으로 남게 된다.

인민반에서는 인민반장의 지도 아래 학습회나 강연회를 조직하고 생활총화를 진행하는 등 다른 단체에서 볼 수 있는 조직활동을 전개한다. 그리고 인민반별로 배정된 과업을 수행한다. 인민반장의 권한이 크기 때문에 그의 지시를 무시하기는 쉽지 않다. 그러나 최근에는 인민반장의 지시를 거부하고 조직생활에서 빠지거나 과업 수행에 등한시하는 사람도 증가하였다. 특히 돈이 주요 생활수단이 되면서 경제력에 여유가 있는 사람들은 일정한 금액의 돈을 지불하고 과업에서 빠지는 경우도 증가하였다.

북한주민의 조직생활은 북한 체제의 특수성에서 기인한다고 할 수 있다. 북한주민은 조직활동에 참여하지 않고선 생활하기 힘들 정도로 공식 규제를 받기 때문에 생활의 불편을 덜기 위해서라도 조직활동에 참여하는 것이 필수다. 예를 들면 여행이나 이사를 위해서는 공식 통제 기구를 제외하고도 인민반장으로부터 시작하여 직장에 이르기까지 허락을 받아야 한다. 조직 활동 평점을 잘 받아야 좋은 직장으로 옮겨갈 수 있으며, 직장에서의 승진도 마찬가지다. 조직생활에 불성실할 경우 '자유분자'로 낙인찍히는 등 주민들로부터 배척받을 수 있으며, 생활총화에서 비판의 대상이 되기도 한다. 따라서 북한주민은 원하든 원하지 않든 조직생활을 하나의 생활양식으로 받아들일 수밖에 없는 상황이다. 북한주민은 요람에서 무덤까지 '조직' 속에서 늘 통제를 받으며 살 수 밖에 없다.

제2절 북한의 사회 통제구조와 방식

북한의 사회통제는 사상이념적 · 정치조직적 · 경제사회적 · 법적 통제의 방식으로 시행된다. 사상이념적 통제는 조기교육 단계로부터 평생 동안 이루어지는 정치사상교육을 통해, 정치조직적 통제는 의무적인 조직가입과 정치조직생활 참여를 통해 이루어진다. 경제사회적 통제는 직장생활 영역에서, 법적인 통제는 권력기관을 활용한 징계를 통해 이루어진다.

1. 사상이념적 통제

사상이념적 통제는 주민 의식 속에 복종 및 충성의식을 잠재시키는 과정이며, 조직적 · 경제사회적 통제는 사상교육을 통해 주입된 지도자의 사상이나 체제이념이 실생활에서 체질화되는 과정이다. 법적인 통제는 위의 세 단계에서 낙오된 대상에 대한 물리적 징계를 시행하여 두려움 및 공포의식을 내재시키는 과정이다.

북한은 3대 권력세습이 진행되는 동안 사상이념적 통제를 지속해왔다. 북한의 이러한 사회통제방식은 정치사상교육을 통해 이루어진다. 이를 위해 북한체제는 인간본연의 자율적 속성보다 지도자에 대한 절대적 충성의식 · 통치이념 · 체제동조의식이 고착되도록 사상교육을 진행하고 있다.

북한의 사상이념적 통제는 어려서부터 평생 동안 의무적으로 받아야 하는 정치사상교육을 통해 시행된다. 이 과정에 인간본연의 자율적 속성은 배제되고 지도자에 대한 절대적인 신격화, 체제동조의식이 내면화되게 된다. 조기교육단계에서의 사상이념적 통제는 우상화교육을 통해 이루어진다. 이 단계에서는 지도자에 대한 우상화와 체제에 대한 절대적인 자긍심, 체제수호정신 함양이 기본으로 주입된다. 우선 탁아소(어린이집)와 유치원 어린이들에게 지도자의 은혜를 주입시키는 감성교육이 이루어지고 각자 본인에게 주어지는 모든 것(점심식사 · 간식 · 선물 사탕과자 등)이 지도자가 베풀어준 것이며, 지도자가 없이는 이러한 혜택이 없음을 반복적으로 인식시켜 절대적인 우상 심리를 갖게 하는 것이 이 단계 사상이념적 통제의 목적이다.

학교 입학 이후 소학교 · 중학교 과정에서는 사상이념적 통제가 더욱 심도 있게 진행된다. 전체 교과목의 10~30%는 정치사상과목으로 지정되어 교육되며,[5] 학교생활 준칙을 제시하여 아침 독보시간, 오후 방과 후 시간, 조직생활총화 시간에 사상이념이 주입되도록 규제하고 있다.[6]

학교 교육과정에서의 사상이념적 통제는 우상화, 애국주의, 반제계급교양, 북한식 통일교육 내용을 주입시키는 교육과정이다. 특히 지도자를 신격화하기 위한 교육에서는 왜곡된 역사적 내용이 주입되고 있다.[7]

학교 졸업 이후 사회생활과정(대학, 군대, 직장 등)에서 시행되는 사상이념적 통제는 정기적으로 진행되는 매주 1회 정치사상학습, 매월 2회 강연회 참석에 대한 통제로 이루어진다. '김일성 - 김정일주의' 통치이념의 정당성, '당의 유일적 영도체계 확립의 10대 원칙' 준수, 3관(혁명적 수령관 · 조직관 · 인생관) 정립의 필요성을 각인시켜 가치관과 의식구조가 지도자와 체제에 맞게 변형되도록 만들고 있다.

북한의 사상이념적 통제는 가정에서의 정치사상교육까지 포함한다. 이는 부모의 충성의식, 계급의식 등이 가정교육을 통해 어려서부터 자녀에게 투영되는 과정이다. 북한은 '가정혁명화'의 일환으로 이러한 사회통제를 시행하고 있다.

경제난 이후 주민의 자립적 생존방식 고착, 시장 확산에 의한 외부사조 유입, 주민 가치관 변화로 가정에서의 사상교육은 효율성이 현저히 낮아져 사상이념적 통제의 효과는 저하되고 있다. 북한이 사상이념적 통제를 중시하는 이유는 주민을 '주체형의

5) 주요정치사상과목으로는'김일성 · 김정일 · 김정숙 · 김정은 혁명역사'교과가 있다.

6) 구체적으로 학교에서의 정치사상교육은 매일아침 학교생활의 첫 순서인 독보시간에 365일 카드(1년 365일 최고지도자가 베푼 덕성자료를 일순으로 기록한 자료)를 낭독하는 것으로부터 시작된다. 한편, 수업시간에 주입받는 정치사상교육 내용을 실생활에서 실천하는 충실성의 발현(초상화 보위, 동상 청소, 충성의 외화벌이 등)도 병행하게 된다. 이를 통해 지도자에 대한 절대적 신뢰의식을 고착시키고 있다.

7) 대표적으로 8.15해방이 20여년 일제를 반대하여 싸운 김일성의 항일혁명업적에 의한 결과이며, 6.25전쟁은 미제의 추종을 받은 남한이 일으킨 침략전쟁이라는 교육내용을 그 예로 들 수 있다

새 인간'으로 변형시켜 수령・당・대중의 통일체로서의 삼위일체(사회정치적 생명체), 사회주의 대가정(지도자는 아버지, 당은 어머니, 대중은 자녀)으로 결속시키려는 데 있다.

북한체제의 사상이념적 통제는 김정은 집권 이후 사상이반 및 외부세계 동경, 체제불신을 차단하기 위한 목적에서 더욱 강행되고 있다. 특히 김일성-김정일주의 이념 고취와 5대 교양(위대성교양, 김정일 애국주의교양, 신념교양, 반제계급교양, 도덕교양) 강화는 김정은 체제의 사상이념적 통제의 핵심이 되고 있다.

2. 정치조직적 통제

북한의 사회통제 방식 중 정치조직적 통제는 사상이념적 통제를 통해 주입된 가치관과 의식구조가 실생활에서 체질화되도록 통제하는 과정이다. 따라서 정치조직적 통제의 주된 목적은 의무적인 정치조직 가입 및 조직생활 참여를 통한 충실성 검증에 있다.

주민의 정치조직 가입은 만 7세(소학교 2학년)에 의무적으로 이루어지며 조직가입의 의미는 최고지도자가 주는 정치적 생명을 조직을 통해 부여받는다는데 있다. 북한체제는 정치적 생명은 부모가 준 육체적 생명과 다르게 지도자에 대한 충성도에 따라 영생한다고 교육시켜 왔다. 그 일환으로 불붙는 교실이나 열차에 뛰어들어 초상화를 보위하고 사망하였을 경우 영생하는 정치적 생명 보유자로 당사자와 가족에게 지도자의 특별혜택을 베풀어주고, 전국적 모범사례로 영웅화시키고 있다. 정치조직 가입에서 누구든 선택권이 없으며 만 7세부터 60~65세까지 조직구성원으로 의무적인 조직생활을 해야 한다.

북한이 의무적인 정치조직생활 참여를 통한 조직적 통제를 강행하는 것은 이 과정을 충실성 검증단계로 규정하고 있기 때문이다. 즉, 정치사상교육을 통해 주입된 지도자에 대한 신격화의식, 체제동조이념, 체제수호의식이 실생활에서 발현되려면 조직적 통제가 반드시 병행되어야 한다는 이유에서이다. 정기적으로 진행되는 사상학습, 조직생활총화 참여는 충실성 검증의 주요 평가 항목이다. 특히 소속된 조직에서 생활총화를 통해 한 주 동안의 자신의 생활을 대중 앞에서 반성하고, 조직구성원 중 누군가의 잘못을 비판해야 하는 과정은 조직생활을 하는 동안 평생 반복된다. 북한

〈표 8-2〉 북한의 정치조직

단체명	가입 대상	조직 규모	구성 방법 및 활동	창립일
조선소년단	소학교 (2학년 이상)	약 300만 명	소학교 2학년에 순차적으로 가입 조직생활, 토끼 기르기 등 과업 수행	1946. 6. 6.
김일성-김정일주의 청년동맹	14~30세 학생, 군인, 사회인	약 500만여 명	당원을 제외한 해당 연령층 · 사상교양, 당 후비대 사업, 경제건설, 통일 및 대남 정책 지원 등	1946. 1.17.
사회주의 여성동맹(여맹)	여성 : 31~60세	약 20만 명	타 단체에 속하지 않은 여성 당후비대 사상 · 교양 · 노력동원	1945.11.18.
농업근로자동맹 (농근맹)	협동농장원 : 31~65세 (여 : 60세)	약 130만 명	농업에 종사하는 근로자 사상교양, 농촌사업지도	1946. 1.31.
직업총동맹(직총)	노동자, 사무원 : 31~65세 (여 : 60세)	약 160만 명	노동자, 사무원, 직장단위 조직 9개의 산별직업동맹 사상교양, 기술 습득, 자력경쟁 지도	1945.11.30.

* 「2009 북한개요」, 통일연구원, p. 53 재구성

체제가 규정한 상호비판의 의미는 '혁명적 동지애'에 있다. 그러나 현실에서는 이러한 비판과정이 인간본연의 자율적 속성과 상대에 대한 배려정신을 파괴시키고 불신의식을 증대시키는 불합리한 제도로 변용되어 왔다.

주민의 정치조직생활은 노동당에 의해 중앙집권적으로 통제되며 이에 대한 평가는 조직생활평정서[8]에 의한 정치적 평가, 화선입당 및 표창장 수여를 통한 우수자 평가, 조직 생활 불참자에 대한 조직적 징계 및 법적 징계[9]를 통해 이루어진다.

북한의 정치조직생활 의무화를 통한 조직적 통제 방식은 지도자 중심의 일심단결 공고화를 위해 북한 사회 구성원 개개인의 충성심이 실생활에서 발양되도록 독려하는 강력한 통제기제이다.

---

8) 조직생활평정서는 조직생활을 하는 모든 북한주민에 한하여 작성되어 평생 그 당사자의 정치사상행태를 규정하는 평가 자료로 활용되는 문서로 6개월에 1회씩 조직생활을 끝내는 시점까지 지속적으로 작성되어, 대학진학 및 승진에 결정적 영향을 미친다.

9) 당 · 인민보안성 · 국가보위성 합동으로 전격적인 조사를 통해 사상투쟁회의 대상을 규정하고, 교정이 안되는 경우 혁명화(탄광 · 농촌), 법적(정치범수용소, 노동단련대, 교도소)징계로 처벌한다.

3. 경제사회적 통제

북한의 경제사회적 통제는 직장생활에 대한 통제를 통해 이루어진다. 직장생활통제는 직업배치로부터 시작하여 직장출근, 직업 종사 태도, 본인 및 부양가족에 대한 생존수단 규제를 통해 시행된다.

북한은 만 18세 이상 노동능력을 가진 주민에게 직업을 배치해주고 생산노동에 참여할 것을 의무화하고 있다. 당국에 의한 직업배치는 고급중학교 졸업 이후 대학 진학 및 군 입대를 제외한 모든 졸업생에게 해당된다. 대학졸업생과 제대군인도 향후에는 직업배치의 대상이 된다. 그러나 당국에 의한 일률적 직업배치는 적성 및 전문성이 배제되는 경우가 많아 불평불만의 원인이 되기도 한다.

북한의 직업배치를 통한 경제사회적 통제는 출신성분과 부모의 직책에 따라 차별적으로 이루어지는 것이 특징이다. 북한의 사회주의 노동법 제30조는 "국가기관, 기업소, 사회협동단체는 근로자들이 창조적 지혜와 능력을 최대한으로 낼 수 있도록 성별, 연령, 체질, 희망, 기술기능 수준에 맞게 구성원을 적재적소에 배치하여야 한다."고 규정하고 있다. 그러나 실제 직업배치 시 개개인의 소질 및 희망보다는 출신성분이 먼저 고려된다. 직업배치의 이러한 차별화는 근로소득(생활비)[10] 격차를 유발하고 이로 인한 경제적 불평등을 양산하고 있다.

또한 직장생활을 통한 북한의 경제사회적 통제는 직장 출근 집계, 본인 및 부양가족의 생존수단 압박을 통해 시행된다. 직장 출근 보고는 북한 전역에서 오전 11시 30분에 집계되어 직장 미출근자에 대한 통제가 실시되도록 체계화되어 있다. 이와 함께 출근 일수에 따라 근로소득 및 본인과 부양가족에 대한 식량배급표가 공급된다.

경제난 이후 국가배급체계가 붕괴되어 주민 스스로 자립적으로 생존해야 하는 현실에서 식량공급표는 큰 의미가 없으나, 그럼에도 불구하고 생산현장에 종사할 것을 요구하는 직장생활 통제는 여전히 지속되고 있다.

무단으로 출근하지 않았을 경우 무보수 노동 등의 징계로 통제하며 자율적으로 직장을 이동하지 못하도록 규제하고 있다. 직장의 조정 및 이동은 합법적인 이유가 없이는 불가능하며 불순분자의 추방, 도시인의 농촌 이주(평양시 거주 남성이 농촌지역의 여

10) 생활비는 북한식 경제학 용어로서 매월 근로자가 받게 되는 근로소득을 의미한다.

성과 결혼 시 농촌 연고로 지방으로 이주)와 같은 구조 조정의 경우에 가능하다. 그러나 1990년대 중반 경제난 이후에는 생계유지를 위한 생산근로자의 생산현장 이탈, 뇌물을 주고 '안면관계'를 이용하여 직장을 비합법적으로 이동하는 현상이 사회 곳곳에서 나타나고 있다. 특히 통제하는 계층과 통제받는 계층의 생존을 위한 결탁으로 사회통제 이완이 현실화되면서 경제적 능력에 따른 직장 이동이 확산되는 추세이다.

북한의 직장생활을 통한 경제사회적 통제에서 또한 주목되는 것은 '사사(私事)여행'에 대한 통제이다. 북한은 여행증 없이 타지로 이동할 수 없도록 규정하고 있다. 여행증명서 발급은 1차적으로 해당 직장의 정치조직 책임자, 직계 상관의 허락을 받아야 한다. 그 다음 인민보안성 산하의 2부(여행증 발급 담당자) 부원(지도원)을 통해 발급받을 수 있다. 북한은 1998년 9월 헌법 개정 시 거주·여행의 자유를 신설(제75조)하였지만 여전히 직장에서의 승인 및 여행증명서 발급, 타지에서의 90일 이상 체류 금지를 통한 경제사회적 통제 방식은 변화되지 않고 있다.

북한은 생산현장에서 노동생산능률을 높였을 경우 표창을 통해 모범근로자로 표본화하여 이를 충실성의 척도로 강조하는 경제사회적 통제도 병행하고 있다.

4. 법적 통제

1) 범죄 유형에 따른 처벌

북한은 지도자의 사상과 당의 요구, 정치조직적·경제사회적 통제에 불복종하거나 불성실하였을 경우 정치범죄와 일반범죄로 구분하여 엄중 처벌하고 있다. 정치범죄는 특별독재대상구역 감금(완전통제구역으로서 정치범수용소, 정치범관리소)으로 징계하고 특별히 반정부 음모를 시도하였을 경우에는 8촌까지 연좌제를 적용하는 정적 제거 시스템을 가동하고 있다. 또한 일반범죄의 경우 교도소, 강제노동단련대에서 법적 처벌을 받도록 규정하고 있다. 1990년대 중반 경제난 이후 체제이탈자에 대한 처벌은 두 가지 유형으로 분류되어 시행되고 있다. 한국행 목적으로 체제를 이탈하였을 경우에는 정치적 범죄자로 분류하여 위에서 전술한 정치범 수용소에 감금하며, 생계형 체제이탈의 경우에는 기존의 강제노동단련대 3~6개월의 수용에서 2~3년 교도소 감금으로 그 수위가 높아졌다.

북한이 규정한 일반범죄는 경제범죄(경제질서를 위반한 생계형 범죄, 금전적 이득 취득을 위한 고리대금업죄, 절도죄, 밀수죄, 생존 목적의 북한이탈죄 등), 공공질서 위반죄(매춘, 도박, 약물중독, 술주정, 교통질서 위반, 풍기문란 행위, 수정주의 날라리풍 또는 한국드라마 및 외부사조 유포 등), 권력남용죄(권한을 뇌물수수·부정부패·물자 착복 수단으로 활용했을 경우)를 포함한다.

특히 김정은 체제는 공안통치를 선대 지도자 시기보다 더욱 강력히 작동하고 있다. 2014년 5월 형법 개정을 통해 국경지역 주민들의 밀수, 남한과의 휴대전화 통화, 탈북과 도강에 대한 통제를 강화하고 그 처벌 수위를 기존보다 더욱 강화시켰다. 최근에는 중국과의 인접 국경지역 주민들의 체제이탈을 막기 위해 주민들 간 신고체계를 구축하고 포상금을 지급하는 등의 통제방식을 새롭게 도입하고 있다.

2) 권력기관을 활용한 통제

북한의 법적 통제는 주요 권력기관인 노동당, 사회안전성, 국가보위성을 통해 3중으로 이루어진다. 그리고 하부말단 통제단위로서 인민반을 작동시키고 있다. 노동당은 정치생활을 통제하는 기관이며, 사회안전성은 직장생활 및 사회주의 준법 위반에 대한 통제를 시행하는 기관이다. 국가보위성은 반정부 음모 및 정치동향, 사상이반을 통제하는 기관이다.

북한의 **노동당**은 헌법에 우선하는 최고 권력기관이자 지도자의 명령과 지시를 산하 권력기관과 주민사회에 하달하는 중추적 역할을 담당하는 통제기관이다. 북한의 각 도(직할시)·특별시에는 공장·기업소, 학교를 비롯한 기관별로 당 조직이 편성되어 있고 지도자의 명령과 지시가 유일영도체계에 따라 중앙집권적으로 하달된다. 당의 명령을 집행하는 하부 조직으로는 시(구역)·군 당위원회가 있고, 그 산하에 당원 5~30명으로 구성된 당세포가 있다.

북한의 노동당은 그 **외곽단체**로서 김일성-김정일주의청년동맹, 직업총동맹, 농업근로자동맹, 조선사회주의여성동맹을 두고 있다. 당의 영도는 외곽단체에 대한 사상이념적·조직적 지도를 통해 전체 조직구성원에 대한 사회통제를 동반한다. 북한에서 당은 사회주의 대가정론에 의해 어머니로 지칭된다. 그러나 어머니 당으로서의 기능보다 정치조직을 통한 사회통제의 기능이 더 큰 비중을 차지한다. 노동당은 당원을 비롯한 만 7세 이상의 정치조직에 가입한 모든 주민이 일상생활에서 나타나는 문제에 대해 당 조직에 보고하도록 의무화함으로써 통제의 영역을 넓히고 있다.

또한 북한의 **사회통제 기관**에는 주민들의 동향을 감시·감독하는 정치사찰 기관으로서의 국가보위성과 인민보안성이 있다. 이러한 각종 기관은 주민들의 사상동태를 감시하고 반당·반혁명 세력을 색출하는 임무를 담당한다.

국가보위성은 형사재판 제도와 별개로 운영되는 북한 최고의 정치사찰 전담 기구로서 정치사상범의 감시, 구금, 체포, 처형 등을 법절차 없이 임의로 결정하는 권한을 행사하고 있다. 국가보위성은 김정은 호위, 각급 행정기관 내 수사, 사회단체·공장·기업소 감시, 북송교포 감시, 우편검열, 유무선 통신 도청, 비밀문서 관리, 장병 동태 감시는 물론 3대 세습체제 구축과정에서 야기되는 저항 요소를 척결하는 역할까지 감당하고 있다. 보위성은 중앙에서부터 도·시(구역)·군 및 리·동, 기관·기업소 및 군부대에 이르기까지 정보원을 파견하여 주민 정치동향 및 사상이반을 감시하고 있다.

사회안전성은 공공질서의 유지·강화 뿐만 아니라 국가의 재산보호 기능을 수행하며 주민들의 체제이탈, 사상불신, 외부사조 유포 등을 감시·적발하여 처벌하고, 개인의 신원조사와 사생활 통제를 한다. 인민보안성은 각 도와 시(구역)·군에 보안서를, 그 산하에 분주소(파출소)를 두고 있다.

북한 사회의 통제기관 중 하부말단 단위는 **인민반**이다.[11] 인민반은 북한의 읍·동 사무소 소속에 있으며 20~30가구로 구성되어 있다. 인민반을 통한 북한의 사회통제는 인민반장이 통제자 역할을 담당하여 개별적 가정에서의 체제이탈, 경제생활 수준 등을 상시 감시하며 노동당과 인민보안성, 국가보위성에 보고하도록 체계화되어 있다.

---

11) 1958년~1973년까지 실시되었던 '5호담당제'는 인민반이 출연되기 전 북한주민을 통제하는 기제로 작동하였으며 '5호담당제'는 북한의 전 세대를 5호씩 나누어놓고 이 중 충성가구 1가구를 배속시켜 다른 가구 주민들의 사상동향 및 비리를 감시·통제하는 제도였다. 이는 김일성 지시에 의하여 1973년 '인민반'으로 명칭이 바뀌었다.

제3절 북한주민의 가치관과 일상생활

1. 북한주민의 가치관

어느 사회나 그 사회를 발전시켜 나가기 위해서는 사회 안정을 유지하면서도 변화를 지속해야 하는 이중적 어려움에 빠지게 된다. 그렇기 때문에 사회 지배층은 그 조직을 안정시켜 나가기 위해 노력하며, 최우선으로 제도 규범의 내면화를 통한 자발적 동조를 확산시켜 나감으로써 안정을 도모한다. 북한의 경우에도 사회를 안정시키기 위해 끊임없이 사상 교육을 강화하여 어릴 때부터 자발적 동조의 가치관을 반복적으로 주입하고 있다. 특히 수령이라는 사이비 신(神)의 독재체제를 유지시키기 위해서 칼과 붓을 사용하여 강요되거나 자발적인 순종을 유도한다. 결국 북한의 사회는 김가왕조 수령 독재를 유지하기 위한 여러 수단들로 구성되어 있다. 저들은 주민들의 일상생활까지도 획일화하여 효과 높은 사회통제 수단의 하나로 활용하고 있다.

북한은 사회주의 체제 수립과 김일성의 권력 강화, 김정일 및 김정은의 권력 승계, 최근의 경제 및 사회 위기를 극복하기 위하여 지배논리를 끊임없이 개발하는 한편 정치·사상교육으로 이런 논리의 전파에 주력하였다. 그 결과 북한주민들은 당국의 의도에 따라 명시적으로든 암묵적으로든 북한 김일성 왕조정권만을 위한 새로운 가치관을 발달시키게 되었다.

북한이 발전시켜 온 가치관의 논리는 크게 사회주의 혁명(건설), 사회 안정, 위기 극복으로 나눌 수 있다.

사회주의 혁명(건설) 논리는 구체제인 봉건주의와 타도 대상인 자본주의에 비판을 가하고 새로운 공산주의(사회주의) 사회 건설의 필요성을 강조한다. 이 논리에 따르면 중세사회 봉건주의는 '썩어빠진 사회'이며, 한국, 미국 등 자본주의 사회는 불평등 착취 사회로서 혁명의 대상이 된다. 반면에 북한과 같은 공산주의 사회는 계급이 없는 평등사회로서 집단의 노력으로 건설되어야 하는 이상사회다.

북한에서는 1960년대 말 김일성이 권력을 강화하면서 주로 사회 안정 논리를 전파해 나갔다. 북한은 주체사상으로 김일성의 권력을 정당화하며 북한주민에게 무조건

〈표 8-3〉 북한의 이념 체계와 주요 내용

구 분	목 표	주요 내용
사회주의 건설(혁명) 논리	자본주의·봉건주의 비판	• 착취 사회, '썩어빠진' 사회, 불평등 사회 • 혁명의 대상
	공산주의(사회주의)	• 무계급 사회, 평등사회, 집단주의
안정 논리	수령(김일성) 우상화	주체사상 '창시' 및 변형 • 혁명적 수령론 • 사회정치적 생명론 • 사회주의 대가정: 수령·당·인민의 일체감
	김정일 우상화	유교 덕목 강조 • 은덕정치/광포정치 • 충성과 효성
위기극복 논리	북한 사회주의의 정당성	우리식 사회주의 • 조선민족제일주의 • 과학적 사회주의
	지도자(김정은)의 정당성	• 김일성 왕가: '태양절', '대를 이은 충성' • 절대 충성 요구: 수령결사옹위정신 • 21세기의 태양, 선군혁명의 계승자

충성을 요구한다. '수령(뇌수) - 당(몸통) - 인민(팔다리)'으로 구성되는 '혁명적 수령관', '수령(어버이) - 당(어머니) - 인민(자식)'으로 구성되는 '사회주의 대가정', '사회정치적 생명의 부여자'라며 김일성에게 무조건 충성을 요구하는 '사회정치적 생명체론'은 전체주의에 입각한 김일성의 지배를 정당화하는 논리다.

김일성이 권력 기반을 확고히 하고 김정일의 권력 세습이 결정되면서 김정일 세습 및 우상화 논리도 개발되었다. 유교논리가 인민을 착취하기 위한 사상이라고 평가절하하면서도 그 핵심 요소인 충효사상과 가부장 중심의 가치관을 동원하였다. 북한주민은 수령에게 끊임없이 충성과 효성을 보여야 했으며, 김정일에게도 '대를 이은 충성'을 보여야 했다.

김정은이 권력을 승계하면서 그의 통치를 정당화하는 논리 개발에도 박차를 가하고 있다. 1980년대 중반 이후 사회 발전이 정체되고 급기야 체제의 존립이 위태로워지면서 체제의 정당성을 강조하는 논리가 개발되었다. 조선민족제일주의와 과학적 사회주의 등 새로운 논리로 '우리식 사회주의'를 주창하면서 북한식 사회주의 체제의 정당성을 강조해 왔다.

북한은 또한 김정일을 김일성의 유훈을 실천에 옮길 수 있는 '21세기 태양'으로, 결사옹위 정신과 총폭탄 정신으로 무장하여 목숨으로 보위해야 할 대상으로 부각시켜 왔다. 김정은도 마찬가지로 '21세기의 태양'으로 칭송하고 있다. 북한주민은 김일성 일가를 정점으로 하는 전체주의 체제에서 집단주의, 획일주의, 수령중심주의 가치관을 발달시켜야 했다. 이들 가치관은 북한 당국이 지향하는 체제 성격에 부합한다는 의미에서 이상적인 가치관(ideal value)이라고 할 수 있다.

그러나 북한주민이 이런 가치관을 완전히 내면화하고 실천하는 것은 아니다. 그들은 겉으로는 당국이 지향하는 가치관을 받아들이는 반면 내면으로는 특정 상황에서 자신의 이해에 부합하는 현실 가치관(real value)을 발달시켜 왔다. 결국 북한주민의 행동양식은 이상 가치관과 현실 가치관 간 타협의 산물이며, 이런 맥락에서 북한주민의 가치관 특징은 이중성을 띠고 있다고 할 수 있다.

1990년대 중반 이후 배급이 중단되고 사경제 활동이 심화되면서 북한주민들의 의식과 가치관에도 일정한 변화가 나타나고 있다. 즉, 주민들 사이에는 돈과 금전의 이익을 중요시하는 시장경제적 사고가 확산되고 있다. 집단주의보다는 가족주의나 개인주의 성향도 증대되고 있다. 그리고 외부 실정에 관한 정보가 유입되면서 외부 세계에 대한 북한주민들의 인식이 변화하고 있다.

1) 평등주의와 차별 의식

북한은 사회주의 정권을 수립한 이후 토지, 자본, 공장 등 생산수단을 국유화(집단화)하고 이념상으로 평등주의를 강조하였다. 그 결과 북한주민들은 평등주의 가치관을 발달시켜 왔다.

그러나 북한이 제시하는 평등 이념은 사회주의 혁명 및 권력의 일인 집중을 정당화하는 수사(rhetoric)에 지나지 않았고, 실제로는 차별과 불평등 의식이 만연되어 있다. 북한사회가 불평등 사회이며 그 불평등 구조는 인위적인 성분 정책시행 결과라는 점에서 악성 불평등 사회라 할 수 있다. 북한 주민들도 당 간부의 전횡과 성분에 따른 차별 대우를 자연스럽게 받아들이며, 여성 등 소수자에 대한 차별 대우도 당연시한다. 3대 세습체제는 권력의 불평등을 극명하게 보여주는 사례다.

이렇게 북한은 사회주의 평등사회를 주장하고 있으나 실제로는 새로운 불평등 체계가 구조화되어 있는 상태라고 볼 수 있다. 개인은 능력이 아니라 출신성분에 따라 진학이나 취업뿐만 아니라 결혼 및 거주지까지 영향을 받으며, 특히 평양에 거주하는 특권 계층과 일반 주민 간에는 의식주 확보, 교육, 경제 활동과 같은 일상생활에서부터 정치사회적 신분 상승 등 조직 생활에 이르기까지 각종 기회와 삶의 질에서 상당한 차이가 존재한다.

2) 집단주의와 사회 나태 현상

북한에서는 개인의 이익보다 집단의 이익을 우선시하는 집단주의를 바람직한 가치관으로 본다. 집단주의는 사회주의 및 공산주의 사회생활의 기초이며, 정치·경제·사회·문화 등 모든 분야에서 추구하는 가치다. 헌법에도 "하나는 전체를 위하여, 전체는 하나를 위하여"라는 집단주의 원칙이 규정되어 있다. 집단주의에서는 경쟁이 약하기 때문에 개인의 능력이나 생산성보다 동지애 및 의리를 중시한다.

집단주의는 공동 노력과 공동 보상을 전제로 하기 때문에 북한주민들은 일상에서 '사회적 나태'(social loafing)현상을 보인다. 사회적 나태는 집단의 규모가 커질수록 이에 비해 개인의 기여도가 작아지는 현상이다. 북한주민이 겉으로는 열심히 노력하는 것으로 보이지만 실질적인 성취도가 낮으며, 이러한 사회적 나태 현상이 북한 경제 생산성 저하의 한 요인으로 작용해 왔다.

3) 획일주의와 선호위장평등주의와 차별 의식

북한은 당의 혁명 목적을 달성한다는 명분으로 개인의 자유·권리·이익을 제한하고 통제하며, 북한주민 모두가 단일 이데올로기 아래에서 단일 생활양식을 추구하도록 요구한다. 획일주의를 뒷받침하기 위해 사상 통제, 조직생활 통제, 당·정·군에 의한 물리적 통제 등 다양한 통제 수단을 동원한다. 북한주민이 한목소리를 내는 것은 획일주의를 대표하는 현상이다.

획일주의와 사회 통제의 결과는 실생활에서의 '선호위장(選好僞裝)'으로 나타난다. 선호위장이란 공적 선호와 사적 선호 간의 괴리현상으로, 공식 공간에서는 국가의 요구에 부응하지만 개별 영역에서는 개인의 이익을 추구하는 이중성격의 가치관이다. 북한 사회가 표면으로는 단결되어 있고 일사불란하게 움직이는 것으로 보이지만 조직 내면이 취약한 것은 선호위장의 결과다.

티머 쿠란(Timur Kuran)의 통찰에 의하면 강압 체제하에서 백성들은 속으로는 진실을 갖고 있으나 겉으로는 칼 때문에 거짓말을 말한다고 하며(Private Truths, Public Lies), 이를 선호위장(Preference Falsification) 이론으로 설명했다.[12)]

4) 수령중심주의와 집단사고

북한은 가부장 중심 권위주의 사회로서 권위의 정점에 수령이 존재하며, 북한주민의 일상생활은 수령과 함께하도록 요구된다. 북한주민은 '수령의 교시' 및 '지도자의 말씀'을 최고의 가치로 여기며, 가슴에 단 배지('초상휘장')에서부터 가정·직장·사회 등 일상생활 구석구석에서 '수령과 함께' 생활한다. 모든 가정과 직장에는 김일성 부자의 사진을 걸어야 하며, 집안에서 가장 소중히 여겨야 할 대상으로 취급한다.

모든 교과서에는 단원별로 '수령의 교시'나 '지도자의 말씀'이 제시되어 있으며, 수업이 시작되기 전에 김일성 부자를 숭배하는 강의를 진행한다. 생활총화에서도

12) Thmur Kuran, *PRIVATE TRUTH, PUBLIC LIES; The social consequences of Preference Falsification* (Harvard University press, 1997); timur Kuran-Professor of Economics and Political Science & Gorter Family Professor of Islamic Studies at Duke University〉

'수령의 교시'나 '지도자의 말씀'을 인용하여 비판해야 한다.

수령중심주의는 그 결과 집단사고(groupthink)를 가져왔다. 집단사고란 집단 구성원들이 그 집단의 본래 속성에 부합하지 않는 정보나 대안은 무시하고 내리는 의사결정 방식이다. 북한사회의 경직성은 수령과 체제에 대한 충실성에서 벗어나지 않기 위해 논란이 발생하거나 불편한 문제는 제기하지 않는 데 기인한다.

2. 일상생활

1) 의식주

경제난 이전 북한 주민의 일반적인 모습은 비록 모든 필요를 충족시킬 정도로 충분한 양은 아니었지만, 그래도 의류를 비롯한 각종 생활필수품은 국영상점에서 공급받거나 구매하고, 식량은 국가로부터 배급받으며, 국가가 지어서 배정한 주택에서 사는 것이었다.

그러나 심각한 경제난을 거친 2000년대 이후 북한 주민의 생활모습은 크게 달라졌다. 의식주를 국가에 의존하기보다 시장에서 개인 스스로 해결하는 모습이 나타나고 있다. 특히 대북제재가 누적되면서 국가도 주민에게 자력갱생을 강조하고 있다.

첫째, 대다수 북한 주민은 지금도 국영상점에서 의류와 생필품을 공급받거나 구매할 수 있지만, 양이 충분하지 않고 질도 떨어지기 때문에 장마당 시장을 이용한다. 2011년 이후 북한 사회를 벗어난 북한이탈 주민 중 90% 이상은 북한에 살 때 주로 입는 옷을 시장에서 구매했다고 증언한다.

둘째, 북한 주민 중에서 식량 배급에 많이 의존했던 이들은 도시에 사는 노동자이다. 오늘날 도시 노동자들은 식량 배급을 기다리기보다는 스스로 경작하거나 시장에서 구매해 부족한 식량을 해결하고 있다.

식량 배급제가 무너지자 도시 노동자들은 도시 인근에 '소(燒)토지'를 일궈서 직접 식량을 생산하고, 자가소비 이후 남는 식량은 시장에서 판매하기도 한다.[13] 소토지 경작은 아직 북한 사회에서 불법이지만, 이제는 협동농장 농민들이 시장에서

---

13) 정은이, "북한 도시노동자의 식량조달메커니즘에 관한 연구: 함경북도 무산지역의 소(燒)토지 경작사례를 중 심으로", 「동북아경제연구」 제26권 제1호, 2014, pp. 265-280.

파는 식량과 함께 주민 식량문제를 해결하는 필수 요소가 된 상황이다. 이러한 식량 자급 노력 결과 주민의 식량 사정도 급격한 악화 징후 없이 점차 개선되어 가는 추세이다.

셋째, 국가가 지어서 배정해 준 주택에서 사용료를 내고 임대 형식으로 사는 게 과거 북한 주민의 일반적인 주거생활이었다. 하지만 경제난 이후 한편으로는 시장화가 진전되고, 다른 한편으로는 국가가 주택을 제대로 공급하지 못하게 되면서 주거생활이 많이 바뀌고 있다. 북한 사회에서 금지된 개인 간 주택 매매가 이루어지고 있다.

예를 들어 장사 밑천이 필요하거나 장사에 실패한 사람들, 식량 확보가 절실한 사람들은 국가 소유의 주택을 비합법적으로 매매한다. 반대로 시장에서 돈을 번 주민은 좀 더 생활 여건이 좋은 집으로 옮기기 위해 비합법적인 주택 거래에 나서고 있다. 이러한 비합법적 주택 매매는 '살림집 이용 허가증'(약칭 '입사증') 발급 권한을 가진 부서의 간부들, 전문 부동산 중개인 등을 통해 이루어지고 있다.[14] 또한 국가기관이 '돈주', 개인건설업자 등과 연합해 주택을 신축한 뒤, 결혼으로 자식을 분가시켜야 하는 경우처럼 주택이 필요한 이들에게 판매하는 경우도 있다.[15]

북한이탈 주민들은 이러한 주택 매매가 2000년대 중반 이후부터 활성화됐다고 증언한다.[16] 이 시기는 종합시장이 설치되면서 시장이 본격적으로 성장하던 때와 일치한다. 북한에 살 때 살림집을 개인적으로 구매했다는 응답률이 약 50%에 이를 정도로 이제 북한 주민에게 주택 마련은 국가의 몫이 아니라, 어떻게든 개인이 해결해야 할 커다란 숙제가 되고 있다.

한편, 2008년 북한 인구센서스 자료를 보면, 당시 북한 사회에서 한 세대의 세대원은 '4인'이 가장 많았고, 가장 많은 주민이 거주하는 주택 형태는 1동 다세대 연립주택이었다. 그런데 유엔인구기금과 북한 중앙통계국이 공동으로 2015년에 발간한 「2014년 북한의 사회경제, 인구통계, 보건 조사(Democratic People's Republic of Korea: Socio-Economic, Demographic and Health Survey 2014)」에 따르면, 단

14) 정은이, "북한 부동산시장의 발전에 관한 분석: 주택사용권의 비합법적 매매 사례를 중심으로", 「동북아경제연구」, 제27권 제1호, 2015, pp. 304-308.

15) 조정아 · 최은영, 「평양과 혜산, 두 도시 이야기: 북한 주민의 삶의 공간」, 통일연구원, 2017, pp. 40-45, pp. 112-116.

16) 장용석 외, 「북한 사회변동 2016: 시장화, 정보화, 사회분화」, 서울대학교 통일평화연구원, 2017, pp. 55-56.

독주택 32.8%, 연립주택 41.7%, 아파트 25.0%로, 2008년에 비해 단독·연립주택 비중은 줄고, 아파트 비중은 늘어났다.[17] 북한 사회에서도 점차 아파트 주거가 확대되고 있는 추세이다.

2) 여가와 명절

북한 주민은 생산활동은 물론 생산 외적 조직활동에도 참여해야 하며, 경제난 이후에는 정규 일과 후에도 개인 장사 등 부업으로 바쁘기 때문에 하루 일과에서 여가를 찾기가 쉽지는 않다. 더욱이 열악한 전기 사정으로 인해 여가를 즐길 수 있는 시간은 더욱 제한적일 수밖에 없다.

북한 주민이 여가에 비교적 자주 하는 활동은 영화 감상, 공연 감상, TV 시청 등이다. 영화 감상, 공연 감상은 북한 주민이 전통적으로 즐겨온 여가 활동으로 공장·기업소, 협동농장 등 직장 단위 단체관람을 주로 한다. 전기 사정이 열악하다 보니 최근에는 태양열 전지판, 축전지 등을 통한 TV 시청이 많아졌다. 특히 시장을 통해 외부 영화나 드라마 등이 유입되면서 공식 채널보다 휴대용 매체를 통한 드라마 시청이 인기를 끌고 있는 것으로 알려졌다.

한편 김정은 시대 들어서는 체육 활동이 주요 여가 활동으로 강조되고 있다. 북한 당국은 과거부터 체육의 대중화·생활화를 추구해왔는데, 1990년대 들어 북한 사회가 심각한 경제난에 처하면서 체육의 대중화·생활화도 함께 어려움을 겪었다. 당시 김정일 국방위원장이 '선군정치'에 맞춰 국방체육을 중심으로 한 대중 체육활동을 꾸준히 독려했지만, 생활고에 맞서야 했던 주민들에게는 체육활동에 참가할 여력이 없었고, 당국 역시 주민들의 체육활동에 필요한 지원을 할 처지가 아니었다.[18]

그런데 김정은 국무위원장이 집권한 2012년 이후 이러한 상황이 조금씩 달라지고 있다. 북한 정부가 체육에 대한 투자를 늘리면서 체육의 대중화·생활화에 박차를 가하고 있는 것이다. 북한 당국은 체육의 대중화·생활화를 위해 체육시설 신설·리모델링에 주력하고 있다. 2012년 11월 평양에 '인민야외빙상장'과 대규모 롤러스케이트장을 새로 개장했고, 이후 남포시, 원산시 등 전국 곳곳에 롤러스케이트장이

17) 장용석 외, 위의 책, p. 51.
18) 현주·안지호, "북한 체육정책의 변화에 대한 연구", 「한국체육사학회지」 제20권 제3호, 2015, pp. 153-156.

만들어지면서 롤러스케이트, 인라인스케이트가 유행하고 있다. 2013년 5월에는 축구장, 농구장, 배구장, 롤러스케이트장을 갖춘 '능라인민체육공원', 10월에는 대형 워터파크 '문수물 놀이장', 미림 승마구락부(클럽) 등이 새로 문을 열었다.

또한 '평양체육관', 능라도 '5월1일 경기장'처럼 규모가 크고 상징적인 체육시설을 리모델링하였고, 우리 태릉선수촌처럼 국제대회 메달의 산실이었던 평양 청춘거리 체육촌, 대표적 동계 스포츠 시설인 백두산지구 체육촌도 리모델링을 마쳤다. 2017년에는 평양 보통강 근처에 종합체육관(4,300여㎡), 축구장, 농구장, 배구장, 숙소 등을 갖춘 '평양시 체육촌'을 완공했다.

최근 체육의 대중화・생활화 움직임과 관련해 특히 주목되는 종목은 '스키'이다. 아직 대다수 주민의 생활 수준이 스키를 대중적으로 즐길 정도는 되지 않지만 스키의 대중화・생활화를 위한 인프라는 늘어나고 있다. 예를 들어 2013년 12월 대규모 스키 리조트인 '마식령 스키장'이 개장했고, 2018년 1월에는 자강도에 규모는 작지만 청소년이 주로 활용할 강계 스키장이 문을 열었다. 2018년부터는 청소년들의 전국대회 종목에 스키가 새로 추가되기도 했다.

한편 북한 사회에서는 남한 주민의 주요 여가 활동 중 하나인 여행은 활성화되지 못한다. 주민의 이동을 허가하는 증명서가 필수적이고, 교통 사정도 아직은 열악하기 때문이다. 이동을 허가하는 증명서로는 출장증명서와 여행증명서가 있다. 출장증명서는 공적 용무를 위해 다른 곳으로 이동하는 경우에 발급되며 여행증명서는 관혼상제 등의 경우에 발급이 가능하다. 그런데 경제난 이후에는 장사를 목적으로 뇌물을 주고 여행증명서를 발급받는 현상이 보편화되고 있다. 또한 여행증명서를 발급받아 주요 도시에 숙박하며 최신 정보를 취득해 부를 축적하려는 주민들도 증가하고 있다고 한다.

국가 지정 공식 명절도 북한 주민이 바쁜 일상생활 중에서 모처럼 여가를 즐길 좋은 기회다. 북한 사회의 명절은 사회주의적・국제적 성격의 명절, 전통 민속 명절 등으로 나눌 수 있다. 북한 당국이 기념하는 대표적 명절은 김일성 생일인 4월 15일과 김정일 생일인 2월 16일, 조선인민군 창건일인 2월 8일, 광복절인 8월 15일, 정권 수립일인 9월 9일, 조선노동당 창건일인 10월 10일, 헌법 제정일인 12월 27일 등이다. 북한 당국은 4월 15일을 태양절로 2월 16일은 광명성절로 명명하고 민족 최대의 경사스러운 명절로 기념한다. 그리고 세계 노동자의 날인 5월 1일, 국제 여성의 날인 3월 8일 등도 기념하고 있다.

북한 당국은 설과 한가위 같은 민속 명절들도 기념한다. 과거 북한 당국은 민속 명절이 봉건의 잔재라고 하여 양력설만 인정하였다. 그러다 1972년 추석을 맞이해 성묘를 허용하는 등 민속 명절을 부분적으로 부활하기 시작했고, 1988년 추석 명절을 허용한데 이어, 1989년에는 음력설과 한식을 부활하여 하루를 쉬도록 했다. 2003년에는 김정일 국방위원장이 양력설 대신 음력설을 쉬고, 정월대보름도 하루 휴식하며, 단오와 추석을 예전 명칭인 수리날과 한가위로 부를 것을 지시하였다. 단, 민속 명절은 제도화된 휴일이라기보다는 당국 지정에 따른다. 곧, 민속 명절에 쉬기 위해서는 북한 내각에서 그해 민속명절을 휴무일로 지정하는 공식 발표 절차가 필요하다.

민속 명절의 대표적 활동은 전통 민속놀이를 기반으로 한 '민족체육'이다. 북한 당국이 주민들에게 권장하는 대표적 민족체육종목은 씨름, 그네, 널뛰기, 태권도, 밧줄 당기기 등이며 '전국민족체육경기대회'에서 각 종목별 개인전·단체전, 도별 대항전 등도 이루어진다.

3) 보건 및 복지

북한 사회 보건생활의 제도적 특징은 무상치료제도와 예방의학제도이다. 북한 헌법은 "공민은 무상으로 치료받을 권리를 가진다."(제72조)고 규정했고, 이에 따라 북한 「인민보건법」은 모든 약의 무료 제공, 진단·실험검사·치료·수술·왕진·입원·식사 등 환자 치료를 위한 모든 봉사 무료, 근로자의 무료 요양 등을 약속하고 있다(제10조). 또한 같은 법에서 국가의 질병 예방 활동을 강조하고(제18조), 예방치료 사업을 위한 '의사 담당 구역제'를 도입하는(제28조) 등 예방의학제도를 갖추고 있다.[19]

그러나 이러한 무상치료제의 형식상 완성에도 불구하고 현재 북한보건의료시스템이 제대로 작동하고 있는가에 대해서는 다수의 연구자들이 의구심을 가지고 있다. 특히 시설의 양적인 측면에서는 여전히 말단 의료기관까지 유지는 되고 있지만 시설의 질적인 측면에서 적절한 의료서비스가 제공되고 있다고 보기는 어렵다. 특히 북한에 대한 유엔과 국제사회의 제재 이후 의료서비스 제공에 있어서 필수적인 의료장비, 의약품, 소모품 등의 부족이 나타나고 있다는 사실은 여러 연구들을 통해

19) 통일교육원, 『2020 북한이해』,(서울: 통일교육원, 2020), pp. 221-224.

확인되고 있다. 또한 부족한 의약품과 의료소모품 등을 환자들이 의료기관에서 제공받지 못하면서 장마당과 시장을 통해 구매하고 의사에 대한 사적 보상도 일반화되면서 무상치료제의 기본 틀이 흔들리고 있는 것으로 보인다.[20] 북한이탈주민들에 따르면 진료, 입원, 수술, 약품 구매 등 의료서비스를 이용하는 과정에서 국가의 무상 제공이 전혀 없는 건 아니지만 개인 부담이 여전히 크고, 수술이나 입원을 했을 경우 수고비 명목으로 의료진에게 약간의 현금을 주거나 식사를 대접하는 것도 일반화되어 있다고 한다. 북한 의료의 질적 문제는 1990년대 고난의 행군 이후의 자원의 분배에 있어 의약품 및 의료시설 등의 부족으로 의료수혜가 지역적으로 평양에, 계층적으로는 간부층에 편중되었다는 지적이 오래전 나온 바 있다.

북한 보건의료체계에서 가장 취약한 것은 감염병이다. 북한의 감염병 관리는 보건의료 관리구조와 크게 다르지 않다. 조선노동당을 정점으로 하여 내각의 보건성이 중앙행정을 담당하며, 도당, 시군당과 함께 지역의 인민위원회에서 행정을 담당한다. 보건의료를 담당하는 중앙관서인 보건성에서는 위생・방역 정책 관련 업무를 담당하며, 산하에 최고 위생방역관리기관인 국가위생검열원과 중앙위생방역소를 하부기관으로 두고 관련 교육 및 검열, 방역, 위생개조 등의 사업을 진행하고 있다. 국가위생검열원은 "위생 및 방역, 질병 관리와 관련해 총괄적인 임무를 수행하며, 사스・에이즈・독감 등의 전염병 차단을 위한 방역 활동, 환경을 위생적으로 개선하기 위한 캠페인 등의 활동, 국가적 차원의 금연 캠페인 등"의 임무를 수행하는 것으로 알려져 있다. 대외 검역기관으로 국경 및 해양 검역소가 있으며, 연구기관으로 의학과학원 산하에 있는 미생물연구소를 설치해 운영하고 있다.[21]

북한 당국은 2020년 초부터 불어닥친 코로나19에 경제위기에도 불구하고 정권 차원에서 국경을 폐쇄하는 등 강력한 봉쇄정책을 펼쳐오고 있다. 멀게는 고난의 행군기에 만연했던 감염병의 경험과 사스, 메르스 등에 대처했던 경험 때문이다. 만일 코로나 19가 북한 내에서 확산된다면 체제의 근간이 흔들릴 수 있는, 매우 심각한 사태가 발생할 가능성이 있다.[22]

---

20) 이규창・나용우・이상신・이우태・조성은, 『감염병 공동대응을 위한 남북인도협력: 코로나19를 중심으로』, (서울: 통일연구원, 2020.9월), pp. 52-53.

21) 이규창・나용우・이상신・이우태・조성은, 『감염병 공동대응을 위한 남북인도협력: 코로나19를 중심으로』, (서울:통일연구원, 2020.9월), p. 63.

22) 북한이 대외적으로 주장하는 바와 같이 북한 내 코로나19 감염자가 전혀 없는지에 대해서는 판단하기 어렵지만, 적어도 대규모 유행은 없었다고 판단된다.

현재 북한 사회에서 가장 눈에 띄게 회복되고 있는 예방의학 관련 제도는 예방접종이다. 유니세프에 따르면 북한 예방접종률은 경제난이 한창이던 1997년 35% 수준에 불과했다가, 이후 국제사회 · 남한의 지속적 지원에 힘입어 2016년 기준 결핵 예방백신 BCG 98%, B형 간염 99%, 소아마비 99%, 디프테리아 · 백일해 · 파상풍 DTP 93~94%까지 올라갔다. 세계보건기구(WHO) 역시 2016년에 북한 아동 예방접종률이 96~98% 수준에 있다고 보고했다.

북한 당국은 경제문제가 고난의 행군기와 같은 최악의 상황에서 벗어나면서 보건의료시스템을 회복하려는 시도는 하고 있지만 핵개발로 인한 경제제재가 강화되면서 북한 당국의 의지에도 불구하고 그 속도는 더딘 것으로 보인다.

복지의 기본인 사회보장 역시 제도적으로는 갖추어져 있다. 북한의 「사회보장법」은 나이가 많거나 병 또는 신체장애로 노동능력을 잃은 사람, 돌볼 사람이 없는 노인, 어린이 등을 사회보장 대상으로 정하고(제2조) 사회보장연금과 보조금을 지불하도록 했다(제19조). 또한 국가는 「사회주의 로동법」에 따라 노동자가 일정한 근속연한을 채우면 남자는 60세, 여자는 55세 이후 퇴직 시 연로연금을 지급해야만 한다(제74조).

하지만 북한이탈주민들에 따르면 이러한 사회보장제도는 재정적 어려움 등으로 인해 주민생활에 큰 보탬이 되고 있지 못하고 있다. 산업재해의 경우 규정상 사회보장연금 또는 보조금이 지급되는 것으로 되어있으나, 실제로는 지급되지 않거나 생활이 불가능할 정도로만 지급되고 있다. 연로연금도 1990년대 경제난 이전까지는 많지는 않으나 생활이 가능할 정도로는 지급되었지만, 경제난 이후에는 매우 적은 금액만 지급되고 있어 고령층의 생계유지에 도움을 주지 못한다고 한다.

특히 북한 사회의 인구구조 변화에 주목할 때 노인복지 문제는 앞으로 북한 사회의 시급한 해결과제가 될 것으로 예상된다. 2008년 인구센서스 결과 북한 사회의 65세 이상 인구 비중은 9.0%로 '고령화사회' 기준인 7.0%를 넘어섰고, 2014년 유엔인구기금과 북한 중앙통계국 공동 표본조사 결과, 고령인구 비중이 10.2%로 2008년에 비해 1.2% 증가했다. 합계출산율 하락, 기대여명 증가 등에 따라 북한 사회의 인구 고령화는 앞으로도 불가피한 추세이며, 중위 출산율을 가정했을 때 북한 사회는 2034년에 '고령사회(65세 이상 인구 비중 14% 이상)'로 진입할 것으로 예상된다.

더불어, 경제난 이후 노인 돌봄에 대한 가족책임, 지역공동체의 상호부조 등도 약화되고, 새롭게 형성된 시장경제에도 참여하기 어려워지면서 북한의 노인들은 노후

생활을 꾸려나가는 데 커다란 어려움을 겪고 있다. 따라서 만약 현재와 같은 인구 추세, 경제사정 등이 지속된다면 북한 노인의 삶은 갈수록 곤궁해질 가능성이 크다.[23)]

북한의 사회보장제도는 일부 선택받은 계층에게만 적용될 뿐 일반 주민 대부분은 적용 대상에 포함되지 못한다. 질병에 걸려도 환자가 병원을 선택할 수 없으며, 지정된 병원에서 의사의 진찰을 받는다해도 경제난으로 의약품 공급이 제한되어 의약품은 스스로 구입해야 하는 실정이다. 문화생활 영역에서도 출판의 자유가 억제되고 외부문물을 유통시켰거나 직접 보았을 경우, 그리고 선호하였을 경우 정치적 징계를 받게 된다.

제4절 주민 인권 침해

오늘날 인권은 인류 보편의 가치로 인정되고 있다. 유엔인권선언(1948년)에 "모든 인간은 태어날 때부터 자유롭고 평등하며 존엄과 가치를 갖는다."고 규정되어 있듯이 인권은 인간이라면 누구나 국가의 부당한 간섭이나 차별을 받지 않고 마땅히 누려야 하는 권리다. 이런 권리는 생명권, 자유권, 의사표시의 권리, 법 앞의 평등 등 시민적・정치적 권리와 문화 활동 참가권, 존경과 존엄을 받을 권리, 노동권, 교육권 등 경제적・사회적・문화적 권리를 포함한다.

북한은 유엔 회원국으로서 마땅히 최소한의 인권을 보장해야 할 의무가 있음에도 불구하고 인권 후진국가로 비난받고 있다. 북한은 수령 중심의 1인 독재체제로 주민의 정치참여를 억제하고, 집단주의와 계획경제로 개인의 자율성과 선택을 부정하며, 출신 성분에 따른 차별 제도를 실시하고 있다. 또한 사회의 다양성을 부정하는 전체주의 사회라는 점에서 주민의 인권은 광범위하게 침해되고 있다. 김가왕조 성격의 북한 정권은 지도자가 교체되는 시기에 권력의 안착을 위하여 많은 간부들을 숙청하고 총살해 왔다.

김정은은 조기에 권력안착을 위하여 이복형인 김정남과 고모부인 장성택을 잔인하게 살해하고 처형했다. 이영호 총참모장, 현영철 인민무력상, 김원홍 국가보위상,

---

23) 통일교육원, 『2020 북한이해』(서울: 통일교육원, 2020), pp. 221-224.

황병서 총정치국장 등도 숙청되거나 공개처형됐다. 북한 당국은 자유를 찾아 탈북하는 주민에게도 가차없이 총격을 가한다. 특히 죽음을 무릅쓰고 두만강을 건너는 북한 여인들의 대부분은 살기 위해서 마음에도 없는 국경 인근의 중국인 남자와 동거해야만 한다. 아이를 낳아도 잡혀 갈까 신고할 수 없다. 인권이라곤 찾아볼 수 없다.

그러나 한국은 자유민주주의 국가임에도 불구하고 정권의 성향에 따라 북한 인권에 대해 UN 및 국제사회의 외침에도 아랑곳 하지 않는다.

1. 시민적 · 정치적 권리 침해

시민적 · 정치적 권리는 생명권, 고문 금지, 이동의 자유, 언론 · 출판 · 집회 · 결사의 자유, 사상 · 종교의 자유 등 제반 권리이다. '시민적 · 정치적 권리에 관한 국제협약 (ICCPR)'이 규정하고 있는 인권 기준으로 볼 때 북한의 인권 실태는 모든 부문에서 억압된 상황이라고 할 수 있다. 특히 공개처형, 정치범수용소 운영, 이동의 자유 제한, 언론 · 출판 · 집회의 자유 제한, 종교의 자유 억압, 성분 차별 정책, 탈북자 강제 송환 등이 국제사회에서 주요 문제로 부각되어 있다.

생명권의 침해는 공개처형과 체제이탈자 불법 처형, 불법 구금 및 체포, 고문, 교화소 내 인권 유린, 납치 · 실종, 불공정한 재판 절차 등을 들 수 있다. 평등권은 성분에 의한 적대계층 · 월남자 가족 · 종교인 차별, 여성 차별, 장애인 격리 수용 등이 문제가 된다. 자유권은 언론 · 출판 · 집회 · 결사의 자유 이외에 거주 · 이전의 자유, 정보통신의 자유 침해가 쟁점이다. 참정권은 정치활동 제한과 투표의 자유 침해 등이 문제가 된다.

1) 공개처형

북한에서 생명을 유린하는 대표 행위는 공개처형이다. 공개처형은 사회가 안정되어 있을 때도 실시되었지만 1990년대 이후 식량난이 심화됨에 따라 크게 증가 하였다.

공개처형 대상에는 혁명사적에 해당하는 '구호나무'를 중국인에게 매매한 죄, 외부문물을 판매한 죄, 마약(속칭 '빙두') 밀수 및 밀매죄, 국가 수출물자 횡령죄, 밀수죄를 범한 주민이 포함된다.

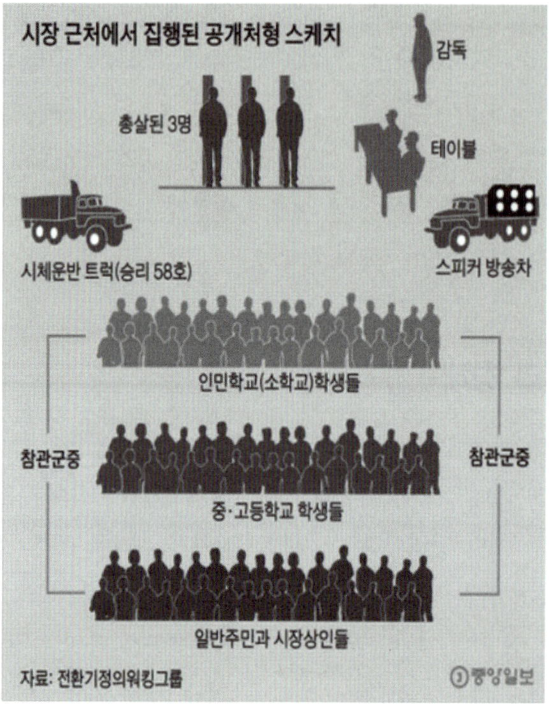

그래픽=김주원 기자 zoom@joongang.co.kr

공개처형은 보통 대중이 집결한 장소에서 실시되며, 학교·기업소·농장 등 조직별로 공개처형이 있을 것이라는 사실이 미리 통보된다. 공개 처형은 군중이 모인 자리에서 재판 형식으로 경력과 죄명을 공개하여 진행하며 판결과 함께 즉시 처형된다.

비영리단체인 '전환기정의 워킹그룹(TJWG)'은 2019년 6월, 북한 정권의 공개처형 장소 및 시체 매장지 정보를 담은 지도를 공개했다. '살해당한 사람들을 위한 매핑(mapping): 북한 정권의 처형과 암매장' 보고서 에서다. 탈북민들이 진술을 하면서 그린 공개 처형 당시 스케치도 일부 공개했는데 맨 앞줄 참관자가 7살의 초등학생 이어서 충격적이었다.[24)]

공개처형은 제도 자체가 비인도적 행위이며, 자체 법규를 엄격히 준수하고 있는지도 불명확하다. 첫째, 북한의 형법은 사형에 처할 수 있는 범죄가 명시되어 있음에도 일반 범죄 행위에 대해서도 공개처형함으로써 북한 주민의 생명권을 위협하고 있다. 둘째, 집행 절차에서도 형사소송법 을 위반하는 사례가 많은 것으로 보인다. 형사소송법상 사형집행은 사형집행 문건과 판결서 등본을 받은 형벌 집행기관이 검

24) 『중앙일보』(2019.06.11.), [단독], "공개처형지 323곳 찾았다… 총살 참관 맨 앞줄은 초등생"; 전환기정의워킹그룹은 4년간 601명의 탈북민을 조사한 결과를 토대로 318건의 공개처형지의 좌표를 확보했다. 공개처형 대상자의 10세 미만 자녀들도 강제로 참관하도록 했다는 진술도 나왔다. 이번 조사에서 한 스케치에 따르면 함경북도의 시장 근처 공터에 마련된 공개처형 장소에 인민학교(한국의 초등학교) 아동과 중·고등학교 학생들이 앞줄에 앉고 맨 뒤에 성인들이 자리했다. 이들 앞에 3명의 공개처형 대상자가 나왔다. 진술자는 "처형자들은 대부분 반죽음 상태로 나왔다"며 "형식적 재판을 마친 뒤 6명의 총살 부대가 머리·가슴·다리를 조준해 사격했다"고 말했다. 처형 후 시체는 '승리58호'라고 쓰인 화물트럭에 실려 나갔다.

사의 참여 아래 집행하고, 최고인민회의 상임위원회의 승인을 받도록 규정하고 있으나 이런 절차가 엄격히 지켜지지 않고 있다.

2) 정치범수용소

북한에서 일명 '수용소, 관리소'라고 지칭되는 정치범수용소는 인권유린 상황을 보여주는 대표적 사례다. 북한은 1956년부터 정치범을 반혁명분자로 투옥·처형하거나 산간오지로 추방해 오다가 1966년 4월부터는 적대적 계층을 특정 지역에 수용하기 시작하였다.

현재 북한에는 5개의 정치범수용소(평안남도 개천 외동리와 용운리, 함경남도 요덕, 함경북도 명간과 청진)가 있으며 최소 8만 명에서 최대 12만 명의 정치범을 수용하고 있는 것으로 알려지고 있다.[25] 여기에 수용된 사람은 주로 반국가 음모자, 유일사상체제 위반자, 탈출 기도자, 납북 인사들과 반혁명분자, 종파분자, 자유행동자, 당 정책 위반자 등으로 구성된다.

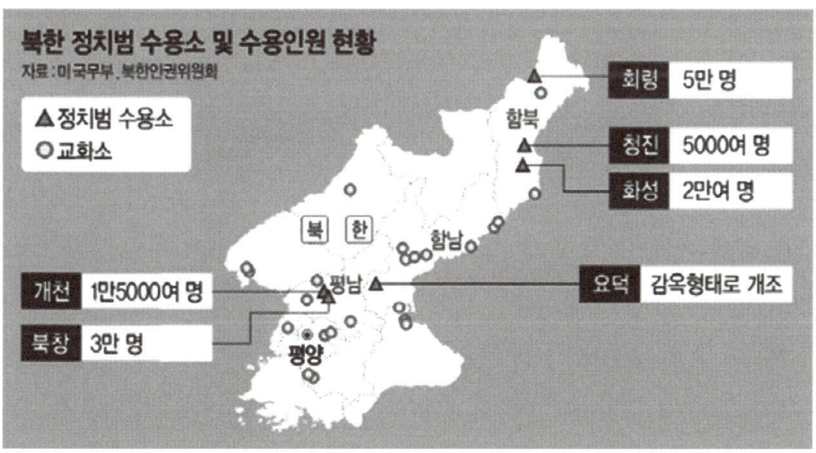

자료: 『문화일보』(2018.02.02.)

수용자들은 특별독재대상구역에 들어가면 공민증을 압류당하고 수용된 날로부터 모든 기본권리가 박탈당하며, 가족·친지의 면회가 금지되는 것은 물론 연락도 불가능하게 된다. 수용자들은 구역 안에서 매일 12시간 이상 강제 노동을 해야

25) 「북한인권백서」, 통일연구원, 2014, p. 158.

하며, 밤에는 의무적으로 1시간 이상 자아비판을 하고 사상개조 학습을 받아야 한다.

수용자들의 일과는 구역에 따라 다소 차이가 있으나 새벽 4시에 기상하여 6시까지 아침식사를 마치고 작업장에 출근해 7시부터 작업을 시작하여 오후 1시까지, 오후 작업은 밤 9시까지 계속한다. 이들이 하는 작업은 주로 석탄과 광물 갱도 작업과 벌목 · 개간 등 중노동이며, 철저하게 자급자족 생활을 영위하고 있다. 식량이 배급되지 않기 때문에 수용자들 대다수가 영양실조와 원인을 알 수 없는 각종 질병에 시달리고 있다.

정치범수용소 내에는 또 다른 수용소인 '완전통제구역'이 설치되어서 규율을 어긴 자, 도둑질한 자, 성행위를 한 자, 감독의 지시 위반자를 수용하고 있다.[26] 수용소는 철저히 통제되기 때문에 탈출은 거의 불가능하다. 수용소들은 광산지역이나 중국과의 국경에 인접한 산악지역에 집중되어 있다. 높이 3~4m의 철조망으로 둘러 싸여 있으며, 외곽에는 함정이 있고 지뢰가 매설되어 있을 뿐만 아니라 무장 경비원이 경비견을 데리고 순찰하기 때문에 일단 수용소에 들어가면 사면될 때까지 철저하게 감시당하고 있다.

3) 기타 시민적 · 정치적 권리 침해

북한은 전체주의 독재체제라서 개인의 자유는 찾아볼 수 없으며 시민적 · 정치적 권리는 매우 광범위하게 제한되고 있기 때문에 특정한 부분을 짧은 지면에 다 적시할 수 없다. 예를 들면 거주 · 이전 및 여행의 자유는 법으로 규정되어 있지만 실제로는 많은 제약이 가해진다. 거주 · 이전은 직장이동 등 특정한 목적으로 제한되며 직장 배치 자체가 당국에 의해 결정되기 때문에 거주 · 이전 여부는 당국의 판단에 따를 수밖에 없다.

여행도 원칙상 시(구역) · 군 내에서만 자유로이 할 수 있으며 그 경계를 벗어나기 위해서는 인민반장부터 시작하여 인민위원회에 이르기까지 당국의 허가를 받아야 한다. 특히 평안북도 · 자강도 · 양강도 · 함경북도 등 국경지역을 여행하기 위해서는 승인번호를 받아야 하며 평양을 여행하기 위한 승인번호는 받기 어렵다.

26) 강철환, 『수용소의 노래(상권)』, 시대정신, 2003, pp. 176~189.

참정권은 투표로 정치에 참여해 자신의 의사를 표현하거나 공직을 맡을 수 있는 권리다. 누구나 투표에 참여하거나 하지 않을 자유가 있으며, 자유의사에 의하여 자기가 원하는 후보에게 투표할 자유를 가진다. 북한도 법으로는 일반·평등· 직접 선거 원칙에 의해 비밀투표를 실시한다고는 하지만 사실상 노동당이 지명하는 단일 후보에 대해 찬반투표를 실시할 따름이다. 그 결과 북한의 선거는 거의 '100% 투표 100% 찬성'으로 당이 지명하는 단일후보가 100% 당선된다.

언론의 자유도 사실상 인정되지 않는다. 북한은 당국의 입장과 다른 정치적 의사를 표시하지 못하도록 철저히 통제할 뿐만 아니라 외부 정보의 유입을 막기 위해 모든 통신수단을 통제한다. 주민은 라디오, TV, 녹음기 등을 입수하게 되면 1주일 이내로 당국에 신고해야 하고 봉인을 받아야 한다. 모든 라디오의 주파수는 중앙방송에 고정되어 있으며, 봉인이 뜯겨져 있을 경우 불법으로 외국 방송을 청취한 것으로 간주하고 정치범으로 처벌된다.

북한은 종교에 대한 자유도 구속하고 있다. 헌법상으로 종교의 자유를 보장하고 있지만 실제로는 진정한 의미의 종교의 자유가 보장되지 않는다. 북한은 종교를 봉건시대의 낡은 잔재인 '미신'에 불과하다고 주장하고 있다. 김일성은 "종교는 반동적이며 비과학적인 세계관입니다. 사람들이 종교를 믿으면 계급의식이 마비되고 혁명하려는 의욕이 없어지게 됩니다. 결국 종교는 아편과 같은 것이라고 말할 수 있습니다."라고 언급하기도 했다.[27]

북한은 국제사회의 인권 압박에 대응하여 형식적으로나마 종교 관련 헌법 조문을 바꾸는 등의 모습을 보이며 1972년 헌법에 "공민은 신앙의 자유와 반종교선전의 자유를 가진다."고 규정하였으나, 실제로는 반종교 선전의 자유에 무게를 두었다. 2009년 개정된 헌법에 따르면 "공민은 신앙의 자유를 가진다. 이 권리는 종교 건물을 짓거나 종교의식 같은 것을 허용하는 것으로 보장한다. 종교를 외세를 끌어들이거나 국가사회질서를 해치는 데 리용할 수 없다."고 규정하였다. 헌법의 종교 규정이 다소 개방적인 형태로 바뀌기는 하였지만 북한에서 종교가 인정된다는 실질적인 근거는 찾아보기 힘들다.

북한이 종교를 인정하지 않으면서도 이와 같은 태도를 보이고 있는 것은 국제사회의 비난의 대상이 된다는 사실을 인식했기 때문이다. 1980년대 들어서면서부터

27) 『김일성저작집 5』, 평양, 로동당출판사, 1980.

남한을 비롯한 서방세계로부터 북한에 종교의 자유가 없다는 비난에 부딪히게 된 북한은 선전 차원에서 종교정책에 부분적 변화를 보여주고 있다. 다른 한편으로는 종교를 대북 인도적 지원 확보에 활용하기도 한다. 실제로 북한은 1990년대 식량난을 계기로 종교 단체들을 내세워 남한과 해외 종교단체들의 인도적 지원 활동을 요청했다.

최근 유엔인권위원회를 비롯한 국제종교단체는 김정은 체제가 들어선 이후 종교 활동이 과거보다 둔화되고 있으며 종교의 자유나 인권문제가 더 악화되고 있는 상황이라고 평가하고 있다. 또한 김정은이 주체사상과 '3대 권력세습'을 반대하는 주민들에 대한 탄압의 일환으로 종교 활동 및 신도들에 대해 억압을 가하고 있다고 지적하고 있다. 이는 북한에서 종교는 체제를 위협하는 독과 같은 요소로 인식하고 있기 때문이며 체제유지를 위해 북한 당국이 사회통제를 강화하고 있기 때문이다.

2. 경제적 · 사회적 · 문화적 권리 침해

경제적 · 사회적 · 문화적 권리는 기본인 의식주를 제공받을 수 있는 생존권, 사회보장권, 노동권, 휴식권, 소유권, 환경권, 직업선택의 자유, 교육받을 권리 등을 포함한다. 북한의 인권실태는 '경제적 · 사회적 · 문화적 권리에 관한 국제협약(ICESCR)'이 규정하고 있는 인권 기준으로 볼 때 최악의 상황이라고 할 수 있다.

1) 생존권 침해

북한 주민들은 만성적인 식량난을 겪으면서 건강과 생존권을 위협받고 있다. 북한의 식량난은 1980년대부터 시작되었으나 외부 사회에 본격적으로 알려지기 시작한 것은 공개적으로 국제기구에 식량지원을 요청한 1995년이다. 2000년대 들어 식량 생산은 증가한 것으로 알려지고 있으나 식량부족 문제는 여전히 지속되고 있다. 그러나 북한은 세습독재체제 구축, 핵 및 미사일 개발과 군비증강에 치중하는 비용이면 식량문제을 어느 정도 해결할 수 있으나 식량문제 해결에는 소극적인 태도를 보이고 있다.

또한 본 책자 제5장 북한의 경제에서 살펴본 바와 같이 당 간부 계층, 국가보위성 일꾼, 군대, 군수산업 등 특정 집단에 식량이 우선 공급되기 때문에 취약계층의 경우 만성적인 영양실조와 굶주림에 시달려 왔다. 그 결과 1990년대 중후반에 많은 주민이 아사하는 등 주민의 생존권은 심각하게 침해되고 있다.

2020년에는 코로나로 국경을 폐쇄한데다가 3년째 지속된 대북제재와 수해까지 겹쳐서 국제사회의 지원마저 끊겨버렸다. 미국 등 국제사회는 분배의 불투명성 문제를 제기하며 대북 식량지원을 중단하거나 축소한 상태다. 북한은 국제기준에 부합하는 모니터링을 허용하는 등 식량문제 해결에 노력해야 한다. 또한 유아, 노약자, 임산부 등 취약 계층에게도 생존권 보장을 위해 적극성을 보여야 한다.

2) 직업선택의 권리 침해

북한 헌법에는 희망과 재능에 따라 직업을 선택할 수 있다고 규정되어 있지만 현실은 그렇지 못한 실정이다. 북한에서 직업선택은 당사자의 의사보다 당의 인력수급 계획에 따라 이루어진다. 직장배치 선발 기준에는 개인의 적성이나 능력보다 출신성분과 당성이 중요한 요소로 작용한다. 출신성분이 좋은 당・정・군의 자녀들은 능력과 관계없이 좋은 직장에 배치되며, 성분이 나쁜 학생들은 대학입학도 힘들 뿐만 아니라 육체노동을 요하는 직장에 배치된다.

이른바 '무리배치'는 북한에서 직업선택의 자유가 없음을 보여주는 좋은 근거다. 무리배치란 당의 지시에 따라 공장 및 탄광과 각종 건설공사장 등 인원이 부족한 직장과 작업장에 집단 배치하는 방식으로, 개인의 희망이나 소질 및 능력은 고려되지 않는다. 물론 출신성분이 좋은 간부 자녀들은 대학을 졸업하면 직장을 배치받기 전에 개인의 희망을 제시할 수 있는 등 특혜가 주어진다.

직장에 나가지 않고 무단결근하는 주민은 노동단련형을 받아야 한다. 북한은 제도상으로 하루 결근 또는 3일 지각에 하루치 식량을 공제하여 왔지만 배급이 중단되면서 유명무실하게 되었다. 또한 자신의 농사에 전념하거나 장사를 하면서 무단결근하는 자도 노동단련형을 받는다. 물론 굶주림으로 결근하는 경우는 처벌을 받지 않을 수 있으며 뇌물로 해결하기도 한다.

3) 사회적 · 문화적 권리 침해

북한체제에 의한 주민의 사회적 권리 침해는 사회보장제도의 시행에서 드러난다. 북한의 사회보장제도는 일부 선택받은 계층에게만 적용될 뿐 일반 주민 대부분은 적용 대상에 포함되지 못한다. 질병에 걸려도 환자가 병원을 선택할 수 없으며, 지정된 병원에서 의사의 진찰을 받는다해도 경제난으로 의약품 공급이 제한되어 의약품은 스스로 구입해야 하는 실정이다. 병원은 간부 전용 병원과 일반 병원으로 구분되어 있고 일반 병원의 경우에도 간부과와 일반과로 구분하여 진찰하도록 차별화 되어 있다.

문화생활 영역에서도 출판의 자유가 억제되고 외부문물을 유통시켰거나 직접 보았을 경우, 그리고 선호하였을 경우 정치적 징계를 받게 된다. 특히 2000년대 들어 한국드라마에 대한 주민 관심이 증폭되면서 이에 대한 북한체제의 공개처형 징계도 강행되고 있다. 이 모든 것은 주민의 인권이 체제에 의해 침해당하고 있음을 보여준다.

3. 국제사회의 촉구와 북한의 변명

국제사회는 유엔을 중심으로 이러한 북한 사회의 인권 상황에 대한 유감 표명 및 북한 당국에 대한 인권 개선 조치를 촉구하고 있다. 유엔 인권위원회는 2003년부터 2005년까지 3회에 걸쳐 「북한인권결의안」을 채택했으며, 2006년 6월 유엔인권위원회를 확대 개편한 유엔 인권이사회(UNHRC)도 2008년부터 매년 3월 「북한인권결의안」을 채택해오고 있다. 또한 유엔총회는 2005년부터 2020년까지 16회 연속 「북한인권결의안」을 채택해 오고 있다. 그런데, 한국 정부는 2008년 제63차 총회부터 2018년 제73차 총회까지 11년간 공동제안국으로 참여했으나 문재인 정부들어 2019년과 2020년에는 참여하지 않았다.

북한은 국제사회의 인권문제 제기에 대해 인권의 상대성, 국가주권 원칙에 따른 배타성이라는 두 가지 차원에서 대응하고 있다.

첫째, 북한이 주장하는 '우리식 사회주의'는 집단주의에 기초한 사회주의 체제이기 때문에 '서구식' 인권 시각으로 북한의 인권상황을 평가할 수 없다는 것이다. 더욱이 북한은 "수령-당-대중이 일심 단결된 인민대중 중심의 사회에서 모든 인민이 참다운 권리와 자유를 누리고 있다."고 주장한다.

둘째, 인권의 배타성을 내세우면서 인권은 내부 문제이기 때문에 북한의 인권 상황에 대해 다른 나라가 개입할 수 없다는 논리다. 북한은 주권이 인권에 우선하며 주권이 없다면 인권도 보장될 수 없기 때문에 서방 국가들이 자신들의 기준으로 인권을 강요해서는 안된다고 주장한다. 결국 북한은 인권개선을 위한 서방 국가들의 인도적 개입을 시민의 인권을 보호·증진하려는 목적보다 오히려 자신들의 체제를 붕괴시키려는 '정치적 목적'이 있다고 주장한다.

토론 주제

1. 교과서 내용에 나오지 않는 북한주민의 일상생활 및 종교에 대해 조사해 발표해 보자.
2. 북한주민의 가치관에 대해 살펴보고 그 실태와 진정성을 선호위장의 관점에서 토론하라.
3. 북한주민의 조직생활을 '요람에서 무덤까지' 소속된 조직에 대해서 사회 결속력과 통제의 관점에서 살펴보자.
4. 북한주민을 통제하기 위한 강압기제에는 무엇이 있는가?
5. 북한의 폐쇄체제와 강압기제로 사회를 지탱하고 있지만 언젠가는 한계에 직면할 것이다. 이에 대해 토론해 보자.

더 읽으면 좋은 글

1. 강동완 · 박정란, "김정은 시대 북한 사회 변화 실태 및 북한주민 의식조사: 제3국에서의 북한주민 면접조사를 중심으로", 『북한학보』, 제39편 2호, 서울: 북한학회, 2014.
2. 정영철, 북한 사회통제 메카니즘의 변화와 특징: 사상적, 물질적, 제도적 측면에서의 고찰, 『통일문제연구소』, 97년 하반기로(통권 제28호).
3. Timur Kuran, *PRIVATE TRURHS, PUBLIC LIES*: *The Social Consequences of Preference Falsification*, Harvard University Press.
4. Theda Scocpol, 『국가와 사회혁명: 혁명의 비교 연구 (프랑스, 러시아, 중국)』, 한창수 · 김현택 역, 까치, 1981.
5. 통일부 통일교육원, 『2020-2014 북한 이해』, 2020-2014.

제 9 장

북한의 교육과 문화[1)]

북한은 무상 의무교육을 표방해 왔으나 현실은 그렇지 못하다. 무상 의무교육은 겉으로 드러내는 구호일 뿐이고 실제로는 학생들이 학교생활에 필요한 물품을 개인이 구입해야 한다. 더욱이 교육시설 낙후, 교육 기자재 파손, 출석률 저하 등으로 북한교육 실태는 총체적 위기에 직면해 있다.

북한의 교육은 개인의 자아 발달보다 주민들을 혁명화・노동계급화하여 김일성・김정일 주의에 투철한 인간으로 만드는데 있다. 주체사상 특히 혁명적 수령관에 기초하여 사회주의 혁명과 건설, 지도자에 충성하고 복종하는 인재 양성에 목표를 두고 있다. 따라서 북한의 학교 교육에서 중요하게 다루는 내용은 정치사상, 과학기술, 체육 등이다. 그 가운데 김일성과 김정일의 혁명사와 혁명 활동을 학습시키는 정치사상 교육의 중요성이 강조된다.

북한의 문학과 예술은 개인의 자유로운 의지가 발현된 창작보다 당국이 지향하는 이념을 전달하는 선전 기능을 담당하고 있다. 이에 따라 문학과 예술 작품은 국가독점의 통제 아래 미(美)를 추구하는 대신 당성, 인민성, 계급성을 강조한다.

북한 체제에서 언론의 일차 임무는 김정은을 선전선동하는 것이다. 이를 위하여 당 정책 및 혁명 사업을 선전・옹호하며, 당이 내세운 혁명 과업 실천을 위해 주민을 조직・동원하는 데 있다. 북한의 언론은 인민 대중의 집단 교양자, 조직 동원자로서의 기능을 수행함으로써 북한 체제 유지의 주요 수단으로 이용되고 있다.

본 장에서는 북한의 교육제도와 학교생활, 문예정책과 문학예술 그리고 언론에 대해 살펴본다.

---

1) 제9장 북한의 교육과 문화는 통일부 통일교육원, 『2020~2014 북한 이해』(서울: 통일교육원, 2020~2014)에서 대부분의 내용을 발췌 및 인용하였음.

제1절 북한의 교육 제도와 학교생활

1. 교육 정책과 교육 제도

1) 교육 목표

교육은 사회 체제를 유지하고 재생산하는 주요 수단의 하나로서 사회 기능을 담당하고 있다. 북한은 이에 주목하여 광복 이후 사회주의 체제 건설 과정에서부터 교육의 중요성을 강조하며 교육 제도 수립을 추진해 왔다. 그 결과 취학전 교육, 무상 의무교육제 등을 주요 내용으로 하는 북한의 교육 제도는 북한 체제의 우월성을 드러내는 대표 정책의 하나로 주장되어 왔다.

그러나 경제난 이후 북한의 교육 제도는 형식으로 유지되고 있을 뿐이다. 무상 의무교육은 수업료만 없을 뿐 교과서, 학용품, 교복 등 학교생활에 필요한 물품을 개인이 구입해야 한다. 심지어 학교 건물 관리에서 교육 기자재, 연료 등에 이르기까지 학교 운영에 소요되는 각종 경비가 학생의 부담으로 전가되고 있는 실정이다. 여기에 경제난 이후 북한 사회에 만연되고 있는 각종 부정, 부패의 일탈 행위 등이 교육에도 반영됨으로써 부정 입학과 성적 조작 등 각종 교육 비리가 행해지고 있다.

무상 의무교육으로 상징되는 북한의 교육 제도는 유명무실한 제도로서 제 기능을 발휘하지 못하고 교육 기자재 파손, 교육시설 낙후, 출석률 저하, 수업 질 하락, 교권 하락 등과 같은 총체적 위기에 직면하고 있다. 이에 북한은 교육 운영의 파행 최소화, 사회 전 분야의 사상성 이완 방지 등을 위해 정치사상 교육 강화에 노력하고 있다.

북한의 교육 제도는 '북한식' 사회주의 체제 유지에 필요한 인재 양성에 일차 목적을 두고 운영되어 왔다. 이는 '사회주의 교육에 관한 테제'[2]와 '교육법' 등 북한

---

2) 사회주의 교육에 관한 테제는 1977년 9월 5일 노동당중앙위원회 제5기 제14차 전원회의에서 발표된 북한 교육 체계의 기본 골격과 교육 운영의 기본 방침이다. '사회주의 교육에 관한 테제'는 김일성이 교육 문제와 관련해 행한 연설, 교시와 명령 등을 정리하여 공포한 것으로서 북한 교육 전반에 걸친 방향과 지침을 집대성하고 있다. 전문, 사회주의 교육학의 기본 원리,

의 교육 관련 법령에 명시된 교육의 목표와 이념에 잘 드러나 있다.

북한은 교육의 목적에 따른 교육 정책 시행에 관한 제반 사항을 규정한 법령을 제정하여 북한 체제가 필요로 하는 인재 양성을 도모하고 있다. 북한 교육 관련 법령은 취학전 교육, 초·중등학교교육, 고등교육, 성인교육 등 분야별로 학교제도, 교육목표, 교육과정 및 내용, 행정 및 운영 체계 등에 관한 사항을 명시했다. 북한은 1990년대 이후 북한의 변화에 따른 법 제정과 개정이 급격히 증가하는 상황에서 일련의 교육 관련 법령을 발표하였다. 교육법(1999), 보통교육법(2011), 고등교육법(2011)에 이어 '전반적 12년제 의무교육을 실시함에 대하여 (2012년 최고인민회의 법령)' 등이다. 이런 법령들은 1977년 9월 5일 발표된 '사회주의 교육에 관한 테제' 내용을 근간으로 한다.

북한의 교육 목적은 "건전한 사상의식과 깊은 과학기술지식, 튼튼한 체력을 지닌 인재를 키우는 것"으로 '교육법' 제1장 제3조에 명시되어 있다. 교육법에 명시된 인재를 구체화한 인간형은 북한 사회주의 교육 전반의 기본 방향과 지침을 집대성한 '사회주의 교육에 관한 테제'에 잘 나타나 있다.

> "사회주의 교육의 목적은 사람들을 자주성과 창조성을 가진 공산주의적 혁명인재로 키우는 것이다. …… 사회주의 교육학의 기본원리는 …… 사람들을 공산주의 혁명사상으로 무장시키며 그에 기초하여 깊은 과학지식과 건강한 체력을 가지도록 하는 것이다."

이 같은 북한의 교육 목적은 '주체형의 인간'으로 키우는 것이다. 즉, '김일성 혁명사상에 투철한 인재육성'이다.[3)]

사회주의 교육의 내용과 방식, 사회주의 교육 제도, 교육 기관의 임무와 역할 및 교육 사업에 대한 지도와 방조 등 5개 장으로 구성되어 있다.

3) 북한이 교육을 통해 길러 내고자 하는 인재는 초기에는 사회주의 및 공산주의를 위하여 헌신하고 투쟁하는 공산주의 인간형이자 혁명사상과 건강한 체력을 갖추고 있는 인간형이었다. 그러나 주체사상과 김일성 혁명사상 강화로 북한 교육에서 추구하는 공산주의 인간형이 갖추어야 할 요소 가운데 가장 강조되는 것은 김일성 혁명 사상으로 무장된 주체의 인간형이다. 북한의 사회주의 헌법(1972) 제43조에 "후대들을 사회와 인민을 위하여 투쟁하는 견결한 혁명가로, 지덕체를 갖춘 공산주의적 새 인간으로 키운다."로 명시되어 있다. 그러나 2009년 헌법에서는 '공산주의적 새 인간으로 키운다.'가 '주체형의 새 인간으로 키운다.'로 문구가 수정되었다.

북한 교육에서 혁명 사상 교육의 주요 내용은 김일성 혁명사상으로 주체사상 중에서도 혁명적 수령관, 노동당 정책 및 혁명전통 교양, 공산주의에 대한 신념과 혁명적 낙관주의 등이다. 또 과학기술 교육은 선진과학 기술의 성과를 체득시켜 주기 위한 교육이다. 체육 교육은 노동과 국방의 의무를 감당할 수 있도록 육체 준비를 갖추는 것을 의미한다. 따라서 북한의 교육 목표는 공산주의 인간형을 양성하는 데 있다. 이는 노동에 적극 임하는 인간, 사상으로 무장된 인간, 공산주의 건설을 위한 혁명적 낙관주의를 갖춘 인간을 의미한다.

이런 맥락에서 볼 때 북한의 교육은 개인의 자아 발달보다 북한식 사회주의 체제 건설에 매진할 수 있는 구성원의 양성을 위해 학생들을 '혁명화, 노동계급화, 공산주의화'하여 사회주의 혁명과 건설, 김정일과 김정은 등 지도층에 복종하는 충직한 인재 양성 등을 목표로 하고 있다.

2) 교육행정 체계

북한의 교육행정은 노동당의 지도에 의해 수립되고 집행된다. 북한은 '당 - 국가 사회주의체제'로서 최고 권한을 쥐고 있는 당이 국가기구와 사회조직 일체를 통제하고, 이들 기구는 당의 노선과 정책을 집행하는 도구가 되고 있다. 이에 따라 교육정책의 수립과 지도 총괄은 노동당중앙위원회 산하의 과학교육부가 담당한다. 교육정책의 집행 및 교육과 관련된 행정의 총괄은 내각의 교육위원회에서 이루어지며, 각급 교육기관은 당 - 내각의 지도 아래 교육을 실시한다.

이와 같이 북한의 교육행정 체계는 당, 내각, 학교 등으로 구성되는 3원 구조에 기초하고 있다. 이 관계는 [그림 9-1]에 제시되어 있다. 여기서 당은 감독과 지시를 하고, 내각은 당에서 내려온 지침에 따라 교육정책을 구체화해 관장하며, 학교는 교육을 실시한다.

[그림 9-1] 북한의 교육행정 체계

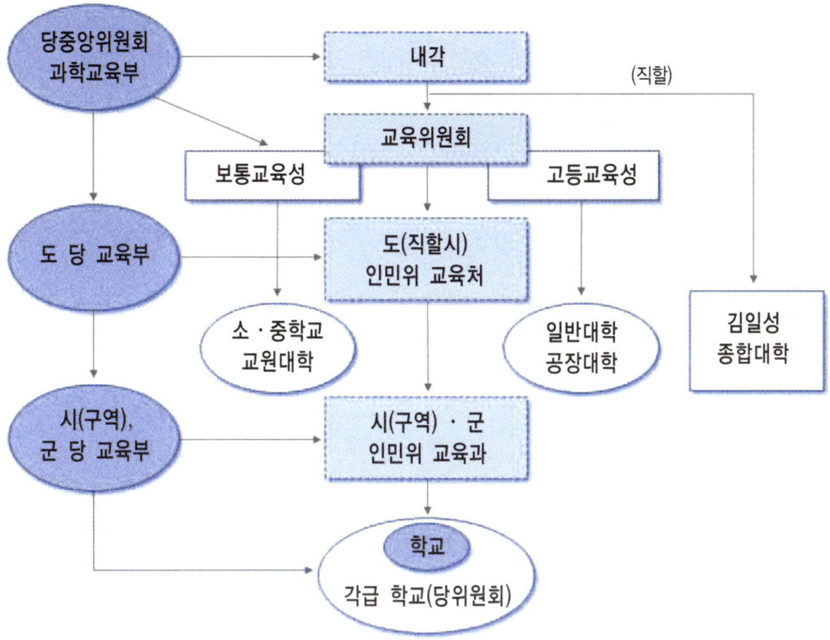

(1) 노동당

교육과 관련된 당중앙위원회의 결정을 하급 당 위원회와 내각에 지시·전달한다. 북한 체제의 특성상 당은 내각이나 일선 학교에 대해 권한을 우선 행사하고 인사나 교육 문제를 다룬다. 이에 따라 모든 학교는 형식상 교장이 책임을 지고 행정과 재정을 총괄하지만 실권은 학교에 파견된 당 위원회 위원장인 부교장이 장악해 교원들의 조직생활을 관리하고 교수 교양 사업과 사상 교양 사업을 담당하고 있다.

(2) 내각

행정·실무 업무는 내각의 교육위원회가 담당한다. 교육위원회 산하에는 보통교육성과 고등교육성이 있다. 보통교육성에서는 유치원과 소학교, 중학교 및 교원대학, 고등교육성에서는 일반대학과 사범대학을 각각 관장한다. 교육성은 교육지침을 각 도에 위치한 인민위원회 교육처로 하달하고, 인민위원회 교육처는 이를 다시 해당 시·군 구역에 위치한 인민교육과로 송부한다. 교육 지침이 각급학교에 최종 하달되면 그 지침에 의거하여 교육이 실시된다.

(3) 학교

당과 내각의 지도 및 통제를 받아 교육을 실시한다. 학교의 행정 조직은 학교장과 학교 단위 초급 당 위원회 위원장인 부교장, 각 분과와 경리주임 등으로 이루어져 있다. 중학교에서는 교과별 분과, 소학교에서는 학년별로 분과가 조직되어 있다. 또한 학교 당 위원회가 있고, 이 당 위원회 산하에 교원사회 단체 및 학생 사회 단체 등 사회·정치 활동 조직이 있다.

당 우위의 통치 체제에서 당의 통제력은 실제 학교 운영 전반에 걸쳐 행사되고 있다. 이에 따라 학교 당 위원회 위원장의 권한은 학교 관리·운영의 책임자인 교장의 권한을 능가하기도 한다. 이런 점에서 북한의 교육행정 체계는 교육 부문에 당의 개입이 제도화된 교육의 당 통제 체제라는 특성을 띤다.

3) 학제

북한의 학제는 [그림 9-2]에 제시되어 있는 바와 같이 5 - 6 - 4(6)년제를 근간으로 하고 있다. 즉, 소학교 5년, 중학교 6년, 대학교 4~6년으로 구성된다. 본래 북한의 학제는 4 - 6 - 4(6)년제로 1975년부터 유치원 높은 반 1년, 소학교 4년, 중학교 6년, 대학교 4~6년 등 11년제 의무교육을 실시해 왔다. 그러나 김정은 집권 후 개최된 최고인민회의 제12기 제6차 회의(2012.9.25)에서 '전반적 12년제 의무교육'을 시행하는 법령 발표로 인해 2013년부터 소학교는 5년, 중학교 6년 과정은 초급중학교 3년과 고급중학교 3년으로 분리하여 운영되는 학제로 개편돼 운영되고 있다. 12년 의무교육제는 2013년 4월 일부 개정된 헌법(3장 45조)에 명시되어 북한의 기본 학제로 시행되고 있다. '전반적 12년제 의무교육'은 2013년부터 준비 단계를 거쳐 2014년에 시작하여 2016년부터 전면 시행할 것을 목표로 하였다.

[그림 9-2] 북한의 학제

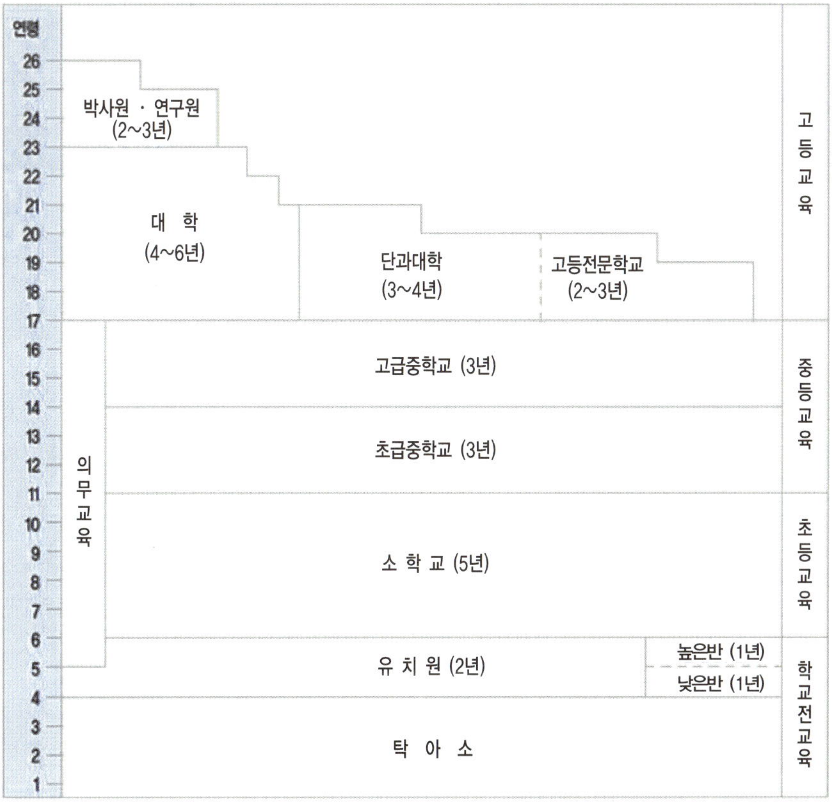

한편 북한은 기본 학제와 별도로 엘리트를 양성하는 영재학교, 외국어학교 등 각종 특수학교를 설치하고 예・체능 분야의 특기자 교육과 혁명학원 같은 출신성분에 따른 특수 교육 등도 실시하고 있다.

고등 교육과 특수 교육은 학교나 학부의 성격에 따라 다양한 학제를 채택하고 있다. 예컨대 교원대학과 전문대학은 3년제, 단과대학과 종합대학은 학부에 따라 4~6년제다. 사범 대학은 4년제로 운영된다. 김일성종합대학의 경우 인문과 학부는 4년, 사회과학부는 5년, 자연과학부는 6년제이나 최근 들어 자연과학부의 졸업 연한이 1~2년 짧아지고 있는 것으로 알려져 있다.

북한의 학기는 1969년 이후 9월 1일에 시작되었으나 1996년부터는 개학일이 4월 1일로 환원되었다. 방학으로는 여름방학(8.1~31), 겨울방학(1.1~2.16), 봄방학(3월말 1주일)이 있다. 3월에 학년말 시험을 치르고, 4월 1일 새 학년이 시작된다.

(1) 보통 교육

북한에서 보통 교육은 가장 기본이며 기초가 되는 지식을 가르치는 일반 교육으로서 취학전 교육, 초등 교육, 중등 교육으로 구성되어 있다. 북한은 광복과 더불어 「북조선학교교육실시조치법」을 제정하여 일제 잔재를 청산한다는 명분에서 종래의 국민학교를 인민학교로 개칭하고, 예비반 1년 과정을 포함한 6년제 인민학교를 시작으로 교육을 실시하여 왔다.

그 후 수차례 학제를 개편하였다. 현재 실시되고 있는 학제는 2012년에 개편된 유치원 높은반 1년, 소학교 5년, 초급중학교 3년과 고급중학교 3년 등 유치원과 초·중등 단계를 포괄한 12년제 의무교육이다. 북한의 의무교육은 사회의 모든 구성원을 지도자(수령)와 당에게 충성을 다하는 인간형으로 키우기 위한 수단으로서 수령에 대한 충실성을 정당화하는 '혁명적 수령관' 등을 체계적으로 학습시키기 위한 것이다.[4)]

한편 북한에서 선전하고 있는 무상교육은 모든 자원이 정부 소유로 되어 있고 모든 생산물 역시 정부가 소유하여 분배하는 사회주의 체제에서 특별한 의의를 두지 못한다. 더구나 인간 발달의 전면 육성을 명분으로 들어 학생들을 교육과 생산노동을 결합시켜 각종 근로지원 활동에 동원함으로써 무상교육을 무색하게 하고 있다. 북한 학생들의 근로지원 활동은 학교생활에서 중요한 부분을 차지하고 있으며, 정규 교과 과정으로 채택되어 있다.

소학교 학생의 경우 학교에서의 노동뿐만 아니라 농사철에 농장에 나가 일손을 돕기도 한다. 일반중학교 학생들은 농번기에 연간 4주(1~4학년) 내지 10주(5~6학년) 동안 농사 지원이나 건설현장 지원을 나가야 한다. 특히 7월 한 달 동안 행해지는 '김매기 전투', 모내기를 하는 '봄 전투'와 가을걷이를 하는 '가을 전투'는 각각 5월

4) 북한의 '제1차 12년제 의무교육강령'에 명시된 교육목표는 "백두산절세위인 등(김일성과 김정일)의 사상이론의 위대성, 영도의 위대성, 풍모의 위대성에 대한 원리적인 인식과 인간적인 매혹에 기초하여 투철한 혁명적 수령관을 지니고 당과 수령에 대한 끝없는 충실성을 제일생명으로 간직하며..."이다.

초와 9월 말에 시작되어 20~30일씩 계속된다.

또한 교재와 기자재 구입 및 학교 시설 개·보수 등 학교 운영을 위한 제반 비용 등의 부담이 학생들에게 전가되며, 이에 대한 부담이 경제난 이후 더욱 가중되면서 가정 형편이 어려운 학생들은 제도권 교육으로부터 소외되고 있다. 이로 인해 학생들의 결석률 증가와 취학률 급감과 함께 학생들의 학습 수준 전반도 저하되고 있는 교육 현실을 감안하면 북한의 무상 의무교육은 북한의 선전과 달리 그 의의가 퇴색되고 있다.

평등주의 원칙으로 운영되던 북한의 교육은 1990년 이후 사회주의권 붕괴와 경제난 등 대내외 환경 변화에 적응하기 위해 외국어와 컴퓨터 등 실리 중심의 교육과 수재 교육 등을 강조하고 있다. 이에 따라 소학교에서 컴퓨터와 외국어 교육을 받게 하는 한편 지역별 특성에 따라 도시와 공업지대에 위치한 중학교는 수학과 물리 분야 과목, 농촌 지역 중학교는 생물과 화학 분야의 과목에 각각 중점을 두도록 하였다. 또한 세계화, 정보화의 흐름에 영향을 받아 정보·기술분야의 인재 양성을 위한 엘리트 교육 기관이 1980년대 중반부터 설치되기 시작하여 1990년대 들어 시와 군 지역에까지 확대되었다.

이 같은 조치는 경제난으로 부족한 자원을 선택 투자할 수밖에 없는 상황에서 우수한 전문 인재 양성에 집중하기 위한 것으로 볼 수 있다. 그러나 이 조치는 교육의 양극화 현상을 심화시키는 결과를 야기하고 있다. 수재 교육과 외국어와 컴퓨터 교육 등 특수 교육은 실제 우수 인재 양성이라는 목적 아래 일부 지역의 특수 계층에게만 기회가 부여될 뿐 일반 학생은 열악한 교육 환경과 부실한 교육 운영 속에 교육 외 각종 노력 동원과 가중된 세외 부담 등으로 제도권 교육으로부터 소외되고 있는 실정이다.

(2) 고등 교육

북한에서의 고등 교육은 1946년 9월 1일 '북조선임시인민위원회'가 김일성종합대학을 평양에 설립할 것을 결정함으로써 시작되었다. 6·25전쟁 후 3개년 복구건설기(1954~1956)에는 정치·경제 분야의 대학들이 신설되었고, 1957년부터 시작된 5개년 계획 기간에는 중등 의무교육의 실시를 위해 중등 교원을 양성하는 교원 대학과 사범 대학의 확장에 주력하였다.

1960년에는 경제계획 수행에 필요한 기술자 확보를 위해 일하면서 배우는 공장 대학·야간 대학 설립이 결정되었으며, 제1차 7개년 계획(1961~1970) 기간에는 공장 대학이 증설되었다. 제2차 7개년 계획(1978~1984) 기간에는 부족한 각급 학교 건설을 위해 소규모 공장 대학, 통신대학, 전문학교 등의 증설에 주력하였다. 그 결과 북한의 고등교육 기관으로 김일성종합대학, 김책공업종합대학, 고려성균관 등 3개의 종합대학 및 일반 단과대학과 함께 농장대학, 어장대학, 공장대학 등 산업체 부설 현장대학이 설립되었다. 최근 북한은 평북종합대학, 한덕수평양경공업대학, 장철구평양상업대학, 평양기계종합대학 등 종합대학을 증설하고 있다.

북한의 대학 진학은 보통교육과 다른 과정과 절차를 거쳐서 이루어진다. 북한에서 보통 교육 과정은 의무교육이므로 별도의 입학시험 없이 중학교 과정까지 마칠 수 있으나 대학 진학은 대학 추천을 위한 예비시험과 도별 각 대학의 본시험 등 일정한 절차를 거쳐 이루어진다.

내각 교육위원회가 도별로 각 대학 등에 본시험을 위한 수험생 수를 정해 주고, 시·군 인민위원회의 대학 모집과는 도에서 할당한 인원수를 바탕으로 예비시험에 합격한 학생에게 수험통지서를 발급해 준다. 예비시험을 거쳐 대학 추천을 받은 학생은 전체 중학교 졸업생의 약 20%이며, 이 가운데 시험에 합격해 바로 대학에 진학하는 학생은 평균 10% 수준이다. 이들은 성적이 우수해야 할 뿐만 아니라 성분이 확실하고 가정환경이 우수한 학생들로서 이른바 '직통생'이라 한다. 시험에 떨어지면 남학생은 군대에 가고 여학생은 직장에 배치된다. 재수생은 없지만 군대나 직장에 배치되었다가 사회인으로 추천을 받아 다시 대학 시험에 응시할 수 있다.

응시할 수 있는 대학은 보통 시험성적 순에 따라 결정되지만 성품이나 소질도 중시돼 일종의 특례 입학이 가능하다. 또한 학교별 성적 차를 인정하는 이른바 고교 등급제 실시로 지역별 학력 차를 감안하여 합격 기준이 다르게 적용되기도 한다. 경제난 이후 부정 입학, 성적 조작 등 교육 비리가 확산되면서부터 대학의 입학 요건은 성적과 출신성분 이외 교재·교복·숙식비 등 각종 교육 경비, 학교 시설 정비, 유지와 같은 학교 운영 경비 등을 감당할 정도의 경제력이 부가되고 있다. 이에 따라 실제 명문 대학 내 당·정 간부, 외화벌이 지도원 등 권력층 자녀들의 부정 입학 사례가 많은 것으로 전해진다.

(3) 특수 교육

북한에서는 특수한 신분과 자질이 있는 학생을 대상으로 특수 교육을 실시하고 있다. 특수 교육 기관으로는 수재 양성을 위한 제1중학교, 평양외국어학원, 만경대 혁명학원을 대표로 들 수 있다. 이 밖에도 금성학원, 평양음악학원, 남포 중앙체육 학원, 김정일 예술학원 등 예・체능계 학교가 있다. 이들 학교에서는 무용, 음악, 조형예술, 교예 등에 소질이 있는 특기자들을 가르친다.

북한은 경제 성장이 지체되는 문제를 해결하기 위해 과학기술 분야에 영재 육성의 필요성을 인식하면서 제1중학교를 설립하였다. 제1중학교는 "뛰어난 소질과 재능을 가진 학생들을 옳게 선발, 체계적인 교육을 시키라"는 김정일의 지시에 따라 1984년 평양에 처음 설립된 후 이듬해 남포, 개성, 청진, 혜산 등 각 도 소재지와 특별시로 확대되었다. 1999년에는 전국 시・군구역에 1개교씩 추가 신설하도록 확대되었다. 교육은 과학, 수학, 물리 등 이과 계통의 과학자 양성을 위주로 하고 있어서 제1중학교에 입학하려면 출신 성분만이 아니라 과학 및 수학 성적이 우수해야 한다. 제1중학교에서는 일반 중학교와 다른 특수 교재(전문대 수준)로 자연과학, 컴퓨터, 영어 등을 배운다. 졸업 후에는 김일성종합대학과 김책공업종합대학에서 1대 1 교육을 받으면서 농촌지원 활동과 군 입대 면제 등 혜택을 받고 과학기술 분야의 중요 사업에 종사하게 된다.

수재교육 기관의 설립을 통한 인재 양성은 1980년대부터 시도되었으나 1990년대 후반 이래 강성대국 건설의 구호 아래 과학기술의 발전을 강조하면서 강화되었다. 북한 당국의 수재 교육 강화는 "정보산업시대 과학기술은 나라와 민족의 흥망성쇠를 좌우하는 강력한 요인이 되고 있다."며 첨단 과학기술 전문 인력양성으로 경제 건설과 국가 발전을 기하고자 한 데 따른 것이다. 이같이 북한이 경제난 이후 학교 운영에 파행이 지속되는 가운데서도 과학기술・정보 분야의 인재 양성을 위한 수재 교육 강조는 과학기술 발전을 통한 경제 활로 모색과 함께 부족한 교육 예산을 선택적으로 투자하기 위한 것이라 할 수 있다. 외국어를 전문으로 하는 특수 교육 기관으로는 평양외국어학원과 각 시・도에 설치・운영되고 있는 외국어학원이 있다. 평양외국어학원은 6년제 중학교 과정으로 영어, 중국어, 일어, 러시아어 등 8개 외국어를 중점 교육시킨다. 이 학원의 입학 자격은 소학교 졸업자로서 혁명 유자녀, 영웅 칭호 수여자 및 영예군인 자녀들 가운데 외국어에 소질이 있는 학생이다.

〈표 9-1〉 북한의 수재 교육 기관

분 야	학 교	교육현황
예체능 분야	음악학교 무용학교 조형예술학교 예술전문학교 등	소학교~중학교 과정 1960년 신설
자연과학 분야	제1중학교 금성학원 '컴퓨터 수재반'	중학교 과정 1984년 신설
외국어 분야	외국어학원	중학교 과정 1958년 신설
혁명 유자녀 학교	민경대혁명학원 해주혁명학원 강반석혁명학원	소학교~중학교 과정 군사·정치·여성 간부 양성 1947년 신설

최근 북한은 보통교육법 제정(2011.1.19)에 이어 고등교육법 제정(2011.12.14.)으로 강성국가 건설에 필요한 일꾼 양성과 함께 기초 과학기술과 외국어 교육 강화를 강조하였다. 이러한 흐름은 김정은 집권 이후에도 이어져서 '새 세기 산업혁명을 바탕으로 지식경제강국 건설'을 이끌 인재 양성을 목표로 '전반적 12년제 의무교육'의 새로운 학제 시행과 함께 첨단기술 교육이 강화되고 있다.

혁명학원은 국가에 공이 있는 사람들의 자녀를 대를 이어 국가에 충성하는 인물로 양성하기 위해 세워진 특수 교육 기관이다. 만경대혁명학원, 강반석혁명학원, 남포혁명학원, 새날혁명학원, 해주혁명학원 등이 있다. 만경대혁명학원은 1947년 10월 인민무력부(현 국방성) 산하 교육 기관으로 설립되어 8년제로 운영되는 특수학교로, 입학 자격은 혁명 유가족 및 당·정 고위 간부 자녀다. 이들은 입학과 동시에 모두 기숙사 생활과 엄격한 군사 조직 아래 의무교육을 받고, 최고의 환경 속에 최고 대우를 받으며 졸업 후 군 또는 특수 요직에 진출한다.

2. 교육 과정과 방법

1) 교육 과정

(1) 초등 교육 과정

초등 교육의 경우 〈표 9-2〉에 제시되어 있듯 소학교 재학 4년동안 국어 등 총 13

▲ 북한의 소학교 컴퓨터 수업 장면

개 과목을 교육하도록 편성되어 있다.5) 특히 2008년 9월부터 소학교 3학년 이상 학생들에게 영어 및 컴퓨터 교육을 실시하였고 2012년 학제개편 이후 소학교 4학년부터 교육하고 있으며 시수도 확대하였다. 또한 2013년부터 '경애하는 김정은 원수님 어린시절' 과목도 추가되어 정치사상 교과시간이 확대되었다.

교육 내용은 크게 정치사상, 과학기술, 체육, 예능, 국방, 외국어 등 여섯 가지로 나눌 수 있다. 주당 수업 시간은 국어・수학・자연・체육・음악・도화공작의 순으로 하여 국어가 전체 수업시간의 3분의 1, 수학이 4분의 1 등 이 두 과목의 시간 배당이 전체의 57%를 차지하고 있다.

〈표 9-2〉 북한의 소학교 교육 과정

구분	교과명	학년별 주당 수업시간 수				
		1학년	2학년	3학년	4학년	5학년
1	위대한 수령 김일성 대원수님 어린시절	1	1	1	1	1
2	위대한 령도자 김정일 원수님 어린시절	1	1	1	1	1
3	항일의 녀성영웅 김정숙 어머님 어린시절	1				
4	경애하는 김정은 원수님 어린시절	1	1	1	1	1
5	사회주의 도덕	1	1	1	1	1
6	수학	4	5	5	5	5
7	국어	7	7	7	7	7
8	자연	1주	1주	2	2	2
9	음악무용	2	2	2	2	2
10	체육	2	2	2	2	2
11	도화공작	2	2	2	2	2
12	영어				2	2
13	정보기술(컴퓨터)				1주	1주

* '제1차 전반적 12년제 의무교육강령(소학교)' 내용 재구성.
* 북한의 교육과정은 주당 교수시간과 집중교수(주 단위로 표시) 시간을 명시하고 있고, 위의 표에서 1주는 집중교수시간을 의미함.

5) 학제 개편으로 소학교 과정이 4년에서 5년으로 증가하였으나 북한의 교육과정 자료 미공개로 개편 이전의 자료를 수록하였다.

(2) 중등 교육 과정

중등교육의 경우 기본 6년제로 진행되다 2012년 학제 개편에 따라 낮은 단계와 높은 단계로 구분하여 초급중학교 3년과 고급중학교 3년으로 분리 운영되고 있다. 이에 따른 중등학교의 교육과정은 '지식경제강국'을 이끌 과학기술인재 양성을 위한 '기초과학, 컴퓨터 기술, 외국어 교육'과 자립적인 학습능력과 창조적 능력의 배양, 실험실습 교육을 강조하는 방향으로 개편되었다.[6] '지식경제강국'은 김정은 정권의 국가적 슬로건인 사회주의 문명국건설의 핵심과제 가운데 하나로서 이의 실현을 위해 12년제 의무교육기간 연장과 과학기술을 강조하고 있다.

◆ 초급중학교

2013년 개정된 초급중학교의 경우 주당 수업시간이 32시간이며 교육과정은 정규 수업시간 이외 과외학습, 소년단생활, 과외체육 등으로 편성되어 있다. 개정 이전에는 중학교 재학 6년 동안 23개 과목을 교육하였으나 개정된 이후 초급중학교와 고급중학교의 교과목이 각각 16개와 22개로 분리 증대되었다.

〈표 9-3〉 북한의 초급중학교 교육과정

구분	교과명	학년별 주당 수업시간		
		1학년	2학년	3학년
1	위대한 수령 김일성 대원수님 혁명활동	2	2	
2	위대한 령도자 김정일 대원수님 혁명활동		2	2
3	항일의 녀성영웅 김정숙 어머님 혁명활동	1		
4	경애하는 김정은 원수님 혁명활동	1	1	1
5	사회주의 도덕	1	1	1
6	국어	5	5	5
7	영어	4	4	4
8	조선력사	1	1	2
9	조선지리	1	1	1
10	수학	6	5	6
11	자연과학	5	5	5
12	정보기술	2주	2주	2주
13	기초기술	1	1	1
14	체육	2(1주)	2(1주)	2(1주)
15	음악무용	1	1	1
16	미술	1	1	1

* '제1차 전반적 12년제 의무교육강령(초급중학교)' 내용 재구성.
* 위의 표에서 체육 교과의 주당 교습 시간은 2시간이며, 괄호 1주는 집중교수시간을 의미.

6) 「교육신문」(북한 내각 교육위원회 발행 기관지), 2014.5.8.

초급중학교 교과목의 경우는 고급중학교에 비해 통합형의 교육과정으로서 '김정은 혁명활동' 관련 교과목과 함께 '자연과학', '음악무용' 등의 통합교과목이 도입되었다. 이외 개정 이전의 제도, 실습 등의 과목이 '기초기술' 과목으로, 컴퓨터 과목이 컴퓨터 이외 기본지식, 통계, 그림파일의 기초 및 응용에 관한 부분을 포함하여 정보기술 과목으로 새롭게 편성되어 도입되었다.

교과목과 시수의 편성은 과학기술과 외국어 교육을 강조하는 교육과정 개정방향에 따라 수학에 이어 자연과학과 외국어 교과의 시수가 가장 많이 편성되어 있다. 외국어 교과의 경우 영어 교과로만 한정되어 수업시수가 확대되었다.

◆ 고급중학교

고급중학교의 경우 주당 수업시간이 34시간으로 정규 수업시간 이외 과외학습과 청년동맹 생활과 과외체육 등으로 편성되었다. 개정 이전에 비해 '경애하는 김정은

〈표 9-4〉 북한의 고급중학교 교육과정

구분	교과명	학년별 주당 수업시간		
		1학년	2학년	3학년
1	위대한 수령 김일성 대원수님 혁명력사	3	2	
2	위대한 령도자 김정일 대원수님 혁명력사		2	4
3	항일의 녀성영웅 김정숙 어머님 혁명력사		1/2	
4	경애하는 김정은 원수님 혁명력사	1	1	1
5	당정책	1주	1주	1주
6	사회주의 도덕과 법	1	1	1
7	심리와 론리			1주
8	국어문학	3	2	3
9	한문	1	1	1
10	영어	3	3	3
11	력사	1	1	2
12	지리	1	1	1
13	수학	5	5/4	4
14	물리	5	4	3
15	화학	3	4	2
16	생물	3	3	2
17	정보기술	2	1	1
18	기초기술	2주	3주	3주
19	공업(농업)기초			4
20	군사활동초보		1주	1주
21	체육	1	1	1
22	예술	1	1	1

* '제1차 전반적 12년제 의무교육강령(고급중학교)' 내용 재구성.
* 2학년의 '김정숙 혁명력사' 과목과 '수학' 과목의 주당 수업시간은 상호 연계되어 운영되는 것으로 추정.

원수님 혁명력사' 과목이 신설됐고, 세분화된 분과형의 교과목이 편성되어 초급중학교의 '자연과학'이 물리, 화학, 생물로 세분화되었다. 또한 초급중학교에서는 없던 '당정책', '심리와 론리', '한문', '공업(농업)의 기초', '군사활동초보' 등의 과목이 추가되었다. 교과 영역 중 가장 비중이 큰 것은 초급중학교와 같이 수학과 물리, 화학 등 자연과학교과이며 영어교과의 비중도 높다.

(3) 대학 교육 과정

대학의 교육 과정은 학교와 전공별로 다르나 대체로 정치사상 교과, 일반 교과, 일반기초, 전공기초, 전공 등 다섯 가지 영역으로 구분되어 있다. 정치사상 교과와 외국어, 체육 등 일반 교과는 전공과 무관하게 모두 이수해야 한다. 일반기초 과정은 전공 학과의 특성에 맞게 지정한 과목과 전 대학에 규정된 공통 과목으로 구성된다. 전공기초는 전공에 필요한 준비 과목으로 강좌별로 결정되고, 전공은 지정 과목과 선택 과목이 있다.

교과영역별 수업시간 비중을 보면 대학의 설립 목적이나 성격에 따라 교과 영역 비중이 다르지만 보통 정치사상 교과 25%, 일반 교과(외국어, 체육) 10~15%, 일반기초 10~40%, 전공기초 10~40%, 전공 10~15% 등이다.

최근 북한은 정보화 추세에 부응하여 실용주의 교육 정책을 추진하면서 정보통신 및 컴퓨터 교육 강화를 목적으로 대학에 컴퓨터공학부, 정보공학강좌, 정보공학과를 설치하여 IT 중심 학부로 대학 제도 개편을 시도하였다. 또한 대학에서 정보교육, 생명과학, 나노과학기술 교육의 강화를 위해 여러 학과 및 학과목을 통폐합하여 새로운 학과와 학과목을 신설하고 이에 따른 교육과정안을 개편하고 있다.

2) 교육 내용

'사회주의 교육에 관한 테제'에 따르면 학교 교육에서 중요하게 다루는 내용은 정치사상, 과학기술, 체육으로 구분된다. 정치사상 교육은 김일성 · 김정일 · 김정은의 혁명역사와 혁명 활동, 과학기술 교육은 일반과학과 전문기술을 각각 가르친다. 체육 교육은 노동과 국방에 필요한 체력향상을 목적으로 한다. 최근에는 외국어 교육과 컴퓨터 교육을 강화하고 있다.

북한의 교육 과정에서 가장 중요하게 강조되는 교육은 사상교육이다. 정치사상 교육의 목표는 김일성과 김정일에 대한 충성심 배양이다. 이에 따라 소학교와 중학교에서는 김일성 가계의 우상화, 즉 '백두산 3대 장군(김일성, 김정일, 김정숙)'과 김정은의 위대성에 관한 교양을 기본으로 한 '어린 시절'이나 '혁명 활동' 등 교과목을 배운다. 대학의 경우도 전공과 관계없이 '주체철학', '혁명역사', '주체정치경제학' 등을 이수해야 한다. 북한의 정치사상 교육은 지도자에 대한 충성심 고양이 핵심 내용이다.

그러나 경제난 이후 자본주의 요소 유입에 대한 경계와 핵과 미사일 등 문제를 둘러싼 미·북 갈등이 고조되면서 반미 대결과 투쟁 의식 고취 등과 같은 계급교양도 주요 내용으로 이뤄져 있다. 북한의 대미 적대 및 투쟁 의식은 청소년을 대상으로 반미 교육과 함께 제국주의 사상 및 문화 침투를 배격하는 교육 강화, 청소년·학생을 대상으로 하는 군 입대 장려 교육에도 활용되고 있다.

그러나 최근 북한에서는 경제난으로 인한 사회 전 분야에 걸친 사상 이완의 방지를 위해 정치사상 교육을 강화함과 동시에 실리 교육을 강조하면서 세계화와 정보화의 진전에 따른 외국어 교육과 과학기술 교육도 강화하고 있다. 2000년에 들어와 영어와 중국어가 그동안 제1외국어이던 러시아어를 누르고 가장 인기있는 외국어로 자리를 잡았다. 특히 영어의 비중이 높아졌다. 대부분 중학교에서는 영어를 외국어 과목으로 지정하도록 하는 한편 평양외국어대학의 영어과 정원을 대폭 늘리고, 다른 어학 전공자도 영어를 필수 과목으로 수강하도록 하고 있다.

영어 교육 강화에 이어 최근 외국어 교육을 문법에서 회화 위주로 전환시켜서 외국어 실기 능력과 일상 회화 수준을 높이려고 노력하고 있다. 또한 일부 대학에서는 외국어의 자질을 높이기 위한 방안으로 전공과목 교재를 원서로 채택하는 한편 강의도 외국어로 진행하도록 하기 위해 자연과학 부문 교원들을 대상으로 '전공과목 외국어 교수 경연'을 개최하기도 하였다. 이 같은 일련의 시도들은 북한이 외교관 및 무역 일꾼 등의 육성으로 경제 발전을 도모하기 위한 것이다.

컴퓨터 교육은 1990년대 말부터 정규 교과로 편성되어 강화되기 시작하였다.

2001년에는 만경대학생소년궁전[7]과 평양학생소년궁전, 금성 제1중학교와 제2중

7) 만경대학생소년궁전은 평양시 만경대 구역에 위치한 과외교육 기관이다. 소학교~중학교 학생들의 과외 활동을 위해 건설된 일종의 학생회관 가운데 규모가 가장 큰 곳을 '학생소년궁전'으로 부르고 있다. 주요 시설로는 2,000석 규모의 극장과 도서관을 비롯해 과학기술, 체육, 문화예술 등 각 부문의 소조실과 활동실 200여 개가 갖춰져 있다. 여기에 체육관, 수영장, 과학기술제품 전시장 등이 있다. 특히 만경대학생소년궁전은 평양학생소년궁전과 함께 평양의 대표 청소년 시설로, 특기가 있는 다양한 분야의 수재 양성을 위한 특수교육 기관으로서의 기능

▲ 금성 제1중학교의 컴퓨터 수업 장면

학교에 컴퓨터반을 개설하고 전국의 소학교 졸업자 가운데 선발된 소수의 영재들이 컴퓨터 기술을 배울 수 있게 하였다.

이와 같은 구성 및 내용을 볼 때 북한의 교육 과정은 다음의 몇 가지 특징으로 요약할 수 있다. 우선 북한의 사상교육 강화는 교육을 사상 혁명의 핵심 수단으로 간주하는 것으로, 교육과 정치가 결합되어 있다는 점이다. 또한 교육 과정에 기초기술 교육과 실습 또는 생산노동 등이 포함되어 있는 등 북한의 교육은 생산 활동과 직접 결합되어 있다. 또 다른 특징은 교육의 내용과 방법이 국가에 의해 규격화되어 하달되고 있어 학습자가 선택할 수 있는 권리는 존재하지 않는다는 점이다.[8)]

3) 교육 방법

북한의 교육 방법은 '사회주의 교육에 관한 테제'에서 규정된 다섯 가지 사회주의 교육 방법에 기초하고 있다.[9)]

첫째, 교육 방법은 '깨우쳐 주는 교수 교양'으로, 학생들 자신의 사고 활동으로 교수 내용을 깨닫게 함으로써 그들의 '창발성'을 발전시키는 교육 방법이 강조되고 있다. 이 교육 방법에는 설명을 통한 교육, 토론과 논쟁을 통한 교육, 문답식 학습을 통한 교육, 직관을 통한 교육, 실물을 통한 교육, 긍정 감화 교육 등이 있다.

설명을 통한 교육은 담화 형식으로 진행되는 교육을 의미하고, 토론과 논쟁을 통한 교육은 다른 학생들과의 의견 교환으로 폭넓은 견해를 쌓도록 하는 방법이다. 문답식 학습 방법은 같은 책상에 앉은 학생끼리 서로 묻고 대답하는 형식으로 진행된다. 특히 각종 시험에 대비한 문제집을 교사가 미리 작성하여 학생들에게 나눠

을 하고 있다.

8) 조정아, 「북한의 교육: 체계와 문화」, 2005년 북한연구학회 하계 학술회의 발표논문, pp. 330-332.

9) 김일성, "사회주의 교육에 관한 테제", 『김일성저작집 32』, pp. 389-398.

주면 답안집을 만들어 서로 도와가며 공부하는 데 활용된다.

직관 교육, 실물 교육은 교수 내용을 직관으로 이해하도록 학습 수단으로 실물을 많이 활용하여 이론과 실기 교육의 조화를 강조하는 것이다. 예컨대 공장견학과 지원을 통하여 학생들이 교과서에서 배운 내용을 직접 경험하도록 교육하는 것을 말한다.

긍정 감화 교육은 사상학습과 그것을 실천하는 과정에서 모범 사례를 대중 앞에 발표하고, 그것을 통해 학생들이 자신을 총화하고 분발하도록 이끄는 사상 교육 방법이다. 북한에서 대중을 동원하는 방식의 전형 가운데 하나인 '……따라 배우기' 운동이 이 교육 방식의 한 사례다.

둘째, 이론 교육과 실천 교육, 교육과 생산노동의 결합이다. 이는 학생들을 공산주의식 혁명 인재로 키우는 데 필요한 방식이다. 학생들이 현실 속에서 지식을 배울 수 있도록 혁명전적지 및 혁명사적지의 답사와 생산노동에 참여하도록 독려하고 있다.

셋째, 조직 생활과 사회정치 활동의 강화다. 조직 생활과 사회정치 활동은 학생들을 정치사상 측면으로 단련하고 혁명적으로 교양하는 데 목적이 있다. 이에 따라 북한 학생들은 학생소년단, 청년동맹 조직에 가입하여 녹화근위대 활동을 하고 사회주의 건설 지원 운동에 참여하여야 한다.

넷째, 학교 교육과 사회 교육의 결합이다. 교육은 학교만이 아닌 사회관계 속에서 이루어지므로 후대 교육을 전 사회사업으로 진행해야 한다는 것이다. 이에 따라 북한의 교육은 학교 이외에 학생소년궁전, 학생소년회관, 소년단 야영소, 도서관 등 사회교양 시설들을 거점으로 한 정치사상 강연, 과학 토론회 발표 모임 등 다양한 소조 활동으로도 이루어진다.

다섯째, 취학 전 교육, 학교 교육, 성인 교육의 병진이다. 이 방법은 사람들의 사상과 품격이 어릴 때 형성되어 일생 동안 공고히 발전된다는 전제 아래 사회의 모든 성원에게 일생 전면에 걸친 지속된 교육이 실시되어야 한다는 주장에서 나온 것이다. 북한은 취학 전 교육에서부터 성인 교육에 이르기까지 구성원 각각의 수준에 맞게 평생교육을 받을 수 있는 교육 체계를 확립·운영하고 있다고 주장한다.

이상과 같은 북한의 교육 방법은 북한 체제가 필요로 하는 인간형을 육성하기 위한 방식으로, 정보화·세계화 등 급변하고 있는 국내외 상황에 능동으로 대처할 수 있는 인재 양성과는 거리가 있다.

최근 북한은 단순한 지식 습득만이 아닌 지적 능력과 지식 탐구 방법의 향상을 위해 지능교육을 강조하고 있다. 이를 위해 암기능력 중심의 교육에서 창의력을 강화시키는 교육으로 전환시켜서 시험을 암기테스트 방식에서 탈피하여 실기 위주로 실시하는 한편 컴퓨터 등을 이용한 현장실습 교육을 강화하고 있다. 이른바 사고능력 배양 교육인 지능 교육을 위해 학교마다 과목별 지능문제 만들기, 소논문 집필, 지능문제풀이 경연, 멀티미디어 자료개발 등을 실시하고 교수방법 강습, 과목별 교수교양경험 발표회, 교수방법 토론회 등을 조직·운영하고 있다.

또한 교원들의 교육 방법에 대한 연구와 교재 개발을 독려하기 위해 새로운 교수법을 개발한 교사에게 '새 교수방법 등록증'을 수여하고 우수 교원에게 '10월 8일 모범교수자' 칭호를 수여하고 있다. '10월 8일 모범교수자' 칭호는 김정일이 2003년 무봉중학교 현지 지도를 실시한 것을 기념하여 우수 교원에게 칭호를 수여한 제도다. 또한 2006년부터 지역 간 경쟁으로 교육의 물적 토대와 질 향상을 위한 '모범교육군 칭호쟁취운동'을 전개하고 있다.

특히 김정은 집권 이후 강조하고 있는 지식경제시대가 요구하는 '창조형 인재' 양성을 위해 기존의 교육내용과 교육방법 및 교육평가 방법의 개선을 요구하고 있다. 분석종합, 판단추리 능력과 상상력, 창조력, 언어 및 문자와 그래프 표현능력과 정보산업시대의 요구에 맞는 열람, 습작, 계산능력, 창조적인 학습능력 등이 교육을 통해 함양해야 할 능력으로 제시되고 있다.

그러나 이 같은 새로운 교육과정이 운영되기 위해서는 교사와 교육시설, 기자재 등 여건 마련이 관건이며 특히 정보기술 등 일부 과학기술 관련 교과의 내용은 컴퓨터 등 첨단교육 시설이 없이는 정상적인 실행이 불가능하다. 또한 북한 교육에서 정치사상 교육이 강조되는 상황과 창조형의 인재 양성은 병행하기 어렵다고 할 수 있다. 따라서 교육의 질을 향상시키기 위한 일련의 노력들은 북한 교육이 기본으로 북한 체제가 원하는 구성원, 즉 체제 순응형 인간을 육성한다는 데 목적을 두고 있는 한 소기의 목적을 달성하기란 어려울 것이다.

3. 학교생활

1) 수업과 과외 활동

북한의 교육시간은 학교별로 다르다. 소학교의 수업시간은 하루 평균 5시간으로, 과목당 40분 수업에 10분 휴식을 원칙으로 한다. 중학교의 수업시간은 45분 수업에 초급중학교가 6시간, 고급중학교가 7시간이다. 대학은 하루 4강좌를 기준으로 하며, 강좌당 90분간 수업을 진행한다.

수업은 보통 오전 8시에 시작한다. 소학교의 경우 8시에 1교시를 시작하여 낮 12시 35분까지 5교시를 마친다. 3교시와 4교시 사이에는 20분간의 '업간체조' 시간이 설정되어 있으며, 5교시를 마치고 1시간 30여 분 동안 점심시간을 갖는다. 중학교의 경우 점심시간 이후의 오후 교과시간이 있어 1~2교시가 더 진행된다는 점에서 차이가 있을 뿐 교과 운영 전체는 소학교와 유사하다.

대학생의 경우 등교 후 30분간 독보와 상학 전 검열이 실시되며, 8시 반부터 오전 강의가 시작된다. 오전에 3강좌를 마치고 오후 1시 30분부터 점심시간이며, 오후 강의는 4시에 시작하여 1강좌를 하고 5시 반에 정규 강의가 종료된다. 그러나 농촌 지원이나 노력지원 등으로 수업에 결손이 있는 경우는 1강좌를 더하여 7시까지 강의를 하기도 한다.

북한에서는 우리와 같은 과외는 실시되지 않음을 원칙으로 한다. 예・체능 과목 위주로 교원들에게 불법 과외를 받기도 하지만 과외 받는 학생의 비율은 지역・계층별 격차가 크다. 우리의 과외에 가장 근접한 성격이 소조활동이다. 소조활동이란 특정 과목을 중심으로 방과 후에 교원의 지도를 받는 보충 수업이다. 소조의 종류로는 수학 소조, 외국어 소조, 예체능 소조 등이 있다. 매일 방과 후 2~3시간 실시된다.

북한 학생들의 과외 활동 특징은 노력동원과 조직생활이다. 앞에서 언급된 바와 같이 북한의 교육은 생산 활동과 결합되어 있어서 모든 학생은 생산 활동에 참여해야 한다. 학생의 사회의무 노동은 1959년부터 정규 교육의 일환으로 실시되어 왔다. 소학생은 연간 2~4주, 중학생은 연간 4~10주, 고등 전문 학생은 연간 10주, 대학생은 연간 12~14주로 상급 학교로 올라갈수록 동원 기간이 길어진다.

북한의 주민은 모두 조직생활을 해야 하기 때문에 만 7세가 되면 누구나 소년단에 가입하게 된다. 만 14세가 되면 소년단 생활을 끝내고 김일성 - 김정일주의사회주의청년동맹에 가입하고, 소년단 일원의 상징인 붉은 머플러 대신 왼쪽 가슴에 청년동맹 휘장을 달게 된다. 또한 청년동맹 가입 후 곧바로 교내 군사 조직인 붉은청년근위대에 들어가게 된다.

군사교육 훈련은 남녀 학생 모두에게 해당된다. 대학생이 되면 준군사 조직인 대학교 교도대에서 6개월간 군사훈련을 받게 되며, 교도대 복무 졸업증이 없으면 대학을 졸업하지 못한다. 북한의 학교는 그 자체가 군대식 대열로 편성되어 있다. 예를 들면 규모에 따라 차이가 있기는 하지만 학교는 연대, 학부는 대대, 학과는 중대, 학급은 소대로 각각 편성된다.

2) 학생의 일탈과 처벌

북한 학생들은 학교 규칙과 조직생활(소년단, 청년동맹 등)에 의해 규율 통제를 받지만 다양한 형태의 저항과 일탈 행위를 하기도 한다. 북한 학생의 일탈 행위는 주로 결석을 비롯한 각종 학교 규율 위반과 용의복장 불량, 흡연과 음주, 이성 교제 등의 생활규율 위반이다. 경제난 이후의 규율위반 행위는 절도와 마약(빙두) 거래 · 복용 등 불법 행위를 비롯해 장발, 쫑대바지(쫄바지), 외국어가 쓰인 옷 등 '자유주의'나 '황색바람' 등으로 불리는 자본주의 문화 유입에 따른 모방 행위 등의 특징을 보인다. 이 같은 학교 규율 위반 현상은 특히 1990년대 경제 위기 이후 심각해지고 있다. 이는 경제난 이후 가족 해체와 북한 사회 전반의 통제 이완에 따른 것이라 할 수 있다.

학교 규율 위반 학생에 대한 처벌 권한은 청년동맹에 있다. 물론 교원들도 수업 중에 떠드는 학생이나 숙제를 하지 않은 학생 등에게 처벌을 하지만 교실 밖에서는 소년단이나 청년동맹에서 벌을 준다. 수업을 받으면서 방과 후 교양을 받기도 하며, 수업에 참여하지 못하고 교양만을 받는 경우도 있다. 심한 경우는 시 · 군 · 구역별로 문제 학생을 모아 놓고 집단 교양을 하기도 한다.

3) 교원

북한에서는 교사 · 교수를 통칭하여 교원이라고 부른다. 물론 선생님이라는 호칭도 사용하며, 대학 교원의 경우 교수라고도 하는 점은 우리와 같다. 일반 교원의 경우 임금은 노동자의 상급 수준을 받고 대학 교원은 거의 장성급에 해당하는 월급을 받으며, 학부모와 학생들로부터 존경과 우대를 받는 등 북한에서 교원의 사회 지위는 높은 편이었다. 그러나 경제난 이후 국가 혜택이 줄어들고 학교 관리와 운영비용의 상당 부분이 학부모에게 전가되면서 교원의 처우와 인식이 나빠졌다.

한편 교원들도 끊임없는 업무와 배급 중단에 따른 생활고로 교직을 선호하지 않는 것으로 알려졌다. 교원들은 직업 혁명가라고 하여 마음대로 조직생활에 빠질 수 없고 장사에 나서거나 퇴직할 수도 없는 사회 책임과 도덕성이 요구되는 신분이다. 따라서 생계비에 턱없이 부족한 월급만으로 생활을 유지하기 힘들어 지면서 경제난 이후 교원은 인기 없는 직업으로 전락하였다.

도시 지역의 남성 교원들은 대부분 아내들이 장사해서 생계를 유지하고, 농촌에서는 뙈기밭 농사로 연명하기도 한다. 미혼 여성 교원들은 병이나 결혼 등을 빙자하여 휴직한 후 장사에 나서고, 기혼 여성 교원들도 직접 장사에 나서기 위해 결근하기도 하는 등 수업의 파행 운영도 일쑤다. 또한 교원들은 몇 조로 나뉘어 시・군 당 교육부 모르게 7~10일씩 교대로 식량을 구하기 위해 장사에 나서고, 학교에 남은 교원들이 학급 몇 개를 맡아 수업을 진행하기도 한다.

한편 몇몇 교원들은 성적 조작과 입시 부정과 같은 불법 행위나 비밀 과외학습지도 등으로 생계비를 충당하기도 한다. 이런 사정으로 인해 사범대 출신 가운데 성분이 좋은 집 자녀들은 학교 졸업 후 보위부나 안전부 또는 시・군 교육기관이나 군 당 지도원으로 빠져나가고 교원직은 주로 성분 나쁜 학생들이 수행하는 것으로 전해진다.

교원이 되기 위해서는 교원 양성 대학을 나와야 한다. 교원 양성 대학은 사범대학과 교원대학으로 구분되고, 각 도에 1~2개가 설치되어 있다. 사범대학은 4년제로 중학교 교원, 교원대학은 3년제로 소학교 교원과 유치원 교양원을 각각 양성한다. 이들 대학에서는 교원 충당을 위해 주간의 정규 교육 이외에 통신・야간 교육을 실시하며, 교원 재교육도 실시한다. 북한의 주요 교원 양성 기관으로는 김형직사범대학, 김정숙사범대학 등이 있다.

교사의 주 업무는 물론 교육이지만 방과 후 학습 부진 학생 또는 우수 학생의 학습지도 외에 월요일에는 학습과 총화시간을 가지며, 화요일과 목요일에는 분과 모임을 갖는다. 나머지는 교재 연구를 위한 시간이다. 중학교 교원의 분과 모임은 수업 내용을 준비하고 토론하는 시간이다. 이 모임은 혁명역사분과, 역사지리분과 등 9개 분과로 구성된다. 또한 교원들은 갖가지 노동 현장에 동원되기도 한다. 철도공사 지원, 주변농장 지원, 식수, 국토정리 등 시기마다 제기되는 노력 동원과 봄·가을에 학교에서 실시하는 동원 등 여러 가지 노력동원이 있다.

제2절 북한의 문예정책과 실태

1. 문예정책의 목표와 문예 이론

1) 목표

북한의 문학예술은 문학을 비롯한 음악, 미술, 공연예술 등 모든 예술 장르를 포괄하는 용어다. 북한은 목적주의 문예관에 기초하여 문학예술을 “근로대중을 정치사상적으로 교화하는 수단”이자 “온 사회를 혁명화, 노동계급화하는 데 복무하는 수단”으로 규정하고 있다. 이에 따라 북한의 문예정책은 예술성보다 당국이 지향하는 이념 전달 수단으로서의 역할이 강조된다. 즉, 북한의 문학과 예술은 개인의 자유로운 의지가 발현된 창작보다 정권 유지를 위한 홍보와 선전 기능을 중시하고 있다. 따라서 자유주의 국가에서 개인의 창의를 중시하는 예술 가치는 배제되고 단순히 정치 도구로 전락하였다.

북한 당국이 문학예술을 통해 달성하고자 하는 목표는 사회주의 체제의 정당성 확보 및 사회주의 건설, 사회주의 혁명과 건설의 참여 동기 부여, 지도자(수령)에 대한 정당성과 충성심 확보, 북한에 의한 통일의 정당성 확보다.

김정은 시대에는 김일성-김정일주의, 김정일애국주의가 대두되면서 문예정책은 김일성·김정일·김정은 우상화로 확대되었다. 동시에 사회주의 문명국으로의 발전 촉구, 우리식 문예방침의 관철, 명작 창작 증대, 군중예술 활동의 활성화, 제국주의 사상문화적 침투 분쇄 등을 제시했으며, 제7차 당대회에서는 다시 ‘우리식 사회주의'와 속도전을 강조했다.

(1) 사회주의 체제의 정당성 확보

북한의 문학예술은 광복 후 사회주의 체제의 정당성을 확보하는 한편 이에 대한 적극 참여를 독려하는 수단으로 이용되었다. 북한의 문인과 예술인들은 시기별 당의 노선에 따라 초기에는 토지 개혁 등을 찬미하고, 1950년대 후반에는 '천리마운동 영웅'을 집중 부각시키는 등 사회주의 건설을 반영하는 작품들을 창작・보급하였다.

1980년대에는 경제 상황의 어려움 속에서도 당과 지도자를 위해 충성과 헌신을 다하는 '숨은 영웅'을 발굴하여 선전하는 '숨은 영웅 형상문학'이 집중 창작되었다. 소련의 붕괴, 동구권의 체제 전환 등 사회주의권이 급변하는 1990년대에는 〈사회주의 지키세〉, 〈어머님은 붉은 기와 함께 계시네〉, 〈고난의 행군 정신으로〉 등과 같이 북한 주민들을 사상성으로 결속시키고 사회주의 정당성을 확보하기 위한 작품을 많이 창작하였다.

(2) 수령에 대한 충성심 확보

북한의 문예정책은 수령(지도자)에 대한 정당성과 충성심 확보를 목표로 하고 있다. 1960년대 말에 이르러 김일성의 유일지배 체제가 확고해지면서 나름대로 미학 측면을 추구하고 있던 조선프롤레타리아예술동맹(KAPF)[10] 계열의 문인이 대거 숙청되고 김일성의 반제항일 투쟁을 주제로 하는 '항일혁명투쟁' 작품만이 정통성을 부여받게 된다. 이에 따라 만들어진 작품이 이른바 5대 혁명가극 〈피바다〉, 〈당의 참된 딸〉, 〈꽃 파는 처녀〉, 〈밀림아 이야기하라〉, 〈금강산의 노래〉, 5대 혁명 연극 〈성황당〉, 〈혈분 만국회〉, 〈딸에게서 온 편지〉, 〈3인 1당〉, 〈경축대회〉와 〈불멸의 역사〉 시리즈다.

김정일의 권력 승계가 공식화되는 1980년대에 이르면 김정일의 우상화 작업이 본격 추진되면서 총서인 〈불멸의 향도〉 등 이른바 '지도자 형상화' 작품이 나타나게 된다. 통치자에 대한 정당성 고양에 역점을 두는 작품은 경제난 등 체제의 총체 위기에 처하게 되는 1990년대에 들어서면서 증가되어 〈나는 첫 세대다〉, 〈받으시

---

10) 조선프롤레타리아예술동맹(KAPF)은 1920년대에 공산주의 이론이 도입되면서 박영렬, 안석영, 김기진 등 문학・예술인들이 결성한 좌익 문예 단체다. 사회주의적 사실주의에 충실한 동시에 강한 민족주의 성향을 보였다.

라 인민의 환호성을〉, 〈이 날을 기다렸습니다〉 등 김정일의 권력 승계를 찬양하는 작품들이 만들어졌다. 2000년대에는 "문학예술작품은 마땅히 시대정신에 맞아야 하며 시대의 숨결을 담아야 한다."는 김정일의 지시에 따라 김정일 집권 이후 주창되고 있는 선군정치와 이를 정당화하는 선군 영도 업적을 작품에 반영하는 '선군혁명 문학예술'의 창작이 독려되고 있다.

한편 1980년대 후반부터 문학예술 소재에 다양성을 보이면서 시문학의 서정화 경향이 나타나고 도시와 농촌 갈등, 세대 간 문제, 여성 문제, 애정 문제 등 다양한 현실 문제가 소재로 다루어지기 시작하였다.

(3) 북한 주도 통일의 정당성 확보

문학예술을 통해 달성하고자 하는 또 하나의 목표는 '남조선 혁명'의 정당성을 확보하는 것이다. 북한의 문학예술이 남한의 현실을 비판하고 반자본주의 이념을 본격 강조하기 시작한 것은 1960년대부터라고 할 수 있다. 즉, 김일성이 "문예작품에서 남반부 인민들의 생활과 투쟁을 적게 취급하고 있다."고 비판하면서 "우리의 문학예술은 …… 남조선 혁명과 조국통일을 위한 전체 조선인민의 투쟁에 복무해야 한다."라고 주장한 때부터다. 이후 북한에서는 문학 예술 작품에 한국 사회의 부패상, 미국과 일본의 제국주의식 행태, 특히 주한미군의 병폐를 집중 부각시켜 왔다.

이와 같이 북한의 문예정책은 선전선동에 일차 목적을 두고 '인민적이고 혁명적인 사회주의 민족문화의 건설'을 목표로 지도자를 중심으로 한 사회주의 혁명과 건설 과업에 기여하는 혁명적 문학예술의 발전을 도모하고 있다.

2) 문예 이론: 창작원리

북한에서는 초기 조선프롤레타리아예술동맹(KAPF) 계열의 문학을 계승하면서 사회주의적 사실주의 창작 방법을 중요시하였다. 북한의 『조선말 대사전』에 따르면 "사회주의적 사실주의는 민족적 형식에 사회주의적 내용을 담는 것을 원칙으로 하는 혁명적 문학예술의 창작 방법"이라고 표현되어 있다. 이와 같이 사회주의적 사실주의는 예술에 무게를 두기보다 현실과의 밀접한 관련을 통해 사회상을 반영하는 것을 목적으로 한다. 즉, 창작의 형식 측면에서 사실주의를 기반으로 하고 내용 면에서 사회주의 경향성, 즉 당성·계급성·인민성을 중시해야 한다는 것이다.

실제로 북한은 1967년 이후 카프(KAPF) 계열의 문인을 숙청하고 김일성의 반제 항일투쟁을 주제로 하는 '항일혁명투쟁' 작품을 정통으로 내세우면서 주체문예이론을 사회주의적 사실주의 우위에 있는 창작원리로 선언한다. 동시에 주요 원리로 종자론, 전형창조, 군중예술론, 속도전 등을 내세웠다

(1) 주체문예이론

북한의 문예정책과 직접 관련이 있는 주요 이론으로는 주체문예이론, 종자론, 군중예술론 등 크게 세 가지를 들 수 있다. 이 밖에도 속도전 이론, 전형화 이론, 영생주의론, 통속화 이론 등이 있다. '주체문예이론'[11]은 김일성의 주체사상에 바탕을 둔 문예 이론으로서 사회주의적 사실주의 문예관, 기본 이념, 창작방법 등 모든 문학예술의 기본 원리를 김일성 유일사상에서 찾는 이론이다. 유일사상의 핵심은 김일성 - 김정일의 유일지배 체제를 정당화시키는 데 있으므로 이에 입각한 문학예술의 기본 원리와 창작 방법은 지도자에 대한 충실성을 바탕으로 한 전형을 창조하는 것이다.

북한의 모든 작품은 당성, 계급성, 인민성이라는 세 가지 요건을 충족시켜야 한다. 이는 김일성의 혁명 사상을 토대로 주체사상의 관철을 위해 투쟁하고, 혁명투쟁의 관점에서 노동 계급의 이해관계를 반영하며, 인민 대중의 감성에 맞게 혁명 사상으로 무장해야 함을 의미한다. 그러나 최근에는 주민의 호응도와 인기를 고려하여 대중성・오락성이 강조되고 있다.

(2) 종자론

북한 문예정책의 또 다른 핵심인 '종자론'[12]은 주체문예이론에 기초하여 예술 창작에 임하도록 요구하는 일종의 실천 강령이다. 북한의 『문학예술사전』에 따르면 종자론은 "김일성의 주체적 문예사상을 창작, 실천하는 과정에서 당에 의하여 독창

11) 주체문예이론은 문학예술에서 사실주의 원칙을 적용하되 모든 문제를 주체사상에 입각하여 풀고 해결해야 한다는 것으로, 주체의 중심에 수령을 두고 이를 예술로 형상화하는 창작 방법이다. 주체문예이론은 인민 대중을 사상으로 무장시키고 유일사상을 확립하는 수단으로서의 문예관을 잘 드러내는 이론이라 할 수 있다.

12) 종자는 작품 창작이나 어떤 일에서든 중심이 돼야 할 사안, 즉 핵심을 뜻한다. 종자의 핵심은 사상성, 즉 수령의 교시와 당 정책의 요구를 반영하는 것이다. 따라서 '종자론'은 문학예술 부문에서 지도자의 교시와 당 정책의 요구가 반영돼야 함을 강조하는 것으로서 수령 체계 및 김정일의 후계 체제와 연계되어 사상 뿌리의 유일성을 강조하는 것을 의미한다.

적으로 밝혀진 문예이론의 새로운 개념"이며, "작품의 핵을 이루는 종자는 그 작품의 가치를 규정하는 근본 문제로 되며 창작가는 종자를 똑바로 잡아야 자기의 사상, 미학적 의도를 정확히 전달할 수 있고 작품의 철학성을 보장할 수 있다."고 규정하고 있다.

북한은 종자를 "작가가 말하려는 기본문제, 형상의 요소가 뿌리내릴 수 있는 바탕이 있는 생활의 사상적 알맹이"로 설명한다. 즉, 작품의 소재, 주제, 사상을 밀접하게 하나로 통일시키는 원리라 할 수 있다. 동시에 북한은 종자 선택에서 가장 중요한 것은 수령의 교시와 당 정책으로 규정한다.

따라서 "종자의 핵심은 사상성, 즉 수령의 교시와 당 정책의 요구에 맞는 것"으로서 이에 의거한 북한의 문학예술 작품은 지도자의 교시와 당의 정책을 구현하는 수단의 의미를 지니게 된다.

당은 작품의 내용이나 작가의 활동을 감독하며, 문화성과 같은 행정 조직은 창작 여건을 조성하는 역할을 수행하고, 창작가들은 문학예술총동맹(문예총)에 소속되어 작품을 창작한다. 즉, 문학·예술가들은 작품을 자발적으로 창작하기 보다는 정권 기관에 종속되어 있으며, 예술 작품 구상 단계에서부터 소재의 선정 및 작업기간이나 분량 및 작품 평가에 이르기까지 문화성과 문예총 산하 해당 동맹을 통해 하달되는 당의 지시에 따라야 한다.

창작의 집단화를 대표하는 조직으로는 문학예술총동맹이 있으며, 북한의 모든 작가·예술인은 이 단체에 소속되어야 작가·예술가로서의 대우를 받을 수 있다. 문예총은 작가동맹, 미술가동맹, 음악가동맹 등 분야별 문학·예술인 단체를 산하에 두고 있다.

공장, 기업소, 협동단체 등에는 예술소조가 조직되어 있어서 근로인민 대중의 예술 활동은 소조를 통해 이루어진다. 예술소조는 문예총과 별개의 군중 단체로 활동하지만 소조원들의 창작품이 각 동맹의 기관지에 발표되기도 한다. 이들 가운데 일부는 각 동맹의 후보맹원으로 발탁되어 수습기간을 거쳐 정맹원이 됨으로써 직업 작가나 예술가의 길로 들어서기도 한다. 그 밖으로 작품의 현상 모집에 참여하여 발굴되는 경우도 있다. 북한의 전업 작가 가운데 약 40%는 문학통신원 출신으로 알려져 있으며, 이는 직장인으로서 현상 모집에 응모하여 작가의 길에 들어선 경우다.

(3) 전형창조

북한은 문학예술인들이 "혁명의 주인공들을 형상화하여 그것을 통하여 사람들을 당과 로동계급의 사상으로 교양하여야 할 사명이 있다."고 주장한다. 김정일은 문학예술에서 "노동자, 농민을 비롯한 인민대중을 기본으로 그리면서 인민 속에서 나온 공산주의적 인간을 전형으로 내세워야 한다."고 강조한다. 이에 따라 북한의 문학예술 작품은 김일성·김정일·김정은에게 충성하는 모범적 인간 전형을 형상화하고, 북한 주민들이 이를 따르기를 독려한다.

(4) 군중예술론

군중예술론은 문예 창작이 타고나거나 선천성과 같은 재능의 문제가 아닌 실천의 산물이라고 주장하는 이론이다. 즉, 창작의 주체가 군중이나 집단임을 강조하여 대중의 참여를 고무하는 이론이다. '군중예술론'[13]에 따르면 예술은 개인의 독창성이나 창조성이 아닌 집단에 의해 창조되고 향유되는 것이다. 이에 따라 북한에서는 "문예활동에서 전문일꾼 본위로 나가려는 경향을 철저히 경계하여야 하며 창작 사업에서 신비주의를 바수고 문학예술을 군중적으로 널리 발전시켜야 한다."고 주장하고 있다.

2. 문학예술의 실제

1) 문학

북한에서 문학은 "언어를 통하여 인간과 생활을 반영하는 예술의 한 형태"로 정의되며, 모든 예술의 기본으로 인식된다. 이는 문학이 모든 장르의 기본이 되는 이야기를 창조해 내기 때문이다. 북한은 문학을 "주민들에게 혁명적 낙관주의와 집단

13) 군중예술론은 사회주의를 건설하는 1950년대에 등장한 문예 정책으로, 근로대중에게 문학예술 활동을 장려함으로써 문학예술을 대중화·생활화하여 주체사상과 혁명적 군중 노선을 구현하고자 한 것이었다. 문학예술의 군중화는 1982년 김정일이 전국문학통신원 열성자회의 참가자들에게 보낸 서한에서 "문학예술활동을 대중화할 데 대한 당의 방침 관철에서 문학통신원들의 역할을 높이자"고 강조한 데서 비롯되었다. 이 서한으로 말미암아 '창작의 군중화'라는 당의 방침을 강조하여 모든 군중이 예술을 통해 좀 더 쉽게 사상을 접할 수 있게 하였고, 이로 인해 집체작과 집체적 예술 형태들이 등장하게 되었다.

주의적 영웅주의를 심어주고 혁명발전의 단계에 맞게 당원들과 근로자들을 유일사상으로 무장시키며 온 사회의 혁명화, 로동계급화에 이바지 하는 것"이라고 밝히고 있다. 이에 따라 북한에서 문학은 개인의 자유로운 의지에서 비롯된 창작이 아니라 북한 체제를 유지하고 정권을 옹호하는 수단에 불과하다. 따라서 작품성을 평가하는 기준도 예술성보다는 얼마나 북한 체제를 유지하고 정권을 옹호하는 데 도움이 되느냐에 달려 있다.

주체문예이론이 대두된 1970년대 초반부터는 〈피바다〉, 〈꽃파는 처녀〉, 〈한 자위단원의 운명〉 등 항일 혁명투쟁 시기에 연극으로 공연했다는 작품들을 장편소설로 개작하였다. 1970년대 후반에는 3대 혁명 기수들과 3대 혁명 소조원, 숨은 영웅들을 비롯한 각 분야의 새로운 인간상을 그려 내고자 하였다. 이는 생산성 향상 문제가 대두됨에 따라 과거 지주와 자본가 등 선악으로만 구분되던 인물 평가가 모범·긍정의 인물들로서 노력영웅을 이상화하는 구도로 변화되었음을 의미한다.

▲ 피바다 가극단의 피바다〈원전 혈해지창(血海之唱)〉과 꽃파는처녀(우)

1980년대부터는 북한 문학의 소재에 변화가 나타났다. '당 중앙(김정일)'의 지시로 김일성 가계를 소재로 하여 한 방향의 충성만 촉구하던 문학이 생활 속의 소재를 사용하는 방향으로 다소 변화하기 시작한 것이었다. 1980년대 후반에 들어서는 이러한 변화상이 반영되어 사상과 주제는 김일성 부자와 당에 대한 충성이지만 줄거리는 남녀의 애정을 배경으로 하는 〈청춘송가〉(1987년 남대현 작) 등이 대표작으로 인기를 끌었다.

1990년대 이후에는 추모문학, 단군문학, 태양민족문학, 선군혁명문학 등 4개의 새로운 문학개념이 나타났다. 추모문학은 김일성의 사망을 추모하는 문학으로,

김만영의 서사시 〈위대한 수령님은 언제나 우리와 함께 계시네〉가 여기에 속한다. 단군문학은 1990년대 '조선민족'의 우수성과 민족정통성을 강화하는 차원에서 단군릉을 발굴·복원하는 가운데 나온 것이다.

태양민족문학은 1995년 김정일을 '주체의 태양'으로 묘사하면서 나타난 문학 개념으로, "백두산 3대 장군(김일성, 김정숙, 김정일)의 위인상을 사상 예술적 경지에서 형상화"하는 문학이다. 2000년에 등장한 선군혁명문학은 수령형상 문학을 잇는 개념으로, 김정일의 선군혁명 업적을 문학 작품에 반영하려는 것이다. 이에 따라 선군정치를 미화하기 위해 전우애를 강조하거나 강성대국 건설을 군이 선도해야 한다는 내용을 표출하는 작품이 눈에 띈다. 총서 〈불멸의 향도〉 중 장편소설인 〈총대〉, 〈라남의 열풍〉, 〈조국찬가〉를 비롯하여 서사시 〈백년이 가도 천년이 가도〉, 〈조국이여 청년들을 자랑하리〉, 〈백두산총대〉, 서정시 〈나는 주체사상탑과 이야기 한다〉 등이 대표 작품이다. 또한 선군문학의 본보기 작품으로 김정일 외 김일성, 김정숙 등 소위 '백두산 3대 장군'의 위대성을 형상화한 작품 창작이 강조되어 2009년 김일성의 업적 등을 형상화한 총서 〈불멸의 력사〉 중 장편소설인 〈번영의 시대〉와 〈대박산마루〉 등이 출판되었다.

최근에는 개인의 일상성을 주제로 다루는 작품과 유머 등 간단한 읽을거리는 물론 성애를 소재로 하는 작품도 등장하고 있다. 예컨대 북한 주민의 일상 삶을 다룬 작품인 김성욱의 〈나의멋〉과 〈유치원 마당가에서〉 등이 있고, 〈조선예술〉을 비롯한 정기간행물 등 유머란에 다양한 유머를 게재하고 있다. 그리고 홍석중의 〈황진이〉는 성애를 적나라하게 묘사하고 있다.

김정일 사망 이후에는 김정일을 추모하는 추모문학이 주를 이루었고, 2013년부터는 〈불의 약속〉, 〈붉은 감〉, 〈12월의 그이〉 등 김정은의 후계자 승계를 합리화하는 작품이 제작되었다. 최근 김정은이 '제9차 전국예술인대회' 참가자들에게 서한을 보낸 후 문학계는 우상화 작품 창작에 몰두하고 있다. 주요 작품으로는 김일성의

업적 칭송을 주 내용으로 하는 『불멸의 력사』 중 장편소설 〈의리의 전역〉, 김일성 회고록 『세기와 더불어』의 김일성이 남긴 일화를 추려서 묶은 책 〈태양 총서에 비낀 일화의 세계〉, 김정일의 업적을 서술한 '덕성도서'에 속하는 〈영화보급의 새 력사〉 등이 있다.

2) 음악

북한에서 음악이 차지하는 위치는 상당히 중요하다. 북한은 스스로가 '노래로 고난을 극복하는 나라'라고 선전하듯이 북한의 음악은 인민의 계급의식과 공산혁명의식을 고양시키고 교양 및 선전선동의 수단으로 사용된다. 이에 따라 북한의 음악은 서사음악과 성악음악, 사실음악과 민속음악, 단순한 화성음악 등이 대부분이다. 북한은 우리와 달리 음악을 대중음악과 순수음악으로 구분하지 않는다.

발간한 노래집의 절반 정도는 소련 민요와 중국풍의 국민 가요식 민요조 선율을 띠고 있고, 화음과 리듬보다는 가사와 멜로디에 치중하고 있다. 화성은 단조로워서 일반 주민들이 쉽게 따라 배울 수 있으나 변화가 없으며, 창법에서는 비성(鼻聲)을 많이 사용하는 것이 특징이다.

가요로는 당 정책 선전 가요, 서정 가요, 혁명 가요, 조선 가요 등이 있는 가운데 김일성 부자 찬양을 위한 송가(頌歌)가 큰 비중을 차지한다. 『조선문학예술년감』(1998)에 실려 있는 보천보 전자악단, 왕재산 경음악단, 인민군 협주단, 만수대 예술단 등 4개 단체가 발표한 76곡의 악보를 보면 김일성 부자를 찬양하는 음악이 52곡으로 68%를 차지하고 있다.

김정은 시대에는 모란봉악단이 2014년 9월 만수대예술극장에서 신작음악회를 진행했다. 노래에는 〈내 심장의 목소리〉, 〈고백〉 등이 있으며, 민요를 여성독창과 방창으로 부른 〈바다만풍가〉, 〈세월이야 가보라지〉 등이 있다. 2016년 제7차 당대회에서는 중국에서도 인기를 끌고 있는 모란봉악단과 청봉악단·공훈국가합창단의 합동공연이 있었다.

이와 같이 북한에서의 음악은 "정치에 복무해야 하며 정치가 없는 음악은 향기 없는 꽃과 같다."는 김정일의 음악관과 음악정치의 강조에서 알 수 있듯 김가왕조 정권과 체제 결속 강화 수단으로 적극 활용되고 있다.

▲ 보천보 전자악단

▲ 모란봉 악단

3) 가극

▲ 피바다

북한에서 가극은 음악 분야의 극음악에 속하며 "노래와 음악을 기본수단으로 하여 인간과 생활을 반영하는 극예술의 한 형태"로 정의된다. 오페라와 유사하지만 아리아나 레시타티브를 사용하지 않고 방창이나 무용을 사용하는 특징이 있다. 1971년 '피바다식 가극'의 시작으로 불리는 혁명적 민족가극 〈피바다〉가 제작되었고, 이후 〈당의 참된 딸〉, 〈밀림아 이야기하라〉가 〈피바다〉의 형식을 따라 제작되었다. 이후 1980년대 중후반부터 북한이 우리식 사회주의를 지향하자 이에 부응하는 민족가극이 창작되었고 최근에는 신작을 발표하기보다는 1970년대의 혁명가극 〈한자위단원의 운명〉, 〈피바다〉 등을 재공연하는 경향이 있다.

4) 무용

북한은 무용을 "인간의 사상감정과 생활을 예술적 율동으로 반영하는 예술형태"로 정의하며 형식적 측면에서는 민족의 정서와 색채가 반영되어야 한다고 설명한다. 우리 고전무용의 춤사위가 동작의 기본을 이루지만 형식에서 신체미, 율동미와 더불어 힘, 규모, 조직을 과시하는 특징이 있다. 무용 소품에는 군인들의 총기류, 노동자의 생산도구 등이 주로 활용되고 있다.

1970년대 말부터 〈쟁강춤〉, 〈칼춤〉 등 민속무용의 창작과 발굴에 주력하면서 춤동작, 가락, 보법(步法) 등을 강조하고 있으나 북한이 자랑하는 4대 무용명작 〈눈이 내린다〉, 〈조국의 진달래〉, 〈키춤〉, 〈사과풍년〉은 모두 혁명무용으로 불리는 현대무용이다.

북한 무용의 특징은 전투성이 짙고 선동하는 동작을 중시한다는 점과, 1970년대부터 강조된 주체문예의 일환으로 무용 동작을 기록하기 위해 무용표기법을 개발했다는 점이다. 한글과 같이 자모의 원리를 이용하여 무용 동작을 기록한다고 하는데 실용성은 없어 북한에서 조차 보편화되었다고 보기는 어렵다.

김정일 시대인 2011년에는 〈산울림 총각〉, 〈장군님 그리는 마음〉 등이 창작되었으며, 김정일이 북한 주민의 행복을 위해 초강도 강행군길을 간다는 내용을 담고 있다. 김정은 시대인 2014년에는 소위 '조국해방전쟁승리'를 기념으로 음악무용종합공연 〈영원한 승리의 7.27〉이, 2015년 북한의 당창건 70주년에는 1만 명 대공연의 〈위대한 당, 찬란한 조선〉이 공연되었다. 이 밖에도 북한은 집단체조(매스게임)를 공연예술 형식으로 만들어 국가기념일이나 국빈 환영식에 수만 명이 동원된 화려한 집체예술을 연출하고 있다. 대표 사례로는 2002년부터 2013년까지의 12년 기간 중 9차례 공연된 〈아리랑〉을 들 수 있다.

〈아리랑〉 공연은 북한 전역의 주민뿐만 아니라 외국인의 관람을 유도함으로써 강성대국, 선군정치의 우월함을 선전함과 동시에 실리 경제 추구를 위한 수단으로 활용되고 있다. 특히 북한 주민들에게 김일성 · 김정일 우상화를 고양하기 위한 동원 사업의 일환으로 추진되고 있으나 학생들의 고된 장기훈련과 동원에 따른 인권유린의 비난이 제기되고 있는 실정이다.

5) 미술

북한에서는 전통미술을 배척하고 김일성이 주도했다는 항일혁명미술을 참된 미술로 평가한다. 전통미술은 착취 계급의 사상과 취미를 반영했을 뿐 계급투쟁 문제를 예술성으로 해결하지 못한 반면에 항일혁명미술은 당성·계급성·인민성의 원칙을 구현함으로써 참다운 인민미술이 되었다고 주장한다. 김일성은 "미술은 인민의 생활감정과 정서에 맞는 참다운 인민적인 미술로 돼야 하며 당과 혁명의 이익을 위해 복무하는 혁명적 미술로 돼야 한다."고 주장한 바 있다.

이런 연유로 북한 미술에는 '기념비 미술'이라는 명칭의 작품이 많다. 즉, 노동자들이 망치 들고 노동하는 장면, 농민들이 벼이삭을 들고 만면에 미소를 짓는 장면들을 보여 주는 작품이 많이 등장한다. 북한의 미술에서는 '추상은 죽음'이라고 보기 때문에 추상화나 추상조각 등은 찾아보기 힘들다.

북한에서 조각이나 건축 미술은 주로 김일성·김정일 부자 관련 조형물을 만드는 데 활용된다. 2004년에 만수대창작사가 제작한 대형 병풍 형식의 작품 〈백두산 천지의 216 봉우리〉는 이른바 김정일의 위대성을 선전하기 위한 것이다.

6) 영화, 연극, 텔레비전 드라마

(1) 영화

북한은 영화를 "화면영상으로 생활을 펼쳐보여주는 화면예술"로 정의하며, "인간생활을 극적으로 생동하고 감명깊게 펼쳐보여줌으로써 사상정서적 감화력이 크며 대중교양의 위력한 수단"으로 설명한다. 따라서 북한에서 영화는 다른 어느 예술 장르보다 중요하게 취급된다. 『조선중앙연감』에서는 『영화연감』을 별도로 출간할 정도로 비중을 높이고 있다. 2009년 2월 최고인민회의 상임위원회 정령을 통해 영화 관련 업무의 효율을 더욱 끌어올리기 위해 '국가영화 위원회'를 신설하는 등 조직을 갖추기도 하였다. 이 같은 조치는 영화가 음악, 미술, 연극 등 예술 부문의 모든 요소가 결합된 종합예술 장르로서 대중에게 호소력과 전파력이 강하기 때문이라는 데서 연유된 것이다.

이 뿐만 아니라 김정일의 영화에 대한 특별한 관심도 크게 작용하였다. "영화는 정치사상 교양의 힘 있는 수단이며 문화정서 교양의 강력한 무기다. 우리는 영화를 통하여 근로자들에 대한 사상 교양도 하고 정서 교양도 하여야 한다."는 김정일의 관심에 의해 영화는 다른 장르에 비해 중요한 위치르 점한다.

북한에서 영화를 제작하는 과정에 지침으로 삼는 김정일의 『영화예술론』(1973)에 따르면 "영화는 주체사상에 기초하여 인민대중의 전형적인 생활상을 깊이 있게 그릴 것을 강조하고 연출가는 사건의 논리적 연결보다 감정 자극에 역점을 두어야 하며 여러 인민의 단결과 협조에 바탕을 둔 집체적 창작을 중시해야 한다."고 주장한다. 이에 따라 배우는 단순히 연기자가 아닌 공산주의 사상, 감정, 생활체험 등을 미적・창조적 능력으로 화면에 구체화해서 재현하는 노동계급 예술가로서 연기하도록 요구된다.

대부분의 북한 영화는 긍정전형(肯定典型)과 부정전형(否定典型)의 대립에서 긍정전형이 승리하는 구도로, 악역은 미군・일제・반당분자・지주・자본가 등으로 설정된다. 그러나 김정일의 지시로 '긍정전형을 통한 감화'를 추구하는 내용이 강화됨으로써 오류를 범한 사람이 긍정의 전형인 주인공의 감화로 오류를 시정하는 줄거리도 주요 주제가 되었다.

영화는 1960년대 천리마운동 이후 대형화되어 20편까지 이어지는 시리즈물이 제작되는 등 방대한 작품 제작에 치우쳤다. 그러나 시리즈물이 해외영화제에서 관심을 끌지 못하자 1984년 이후 스케일은 줄이고 서정성과 사실성을 강화하는 방향으로 변화를 보였다. 1987년에 제작된 〈보증〉도 북한 영화의 기존 틀을 깨뜨리고 북한 사회에 만연되어 있던 간부들의 부정부패・권위주의, 토대와 성분에 따른 인간 차별 등을 표현하였다. 신(申)필름의 〈소금〉이 모스크바 영화제에서 수상한 것도 이러한 변화 노력의 일환으로 평가된다.

1990년대에 사회주의권이 해체되면서 체제 유지를 위한 자주성 확보를 강조하고 자본주의 사회의 부패상을 부각시키는 동시에 김정일의 '인덕정치', '광폭정치'를 과시하기 위해 1992년부터 다부작 예술영화인 〈민족과 운명〉을 촬영하기 시작하였다. 이 영화는 원래 10부작으로 계획됐으나 김정일의 지시로 50부작으로 늘어났으며, 2002년에 다시 100부작으로 제작이 확대되어 2006년 현재 70부작까지 제작되었다.

최근의 북한 영화는 「선군혁명 문학예술론」에 따른 선군정치를 반영한 작품이 대부분이며, 대체로 군사 관련 영화다. 2003년 대표작으로는 〈이어가는 참된 삶〉이 있다. 이 영화는 미국 정보수집함 푸에블로호 나포(1968년) 당시 전사한 병사의 자녀와 그 주변 인물들이 성장해 가는 과정을 그린 영화다. 이 밖에도 〈그들은 제대병사였다〉와 〈여병사의 수기〉 등이 2003년에 제작된 대표 영화이다.

2004년에 이어 2005년에도 선군정치에 부응하는 영화작품으로 〈그는 대좌였다〉, 〈젊은 녀단장〉 등 이른바 군인의 혁명 정신을 실천하는 모범군인의 삶을 그린 영화가 제작되었다. 또한 2006년에 상영된 〈한 여학생의 일기〉와 같이 경제난 이후 자본주의 요소 투입에 따른 북한 주민들의 사상 이완 세태를 반영한 영화 등이 사상교육강화 차원에서 제작됐다.

2009년에는 김정일의 선군혁명 업적을 기리는 김정일 일대기 기록영화 〈누리에 빛나는 선군태양〉(제1~3부)의 제1부 〈조선을 빛내이리〉, 제2부 〈혁명전통을 빛내이시며〉, 제3부 〈온 사회에 주체사상화를 실현하시려〉를 잇따라 제작하였다. 김정일 생애에 관한 기록영화 제작은 〈위대한 력사〉 제21부 〈유구한 민족사를 빛내이시여〉 등 이른바 '백두산 3대 장군(김일성, 김정일, 김정숙)'의 위대성을 형상화한 작품 제작과 함께 최근 북한에서 진행되고 있는 3대 세습의 후계 체제 구축과 관련된 것으로, 지도자에 대한 '대를 잇는 충성'을 강조하는 것이라 할 수 있다.

김정은 집권 이후에도 지도자 우상화를 위한 기록영화는 계속 제작됐다. 〈영광의 기치 1년〉 등은 김정은 집권 1년의 행적을 미화한 2011년 작품이다. 김정은 시기에 북한은 부르주아 영화는 "미국식 생활양식을 퍼뜨리는 전파자이므로 우리의 영화 영역은 물론, 우리 생활 속에 0.001%도 스며들지 못하도록 철저히 막아내야 한다."며 자본주의 방어에 초점을 두었다. 따라서 자신을 희생하여 동료를 살리는 〈최전연의 작은집〉과 제국주의에 대항해 싸우는 〈포성없는 전구〉 등과 같은 작품이 제작되었다.

(2) 텔레비전 드라마

최근 북한에서는 텔레비전 드라마가 인기를 끌고 있다. 텔레비전 드라마와 비슷한 종류에는 소설을 원작으로 한 텔레비전 소설, 텔레비전 연속소설, 텔레비전 연속극, 1편으로 끝나는 텔레비전 단막극, 텔레비전 영화가 있다. 텔레비전 영화는 텔레비전 방송을 목적으로 만든 영화로서 일반 예술영화와 달리 등장인물이 적고 상영시간도 길지 않다는 게 특징이다.

북한 텔레비전 드라마의 중심 주제는 지도자 가계에 관한 것과 함께 지도자를 도와 항일혁명에 참가한 인물들을 주인공으로 하여 사회주의 혁명을 이뤄 가는 모습을 그린 것이다. 그러나 이런 주제를 다루면서도 생활 속에 드러나는 부부 간 갈등이나 세대 차이 등 생활을 소재로 한 드라마가 만들어지고 있다. 맞벌이 부부의 갈등을 다룬 연속극 〈엄마를 깨우지 말아〉(3부작, 2002년)와 부부 간의 갈등과 이혼을 소재로 한 〈가정〉(9부작, 2001년)은 이전의 텔레비전 드라마와 다른 경향을 보여 준다. 이 밖에도 북한 주민들이 살아가는 모습을 보여 주는 연속극 〈따뜻한 우리집〉(2부작, 2004년), 〈수업은 지속된다〉(8부작, 2006년), 〈사랑의 샘〉(3부작, 2009년), 〈우리 여자축구팀〉(3부작, 2011년) 등이 지속 제작되고 있다.

김정은 시대 텔레비전 연속극은 개인의 욕망을 버리고 전체를 위해 희생하는 것을 주요주제로 하며, 대표작으로는 〈기다리는 아버지〉(2부작)와 〈소학교의 작은 운동장〉(3부작) 등이 있다.[14)]

(3) 연극

북한은 연극을 "인간의 생활과 배우연기를 통하여 무대적 형상으로 펼쳐 보여주는 극예술의 기본형태"로 정의한다. 북한에서 연극은 해방 직후부터 1960년대까지

---

14) 〈기다리는 아버지〉는 경상유치원의 뛰어난 교육환경으로 피아노 신동이 콩쿨에서 1등을 한다는 내용으로 김정은의 '사회주의 문명국'에 부응하는 작품이라 할 수 있다. 〈소학교의 작은 운동장〉은 유망한 축구선수가 지방 소학교의 축구교사를 자원하여 차세대 육성에 힘을 쏟고, 마식령 속도로 일반 운동장을 잔디운동장으로 변화시킨다는 내용이다. 김정은을 위해 명예를 포기한 축구선수를 통해 북한 주민들에게 지도자에 대한 충성의 길을 제시하는 것이다.

예술에서 가장 중요한 위치를 점했지만 1970년 이후 점차 그 중요성이 낮아지고 있다.

북한 연극은 1967년 이전에는 사회주의 건설을 위한 인민들의 투쟁과 천리마 영웅 등을 형상화하면서 인민대중을 주인공으로 내세웠지만 1970년대부터 형식에서 양상을 달리한다. 1978년 6월 김정일의 지시 이후 연극에 음악·무용 등을 가미한 '성황당식' 혁명연극이 개발된 것이다. 〈혈분만국회〉(1984년), 〈3인1당〉(1984년), 〈3인1당〉(1984년), 〈딸에게서 온 편지〉(1987년), 〈경축대회〉(1988년), 〈성황당〉(1978년)과 함께 5대 혁명연극으로 지칭되는데, 북한은 김일성이 이 작품 모두를 1920년대 항일 운동을 하면서 창작한 작품이라고 주장한다.

김정일 시대에는 선군담론과 함께 군인, 군인가족이 주인공인 작품들이 제작되었다. 주요 내용은 김정일과 당을 위한 군인들의 영웅적 투쟁이며 희극성을 특징으로 한다. 2010년에는 경제선동에 중점을 둔 경희극 〈산울림〉이 제작되었으며 북한은 이 연극이 180여 회 공연에 21만 명의 관객을 모았다고 선전한다. 또한 경제선동의 또 다른 연극 〈오늘을 추억하리〉(2011년)는 김정일과 김정은이 마지막으로 함께 관람한 작품으로 북한에서 사상성이 높은 작품으로 평가된다.

김정은 시대에도 북한 주민들 사이에서 인기 있는 연극은 경희극과 같은 희극공연이다. 대표작은 평양민속공원을 짓는 내용을 담은 〈사랑〉(2012년)이며 '김정일 애국주의 만세'의 구호가 등장한다. 공연의 특징은 화려해진 의상과 무대장치를 들 수 있다.

제3절 북한의 언론과 기능

북한의 언론은 공산주의 언론관에 기초하고 있다. 공산주의 언론은 "인민을 교육하고 당과 정부의 정책을 설명하며 인민을 공산주의사회 건설에 동원하고 비판과 자아비판을 고무"하는 기능을 하도록 되어 있다. 즉, 언론은 정치사회화의 도구로 간주되고 기능하도록 되어 있는 것이다.

북한에서 언론은 "김일성의 교시와 김정일의 방침을 해설 선전하고 옹호 관철하며 프롤레타리아 독재를 가일층 강화하고 인민들의 정치사상적 통일과 단결을 강화하는 데 복무"하도록 규정하고 있다. 북한 헌법 제67조에서는 "공민은 언론·출판·

집회 · 시위와 결사의 자유를 가진다."고 명시함으로써 북한에서 언론의 자유가 보장되고 있음을 선전하고 있다. 그러나 북한에서 언론의 자유는 "인민대중을 사회주의의 건설에 더욱 힘차게 다그치는 데 이바지"할 때만이 보장받을 수 있다고 제한을 가하고 있다.[15] 언론인은 북한에서 당에 충성하는 '문필전사'로 호칭되며, 2000년대 후반에는 '선군의 붓대'로 표현된다. 이들은 북한 내에서 엘리트 계층에 속한다.

이런 점에서 북한의 언론은 북한 체제 유지 수단으로 이용되고 있음을 알 수 있다. 특히 김정일은 1995년 11월 언론 매체에 보낸 친필 서한에서 언론 매체가 사상 교양 및 통제 기능을 강화해 체제 결속에 앞장서 줄 것을 촉구함으로써 언론의 역할을 분명히 명시하고 있다. 북한의 언론은 대중의 지도자 및 안내자로의 존재 가치만이 인정되는 것이다. 따라서 북한의 모든 언론 매체에 부과된 일차 임무는 당 정책 및 혁명 사업의 선전 · 옹호에 있다.

1. 신문

북한은 다양한 매체 가운데 신문을 비롯한 출판물에 중점을 두고 있다. "출판물은 당과 대중을 연결시키는 중요한 수단이며 당이 내세운 정치 · 경제 · 문화건설의 과업실천에로 근로대중을 조직 동원하는 힘 있는 무기"라고 규정하고 있다.[16] 이와 같이 북한의 출판물은 인민 대중의 집단 교양자, 조직 동원자로서 기능을 수행하는 것으로 중시되고 있다.

북한에서 초기에 발간된 신문학 이론서인 『신문이론』에서는 북한 신문의 선전 · 선동 기능과 조직자 기능, 문화 · 교양 기능을 효과적으로 수행하기 위해 계급성과 당성, 인민성과 대중성, 진실성과 전투성을 제시하고 있는 마르크스-레닌주의를 일반 원칙으로 하고 있다.[17] 이에 따라 북한의 신문은 노동 계급의 이익 복무를 비롯해 당의 노선과 정책 선전에 충실해야 하는 계급성 및 당성을 띠고, 인민대중의 이익을 옹호하는 인민성과 대중성을 고수하며, 당 정책을 관철시키는 진실성과 전투성을 지닌다고 강조한다. 그러나 주체사상이 확립된 이후 북한의 신문은 김일성-

15) 『노동신문』 1만호 발간기념사설(2001.12.1)
16) 조선로동당출판사, 『김일성저작집 10』(평양: 조선로동당출판사, 1980), p. 296.
17) 배순재 · 라두림, 『신문리론』, pp. 25-26.

김정일-김정은 수령과 김가왕조를 선전 선동하기 위한 좋은 수단의 역할을 하고 있다.

북한의 신문은 모두 기관지로서 당과 내각, 각종 단체나 문화예술 선전 조직에서 발간하는 공식 매체다. 노동당 내 선전선동부 신문과의 감시감독을 받는 동시에 내각의 출판총국 신문과의 행정지도를 받아 제작・발간된다.

북한의 주요 신문으로는 노동당 기관지인 '노동신문'과 내각 기관지인 '민주조선'을 비롯해 김일성사회주의청년동맹 기관지인 '청년전위' 등 3개 중앙지와 각 시・도 당위원회에서 발행하는 '평양신문', '함북일보', '자강일보', '개성신문' 등 10여 개의 지방지가 있다. 이 밖에 해외홍보용 주간지인 'The Pyongyang Times', 내각의 각 성에서 발간하는 '철도신문' '건설신문' '교육신문' '교통신문' 등 기관지, 공장 및 기업소 발행의 공공신문, 각 대학 발행의 '대학신문' 등이 있다.

이상 북한의 신문들 가운데 '노동신문', '민주조선', '청년전위' 등 3개 중앙지와 각 시・도 당위원회에서 발간되는 지방지 등은 일간지다. 기관별로 발행하는 신문들은 격일간이나 주간지로 발행되며, 발행 부수도 많지 않다.

북한은 신문 기사의 종류를 제시되는 당의 노선과 정책을 다루는 사설, 사상적・사회정치적으로 중요한 내용을 밝히는 논설, 김일성・김정일의 교시나 공동사설을 쉽게 풀이한 해설, 정치문제들의 의미를 다루는 정론, 정치적 문제를 분석하고 평가하며 주장하는 논평, 단평, 정세해설, 사론, 단론, 관평, 덕성기사, 영도기사 등 총 29가지로 분류한다.[18)]

1) 노동신문

노동신문은 노동당중앙위원회의 기관지로서 노동신문사가 발행하는 북한 대표 신문이다. 1945년 11월 1일 '정로'라는 제호로 출발했으며, 1946년 9월 1일 신민당 기관지인 '전진'을 통합하여 현재의 노동신문으로 개칭되었다. 노동신문은 "위대한 수령의 혁명사상, 주체사상의 요구대로 사회와 인간을 혁명적으로 개조하고 전당과 전체인민을 김정일의 주위에 철석같이 묶어세우며 당 대열의 정치 사상적 통일을 보장하기 위하여 투쟁하는 것"을 기본 임무로 하고 있다.[19)]

또한 노동신문은 대내외 주요 현안 및 어떤 계기가 발생했을 때 정론이나 사설

18) 『광명백과사전 7: 교육・언어・출판보도』, 평양: 백과사전출판사, 2011.
19) 『조선대백과사전7』(평양: 백과사전출판사, 1998), p. 489.

등으로 북한의 입장을 대변하고 있어 북한 언론의 '총참모부' 역할을 하고 있으며, 총 6면으로 발행되는 조간신문으로 지도자의 사망 등 특별한 사건을 다룰 때에는 9~10면까지 발행하기도 한다. 특징은 김일성 · 김정일 · 김정은 등의 이름이나 교시 내용을 인용하는 경우에는 다른 글자보다 눈에 띄도록 크고 진하게 표기하고 있는 점이다. 김일성 · 김정일 · 김정은 관련기사가 있을 때는 반드시 1면에 실리며, 1면에 경제, 사회, 문화, 국제관계 등 모두가 실릴 수 있다. 또한 노동신문은 철저한 검열을 거치기 때문에 철자법 등에서 오류가 없으며 배포는 국가기관이나 당원으로 한정된다.

2) 민주조선

민주조선은 북한의 입법 기관인 최고인민회의 상임위원회 및 내각 기관지로서 1946년 6월 4일 창간되었다. 1945년 10월 15일 평안남도 인민위원회의 직속 기관지인 '평양일보'로 출발한 이후 이를 개편하여 1946년 6월 4일 북조선임시인민위원회 기관지인 민주조선으로 창간되었다. 1948년 9월부터는 북한의 최고인민회의 상임위원회와 내각의 기관지로 발행되고 있다.

민주조선은 "국가, 경제기관 일군들과 근로자들을 김일성의 혁명사상, 주제사상으로 튼튼히 무장시키며 그들을 …… 당정책 관철에로 힘 있게 조직 동원함으로써 온 사회의 주체사상화 위업수행에 적극 이바지하는 것"을 주요 임무로 한다.[20] 민주조선사에서 대형 판으로 주 6회 발행되고 있는 민주조선은 내각 기관지 특성상 행정 실무와 관련된 문제 등이 많이 실리고 있으며, 정권 기관에서 채택한 결정 사항이나 정령 · 법령 등을 상세하게 취급한다. 조직은 책임주필과 부주필이 관리하는 가운데 그 밑에 편집국, 인민행정부, 공업부, 교육문화부, 국제부, 재정경리부 등으로 구성되어 있다.

편집의 경우 노동신문과 마찬가지로 1면과 2면의 내용은 주로 김일성 · 김정일 · 김정은 등의 정치 지도 동향과 사진, 이들에게 보내온 외국의 축전이나 편지 내용, 우상화 선전 시 · 수필 등을 게재하고 있다. 민주조선은 내각의 기관지이면서도 중앙당 선전선동부의 지도 통제를 받고 있다. 기사는 주로 조선중앙통신사와 노동신문의 보도부, 국제부를 비롯한 각 부서에서 제공한 자료에 의하고 있다. 민주조선은

20) 『조선대백과사전10』(평양: 백과사전출판사, 1999), p. 97.

로동신문

경애하는 김정은동지께서
대동강과수종합농장을 현지지도하시였다

민주조선

경애하는 김정은동지께서
조국해방 70돐에 즈음하여 조선인민군
지휘성원들과 함께 금수산태양궁전을 찾으시였다

청년전위

위대한 김일성동지와 김정일동지의 동상에

평양신문

민족재생의 은인, 선군조선의 영원한 태양

통상 4면으로 제작되고 화요일 및 금요일과 특별한 날 등은 6면으로 발행되고 있는, 노동신문 다음으로 권위를 인정받고 있는 신문이다.

3) 청년전위

청년전위는 북한 '김일성-김정일주의 청년동맹'의 기관지로서 1946년 1월 17일 북조선민주청년동맹 창립과 함께 '민주청년'이라는 이름으로 발간되기 시작했다. 이후 1964년 5월 12일 조선민주청년동맹 제5차 대회에서 연맹의 명칭을 '조선사회주의로동청년동맹'으로 바꾸면서 제호도 '노동청년'으로 바뀌었다. 1996년 1월 17일 평양에서 열린 '조선사회주의노동청년동맹' 대표자회에서 명칭이 '김일성사회주의청년동맹'으로 변경되면서 이 단체의 기관지인 '노동청년'도 명칭이 '청년전위'로 바뀌었다.

청년전위는 "청소년들 속에 불멸의 주체사상을 해설 선전하며 그들을 당과 수령에게 끝없이 충실한 주체혁명위업의 믿음직한 계승자로서 키우며 청년 대중을 당의 노선과 정책관철에로 힘 있게 조직 동원하는 것"을 임무를 하고 있다.[21] 즉, 청소년들에게 주체사상을 학습시키며, 노동당의 노선과 정책을 선전하여 이의 완수를 위한 일에 헌신하도록 권고하고, 청소년들을 김일성・김정일・김정은에게 무조건 복종하는 정신을 지니도록 교양할 것 등을 주 임무로 한다.

청년전위의 기사 내용은 '노동신문'에 실린 여러 문제를 청소년과 결부시킨 것이 대부분이다. 조직은 책임주필과 부주필 아래 편집국 안에 청년생활부, 학생부, 군중문화부, 사진부 등으로 구성되어 있다.

2. 방송

방송은 신문과 마찬가지로 당 정책과 국내외 정세를 대내외에 선전・보도하며, 내각 소속 조선중앙방송위원회의 지도 밑에 운영되고 있다. 북한의 방송 사업체계는 노동당의 선전선동부나 통일전선부에서 방송 업무 자체를 지도・조정하는 당 차원과 방송국의 시설 기재 관리 및 사무를 담당하는 내각 차원으로 이원화되어 있다.

조선중앙방송위원회는 방송 업무 일체를 계획・총괄하는 기관으로서 방송 기능과 규제 기능을 동시에 하고 있다. 이 위원회는 조직과 편제상으로는 내각 문화성의 산하 기구로서 문화성이 각 방송국의 시설, 기재의 관리 및 일반 사무를 담당하고

21) 『조선대백과사전21』(평양: 백과사전출판사, 1999), p. 31.

있으나 방송의 내용이나 방송국의 책임자에 대한 인사는 당과 내각의 지도와 감독에 따라 이뤄진다. 이에 따라 조직 편제상으로는 내각에 속해있으나 위원장은 노동당에서 임명하고, 방송 내용에 관해서는 노동당 선전선동부와 통일전선부의 지시와 통제를 받고 있다.

북한의 방송 체계는 조선중앙방송위원회 산하에 각 도(직할시)방송위원회가 있고, 그 아래에 군 방송위원회가 있으며, 하부 기관으로 유선방송중계소가 있다. 방송위원회 중앙 조직으로는 라디오 총국, 텔레비죤 총국과 10여 개의 직속 국처들이 구성되어 있다. 산하에는 지방방송을 관장하는 시·도 방송위원회와 하부조직으로 제3방송(유선방송)을 담당하는 군·리 방송위원회, 유선방송중계소가 설치되어 있다.

1) 라디오 방송

라디오 방송은 북한 주민들을 대상으로 하는 조선중앙방송과 평양유선방송, 대남방송인 평양방송 등이 있다. 대외 방송으로는 노어(러시아어), 영어, 프랑스어, 중국어, 일본어, 아랍어 등 외국어 방송이 있다. 북한을 대표하는 방송인 조선중앙방송은 주민들을 대상으로 한 대내 방송으로, 1945년 10월 14일 김일성의 '조국개선환영 평양시군중대회'를 중계 방송함으로써 시작되었다. 일제 치하에 있던 평양방송국을 모체로 출발하여 1967년 12월 제1중앙방송(대내)과 제2중앙방송(대남 및 대외)으로 분리됐다가 1972년 11월 제1중앙방송은 조선중앙방송, 제2중앙방송은 평양방송으로 각각 개칭돼 오늘에 이르고 있다.

'평양방송'은 1967년 조선중앙방송에서 분리돼 제2중앙방송(대남 및 대외용)으로 출발했으며, 1972년 11월 '평양방송'으로 개칭하였다. 뉴스 보도는 조선중앙통신이나 노동신문 등 관영 매체의 보도, 사설, 논평, 노선기사 등을 대부분 인용 보도하고 있다. 1989년부터 시작한 '평양FM 방송'은 음악을 통한 대남선전용 방송으로서 북한의 혁명가곡을 비롯하여 베토벤, 브람스, 비발디 등 클래식 음악과 혁명예술 등을 방송하고 있다

북한에는 '제3방송'으로 불리는 독특한 유선방송이 있다. 북한의 유선방송은 우리의 케이블TV와 달리 전 가구를 유선방송망으로 연결, 스피커를 통해 주민들에게 일방향으로 메시지를 전달한다. 즉, 유선방송은 평양으로부터 각 도·시·군까지 연결되어 있으며, 공장기업소와 협동농장의 유선방송실을 통해 각 가정의 스피커로

중앙방송을 중계하고 있어서 일종의 사내방송이나 대학방송을 전국 규모로 확대한 형태라고 할 수 있다.

한편 북한은 '구국의 소리'라는 당 통일전선부에서 관장 운영한 대남흑색선전 방송이다. 주된 목적은 대한민국을 상대로 하는 대남 심리전이며 선전 및 선동이다. 이 방송은 김일성의 지시로 1970년에 통일혁명당 목소리 방송으로 시작, 1985년 구국의 소리 방송으로 명칭을 변경했다. 프로그램 제작은 평양시 룡부동의 '칠보산연락소'에서 이루어지며, 해주, 평양, 원산 등에 송신소가 있다. 이들 송신소에서 중파 1개, 단파 6개 채널을 통해 하루 총 91시간 방송프로그램을 송출한다. 이 방송은 서울에서 방송되고 있는 것처럼 위장하기 위해 방송용어도 대한민국 표준어를 사용한다.[22)]

2) 텔레비전 방송

▲북한의 간판 리춘희 아나운서

북한의 텔레비전 방송으로는 '조선중앙텔레비죤'을 비롯하여 '교육문화텔레비죤', '만수대텔레비죤', '개성텔레비죤' 등이 있다. 북한의 대표 방송인 '조선중앙텔레비죤'은 "주체사상과 주체적 출판보도사상을 유일한 지도적 지침으로 삼아 온 사회의 주체사상화와 주체사상의 전면적 승리달성에 이바지하는 것"을 기본 사명으로 하고 있다. 1963년 3월 '평양방송국'으로 개국하여 1970년 4월 '조선중앙텔레비죤'으로 명칭을 바꾸었다. 이후 1974년 4월 15일 김일성 62회 생일을 기해 컬러 방송을 시작했으며, 1999년 10월 10일 노동당 창당 54주년을 맞아 위성방송을 시작하였다.

북한에서 조선중앙텔레비죤의 방송진행 시작 시간은 평일(월~토) 5시, 일요일과 명절에는 9시부터였는데 2013년 8월부터 평일 오후 3시, 일요일과 명절에는 9시로 변경되었다. 현재 주요 프로그램은 김정은 선전프로그램이며 영화방송 시간이 늘고

22) 북한은 2003년 7월 제11차 남북 장관급 회담에서 상대방에 대한 비방방송 중단을 강력히 요구하면서, 같은 해 8월 1일 이 방송을 전격 중단했다가 2012년 12월 1일부터 대남 심리전 방송을 재개했다.

있다. 최근에는 스포츠 프로그램이 증가하여 2014년 아시안게임에서 북한이 우수한 성적을 거둔 경기를 집중 방송한 바 있다. 또한 2014년부터는 저녁 8시 뉴스시간에 30대 안팎의 젊은 앵커들이 등장하여 부드러워진 말투를 사용하기도 한다.

'개성텔레비죤'은 개성에 위치한 텔레비전 방송국에서 1971년 4월 15일 방송을 시작하여 1991년 10월부터는 컬러 방송을 시작한 대남 전용 방송이다. '교육문화텔레비죤'은 1997년 2월 16일 김정일의 55회 생일을 맞아 신설한 텔레비전 방송으로, 평양 일원을 가시청권으로 한 대내 방송이다.

1983년 12월 개국한 '만수대텔레비죤'은 평양 시민과 외국인을 대상으로 토요일과 일요일 및 명절에 한해 예술 공연, 영화, 스포츠 등을 주로 방송하고 있어 평양 주민들이 가장 좋아하는 방송으로 인기를 끌고 있다.

이상에서와 같이 북한 텔레비전 방송의 주요 내용은 국가의 필요에 따른 주민의 사상교양을 위한 선전선동 성격이 강하다. 그러나 최근에는 일부 내용에서 변화를 보이고 있다. 특히 주민들의 흥미와 관심을 유발하는 드라마를 이른바 방송 황금시간대(오후 8:30~9:30)에 편성하는 한편 작품 소재와 내용도 당 및 수령과 체제 우월성을 선전하는 것 이외에 남녀문제, 주민생활, 사회 갈등 해결 등의 문제를 다루는 등 점차 다양화되고 있다.

북한은 2015년 2월 9일 부터 기존의 표준화질(SD) 방송을 중단하고 고화질(HD) 방송으로 완전 전환했다. 2001년부터 태국 통신위성 타이콤5를 통해 조선중앙TV와 조선중앙방송을 아시아 전역과 아프리카 등지로 송출하고 있다.

토론 주제

1. 북한의 교육은 누구를 위한 것인가? 교육을 통하여 북한 전 주민을 어떻게 만들려고 하는가?
2. 북한의 문화와 예술은 누구를 위한 것인가? 문화와 예술을 통하여 북한 전 주민을 어떻게 만들려고 하는가?
3. 북한은 붓과 칼로 유지되고 있다. 붓에 대해 설명해보자.
4. 북한 노동당 중에서도 조직지도부와 선전선동부가 각각 칼과 붓의 역할을 하는 핵심기관이다. 선전선동부의 활동에 대해 설명해보라.
5. 북한의 언론기관의 역할에 대해 파헤쳐 보라. 특히 방송과 신문의 기능에 대해 분석해 보자.

더 읽으면 좋은 글

1. 통일부 통일교육원, 『2020-2014 북한 이해』, 2020-2014.
2. 조정아, 『교육통계를 통해 본 북한의 교육』, 서울: 통일연구원, 2016.5.
3. 신효숙, 『북한의 문화형성과 대중교육』, 교육과학사, 2001.
4. 북한연구학회, 『북한의 교육과 과학기술: 북한의 새인식 7』, 경인문화사, 2006.
5. 고육환 · 이주철 · 홍민, 『북한 언론 현황과 기능에 관한 연구』, 한국언론진흥재단 지정주제 연구보고서, 2012~08, 2012.8.31.
6. 이정철 · 김갑식 · 김효숙, 『북한이탈주민을 통해 본 북한주민의 언론과 사회에 대한 이해』, 한국언론진흥재단 지정 2011~09, 2011.9.30.
7. 김영주, "북한 언론매체, 어떻게 이해할 것인가", 『북한연구방법론』, 한울 아카데미, 2008.

제 3 부

북한 체제의 종합진단과 통일

제3부 북한 체제의 종합진단과 통일

지구상 모든 사회주의 체제국가는 70여년을 생명으로 모두 붕괴했거나 체제 변동을 겪었다. 그러나 유독 북한 김가왕조 독재체제는 수많은 붕괴 전망을 비웃기라도 하듯 3대 세습을 이루면서 70년을 넘기며 버텨내고 있다.

그렇다면 "북한체제가 계속 유지될 것인가? 아니면 체제변동 및 붕괴할 것인가?"를 종합적으로 진단해 볼 필요가 있다.

또한 북한체제의 변동 및 붕괴를 대비하여 우리의 소원인 통일에 대해서도 살펴보는 것도 중요하다.

따라서 제3부는 북한체제를 종합적으로 진단해보고 통일을 대비할 수 있도록 구성하였다.

제10장에서는 체제변동과 유지에 관한 학자들의 이론은 어떠한 것들이 있으며, 북한체제 변화를 설명할 수 있는 학설은 무엇인지 기술하였다. 또한 북한체제 변화를 추동하는 주요 변수들을 분야별로 식별하였다.

제11장과 제12장에서는 통일이 분명 대박임에도 통일문제에 대한 이해가 부족하기에 통일문제 이해와 통일에 대한 비전 및 준비에 관해 기술하였다.

제 10 장

북한 체제의 종합진단

북한체제의 안정성 및 변동 문제는 북한연구에 있어서 김일성 시대 말기부터 줄곧 대두되어 왔다. 특히 1990년을 전후하여 구소련과 동구권 공산국가가 붕괴하고 중국, 베트남 등이 체제변동[1]을 가져온 여파로 인해 북한도 붕괴하거나 중국식 개혁개방의 길로 나올 것이라는 장밋빛 전망이 대세를 이루었다. 그러나 북한은 사회과학자들의 전망을 비웃기나 하듯이 덜컹거리면서도 3대세습까지 하면서 '그럭저럭 버티기(Muddle Through)'[2]를 하고 있다.

독재자와 지배 엘리트 간의 협력과 갈등은 체제를 유지하는데 있어 아주 중요한 변수이다. 최근 김정은의 공포정치 행태와 핵 · 미사일 폭주로 인한 미국과의 전쟁까지 배제되지 않는 갈등으로 인하여 김정은 체제의 불안감이 증폭되고 있다.

한편에서는 북한의 점진적 변화의 긍정성을 평가하기도 하고 또 다른 한편에서는 북한 불변론과 함께 도둑처럼 찾아 올 북한 급변사태를 희망하기도 한다. 이러한 상황에서 특히 북한체제의 변동 가능성을 진단해 보는 것은 대북정책과 통일정책에서 중요한 과제가 아닐 수 없다.

본 장에서는 제2부에서 북한체제의 각분야별로 진단한 것을 종합하여 북한체제가 변동 또는 유지되는 이론과 요인을 중심으로 종합 진단한다.

---

1) '체제변화(System change)' 관련 유사한 용어가 많이 있다. 통상 변화의 표현은 변화의 범위나 깊이, 지속기간, 강도 등에 따라 달리 사용된다. 따라서 본 저서에서는 북한체제의 정치구조 또는 경제구조가 바뀌는 것을 포함해서 정치변동과 같은 의미의 '체제변동' 용어를 사용한다.; 김기호, "북한체제의 안정성과 변동에 관한 연구"(박사학위논문, 경기대학교 정치전문대학원, 2009).

2) Marcus Noland, "Why North Korea Will Muddle Through," *Foreign Affairs*, Vol. 76, No. 4 (Jul.-Aug., 1997), pp. 105-118.

제1절 체제변동에 관한 이론

1. 체제변동 관련 이론

1) 체제 적응 이론

체제 적응 이론은 체제가 환경에 적응하기 위해 변동할 수밖에 없다는 것이다. 종래의 공산주의 체제 변동은 공산집권 엘리트의 정치적 목표와 그 목표실현을 위한 행동강령 간의 괴리를 좁히려는 노력의 결과로 생긴 전체주의적[3] 모델의 불균형성을 시정하려는 체제의 노력에서 나타났다는 주장이다. 이러한 논리는 "후기 동원단계에 도달한 공산주의 체제는 변화된 환경에 적응하기 위하여 비록 속도의 차이는 있으나 전체주의 체제에서 정치적 다원주의로, 명령경제에서 시장경제로, 그리고 폐쇄사회에서 개방적이며 민주적인 방향으로 전환되고 발전 할 것이다."[4]라는 가설에 기초하고 있다.

실제로 스탈린식 명령적 계획경제체제는 대내외적 환경에 적응할 수 있는 보다 적극적인 체제 유지 노력이 대두될 수밖에 없었던 것으로 이러한 관점에서 이러한 체제 적응 이론은 체제 변동의 이유를 설명하는데 일정한 설득력을 지닌다고 할 수 있으며, 유사 공산주의 체제 간의 상이한 변화 패턴을 설명할 수 있는 유용성을 갖고 있다고 할 수 있다.

그러나 공산주의 체제 변화에 대한 보다 정확한 분석을 위해서는 주요 정치적 행위자 예컨대, 북한의 경우 최고지도자의 리더십과 정치적 · 이데올로기적 정향 뿐만 아니라 그 체제의 역사적 · 정치적 · 문화적 전통 또는 유제까지 분석되어야 할 것이다. 특히 정치체계의 구조와 기능 그중에서도 김정은의 리더십과 통치방식 및 권력 엘리트들의 구성과 성향에 대한 검토가 필요하다.

---

3) 김운태, 『정치학원론』(서울: 박영사, 1978), pp. 433-439.

4) 김명호, "북한체제의 변화와 남북한 관계 전망," 『'93 북한통일연구 논문집III』(서울: 통일원, 1993), p. 88.

2) 수렴 이론

이것은 현실 사회주의 체제 변혁 운동을 사회주의와 자본주의 체제의 상호 수렴 과정으로 파악하는 견해로 사회주의 체제가 민주주의적 요소를 대거 수용하고 자유 민주주의 체제에서는 사회적 통제와 경제적 계획화를 증대함으로써 양 체제가 나란히 민주사회주의 체제로 전환될 것이라는 가정에 기초하고 있다.[5)]

이를 보다 구체적으로 설명하면 동·서양체제는 기술적 발전에 따른 전반적인 정부권력의 증대로 인하여 정치적 갈등양상은 점차 감소되고 정치·사회적 통합이 증대되어 서구사회에서의 경제적 사회주의와 동구에서의 정치적 민주화가 이루어지는 형식으로 동·서양 진영이 자본주의와 사회주의가 절충되는 제3의 이데올로기, 즉 사회민주주의 또는 민주사회주의의 방향으로 진행할 것이라는 견해이다. 물론 자본주의가 정부의 통제 강화 등 일부 사회주의적 요소 등을 가미해서 복지국가의 구현을 추진하고는 있지만 수렴론이 주장하는 것과 같이 되는 것이 아니며, 대부분의 사회주의 국가들은 이미 붕괴되었다.

3) 체제 붕괴 이론

이 견해는 체제 적응 이론이 주장하는 환경적응에 의한 체제의 유지노력에도 불구하고 공산주의 체제는 더 이상 존립하지 못할 것이라는 주장이다. 예컨대 브레진스키는 민족주의의 부활이 공산주의 체제에 심각한 위협이었다고 전제하고[6)] 소련 체제의 정치적·사회경제적 실패가 공산주의의 호소력과 이념적·정치적 영향력을 상실시킴으로써 공산주의의 역사적 비극으로 연결되었다고 보았다.

또한 후쿠야마는 마르크스-레닌주의의 몰락을 주장하면서 이념의 종언이나 자본주의와 사회주의의 수렴이 아닌 경제적·정치적 자유주의의 완전한 승리를 예견했고, 그것은 단순한 냉전의 종식이나 전후의 어떤 특정 시대의 끝이 아닌 역사의 종언 현상이라고 보았으며,[7)] 인류사회의 이데올로기적 진화의 마지막 점을 의미한

---

5) 김강녕, "사회주의권의 변화에 대한 북한의 반응," 『산업사회와 한국정치의 과제』(서울: 한국정치학회, 1990), pp. 235-236.

6) Zbigniew K. Brezinski, *The Grand Failure: The Birth and Death of Communism in the Twentieth Century*(New York: Charles Scribner's Sons, 1989), p. ix.

7) Francis Fukuyama, *The End of History?*, 함종빈 역, 『역사의 종언』(서울: 헌정회, 1989), pp.

다고 주장하고, 인간사회의 최종적 형태는 서방세계의 자유민주주의의 보편화 현상이 될 것이라고 단언했다.

이상의 주장을 종합하면 변화된 환경에 적응하고자 하는 체제의 노력이 일정한 수준의 민주화와 국내 경제개혁과 대외개방을 수반함으로써 외부로부터 유입되는 새로운 정보와 구성원들의 욕구증대를 통해 궁극적으로 기대 이상의 변화를 초래함으로써 통제력을 상실하게 되어 체제가 붕괴된다는 논리에 기초하고 있다. 그러나 이 주장은 아직까지도 체제를 유지하고 있는 북한과 본질적으로는 사회주의 체제를 유지하고 있는 중국과 베트남과 쿠바의 현상을 설명하기에 충분하지 않다.

4) 근대화 이론

근대화 이론을 기초로 사회주의 체제 변동을 설명하는 담론의 핵심은 사회주의 체제의 경제발전과 사회구조의 복잡성, 도시화, 교육 수준의 향상이 사회주의 체제의 붕괴를 초래하는 중요변수라는 주장이다. 즉, 산업화로 인한 도시화와 교육수준의 향상이 경직되고 억압적인 사회주의 체제에 대한 순응과 복종을 저해하였다는 논리이다. 립셋(Seymour M. Lipset)은 산업화, 도시화 및 교육수준의 발전 등 근대화의 진전이 민주주의의 발전과 직결된다는 견해를 제시, 체제 변동과 근대화의 연관성에 주목했다.[8)]

그러나 그것은 체제 변동에 대한 상관관계에 대한 규명일 뿐, 근대화가 체제 변동에 어떠한 인과관계를 지니고 있는지를 설명하기에는 불충분하다. 또한 교육화와 도시화가 될수록 체제에 불복종하게 된다는 것은 단선적 상관관계로서 체제 변동에 이러한 변수들이 어떠한 영향을 행사하는지, 또한 근대화에 의한 사회변동이 체제 변동과 어떠한 역동성을 갖는지 규명하지 못한다. 예를 들면, 근대화의 논리가 헝가리, 동독, 폴란드와 같은 사회주의 선진국에는 어느 정도의 설명력을 지닐 수 있어도, 후진 사회주의 국가인 루마니아, 알바니아의 붕괴에 대해서는 제한적 설명을 지니게 된다.

따라서 사회주의 체제 붕괴에 대한 원인론적 설명은 붕괴의 조건을 설명하는 데

123-124.

8) Seymour M. Lipset, *Political Man* (Baltimore: The Johns Hopkins University Press, 1981).

에 대한 타당성을 가지고 있을 수는 있으나, 어떻게 붕괴가 되고, 무엇에 의한 붕괴인지에 대한 과정론적, 행위론적 붕괴를 설명하는 데에는 조건적 변수만을 제공할 뿐이다.[9)]

5) 세계체제 이론

세계체제 이론에서 볼 때, 사회주의 국가들이 걸어온 변화의 궤적은 공통적으로 자본주의 세계 체제로부터의 이탈, 자본주의 세계 체제로부터의 봉쇄 및 고립, 자본주의 세계 체제에의 봉쇄전략 때문에 고립되었으며, 봉쇄와 고립으로 사회주의 국가들의 경제가 침체되어 체제 붕괴의 위기에 직면하자 활로를 자본주의 세계 체제에의 재편입에서 찾았다는 논리로서, 당시 소련의 페레스트로이카를 그런 시각에서 설명할 수 있다는 것이다.[10)]

세계 체제 이론에서 개발된 명제를 따르면 북한의 미래에 대한 궤적은 명백하다는 것이다. 소련을 비롯한 다른 사회주의 국가들의 경우와 마찬가지로, 북한도 사회주의 정권을 수립하면서 자본주의 세계 체제에서 이탈하였고, 그 이후 지속적으로 자본주의권의 봉쇄를 받아왔으며, 이제는 경제침체를 해결하는 길로써 자본주의 세계 체제에 재편입할 수밖에 없다는 것이다.[11)]

2. 상대적 박탈감론과 J 곡선 혁명 이론

1) 상대적 박탈감론

혁명발생과 체제 변동의 원인으로 일련의 집합심리학자들은 '좌절 - 공격(frustration-aggression)'이라는 심리학적 설명을 기본적 출발점으로 논의를 전개하고 있다. 거어(Ted Robert Gurr)의 이론은 좌절이 공격을 유발하는 주요 요인이라는 점을 밝힘으로써 좌절 - 공격의 관점을 견지하고 있다. 거어는 『왜 인간은 반역하는가?

9) 붕괴의 역학과 각 변수들의 인과성과 영향성을 규명하기 위해서는 붕괴의 과정과 붕괴의 주체 행위자에 대한 분석이 요구된다.

10) 서재진, 『세계체제이론으로 본 북한의 미래』(서울: 황금알, 2004), 서문.

11) 서재진(2004), 서문.

(*Why Men Rebel*)』라는 저서에서 혁명 발생의 원인으로 '상대적 박탈감(relative deprivation)'을 제시했다.[12] 거어는 경제·사회적 상황에 대한 상대적 박탈감이 정치폭력을 유도한다는 점을 강조한다. 거어가 정치적, 집합적 폭력의 원인으로 지적한 상대적 박탈감은 개인적 차원뿐만 아니라 집단적 차원까지 포함한다. 거어는 혁명이라는 거시적 현상을 개별 성원들의 불만과 심리적 불안정 등 인성적 측면에서 설명하고 있다.

거어의 분석방식은 혁명이라는 거시사회학적 대상을 개별 구성원의 인식과 행위 차원에서 설명하고 있다는 점에서 미시적 성격을 띠고 있다. 거어에 따르면 혁명의 경우 국가 구성원들의 기대치와 이를 실현시킬 수 있는 체제의 능력 간의 간극이 커질 때 발생하게 된다. 이 같은 상황에서는 정치·사회적 불안정이 증대되며 정치폭력으로 연계될 개연성이 높아진다는 것이다.[13] 거어는 사람들이 원하거나 당연시하는 가치 및 기회와 실제 상황 간의 괴리를 심하게 느꼈을 때 분노한다는 것이다. 자신이 당연히 향유할 수 있는 가치와 기회가 실제상황에서 얻어질 수 없을 때 사람들은 박탈감을 느끼며, 이는 혁명이나 체제 변동으로 이어지는 집단적 분노와 정치폭동을 유발한다는 것이다. 거어의 결론은 국민들의 사회적인 기대치가 실제 체제의 능력을 초과하거나 실제 만족도를 넘어설 경우 대중적인 사회 심리적 좌절을 야기하며 이는 정치폭력으로 표출될 수 있다는 추론을 가능케 한다.

특히, 북한처럼 1990년대부터 고난의 행군을 강조하고 2012년 강성대국의 문을 활짝 열 때까지 참아보자고 하였는데 이미 2012년이 지나가고 2021년이 왔는데도 강성대국은커녕 먹는 문제도 해결 못하고 있기에 주민들의 불만이 표출만 못하고 있을 뿐이지 증폭되어 있을 개연성이 높다. 더욱이 다같이 잘사는 사회를 만들자고 하면서 일부 지배계층은 호의호식하는데 주민들의 인내가 한계에 도달하고 박탈감과 좌절감이 심화되면 폭력으로 이어질 수 있을 것이다. 신분계층의 차이, 도시와 농촌의 차이, 부자와 가난한 자의 부익부 빈익빈 현상 등 사회주의 체제라면 이론상 있을 수 없는 현상들이 북한 사회에 내포되어 포화상태에 진입하고 있어서 임계점

---

12) Ted R. Gurr, *Why Men Rebel*, (Fortieth Anniversary Paperback Edition)(Paradigm Publishers, 2011)

13) 거어는 상대적 박탈감에 대한 보다 세부적 논의를 전개하여 세 가지 유형으로 제시하여 열망적 박탈감(aspirational deprivation), 쇠퇴적 박탈감(decremental deprivation), 그리고 진보적 박탈감(progressive deprivation)으로 구분한다. *Ibid.*, pp. 46-56.

이나 도화선 등 격발인자가 결합될 때 폭발성을 띨 수 있을 것이다.

2) J곡선 혁명 이론

혁명 연구가 데이비스(James C. Davis)는 상대적 박탈감을 사회심리학적 차원으로 연계시켜 혁명이 발생하는 사회적 조건에 주목하였다. 데이비스는 상대적 박탈감을 사회심리학적 차원으로 연계시켜 혁명을 설명했다. 데이비스는 마르크스와 토크빌의 혁명론에서 절대적인 빈곤과 위기가 아닌 상대적 차원이 혁명의 원인일 수 있다는 논의가 발견된다는 점을 강조한다.[14] 혁명은 절대적 빈곤이나 박탈감의 상황보다는 상대적 빈곤이나 박탈감의 상황에서 발생할 개연성이 높다는 것이다.

데이비스의 J곡선 혁명이론은 객관적인 사회·경제 상태의 변화보다도 변화의 양상에 대해서 사람들이 갖는 기대상승과 심리적 박탈감이 집합행동이나 혁명의 주요 원인이라는 점을 강조한다. 데이비스에 의하면 혁명이 발생하는 시점은 장기적인 경제 하강이나 위기가 지속되는 국면이 아니다. 오히려 지속적이고 명백한 경제·사회적 발전국면과 그 이후에 이어지는 단기적이고도 급격한 하락국면이 혁명발생의 시점이 될 수 있다는 것이다. 이때 중요한 것은 사회구성원의 정신(mind) 또는 심리상태(mental state)이다. 장기적인 경제·사회적 발전국면은 사회구성원들에게 지속적인 발전에 대한 기대감을 가지게 하며, 자신들의 기대가 이루어질 것이라는 전망을 가능케 한다. 급작스러운 쇠퇴국면의 도래는 이와 같은 기대의 좌절과 사회적 불안을 초래하며 결국 혁명적 상황으로 발전한다는 것이다.

데이비스의 혁명이론에 있어서 실질적인 경제·사회적 발전단계보다 중요한 것은 바로 개인들이 가지고 있는 기대감과 좌절이다. 데이비스에 의하면 혁명의 조건으로서 실제적인 박탈의 상태와 정도보다는 사람들이 부당하다고 느끼는 심리상태가 중요하다는 것이며, 기대했던 상황이 전개되지 않을 때가 바로 이에 해당한다는 것이다. 데이비스가 제시한 혁명발생 시점은 [그림 10-1]로 요약될 수 있다.

---

14) James C. Davis, "Toward a Theory of Revolution," *American Sociological Review* (February 27, 1962), pp. 5-6.

[그림 10-1] 데이비스의 욕구만족과 J곡선 혁명

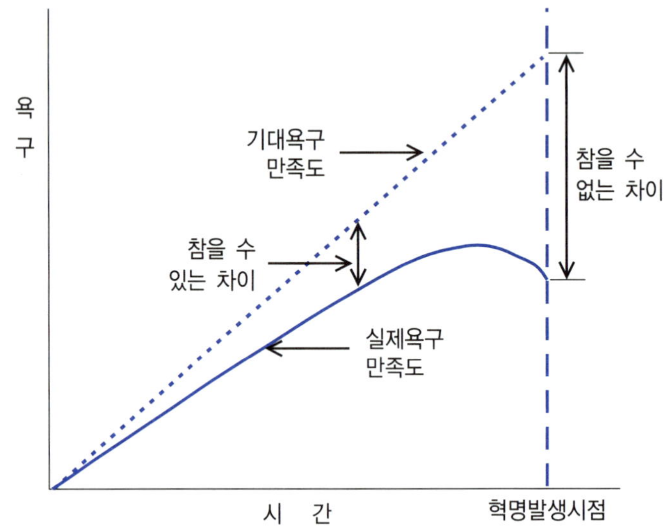

출처: James C. Davis(1962), p. 6.

제2절 체제 유지에 관한 이론

1. 독재정권과 정치경제학 모델

1) 윈트로브의 정치경제학 모델

독재자가 정권을 유지하고 지배 엘리트의 충성을 강요하는 현상에 착안하여 독재의 다양한 유형과 다양한 독재정권의 경제모형을 구분하여 체제를 유지하는 현상을 규명한 논의들 중에 북한 체제에 적실성 있는 논의가 윈트로브의 정치경제학 모델이다.[15]

15) Ronald Wintrobe, ***The Political Economy of Dictatorship*** (New York: Cambridge University Press, 1998)

독재자가 정권을 유지하자면 억압과 충성이라는 두 가지 수단이 필요하다. 충성은 재분배를 통해 또는 공공재의 제공을 통해 매수될 수 있다. 독재정권에서 억압과 충성이 공히 높은 이유는 억압이 낮은 수준에서는 억압이 증가함에 따라 저항이 증가하지만, 억압이 충분히 높은 어떤 수준에 이르면 저항하는 것이 너무 위험하기 때문에 적어도 외관상 적극적으로 충성을 표하는 것이 생존하는 방법이 되기 때문이다. 따라서 독재정권은 높은 억압과 높은 충성의 수준을 특징으로 하는 체제이다.

독재정권의 유형 중 북한 김정은 정권과 같은 폭정(tyranny)의 유형은 권력을 유지하는 데 사용하는 여러 수단 중에서 폭력이 가장 기본적이고 중요한 의미를 가지기 때문에 높은 수준의 억압만이 존재하는 체제이다. 대개의 경우 폭정은 조세수취와 징발 등 여러 조치를 통해 주민의 재부를 탈취하여 자신이 설정한 목적을 위해 사용하거나, 권력을 유지하는 데 적극적 협력이 필요한 군부, 핵심 측근 등을 매수하는 데에 사용한다. 이와 같은 폭정은 궁핍화 전략과 연계되어 있다. 또한 폭정은 경제성장을 의도적으로 거부한다. 경제성장을 추구하자면, 독재자는 경제성장에 해가 되는 과잉조세, 과잉규제, 징발 등을 자제해야 하고 경제성장이 실현되면 주민이 정권에 저항하는 데 사용할 수 있는 자원을 증가시키기 때문이다.

그렇기 때문에 주민의 궁핍화는 오히려 주민이 정권에 저항하는 데 사용할 수 있는 자원을 감소시키는 효과가 있다. 주민은 궁핍화 전략을 추진하는 정권을 좋아하지는 않지만, 대부분의 주민은 너무 가난하여 정권에 효과적으로 저항할 수가 없다.[16] 대부분의 주민들은 배 채우기도 힘들어서 그저 배 채우기에 급급하고 정권에 저항하는 것은 생각조차 할 수 없게 만드는 것이다.

윈트로브의 독재정권하에서의 경제모형 중 특히 도둑정치(kleptocracy) 모형은 북한 김정은 정권을 설명하는데 유용할 것이다. 도둑정치 모형에서 독재자가 경제에 관여하는 목적은 오직 하나인데 자원 재분배를 통해 자신과 충성스러운 지지자들을 적절하게 보상하기 위해서이다. 이같은 재분배 정책하에서는 일반노동자들이 덜 열심히 일하게 되고 창의성과 혁신을 잘 발휘하지 않게 되며, 저축도 위축되기 때문에 경제적 비효율성을 초래하게 된다. 도둑정치 모형은 여러 정치체제에 적용되었으며, 공산주의 체제도 포함되고 특히 북한의 '우리식 사회주의 체제'에 적용

16) *Ibid.*, pp. 79-83.

가능하다.[17] 북한 우리식 사회주의체제 하에서의 도둑정치 모형은 계획기구가 자원의 배분보다는 소득의 재분배만을 위해 봉사하게 된다. 이러한 상황에서는 국가의 계획기능이 존재함에도 불구하고 실제로는 시장이 생산을 유도하고 자원을 분배하는 기능을 수행하며, 계획기능은 소득의 재분배 역할만을 맡게 된다.[18]

2) 지대이론과 정치경제학 모델

독재자가 자기 정권과 체제를 유지하기 위하여 독재자의 입장에서 핵심 지지자를 매수하고 반대파를 억압하는 통치기구를 운영하는 데는 상당한 자금이 들어간다. 이러한 매커니즘을 다루는 연구 및 논의가 지대추구(rent-seeking) 이론으로 외부의 원조와 자원수출과 같은 외래지대가 독재정권의 유지와 실적에 미치는 영향에 대한 연구이다. 지대 및 지대국가 담론은 석유 수출국인 중동 국가를 대상으로 하여 베블라위(Hazem Beblawi)와 루치아니(Giacomo Luciani)에 의해 본격적으로 제기되었다.[19]

독재자가 정권을 유지하는 데 필요한 지지자에 대한 포상, 잠재적 반대자에 대한 억압 비용 및 매수 비용의 조달은 상당한 양의 외부 원조 또는 석유와 같은 자원 수출로부터의 수입이 존재하면 현저히 용이해진다. 만약 외부로부터의 원조 또는 석유나 여타 지하자원 수출 가능성이 있으면 독재자가 권력을 유지하는 것이 훨씬 용이해진다는 것이다. 이를 내부 경제를 통해 동원하자면, 독재자는 내부 경제 생산성을 올리기 위한 여러 조치를 취해야 하는데, 이를 위해서는 독재의 기반이 되는 여러 조치를 해체하고 반대파의 힘을 증가시킬 수 있는 조치를 취해야 하기 때문에

---

17) 사실상 현재 김정은 체제의 북한은 본질적으로는 사회주의 체제이나 김일성・김정일 주의에 의한 '우리식 사회주의 체제'이다.

18) 도둑정치 모형이 적용되는 또 다른 사례로는 독재 체제의 지대추구(rent-seeking)모형을 들 수 있다. 공산당은 계획 체계를 통해 자원에 대한 독점 지배를 행사하며, 누가 자원을 사용할 것인가에 관한 인허가를 분배한다. 이러한 인허가 획득은 정치적 불로소득, 즉 지대를 창출하기 때문에 사람들은 이것을 획득하기 위해 막대한 노력을 기울인다. 즉, 공산당은 지대의 분배자 역할을 하고 일반 사람은 이를 획득하기 위한 지대추구를 하는 것이다.

19) '지대국가'의 개념은 1979년 이란혁명 이전까지의 팔레비 정권하의 이란을 대상으로 개념화된 이래 주로 중동 전문가들 사이에서 널리 통용되었다. 지대국가에 대한 선도적 연구로서는 Hezem Beblawi and Giacomo Luciani (eds.), *The Rentier State: Nation, State and Integration in the Arab World* (London: Croom Helem the Instituto Affari Internazionali, 1987), pp. 61-65.

많은 제약사항이 존재하기 때문이다.

북한의 경우와 같이 인민경제 외에 당 - 군 경제인 수령경제의 구조가 있는 경제 체제에서는 '정치지대'가 체제변동을 막는 핵심 억압기제로 작동할 것이다. 초과 수익인 정치지대는 독재자의 통치자금과 정치적 지배연합의 수익으로 독재자에 의해서 보상되고 이들은 충성을 하는 장치로 작동하여 결과적으로 지배 엘리트의 분열을 막고 체제변동을 막는 억압기제가 되는 것이다.

3) 독재자의 생존전략과 승자연합 이론

메스키타를 중심으로 한 일련의 학자들은 정권의 유형과 자원배분의 상관관계에 대한 일반논의를 발전시켰다.[20] 정권의 유형은 '승자연합'의 크기로부터 도출되는데, 승자연합은 보다 규모가 큰 '선출인단'으로부터 도출된다. 승자연합은 지도자가 권력을 유지하자면 반드시 지지를 확보해야 하는 집단으로 선출인단의 일부이다. 승자연합의 지지가 없으면 지도자가 지위를 유지할 수 없다. 민주주의는 독재에 비해 보다 대규모의 승자연합을 요구한다.

통치자는 세 가지 다른 방식으로 소득을 올리고 분배한다. 첫째, 사회의 모든 구성원에 이득을 주는 공공재(public goods), 둘째, 권력을 유지하자면 반드시 지지를 얻어야 하는 자들에게 이득을 주는 사적재(private goods), 셋째, 독재자 개인의 사치스런 생활 스타일을 유지하는 데 사용할 수 있는 자유재량자금이다. 그런데 승자연합의 규모가 비교적 큰 경우 이들에게 사적재를 분배하여 지지를 확보하고자 하면 비용이 너무 많이 든다. 이에 비해 승자연합의 규모가 작으면 통치자는 이들에게 사적재를 제공함으로써 이들의 지지를 확보하고 자신의 직위를 유지해갈 수 있다.[21]

---

20) Bruce Bueno de Mesquita, Alistair Smith, Randolph M. Siverson and James D. Morrow, *The Logic of Political Survival* (Cambridge, M.A.: MIT Press, 2003); Bueno de Mesquita and Smith, *The Dictator's Handbook*: Why Bad Behavior is Almost Always Good Politics. 이미숙 옮김, 『독재자의 핸드북』(서울: 웅진지식하우스, 2012).

21) 이러한 접근은 민주주의는 독재에 비해 더 많은 공공재를 제공한다는 결론을 내포하고 있다. 예를 들어, 100만 명에게 100원씩 주면서 지지를 호소하면 효과가 없기 때문에 100만 명이 공히 혜택을 볼 수 있는 공공재 공급을 증가시키겠다는 약속을 통해 이들의 지지를 구해야 한다. 이것이 민주주의의 논리이다. 반대로 100명에게 100만 원씩 뇌물을 주고 지지를 확보하여 정권을 유지할 수 있다면, 다수가 혜택을 볼 수 있는 공공재 공급을 증가시킬 필요

지도자의 지위는 승자연합이 소규모이고 선거인단이 대규모일 때 가장 안전하다. 선출인단의 규모가 크기 때문에 승자연합에서 이탈자가 생겨도 곧바로 대체할 수 있다. 또한 승자연합이 작을수록 지도자가 이들을 매수하기 위해 제공해야 하는 사적 재의 가치도 작아진다. 반대로 승자연합의 규모가 작을수록 지도자가 공공재에 투자해야 할 인센티브도 작아진다. 이러한 특징은 재정소득의 확보와 지출에도 중요한 영향을 끼친다. 개인 소득세 등과 같은 직접세는 세금 수입은 늘려주지만 대규모 행정조직을 필요로 한다. 이는 승자연합을 최소화하라는 법칙에 어긋난다.

따라서 승자연합의 규모를 최소화할 수 있도록 세금징수는 간접세를 위주로 하며 또는 핵심지지자들이 스스로 돈을 벌 수 있도록 독점과 인허가 특혜 등 특권을 부여하는 것이다. 스스로 돈을 벌 수 있게 하는 방법 중의 하나는 지지자들의 부패를 묵인하는 것도 있다. 부패의 묵인은 독재자를 강화시킨다. 독재정권 지지자들이 돈을 벌 수 있어 충성을 증가시킬 뿐 아니라, 만약 독재자가 이들을 처벌하고자 하면 부패로 얼마든지 처벌할 수 있게 된다. 충성집단의 충성을 유지하는 작업의 핵심은 충분한 보상을 하는 것이기 때문에 이들의 특혜를 감소하면서 국민을 부자로 만드는 정책을 취해서는 절대로 안 된다.

2. 혁명과 강압기제의 사회통제력 이론

1) 스카치폴의 혁명과 강압기제 이론

혁명의 발생과 불발의 여러 사례를 연구한 스카치폴(Theda Skocpol)은 혁명 발생과 관련하여 수수께끼가 있다고 주장한다. 즉, 직관적으로 볼 때 혁명 발생의 전제조건이 충분히 성립하는 경우에도 혁명이 성공하는 경우는 드물다는 것이다. 이를테면 정권이 상당한 수준의 정당성을 상실하고, 경제가 피폐하고 사회가 혼란하여 민심이 집권세력으로부터 상당히 이반되어 있어도 혁명이 성공하기는 쉽지 않다는 것이다. 스카치폴은 그 수수께끼에 대한 해답을 프랑스와 러시아와 중국의 혁명을 비교 연구한 결과 국가의 억압기구가 체계적이고 효과적으로 운영되어 혼란한 사회에

가 없다. 이것이 독재의 논리이다.

대한 강력한 사회통제력을 지니고 있으면 혁명이 성공하기가 어렵다고 제시하였다.

혁명과 체제 변동 및 붕괴의 관건은 스카치폴의 견해에 의하면 정권(국가)의 강력함, 특히 현 정권(국가)이 강제수단의 독점을 유지할 능력이 얼마나 강한가에 달려있다고 한다. 만약 국가의 강제기제가 체계적이고 효과적이면, 국가는 대중의 민심이탈을 진압할 수 있으며, 상당한 수준의 정당성 상실, 나아가 백성들 사이에 만연하는 상대적 박탈감까지도 극복할 수 있다고 한다.[22] 다시 말해, 국가의 강제기구가 얼마나 강한가, 체계적인가, 효과적인가의 여부가 혁명이 성공하는 경우와 실패하는 경우, 또는 아예 발생하지 않는 경우를 가른다는 것이다.

이러한 통찰은 북한 체제, 즉 김정은 정권의 안정성 및 체제 변동 여부를 전망하는데 새로운 연구방향과 판단기준을 제공한다. 즉, 북한 정권의 체제변동 여부를 판단할 때, 체제 변동 요인의 증가를 고려하는 것과 함께 체제 변동을 억제하려는 강압기제의 작동이 얼마나 실효적인 사회통제능력을 보유하고 있는가를 판단해야 한다는 것이다.

2) 털록의 억압기구와 사회통제력 담론

핵무기를 포함한 북한의 군사능력과 지정학적 유리점은 소수의 지배연합에 기반한 정권유지를 가능하게 하고 있다. 북한이 핵을 포함한 군사대결 조건을 포기하기 힘든 가장 중요한 이유는 외부로부터 물적 자원의 추출을 용이하게 하고, 내부적으로는 정권의 미래에 대한 엘리트의 확신을 강화시켜 주는 전략적 수단이기 때문이다.[23] 독재연구가인 털록(Gordon Tullock)에 의하면 고도로 발달된 억압기구와 사회통제력, 외부행위자의 내부간섭 부재, 적대국가의 위협행위에 대한 억지력 등은 지배자에게 현상유지에 대한 정치적 자신감과 엘리트들에게 정권의 미래에 대한 기대를 제공한다고 한다.[24] 북한은 전 주민을 출생에서부터 사망시까지 해당 조직에

---

22) Theda Skocpol, *States and Social Revolutions: A Comparative Analysis of France, Russia, and China*(Cambridge: Cambridge University Press, 1979), p. 32. 여기서는 Eva Bellin, "Coercive Institutions and Coercive Leaders," Marsha Pripstein Posusney and Michele Penner Angrist (eds.), *Authoritarianism in the Middle East: Regimes and Resistance* (London: Lynne Rienner Publishers, 2005), p. 25.에서 재인용.

23) 최완규, 『북한은 어디로 가고 있는가』, 국방대학교 강의자료(제3교과)(서울: 국방대학교, 2010), p. 5.

24) Gordon Tullock, *Autocracy* (New York: Springer, 1987); 고든 털럭, 황수연 · 황인학 옮김,

가담케 함으로써 물샐틈없는 통제시스템을 갖추고 있다. 당과 군, 공안기관들에 의한 4~5 중 감시 및 억압기구뿐만 아니라 북한주민을 사상이념적・정치조직적・경제사회적・법적통제의 방식으로 강압기제가 효과적으로 작동되고 있다. 그리고 보안기구들에 의한 4~5중 감시 및 억압기구가 있다. 그래서 이들 국가의 강압기구가 효과적으로 작동하기 때문에 체제의 변동을 억제하고 있다고 볼 수 있다. 이러한 입장에서 본 저서는 북한 체제가 체제 변동 조건이 충분히 성숙하였음에도 변동하지 않고 유지되는 북한적 현상을 규명하고 사회체제의 억압기제를 분석하는데 스카치폴과 털록의 사회통제력 이론을 준용하고 있다.[25)]

제3절 북한 체제 변화의 주요 변수 진단

2011년 말 김정일의 급작스런 죽음으로 충분히 준비되지 않은 상태에서 갑자기 출범한 김정은 정권은 불안정성과 불확실성을 가장 많이 내포했었다.[26)] 김정은은 나이가 어리고 후계자 수업 등 경험이 일천하며, 후계구축 기간이 턱없이 부족한 상태에서 집권하였기 때문이다. 김정은 집권 초기 정보기관과 대부분의 북한 전문가들은 김정은이 조기에 권력을 장악하기 위하여 대내외적으로 '독단적이며 조급한 무리수'를 두기 시작하였다고 평가했다.[27)]

『전제정치』(부산: 경성대학교출판부, 2011); 최완규(2010), p. 3.에서 재인용.

25) 또한 털록에 의하면 독재자의 대부분은 고위 간부가 시도하는 음모를 통해 자리에서 쫓겨날 영원한 위험에 처해있다는 것이다. 민중봉기에 의해 독재자가 축출되는 경우는 매우 드물다는 것이다.

26) 통일연구원, "김정은 정권의 대내외 정책평가와 우리의 대응방향, 『통일정세분석 2013-08』(서울: 통일연구원, 2013.10), pp. 4-17.; 김정일은 약 20년 간에 걸쳐서 후계수업과 후계권력을 구축하였고, 1994년 7월 김일성의 사망으로 권력을 세습할 시에는 이미 경험이 풍부하고 지도력을 구비한 52세의 나이였다. 그럼에도 불구하고 김정일 정권은 김일성 유훈통치를 3년 한 후 1997년에 정식으로 출범하였다. 반면에 김정은은 28세의 나이에 최고지도자가 되었다. 또한 김정은은 2010년 9월 공식적으로 후계자로 선포된 지 불과 1년 반 만에, 2009년 1월 후계자로 내정된 지 3년 만에 후계자가 되었다.

27) 『chosun.com: 정치』(2015.714), 국정원, "北 김정은, 독단적이고 조급한 리더십 보여"; 한국의 국가정보원은 북한의 김정은 노동당 제1비서가 '독단적이고 조급한' 리더십을 보이고 있다고 밝혔다. 국정원은 2015년 7월 14일 국회 정보위원회에서 김정은의 리더십과 인사 개편 특징 등 최근 북한 주요 동향에 대해 보고하면서 이같이 밝혔다. 국정원은 "김정은은 권력유지 불안감 속에 사소한 잘못에도 간부들을 숙청하고, 극단적인 감정 표출로 예측하기 힘든

김정은은 불과 김정일 사후 4개월 만인 2012년 4월에 '당 제1비서'와 '국방위 제1위원장'의 최고 통치 책에 올랐다. 외견상 조기에 최고통치자가 된 김정은은 강한 지도자로 조기에 부상하기 위하여 대내외적으로 좌충우돌하는 리더십을 표출하는 것처럼 보였다. 대내적으로는 아버지 김정일이 어린 김정은을 위하여 세운 장성택, 이영호 등 측근과 수뇌부 권력자들을 대담하게 숙청하고 처형하며, 군과 공안의 수뇌들도 단기간에 빈번히 교체하는 이른바 '공포정치'를 행하면서 지배 엘리트들을 조기에 장악해 나갔다.

한편 집권 초기부터 2017년까지 핵과 미사일 개발에 전력질주하여 2019년 11월 말 '핵보유국' 선언을 하고 사실상 강력한 핵보유국이 되었다. 예상과 달리 김정은 권력도 2016년 5월 7차 당대회를 통해 '노동당위원장-국무위원장'으로 본격적인 김정인 시대를 열면서 안착하였다. 집권 10년차가 되는 김정은 시대의 북한은 2021년 1월 초순부터 제8차 당대회를 개최하여 전열을 재정비하고 있다.

그러나 북한은 3년 이상 경제제재가 누적되고 있으며, 2020년 초부터 불어닥친 코로나로 인해 국경을 폐쇄한 데다가 수해까지 겹치는 최악의 상황을 맞이하고 있다.

일반적으로 독재정권의 체제 변화에서 중요한 변수는 독재자와 지배 엘리트의 갈등이다.[28] 1990년대 소련 연방과 동유럽 사회주의 국가들의 해체 때도 지배 엘리트의 정치적 입장은 중요한 변수였다. 실제로 압도적 다수의 독재자는 지배 엘리트들의 정치적 계산 때문에 권력을 잃었다. 독재연구가 스볼릭(Milan Svolik)에 의하면 1946년부터 2008년까지 하루라도 권력을 잡았다가 비헌법적 방법으로 권력을 상실한 독재자 303명 중 205명의 독재자, 즉 전체의 3분의 2가 지배 엘리트에 의해 제거됐다. 이를 통해 보더라도, 독재자와 지배 엘리트 간의 협력과 갈등은 체제를 유지하는데 있어 아주 중요한 변수이다.[29]

행태를 보이고 있다."면서 "대부분의 사항을 독단적으로 결정하고, 성과에 집착해 만족스럽지 못할 때엔 간부들에게 책임을 전가하며 가혹하게 처벌하고 있다."고 전했다. 국정원은 김정은의 이러한 특징은 그의 성향과 현실 인식 부족이 겹친 데다 갑자기 권력을 세습한 것과 관계가 있다고 분석했다.; http://news.chosun.com/site/data/html_dir/2015/07/14/2015071402663.html(검색일:2015.11.23.).

28) 한병진, "엘리트의 지대 추구 유형과 정권의 경로: 러시아, 북한, 그리고 중국의 사례," 『국제지역연구』, 제15권 4호(2006), pp. 1-29.

29) Milan W. Svolik, *The Politics of Authoritarian Rule*, Cambridge: Cambridge University Press, 2012, pp. 5-8. 대중봉기나 민주화 압력에 의해 권력을 상실한 경우는 62명으로 5분의 1에 그쳤다. 나머지는 암살 혹은 외국의 간섭에 의해 제거됐다.

따라서 본 절에서는 집권 10년차에 접어든 김정은 정권 및 더 나아가 북한체제의 안정성과 변동가능성 여부를 각 분야별로 주요 요인을 중심으로 진단한다.

1. 정치 및 리더십 분야

1) 잦은 권력엘리트의 교체와 김정은의 '공포' 리더십

김정은은 김정일의 급사로 준비되지 않은 상태에서 갑자기 집권하면서 권력 엘리트 재편과 엘리트를 처형하는 공포정치로 통치하고 있다. 왜냐하면 김정은이 2009년 1월 후계자로 내정되고 2010년 9월 28일 후계자로 공표되었지만 세습 권력 구축 기간은 약 3년이 못되고 있기 때문이다. 김정은은 권력 안착을 위하여 헌법과 노동당 규약을 수차례 개정하였으며, 당·정·군의 주요 권력 엘리트들의 교체와 처형 및 숙청을 빈번히 이어가고 있다. 중앙당 중앙위원회 정치국, 비서국과 당중앙군사위원회의 대폭적인 물갈이와 중앙간부와 지방간부와의 교체와[30] 당과 내각의 장관 및 차관급의 처형과 숙청을 지속하고 있다.[31]

김정은은 김정일 시대와는 달리 군부의 힘을 빼고 노동당을 부각시키면서 당을 중심으로 당중앙위원회 전원회의, 당정치국회의, 당중앙군사위원회 등 회의체를 정상적으로 활용하면서 의사결정을 하고 있다. 2012년 4월 제4차 당대표자회를 통해 당정치국이 확대되면서 정치국 위원(후보위원 포함)이 27명에서 36명으로 확대되었는데, 군과 정부 쪽 인사들이 당정치국에 많이 진입했다. 당 부장급 이상 96명 중 40%인 38명이 교체되기도 했다. 이 과정에서 경제 기술관료 등 테크노크라트의 약진이 두드러지게 나타나 박봉주 총리가 정치국 위원에 진출했고, 경제·기술관료들도 당 부장에 임명되었다.

특히 2002년 7.1경제조치 이후 경제분야에 대한 책임을 물어 좌천되었던 박봉수가 경제분야를 담당하는 내각의 수장에 다시 임명되면서, 함께 좌천되었던 곽범기,

---

30) 박형중, "김정은 후계체제와 중앙과 지방의 전면적 간부 교체," 『Online Series Co 11-32』 (서울: 통일연구원, 2011)

31) 문성휘, "북, 박남기 등 처형된 간부들 사진 삭제지시," 『자유아시아방송』, 2010년 7월 13일; 백나리, "북, 김용삼 전철도상 처형…… 룡천역 폭발 관련,"; 『연합뉴스』, 2011년 4월 4일. 최오남, "北, 가지 비위 저지른 철도성 간부 물갈이 시작," 『열린 북한방송』, 2011년 9월 28일.

로두철, 전승훈도 모두 재등용되어 내각과 당의 중요 부서에 임명되었다.[32] 지난 몇 년간 권력 엘리트의 숙청으로 북한권력의 최고핵심기관인 정치국위원들이 여러 차례 변경됐다. 북한 김정은은 2016년 5월 제7차 당대회 직후인 5월 9일 당중앙위원회 제7기 제1차 전원회의를 통하여 정치국 상무위원에 김정은, 김영남, 황병서, 박병주, 최룡해 5명과 정치국 위원 4명, 후보위원 9명, 총 28명의 핵심 파워 엘리트를 선임했다. 그러나 1년이 조금 지난 2017년 10월 7일 당중앙위원회 제7기 제2차 전원회의를 통해 당중앙위원회와 정치국, 정무국, 중앙군사위원회 핵심 파워 엘리트들을 또 교체하였다. 2018년과 2019년 및 2020년에도 당정치국회의를 통해 당엘리트들을 대폭 교체했다. 2021년 1월 제8차 당대회를 통해 중앙위원회 위원 및 후보위원과 정치국 상무위원, 위원, 후보위원, 비서국 비서(전 정무국 부위원장) 등을 대폭 교체했다.

무엇보다 김정은 시대에는 군부 엘리트의 변화의 폭이 가장 크다. 특히 김정은 측근의 권력 수뇌부에 대해서 김정은은 가차없이 처형하는 '공포(처형)정치'를 자행하고 있다. 김정일 장례식에서 영구차를 호위했던 리영호, 김정각, 김영춘, 우동측 등 '군부 4인방'은 김정은 시대 개막 이후 모두 숙청당했거나 은퇴했다. 북한 군부의 실세였던 총참모장 리영호는 2012년 7월 전격적으로 숙청되었다. 뿐만 아니라 북한의 2인자로 불리던 고모부 장성택도 2013년 12월 반동·종파분자로 몰아서 잔인하게 처형하였다. 특히 북한군 3대 요직인 총정치국장, 국방상, 총참모장 직책은 수시로 교체되면서 수난을 겪고 있다. 2020년 12월 말 기준 국방상(전 인민무력상)의 경우, 김정은 시대 들어 8명이 교체되었고 재임기간은 1년 미만이다. 김일성 집권 46년 동안 인민무력상 7명이 교체되어 평균 재임 9년이었고, 김정일 집권 17년간 3명이 인민무력부장을 맡아 평균 재임 6년과 대조적이다.[33] 총참모장도 7명이 교체되었다. 군을 정치사상적으로 감시하는 총정치국장도 4명이 교체되었다.

> 총정치국장 : 최룡해 → 황병서 → 김수길 → 권영진
> 총 참 모 장 : 리영호 → 현영철 → 김격식 → 리영길 → 리명수 → 리영길 → 박정천
> 국 방 상 : 김영춘 → 김정각 → 김격식 → 장정남 → 현영철 → 박영식 → 노광철 → 김정관

32) 이수석, "북한의 실리주의와 개혁개방 가능성 연구":, 『북한, 그리고 동북아』(매봉출판사, 2014.12), p. 77-82

33) 김일성 시대 인민무력부장으로는 최용건, 김광협, 김창봉, 최현, 오진우 5명이었고, 김정일 시대 인민무력부장은 최광, 김일철, 김영춘 3명 이었다.

이런 잦은 군수뇌부 교체는 김정은의 군수뇌에 대한 힘빼기와 길들이기를 위한 통치술의 하나로 보인다. 그러나 전문성은 떨어진다.

또한 군 핵심 간부들에 대한 김정은의 즉흥적이고 자의적인 인사조치가 시행되었다. 대표적인 사례가 군수뇌부의 계급강등과 복귀를 장난처럼 남발한 것이다. 군부 인사의 계급강등을 보면, 현영철은 대장에서 차수로 승진했다가 대장, 상장으로 강등되었고, 다시 대장으로 부임되어 2014년 6월 인민무력부장으로 복귀했다가 2015년 4월 말 처형되었다. 대남 무력도발을 주도한 김격식은 연평도 포격 도발 이후 북한군 총정치국의 지도 검열에서 남조선의 반격에 대응을 제대로 못 했다는 비판을 받고 좌천되었고, 이 과정에서 계급도 대장에서 상장으로 강등된 것으로 알려졌었다. 이후 대장으로 복귀되면서 인민무력부장에 임명되었으나 다시 밀려나서 2015년 5월 초 사망했다. 김영철 북한군 정찰총국장은 대장에서 중장으로 강등되었다가 다시 대장으로 복귀했고, 상장으로 강등되었다가 2015년 8월 대장으로 복귀했다.[34] 최부일 인민보안상(현 사회안전상)은 총참모부 근무시 상장으로 강등되었다가 다시 대장으로 복귀했고, 인민보안부장 재직시 다시 상장으로 강등되었다가 평양아파트 붕괴 사고의 책임을 지고 2014년 12월 소장으로 강등되기도 했다. 2016년 당 창건 70주년을 앞두고 다시 대장으로 복귀했다.[35] 장정남 전 인민무력부장(현 국방상)은 대장에서 상장, 상장에서 다시 대장으로 복귀했다가 상장으로 강등되어 5군단장으로 좌천됐었다.

김정은은 36년만에 제7차 당대회를 강행하여 노동당 위원장에 추대되었다. 당 정치국 상무위원, 위원, 후보위원을 확대(23→28명)하여 파워 엘리트들의 권력을 분산시켰다. 아울러 당중앙군사위원회의 부위원장을 폐지하고 위원도 축소(17명→12명)하여 군의 입지를 축소시켰다. 그 후 1년도 못된 2017년 10월에 당·정·군의 엘리트들을 대폭 물갈이했다. 또 2018년과 2019년 및 2020년과 2021년 1월 8차 당대회에서도 정치국의 반을 교체 하는 등 엘리트를 대폭 물갈이를 했다.

2021년 1월 현재 집권 10년차를 달리고 있는 김정은은 집권 초기의 대부분의 전문가들의 예측과는 달리 외견상 장기집권의 길을 구축한 것처럼 보인다. 그러나 대

34) 김영철은 2016년 2월 현재 사망한 조선노동당 중앙위원회 비서국 대남비서와 통일전선부장이 된 것으로 확인되었다.

35) 『조선중앙TV 기록영화』, 2015.10.19

북제재가 누적된 상태에서 2020년초부터 보건 및 방역시스템이 극도로 열악한 북한에 불어닥친 코로나19와 수래 등의 3중고는 90년대 중반 고난의 행군에 버금가는 어려움을 줄 것이라는 전망이 우세하다. 또한 2020년에 여러차례 보여준 장기간의 은둔과 잠적은 김정은의 건강문제에 대한 온갖 억측과 소문을 불러 일으켰다. 뇌졸중, 심장병, 가짜 김정은설 등이 난무했다.[36)]

특히 구조적으로 북한은 김정일 시대부터 권력기관을 직할 통치하여 상호 경쟁과 충성구도로 운영되어 왔는데, 김정은 시대에 빈번한 교체와 숙청이 자행되고 있기 때문에 지배 엘리트의 결속력 및 협력여부가 북한 변화를 읽는 주요 변수가 될 것이다. 김정은의 권력은 불거진 건강문제와 심각한 경제침체등으로 북한 권력 엘리트들의 협력관계를 복잡하게 만들어 경쟁구도 및 권력투쟁을 유발할 수 있는 요인이 될 수 있다. 이는 김정은이 어떻게 리더십을 발휘하느냐에 따라서 북한 정치 체제를 안정시키거나 또는 변동을 촉진시키는 주요 변수가 될 것이다.

2) 관료의 부정부패

북한의 식량난이 악화된 90년대 중반 관료의 부정부패는 만연되고 있으며 특히 시장의 확대로 시장에 편승하는 관료도 증가되고 있다고 한다. 현재도 북한주민은 김정일 지도자 동지에 대한 불만을 우회적으로 중간 간부 등 관료의 부패로 전가하여 말한다고 한다. 2009년 1월부터 북한은 김정은 체제를 구축하기 위하며 고위관료부터 중진관료까지 대폭적으로 간부를 교체하고 있다. 김정일 사망 후 김정은으로의 세습 권력이 이어지는 과도기에 관료의 부정부패는 상존할 가능성이 높다. 최근 북한에서 식량난과 경제난이 심화되고 있어서 관료의 부정부패는 높은 것으로 보도되었다.[37)] 북한에서 비사회주의(이하 비사) 현상은 체제를 흔드는 매우 위협적인

---

36) 2020년 후반기 130km 고도비만의 김정은의 건강과 과도한 스트레스 등으로 권한을 김여정(대남, 대미)과 박봉주·김덕훈(경제), 리병철(군사)에게 부분 이양했다는 국정원의 보고도 있었다. 그러나 8차 당대회 결과 국정원의 보고는 일시적인 현상이었다.

37) 『Daily NK』, 2011.6.23. "간부가 마약 거래…… 비리로 얼룩진 비사 검열". 북한 정권 내 간부들의 부정부패가 심각한 수준인 것으로 알려졌다. 국제사회로부터 "너무 불투명해 부패지수를 측정하는 것이 불가능하다"는 판정까지 받을 정도다. 매관매직으로 간부 직급에 따른 가격표가 등장하는가 하면 김정일 국방위원장의 직속 부대인 보위부 관계자들이 고철과 골동품 장사를 하는 등 방법도 상상을 초월할 정도로 다양하다. 주민들을 대상으로 돈을 갈취하는 것은 다반사다. 심지어 외국인을 상대로 돈을 뜯어내는 것도 서슴지 않는다. 『중앙

요소가 된다. 때문에 북한 당국은 수시로 비사 그룹빠(검열조)를 구성하여 비사현상을 엄격하게 단속하고 있다. 그러나 최근 비사검열의 주요 구성원인 보위성, 안전원들이 비사행위자들과 결탁하는 현상이 많이 노정되었다. 비사행위가 주민들의 생존방식이 된지 오래고, 비사 검열도 일상화되면서 검열 간부들은 단속보다는 뇌물을 노골적으로 요구하는 등 사리사욕을 챙기는 데 급급하다. 그래서 “비사검열이 비사행위들을 확신시키고 있다.”는 평가까지 나오고 있다. 실제로 북한의 비사검열은 국가 배급의 중단 등 식량난이 심화되고 관료들의 부정부패가 만연해지면서 한계에 봉착했다고 대북 소식통은 보도하고 있다.

관료의 부정부패는 주민통제 및 법 집행력과 북한주민에 대한 사상교육 등을 약화시켜 사회통제력을 떨어뜨리는 동시에 차별화된 통제로 인하여 주민의 저항을 불러일으키는 빌미를 제공할 수 있다. 특히 비사검열 등으로 인한 관료의 부정부패는 사회불평등 구조를 심화시켜서 주민의 저항을 유발시킬 수 있는 요인이 된다. 더욱이 김정일 사후 김정은의 권력장악력이 약화될 경우와 식량난 및 경제난이 더욱 심각해질 때 관료의 부정부패는 더욱 심화될 개연성이 높다. 따라서 관료의 부정부패는 주민의 불만을 높이고 주민의 저항을 가져올 수 있는 잠재요인이 됨으로 북한변화를 촉진시키는 주요요소가 될 것이다.

2. 외교 분야

핵 · 미사일 개발 폭주로 외교적 고립과 제재 자초

북한은 김정은이 집권하기 시작한 2012년부터 핵과 미사일 개발에 속도전을 하면서 폭주하고 있다. 김정은이 집권한 이후 북한은 총 6회 핵실험 중 4회를 실시하였다. 탄도미사일은 김정은이 당1비서와 국방위1위원장이 된 2012년 4월부터 2017년 7월까지 총 80회, 213발을 발사했다. 2017년 12월 30일까지 총 12개의 유엔안보리 제재 결의안 중 8개의 결의안이 김정은 집권 이후 의결됐다.

이것은 대화를 중시하는 문재인 정부가 들어선 2017년 5월에도 북한은 거의 일

일보』, 2011.9.13.; http://article.joinsmsn.com/news/article/article.asp?total_id=6179608 (검색일:2011.12.13).

주일 간격으로 대화를 거부하면서 미사일을 발사로 응대했으며, 심지어 미국 본토에 이르는 ICBM급 화성-14형을 두 차례나 발사하면서 괌 포위 사격 위협 등 트럼프 정부의 미국을 협박하는 지경에 이르렀다. 특히 2017년 11월에 미국 본토 전역을 위협하는 화성-15형 ICBM을 발사하여 미국의 예방전쟁개념의 선제타격 가능성이 높아졌었다. 2017년에 출범한 미 트럼프 정부는 '최대의 압박과 관여(Maximum Pressure and Engagement)'라는 대북정책을 수립하면서 군사적 옵션까지 포함하는 압박과 제재 중심으로 북한을 외교적・경제적으로 고립시키고 있다. 물론 2018년과 2019년까지 미북 핵협상이 진행됐으나 2019년 2월, 미북 하노이 정상회담이 결렬된 이후 핵협상은 교착상태이다.

2021년 1월 현재 미북관계는 핵미사일과 대북제재로 인해 최악의 마찰과 대립의 상태이다.[38] 북한 김정은 정권은 어떤 경우에도 핵을 포기하지 않을 것이며, 미국은 어떤 경우라도 북한의 핵보유를 용인하지 않을 것이기에 미북관계의 갈등과 협력구도는 북한의 지원과 대외지원을 차단하는 결정적 변수로 작용하고 있다.

이는 북한 체제안정 및 변동에 가장 중요한 영향을 주는 구조로 자리 잡고 있다. 또한 중국도 핵・미사일문제에 관한 한 내놓고 북한을 지원하기 어려운 입장이다. 특히 대북제재에 미온적인 중국에 대해 미국이 무역전쟁까지 불사하고 있어서 중국도 대북제재에 동참하는 모양새를 취하고 있다. 특히 2017년 8월 5일에 가결된 유엔대북제재결의안 2371호는 북한의 수출액의 30% 이상을 차지하고 있는 광물의 수출을 금지하고 있고, 9월에 가결된 2075호는 대북원유 수출의 30%를 감축하고 있어서 실천만 된다면 북한 경제에 상당한 영향을 미치고 있다. 또한 12월에 대북 석유제품의 90%를 봉쇄하는 2079호가 채택되어 북한을 더욱 압박하고 있다. 2018년부터 비핵화협상이 진행되고 있으나, 사실상 죽은 회담이나 다름없으며, 대북제재는 여전히 작동되고 있다. 특히 2020년 초부터 북한에 불어닥친 코로나는 국경을 폐쇄하게 하여 만성적인 경제를 바닥치게 만들었다.

따라서 북한이 진정으로 핵 포기와 관련 협상으로 되돌아오지 않는 한 국제적 고립과 제재를 면할 길이 없어서 대외분야에서 외교적 고립과 갈등 및 마찰은 북한의 경제난 등을 더욱 어렵게 하여 결과적으로 북한체제의 위기수준을 가중시키는 요인

38) 2021년 1월 20일 출범한 바이든 행정부는 트럼프 행정부와는 다를 것이나 그렇다고 고도화된 북핵문제를 방치할 수도 없다.

으로 작동하게 될 것이다. 이는 김정은의 대내외정책 방향 결정 관련 권력 엘리트 간 갈등의 소지를 내포하고 있어서 경제난, 외교난 등과 상승작용을 통하여 체제를 변화시키는 주요요인이 될 것이다.[39]

3. 사상 분야

‘김일성 · 김정일주의’의 사회 구속력 약화

주체사상은 북한에서 비판으로부터 자유로운 초법적 통치이념의 위상을 차지하고 있으며, 신격화된 김일성에 의해 창시된 것으로서 북한 체제의 존립을 대변하는 이념체계로 굳어져 왔다. 그러나 주체사상에 대한 가장 현실적인 비판은 ‘북한식 사회주의’라는 기치가 사실상 개인의 권력독점 및 우상화를 위한 정략적 도구로 활용되어 왔다는 점이다. 더욱이 주체사상은 내적 논리상의 오류를 지닐 뿐만 아니라 외적 변화에 대응하는 데 지나치게 폐쇄적이라는 내외적 한계에 직면해 있다. 또한 김정일 시대에 들어와서는 주체사상과 함께 선군사상을 내세웠으나 황장엽은 북한의 선군사상이야말로 김정일 독재 체제가 타락해서 반인민화한 가장 반동적인 체제라고 비판하였다.[40] 현재 김정은 체제 하에서 북한은 ‘김일성 · 김정일주의’라는 표현으로 주체사상과 선군사상을 대신하고 있다.

북한의 주체사상이나 선군사상은 세계화 시대에 뒤처져 있는 사상으로 북한을 폐쇄체제로 고립시키는 작용으로 기능하고 있다. 실제로 통일연구원은 북한이탈주민을 대상으로 주체사상이 일상생활에서 얼마나 구속력을 갖고 있는지 설문조사하였는데 그 결과는 “대체로 다른 생활을 한 것”으로 나타났다.[41] 북한주민들이 실제로 심각한 경제난, 식량난을 겪으면서 민심이 이반되기 시작하였고 외부정보가 유입되면서 주체사상, 즉 김일성 · 김정일 주의에 대한 믿음이 약화되고 있는 것으로 파악되었다.

---

39) 대화를 우선시 하는 문재인정부의 대북정책도 영향을 줄 것이다.

40) 황장엽, “선군정치는 북한독재의 말기를 나타내는 표징,” http;//cafe.naver.com/antiroh.cafe?-url=1118 (검색일: 2011.11.25).

41) 전현준 외(2007), pp. 27-28.

한 국가나 사회를 이끌어가는 지배적인 사상이론이 체제발전에 효율적인 이데올로기로서 작동하려면 적어도 그 사상이 사회구성원들의 삶에 긍정적인 영향을 미쳐야 할 것이다. 즉, 이 지배적 사상이 자기사회의 활력과 창의성을 증대시키고 개별 구성원의 자유로운 삶을 촉진시키는 역할을 하여야 할 것이다. 그러나 김일성 · 김정일 주의로 변질된 북한의 주체사상과 선군사상의 사회 구속력 약화는 결국 북한 주민들의 지지를 상실하게 되어 정치체제의 변동을 초래하게 된다.

더욱이 21세기에 접어들면서 세계는 정보의 혁명적 발전으로 세계화, 정보화가 가속화되고 있는데, 자주만을 고집하면서 폐쇄체계를 지속적으로 유지할 수 없을 것이다. 이러한 기준에서 볼 때, 주체사상은 북한에서 사회발전에 매우 부정적인 기능을 하고 있는 것으로 판단된다.

따라서 북한의 주체사상과 선군사상으로는 북한체제의 궁극적 생존과 장기적 발전을 보장할 수 없다.[42] 마오쩌뚱(毛澤東)은 중국 혁명의 양대 지주를 '붓과 창', 즉 선전선동과 무기(군사력)로 규정했는데 북한에서도 창 못지 않게 붓의 비중이 크다. 김정일이 본격적으로 권력을 장악할 때 차지한 직책이 노동당 중앙위원회 조직지도부장과 선전선동부장이었다. 북한은 북한주민으로 하여금 누구나 어느 단체에 소속되어 사상에 관한 정치교양 등 총화학습을 하도록 전 사회를 통제하고 동원시키고 있다. 따라서 북한 체제를 떠받치고 있는 창과 붓 양대 지주 중의 붓에 해당되는 주체사상과 선군사상의 약화 및 그로 인한 사회구속력 저하는 북한체제의 변화를 촉진시키는 주요 요인이 될 것이다.

4. 군사 분야

▶ 칸막이식 군 지휘계통으로 인한 권력투쟁 내재

군의 조직은 중요한 전쟁원칙 중의 하나인 지휘통일의 원칙에 의거 일원화된 지휘통제 조직을 갖추고 있어야 일사불란한 전투력 발휘가 가능하다. 그러나 북한군은 단일 수직 지휘계통인 아닌 오직 김정은에 의해서 직할통치에 의한 칸막이식 지휘계통을 유지하고 있다. 이는 전체주의 체제에서 군이 항상 정권 보위세력인 동시에

42) 이종석, 『새로 쓴 현대 북한의 이해』(서울: 역사비평사, 2005), p. 233.

위협세력의 역할을 하여왔기 때문이다.

북한 김정은은 더욱 심해서 군의 주요 권력기관을 포함한 공안기구를 직할통치하고 있으며, 최고 군사지휘기구는 상호 견제 및 충성하는 구조로 편성되고 운영되고 있다. 예를 들어 한국의 군 지휘계통은 대통령이 국군통수권을 갖고 국방장관을 통해 지휘권을 행사하며, 국방장관은 군령은 합참의장을 통하여 군정은 각 군 참모총장을 통하여 지휘권을 행사하면서 전쟁원칙인 지휘통일의 원칙을 지키고 있다. 그러나 북한군의 경우 지휘통일의 원칙이 가장 잘 반영된 통합군이라는 강점을 살리지 못하고 오히려 김정은 혁명무력의 최고사령관이 총참모장, 국방상과 총정치국장 및 보위국장을 칸막이식으로 직할 통치하고 있어서 지휘통일의 원칙에 어긋난다. 이들은 지휘체계상 협조보다는 상호 견제하면서 김정은에게만 충성하려 하는 구조이다.

즉 북한군 상부 통수 및 지휘구조는 지휘통일의 원칙 보다는 정권안정에 주안을 둔 지휘구조로서 전시 전투력 발휘에도 문제가 된다. 또한 상호 권력투쟁을 초래할 수밖에 없는 지휘구조로 운영되고 있다. 실제로 김정일의 급사로 김정은이 집권한 후 김정일이 세웠던 이영호 총참모장은 몇 달 못 되어 숙청되었다. 북한군은 체제 및 정권 보위세력으로서 김정은 외 2인자의 권력형성이 불가능하도록 상호 견제 및 충성 경쟁하는 구도로 형성되어 권력투쟁 요인이 내재되어 있다.

이러한 북한군의 지휘관계 및 운영은 전시와 유사시에 심대한 문제점을 내포하고 있으며 평시에도 갑자기 김정은이 유고된다면 엄청난 혼란을 초래할 수 있으며, 특히 군 주고위급 인사 및 기관의 권력투쟁은 쿠데타로도 확대될 수 있는 개연성이 있기에 급변사태를 야기시킬 수 있는 주요 요소가 될 수 있다.

5. 경제 분야

1) 이중구조적 경제구조의 모순과 경제난

북한 경제가 직면하고 있는 근본적인 문제는 이중구조적 경제구조의 모순에 있다. 북한 경제는 기본적으로 중앙집권적 계획 경제체제이다. 그러나 사회주의 계획경제 체제는 노동의 생산성과 성과가 저하되기 때문에 장마당과 같은 일부 시장요소를 도입하였다. 북한은 시장에 대한 통제와 묵인 속에 양면 정책을 시행→중단→ 재시도 등으로 반복해 왔다. 이로 인해 북한이 시도하는 '변화정책'들은 현실적으로 확장되고 있는 시장화 현상을 적극적으로 제도화하지 못하고, 아래로부터의 압박을 사후적으로 수용하는 소극적 조치들에 머무르고 있다. 그 결과 오늘날 북한 경제체제는 제도와 현실 간의 괴리가 크게 확장되고, 계획과 제한된 시장이 병존하는 이중구조적 경제구조로 나타나고 있다.

북한은 '경제・핵 건설 병진노선'이라는 양립이 불가능한 정책을 기조로 하고 있다. 겉으로는 핵무기체계 완성으로 국방비를 절약하여 경제건설에 치중할 수 있다고 주장하지만 실제로는 핵, 미사일 개발에 천문학적 비용이 증가하여 오히려 경제를 억누르는 요인으로 작용하고 있다. 또한 김가왕조 정권을 유지하기 위한 통치자금 등이 주가되고 있는 이른바 수령경제와 인민경제 및 시장경제가 상충되는 현상을 빚고 있다.

현재 수령경제와 시장경제는 그 성격이 철저히 이질적인 것만큼 심각한 마찰과 대립상태에 있다. 수령경제를 중심으로 하고 자력갱생적 시장경제가 아래에서 병존하는 현재 북한경제의 동학은 결코 영구(永久)기관처럼 지속될 수 없다. 현재 당・군이 운용하는 산업설비와 각종 외화벌이, 그리고 시장경제로부터의 강제수취를 통해 사회주의적 경제에 수혈하려는 체제보위적 노선은 체제 내구력을 심각하게 파손해 가고 있으며 체제 불안정을 더욱 격화시키고 있다.

물론 김정은 정권이 이러한 문제에 직면하여 '우리식 경제관리 방법'이라는 단기처방을 내놓고 있다. 그러나 '우리식 경제관리 방법'에서 시행하고 있는 경제관리개선조치 내용들은 사실상 2002년 7.1조치 및 2004년 확대 조치 방안을 대부분 재시도하는 것이라고 볼 수 있다. 7.1조치의 실험 중단과 시장의 통제와 묵인의 반복 속에 제도와 현실간의 격차가 더욱 확대된 상황을, 사후적으로 일부 수용해 추진하고 있는 것이다. 다만 기존과 다른 점이 있다면, 김정은 정권은 김정일 정권에 비해 상대적으로 유연한 시장정책을 시행하고 있는 것으로 판단되고 있다는 점이다.

김정은 정권이 향후 이러한 이중구조적 모순을 해소할 적극적인 개혁・개방정책을 추진할 것으로 전망되지 않는다. 북한체제의 내재적 딜레마가 김정은 정권의 선택지에 제한을 가져올 수밖에 없기 때문이다. 그러하기에 김정은 정권은 코로나19에도 불구하고 2020년 초부터 국경을 굳게 닫고 외부의 지원을 거부하고 있다. 북한의 경제난 극복과 경제개발을 위해 개혁・개방이 불가피하나, 이것은 북한체제의 내구력에 손상을 입히고 체제전환 요소를 확장시켜 나갈 가능성이 높다.

식량난, 전력난 등 기초체력과 산업기반시설이 허약한데다가 김정은 집권 시부터 더욱 집중되는 핵미사일 개발의 질주는 이를 더욱 악화시키면서 대북제재와 코로나 등은 모순을 확대시킬 수밖에 없는 이중적 구조이다.

체계(system) 이론에 의하면 체계가 종말(system death)의 상태에 이르지 않으려면 체계 외부의 환경으로부터 자유에너지를 받아들일 수 있는 '개방체계(open system)'이어야 한다.[43] 그러나 북한은 중국 등으로부터 에너지를 받아들이는 것을 제외하면 국제적으로 고립되어 있는 '폐쇄체계(closed system)'이다. 폐쇄체계는 외부로부터 에너지를 수혈받지 못하면 내외부의 중압과 모순의 확대에 의해 궁극적으로 체계의 종말을 맞을 수밖에 없다.[44]

2) 식량난 악화 및 배급체제의 차등화

북한의 경제구조 중 식량문제는 가장 큰 구조적 제약을 받고 있으며, 북한체제의 안정화와 인민경제의 정상화를 위해서 무엇보다도 해결해야 할 기본적인 문제이다. 대체로 북한의 식량 소요량은 연간 650만 톤[45], 최대로 낮춰 잡아도 연간 520만 톤은 되는 것으로 추정되고 있다. 북한의 식량 부족 문제는 매년 90~100만톤 가량을 외부에서 조달해야만 하는 매년 악순환되고 있는 구조적 현상으로 부족분은 대체로 한국, 미국, 중국 등과 국제사회의 도움으로 보충해 왔다. 그러나 핵·미사일 폭주로 인한 유엔의 제재를 받고 있어서 이마저 어려운 실정이다. 북한의 식량문제가 구조적 기본적으로 북한의 농업생산은 국토의 20%에 불과한 경작가능 면적과 주작물을 일모작밖에 할 수 없는 기후 등 자연조건으로 인해 기본적 제약조건을 가지고 있다. 그런데다가 집단영농과 협동농장에서 공동으로 일하다 보니 일의 의욕과 효율성이 떨어지고, 영농자재 공급 능력이 부족하여 수농업 방식이고, 비료 등이 절내 부족하여 생산능력과 생산성이 저하될 수밖에 없다.[46]

---

43) Ludwig von Bertalanffy, *General Systems Theory: Foundations, Development, Applications*(New York; George Braziler, 1968), p. 141; 김기호, "북한체제의 안정성과 변동에 관한 연구,"(박사학위 논문, 경기대학교 정치전문대학원, 2009), pp. 17-20. 에서 재인용.

44) Ilya Prigogine & Isabelle Strengers, *Order out of Chaos*(New York: Bantam Books, 1984), p. 서문 ; 김기호(박사학위 논문, 2009), pp.38-44. 재인용

45) 이는 식량 490만 톤과 종자, 가공, 사료용 약 160만 톤을 합한 수치이다.

46) 그렇다고 해서 농업연구 및 개량역량도 떨어져서 특용작물로 대치한다든가 열악한 농업환경을

북한에서 선군경제노선은 생산량 저하로 야기된 식량난을 더욱 가중시키고 있다. 핵심수단인 배급제도의 강화를 위해 장마당을 통한 유통 등을 통제함으로써 시장에서의 식량유통을 감소시켰고, 2008년부터 남북관계 및 대외관계 경색을 고려하여 국가곡물 재고량을 확보하고 있는 것으로 보인다. 이는 북한 장마당의 쌀 가격을 상승시켜 도시빈민, 산간 내륙 및 오지 주민 등 취약계층을 어렵게 하고 식량사정을 더욱 어렵게 만들고 있다. 또한 체제보위를 위해 당·군·정의 특권 계층과 평양 등 대도시 중심으로 식량을 공급하고 있으며, 그 와중에서도 당 간부들의 착복 등이 더욱 더 인민들의 식량문제를 어렵게 하고 있다.[47] 김정은 시대 들어 생산관리 방식의 변화와 포전제 및 장마당 등에서 식량을 구입하고는 있으나 만성적인 식량문제 특히 배급제도의 차등화는 '상대적 박탈감'을 증폭시켜 상황도래시 주민폭동 등을 야기할 수도 있어 체제 변화를 촉발시키는 주요요인이 될 수 있다.

3) 국제적 경제제재 강화로 경제난 가중

북한은 2010년 초 외자유치를 위한 법제도를 정비하고, 국가개발은행을 설립하는 등 적극적인 공세를 폈으나, 국제사회의 대북제재로 인해 중국 외 국가들과는 가시적인 경제협력 실적을 내지 못하고 있다. 특히 김정은이 집권한 2012년부터 핵·미사일 개발 폭주로 인한 미국을 비롯한 중국까지 동참하는 국제사회의 강력한 경제제재로 인하여 심각한 경제난 위기에 직면해 있다.

천안함 폭침, 연평도 포격도발, 핵·미사일 폭주로 인해 한국과의 경협이 차단된 북한의 대외경제는 90% 이상이 중국에 편중되어 있다.(2018년 95.8%) 그런데 트럼프의 미국이 시진핑의 중국과 무역전쟁까지 불사하면서 중국과 북한을 압박하고 있어서 중국도 북한과의 경제협력이 제한을 받을 수밖에 없다. EU도 대북제재에 동참하고

감안하여 농업생산구조를 식량 중심에서 현금 작물 중심으로 전환하고 수출을 통한 외화수입으로 국제시장에서 값싼 곡물을 도입하는 등 경제정책구조의 근본적 전환이 요구된다.; 통일부 통일정책국 경제분석과, "북한 식량문제의 현실과 해결책은 무엇인가?" 전문가 통일칼럼, 통일부 홈페이지 자료; http://www.uni korea.go.kr/kr/CMSF/CMSFBsub.jsp?topmenu=4&menu(검색일: 2011.11.18).

47) 김석진(전 개성공단관리위원회 서울지사장), "북한 식량문제의 현황과 원인", 전문가 통일칼럼, 통일부 홈페이지 자료; http://www.unikorea.go.kr/kr/CMSF/CMSFBsub.jsp?topmenu=&menu(검색일: 2011.11.18).

있고 미국과 일본 그리고 한국도 대북경제제재에 앞장서고 있어서 제재가 성공적으로 실행된다면 북한의 경제난은 더욱 가중될 것이다.

이는 북한주민으로 하여금 북한에 대한 희망을 저하시켜 체제이탈을 가속시키며, 지도자에 대한 지지도 약화와 엘리트의 이반을 초래할 수 있기에 북한체제에 위기로 작용할 것이다. 물론 북한의 제재에 대한 내성으로 인하여 국제사회의 대북경제제재를 어느 정도는 견뎌낼 것이나 제재효과가 여러 곳에서 나타나고 있으며, 특히 코로나까지 겹친 2020년에 북한 경제는 바닥을 친 것으로 보인다. 만성적인 경제문제는 단기적으로는 충성도에 따라 식량을 주기에 체제에 안정적인 요소가 될 것이나 장기적으로는 북한사회의 변화를 촉진시키는 요소로 작용할 것이다.

6. 사회 분야

1) 외부 정보의 유입으로 사회 일탈 현상 확산

현재 북한 체제가 유지되는 가장 중요한 이유 중 하나가 조직적이며 빈틈없는 주민통제구조이다. 통제기구로는 당 조직, 국가보위성, 사회안전성, 사회주의법무생활지도위원회, 인민반제도 등이 있다. 당 조직 중 최말단은 당세포이다. 이들은 조선노동당의 이념과 방침이 잘 준수되도록 당원을 독려하고, 일반주민들을 지도해 나간다. 물론 경제난으로 인해 조선노동당의 권위가 실추되어 있지만 기본적으로 당 중심구조는 변하지 않고 있다. 그러나 시장, 휴대폰, 방송 등을 통한 외부정보의 유입으로 인해 최근 북한사회가 변화하고 있으며, 이러한 북한사회의 변화는 기본적으로 북한사회의 불안정 요인으로 작용할 소지가 크다. 특히 정보화 사회의 가속화와 시장의 확산 등을 통한 거주이전 통제 곤란, 탈북자의 증가 등 외부정보의 유입은 중국과 남한의 문화와 문물을 날이 갈수록 많이 접하게 되어 북한사회의 통제를 느슨하게 하는 작용을 하고 있다.

북한은 철저한 통제사회로서 거주이전이나 이동의 자유가 원천적으로 봉쇄되어 있다. 통행증이 없이 이동하는 것은 불법이고 종종 간첩으로 몰리기도 한다. 따라서 북한주민들은 이유없이 자신이 사는 지역을 벗어나려 하지 않는다. 그리고 북한에는 지역간 이동수단이 철도로 한정되어 있고, 자동차는 특별한 공무수행에만 사용된다.

그러나 경제난 이후부터 합법・비합법적인 이동의 빈도수가 현저하게 증가하고 있다. 근로자들은 공장 내에 일감이 없고, 식량난은 가중되기 때문에 합법적으로 휴가를 내어 돈벌이에 나선다. 노동자들은 장사를 통한 수입 중 일정액을 공장에 납부하는 것으로 노동을 대신한다. 비공식적으로 식량을 구하러 농촌이나 중국으로의 이동이 잦아지고 있는데, 이동의 목적은 다 장사를 위한 것이다. 그러나 식량을 구하려 또는 장사를 위해서 이동하다 보니 정보유통이 증가하고 국경지방에서의 통행은 중국이나 한국의 정보가 북한으로 유입된다는 것을 의미하기 때문에 사회 및 주민통제를 어렵게 하여 사회변화를 촉진시키는 대단히 중요한 요인으로 작용할 것이다.

최근에 북한 내에서 남한의 드라마 테이프나 CD까지 유통되고 있고, 남한가요는 매우 인기가 높다고 한다. 북한 당국은 이를 단속하기 위해 북중국경 및 개성과 금강산에서의 단속을 강화하고 있지만 암암리에 남한의 문화가 침투되는 것으로 탈북자들을 통하여 확인되고 있다. 또한 북한의 휴대 전화 가입자가 500~600만 명을 돌파한 것으로 추정하고 있다.[48)]

이것은 향후 북한 변화와 관련하여 매우 큰 시사점을 주고 있다. 아직까지는 주민들이 재미나 호기심으로 남한문화를 즐기지만, 부지불식간에 남한을 동경하는 결과를 초래하게 될 것이다. 뿐만 아니라 남한은 미제의 치하에서 탄압받고 못살기 때문에 북한이 하루속히 미제를 몰아내고 통일을 이루어 남한 동포들을 구해내야 한다고 거짓 선전 선동한 것이 탄로가 나고 속았다는 것이 확인되면서 확산될 때에는 엄청난 폭발력으로 비화할 개연성이 있다. 결국 북한이 사회안전성, 국가보위성 등 군과 공안 등 강압기구를 이용하여 외부 정보의 유입을 차안하고 조작하는 것은 한계에 직면하게 될 것이다. 따라서 외부정보의 유입 및 사회일탈 현상의 확산은 북한체제를 변화시키는 주요 요소가 된다.[49)]

---

48) 『중앙일보』(2018.08.11.), "북한 휴대폰 가입 600만…고급모델은 2년전 갤럭시A7 수준"

49) 북한은 실제로 2008년 10월 2일 남북군사실무회담을 제의하여 남측 민간단체의 대북 전단 살포가 개성공단 사업 등에 부정적인 영향을 초래할 것이라고 경고하면서 대북전단 살포 중단을 요구한 것을 포함하여 수차례 강력하게 항의하는 것에서 알 수 있다. 2017년 11월 13일 판문점 공동경비구역(JSA)에서 필사의 탈출을 한 북한군 귀순병은 의식이 들자마자 남한 걸그룹의 노래가 듣고 싶다고 했다.

'진실'을 가장 두려워하는 북한체제

우리는 지척에 있는 북한을 몰라도 너무도 모른다. 그래서 북한주민이 독재자와 지배연합의 수탈에 인권을 유린당하며 배를 굶주리며 죽어나가는 데도 방관하고 있다. 심지어 북한체제를 찬성하는 친북 및 종북세력과 좌파세력이 확산되고 목소리를 높이는 현상을 어떻게 설명해야 하는가? 북한의 김정은 수령독재정권의 목적은 정권유지에 있다. 여기에 해가되는 것은 무조건 억압하고 빼앗고 죽이는 것이다. 국가의 경제외 인민을 배불리 먹이는 것보다는 정권유지를 위한 약탈과 지대수익을 높이는 것이다. 그래서 동해 어장도 팔고 지하자원도 팔고 항구이용권도 팔아먹는 것이다. 북한 김정은 사이비 수령공교 집단이 가장 두려워하는 것은 '하나님'이다. 기독교를 믿거나 포교(전도)하는 것은 최고의 반역활동으로 성경을 소지한 것만으로 체포되고 있다. 왜 북한이 대북전단살포에 저리도 신경질적으로 '기구소멸전투'라고 하면서 발악하는가? 가려진 불편한 '진실'이 드러나는 것이 두렵기 때문이다.

2015년 8월 북한이 발목지뢰 도발로 우리 군이 확성기 방송을 재개하자 확성기에 대한 총격도발로 남북간에 긴장이 고조되었다. 그러나 확성기의 심리전 공포를 두려워 한 북한이 회담을 요청하여 남북 고위급 회담이 성사되어 공동성명을 발표하였다.

외부정보를 차단하고 조작하는 북한사회에서 가장 두려운 것은 '진실(리)'이다. "진리가 너희를 자유케 하리라"는 성경말씀처럼 진실을 알리는 운동을 하는 것이 북한사회를 변화시키는 기폭제가 될 것이다. 또한 사이비종교체제인 북한에 종교를 심는 것도 영적 지각변동을 일으키는 도화선이 될 것이다.

2) 계층구조의 변동과 빈부격차 확대

경제난 이전 시기의 북한의 계층구조는 소득과 재산 등 경제적 기준에 의한 계층 구분보다는 성분이라는 정치적 잣대에 의해 구분되었다. 북한은 1990년대 중반 경제난 이후 주민들을 핵심계층, 기본(동요)계층, 적대계층의 3계층 45개 부류로 분류하여 관리해왔다.

그러나 경제난 이후 시장이 허용된 후 북한사회의 계층구조는 정치 중심의 계층구조가 경제 중심의 계층구조로 변화하고 있다. 임금 이외의 소득원이 가계소득이 주를 차지하면서 소득격차의 스펙트럼이 넓게 확산되고 있으며, 경제난 이전과 비교할 때 평균적 소비수준이 상승했지만 극빈층의 경우 생계유지가 더욱 어려워 졌고, 인텔리와 하급관료의 기생화가 더욱 두드러지고 상인계층의 약진이 돋보이는 등 특정계층의 이동현상이 나타나고 있다.

따라서 아직은 미미하지만 계층구조의 변동은 사회 구성원의 불평등 구조를 심화시키고 핵심세력의 구심력을 약화시켜 민심이반, 주민저항 및 폭동과 대량 탈북으로 연결되는 요인이 되어 북한사회의 변화를 촉진시키는 폭발성을 가진 잠재요인이 될 것이다.

3) 북한이탈 주민의 급증

탈북자의 남한으로의 입국자 수는 지난 50, 60년대 연평균 1~20명 선에서 70년대에는 3.8명으로 줄었으나 80년대에서부터 93년도 까지는 10명 미만이었고, 94~98년 50~70명 수준이었으나, 99년부터 148명을 시작으로 〈표 10-1〉에서 보는 것처럼 급증하면서 2001년부터는 천명 이상으로 기하급수적으로 증가하기 시작하다가 김정은이 집권한 2012년부터 1,000여명대로 감소하고 있다. 2019년 3월 기준 3만 2천여 명을 넘고 있다. 탈북자의 수가 크게 늘고 양상이 다양해지고 있는 것은 식량난으로 북한주민들의 지역 간 이동이 크게 늘어나면서 탈북기회가 많아졌기 때문으로 분석된다.

〈표 10-1〉 북한이탈주민 입국 현황(2020년 9월말 입국 기준) (단위 : 명, %)

구분	'08	'09	'10	'11	'12	'13	'14	'15	'16	'17	'18	'19	'20.9	합계
남	608	662	591	795	404	369	305	251	302	188	168	202	64	9,427
여	2,195	2,252	1,811	1,911	1098	1,145	1,092	1,0241	1,166	939	969	845	131	24,291
합계	2,803	2,914	2,402	2,706	1,502	1,514	1,397	1,275	1,418	1,127	1,047	229	195	33,718
여성 비율	78%	77%	75%	70%	72%	76%	78%	80%	79%	83%	85%	81%	72	72%

자료: 통일부, 북한이탈주민 입국현황

또한 북한에 더 이상 희망이 없으며, 남한사회의 우수성에 대한 소식 등이 암암리에 알려지고 있는 것으로 추정된다. 북한은 최근 주민탈출을 막기 위해 10군단을 창설해 국경지역에 집중배치 했으나 별 효과를 보지 못하고 있는 것으로 알려지고 있다. 탈북자들은 몽골, 베트남, 태국, 캄보디아 등 제3국의 다양한 루트를 통하여 한국으로 입국하고 있다. 북한에서 붕괴 및 급변사태가 발생해서 북한당국의 통제력이 없어질 경우 적대계층 중 노약자 등을 제외하고 약 4백만여 명의 탈북자가 발생할 것으로 예상된다.[50)]

동구 사회주의 국가들의 붕괴사례를 보면 개혁적 성향의 지배 엘리트 형성이 어렵고 정치적 대안세력이나 조직적인 사회저항세력이 없을 때 그래서 주민이 체제나

---

50) 2,500만 여명의 북한 주민 중 적대세력으로 분류된 대상이 570여 만 명이다. 이들 중 노약자와 어린이, 장애인 등을 제외하면 약 350~400만 명의 탈북민과 난민이 발생할 것으로 예상된다.

정권에 희망을 기대할 수 없을 경우에 주민들은 속해 있는 체제를 이탈하게 된다. 이때 체제이탈 주민의 규모와 범위가 정부의 통제력을 초과하게 될 때 정권은 붕괴되기 쉽다. 동독의 붕괴는 짧은 시간에 동독이탈주민의 규모가 과다하고 속도가 빨라서 동독 정부의 통제력을 초과하게 되어 정권붕괴의 원인으로 작용하였다.[51)]

김정은이 집권하면서 주민탈출을 강력히 단속하면서 북한이탈주민의 국내 입국인원이 현저히 감소하고 있다. 그러나 2016년 4월 중국에 있는 북한 해외식당 종업원들의 집단(13명) 탈북과 태영호 공사를 비롯한 고위층의 탈북은 북한체제에 희망이 없다는 것을 보여주는 좋은 예이다.

북한이탈주민의 급증이 북한 정권의 통제력을 초과할 경우 권력투쟁 및 주민폭동으로 비화될 수 있으며, 난민 처리 등으로 인하여 국제사회 및 한국과 주변국의 개입을 초래할 수 있는 요인이 될 수 있어서 북한이탈주민의 급증과 통제불능 수준의 집단이탈은 동독사례에서 보듯이 북한 변화를 촉진시키는 주요 요인이 된다.

한국 「동아일보」의 김정은 통치 평가

김정은이 장성택을 처형한 이후 피비린내 나는 숙청이 이어지면서 북한의 고위 간부들 사이에선 "다음엔 누구 차례냐"는 불안감이 팽배하다고 최근 고위층 탈북자들이 전한다. 젊은 지도자의 등장과 함께 국가기관의 세대교체도 빠르게 진행되고 있다. 지난주 국가정보원의 국회 보고에 따르면 당 간부의 30%, 군 간부의 40% 이상이 바뀌었다.

탈북한 노동당 간부는 CNN 인터뷰에서 김정은의 변덕스러운 리더십과 잔혹한 공포정치로 핵심 지지기반이 동요해 "3년 안에 권력을 잃을 것"이라는 전망을 내놓았다. 북한의 고위층 탈북자를 면담한 강명도 교수도 "김정은 정권이 오래 가지 않는다."고 단언한다. 그러나 북한은 수십만 명이 죽는 '고난의 행군'을 견뎌냈고 절대 권력자의 죽음에도 흔들리지 않고 권력세습이 이루어진 나라다.

김정은이 상황을 잘 컨트롤하고 있다는 분석도 나온다. 김정은은 마구잡이로 고위 간부들을 죽이는 것이 아니라 권력 주변부 인간들의 생리를 꿰뚫고 독재체제를 유지하는 방법을 아버지로부터 전수받았다는 것이다. 권력의 유지라는 측면에서 바라보면 저항의 싹일랑 미련 없이 싹둑 잘라야 화근을 막고 간부들이 찍소리 못하고 따라온다는 판단을 김정은이 하고 있는 것 같다.

김정은의 공포정치 아래서 고위층은 전전긍긍할지 모르지만 보통 주민은 썩은 간부들을 쳐내고 새 피로 바꿔 넣는 젊은 지도자의 모습에서 카타르시스를 느낄 수 있다. 북한 권력의 핵심 세력이 불만을 품고 측근 쿠데타를 일으키는 시나리오를 상상해 볼 수 있으나 북한 주민이 김정은의 통치를 저항 없이 받아들이는 현실에서는 성공하기 어렵다. 고위층의 불안 공포와는 달리 북한 주민의 생활은 김정은 집권 후 개선돼 가고 있다.

51) 김기호, 「북한체제의 안정성과 변동에 관한 연구」, 박사학위 논문(2009), pp. 69-72.

북한은 포전(圃田)담당제 확대와 장마당 활성화를 통해 식량난을 해소해 가고 있다. 북한은 작년에 심한 가뭄이었는데도 곡물 생산량이 줄지 않았다. 유엔 식량농업기구(FAO)에 따르면 북한의 식량 수확량은 지난 3년간 크게 증가했지만 올해는 지난해 강수량 부족으로 쌀 생산이 10%나 감소했다. 하지만 강냉이가 17%, 감자가 16% 늘어 총량은 비슷하다.

북한식 표현으로 '왕가뭄'에도 식량 생산량이 줄지 않은 것은 포전담당제의 공이 크다. 협동농장의 말단 단위는 10~15명으로 구성된 분조다.

북한은 분조를 다시 나누어 3~5명이 포전을 경작해 땅의 비옥도에 따라 생산량의 50~70%는 국가에 바치고 30~50%는 농민이 가져가도록 했다. 중국식 농지개혁의 전 단계라고 할 수 있다. 북한이 농가별로 포전을 함께 경작하는 3~5명은 이웃이거나 시골마을에 함께 사는 친척이다. 북한이 농가별로 포전을 배정하지 않은 것은 소나 농기계를 모든 가구에 배정할 수 없기 때문이다.

협동농장에서 생산량을 모두 국가에 바치고 배급을 타먹는 방식보다는 포전담당제의 인센티브가 크니 지성으로 농사를 지어 생산량이 늘어났다. 포전담당제는 2002년 김정일 때 시작했지만 김정은 집권 후 본격화했다. 김정은은 작년 2월 '사회주의 농촌 테제의 기치를 높이 들고 농업생산에서 혁신을 일으키자'는 서한에서 "분배에서 평균주의는 사회주의 분배 원칙과 인연이 없으며 농장원들의 생산의욕을 떨어뜨리는 해로운 작용을 한다"고 언급해 아버지와 다른 시장경제적 인식을 엿볼 수 있다.

중국에서 수입한 곡물도 장마당에서 활발하게 거래되고 있다. 도 단위 무역회사와 기업소들도 중국에서 식량과 생필품을 수입해 공급한다. 김정은은 스포츠를 육성하고 유원지와 놀이시설을 전국 곳곳에 짓고 있다. 간부들에 대한 공포정치와는 다른 스타일이다.

중국과 북한의 외교관계는 장성택 처형 이후 역대 최악이다. 러시아 전승기념일 행사에 참석하지 않은 김정은은 중국의 9월 3일 항일전쟁승리 70주년 행사에도 참석하지 않았다. 하지만 중국은 전략적 가치를 고려하건대 북한을 고사시키지는 않을 것이다. 중국은 국제제재에도 불구하고 북한에 원유를 계속 공급하는 것으로 관측되고 있다.

김정은은 아직 젊다. 고도비만이 장기간 개선되지 않으면 건강 문제를 일으키겠지만 단기간에 어떤 중병을 유발할 것으로 보이지는 않는다. 김정은의 정치적 수명을 정확히 예측하기는 어려우나 예상보다 오래 버티는 쪽으로 대응을 해야 외교안보 정책의 실패를 막을 수 있을 것이다.

(황호택 칼럼; 2015.7.22.)[52]

제4절 북한 체제의 딜레마

프랑스의 정치학자이자 사회학자인 토크빌(Alexis de Tocqueville)의 생각은 데이비스와 유사하다. 데이비스와 토크빌의 주장은 고전적 혁명이론과 달리 혁명은 대

52) 2015년 칼럼이나 상당한 설득력이 있는 것으로 평가된다.

체로 절대적 빈곤이나 최악의 경제 위기상황보다는 경제적 조건이 향상된 상황 또는 그 과정에서 발생한다는 것이었다. 토크빌에 의하면 혁명이 발발하는 것은 반드시 상황이 악화되어갈 때가 아니다. 흔히 폭정이나 부패가 극에 달해 민중의 삶이 도탄에 빠졌을 때 혁명이 일어난다고 생각한다. 하지만 토크빌의 통찰은 다르다. 사태가 악화될 때가 아니라 상황이 개선될 때, 특히 물질적 조건이 호전되기 시작하는 시기에 발생한다는 것이다. 문제가 있는 정권에게 가장 위험한 순간은 그 행실을 고치고자 시도할 때이다.

역사적 경험에 의하면 개혁의 시도에 의하여 혁명이 촉발된 사례가 많다. 전제정권을 개혁하고자 할 경우의 기본적인 위험은 본질적으로 심리적인 것인데 두 가지 이유가 있다. 대중들이 갑자기 구정권에 대한 공포를 갖지 않는 것과 정권에 대한 정당성이 상실되는 것이다. 생활수준의 개선, 억압의 감소, 자유의 신장 등이 실현되면 실제로 오랫동안 고통을 받아온 백성들의 기대를 부풀리게 하면서 급진적인 요구를 불러일으킨다. 약간만 변화를 시작해도 급속한 체제 와해가 발생할 가능성이 있다는 것이다. 이러한 현상을 토크빌은 '토크빌의 역설'(Tocqueville's Paradox)이라는 말로 표현했다.[53)]

일부 폐단이 개선되기 시작하면 사람들은 아직 시정되지 않은 문제점들을 더 참기 힘든 것으로 받아들인다는 설명이다. 토크빌은 "일부 폐단이 시정될 경우 아직 시정되지 않은 문제는 더욱 참기 힘든 것으로 보이게 된다."고 했다. 중국 지도부가 우려하는 건 바로 이 점이다. 실제로 중국 인민의 삶은 과거와 비교할 수 없을 정도로 개선됐지만 요구는 더욱 커지는 추세다. 배가 고플 때는 배고픔에서 벗어나려는 한 가지 고민밖에 없지만 배가 부르고 나면 더 많은 번뇌가 뒤따르는 법이다.

2012년 말 중국에서 제5세대 시진핑 중심체제로 지도부 교체가 진행되는 와중에 중국지도부는 부정부패 청산을 위하여 150년 전에 토크빌이 펴낸 책 『앙시앵 레짐과 프랑스 혁명(L'Ancien Regime et la Revolution)』을 관료들에게 나누어주어 독서열풍을 일으켰다.[54)] 중국 지도부가 새삼 프랑스 혁명사를 꺼내든 의도는 분명했다.

---

53) Minxin Pei, *From Reform to Revolution: The Demise of Communism in China and the Soviet Union* (Cambridge: Harvard University, 1994), p. 45.

54) "[세상읽기] 중국 지도부는 왜 프랑스혁명을 연구하나", 『중앙일보』 2013.2.7.,; 당시 부정부패 청산 작업을 진두지휘한 왕치산 공산당 정치국 기율검사위원회 서기가 전문가 좌담회에서 이 책을 돌린 것이 계기가 됐다.; http://article.joins.com/ news/ article/ article.asp?total_id=10615099& cloc=olink|article|default 〈검색일: 2013.11.16.〉

혁명이 언제, 어떤 상황에서 일어나는지 분석한 대목 때문이다. 토크빌에 따르면 프랑스혁명은 돌발적 사건이 아니었다.

<민중을 이끄는 자유의 여신>, 외젠 들라크루아, 1830

혁명은 구체제의 모순이 누적되다가 임계점을 넘는 순간 폭발한다. 문제는 그 시점이 언제냐는 거다. 중국에서 수천 만 명이 아사(餓死)하던 대약진 운동의 시기에는 민중봉기가 없었다. 그러나 개혁 · 개방 이후 10년만인 1989년에 천안문사태가 발생하였다. 민중봉기를 위한 집단행동의 상황이 달라진 것이다.

정보소통의 장비들이 확산되고 정보유통이 활발해지며, 먹고 사는 문제에서 벗어나 미래를 고민하고 투쟁하는 여유가 생기게 되는 것이다. 북한의 경우도 불가피하게 개혁 · 개방으로 나아갈 수밖에 없을 것이며 그렇게 될 경우 토크빌의 역설에 직면할 가능성이 높다. 북한 체제로서는 폐쇄 체제를 계속 고집하면 외부로부터 에너지를 받지 못해 체제의 한계가 오고[55] 그렇다고 개혁개방을 하면 토크빌의 역설처럼 체제 변동의 위험이 있다. 이것이 북한 체제의 딜레마라 할 수 있다.

또한 김정은 정권의 핵 · 미사일 폭주가 미국의 본토를 직접적으로 위협하는 상황으로 진전시 미국에 의한 예방전쟁 개념의 선제공격을 받아 교체될 가능성도 높

55) 김기호(2009), 박사학위 논문, pp. 38-39.

다.[56] 또한 북한 내부에서 김정은 유고, 쿠데타, 민중봉기, 대량살상무기 탈취, 대규모 자연재해 등 급변사태 발생과 이로 인한 대량유혈사태 발생시 보호책임(R2P; Responsibility to protect)[57]에 의한 개입문제 등 향후 전개될 수 있는 북한의 정권교체(Regime Change) 및 체제변동·붕괴 등 복잡다양한 상황에 국가대전략 차원에서 대비하는 것이 중요하다.[58]

---

56) ——, "2017 한반도 大위기 시나리오; 인도와 분쟁, 美 공군에 열세 중국군 한반도 진입 어렵다. 미군의 '김정은-핵 제거' 군사작전," 『신동아 9월호』(동아일보사, 2017.9), pp. 138-151.

57) 보호책임(Responsibility to protect, R2P, RtoP)은 이른바 북한같이 '실패한 국가'(failed state, 군대와 경찰 조직이 무너져 자국민을 보호할 능력을 잃고 혼란에 빠진 국가)나 독재국가에서 심각한 인권침해가 이뤄지는 경우엔 그 나라 주권을 일시적으로 무시하고 국제사회가 인도주의적 개입을 할 수 있다는 논리이다.

58) 김기호, "미·북 군사충돌", 『신동아 2월호』(동아일보사, 2018.2.)

토론 주제

1. 구소련 및 동구 공산국가들과 중국과 베트남 등 지구상에 존재하는 사회주의 체제국가들은 모두 붕괴되거나 체제변동을 겪었다. 그 사례를 분석해서 북한체제에 주는 함의와 시사점을 찾아보자.
2. 2010년을 전후해서 일어난 북아프리카와 중동의 독재국가의 독재자를 몰락시킨 재스민혁명(오렌지혁명) 사례를 살펴보고, 북한에 주는 함의와 시사점을 찾아보자.
3. 김정은의 북한체제는 안정적인가? 변동할 수밖에 없는가? 여러 요인들을 들어서 토론해 보자.

더 읽으면 좋은 글

1. 김기호, 『북한체제의 안정성과 변동에 관한 연구』, 경기대학교 정치전문대학원 박사학위논문, 2009.
2. 김기호 외 4, 『북한의 분야별 변화 양상 연구』, 국방대학교 안보문제연구소, 2011.12.
3. 박형중 외 6, 『독재정권의 성격과 정치변동: 북한 관련 시사점』, KINU 연구총서 12-06, 통일연구원, 2012.12.
4. 박종철 외 6, 『김정은 체제의 변화 전망과 우리의 대책』, KINU 연구총서 13-03, 통일연구원, 2013.12.
5. 박종철 외 5, 『재스민 혁명의 분석과 북한에 대한 시사점』, KINU 연구총서 11-01, 통일연구원, 2011.7.
6. 박형중, 『북한의 개혁 · 개방과 체제변화: 비교사회주의를 통해 본 북한의 현재와 미래』, 도서출판 해남, 2004.
7. 이종석, 『새로 쓴 현대북한의 이해』, 역사비평사, 2005.

제 11 장

통일문제 이해[1)]

통일이란 분단 이전 상태로의 회귀가 아니라 서로 다른 두 체제를 하나로 통합해 자유민주주의와 시장경제, 인간의 존엄과 가치 존중 등을 기반으로 하는 민족공동체 건설을 의미한다. 이런 의미에서 통일은 민족구성원 모두에게 열린 자유롭고 인간다운 삶을 위한 기회의 창이라고 볼 수 있다.

통일은 분단으로 인해 굴절된 우리의 역사를 바로잡고, 민족공동체 건설을 통해 우리 민족의 총체적 역량을 극대화하기 위해 필요하다. 이뿐만 아니라 다양한 정치・경제・사회문화적 편익의 창출, 이산가족의 고통 해소, 한반도의 전쟁위험 제거를 통한 동북아의 평화 증진을 위해서도 남북통일은 절실하다.

통일국가의 미래상은 우리의 통일방안에서도 제시하고 있듯이 자유, 복지, 인간의 존엄성이 보장되는 행복한 국가다. 통일 한국은 우리에게 보다 많은 선택의 기회와 한 차원 더 확대된 활동공간을 제공하며, 세계평화와 인류공영에 이바지하게 될 것이다.

그러나 북한의 통일방안은 한반도의 전공산화를 목표를 하는 대남전략을 미화하여 표현한 고려연방제이다. 한국의 한민족 공동체 통일방안과 비교하여 북한의 의도와 저의를 꿰뚫어 볼 수 있어야 한다.

---

1) 제11장 통일문제 이해는 정부의 통일 시책 교육목적상 통일교육원, 『2020~2014 통일문제 이해』에서 발췌하여 작성하였다.

제1절 통일문제, 어떻게 볼 것인가?

1. 통일의 의미와 필요성

1) 통일의 의미

(1) 통일의 의의

우리는 오랜 기간 분단의 고통 속에 통일된 민족국가를 확립하지 못한 채 살아왔다. 일제강점으로부터의 독립이 단일민족국가 수립으로 이어지지 못한 채 북위 38도선을 경계로 국토가 분단된 데 이어 6·25전쟁을 겪으면서 분단이 고착화됐다. 이 같은 고통의 역사 속에서도 대한민국은 짧은 기간에 놀라운 경제성장과 민주화를 이룩함으로써 산업화와 민주화를 성공적으로 달성한 국가로 국제사회에서 인정받고 있다.

그러나 분단 상황의 지속은 불필요한 국력 낭비와 이산가족의 고통, 자원의 분할 사용 등과 같은 여러 측면에서의 폐해와 이로 인한 민족의 발전과 번영을 저해하고 있다. 또한 분단의 장기화는 남북 간 이질화, 경제 격차 등의 심화로 민족의 정체성을 훼손시키는 한편 통일에 대한 부정적인 인식으로까지 이어지고 있다.

21세기에 들어선 이후 국제사회는 탈냉전, 세계화의 흐름 속에 자국의 실리추구를 위한 무한경쟁 시대에 돌입했다. 이 같은 추세 속에 우리 민족의 생존과 번영을 위한 시대적 과제는 바로 통일이다. 통일은 분단의 고통과 폐해를 극복하고 국가의 지속가능한 발전을 위해 달성해야 할 우리 민족의 시대적 과제라 할 수 있을 것이다.

(2) 통일의 의미

통일을 이룩한다는 것은 구체적으로 무엇을 의미하는가? 통일은 일차적으로 분단 극복을 의미하지만 단순히 분단 이전의 상태로 돌아가는 것만을 의미하지 않는다. 그것은 국토를 분단 이전의 상태로 회복하는 동시에 서로 다른 두 체제를 자유민주주의와 시장경제의 기반 위에 하나로 통합해 새로운 민족공동체를 건설하는 것이다. 이러한 의미에서 통일은 과거로의 회귀가 아니라 미래를 향한 새로운 역사의 창조 작업이라고 할 수 있다.

통일의 의미를 보다 다양한 측면에서 살펴보면 다음과 같다.

첫째, 지리적 측면에서의 통일은 국토의 통일을 의미한다. 국토의 통일은 통일국가 건설의 물리적 기반을 제공한다. 우리 민족은 오랫동안 한반도라는 지리적 공간 속에서 하나의 생활권을 이루면서 살아왔기에 국토의 통일은 구성원 모두가 한반도 내의 어느 곳이든 자유롭게 왕래하고 거주할 수 있는 터전을 마련하는 것을 의미한다. 이런 점에서 통일은 단순히 국토 면적의 합계가 늘어나는 것뿐만 아니라 생활권의 확대를 가져올 것이다.

둘째, 정치적 측면에서의 통일은 체제의 단일화를 뜻한다. 통일은 남북한에 세워진 두 개의 정치 체제를 통합해 하나의 국가로 만드는 것이다. 통일은 단일 헌법, 단일 정부, 단일 국가를 수립하는 것을 의미한다. 남북 간에 단일한 정치 체제를 만드는 것은 분단 극복을 위한 핵심요소이며 통일의 최종 상태라 할 수 있다.

셋째, 경제적 측면에서의 통일은 경제권의 통합을 의미한다. 남과 북은 분단과 함께 자유민주주의 시장경제 체제와 사회주의 계획경제 체제로 나누어졌고 경제생활권 또한 남북으로 단절됐다. 국가 간 경제통합이 진행되고 있는 오늘날의 국제적 상황에 비추어 볼 때 보다 풍요로운 복지국가를 건설하기 위해서는 시장경제 체제로의 민족경제의 통합이 시급하다.

넷째, 사회문화적 측면에서의 통일은 민족동질성을 회복하는 것이다. 우리 민족은 동일한 언어와 문화, 생활방식을 공유하며 살아왔다. 그러나 분단의 장기화로 남북 간 이질화가 심화돼 한민족으로서의 일체감이 점점 약해지고 있는 실정이다. 진정한 의미의 통일은 이질화된 남북 주민들의 내면적인 의식과 가치관, 생활방식을 하나로 동화시키는 내적 통합이 이뤄질 때 완성될 것이다.

이와 같이 통일은 두 개의 남북한 체제가 하나로 통합되는 것을 의미하지만 진정한 의미의 통일은 남북한 주민들이 민족적 일체감을 가지고 하나의 국가 테두리 안에 소속감을 공유하는 상태를 의미한다. 즉, 통일은 분단된 국토가 하나로 통합되는 것은 물론 정치적으로 대립됐던 체제를 하나로 만드는 것이고, 경제적으로는 서로 다른 제도를 하나로 거듭나게 하는 것이며, 남북 주민 사이에 내면화된 이질적인 문화를 하나로 다시 탄생시키는 것이다.

이런 점에서 통일은 둘로 나누어진 국토와 제도 그리고 민족과 생활이 하나로 거듭나는 과정으로서, 새로운 역사를 만들어나가는 창조적인 작업이라고 할 수있다.

본래 남북한은 동일한 언어와 문화, 혈통을 지닌 민족으로서 수많은 어려움 속에서도 공동체 의식을 바탕으로 통일국가를 이루며 살아온 역사를 지니고 있다. 그러나 70년 가까이 지속돼 온 분단 체제는 대립과 갈등 등으로 민족의 번영과 발전을 저해했을 뿐 아니라 민족의 동질성과 역사적 정통성을 훼손시켰다. 따라서 우리는 민족의 분열을 극복하고 평화롭고 번영된 민족공동체를 이루는 통일을 실현하기 위한 노력을 기울여야 할 것이다.

2) 통일의 필요성

우리에게 통일은 왜 필요할까? 통일을 해야 하는 이유는 민족사적 당위성에서 부터 공리(公利)적인 이유에 이르기까지 여러 가지가 있으나 지금보다 더 평화롭고 풍요로운 환경 속에 인간다운 삶을 보장받을 수 있다는 데 주된 이유가 있다. 그러나 적지 않은 국민들이 통일에 대한 기대보다는 통일과정에서 예상되는 경제적 부담과 사회혼란 등을 더 많이 우려하고 있으며, 이에 따라 통일에 대한 회의감이 확산되고 있는 상황이다.

[그림 11-1] 통일 필요성 인식

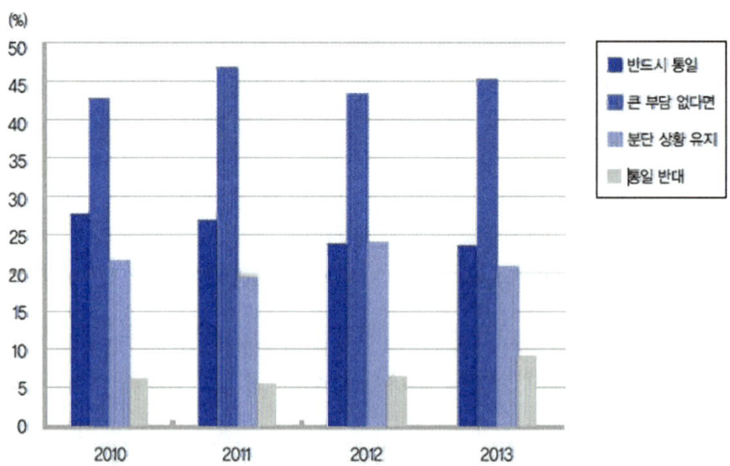

출처: 2014 KBS 국민통일의식조사

[그림 11-2] 통일이 불필요하다고 생각하는 이유

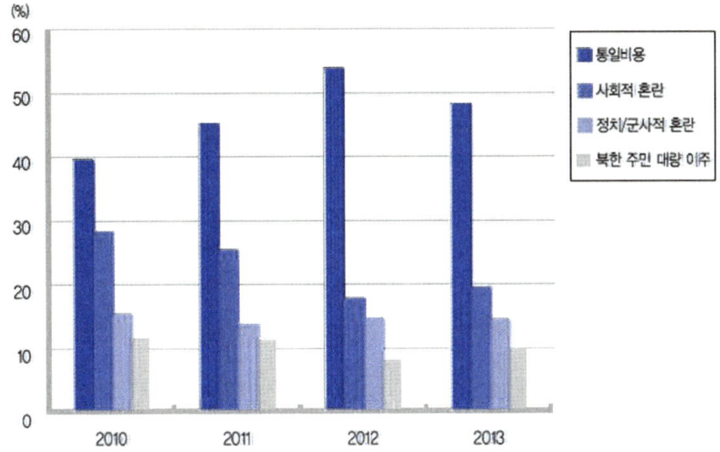

출처: 2014 KBS 국민통일의식조사

다수의 통일 관련 여론조사에 따르면 대체로 우리 국민들은 통일의 필요성과 당위성에 대해서는 긍정적인 것으로 나타났다. 그러나 통일의 혜택보다는 비용이 더 클 것이라는 우려 때문에 큰 부담을 주지 않는다는 전제 아래 통일이 이뤄지기를 바라고 있다. 위의 여론조사 결과에서 나타나듯이 국민들의 '통일반대'와 같은 부정적인 인식은 증가 추세에 있다. 이런 점에서 국민들의 관심과 참여 속에 통일을 실현하기 위해서는 무엇보다도 국민들의 통일에 대한 인식이 긍정적으로 바뀌어야 한다. 즉, 통일은 사회·경제적 혼란으로 야기되는 비용보다 훨씬 큰 이득을 가져다준다는 확신과 함께 21세기 민족의 번영과 발전, 개인의 삶의 질 향상과 행복 등을 위해 통일이 반드시 필요하다는 인식이 요구된다. 이를 바탕으로 통일의 필요성을 정리해 보면 다음과 같다.

첫째, 분단구조의 불안정성과 비정상성을 극복하고 지속가능한 발전을 위해서다. 정전 체제에 의해 유지되고 있는 분단구조는 사소한 계기로 긴장이 고조되고 언제든지 전쟁이 재발될 수 있는 불안정성을 지니고 있다. 분단구조는 소모적인 경쟁과 대결로 인해 엄청난 자원을 낭비시킬 뿐 아니라 고통과 손실 등 상당한 비용을 유발시켜 발전을 저해하고 있다. 따라서 남북이 통일해야 하는 이유는 분단의 구조에 따른 상황의 불안정성을 극복하고 소모적인 자원낭비와 비용의 절감을 통해 지속가능한 발전을 하기 위해서다.

둘째, 남북한 주민이 같은 민족이라는 정체성을 기초로 하나의 민족공동체를 이루며 살아왔기 때문이다. 남북한이 통일을 해야 하는 원초적인 이유는 남과 북이 언어, 문화, 역사 등을 공유한 민족으로서 하나의 공동체를 이뤄왔다는 사실에 뿌리를 두고 있다. 본래 우리 민족은 동일한 언어와 문화, 혈통을 지닌 단일민족으로 수많은 국난을 겪으면서도 공동체 의식을 갖고 단결해 통일국가를 발전시켜 온 역사를 지니고 있다. 그러나 지난 70년 가까이 분단으로 인한 대결과 갈등은 오랜 기간 같은 민족으로 간직해왔던 정체성을 크게 훼손시켰다.

따라서 분단으로 인해 굴절된 역사를 바로잡고 민족의 역량을 극대화하는 새로운 민족공동체를 건설해야 한다는 점에서 통일은 반드시 실현돼야 한다. 특히, 통일은 민족의 동질성 회복을 위해 필요하다. 우리 민족은 오랜 시기 같은 문화와 전통을 유지해왔으나 분단 이후 다른 체제와 사회로 나누어져 살아오면서 문화적으로도 점차 이질화되고 있다. 통일은 같은 민족으로 이러한 이질화를 극복하고 우리 민족의 동질성을 회복하는 것이다.

셋째, 통일이 되면 다양한 편익을 누릴 수 있기 때문이다. 통일은 전쟁 위협을 해소해 항구적인 평화를 보장할 뿐 아니라 내부의 이념적 대립을 종결함으로써 사회통합과 국론결집을 가능하게 한다. 또한 통일로 인한 안보위협의 해소는 국가 신용등급과 국가 브랜드 가치를 높여 코리아 디스카운트(Korea discount)[2]를 코리아 프리미엄(Korea premium)[3]으로 전환시킬 것이다. 현재 우리나라는 세계 10위권의 경제대국이지만 성장속도가 둔화되고 있는 상황이다. 통일은 새로운 성장 동력과 시장의 확보를 통해 비약적 성장을 가능하게 할 것이다.

통일은 일차적으로 국토 면적의 확장 및 인구 증가로 인한 내수시장 확대를 가져온다. 이와 더불어 남한의 자본과 기술이 북한의 노동력과 지하자원과 결합해 시너지

---

2) 코리아 디스카운트(Korea discount)는 한국경제의 불투명성, 불확실성을 근거로 외국인들이 한국의 주가를 실제 가치보다 낮게 평가하는 것을 말한다. 주로 남북 분단으로 인한 불안정성, 유동성 등이 경제상황의 불확실성으로 연계돼 실제보다 한국의 주가 가치를 낮게 책정하며 한국의 제품 및 한국 브랜드의 질을 신뢰하지 않고 낮게 평가하는 현상을 의미한다.

3) 코리아 프리미엄(Korea premium)은 한국 증시에 외국인의 투자가 급격히 늘어나고, 한국의 대외적 국가 브랜드 가치 상승에 따라 한국 제품에 대한 신뢰가 높아지는 등 경제 분야에서 나타나는 한국에 대한 선호현상을 말한다.

효과를 창출함으로써 새로운 성장 동력을 확보하게 된다. 또한 통일 한국은 해양과 대륙으로 진출할 수 있는 요충지에 있는 한반도의 지정학적 특성을 살려 태평양, 중국, 시베리아, 유럽, 아시아를 연결하는 물류와 교통의 중심지역으로 부상할 것이다. 통일은 내수시장의 확대와 대륙으로의 진출 등을 통해 기업에는 새로운 성장활로를, 개인에게는 다양한 직업 선택과 취업의 기회를 제공하게 될 것이다.

넷째, 남북 구성원 모두에게 자유와 인권과 행복한 삶을 보장하기 위해 통일이 필요하다. 특히, 남북 이산가족과 북한 이탈주민 등이 분단으로 인해 겪고 있는 고통 해소와 북한 주민의 삶 개선 차원에서도 통일이 필요하다. 통일은 북한 주민도 우리와 마찬가지로 자유와 복지, 인간의 존엄과 가치 존중이라는 혜택을 누릴 수 있게 해 준다. 우리가 통일을 해야만 하는 이유는 분단으로 인해 지불하고 있는 비용과 폐해를 없애고 보다 나은 삶을 보장받기 위한 것이다. 통일은 분단에 따른 유・무형의 비용을 없애고 새로운 이익을 창출함으로써 국가・사회뿐 아니라 개인의 삶의 질도 향상시킬 것이다.

이상에서 설명한 것과 같은 통일의 필요성을 다시 개인적 차원과 국가적 차원, 그리고 민족적 차원과 국제적 차원에서 재구성해 보면 다음과 같다.

우선 개인적 차원에서 통일은 남북으로 갈라진 이산가족의 고통을 해소하고 남북간에 자유롭게 오가며 살 수 있는 등 다양한 선택의 기회를 부여할 것이다. 통일은 남북 구성원 모두에게 전쟁의 위협으로부터 벗어나 자유롭고 평화로운 삶을 향유할 수 있게 해주며 자유와 복지, 인간의 존엄과 가치, 인권 존중이라는 혜택을 누릴 수 있게 해줄 것이다.

국가적 차원에서 통일은 전쟁 위협을 근원적으로 제거하고 소모적인 경쟁과 대결로 인해 지불하고 있는 자원과 민족적 역량의 낭비를 없애준다. 통일로 인한 군사비 감소,[4] 자연 자원과 인적 자원의 상호 보완적 활용 등 규모의 경제에 따른 이득 확보로 비약적 발전을 기대할 수 있다. 통일은 한반도에 단일 경제권을 형성함으로써 인적・물적 자원을 확대하고 경제규모를 키워 강대국으로 나아갈 초석을 마련해 줄 것이다. 또한 통일을 이룩한다면 활동무대가 한반도 전역으로 확장되고, 나아가 유라시아대륙과 태평양을 연결함으로써 막대한 경제적 이득을 확보할 수 있을 것이다.

4) 통일이 되어 군사비가 감소되려면 주권을 유지하면서도 미・중 등 주변강국의 패권에 휘말리지 않았을 경우이다. 주변 강대국에 둘러싸인 한반도는 스위스와 같은 영세중립국 등이 전제되어야 할 것이다. 그렇지 않다면 군사비는 더 증대될 수 있다.

민족적 차원에서 통일은 역사적 정통성과 민족의 동질성 회복을 위해 필요하다. 우리 민족은 한반도를 중심으로 같은 문화와 전통을 간직한 민족국가를 이뤄왔으나 분단·전쟁으로 인해 민족의 역사적인 정통성이 약화됐다. 통일은 분단으로 인해 굴절된 역사를 바로 세우고 민족공동체를 구현하고 민족문화의 융성을 위해 실현돼야 한다.

국제적 차원에서 통일은 한반도에서의 전쟁 위협을 제거해 동북아와 세계평화에 기여할 수 있다. 핵과 인권문제 등 '북한문제'는 그동안 한반도와 동북아 정세의 불안정한 요소로 작용해 온 점을 고려하면 남북통일은 한반도의 평화뿐만 아니라 동북아 지역의 안정과 세계평화에 기여할 것이다.

〈표 11-1〉 통일의 필요성

차원	내용
개인적 차원	• 분단고통 해소(이산가족, 납북자 문제 해결 등) • 자유 확산 및 기회 확대(취업 및 소득 증대) • 평화롭고 풍요로운 삶 향유
국가적 차원	• 전쟁 위협 및 자원과 민족적 역량 낭비 제거 • 자원의 상호 보완적 활용, 규모의 경제효과(단일경제권 형성) • 활동영역 확대(유라시아 대륙과 태평양 연결)
민족적 차원	• 역사적 정통성 및 동질성 회복 • 민족공동체 구성 • 민족문화 융성
국제적 차원	• '북한문제' 해결(한반도 전쟁 위협 제거) • 동북아 및 세계평화에 기여

이처럼 통일은 우리 민족의 번영과 발전뿐 아니라 한반도를 태평양, 시베리아, 유럽으로 이어지는 세계 경제의 중심지로서, 그리고 동북아 지역에서의 평화 및 공동발전을 선도할 국가로 국제적 위상을 높여줄 것이다. 이는 통일 후 독일이 유럽의 중심국가의 위상을 확보하고 유럽통합을 가속화해 유럽 경제발전의 시너지 효과를 가져온 것을 볼 때 충분히 예측할 수 있다. 이상에서 볼 때 통일은 21세기 한민족의 새로운 비상과 행복한 통일국가로의 도약을 위해 반드시 필요하다. 통일을 통해 우리 민족은 훼손된 민족적 정체성을 회복하고 분단의 고통을 극복해 정신적·물질적으로 행복한 삶이 보장되는 민족공동체를 건설할 수 있을 것이다.

2. 통일의 기본구상과 미래상

1) 통일의 기본구상

우리 민족의 지상과제인 통일은 어떻게 이룩해 나가야 할 것인가? 우리가 지향하는 통일국가는 민족구성원 모두에게 자유와 행복, 민족의 생존과 번영이 보장되는 국가라는 점은 분명하다. 이러한 통일국가를 건설하기 위해 우리 정부가 추구하고 있는 통일의 접근방식은 국민적 합의에 기초해 민주적이고 평화적인 방법에 의해 점진적・단계적으로 이뤄 나간다는 것이다.

통일을 국민적 합의에 기초해 추진해야 하는 이유는 통일이 기본적으로 한국사회의 질적 변화를 수반하는 것이기 때문이다. 따라서 한국사회의 변화 방향과 통일 미래상에 대한 국민적 합의가 중요하다. 통일이 수반하는 사회적 혼란, 경제적 비용, 정치적 부담 등의 문제는 폭넓은 국민적 공감대 없이는 해결하기 어렵기 때문이다.

또한 통일의 목표가 민족구성원 모두의 자유와 인권, 행복이 보장되는 민주국가 건설이므로, 통일에 이르는 과정과 절차도 민주적이어야 함은 자명하다. 즉, 통일시기, 통일절차, 통일국가의 미래상 등의 문제에 대해 국민 모두의 견해가 민주적으로 수렴되는 절차가 필요하다. 이러한 민주적 절차에 따라 국민적 합의에 의해 추진되는 통일은 반드시 평화적인 방식으로 이뤄져야 한다는 것은 더 말할 나위가 없다.

우리는 통일을 염원하지만 수단과 방법을 가리지 않는 통일지상주의가 아니라 정당한 방식과 평화적 절차에 의한 통일을 추구한다.[5] 평화통일에 대한 염원은 반세기가 넘는 분단 속에서 우리 민족구성원의 합의사항으로 자리 잡고 있다. 이는 분단, 전쟁 등의 고통을 경험하면서 민족생존을 위한 평화정착 노력이 당연하고 절대적인 과제라고 인식하게 된 데 따른 것이다. 따라서 남북이 평화정착과 통일을 지향한다면 우선 생산적인 대화와 호혜적인 교류협력을 추진해 상호신뢰를 구축해야 한다. 분단 이후 경쟁과 대립 속에 축적된 상호 불신을 해소하고 진정한 평화를 이루기까지는 오랜 시간과 노력이 필요하다.

우리는 이상과 같은 점을 고려해 서로 다른 성격을 지닌 두 체제가 점진적 방법

5) 빠른 통일을 염원하지만 바른 통일은 더 중요하다. 북한에 의해 무력통일이 된다면 어찌 되겠는가?

을 통해 상호 신뢰를 조성하는 과도기를 거쳐 기능적으로 통합되면서 궁극적으로 통일에 이르는 접근방법을 채택했다. 이러한 우리의 단계적 · 점진적 통일정책은 1989년에 「한민족공동체 통일방안」으로 공식화됐으며, 이 통일방안은 1994년에 「민족공동체 통일방안」(한민족공동체 건설을 위한 3단계 통일방안)으로 발전됐다. 이후의 정부에서도 「민족공동체 통일방안」의 기조를 계승하고 있다.

「민족공동체 통일방안」에서 제시한 '민족공동체'는 민족구성원 전체의 결합과 공동생활의 방식과 권역을 포괄하는 개념이다. 민족공동체는 우리 민족을 하나로 통합하는 당위이며 통일을 가능하게 하는 힘의 원천이다. 민족공동체가 지향하는 통합의 개념은 남북이 같은 민족으로서 공동체 의식을 기반으로 해 경제, 사회, 문화공동체를 발전시키고 궁극적으로 하나의 정치공동체를 형성해 통일국가를 완성한다는 것이다.

「민족공동체 통일방안」은 통일을 점진적이고 단계적으로 하나의 민족공동체를 건설하는 방향으로 이뤄나간다는 기조 위에서 통일과정을 '화해협력 단계', '남북연합 단계', '통일국가 완성'의 3단계로 설정하고 있다. 남북은 경제 · 사회 · 문화 등 각 분야의 교류협력을 통해 상호 적대감과 불신을 해소해 나가는 '화해협력 단계'와 평화를 제도화하고 민족공동체를 형성해 나가는 과도기적 통일체제인 '남북연합 단계'를 거쳐 하나의 정치공동체로 통합을 실현하는 '통일국가 완성'을 이룬다는 것이다.

이같이 우리의 통일방안은 민족사회의 통합이 국가통일의 성취로 이어진다는 '선 민족공동체 건설, 후 통일국가 수립'으로 요약되는 통일의 기본 구상과 원칙에 기초하고 있다. 이는 역사적으로 사회공동체의 형성이 국가 체제의 성립보다 선행하며 현실적으로 진정한 통일은 체제통합만이 아닌 민족의 동질성이 회복되고 통합을 이룰 때 가능하다는 사실에 입각한 것이다. 또한 우리의 통일방안은 점진적 접근방법이 보다 합리적이고 효과적이라는 전제하에 이 땅에 평화를 정착시킨 후 통일을 추구한다는 입장을 체계화한 것이다. 남북이 화해협력을 통해 상호 신뢰를 쌓아 민족공동체를 건설해 나가면서 그것을 바탕으로 정치통합의 기반을 조성해 나간다는 방안이다.

2) 통일의 미래상

통일 한국은 한민족 모두에게 자유, 평등, 민주, 복지, 정의 등 인류의 보편적인 가치를 구현하는 국가 체제여야 한다. 이런 점에서 통일 한국의 미래상은 보편적 가치가 존중되고 풍요로운 삶이 보장되는 자유민주주의와 시장경제 체제를 근간으로 삼는 민족공동체 건설이다.

우선 통일 한국이 지향하는 기본 이념은 자유민주주의다. 우리가 건설할 통일국가는 근본적으로 인류 역사에서 보편적으로 추구해 온 기본 가치들을 구현하는 것이어야 한다. 모든 인류가 근대국가의 발전과 함께 추구해 온 '자유', '평등', '복지'라는 보편적이고 핵심적인 가치들을 구현해나가는 가장 효과적인 체제이념은 자유민주주의다. 자유와 평등의 조화, 절차적 민주주의와 실질적 민주주의의 균형, 자유주의와 민주주의의 조화로 표현되는 자유민주주의는 지금까지 인류가 지향하는 어느 정치이념보다 상대적으로 우월하다는 것이 역사적으로 입증되고 있다. 자유민주주의는 인간 개개인의 존엄성을 최고의 가치로 존중하는 정치이념이다. 또한 정치적으로 투표권, 참정권, 정부 선택권 등 정치적 권리를 보장하고 경제적으로 자유로운 경제활동을 보장하는 시장경제의 원리에 바탕을 두고 있는 이념이다.

통일 한국이 지향해 나갈 또 다른 기본 이념은 민족주의다. 여기서 말하는 민족주의는 다른 민족과의 공존공영을 추구하는 '열린 민족주의'[6]를 의미한다. 남북통일의 정당성은 무엇보다 분단돼 있는 한민족의 정치적 · 문화적 공간을 일치시키는 통일된 민족국가의 형성에 근거하고 있다. 또한 통일 한국의 민족주의는 우리사회 내 소수의 다양한 인종과 문화를 인정하고 공존하는 열린 민족주의를 지향한다.

우리사회는 세계화의 대세 속에서 점차 다문화 사회로 변화되고 있어 통일 한국에 형성할 민족공동체는 혈연적 의미의 폐쇄적 민족 개념을 넘어 열린 민족의 개념을 수용해야 한다. 이런 점에서 우리가 지향하는 통일 한국의 민족공동체는 혈연에 기초한 폐쇄적 민족주의가 아니라 다른 민족과 그들의 문화도 이해하고 존중하는 개방적 자세를 지닌 열린 민족주의에 바탕을 두고 있는 것이다.[7]

이상의 가치와 이념에 따라 각 분야에서 구현해 나갈 통일 한국의 구체적인 모습은 다음과 같다.

---

6) 민족주의는 자민족의 번영과 발전을 기하고자 하는 이데올로기로, 다소 배타적인 특징을 지니고 있으나 열린 민족주의는 타 민족과의 공존공영 속에 자민족의 발전을 모색하는 것을 의미한다. 따라서 통일을 지향하는 민족주의는 배타적이고 폐쇄적이 아닌 다른 민족, 다른 집단과의 호혜적 교류와 평화 모색을 보장하는 열린 민족주의다.

7) 그러나 북한이 자주 선전선동하고 있는 '우리민족끼리'라는 구호의 의미는 열린 민족이 아니라 김일성 민족을 뜻한다. 북한이 사용하는 민족의 의미와 노리는 의도와 함정에 대해서는 『조선일보』(2013.3.2.), 김기호, "우리민족끼리의 함정"을 필독해야 할 것이다.

첫째, 통일 한국의 정치 체제는 국민의 선거에 의해 선출되는 의회와 복수정당제를 갖춘 대의제 민주주의가 될 것이다. 통일 직후 남북한 주민들 사이에는 정치적 이념의 차이, 경제력의 격차, 사회·문화적 가치 및 관습의 차이 등 다양한 차이가 존재할 것이다. 통일국가에는 이러한 격차로 인한 갈등 해소, 남북 주민의 자발적 참여의식 제고, 국민의 다양한 이익 반영, 정치세력 간의 이견과 갈등을 해결할 수 있는 제도적 장치가 마련돼야 한다. 대의제 민주주의 정치제도와 지방자치제, 복수정당제 등이 이에 해당될 것이다.

둘째, 통일 한국의 경제 체제는 고도의 경제성장을 통해 국민복지 증진에 상대적으로 우월한 체제임이 입증된 시장경제 체제가 돼야 할 것이다. 사유재산 제도와 자유로운 경제활동이 보장된 시장경제 체제는 1980년대 말 동유럽 사회주의 국가들의 몰락과 체제전환에서도 알 수 있듯이 국가를 부강하게 하고 국민을 잘 살게 하는 제도임이 입증됐다. 통일 한국은 시장경제를 바탕으로 자유경제, 개방경제를 지향하며, 이를 통해 번영과 복지의 실현을 통해 국민 모두가 풍요로운 삶을 영위하는 국가여야 한다.

셋째, 통일 한국의 사회 체제는 정치, 경제 체제와 같이 민주적이고 개방적이며 인간중심적인 체제를 지향해야 할 것이다. 인간중심적인 사회 체제란 인간 존엄성을 최고의 중심 가치로 삼아 모든 제도와 정책을 인간 존중의 가치를 실현하는데 중점을 두는 체제다. 이에 따라 통일 한국의 사회는 민주적이고 개방적이며 자유, 인권, 평등, 복지라는 보편적 가치를 지향하는 사회여야 한다.

넷째, 통일 한국의 문화는 인간의 가치를 존중하는 문화, 즉 인본주의로서 민족의 전통문화에 뿌리를 두는 것이어야 한다. 통일 한국은 전통문화 속에서 민족의 동질성을 추구하면서 민족문화를 발전시켜 나가야 한다. 또한 통일 한국의 문화는 개방적이고 진취적인 것이 돼야 한다. 폐쇄적, 획일적 문화 체제로는 다문화의 시대상황과 국제환경 속에 민족문화의 발전을 도모해 나갈 수 없게 될 것이다.

다섯째, 대외적으로 통일 한국은 평화 지향적이며 비핵평화 국가여야 한다. 북한의 비핵화 및 한반도 평화정착을 통해 동북아 평화공동체 건설에 기여하며 세계국가로 나아가기 위한 국가역량을 강화해야 한다. 또한 한반도에 항구적인 평화를 가져오기 위해서는 주변 강대국과의 관계 속에서 이해의 균형점과 조화를 모색해야 한다. 강화된 국가역량을 바탕으로 평화 생산자의 역할과 책임을 다 할 때 통일 한국은 국제 평화와 인권 등의 보편적 가치 수호에 적극 기여하는 국가로서의 이미지를 제고시킬 수 있을 것이다.

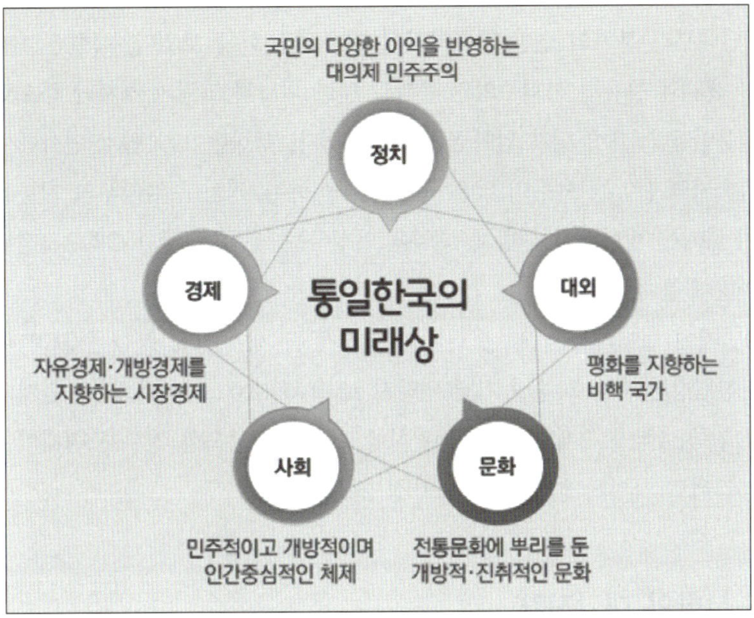

제2절 북한의 통일 방안

북한에게 있어 통일은 외세에 의해 갈라진 국토와 민족을 하나로 합치는 것으로서 전국적 범위에서 민족의 자주권 확립을 주장하고 있으나 실질적으로는 사회주의, 공산주의 혁명과 건설을 완수한다는 데 있다. 북한은 남북분단의 원인이자 통일의 장애인 미국에 대한 반미자주화투쟁을 내세우며 한반도 적화통일 달성을 목표로 삼고 있다. 이를 목표로 한 북한의 통일 및 대남전략은 지속되고 있으나 통일방안은 시대적 환경에 따라 변화해 왔다.

북한은 1960년 8 · 15 광복 15주년 경축대회에서 처음으로 남북의 제도를 그대로 두는 과도적 형태인 '남북연방제' 통일방안을 제기했고, 1973년 '고려연방공화국'이라는 단일 국호에 의한 연방제 실시를 골자로 하는 '고려연방제'를 주장했다. 1980년

10월 10일 노동당 제6차 대회에서는 '고려민주연방공화국 창립방안'을 제시하면서 종전처럼 통일까지의 과도적 조치로서의 연방제가 아니라 완성된 통일국가 형태로서의 연방제를 주장했다.

1990년대부터 북한의 연방제는 약간의 전술적 변화를 보였다. 북한은 1980년대 말 소련 해체와 동유럽 사회주의권 붕괴로 인한 외교적 고립과 경제난 등으로 체제 유지에 불안을 느끼게 되자 남북공존을 모색했다. 북한은 1991년 신년사에서 잠정적으로는 지역자치 정부에 더 많은 권한을 부여하며, 장차 중앙정부의 기능을 더욱더 높여 나가는 방향에서 연방제 통일을 완성하는 '1민족 1국가 2제도 2정부에 기초한 연방제'를 주장했다.

2000년대에 들어와서는 '낮은 단계의 연방제'를 제기했다. 북한은 고려민주연방공화국 창립방안 제시 20주년 기념 평양시 보고대회(2000.10)에서 '낮은 단계의 연방제'는 '1민족, 1국가, 2제도, 2정부' 원칙에 기초하되 남북한 정부가 현재의 기능과 권한을 그대로 가지게 하는 것이라고 설명했다.

1. 북한의 대남전략

북한의 대남전략은 한반도에서 남한과의 체제경쟁에서 승리하여 공산화된 통일국가를 형성하려는 목표를 가지고 있다. 북한은 '하나의 조선'이라는 통일관에 기초해 통일문제를 오직 '해방과 혁명'의 논리에서만 접근해 왔다. 그 논리에 따르면 북한은 '전 조선혁명'을 위한 혁명기지이고, 남한은 미 제국주의자들의 강점하에 있는 미(未)해방지구로서 혁명투쟁의 현장으로 인식하고 있다. 따라서 북한에 있어서 조국통일은 남조선 혁명을 전제로 하는 통일이며, '조선민주주의인민공화국' 기치하의 통일을 의미하는 것이 된다.

북한은 대내외 정세변화에 따라 '민주기지론'에서 '민족공조론'에 이르기까지 조금씩 그 형태를 달리해 왔다. 그동안 북한이 구사해온 대남전략은 다음과 같이 정리할 수 있다.

1) 민주기지론

남조선 혁명을 위한 북한의 대남전략은 광복 직후인 1945년에 '민주기지론'이란 형태로 처음 제시됐다. 이것은 미군의 남한 점령으로 전국적 범위에서 혁명을 추진할 수 없는 상황에서 북한 지역의 혁명역량을 먼저 강화하고, 그 역량을 바탕으로 전 한반도의 공산혁명을 완수한다는 전략이다.

북한이 '민주기지론'을 기본적인 대남혁명 전략으로 채택한 것은 광복 직후 여러 면에서 북한 지역이 남한 지역에 비해 우세했던 유리한 조건을 활용해 전 한반도의 공산화 통일을 실현하기 위한 것이었다.

2) '민족해방 인민민주주의혁명' 전략

북한은 1970년에 초창기의 '민주기지론'에서 한 단계 발전된 '민족해방 인민민주주의혁명' 전략을 공식 채택했다. 이는 "남조선 혁명은 남한의 혁명세력이 주체가 돼 수행해야 한다."는 것으로, 우선 남한에서 민족해방 인민민주주의혁명을 수행한 이후 사회주의 혁명을 진행시킨다는 '단계적 혁명론'이다.[8)]

또한 북한은 1964년 남조선 혁명을 완성하는 실천 요소로서 이른바 '3대 혁명역량 강화'를 내세웠다. 즉, 북한 체제의 혁명역량, 남조선 혁명역량, 그리고 국제적 혁명역량의 강화를 내용으로 하는 '3대 혁명역량 강화' 노선이다.

'3대 혁명역량 강화' 노선은 대내적으로는 민주혁명기지 노선에 기초해 남조선 혁명을 수행하기 위한 혁명기지로서의 북한의 능력과 역할을 제고시킨다는 것이다. 이를 위해서는 주체사상에 의한 북한 주민들의 정치사상적 무장 강화, 자립적 민족경제 건설을 통한 경제역량 강화, 혁명의 승리를 보장하는 수단으로서의 군사역량 강화 등을 강조하고 있다.

대남 차원에서는 우리사회 내부의 모순을 최대한 첨예화하고 지하당 조직의 확대, 다양한 형태의 통일전선 형성 등으로 사회혼란을 유도해 우리사회 내부에서 인민혁

8) 북한이 민족해방 인민민주주의 혁명 전략을 주장하게 된 것은 6·25전쟁 이후 분단이 장기화됨으로써 남과 북에 서로 상반된 정치·사회 체제가 고착화돼 무력 적화통일이 점점 어려워질 것이라는 인식에서 비롯됐다. 북한이 남한 혁명의 성격을 민족해방 인민민주주의혁명으로 규정하고 혁명의 주인을 남한 인민자신이라고 선동하는 것은 이러한 인식의 구체적 표현이라고 할 수 있다.

명이 일어날 수 있도록 유도해야 한다는 것이다. 대외적으로는 국제혁명 차원에서 한반도 공산화 통일을 용이하게 할 수 있는 여건을 조성하기 위한 외교적 노력을 병행한다는 것이다.

3) 민족공조론

북한은 2001년 1월 개최한 '우리 민족끼리 통일의 문을 여는 2001년 대회'에서 "외세와의 공조를 배격하고 민족공조로 통일문제를 우리 민족 자체의 힘에 의해 해결해 나가자"고 제의하는 등 '민족공조'를 통일운동의 핵심용어로 사용하기 시작했다.

2002년 10월 제2차 북핵 위기가 대두되면서부터 북한은 "민족공조로 조・미 불가침조약 체결을 위한 운동과 투쟁을 벌이는 것은 핵전쟁 위험을 막고 민족자주통일을 가져올 수 있다."고 주장했다. 2003년 신년 공동사설을 통해서도 한반도 정세를 '조선민족 대 미국 간의 대결'이라고 규정하면서 "민족공조를 통해 미국의 대북압살책동을 분쇄해 나갈 것"이라고 강조했다.

이와 같이 북한이 '민족공조'를 내세우고 있는 것은 우리사회 내 남남갈등을 조장하고 동시에 우리 측의 대북 지원이 민족의 상부상조 전통에 의한 것이라는 대주민 선전논리로 활용하기 위한 목적 등으로 평가된다.

북한의 대남전략은 우리사회의 반미 자주화와 친북 연공화(聯共化)를 통해 한반도 적화통일을 이뤄낸다는 궁극적 목표에 있어서 기본적으로 변함이 없다.

2. 북한의 통일 방안

1) 통일방안의 변천

북한의 통일방안은 시대적 조건과 환경에 따라 변화를 거듭해왔다. 북한의 통일방안의 변천을 시기별로 간략히 정리해 보면, 초기 통일방안은 '하나의 조선' 논리에 입각한 '민주기지론'에 의한 무력・적화 통일이었다. 그것을 대남 위장평화 공세 속에서 실행에 옮긴 것이 6・25 남침이었다.

민주기지론은 1960년 4・19 혁명 이후에 '남조선혁명론'으로 발전됐고, 이때 북한은 과도적 조치로서 '남북연방제'를 처음으로 제기했다(1960.8.14).

1970년대 이래 대남 적화통일의 기본전략은 '남조선 혁명전략'과 '조국통일전략'으로 구성되며, 북한은 그러한 전략 기조하에 '남북대화와 대남공작' 또는 '평화공세와 대남공작강화'를 병진·배합하는 전술을 추구했다.

그리고 그 전략에 기초해 남조선혁명론과 '연방제 통일방안'은 1973년의 '고려연방제'를 거쳐 1980년 '고려민주연방공화국 창립방안'으로 구체화되었다.

1980년대 말 이래로는 체제방어 논리에 입각한 '당국 간 대화와 통일전선 구축'을 통해 위기극복과 함께 적화통일 전략을 지속적으로 추구하면서 1991년 '1민족 1국가 2제도 2정부'에 기초한 연방제로 전환됐다.

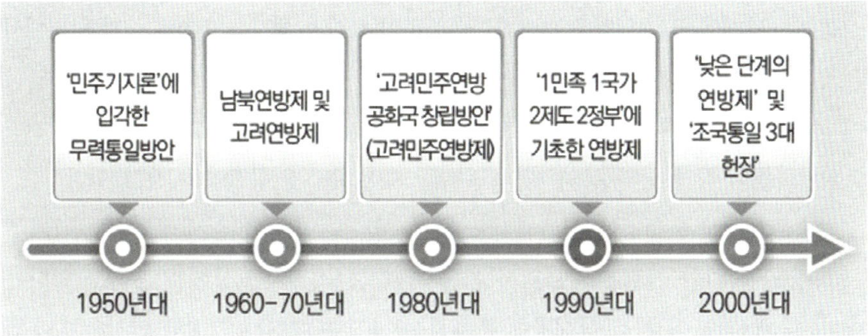

이하에서는 북한의 통일 방안의 기본모형이라고 할 '고려민주연방공화국 창립방안'이 제시된 1980년대 이후의 통일방안을 중점으로 살펴보고자 한다.

2) 1980년대: 고려민주연방공화국 창립방안

북한은 1980년 10월 10일 노동당 제6차 대회에서 김일성의 사업 총화보고를 통해 기존의 통일방안과 제안들을 다시 정리한 '고려민주연방공화국 창립방안'(고려민주연방제)을 제시했다. 그 내용은 자주적 평화통일을 위한 선결조건, 연방제의 구성원칙, 10대 시정방침으로 나눌 수 있다.

고려민주연방제 통일방안의 특징은 첫째, '고려'에다 '민주'를 첨가해 선전효과를 극대화하고 있다는 점이다. 둘째, '과도적 대책' 또는 '당분간'이라는 용어를 쓰지 않음으로써 외형상 완성된 형태의 연방국가를 표방한다는 점이다. 셋째, 한국에 대해 무장해제에 가까운 선결조건을 제시하고 있는 점이다. 넷째, 민족·자주 등의 개념을 이용하는 용어 혼란 전술을 포함한 심리전적인 '10대 시정방침'을 제시한 점이다.

여기서 특히 주목해야 할 것은 '자주적 평화통일을 위한 선결조건'으로 그 내용을 보면 남한에서의 '군사파쇼통치'의 청산과 민주화 실현이라는 명분으로 반공법·국가보안법 등 파쇼악법의 폐지 및 폭압 통치기구의 제거, 모든 정당 사회단체들의 합법화 및 모든 정당 사회단체 개별인사들의 자유로운 정치활동 보장, 민주인사·애국인사들의 석방, 군사파쇼 정권의 민주정권으로의 교체 등을 제시하고 있다. 또한 긴장상태의 완화 및 전쟁위험의 제거라는 명분으로 정전협정을 평화협정으로 바꾸기 위한 미국과의 협상, 주한미군의 조속한 철수, 조선의 내정에 대한 미국의 불간섭 및 '두 개의 조선' 조작책동의 중지 등을 제시하고 있다.

그리고 연방제의 구성 원칙을 보면 ① 남과 북이 사상과 제도를 인정하는 기초 위에서 같은 권한과 의무를 지니고 각각 지역자치제를 실시하는 연방공화국을 창립, ② 남과 북이 동수의 대표로 연방 국가의 최고 민족연방회의를 구성하고 그 상임기구로 연방상설위원회를 조직해 남과 북의 지역 정부를 지도하는 것 등을 제시하고 있다.

고려민주연방제 통일방안의 문제점으로 지적할 수 있는 것은 첫째, 이른바 '자주적 평화통일을 위한 선결조건'으로서 이는 '남조선혁명론' 발상에 기초하고 있다는 점이다. 둘째, 남북이 서로 상대방에 존재하는 사상과 제도를 그대로 인정하고 용납하는 기초 위에서 연방제를 하자고 했으나 두 제도에 의한 연방제는 현실적으로 불가능하다는 점이다. 셋째, 국호·국가형태·대외정책의 노선 등을 일방적으로 결정하고 있다는 점이다. 넷째, 통일 이전에 남북 간에 실시해야 할 사항들을 연방제가 실현됐을 때의 시정방침으로 제시함으로써 남북 간의 교류와 협력의 실시를 기피하고 있다는 점이다. 다섯째, 연방헌법 등 연방의 형성에 따르는 구체적 절차에 대한 설명이 전혀 없다는 점이다.

3) 연방제 통일방안의 전술적 변화

(1) 1990년대: '1민족 1국가 2제도 2정부'에 기초한 연방제

1990년대에 들어오면서 북한의 연방제는 약간의 전술적 변화를 보였다. 소련의 해체와 동유럽 사회주의권의 붕괴로 외교적 고립과 경제난에 처하자 북한은 체제유지에 불안을 느끼고 남북공존을 모색했다. 이러한 상황에서 북한은 1991년 신년사를 통해 '1민족 1국가 2제도 2정부에 기초한 연방제'를 제기했다.

북한은 "잠정적으로는 지역자치 정부에 더 많은 권한을 부여하되 점차로는 중앙정부의 기능을 더욱 더 높여나가는 방향에서 연방제 통일안을 점차적으로 완성할 것"임을 밝혔다. 북한이 이처럼 지역자치 정부가 외교권, 군사권, 내치권을 갖는 '지역자치 정부 권한강화론'을 들고 나온 것은 사실상 동독이 서독에 흡수된 통일에 충격을 받았기 때문인 것으로 보인다. 이렇게 볼 때 북한이 제기한 '1민족 1국가 2제도 2정부'에 기초한 연방제 주장은 통일보다는 체제 보전에 더 역점을 두고 있어 '고려민주연방공화국 창립방안'보다 수세적·방어적 성격을 띠고 있다고 볼 수 있다.

1990년대 북한의 통일방안은 '하나의 민족, 하나의 국가, 두 개 제도, 두 개 정부'에 기초한 '고려민주연방공화국'을 창설해 통일을 이루자는 것으로 요약된다.

첫째, 통일국가의 형태는 남북 두 지역 정부가 동등하게 참가하는 '1민족 1국가 2제도 2정부'의 연방국가이며, 제도통일은 후대에 일임한다는 입장을 취하고 있다. 통일국가의 성격은 자주·평화·비동맹의 독립국가로 규정해 놓았다.

둘째, 통일과정과 관련해 북한은 연방제 실현의 선결조건을 계속 주장하고 있다. 북한은 '고려민주연방공화국 창립방안'을 표명하면서 '자주적 평화통일을 위한 선결조건'을 제시했으며, '조국의 자주적 평화통일을 위한 전 민족 대단결 10대 강령'을 채택하면서도 우리 측에 대해 외세의존 정책 포기, 미군 철수 의지표명, 외국 군대와의 합동 군사연습 영구 중지, 미국의 핵우산 탈피 등 4가지 사항을 요구조건으로 제시했다.

셋째, 통일원칙과 관련해 북한은 7·4 공동성명의 '통일 3원칙'을 자의적으로 해석하고 있다. 북한은 자주원칙을 주한 미군 철수와 미국의 간섭배제로, 평화원칙을 한국의 군사력 현대화와 군사연습 중지로, 민족대단결 원칙을 국가보안법의 폐지와 공산당의 합법화 등으로 해석하고 있다.

넷째, 통일이념에 있어서 북한은 주체사상과 공산주의를 내세우고 있으며, 통일의 주체는 인민임을 강조하고 있다.

다섯째, 통일과정과 관련해 고려연방제안은 과도적 기구를 상정하지 않고 '민족통일 정치협상회의 개최→통일방안 협의결정→고려민주연방공화국 선포' 등의 과정만을 제시하고 있을 뿐이며, 통일국가의 기구로서 최고민족연방회의, 연방상설위원회를 내세우고 있다.

(2) 2000년대: '낮은 단계의 연방제' 및 '조국통일 3대 헌장'

북한은 2000년 '6·15 남북공동선언'에서 '낮은 단계의 연방제'를 제시했다. 이는 "1민족, 1국가, 2제도, 2정부의 원칙에 기초하되 남북의 현 정부가 정치, 군사, 외교권을 비롯한 현재의 기능과 권한을 그대로 보유한 채 그 위에 민족통일기구를 구성하는 것"이라고 북한이 밝혔다.[9)]

북한은 2002년 5월 30일 노동신문 논평을 통해 '6.15공동선언'이 연방제 방식의 통일을 지향하는 것으로서 '낮은 단계의 연방제'는 "북과 남이 통일방안에 대해 완전히 합의했다는 의미가 아니라 서로의 통일방안의 공통점을 인식한 데 기초해 그것을 적극 살려 통일을 지향해 나가기로 했다는 의미"라고 규정하고 있다.

〈표 11-2〉 역대 남북한 통일방안 변천

구 분	남 한		북 한	
1948~1960년	제1공화국 (이승만 정부)	유엔 감시하 남북한 자유총선거에 의한 통일론	김일성 정권	민주기지론(민족해방론)에 의한 무력적화통일론
1960년대	제2공화국 (장면 정부)	남북자유총선거론 (유엔 감시하)		남북연방제(1960)
	제3공화국 (박정희 정부)	선 건설 후 통일론 (1966)		
1970년대	제4공화국 (박정희 정부)	평화통일외교정책선언 (1973.6.23) 선 평화 후 통일론(1974)		고려연방제(1973) 조국통일 5대 강령
1980년대	제5공화국 (전두환 정부)	민족화합 민주통일방안 (1982)		고려민주연방공화국 창립방안(1980) (고려민주연방제 통일방안)
1990년대	제6공화국 (노태우 정부)	한민족공동체 통일방안 (1989)		'1민족 1국가 2제도 2정부'에 기초한 연방제 (1991)
2000년대	김영삼 정부	민족공동체 통일방안 (1민족 1국가 1체제 1정부) (1994)	김정일 정권	낮은 단계의 연방제 (2000)
	김대중 정부			
	노무현 정부			
2010년대	이명박 정부		김정은 정권	조국통일 3대 헌장 (조국통일 3대 원칙, 고려민주연방공화국 창립방안, 전민족 대단결 10대 강령)
	박근혜 정부			

9) '낮은 단계의 연방제'의 정확한 의미에 대해서는 안경호 조국평화통일위원회 서기국장이 2000년 10월 6일 '고려민주연방공화국 창립방안 제시 20돌 기념 평양시 보고대회'를 통해 처음으로 밝혔다.

김정은 집권 이후에도 북한의 대남전략과 통일전선전략의 기조는 지속적으로 추진되고 있다. 김정은은 2016년 신년사에 이어 7차 당대회에서 김일성과 김정일의 통일의 전략을 그대로 이어받아 통일문제를 '자주, 평화, 민족대단결'의 '조국통일 3대 원칙'과 '고려민주연방공화국 창립방안'(연방제), '전민족대단결 10대 강령' 등 '조국통일 3대 헌장'을 기준으로 풀어가야 한다고 주장하였다.

4) 북한 통일방안의 평가

이상에서 살펴본 바와 같이 북한의 통일전략은 '선 남조선 혁명, 후 공산화 통일' 노선으로 체계화해 전개돼 왔고, 사회주의 체제에 의한 조국통일이라는 북한의 전략이 쉽게 변화되기는 어려울 것이다. 김일성 사후 발표된 김정일의 통일 관련 논문 및 서한을 살펴보면, 북한은 대남전략 차원에서 남한의 통일역량 강화를 저해하는 한편 남한 정부를 배제하려는 기존의 통일전선전술을 지속적으로 추진해 왔다고 볼 수 있다.[10)]

또한 2002년 10월 제2차 북한 핵문제 대두와 함께 소위 '민족공조'를 본격적으로 제기한 북한은 2003년 신년공동사설에서 한반도 정세를 '조선민족 대 미국의 대결'로 규정함으로써 핵문제와 관련한 미국의 대북 압박정책에 맞서 남북이 공동대처해야 한다고 주장했다. 이러한 민족공조론은 우리 내부에 반미 분위기를 조성하고 내부 분열을 조장해 남남갈등을 유발시키며, 다른 한편으로는 우리 측으로부터 지원을 확보하려는 의도도 내포하고 있는 것으로 보인다.

북한의 통일방안은 기본적으로 적화통일전략을 실현하기 위한 전술적 방안에 불과하며 다음과 같은 문제점이 있다.

첫째, 연방제의 선결조건을 요구함으로써 상대방의 실체에 대해 부정하고 있다. 사실상 남조선 혁명을 의미하는 남한내 인민민주주의 정권 수립과 함께 국가보안법

---

10) 김정일은 1997년 6월 19일 논문 "혁명과 건설에서 주체성과 민족성을 고수할 데 대해"와 1997년 8월 4일 논문 "위대한 수령 김일성 동지의 조국통일 유훈을 철저히 관철하자", 그리고 1998년 4월 18일 서한 "온 민족이 대단결해 조국의 자주적 평화통일을 이룩하자"를 통해 자신의 통일노선과 대남정책을 발표했다. 특히 4월 18일 서한에서 제시한 민족대단결 5대 방침은 기본적으로 '하나의 조선' 논리와 남한의 '연북 화해 정책'을 주장하는 것으로서, 다음과 같은 내용을 담고 있다. ① 민족의 대단결은 철저히 민족자주의 원칙에 기초 ② 애국애족의 기치, 조국 통일의 기치 밑에 온 민족이 단결 ③ 우리 민족의 대단결을 이룩하려면 북과 남 사이의 관계를 개선 ④ 외세의 지배와 간섭을 반대하고 외세와 결탁한 민족 반역자들, 반통일세력을 반대해 투쟁 ⑤ 북과 남, 해외의 온 민족이 서로 내왕하고 접촉하며 대화를 발전시키고 연대와 연합을 강화

철폐, 주한 미군 철수 등을 연방제의 선결조건으로 요구하는 것은 상대방의 실체를 부정하는 것으로서, 양측의 현실을 인정한다는 남북기본합의서의 기본 취지에도 맞지 않는다. 이처럼 논리적 차원에서 지나치게 자기중심적이며 자신의 주장을 보편적으로 적용시키려는 문제를 안고 있다.

둘째, 선결조건과 연방구성 원칙 사이에 논리적 일관성이 결여돼 있다. 선결조건에서는 상대방의 이념과 체제를 부정하면서도 연방제의 구성 원칙에서는 남북의 사상・제도의 차이를 상호 인정하는 기초 위에서 하나의 연방국가를 형성하자고 주장하는 모순을 드러내고 있다. 또한, "사상과 제도의 차이를 상호 인정한다."는 연방제의 구성 원칙도 우리 측의 자유민주주의 체제를 인정하는 것이 하나의 연방국가를 형성하자고 주장하는 모순을 드러내고 있다. 또한, "사상과 제도의 차이를 상호 인정한다."는 연방제의 구성 원칙도 우리 측의 자유민주주의 체제를 인정하는 것이 아니라 연방제의 '선결조건'이 충족된 상태인 남쪽의 인민민주주의와 북쪽의 사회주의 체제를 상호 인정하는 것임에 유의할 필요가 있다.

셋째, 연방정부와 지역정부 간의 관계설정이나 연방정부의 구성방법 등에서 비현실성을 드러내고 있다. 원래 연방제란 자치권을 가진 복수의 지방정부들이 연방헌법을 통해 주권을 독점하는 중앙(연방)정부를 구성하는 통합 형태를 의미하나, 북한의 연방제는 중앙정부와 이념과 체제가 다른 남과 북의 지역정부로 구성돼 있다. 역사상 이념과 체제가 다르면서 연방의 방식으로 통일을 이룩한 사례가 없는 바, 현실적으로는 지역정부 간 이념과 체제가 다른 경우에 연방의 실현 가능성은 거의 없다고 하겠다. 또한, 연방정부의 구성과 관련해 이질적인 이념과 체제의 대표로 연방정부를 구성할 경우, 상호 간의 대립이나 입장차이로 전반적인 의사결정에 실패할 수밖에 없는 한계를 지닌다.

여기서 우리가 주목해야 할 것은 북한이 1991년에 내세운 '1민족, 1국가, 2제도, 2정부에 기초한 연방제'와 2000년에 제시한 '낮은 단계의 연방제'는 대내외적 상황에 따른 전술적 변화에 불과한 것으로, 결국 연방 창설을 예정하고 있다는 점에서 1980년의 '고려민주연방공화국 창립방안'의 연속선상에 있다는 사실이다. 이와 같이 북한의 통일방안은 북한 체제의 규범적 당위성에만 기초한 것으로서 비현실적일 뿐만 아니라 남북공통의 가치나 행동양식에 기반을 둔 합리적 통일방안이라고 보기 어렵다.

이상의 논의를 통해 볼 때, 남북 양측의 통일방안은 〈표 11-3〉에서와 같이 기본적으로 통일의 기본철학, 통일의 원칙, 전제조건 존재 여부, 통일과정, 통일 실현절차, 통일국가의 형태와 기구, 미래상 등에서 차이를 나타내고 있다.

〈표 11-3〉 남북한 통일방안 비교

구분	민족공동체 통일방안	고려연방제 통일방안
통일철학	자유민주주의	주체사상
통일원칙	자주, 평화, 민주	자주, 평화, 민족대단결 (남조선 혁명, 연공합작, 통일 후 교류협력)
통일주체	민족 구성원 모두	프롤레타리아 계급
전제조건	-	국가보안법 폐지, 공산주의 활동 합법화, 주한미군철수
통일과정	화해 · 협력 → 남북연합 → 통일국가 완성 (3단계) ※민족사회 건설 우선(민족통일→국가통일)	연방국가의 점차적 완성 (제도통일은 후대에) ※ 국가 체제 존립우선(국가통일 → 민족통일)
과도통일 체제	남북연합 -정상회담에서 『남북연합헌장』을 채택, 남북연합 기구 구성 · 운영 ※ 남북합의로 통일헌법 초안 → 국민투표로 확정	-
통일국가 실현절차	통일헌법에 의한 민주적 남북한 총선거	연석회의 방식에 의한 정치협상
동일국가의 형태	1민족 1국가 1체제 1정부의 통일국가	1민족 1국가 2제도 2정부의 연방국가
통일국가의 기구	통일정부, 통일국회(양원제)	최고민족연방회의, 연방상설위원회
통일국가의 미래상	자유 · 복지 · 인간존엄성이 보장되는 선진 민주국가	-

토론 주제

1. 북한의 대남 통일전략과 그 위험성을 파헤쳐 보자.
2. 한국의 통일정책을 설명해보자.
3. 남북 통일정책을 비교 설명해 보라.
4. 남북 6·15 및 10·4 공동선언과 4·27판문점 선언과 9·19평양선언에 대해 심층 분석하고 문제점을 적시하라. 특히 '낮은 단계의 연방제'의 위험성에 대해 꿰뚫어 보자.

더 읽으면 좋은 글

1. 통일부 통일교육원, 『2020~2014 통일문제 이해』, 2020~2014.
2. 고영자, 『남북한 통일과 독일 통일은 다르다!』, 탱자출판사, 2014년 12월.
3. 고영자, 『왜? 남북한 통일은 독일통일과 다른가?』, 탱자출판사, 2015년 12월.

제 12 장

통일 미래 비전과 통일 준비[1)]

통일을 하는 데는 일정한 비용이 든다. 그러나 통일비용에 지나친 두려움을 가질 필요는 없다. 통일이 되면 분단관리 비용이 즉각적으로 소멸되고 통일비용을 상쇄하고도 남을 막대한 유・무형의 통일편익이 창출되기 때문이다. 특히 통일비용은 한시적으로 지출되는 비용인 반면 통일편익은 영구히 발생한다는 점에 유의해야 한다.

통일은 우리의 생활기회를 확대하고 삶의 질을 향상시킬 것이다. 통일이 되면 정치적으로는 보다 자유롭고, 경제적으로는 풍요로우며, 사회적으로는 서로 믿고 더불어 살아가고, 문화적으로는 더욱 풍성한 공동체가 만들어질 것이다. 국제적으로는 동북아는 물론 세계의 평화와 번영을 선도하는 세계 중심국가로 거듭나게 될 것이다.

통일은 먼 훗날의 문제이거나 상상 속의 문제가 아니라 현실의 문제다. 우리의 노력과 준비 정도에 따라 통일비용을 줄이고 통일편익을 더욱 늘릴 수 있다. 따라서 우리는 지금부터 통일준비를 착실히 진행해 나가야 할 것이다.

---

1) 제12장은 정부의 통일 시책 교육목적상 통일교육원, 『2020~2014 통일문제 이해』에서 발췌하여 작성하였다.

제1절 통일 비용과 통일 편익

1. 분단 비용과 통일 비용

독일은 통일 이후 통합되는 과정에서 이른바 '통일 비용'의 문제가 발생했고, 이는 통일에 대한 우리 국민의 의지를 약화시키는 요인으로 작용해 왔다. 사실 통일은 상이한 체제 및 제도와 이질적인 주민의 삶을 통합하는 과정으로서, 여기에는 일정한 비용과 노력이 수반된다. 그러나 통일은 비용만 초래하는 것이 아니라 이를 상쇄하고도 남을 정도의 편익과 혜택을 가져올 것이다. 일차적으로 분단 관리에 소요되는 노력과 비용이 소멸되며, 또한 통일을 통해 얻을 수 있는 유・무형의 이익이 창출된다. 이런 점에서 통일비용의 문제는 분단 비용이나 통일 편익을 함께 고려해야 한다.

1) 소모성의 분단 비용

우리는 분단국가에 살고 있으며 이로 인해 다양한 문제를 안고 있다. 이산가족의 생사확인・상봉・재결합 등 인도적 문제, 북한의 도발로부터 우리 국민의 생명과 재산을 보호해야 하는 안보 문제, 대륙의 일원이지만 육로로는 대륙으로 진출할 수 없는 지정학적 문제, 그리고 국제사회에서 소모적으로 대결해야 하는 외교적 문제 등 분단이 가져온 고통과 병폐는 아주 다양하다. 이러한 분단이 지속되는 한 우리가 떠안아야 할 부담이 발생하며, 이런 부담을 총칭해 '분단 비용'이라고 한다. 다시 말해 분단 비용은 남북한의 분단 상태가 지속되는 동안 불가피하게 발생하는 비용을 말한다.

그러면 분단 비용에 대해 좀 더 구체적으로 알아보기로 하자. 먼저 개념적으로, 분단 비용은 눈에 보이는 '유형적 비용'과 눈으로 직접 확인하기 어려운 '무형적 비용'으로 구분할 수 있다. 유형적 비용은 병력과 무기 등 국방에 소요되는 안보 비용, 북한에 대한 외교적 우위를 점하는 데 소요되는 외교 비용, 그리고 정치교육 실시와 보안기관 유지 등 체제를 유지하는 데 소요되는 이념 및 체제유지비를 들 수 있다. 이들 비용은 비교적 쉽게 계량화가 가능할 뿐 아니라 금전적 부담을 수반한다는 점에서 경제적 비용이라고 할 수 있다.

분단이 수반하는 비용 중에는 금전적으로 추산할 수 없는 것도 많다. 전쟁 가능성에 대한 공포, 이산가족의 고통, 이념적 갈등과 대립, 국토이용의 제한과 국토의 불균형 발전 등 지리적 제약으로 인한 기회비용이 포함되기 때문이다. 이러한 비용들은 구체적으로 드러나지 않는다는 점에서 무형적 비용이라고 할 수 있다. 또한 직접적인 경제비용이라기보다는 사회문제와 연관돼 있다는 점에서 '사회적 비용'이라고도 할 수 있다.

개념적으로는 유형적 분단 비용과 무형적 분단 비용을 구분할 수 있지만 실제에 있어서는 그 구분이 불명확할 뿐 아니라 중첩돼 나타나는 경우가 많다. 예를 들어, 안보 불안으로 인해 군 병력을 양성하고 유지하며 무기를 구입하고 운영하는 데 소요되는 비용은 비교적 쉽게 산출할 수 있다. 그러나 전쟁에 대한 공포를 비용으로 환산하는 것은 쉽지 않다. 그리고 대북정책과 관련해서 발생하는 이른바 '남남갈등'도 돈으로 환산하기가 쉽지 않다. 결국 분단비용은 추정하는 것이 사실상 불가능할 정도로 막대할 뿐 아니라 분단이 지속되는 한 끊임없이 지출돼야 하는 소모성 비용이라고 할 수 있다.

분단 비용은 얼마나 될까? 앞서 언급했듯이, 분단 비용은 분단으로 인해 추가적으로 지불해야 하는 국방비와 외교비 등 가시적인 비용은 물론 이산가족의 아픔, 안보 불안, 이념적 갈등 등 쉽게 계량화할 수 없는 비용이 섞여 있다. 이런 면에서 분단 비용을 기술적으로 추정하는 것은 사실상 불가능한 작업에 가까우며, 일부 연구에서 분단 비용을 국방비로 한정해 추산을 시도한 적이 있을 따름이다. 분단으로 인해 추가적으로 소요되는 국방비도 적지 않을 뿐더러 분단 비용 전체가 종합적으로 추정된다면 그 액수는 문자 그대로 '천문학적' 액수가 될 것이다. 그리고 분단 비용은 분단이 유지되는 한 지속적으로 발생하기 때문에 국가의 발전을 가로막는 가장 큰 장애물 중 하나라고 할 수 있다.

분단 비용은 우리에게만 발생하는 것이 아니다. 북한은 통일을 명분으로 내부자원을 군사력 증강과 세습독재 체제 구축에 집중해 왔다. 특히 핵 개발을 지속하면서 주민생활의 궁핍을 가져 왔으며, 국제사회와 대결하면서 민족의 역량을 낭비하고 있다. 남과 북이 통일이 돼 같은 체제에서 살게 된다면, 북한주민도 우리가 이룩한 산업화와 민주화의 결실을 공유하게 된다. 이런 맥락에서 북한주민도 상당한 정도의 분단 비용을 치르고 있는 셈이다.

2) 투자성격의 통일 비용

우리는 일제로부터 벗어나면서 '근대적 민족국가 건설'이라는 벅찬 희망을 안고 정부 수립을 추진했다. 그러나 우리 민족의 의사와는 관계없이 한반도의 중심을 가로지르는 38선이 그어졌고, 남과 북에는 각기 서로 다른 정부가 들어섰다. 물론 우리가 세운 대한민국 정부는 유엔 결의에 따라 총선거를 통해 수립됐고 한반도의 유일한 합법 정부로 인정을 받았다. 그러나 북한은 유엔 결의를 거부하고 독자적인 정부를 수립했다. 북한 지역에 우리의 행정권이 미치지 못했다는 사실은 대한민국이 불완전한 상태에서 출발했음을 의미한다. 이런 맥락에서 볼 때 통일은 '완전한 대한민국'을 만들어 가는 과정이라고 할 수 있다.

통일은 우리 민족의 염원이다. 그러나 통일은 거저 오는 것이 아니며, 통일이 됐다고 해서 분단으로 인한 문제들이 자연적으로 해소되는 것도 아니다. 북한 체제의 특수성, 남북한 간 경제적 격차, 그리고 남북한 주민의 이질성을 감안해볼 때 통일은 다양한 유형의 부담을 수반하게 된다. 이를 테면, 통일과정에서 발생할 수 있는 무질서 극복, 북한주민에 대한 최소한도의 의식주 제공, 북한의 생산시설 복구, 남북간 철도·도로망 연결, 남북한 주민 간 편견과 차별의식 등 사회적 갈등의 해결은 일부의 예에 불과할 따름이다. 통일 비용은 이처럼 통일에 필요한 경제적·경제외적 비용의 총체를 일컫는다.

일부 국민들이 통일에 대해 부정적 인식을 갖는 가장 큰 이유 중 하나는 통일 비용에 대한 잘못된 인식 때문이다. 예를 들어 통일비용은 우리가 감당하기에 너무 막대할 뿐 아니라 통일이 되면 국민적 부담이 급증하리라는 우려가 있는 것이다. 통일 비용에 대한 이 같은 부정적 인식은 통일 비용의 기본적 성격을 이해 한다면 상당히 약화될 것으로 보인다.

통일 비용은 일반적으로는 남북통합 과정에서 소요되는 비용의 총체를 의미하지만, 구체적으로 살펴보면 복합적 차원에서 설명할 수 있다.

첫째, 통일 비용도 유형적 비용과 무형적 비용으로 나눌 수 있다. 유형적 통일 비용이란 북한 주민에 대한 긴급구호 비용과 북한의 낙후된 경제를 발전시키는데 필요한 공장과 사회간접자본 투자비용 등 대체로 경제적 비용을 일컫는다. 무형적 비용이란 북한주민이 가질 수 있는 심리적 박탈감, 남북한 주민 간 상이한 가치관과 이해관계에 따른 갈등, 범죄 및 사회적 일탈 등 무질서, 서울 등 특정 도시의 인구 과밀로 인한 혼잡문제 등이 여기에 속한다. 유형적 비용이 비교적 쉽게 추정 가능한 데 비해 무형적 비용은 금전적으로 환산하는 작업이 상대적으로 힘들다.

둘째, 통일에 따르는 유형적 비용은 크게 제도통합 비용, 위기관리 비용, 그리고 경제적 투자비용으로 나눌 수 있다. 제도통합 비용이란 정치 및 행정제도, 그리고 금융과 화폐통합 등 상이한 두 개의 체제를 통합하는 데 소요되는 비용이다. 여기에는 북한의 체제전환을 위한 공무원 재교육 비용과 주민의 재사회화 및 기술교육 비용이 포함된다. 위기관리 비용이란 통일과정에서 혼란을 수습하기 위해 치안 및 인도적 차원의 긴급구호 등 초기 사회문제 처리에 소요되는 비용이다. 여기에는 북한 주민의 복지를 증진시키기 위한 사회보장성 비용이 포함된다. 그리고 경제적 투자비용이란 인프라와 생산시설 구축 등 북한 지역의 경제 활성화를 추진하고 북한 주민의 생활수준을 확충하는 데 소요되는 투자다.

통일 비용에 대한 가장 흔한 오해는 통일 비용이 소모성 비용이라는 인식이다. 즉, 통일이 되면 막대한 돈만 지출될 것으로 우려하는 점이다. 그러나 통일 비용은 부강한 선진 대한민국을 건설하기 위한 밑거름이다. 통일 비용은 통일 한국의 기반 구축을 위한 '생산 비용'이며, 북한 동포를 구출하는 데 사용되는 '생명 비용'이고, 북한 경제를 되살리는 '재건 비용'이며, 또한 우리 민족의 생활기회를 확충하기 위한 '투자 비용'이다.

첫째, 남북통일은 서로 다른 체제와 이념을 하나의 체제와 이념으로 통합하는 새로운 국가건설의 과정이다. 새로운 통일국가를 건설하는 데는 당연히 비용이 수반된다. 정부조직을 통합하고 화폐와 노동시장도 통합해야 한다. 그리고 복지제도도 새로운 환경에 걸맞게 개편돼야 한다. 이와 같이 통일 비용은 통일국가를 건설하기 위해 사용되는 '생산 비용'이다.

둘째, 많은 북한 동포들은 우리 국민들이 상상하기조차 어려울 만큼 심각한 인권 침해와 절대빈곤에 허덕이고 있다. 통일이 된다면 북한주민도 우리처럼 인간으로서의 존엄과 자유, 그리고 풍요를 누려야 한다. 이처럼 통일 비용은 북한 동포에게 새로운 생명을 불어넣는 데 사용되는 '생명 비용'이다.

셋째, 북한 경제는 자력으로 회복하기가 거의 불가능할 만큼 피폐한 상태에 빠져 있다. 북한의 경제회생을 위해서는 생산시설을 확충하고 인프라를 개선해야 하는데,

여기에는 외부 자원이 동원돼야 한다. 이같이 통일이 돼 북한의 경제회생을 위해 소요되는 비용은 낙후된 북한 지역을 발전시키기 위한 '재건 비용'이다.

넷째, 북한이 보유하고 있는 풍부한 지하자원과 인적 자원이 우리의 자본 및 기술과 결합한다면 우리의 경제는 한 번 더 도약할 수 있다. 통일을 통해 경제적 시너지 효과가 창출된다면 우리 국민들은 보다 많은 고용 기회와 소득을 얻게 될 것이다. 이처럼 통일 비용은 남북한이 모두 잘 살기 위한 미래의 '투자비용'이다.

그렇다면 통일 비용은 얼마나 될까? 분단 비용에 대한 추정이 힘든 것처럼, 통일 비용에 대한 추정도 결코 만만한 작업은 아니다. 통일 비용에 대한 국내외 주요 기관의 추정 결과는 〈표 12-1〉에 제시돼 있다. 표에 제시된 통일 비용의 가장 큰 특징 중 하나는 추정치의 편차다. 구체적으로 통일비용 추정치가 적게는 약 500억 달러에서 많게는 1조 달러 넘게 나타나고 있다. 이처럼 통일 비용에 큰 편차를 보이는 것은 통일의 시기와 방법, 가정된 북한주민의 소득수준, 설정된 비용지출 기간 등에서 차이가 있기 때문이다.

〈표 12-1〉 국내외 주요 기관의 통일 비용 추정 결과

추정 기관	통일시점 (지출기간)	비용 및 편익 (억 달러)	추계 방법 및 기준
조세연구소 (2010년)	2011(10년)	비용: GDP 7~12%	통합 후 50~60년 내 북한의 생산성을 남한의 80~90%로 증대
미래기획위원회 연구용역 (2010년)	(30년)	비용: 2조 1,400	급진적 통일
		비용: 3,220	점진적 개방 후 통일
Rand 연구소 (2010년)	(5~6년)	비용: 620	북한 GDP 2배 증대
		비용: 1조 7,000	북한 1인당 GDP를 남한 수준으로 증대
현대경제연구원 (2010년)	10년	비용: 1,570 편익: 2,197	북한 1인당 GDP를 3천 달러로 증대
고려대 아세아문제연구소 (2013년)	2025(35년)	비용: 3,102조~4,737조 원 편익: 4,900조 원	점진적 개방 후 통일
국회 예산정책처 (2104년)	2015(45년)	비용: 4,657조 원 편익: 1경 4,451조 원	평화 통일

출처: 정규득, "통일은 과연 대박일까 희망적 보고서 잇따라", 『MIDAS』, 2015년 7월호, 연합뉴스

통일 비용이 막대하다는 고정관념을 극복하기 위해서는 두 가지 점에 유의할 필요가 있다.

첫째, 통일 비용은 고정돼 있는 것이 아니라 우리가 어떻게 통일을 준비해 나가느냐에 따라 액수가 감소될 수 있다는 점이다. 독일은 예기치 못한 통일로 인해 불필요한 비용이 투입됐다. 동독주민의 마음을 얻기 위해 동독 화폐를 서독 화폐와 1:1로 교환해 준 것이 대표적 사례다. 이런 맥락에서 우리는 통일준비를 철저히 해야 한다. 독일이 먼저 통일됐다는 점은 부럽지만, 독일통일 과정에서 교훈을 얻어 통일 비용을 줄일 수 있다는 점은 큰 이득이라고 할 것이다. 통일을 준비하면서 후발자의 이익(advantages of late comers)을 극대화해 나가는 지혜가 필요하다고 할 것이다.

둘째, 통일 비용은 다양한 방법으로 충당될 수 있다. 통일 비용의 조달은 국내 차원에서는 정부와 민간 부문으로 구분할 수 있으며, 정부 부문은 어느 정도 국민의 세부담을 수반하게 되는 것이 사실이다. 그리고 국제 차원에서는 외국인 투자 유치를 통해 상당부분 충당할 수 있다. 앞서 언급했듯이, 통일 비용의 상당 부분은 북한의 경제 회생을 위한 투자다. 다시 말해, 국내외 기업의 투자를 통해 조달되는 것이기 때문에 통일준비를 철저히 해 나간다면 국민의 세부담은 상당히 줄어들 수도 있다. 통일 비용 재원 조달과 관련해서는 제3절에서 보다 상세히 다룰 것이다.

독일통일 당시 동독 화폐 교환

동서독 간 화폐교환은 보유 현금, 은행 예금, 기업의 채무, 그리고 현행 소득 등 크게 4가지 분야에서 서로 다르게 그 비율이 조정됐다. 현금의 교환율은 원칙적으로 1:1로 규정 됐다. 저축예금의 교환율은 원칙적으로 2:1이었다. 다만 연령에 따라 차등을 두었는데, 어린이는 2천 독일마르크까지, 15-59세 성인은 4천 독일마르크까지, 그리고 60세 이상 노인은 6천 독일마르크까지 그 비율에 따라 교환됐으며, 나이를 감안한 평균 교환율은 서독의 1마르크당 동독의 1.475마르크였다. 그리고 기업의 채무는 원칙적으로 2:1로 교환됐으며, 현행 소득도 유사한 방식인 2:1로 교환됐다.

이와 같은 교환율은 당시 생산성을 고려하더라고 동독의 마르크가 서독 마르크의 1/3에 불과했으며, 암시장 가격은 1/10까지 떨어졌다는 점에서 동독 주민에게 상당히 유리한 '정치적 교환비율'이라고 할 수 있다.[2)]

2) Jan Priewe and Rudolf Hickel, Der Preis des Einheit--Bilanz und Perspektiven der Deutschen Vereinigung. 한종만(역), 독일통일비용. 대륙연구소 출판부, 1994, pp. 124-132.

2. 통일 편익

1) 통일 비용보다 더 큰 통일 편익

통일이 이루어질 경우 어느 정도의 비용이 들 수밖에 없는 것은 사실이지만, 통일이 그 부담을 상쇄하고도 남을 정도의 막대한 편익을 창출할 것이라는 점도 분명한 사실이다. 즉, 통일이 되면 분단비용의 소멸에 더해 상당한 정도로 경제적·경제외적 보상과 혜택을 가져오게 된다. "통일은 대박"이라는 박근혜 대통령의 언급은 통일 비용에 대한 국민적 우려를 고려하고 통일이 가져올 수 있는 막대한 편익을 함축한 표현이라고 할 수 있다.

통일 편익이란 통일이 이루어질 때 발생할 경제적·경제외적 보상과 혜택의 총체를 의미한다. 통일이 되면 이산가족 문제나 전쟁에 대한 두려움 등 분단에서 오는 불편은 사라지고 시장의 확대와 국제적 지위 향상 등 다양한 혜택이 발생할 것이다. 분단 비용을 유형의 비용과 무형의 비용으로 나누었듯이, 통일 편익도 유형적 편익과 무형적 편익으로 나눌 수 있다. 계량화할 수 있는 유형의 편익으로는 국방비 감축 및 외교적 경쟁 비용의 해소 등 남북 대결비용의 해소를 들 수 있다. 그리고 남북한 경제통합이 수반하는 내수시장의 확대 및 남북 경제의 보완성 증대도 대표적인 유형의 편익이다.

무형의 편익으로는 이산가족 문제의 해결 등 인도적 편익, 전쟁 가능성의 소실과 국제적 지위 향상 등 정치적·군사적 편익, 자율성의 신장과 생활반경의 확산 등 사회적 편익, 그리고 이분법적 사고방식과 대결의식 등 분단 문화가 사라지고 자유롭고 관용적인 다원화된 문화의 확산 등 문화적 편익을 들 수 있다. 그리고 국민들 사이에서 이념적 갈등이 사라지고 대신 기술혁신 등 보다 생산적인 차원에 사고를 집중하게 되는 것은 경제적 차원의 무형적 편익이라고 할 수 있다.

'통일 편익은 얼마나 될까?'라는 질문은 적절한 질문이라고 하기 힘들다. 왜냐하면 통일 비용의 경우 일정한 기간에 소요되는 비용으로 한계가 있지만, 통일의 편익은 영구히 발생해 추정이 불가하기 때문이다. 이런 맥락에서 보면, 통일 편익은 무한하다고 할 수 있다. 그렇다면 통일은 구체적으로 어떤 편익을 가져다 줄 것인가?

첫째, 통일은 곧 분단 해소를 의미하기 때문에 분단 상황에서 소요되는 분단 비용을 소멸시킨다. 70년 가까이 분단 상태로 살아오면서 우리의 의식 속에는 이미 분단이 내재화돼 있다. 이에 따라 우리가 그동안 얼마나 많은 분단 비용을 지불해 왔고, 또 앞으로 얼마나 더 부담해야 할지를 심각하게 생각하지 않는다. 분단 비용을 운명적으로 받아들여 당연한 것으로 생각해 왔기 때문에 체감할 수 없는 것이 돼 버렸다. 그러나 이러한 유·무형의 비용이 통일로 인해 모두 소멸된다. 분단 비용의 해소는 통일 이후 즉각적으로 얻어지는 이익이며, 이는 통일 비용을 충당하는 데로 전환돼 통일 비용의 부담을 덜어주게 된다. 분명한 사실은 분단 비용이 통일 비용보다 훨씬 더 크다는 점이다. 분단 비용은 분단이 지속되는 한 영원히 부담해야 할 소모적인 비용인 데 반해 통일 비용은 한시적 부담이자 투자성 비용이기 때문이다. 통일과 함께 이러한 분단 비용이 소멸된다는 점에서 통일의 필요성은 더욱 절실하다.

둘째, 경제적으로는 경제규모의 확대에 따른 규모의 경제가 실현되고 경제가 통합되면서 새로운 성장동력을 확보하게 될 것이다. 규모의 경제란 경제활동 규모가 증대됨에 따라 생산단가가 절약되고 이익이 증대하는 경향을 의미한다. 예를 들어 통일이 돼 북한의 인구가 우리의 경제에 포함되면 총인구는 7,000만 명을 넘어서게 되고 노동과 소비시장도 확대된다. 규모의 경제는 생산비의 하락을 가져오면서 우리 상품의 국제경쟁력도 높여줄 것이다. 이와 관련해 미국의 투자기관인 골드먼 삭스(Goldman Sachs)가 "북한을 리스크로만 평가할 것이 아니라 통일이 될 경우 막대한 자산으로 기능할 것이라는 점도 살펴야 한다."고 한 분석은 의미가 크다.

셋째, 통일은 남북한 공간통합으로 인해 '섬 아닌 섬' 생활에서 벗어나 우리의 생활공간을 대륙으로 확장하는 결과를 가져온다. 남북 간 철도와 도로가 연결되면, 육로를 통한 대륙 진출의 꿈이 실현되면서 우리의 생활반경과 사고 영역의 확장을 가져올 것이다. 공간통합이 우리 상품의 수송비와 수송시간을 크게 절감하는 등 경제적 편익을 창출함은 물론이다. 일례로 벨라루스까지 선박으로 수송할 경우 26일이 소요되며 수송비용은 약 2,100$/TEU이나 철도를 이용할 경우 16일에 1,300$/TEU가 소요될 것으로 추정되고 있다. 마찬가지로 시베리아의 천연가스를 송유관을 통해 도입한다면 보다 저렴한 가격에 에너지를 안정적으로 공급받을 수 있다.

[그림 12-1] 한반도종단철도와 시베리아 횡단철도 노선도

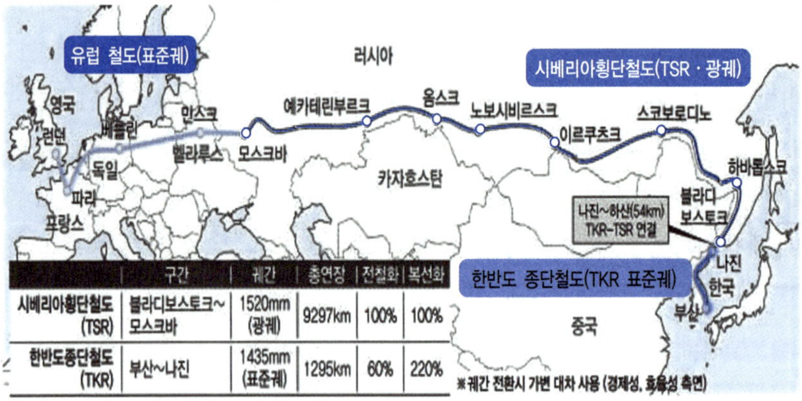

	구간	궤간	총연장	전철화	복선화
시베리아횡단철도 (TSR)	블라디보스토크~모스크바	1520mm (광궤)	9297km	100%	100%
한반도종단철도 (TKR)	부산~나진	1435mm (표준궤)	1295km	60%	220%

넷째, 통일은 경제적 보상이나 이익만이 아니라 금전적으로 추정할 수 없을 만큼 무형의 이익을 가져오게 된다. 우선 통일은 식민지 지배, 분단, 그리고 전쟁과 대결로 이어져온 굴절된 민족의 역사를 바로잡는 계기가 된다. 우리 국민들이 통일을 이루었다는 성취감과 자부심은 국민적 일체감을 고취시킬 것이다.

다섯째, 통일은 '더 큰 대한민국'으로 진입하는 초석이 될 것이다. 대한민국의 역사는 건국 후 산업화와 민주화를 단기간에 이뤄낸 자랑스러운 역사를 가지고 있지만, 통일을 통해 부강한 선진일류국가를 창출해야 하는 과제도 안고 있다. 통일은 불필요한 이념 논쟁을 종결하고 국민의 힘을 국가 발전에 결집하는 기반이 된다. 그동안 불가피하게 부분적으로 제한돼 왔던 자유도 신장되고 사회문화적 다양성이 증진되면서 우리 내부의 편견과 차별의식도 상당히 약화될 것으로 보인다. 이와 같이 통일은 국민의식의 성숙을 통해 국가 발전과 더불어 국격의 향상을 가져올 것으로 기대된다.

여섯째, 통일은 북한주민의 생활기회와 삶의 질을 확충하고 세계의 평화와 번영에 기여하는 인류애적 대의명분을 내포하고 있음을 인식해야 한다. 통일은 단지 우리의 경제적 이해를 관철하기 위한 방편이 아니다. 통일은 왜곡된 체제에서 신음하는 북한주민에게는 보다 풍요로운 경제생활이 보장되고 자유와 인권이 획기적으로 신장되는 계기가 될 것이다. 또한 한반도의 불안정을 극복하고 국제협력을 증진함으로써 동북아, 나아가 세계의 평화와 번영에도 기여하는 계기가 된다.

요약컨대 통일은 즉각적으로는 분단의 폐해를 극복하고 굴절된 역사를 바로잡는 역사적 계기가 된다. 북한 체제의 특수성을 감안할 때 전쟁과 외교 경쟁 등 남북 간 대결, 정치적 문제로 왜곡된 삶을 살아야 하는 이산가족의 한, 그리고 세계사의 흐름에서 낙오된 북한주민의 억압된 생활은 통일이 돼야 해결될 수 있을 것으로 보인다. 통일은 왜곡된 국토공간을 효율적으로 활용하며, 규모의 경제를 통해 경제적 발전을 도모할 수 있는 계기가 된다. 그러나 통일은 우리의 이해만 관철하는 '이기적' 수단이 아니라 북한주민의 삶을 윤택하게 하고 세계의 평화와 번영에 공헌하는 '이타적' 명분을 갖고 있음을 잊어서는 안 된다. 이런 맥락에서 2010년 2월 방한한 호르스트 쾰러 독일 대통령이 "통일비용 문제로 다른 결정적인 점을 보지 못해서는 안 된다. 독일이 유럽 심장부에서 평화와 자유를 누리고 산다는 사실은 돈으로 계산할 수 있는 것이 아니다. 독일통일로 1,700만 명의 동독주민이 수십 년의 독재를 뒤로하고 안정적인 민주주의 법치국가에서 살 수 있게 됐고, 유럽 분단이 종식돼 냉전이 전쟁으로 번질 수 있는 위험이 사라졌다."고 말한 것은 우리에게 시사하는 바가 매우 크다.

2) 비용과 편익과의 관계

분단 비용, 통일 비용, 그리고 통일 편익은 어떤 관계일까? 분단 비용을 기회비용적인 차원, 즉 분단이 됨으로써 실현시킬 수 없는 보상과 혜택으로 규정하면 분단 비용과 통일 편익은 일치한다. 즉, 두 개념은 분석적으로 다르지만 실제에 있어서는 동전의 앞뒤와 같다.

분단 비용은 분단 상황이 지속됨으로써 발생하는 경제적 · 경제외적 비용으로, 통일이 되면 거의 즉각적으로 소멸되는 특징을 가지고 있다. 통일 비용은 제도통합 비용, 위기관리 비용, 그리고 경제적 투자 비용 등 통일에 따르는 경제적 · 경제외적 비용의 총체로 정의되며, 일정한 기간을 전제로 하는 한시적 비용이다. 그리고 통일 편익은 통일로 인해 얻게 되는 경제적 · 경제외적 보상과 혜택의 총체로서, 통일과 동시에 발생하기 시작해 영구적으로 지속되는 특징을 가지고 있다.

종합적으로 볼 때, 통일은 우리에게 부담으로 작용하는 것이 사실이지만, 막대한 편익을 가져올 것이라는 점도 분명하다. 통일 비용은 한시적이지만, 통일은 분단 비용의 즉각적 소멸을 가져오며 통일 편익은 영구히 창출될 것이기 때문이다. 이런 맥락에서 분단 비용, 통일 비용, 그리고 통일 편익 간의 관계를 요약하면 다음과 같다.

첫째, 분단 비용은 통일의 기회 비용으로서 통일 편익의 발생은 곧 분단비용의 소멸을 의미한다. 분단 비용과 통일 편익은 특정한 기간 내에만 발생하는 것이 아니라 지속적 성격을 가지고 있다. 즉, 분단 비용은 분단이 지속되는 한 계속 발생하며 통일 편익은 통일 이후 지속적으로 발생한다.

둘째, 통일 편익이 항구적이라면 통일 비용은 한시적 성격을 가지고 있으며, 결과적으로 통일 편익은 통일 비용을 상쇄하고도 남는다. 더욱이 통일 비용은 추산액이 상이하듯이 고정돼 있는 것이 아니다. 우리의 통일 대비 노력과 정책적 대응에 따라 신축적으로 운용 가능하기 때문이다. 특히 독일의 통일 경험에서 교훈을 얻는 등 '후발자의 이익'을 잘 활용해 나간다면 통일 비용을 최소화할 수 있다.

셋째, 분단 비용이 소모성 비용이라고 한다면 통일 비용은 우리 민족의 생활수준과 삶의 질을 향상시키는 데 소요되는 생산적 비용이라고 할 수 있다. 통일 비용에서 가장 많이 차지할 것으로 추산되는 경제적 투자 비용은 도로 및 공장 건설 등 미래의 생산을 위한 투자다. 부분적으로 볼 때, 공공질서 유지 및 북한주민에 대한 긴급구호 등 위기

〈표 12-2〉 분단 비용, 통일 비용, 통일 편익

구분	분단 비용	통일 비용	통일 편익
개념	• 분단 상태가 지속됨으로써 발생하는 경제적 · 경제외적 비용의 총체 - 경제적 비용: 국방비 지출, 외교비용, 이념교육 비용 등 - 경제외적 비용: 전쟁 가능성에 대한 공포, 이산가족 고통, 이념적 갈등과 대립, 국토의 불균형 발전 등	• 통일에 수반되는 경제적 · 경제외적 비용의 총체 - 제도통합비용: 정치 · 행정 제도, 금융 · 화폐 통합 비용 등 - 위기관리비용: 치안, 인도적 차원의 긴급구호, 실업 등 초기 사회문제 처리 비용 - 경제적 투자비용: 인프라, 생산시설 구축비용 등	• 통일로 인해 얻게 되는 경제적 · 경제외적 보상과 혜택 - 경제적 편익: 분단비용 해소, 규모의 경제 실현, 시장의 확대, 산업 및 생산요소의 보완성 증대 등 - 경제외적 편익: 이산가족 문제 해결, 국제사회에서의 위상 제고, 전쟁 위험의 해소 등
특징	• 분단 기간 중 지속 발생 • 통일과 동시에 소멸 (통일의 기회비용)	• 통일의 시기, 방법 등에 따라 비용의 차이가 발생 • 통일 후 일정기간 한시적 발생 • 투자비용 성격 • 경제적 능력에 따라 신축적으로 조절 가능	• 통일편익이 통일비용보다 훨씬 큼 • 통일 이후 영구적으로 발생

관리 비용은 소모적이라고 할 수 있지만 다른 한편으로는 북한주민의 복지를 향상시키고 노동력을 재생산하는 데 기여하는 긍정적 기능을 할 것으로 기대된다.

제2절 통일 한국의 미래 비전

통일된 대한민국은 어떤 나라가 될 것인가? 일부 국민들 사이에서 보이고 있는 통일에 대한 회의적인 시각은 희망찬 통일 한국의 모습을 제대로 그려보지 못했기 때문이 아닐까? 사실 우리가 그토록 고대해 온 통일이 됐을 때 나타날 수 있는 통일 한국의 모습을 그려보는 것만 해도 가슴 벅찬 일이라 할 수 있다.

통일 한국의 모습은 자유롭고 평화로우며 풍요롭고 조화로운 공동체를 형성하는 것이라고 할 수 있다. 다시 말해, 자유민주주의와 시장경제 토대 위에서 정치적 자유의 보장, 경제적 풍요, 그리고 다양성과 자율성이 신장되는 사회가 통일 한국이 지향하는 미래비전이다. 인류에게는 다양한 체제가 존재해 왔지만, 역사는 자유민주주의와 시장경제야말로 인류가 만들어낸 가장 이상적 제도임을 보여주고 있다. 통일 한국은 이러한 제도의 장점을 극대화하는 한편 그 결점을 보완·발전시켜 나감으로써 우리 민족의 잠재력이 최대한 발휘되고 역사의 발전을 주도하는 세계 속의 대한민국으로 거듭날 것이다.

1. 정치적 차원

우리 민족은 오랜 세월 고유한 민족의 정체성을 발전시켜 왔으며, 오늘날 세계 속의 대한민국으로 거듭나게 됐다. 우리는 삼국 통일을 통해 하나의 국가를 수립한 이후 수많은 외침을 받으면서도 통일국가 체제를 유지해 왔다. 우리는 삼국이 통일된 이후 고려와 조선을 거치면서 1,300여 년을 통일국가 체제에서 살아 온 것이다. 광복 이후 약 70년의 분단은 예외적 기간이라고 할 수 있다. 그리고 이 기간에 진행된 이질화는 우리의 힘으로 능히 극복할 수 있을 것이다.

사실 남북 분단은 우리 국민의 의사와는 관계없이 이루어졌다는 점에서 민족사적 불행이다. 일제의 압제에서 벗어난 우리 민족은 근대적 민족국가 건설을 위해 노력했다. 그러나 동서 냉전의 첨예화와 외세의 개입은 국내 정치적 지형에도 상당한 영향을 미쳤으며, 우리 민족은 각고의 노력에도 불구하고 남과 북으로 분단되는 비운에 처하게 됐다. 북에는 소련의 지원 아래 사회주의 체제가 수립됐으며, 남에는 미국의 지원을 얻어 자유민주주의 체제가 수립되면서 우리 민족은 공간적으로 차단된 채 서로 다른 체제에서 생활하게 됐다.

정치적 차원에서 통일 한국은 '분단'이라는 왜곡된 역사를 바로잡고 근대적 민족국가의 수립이라는 우리 민족의 열망을 달성하게 됨을 의미한다. 통일 한국은 민족공동체 통일방안에 제시된 1민족 1국가 1체제 1정부를 형성함으로써 분단체제를 종결하고 남북 간 갈등과 대결을 해소하며, 한민족 구성원 모두의 역량을 결집해 국가발전에 이바지하게 될 것이다. 식민지 지배, 분단, 남북 간 대결과 갈등을 거치면서 부득이 자유가 일부 제한될 수밖에 없었고 민족의 힘이 분산될 수밖에 없었다. 통일은 자유가 신장되고 국민의 참여와 인권이 보장되는 자유민주국가로 거듭나게 됨을 의미한다.

통일 한국의 미래 비전과 관련해 중요한 것은, 통일은 1민족 1국가 1체제 1정부를 달성함으로써 우리 민족의 오랜 숙원인 통일된 근대 민족국가를 출범시키는 것이다. 그리고 그 국가는 자유와 민주, 인권과 평등 등 인류의 보편적 가치에 입각한 정치 체제에 기반을 두게 될 것이다. 여기서 말하는 민족국가는 결코 우리만의 이익을 추구하는 폐쇄적 민족주의이거나 자민족중심주의(ethnocentrism)를 의미하는 것이 아니다. 통일 한국은 문화적 다양성에 기반을 둔 열린 민족주의를 지향하게 될 것이다.

분단은 단순히 이질적인 정치 체제의 수립만을 의미하는 것은 아니었다. 북한은 1인 독재 체제를 강화하면서 주민에 대한 가혹한 통제를 통해 체제를 유지해왔으며 급기야는 퇴행적인 3대 세습 체제를 구축하기까지 했다. 2000년대 들어서는 6차례에 걸쳐 핵실험을 단행하면서 한반도에 불안을 야기하고 국제적 고립을 자초하고 있다.

북한주민의 입장에서 보면 통일 한국은 시대착오적인 사회주의 세습 독재 체제를 청산하고 새로운 자유민주국가의 일원이 됨을 의미한다. 주지하다시피 북한은 퇴행적 수령 중심의 일당독재 체제다. 국가보다 당이 우위에 있는 당 - 국가체제이며, 또한 수령이 제반 영역을 유일적으로 통치하는 유일 지배 체제다. 북한주민은 자신들의 자유와 권리가 억압당한 채 통제와 착취에 신음하고 있다.

통일은 북한주민도 인간으로서의 존엄을 누리며 자유와 인권 등 기본적 권리를 보장받게 됨을 의미한다. 또한 남북한 주민이 함께하는 통일 한국은 같은 민족으로서의 일체감을 확보한 가운데 국민적 역량을 결집하는 계기가 될 것이다. 통일은 우리 민족의 국제적 위상을 제고시킬 것이며, 통일 한국은 '세계 속의 대한민국'으로 거듭나게 될 것이다. 유엔 등 국제기구 가입 문제와 국제사회에서의 주도권 경쟁은 민족적 역량의 낭비와 민족 위상의 저하를 가져왔다. 일례로 우리는 오랫동안 북한의 반대로 무산됐다가 1991년에야 유엔에 가입할 수 있었다. 우리의 유엔 가입은 유엔 사무총장 배출, 안전보장이사회 진출, 그리고 기타 유엔 산하기구에서 활동하는 우리 국민의 증대 등 우리 민족의 활동 영역을 넓혀왔다. 이렇듯 통일 한국은 우리 민족의 저력을 세계에 발휘할 수 있는 계기로 작용할 것이다.

사실 분단이 지속되는 한 우리의 외교적 분단문제의 해결에 우선순위를 둘 수밖에 없다. 예를 들어 북핵문제의 해결과 북한의 도발 저지를 위한 외교가 대표적 사례다. 북핵문제를 해결하기 위해 미국과 중국 등 주변국과 공조해야 했다. 그리고 6자 회담 등 다자회담에서 우리의 의사를 관철하기 위해 외교적 노력을 기울여 왔으며, 이제는 북한이 6자 회담 합의사항을 이행하도록 국제적 공조를 하고 있다. 천안함 폭침과 연평도 포격 도발 등 북한의 공격에 대한 안보리 결의안 통과를 위해서도 여러 나라와 공조를 해야 했다. 통일은 남북 간에 진행돼온 소모적 외교전을 종결하고 국가 이익을 최우선시하는 외교 정책으로 전환할 수 있는 기회가 된다.

통일은 우리의 국력을 획기적으로 높일 수 있는 계기가 된다. 예를 들어 통일 한국을 기준으로 할 때 우리보다 많은 인구를 가진 선진국은 미국(3억 1,000만명), 일본(1억 3,000만 명), 독일(8,200만 명)밖에 없으며, 프랑스(6,400만 명), 영국(6,100만 명), 이탈리아(5,899만 명)도 통일 한국보다 적은 인구를 가진 국가가 된다(UN, 2010). 이처럼 우리의 높아진 국가 위상을 활용하고 외교적 소모를 방지해 나간다면, 통일 한국은 국제사회의 여론을 선도하는 등 우리의 영향력을 강화하게 될 것이다.

물론 통일 한국의 높아진 위상은 우리만의 이익을 위해 필요한 것이 아니다. 통일 한국은 세계의 평화와 번영의 증진을 위해, 그리고 세계인의 인권 개선을 위해 기여할 것이다. 오늘날의 세계는 정치적 불안정과 경제적 빈곤, 그리고 인권 억압으로 인해 많은 시민들이 고통을 받고 있다. 통일 한국은 높아진 경제적 위상과 우리 민족의 결집된 힘을 바탕으로 이러한 문제점을 해결하면서 당당히 세계의 주역으로 부상하게 될 것이다. 통일은 그 자체로도 불안정한 동북아의 정치지형을 변화시키고 역내 평화와 안정에 기여하게 된다. 또한 통일을 통해 우리는 미·중·일·러 등 주변국의 이해관계를 조정함은 물론 결집된 민족의 역량을 바탕으로 동북아의 평화와 안정을 증진하는 데 기여할 것이다.

2. 경제적 차원

통일 한국은 경제적으로 시장경제 질서를 바탕으로 성장과 분배가 조화롭게 이루어지면서 풍요로운 국가가 될 것이다. 우리 겨레가 행복한 삶을 살기 위해서는 물질적 기반이 향상돼야 하는데, 생산성 향상을 추동하는 가장 효율적인 제도는 시장경제일 수밖에 없다. 시장경제는 경제 분야에서 개인의 자율성과 합리적 선택을 보장함으로써 물질적 풍요를 가져 올 수 있는 최선의 제도다. 그 속에서 통일 한국은 첨단산업과 정보산업의 융화, 그리고 녹색성장을 선도하는 역할을 하게 될 것이다.

사실 우리는 그동안 시장경제 질서를 바탕으로 경제를 발전시키기 위해 많은 노력을 해왔다. 특히 1960년대 이후 진행된 급격한 산업화는 이른바 '한강의 기적'을 낳았다. 〈표 12-3〉은 1965년부터 2010년 사이 우리나라의 주요 경제 및 사회간접자본 지표의 변화를 보여준다.

〈표 12-3〉 우리나라의 주요 경제 및 사회간접자본 지표 변화

구 분	1965	1990	2010	비 고
국민총생산/소득(억 달러) (1인당 달러)	30 (105)	2,518 (5,883)	10,146 (20,959)	북한주민의 1인당 소득이 남한과 동일하다고 가정할 경우, 통일 한국의 국민총소득은 세계 6~8위
발전량(억 kwh)	33	1,077	4,739	-
고속도로 길이(km)	0	1,551	3,859	-
자동차 보유대수(천 내)	39	3,395	17,941	
무역총액(억 달러)	6.4	1,349	8,916	북한의 1인당 무역액을 남한과 동일하다고 가정할 경우, 통일 한국한국의 무역총액은 중국·미국·독일에 이어 세계 4위

출처: 통계청, 「남북한 경제사회상 비교」, 「북한의 주요 통계지표」

앞의 표에 제시돼 있듯이 우리나라는 1960년대 이후 괄목할 만한 성장을 달성했다. 통일 한국의 경우 다른 조건이 일정하다고 할 때 경제규모가 이보다 훨씬 커질 수 있음은 자명하다. 일례로 북한주민의 1인당 소득이 남한과 동일하다고 가정할 경우, 통일 한국의 국민총소득(GNI)은 세계 6~8위에 해당한다(World Bank, 2010). 그리고 마찬가지로 북한의 1인당 무역액을 남한과 동일하다고 가정할 경우, 통일 한국의 무역총액은 중국 · 미국 · 독일에 이어 세계 4위가 된다. 게다가 통일의 경제적 시너지 효과가 발생한다면 세계 속에서 차지하는 통일 한국의 경제적 지위는 상당하게 될 것이다.

통일 한국은 안보 불안이 해소돼 이른바 '코리아 디스카운트'(Korea discount)가 사라지고 시장의 규모가 확대되면서 또 한 번 경제 도약의 기회를 맞을 것이다. 일례로 미국의 투자회사인 골드먼 삭스(Goldman Sachs, 2009: 9-11)는 북한은 리스크(risk)가 아니라 통일 한국의 '자산'이라고 분석했다. 그 근거로 북한의 값싸고 경쟁력 있는 노동력, 풍부한 지하자원과 인구 구조의 시너지 효과, 그리고 북한의 높은 성장 잠재력을 들었다. 통일 한국의 경제 규모는 30~40년 후에 이르면 독일과 일본을 능가해 세계 8위에 도달할 것이라고 전망하기도 했다.

[그림 12-2] 2050년 통일 한국의 경제적 위상

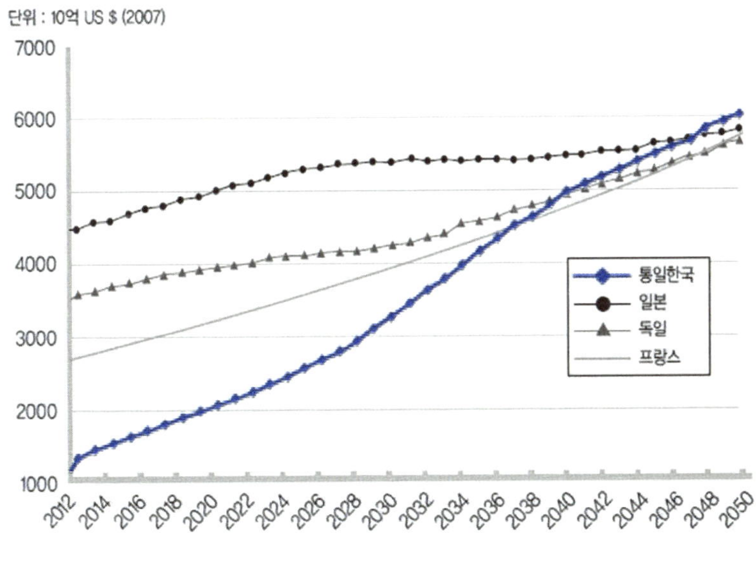

출처: 골드만 삭스(GS Global ECS Research)

구체적으로, 골드먼 삭스는 통일 후 북한의 노동력과 지하자원의 활용 가능성에 대해 다음과 같이 지적하고 있다.

첫째는 북한의 노동력 활용이다. 북한은 노동력이 풍부하며 노동경쟁력도 다른 후진국과 비교해서 우수한 편이다. 북한의 노동력은 1/3 이상이 농촌지역에 거주함으로써 산업인력으로 전환될 잠재력이 높다. 게다가 북한은 상대적으로 '젊은 인구구조'를 갖고 있기 때문에 저출산・고령화에 직면한 우리 경제에 활력을 가져다 줄 수 있다. 북한이 경제적 난국에 직면한 이유는 북한 노동력이 부족하거나 그 질이 나빠서가 아니다. 북한은 인센티브가 결여된 동원경제이기 때문에 북한주민은 열심히 일할 필요성을 느끼지 못하는 것이다. 하지만 통일은 시장경제의 확산, 그리고 북한의 잠재적 노동력을 활용해 경제적 활력을 가져다 줄 것이다.

둘째는 북한의 지하지원 활용이다. 북한은 남한과 달리 마그네사이트, 석탄, 우라늄, 그리고 철광석이 풍부하다. 우리나라가 대부분 수입에 의존하고 있는 6대 전략광물(역청탄, 우라늄, 철광석, 구리, 아연, 니켈)의 상당량을 북한에서 얻을 수 있다. 우리가 에너지와 지하자원의 97%를 수입에 의존하고 있다는 점에서 통일 한국은 상당한 시너지 효과를 누리게 될 것이다.

통일 한국은 한반도의 공간 통합을 의미한다. 주지하다시피 한반도는 '국토의 허리'가 잘림으로써 토지 이용이 왜곡됐다. 휴전선에 인접한 경기도와 강원도의 북부지역은 민간인 통행이 제한되거나 개발이 되지 않고 있다. 인구가 1,000만 명에 달하는 서울은 한반도 전체에서 보면 중앙에 위치해 있지만, 분단으로 인해 남한의 북쪽에 위치함으로써 남북대치시기의 안보에도 취약한 실정이다. 북한도 분단으로 인해 토지 이용에 제한을 받고 있음은 마찬가지다. 통일 한국은 휴전선으로 인한 국토의 불균형 발전이 청산되면서 한반도의 남과 북, 그리고 동과 서가 유기적으로 결합해 지역적으로 균형발전을 도모할 수 있다.

통일 한국의 공간구조는 중단기적으로는 X자형을 형성하면서 한반도의 발전축을 이룩하게 된다. X자형 공간구조는 남으로는 부산과 목포, 그리고 북으로는 신의주와 나선을 꼭짓점으로 하고, 서울을 중앙의 결절점으로 한반도를 묶어 주는 발전축이다. 부산 - 서울 - 개성 - 신의주의 간선축과 목포 - 서울 - 원산 - 나선의 간선축이 서울에서 교차하는 형태가 통일 한국의 중단기적 발전축을 형성하게 된다.

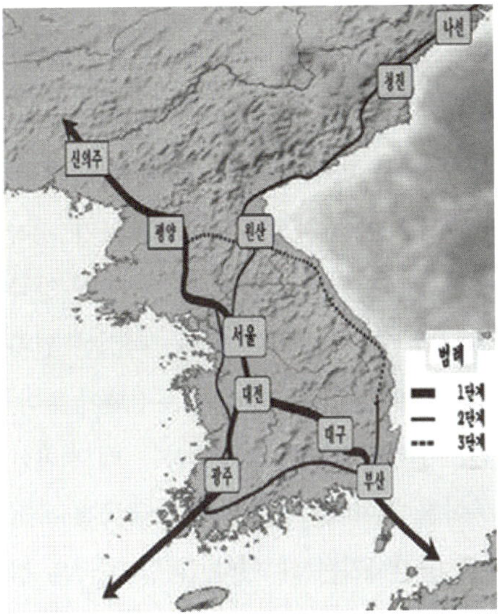

▲ 통일 한국의 발전축

중장기적으로는 해안권의 거점도시들이 신성장 클러스터로 확대 발전되면서 국토의 공간활용이 분산되고 새로운 U자형 발전축이 형성된다. 부산에서 목포 사이의 남해안 축이 더욱 발전하게 되며, 서해안으로는 목표 - 인천 - 신의주 축이 연결되고, 또한 동해안으로는 부산 - 강릉 - 원산 - 나선 축이 연결된다. 그리고 내륙의 도시들도 성장거점을 형성하면서 발전적으로 연결된다. 그렇게 되면 한반도의 공간구조는 잘 짜인 '바구니 형태'로 엮이며, 이는 국토이용의 효율성을 극대화하면서 지역의 균형적 발전이 이루어짐을 의미한다.

한반도의 공간통합은 폐쇄적 공간구조에 머무르는 것이 아니라 개방적 공간구조로 발전돼 감을 의미한다. 우리나라는 반도국가이며, 정의상 광활한 유라시아 대륙의 일원이다. 분단은 육로를 통해 대륙으로 나아가는 길을 차단했다. 우리는 이른바 '섬 아닌 섬' 생활을 해 온 것이다. 통일 한국은 남으로는 바다를 통해 미국과 일본 등 해양국가들과 연결되고 북으로는 중국과 러시아 등 대륙국가들과 연결된다. 이렇게 되면 통일 한국은 문자 그대로 반도국가로서의 이점을 극대화할 수 있다.

또 통일 한국은 중국・러시아 등 대륙국가와 미국・일본 세계로 뻗어 나가는 한반도 등 해양국가를 연결하는 교통의 요지가 될 것이다. 중국・일본・러시아 등을 포함하는 동아시아 경제권은 그 규모가 확대일로에 있으며, 향후 세계 경제 속에서 위상을 높여 갈 것으로 전망되고 있다. 동아시아권 경제가 팽창하면 이에 비례해 한반도를 중심으로 한 교역 물동량도 함께 증대할 것이다. 동아시아 내 경제협력이 가속화될 경우, 통일된 한반도는 유라시아 대륙과 태평양을 연결하는 무역의 요충지이자 중개수송의 교량으로서 동북아의 무역 및 물류기지로 부상할 수 있다. 그뿐 아니라 문화・예술・관광 등 사회문화적 중심으로도 발전해 나갈 것이다. 결국 한반도의 공간통합과 더불어 대륙경제와 해양경제를 접목하는 허브(hub)국가가 통일 한국의 미래 비전이다.

3. 사회 · 문화적 차원

통일 한국은 국민 모두가 더불어 살아가는 사회를 만들 것이다. 통일이 되면 사회적 자원과 시설, 그리고 역할이 공정하게 배분되는 복지정책과 분배제도가 정착된다. 부와 소득의 편재, 사회적 낙오자의 생성, 그리고 이로 인한 계층구조의 양극화는 우리가 극복해야 할 시대적 과제다. 일을 할 수 있는 사람에게는 적절한 일자리가 주어지고 능력이 부족한 사람에게는 최소한도의 인간다운 생활이 보장돼야 한다.

통일이 되면 분단 비용으로 지출되던 재원을 사회적 안전망을 구축하는 데 전환함으로써 국민 생활 수준의 균등한 향상이 이루어질 것이다. 사실 통일의 궁극적 목적은 통일 한국 구성원인 우리 모두의 삶의 질을 향상시키는 데 있다. 통일 한국은 경제성장을 통해 생활기회를 확충해 보다 인간답고 풍요로운 삶의 터전을 만들어 나가게 될 것이다. 불공정한 부의 분배나 계층에 따른 사회적 소외를 극복하고, 장애인 · 외국인 노동자 · 다문화 가족 등 소수자에게도 관심과 배려를 늘려 나가게 될 것이다.

통일이 되면 사회적으로는 보다 다원화되고 자율적인 사회로 진입하게 된다. 분단은 우리 국민들 사이에 이념적 대립을 가져왔고, 이에 따라 제반 집단 간 불신과 대립 그리고 갈등을 초래했다. 통일 한국은 국민적 일체감을 바탕으로 상호 신뢰와 존중의 정신이 발현되고, 성숙된 시민의식을 통해 조화로운 공동체로 거듭나게 될 것이다.

통일 한국은 세계 각지에 흩어져 살고 있는 우리 민족을 하나로 엮는 구심체로서의 역할을 수행하게 될 것이다. 우리 민족은 남북한을 합쳐 한반도에 약 7,500만 명이 거주하고 해외에 약 700만 명이 거주하고 있다. 지역별 재외동포 현황을 보면 2013년 기준으로 중국 257만 명, 미국 210만 명, 일본 89만 명, 기타 지역 약 144만 명이 거주하고 있다(외교부, 2014). 그러나 남북의 분단과 국제사회에서의 경쟁, 그리고 동포 사회의 이념적 분열로 인해 우리 민족의 힘이 분산돼 있는 상황이다. 통일 한국은 8,200만 한민족의 힘을 결집해 '글로벌 통일 한국'으로 발전해 나갈 것이다.

분단은 우리의 생활반경을 한반도의 남쪽으로 제한했지만, 통일 한국은 우리의 생활공간도 대폭 확장시켜 줄 것이다. 육로를 통한 우리의 생활환경은 기껏해야 500㎞에 불과하며, 이는 고속열차를 기준으로 할 때 2시간 남짓의 거리에 불과한 실정이다. 통일 한국은 그 자체로 육로의 길이가 두 배가 되며, 육로를 통한 대륙여행거리는 '무한'하다고 할 수 있다. 일례로 우리나라에서 시베리아 횡단열차를 타고 모스크바까지 가려면 그 거리가 약 1만 km에 달한다. 이는 밤낮 없이 시속 100km로 달린다 해도 100시간, 즉 4일이 넘는 여정이 됨을 의미한다. 통일 한국은 육로를 통한 생활 반경을 크게 확산시켜 줄 것이다.

통일 한국에서는 구성원 개개인의 가치관과 생활양식이 존중되는 문화적 다원주의가 정착될 것이다. 분단은 권위주의, 집단 간 편견과 차별의식, 그리고 사고의 획일화를 가져오는 등 개인의 사고와 사회의 다양성을 일정 부분 제한하고 있는 것이 사실이다. 그러나 통일 한국에서는 다양한 문화가 조화를 이룬 가운데 개인의 자율성과 창의성이 확대 재생산되는 다원주의 사회가 정착될 것이다.

통일 한국은 8,000만 겨레의 일체감을 높여 주게 된다. 통일을 이루었다는 사실 하나만으로도 민족적 자부심은 고양될 것이다. 북한주민도 전체주의 사회의 '신민적(臣民的)' 인성에서 자유민주주의 사회의 '시민적(市民的)' 인성을 발달시켜 나갈 수 있다.

신민적 인성과 시민적 인성

신민은 봉건국가에서 신하와 일반 백성을 의미한다. 특히 신하는 지위에 따라 상당한 권한을 행사하기도 하지만, 자신의 권한이 전적으로 왕(군주)에게 달려 있기 때문에, 왕의 의사를 무조건적으로 받아들여야 한다.

신민형 인성이란 이와 같이 무비판적 · 묵종적 · 순종적 인성을 의미한다. 신민형 인성은 책임감을 갖고 자율적 · 비판적 · 능동적으로 참여하는 시민형 인성과 대비된다.

물론 통일이 될 경우, 독일의 경우에서 보듯이 남북한 주민 간 편견과 차별의식을 보일 수도 있다. 그러나 이런 갈등은 긴 역사적 안목에서 보면 지엽적이고 부차적인 것일 수밖에 없다. 우리의 역사에 비춰 볼 때 분단의 역사는 순간이며, 통일은 새로운 민족의식을 일깨워 줄 것이기 때문이다.

고양된 민족적 일체감과 자부심을 바탕으로 통일 한국 시대에는 우리 민족의 우수한 전통문화를 계승 · 발전시키는 한편 보편적 세계주의에 입각해 보다 개방적이고 진취적인 문화를 발달시키게 될 것이다. 세계는 더욱 좁아지고 있으며 보편적 문화의 확산은 세계적 추세다. 통일 한국은 문화적 편견을 극복하고 열린 민족주의에 입각해 선진 문화를 적극 도입하게 될 것이다. 또한 민족 고유의 전통 문화를 지속적으로 발굴・보존하고 세계적 추세에 맞춰 재구성함으로써 문화의 정통성과 개방성을 접목하게 될 것이다. 결국 성숙한 시민의식, 그리고 문화적 융합을 통한 다원적 대한민국과 개방적 대한민국은 문화적 차원에서 예견할 수 있는 통일 한국의 미래비전이다.

사실 우리 민족은 풍부한 역사적 전통과 우수한 문화를 발전시켜 왔다. 경주, 부여와 공주, 평양, 그리고 서울은 대표적인 왕조시대의 도읍지였다. 숭례문과 경복궁, 석굴암과 불국사, 그리고 무열왕릉과 동명왕릉은 우리의 대표적인 문화유산이다. 통일이 되면 북한에 있는 문화재를 포함해 우리의 우수한 문화재를 유네스코의 세계문화유산으로 등재하고 체계적으로 관리할 수 있다. 통일 한국은 '문화재 강국'으로 도약할 수도 있다는 얘기다.

통일은 북한의 왜곡된 역사인식을 바로잡고 역사적 동질성을 회복하는 계기가 될 것이다. 북한은 역사 교육을 등한시해 왔을 뿐 아니라 근세사의 경우 철저히 김일성 일가를 중심으로 편향적으로 기술해 왔다. 김일성의 항일투쟁이 과장됐으며, 김정일의 출생지도 러시아의 하바롭스크에서 백두산의 밀영으로 왜곡해왔다. 김일성 일가의 우상화를 목적으로 왜곡 서술된 북한의 역사관은 올바르게 재정립될 것이다.

요약컨대 우리는 통일을 통해 자유민주주의와 시장경제 체제에서 개인의 존엄성과 행복이 보장되는 사회를 꿈꾼다. 통일 한국은 8,000만 겨레가 안전하고 풍요로우며 또한 더불어 살아가는 민족공동체다. 통일이 되면 민족통일국가가 완성되면서 안으로는 사회 구성원 개개인의 자유와 인권이 신장되고, 밖으로는 국제사회의 평화와 번영에 기여하게 될 것이다. 통일이 되면 남북의 경제적 보완성, 국토의 균형적 발전, 그리고 대륙과 해양을 잇는 동북아 경제 허브가 구축되면서 물질적으로 풍요로운 국가가 될 것이다. 사회적으로는 성숙한 시민의식과 공동체적 미덕을 접목해 국민의 생활수준이 향상되는 복지국가가 될 것이 분명하다.

그리고 문화적으로는 국민적 일체감을 바탕으로 민족의 전통문화와 세계의 보편적 문화가 융합되는 문화적 다원주의 국가가 될 것이다. 결국 우리가 꿈꾸는 통일 한국의 미래비전은 정치적 자유, 경제적 풍요, 사회적 신뢰, 그리고 문화적 다원성이 보장되는 선진 일류국가다.

토론 주제

1. 분단 비용과 통일 비용을 비교하여 통일의 필요성에 대해 설명해보자.
2. 통일 비용은 소모성인가? 투자성격인가? 통일비용보다 더 큰 통일 편익에 대해 주목해서 살펴보자.
3. 통일 한국의 위상과 역할 등 통일 한국의 미래 비젼은 무엇인지 설명해보라.
4. 통일을 반대하거나 부정적 영향을 확대하는 무리들의 견해는 무엇인가?
5. 국민의 통일의식을 제고하고 통일 재원을 마련하는 등 통일준비는 무엇을 어떻게 하여야 할 것인지 토론해보자.
6. 독일의 통일사례에서 배울 점은 무엇인지 연구해보자.

더 읽으면 좋은 글

1. 통일부 통일교육원, 『2020~2014 통일문제 이해』, 2020~2014.
2. 통일부 통일교육원, 『2020~2014 북한 이해』, 2020~2014.
3. 통일부, 『통일 필요성의 재인식』, 2011.
4. ——, 『통일 비용보다 더 큰 통일 편익』, 2012.
5. ——, 『준비된 통일은 축복이다』, 2013.
6. 통일연구원, 『정치 · 사회 · 경제분야 통일비용 편익 연구』, 2013.

참고문헌

1. 북한 문헌

가. 사전류, 정기간행물, 결정집

1) 사전류

『경제사전 1, 2』, 평양: 사회과학출판사, 1985.
『대중정치용어사전』, 평양: 사회과학출판사, 1964.
『력사사전』, 평양: 과학백과사전출판사, 1971.
『정치사전』, 평양: 사회과학출판사, 1973.
『조선대백과사전7』, 평양: 백과사전출판사, 1998.
『조선대백과사전10』, 평양: 백과사전출판사, 1999.
『조선대백과사전21』, 평양: 백과사전출판사, 1999.
『철학사전』, 평양: 사회과학출판사, 1985.

2) 정기간행물, 기록물

『근로자』, 평양: 각호.
『로동신문』, 평양: 각호.
『조선신보』, 東京: 각호.
『조선중앙년감:1945~1995』, 평양: 조선중앙통신사, 1949~1995.
『조선중앙통신』, 평양: 각호.
북한 사회안전부(현 인민보안성), 『주민등록사업참고서; 절대비밀』, 평양, 1993.
『조선중앙TV 기록영화』, 2015.10.19.

3) 조선로동당 회의 결정집

『결정집(1946.9~1951.11), 당중앙위원회』, 평양: 조선로동당중앙위원회.
『결정집(1953, 1955, 1956년도), 전원회의, 정치, 상무위원회』.

나. 김일성 · 김정일 · 김정은 저작 및 연설

1) 김일성

『김일성선집(1)~(4)』, 평양: 조선로동당출판사, 1953.
『김일성선집(1)~(6)』, 평양: 조선로동당출판사, 1960~1964.
『김일성저작선집(1)~(7)』, 평양: 조선로동당출판사, 1967~1978.
『김일성저작집(1)~(44)』, 평양: 조선로동당출판사, 1979~1996.
『김일성선집(1)~(27)』, 평양: 조선로동당출판사, 1992~1999.
김일성, 『세기와 더불어(1)~(6)』, 평양: 조선로동당출판사, 1992~1995.
______, 『세기와 더불어(계승본)(7)~(8)』, 평양: 조선로동당출판사, 1996~1998.
〈사상사업에서 교조주의와 형식주의를 퇴치하고 주체를 확립할 데 대하여〉, 『안보통일문제 기본자료집: 북한편』, 서울, 동아일보사, 1972.
〈인민군대의 간부화와 군종, 병종의 발전 전망에 대하여(1954.12.23.)〉, 『김일성저작집(9)』, 평양: 조선로동당출판사, 1980.
〈정치사업을 잘하여 인민군대의 위력을 더욱 강화하자(1977.11.30.)〉, 『김일성저작집(32)』, 평양: 조선로동당출판사, 1986.
〈조선인민군은 항일무장투쟁의 계승자이다(1958.2.8.)〉, 『김일성저작집(12)』, 평양: 조선로동당출판사, 1981.

2) 김정일

『김정일선집(1)~(13)』, 평양: 조선로동당출판사, 1992~1998.
______, 『주체혁명의 위업 완성을 위하여(1)~(5)』, 평양: 조선로동당출판사, 1987.
『친애하는 지도자 김정일 동지의 문헌집』, 평양: 조선로동당출판사, 1992.
〈마르크스 · 레닌주의와 주체사상의 기치를 높이 들고 나아가자〉, 『친애하는 지도자 김정일 동지의 문헌집』, 평양: 조선로동당출판사, 1992.
〈사회주의 건설에서 군(郡)의 위치와 역할〉, 김정일 졸업논문, 『근로자』, 1985년 3월호.
〈사회주의 건설의 력사적 교훈과 우리당의 총로선〉, 『로동신문』, 1992년 2월 4일자.
〈주체사상에 대하여〉, 『북한자료집 김정일 저작선』, 서울: 경남대 극동문제연구소, 1991.
〈주체사상 교양에서 제기되는 몇 가지 문제에 대하여〉, 『친애하는 지도자 김정일 동지의 문헌집』, 평양: 조선로동당 출판사, 1992.
〈모두 다 영웅적으로 살며 투쟁하자〉, 『북한자료집 김정일 저작선』, 서울: 경남대 출판부, 1991.

3) 김정은

『경애하는 김정은 동지의 명언 1』, 평양: 조선로동당출판사, 주체104(2015).

4) 단행본

『김일성정전(正傳)』, 서울: 옥촌문화사, 1989.
『위대한 령도자 김정일 장군 략력』, 평양: 평양출판사, 1996.
『인민의 지도자 1』, 평양: 조선로동당출판사, 1982.
『주체의 사회주의 정치제도』, 평양: 평양출판사, 1992.
『주체사상의 사회역사 원리』, 평양: 사회과학출판사, 1985; 서울: 백산서당, 1989년 재발간.
『프롤레타리아 독재국가 건설에 관한 위대한 수령 김일성 동지의 사상』, 평양: 사회과학출판사, 1971: 동경: 구월서방 번각 발행.
김봉호, 『위대한 선군시대』, 평양: 평양출판사, 2004.
김창하, 『불멸의 주체사상』, 평양: 사회과학출판사, 1985.
박승덕, 『주체사상의 심화발전』, 평양: 사회과학출판사, 1984.

5) 논문

권 혁, "인민대중 중심의 참다운 정치생활을 보방하는 주체의 사회주의 정치제도", 『주체의 사회주의 정치제도』, 평양: 평양출판사, 1992.
김정하, "주체의 사회주의 정치제도는 조선로동당의 령도 밑에 끊임없이 강화 발전하는 정치제도", 『주체의 사회주의 정치제도』, 평양: 평양출판사, 1992.
리기성, "위대한 령도자 김정일 동지께서 새롭게 정립하신 선군시대 사회주의 경제건설로선", 『경제연구』 2003년 제2호.
박명혁, "사회주의 기본경제 법칙과 선군시대 경제건설에서 그의 구현", 『경제연구』, 2003년 제3호.
박상혁, "수령에 대한 충실성은 집단에 대한 공산주의 도덕의 최고 표현", 『철학연구』, 1992년 제3호, 평양: 평양출판사, 1992.
백 철, "주체의 사회주의 정치제도는 수령, 당, 대중의 일심단결에 의한 공고한 정치제도", 『주체의 사화주의 정치제도』, 평양: 평양출판사, 1992.
최희열, "주체의 사회정치제도는 주체사상을 구현하여 수립된 인민대중 중심의 정치제도", 『주체의 사회주의 정치제도』, 평양: 평양출판사, 1992.

2. 국내 문헌

가. 사전 · 총서 · 자료집류

경남대 극동문제연구소, 『북한 자료집 김정일 저작선』, 1991.
국방부, 『국방백서 1998 ~ 2016』, 서울: 국방부, 1998 ~ 2016.
국사편찬위원회 편, 『북한 관계사 자료집(1)~(27)』, 서울: 국사편찬위원회, 1982~ 1997.
국사통일원 편, 『북한 최고인민회의 자료집(1)~(4)』, 서울: 국사통일원, 1988.
__________, 『북한실태』, 서울: 국토통일원 통일연구소, 1983.
__________, 『조선노동당대회 자료집(1)~(4)』, 서울: 국토통일원, 1988.
국제무역연구원, 『남북교역, 북중무역 동향 비교, 2011~2013』, 서울, 2012~2014.
김갑식 · 오경섭 · 이기동 · 김동엽, 『김정은 정권의 정치체제: 수령제, 당 · 정 · 군 관계, 권력엘리트의 지속성과 변화』, KINU 연구총서 15-01, 서울: 통일연구원, 2015.12.
김기호 외 4, 『북한의 분야별 변화 양상 연구』, 통일부 용역과제, 국방대학교 안보문제연구소: 2011.12.
동아일보사, 『안보통일문제 기본자료집: 북한편』, 서울: 동아일보사, 1972.
박종철 외 5, 『재스민 혁명의 분석과 북한에 대한 시사점』, KINU 정책연구시리즈 11-01, 서울: 통일연구원, 2009.
_____ 외 6, 『김정은 체제의 변화 전망과 우리의 대책』, KINU 연구총서 13-03, 통일연구원, 2013.12.
박형중 외 6, 『독재정권의 성격과 정치변동: 북한 관련 시사점』, KINU 연구총서 12-06, 통일연구원, 2012.12.
KOTRA, 『북한의 대외무역동향; 2010~2014』, 서울: KOTRA, 2011~2015.
______, 『2015 북한 대외무역 현황』, 서울: kotra, 2017.6.

나. 단행본

경남대학교 북한대학원 엮음, 『북한연구방법론』, 서울: 한울아카데미, 2003.
고영환, 『평양 25시』, 서울: 고려원, 1992.
고재홍, 『김정일 체제의 북한군 연구』, 서울: 국가안보전략연구소, 2011.
권태영 외 3, 『북한 핵 · 미사일 위협과 대응』, 서울: 북코리아, 2014.
김갑식, 『김정일 정권의 권력구조』, 서울: 한국학술정보(주), 2005.
김기호, 『북한체제의 진단』, 서울: 국방대학교, 2010.

______, 『북한의 군사 Ⅰ, Ⅱ(選)』, 서울: 국방대학교, 2010.
______, 『북한체제의 안정성과 변동에 관한 연구』, 박사학위 논문, 서울: 경기대학교, 2009.
김운태, 『정치학원론』, 서울: 박영사, 1978.
김열수, 『국가안보』, 제3판, 파주: 법문사, 2013.
김진만, 『북한학』, 서울: 양서각, 2013.
김학준, 『북한 50년사』, 서울: 두산동아, 1995.
박형중, 『북한적 현상의 연구』, 서울: 연구사, 1994.
______, 『북한의 개혁・개방과 체제변화』, 서울: 해남, 2004.
______, 『북한의 개혁・개방과 체제변화: 비교사회주의를 통해 본 북한의 현재와 미래』, 도서출판 해남, 2004.
______ ・조한범・장용석, 『북한 '변화'의 재평가와 대북정책 방향』, 서울: 통일연구원, 2009.
서대숙, 『북한의 지도자 김일성』, 서울: 청계연구소, 1989.
서재진, 『세계체제이론으로 본 북한의 미래』, 서울: 황금알, 2004.
육군사관학교, 『북한학』, 서울: 황금알, 2008.
이상우, 『북한정치』, 서울: 나남, 2008.
이영종, 『후계자 김정은』, 서울: 늘품플러스, 2010.
이종석, 『현대 북한의 이해』, 서울: 역사비평사, 2005.
______, 『조선로동당 연구: 지도사상과 구조변화를 중심으로』, 서울: 역사비평사, 1995.
장준익, 『북한 인민군대사』, 서울: 한국개발연구원, 1991.
전현준, 『북한의 사회통제기구 고찰: 인민보안성을 중심으로』, 서울: 통일연구원, 2003.
정광민, 『북한 기근의 정치경제학: 수령경제, 자력갱생, 기근』, 서울: 시대정신, 2005.
정지욱 편집, 『황장엽의 육성녹취록 1』, 서울: 자유북한방송, 2012.
조정아, 『교육통계를 통해 본 북한의 교육』, 서울: 통일연구원, 2016.5.
최완규, 『북한은 어디로: 전환기 북한적 현상의 재인식』, 경남대학교 출판부, 1996.
최진욱 외, 『북한체제의 안정성 평가』, 서울: 통일연구원, 2008.
탁 진 외, 『김정일 지도자 1』, 東京: 東邦社, 1984.
통일교육원, 『북한이해 2010~2017』, 서울: 통일연구원, 2010~2017.
__________, 『통일문제이해 2010~2017』, 서울: 통일연구원, 2010~2017.
통일연구원, 『2009 북한개요』, 서울: 통일연구원, 2009.
홍 민, 『북한의 시장화와 사회적 모빌리티: 공간구조, 도시정치, 계층변화』, 통일연구원, 2015.
황장엽, 『황장엽 회고록』, 서울: 시대정신, 2010.
______, 『나는 역사의 진리를 보았다』, 서울: 한울, 1999.

다. 논문, 보고서

구갑우, "북한연구와 비교사회주의 방법론", 『북한연구방법론』, 서울: 한울, 2003.

국가안보전략연구원, "북한최고인민회의 14기 2차회의 특징분석", 『국가안보전략연구원 보도자료』, 2019.8.30.

김강녕, "사회주의권의 변화에 대한 북한의 반응", 『산업사회와 한국정치의 과제』, 서울: 한국정치학회, 1990.

김광진, "김정일의 궁정경제와 인민경제의 파괴", 『계간 시대정신』, 여름호, 2008.

______, "북한 외화관리시스템의 변화와 외화의존도의 증대", 『수은북한경제』, 봄호, 한국수출입은행, 2008.

김기호, "김정일 최고사령관 시기 군사전략의 변화", 『국방연구』, 제57권 제2호, 2014.6.

______, "김일성-김정일-김정은 최고사령관 시기 북한의 주요전력과 군사전략의 변화 분석", 『합동군사연구』, 24호, 2014.12.

______, "2017 한반도 大위기 시나리오; 인도와 분쟁, 美 공군에 열세 중국군 한반도 진입 어렵다. 미군의 '김정은-핵 제거' 군사작전," 『신동아 9월호』, 동아일보사, 2017.9.

______, "'11월 위기설'이 극도를 심각한 까닭," 『신동아 11월호』, 동아일보사, 2017.10.

______, "'평창' 이후 미-북 군사 충돌 가능성: "특수부대 한반도 출병, D-day 4월 1일," 『신동아 2월호』, 동아일보사, 2018.2.1.:

______, "4대 핵강국으로 가는 북한," 『경기일보』, 2021.1.25.

김연수, "북한의 급변사태와 남한의 관할권 확보방안", 2009년 안보과정, 국방대학교 참고교재 『북한정세변동과 한국안보』(서울: 국방대학교, 2009).

김영훈, "2016년 상반기 북한의 농업 및 식량수급 동향," 『북한경제리뷰』, 서울: KDI, 2016년 1월호.

김인태, "북한노동당 제8차대회 권력변화와 함의", 『이슈브리프』, 통권 239호, 국가안보전략연구원, 2021.1.21.

박형중, "김정은 후계체제와 중앙과 지방의 전면적 간부 교체", 『Online Series Co 11-32』(서울: 통일연구원, 2011).

______, "김정은 시대 북한경제 변화에 대한 평가: 1980년대 후반 중국과의 비교," 『Online Series』, 통일연구원, 2015.4.

______, "북・중 경제관계 증대와 북한정권의 미래: '외래지대 의존 국가(rentier state)'론적 분석," 『Online Series Co 11-19』, 통일연구원, 2011.6.

박휘락, "북핵의 군사적 활용 시 예상되는 북한의 핵전략 분석: "전략 = 목표 + 방법 + 수단"의 방정식 활용,"『국방연구』제60권 4호, 논산: 국방대학교 안보문제연구소, 2017.12.

성채기, "북한의 「경제-핵 병진노선」 평가: 의도와 지속 가능성", 『동북아 안보정세 분석』,

서울: KIDA, 2013.8.20..

______, “북한의 군수경제와 인민경제 실태: 북한 군사경제의 현황과 실체”, 『김정일의 선군정치와 북한경제의 전망』, 국가안보전략연구소 주최 세미나, 2009. 10.26..

양문수, “7.1조치 5주년의 평가와 전망: 경제관리 시스템을 중심으로”, 『수은 북한경제』, 여름호, 한국수출입은행, 2007.

유영식, “북한체제의 성격: 수령제를 중심으로”, 『교회와 신앙』, [기획논단] 한반도 통일과 북한선교의 진로 ③, 2014.09.04.

이무철, “대북 경제제재와 북한경제”, 『한반도 포커스: 북한경제 어디에 있고, 어디로 가는가?』 2011년 7・8월호(제14호), 극동문제연구소.

이수석, “북한의 실리주의와 개혁개방 가능성 연구”, 『북한, 그리고 동북아』, 매봉출판사, 2014.12.

임수호・최장호, “북한 대외무역 2016년 평가 및 2017년 전망: 북중무역을 중심으로,” 『북한경제리뷰』, 서울: KDI, 2017년 1월호

정병호, “극장국가 북한의 상징과 의례”, 『통일문제연구』, 통권 제54호, 서울: 통일연구원, 2010.

정성윤, “북한의 6차 핵실험(1): 평가와 정세전망,” 『Online Series』 Co 17-26, 서울: 통일연구원, 2017.09.11.

정성장, “북한체제와 스탈린체제의 비교”, 오일환 외 편, 『현대북한체제론』, 서울: 을유문화사, 2000.

조한범, “북한 사회주의 체제의 성격연구”, 『통일정책연구』 제11권 2호, 2002.

정은숙, “유엔안보리 결의문 2371호: 이행의 과제,” 『세종논평』, No. 356, 세종연구소, 2017.08.11.

최완규, “북한연구방법론 논쟁에 대한 성찰적 접근: 연구시각・체제성격의 특수성과 보편성”, 『북한연구방법론』, 서울: 한울 아카데미, 2008.

______, “조선인민군의 형성과 발전”, 『북한체제의 수립과정, 1945~1948』, 경남대 극동문제연구소, 1991.

최지영, “북한 최고인민회의 제14기 제4차 회의분석: 예결산 내용을 중심으로, 『Online Series』, Co 21-04, 통일연구원, 2021.1.22.

통일연구원, “김정은 정권의 대내외 정책평가와 우리의 대응방향, 『통일정세분석 2013-08』, 서울: 통일연구원, 2013.10.

한병진, “엘리트의 지대 추구 유형과 정권의 경로: 러시아, 북한, 그리고 중국의 사례”, 『국제지역연구』, 제15권 4호, 2006.

홍 민, “북한 당정치국회의 및 제14기 제3차 최고인민회의분석”, 『Online Series』, Co 20-06, 통일연구원, 2020.4.14.

3. 해외 문헌

가. 단행본

Beblawi Hezem and Luciani Giacomo(eds.), *The Rentier State: Nation, State and Integration in the Arab World,* London: Croom Helem the Instituto Affari Internazionali, 1987.

Bertalanffy Ludwig von, *General Systems Theory: Foundations, Development, Applications,* New York; George Braziler, 1968.

Brezinski Zbigniew K., *The Grand Failure: The Birth and Death of Communism in the Twentieth Century*, New York: Charles Scribner's Sons, 1989.

Cumings Bruce, 김동춘 엮음, "북한의 조합주의", 『한국 현대사 연구 I』, 서울: 이성과 현실, 1988.

Fukuyama Francis , *The End of History?*, 함종빈 역, 『역사의 종언』, 서울: 헌정회, 1989.

Gurr Ted R., *Why Men Rebel* (Fortieth Anniversary Paperback Edition), Paradigm Publishers, 2011.

Lipset Seymour M., *Political Man,* Baltimore: The Johns Hopkins University Press, 1981.

Mesquita Bruce Bueno de, Smith Alistair, Siverson Randolph M. and Morrow James D., *The Logic of Political Survival*, Cambridge, M.A.: MIT Press, 2003.

Mesquita Bueno de and Smith, *The Dictator's Handbook: Why Bad Behavior is Almost Always Good Politics.* 이미숙 옮김, 서울: 웅진지식하우스, 2012.

Pei Minxin, *From Reform to Revolution: The Demise of Communism in China and the Soviet Union*, Cambridge: Harvard University, 1994.

Scalapino Robert A. (Author), Chong-Sik Lee, *Communism in Korea: The Society*, University of California Press; 1st edition , June 1973).

Skocpol Theda, *States and Social Revolutions*, Cambridge: Cambridge University Press, 1979.

Svolik Milan W., *The Politics of Authoritarian Rule*, Cambridge: Cambridge University Press, 2012.

Tullock Gordon, *Autocracy,* 황수연 · 황인학 옮김, 『전제정치』, 부산: 경성대학교출판부, 2011.

Wintrobe Ronald, *The Political Economy of Dictatorship*, New York: Cambridge University Press, 1998.

다케사다 히데시, 이혁재 옮김, 『두려운 전략가 金正日』, 서울: 다락원, 2001.
란코프, 『북한 워크아웃』, 서울: 시대정신, 2009.
스즈키 마사유키, 유영구 역, 『김정일과 수령제 사회주의』, 중앙일보사, 1994.
와다 하루끼, 서동만 외 옮김, 『북조선: 유격대국가에서 정규군국가로』, 서울: 돌베개, 2002.
_________, 이종석 옮김, 『김일성과 만주항일전쟁』, 서울: 창작과 비평사, 1992.

나. 논문

Albright David, "North Korea's Nuclear Capabilities: A Fresh Look." Institute for Science and International Security Report, April 28, 2017.

Bellin Eva, "Coercive Institutions and Coercive Leaders", Marsha Pripstein Posusney and Michele Penner Angrist (eds.), *Authoritarianism in the Middle East: Regimes and Resistance,* London: Lynne Rienner Publishers, 2005.

Davis James C., "Toward a Theory of Revolution", *American Sociological Review,* February 27, 1962.

Harden Blaine, "In North Korea, the Military Now Issues Economic Orders", *Washington Post,* November 3, 2009.

___________, "China Trade Helps Shield N. Korea", *Washington Post,* June 27, 2009.

Kim Samuel S., "Research on Korean Communism: Promise verse Perfomance", *World Politics,* Jan., 1980.

Krueger Anne O., "The Political Economy of the Rent-Seeking Society", *American Economic Review,* Vol. 64, No. 3 (1974).

McCormack Gavan , "Kim Country: Hard Times in North Korea," *New Left Review,* No. 198, 1993.

Mikheev Vasiley V., "Reforms of the North Korean Economy: Requirements, Plans and Hopes", *Korean Journal of Defense Analysis,* Vol. 5, No. 1, 1993.

Noland Marcus, "Why North Korea Will Muddle Through," *Foreign Affairs,* Vol. 76, No. 4, Jul.-Aug., 1997.

Rowley Charles K. (ed.), "The Selected Works of Gordon Tullock", *Vol. 5: The Rent-Seeking Society,* Indianapolis: Liberty Fund, 2005.

Smith Hazel, "Bad, mad, sad or rational actor?: Why the 'securitization' paradigm makes for poor policy analysis of north Korea", *International Affairs,* Vol. 76, No. 1, 2000.

Tullock Gordon, "The Welfare Costs of Tariffs, Monopolies, and Theft", *Western Economic Journal,* Vol. 5, No. 3, 1967.

鄧小平, "思想解放, 實事求是, 團結一致向前看"(1978.12.13.), 『鄧小平文選(1975~ 1982)』, 北京: 人民出版社, 1983.

와다 하루키, "김일성과 '만주'의 항일무장투쟁", 『사회와 사상』, 1988년 11월호.

찾아보기

□ 저자 소개 □

지식무사(Knowledge Warrior)

김기호(金起豪)

【 학력 】

- 경기 용인 포곡초교(34회), 태성중 · 고등학교 卒
- 육군사관학교 卒(35기), 문학사
- 육군대학 및 국방대 안보대학원 국가안보과정 卒(2006)
- 한양대 행정대학원 외교안보학과 卒, 행정학 석사
- 경기대 정치전문대학원 외교안보학과 卒, 국제정치학 박사

【 경력 】

- 육군 소위 임관(소대장) ~ 대령(연대장) 전역(2012)
- 전 합동참모본부 군사전략과 전략기획담당(중령)
- 전 유엔사 군정위 수석대표실 정책기획장교
- 전 한미연합사/지구사 계획과장(대령)
- 전 육군사관학교 영어과 강사(대위)
- 전 육군대학 전술학 교관(소령), 합참대 작전학처 교수(대령)
- 전 국방대학교 안보대학원 군사전략학부 순환직 교수(대령)
- 전 서강대학교 공공정책대학원 외래교수
- 전 경기대 정치전문대학원 외교안보학과 조교수
- 전 경기대 정치전문대학원 초빙교수
- 전 서울디지털대학교(SDU) 특임교수
- 전 2018 KBS 객원 해설위원
- 경기일보 고정 칼럼니스트 전 CBS 객원 해설위원
- 북한 · 안보 · 군사 이슈 관련 방송 전문가 패널로 자주 출연

【 저서, 역서, 논문 】

- 『현대 북한 이해 1, 2, 3, 4판』(서울: 탑북스, 2016, 2018, 2019, 2021)
- 『세상을 바꾸는 CVDIP 리더십』(서울: DIC, 2019)
- 『나를 바꾸는 리더십』(서울: 탑북스, 2019)
- 『영화로 본 리더십』(서울: SDU, 2019)
- 『세상을 바꾸는 렘넌트 리더십』(서울: 옌아트, 2015)
- 『출북한기(出北韓記)』(개혁공보 연재, 2013~2015)
- 『미국의 국방정치』(서울: 국방대학교, 2013), 공역
- 『성경의 전쟁과 군사』(세계복음화신문 연재, 2010~2012)
- 『북한체제의 진단』(서울: 국방대학교, 2010)
- 『북한의 군사(選), Ⅰ, Ⅱ』(서울: 국방대학교, 2010)
- "김일성-김정일-김정은 시대의 군사전략 변화," 『국방연구』(2014)
- 『북한체제의 안정성과 변동에 관한 연구』(박사학위논문, 2009)
- 그 외 논문 및 연구문 다수

저자와의
협의하에
인지생략

현대 북한 이해 [최신개정증보판 4판]

2016년 7월 30일 제1판 1쇄 발행
2018년 2월 20일 제2판 1쇄 발행
2019년 7월 30일 제3판 1쇄 발행
2021년 2월 20일 제4판 1쇄 발행

저 자 김 기 호
발행인 김 광 식
조 판 아 람 기 획

07285
발행처 서울특별시 영등포구 선유로3길 10, 617호
도서출판 탑 북 스
등 록 2009.12.21 제 2016-000101 호
전 화 02)365-2223 팩 스 02)365-2224

정가 27,000원

ISBN 979-11-90247-42-9-93390